权威·前沿·原创

皮书系列为

“十二五”“十三五”国家重点图书出版规划项目

二十国集团（G20）国家创新竞争力发展报告（2016~2017）

REPORT ON THE GROUP OF TWENTY (G20) NATIONAL INNOVATION COMPETITIVENESS DEVELOPMENT (2016-2017)

主　　编／李建平　李闽榕　赵新力　周天勇
副 主 编／李向军　苏宏文　李建建
执行主编／黄茂兴

社会科学文献出版社
SOCIAL SCIENCES ACADEMIC PRESS (CHINA)

图书在版编目(CIP)数据

二十国集团（G20）国家创新竞争力发展报告. 2016－2017 / 李建平等主编. －－北京：社会科学文献出版社，2017.7

（G20 国家创新竞争力黄皮书）

ISBN 978－7－5201－1077－8

Ⅰ.①二… Ⅱ.①李… Ⅲ.①国家创新系统－研究报告－世界－2016－2017 Ⅳ.①F204

中国版本图书馆 CIP 数据核字（2017）第 147428 号

G20 国家创新竞争力黄皮书

二十国集团（G20）国家创新竞争力发展报告（2016～2017）

主　　编 / 李建平　李闽榕　赵新力　周天勇

副 主 编 / 李向军　苏宏文　李建建

执行主编 / 黄茂兴

出 版 人 / 谢寿光

项目统筹 / 王　绯　曹长香

责任编辑 / 曹长香

出　　版 / 社会科学文献出版社 · 社会政法分社（010）59367156

地址：北京市北三环中路甲 29 号院华龙大厦　邮编：100029

网址：www.ssap.com.cn

发　　行 / 市场营销中心（010）59367081　59367018

印　　装 / 三河市东方印刷有限公司

规　　格 / 开　本：787mm × 1092mm　1/16

印　张：33　字　数：533 千字

版　　次 / 2017 年 7 月第 1 版　2017 年 7 月第 1 次印刷

书　　号 / ISBN 978－7－5201－1077－8

定　　价 / 148.00 元

皮书序列号 / PSN Y－2011－229－1/1

本书如有印装质量问题，请与读者服务中心（010－59367028）联系

全国经济综合竞争力研究中心2017年重点项目研究成果

二十国集团（G20）联合研究中心2017年重点项目研究成果

教育部科技委战略研究基地（福建师范大学世界创新竞争力研究中心）2017年重点项目研究成果

国家科技部2017年G20创新议题战略调研成果

中智科学技术评价研究中心2017年重点项目研究成果

中央组织部首批青年拔尖人才支持计划（组厅字〔2013〕33号）2017年阶段性研究成果

中央组织部第2批“万人计划”哲学社会科学领军人才（组厅字〔2016〕37号）2017年资助的阶段性研究成果

中宣部2014年入选全国文化名家暨“四个一批”人才工程（中宣办发〔2015〕49号）资助的阶段性研究成果

2016年教育部哲学社会科学研究重大课题（项目编号：16JZD028）的阶段性研究成果

国家社科基金重点项目（项目编号：16AGJ004）的阶段性研究成果

国家社科基金青年项目（项目编号：14CKS013）的阶段性研究成果

福建省特色重点学科和福建省重点建设学科福建师范大学理论经济学2017年重大研究成果

福建省首批哲学社会科学领军人才支持计划2017年阶段性研究成果

福建省首批高校特色新型智库——福建师范大学综合竞争力与国家发展战略研究院2017年研究成果

福建省社会科学研究基地——福建师范大学竞争力研究中心2017年研究成果

福建省高等学校科技创新团队培育计划（项目编号：闽教科〔2012〕03号）的阶段性研究成果

福建师范大学创新团队建设计划（项目编号：IRTW1202）2017年阶段性研究成果

G20 国家创新竞争力黄皮书
编　委　会

项目承担单位

福建师范大学、中国科学技术交流中心、国务院发展研究中心管理世界杂志社、中共中央党校国际战略研究院

编著人员名单

主　　编　李建平　李闽榕　赵新力　周天勇

副 主 编　李向军　苏宏文　李建建

执行主编　黄茂兴

编写组人员　黄茂兴　李军军　林寿富　叶　琪　王珍珍　陈洪昭　陈伟雄　唐　杰　黄新焕　易小丽　郑　蔚　杨莉莎　白　华　周利梅　张宝英　马永伟　林　瀚　吴　娟　林惠玲　兰筱琳　夏　琼　朱耿灿　彭席席　张艺婷　黄　成　李　振　张　越　游宇东　张贵平　余学颖　张若琼　史方圆　陈　鹏　杨颖（美国密歇根大学）

主要编撰者简介

李建平　男，1946年出生于福建莆田，浙江温州人。曾任福建师范大学政治教育系副主任、主任，经济法律学院院长，副校长、校长。现任全国经济综合竞争力研究中心福建师范大学分中心主任、福建师范大学中国特色社会主义政治经济学研究中心主任、二十国集团（G20）联合研究中心主任，教授，博士生导师，福建师范大学理论经济学一级学科博士点和博士后科研流动站学术带头人，福建省特色重点建设学科与福建省重点建设学科理论经济学的学科负责人。兼任福建省人民政府经济顾问、中国《资本论》研究会副会长、中国经济规律研究会副会长、全国马克思主义经济学说史研究会副会长、全国历史唯物主义研究会副会长等社会职务。长期从事马克思主义经济思想发展史、《资本论》和社会主义市场经济、经济学方法论、区域经济发展等问题研究，已发表学术论文100多篇，撰写、主编学术著作、教材60多部。科研成果获得教育部第六届、第七届社会科学优秀成果二等奖1项、三等奖1项，八次获得福建省哲学社会科学优秀成果一等奖，两次获得二等奖，还获得全国第七届“五个一”工程优秀理论文章奖，专著《〈资本论〉第一卷辩证法探索》获世界政治经济学学会颁发的第七届“21世纪世界政治经济学杰出成果奖”。福建省优秀专家，享受国务院特殊津贴专家，国家有突出贡献中青年专家，2009年被评为福建省第二届杰出人民教师。

李闽榕　男，1955年生，山西安泽人，经济学博士。原福建省新闻出版广电局党组书记、副局长，现为中智科学技术评价研究中心理事长，福建师范大学兼职教授、博士生导师，中国区域经济学会副理事长。主要从事宏观经济学、区域经济竞争力、现代物流等问题研究，已出版著作《中国省域经济综合竞争力研究报告（1998～2004）》等20多部（含合著），并在《人民日报》

《求是》《管理世界》等国家级报纸杂志上发表学术论文200多篇。科研成果曾荣获新疆维吾尔自治区第二届、第三届社会科学优秀成果三等奖，以及福建省科技进步一等奖（排名第三）、福建省第七届至第十届社会科学优秀成果一等奖、福建省第六届社会科学优秀成果二等奖、福建省第七届社会科学优秀成果三等奖等10多项省部级奖励（含合作），并有20多篇论文和主持完成的研究报告荣获其他省厅级奖励。

赵新力 男，1961年生，辽宁沈阳人，航空宇航博士，系统工程博士后。中国科学技术交流中心正局级副主任、研究员，哈尔滨工业大学兼职教授、博士生导师。国务院特殊津贴获得者。国际欧亚科学院院士、福建省人民政府顾问、国际智库排名专家。先后任国家专利工作协调小组成员、中国信息协会常务理事、中国科技咨询协会高级顾问、中国地方科技史学会副理事长、欧亚系统科学研究会理事、中国企业投资协会常务理事等。主持完成“863”计划、自然科学基金、社会科学基金、攻关、标准化、电子政务、博士后基金等国家级课题数十项，参加软科学、“973”计划等国家级课题和主持省部级课题数十项，获得省部级奖励多项。在国内外发表论文近200篇，出版著作近30部。中国“图书馆、情报和档案管理”一级学科首个博士后工作站和首批硕士点创始人。曾在北京航空航天大学、沈阳飞机工业集团、美国洛克希德飞机公司、清华大学、原国家科委（国家科技部）基础研究与高技术司、澳门中联办经济部、中国科技信息研究所、国家行政学院、中共中央党校、中国科技交流中心、浦东干部管理学院、中国常驻联合国代表团等学习或工作，先后兼任中欧先进制造技术领域合作委员会中方主席、国家工程图书馆常务副馆长、科技部海峡两岸科技交流中心副主任、中日技术合作事务中心副主任、中国和欧盟科技合作办公室副主任等。

周天勇 男，1958年生，河南南阳人，经济学博士，教授。中共中央党校国际战略研究院副院长，北京科技大学博士生导师。1980年从青海省民和县考入东北财经大学（原辽宁财经学院）基本建设经济系，1992年获东北财经大学经济学博士学位，1994年调入中共中央党校执教和从事研究至今。社会兼职有：中国城市发展研究会副理事长兼城市研究所所长，国家行政学院、北京科技大学、东北财政大学、中国社会科学院研究生院等教授，国家发展改革委价格咨询专家。研究领域为社会主义经济理论、宏观经济、经济发展和增长、金融风险、城市化、国企改革、农业经济等。出版有《劳动与经济增长》《效率与供给经济学》《金融风险与资本社会化》《中国经济命运与前景的深层次思考》《新发展经济学》等多部专著和教材。在《经济研究》《管理世界》《财贸经济》《中国工业经济》《人民日报》《光明日报》《经济日报》各类报刊和内参上发表400多篇论文。在中央党校内参、《人民日报》内参、中国社会科学院要报等发表的一些文章得到了国家有关领导的重视。近年来就国家整体负债、公平与效率、政府各部门收费、财政体制、官民供养比、水电开发、中国增长危机等问题发表的文章，引起了各方面的高度关注。

李向军　男，1957年8月生，辽宁大学历史系77级本科毕业，1991年北京师范学院历史系博士研究生毕业，获博士学位。曾在辽宁大学历史系和中国社会科学院经济研究所从事教学与研究工作，任讲师、副研究员。现任光明日报理论部主任、光明日报智库研究与发布中心主任，高级编辑，北京师范大学、中国政法大学、中南大学特聘教授，中南大学博士生导师，享受国务院特殊津贴。研究方向为中国经济史、中国救灾史、中国人口史及中国当代社会问题。主要学术著作有《清代荒政研究》《中国救灾史》等，在《中国社会科学》(英文版)、《历史研究》《民族研究》《中国经济史研究》《史学理论研究》《文献》《中国社会科学院研究生院学报》《中国社会经济史研究》等学术刊物发表论文数十篇，担任国家哲学社会科学基金评审委员、中宣部全国优秀通俗理论读物终评评委、中宣部文化名家暨“四个一批”人才综合评议组成员等。

李建建　男，1954年生，福建仙游人。经济学博士。原福建师范大学经济学院院长，教授、博士生导师，享受国务院特殊津贴专家。主要从事经济思想史、城市土地经济问题等方面的研究，先后主持和参加了国家自然科学基金、福建省社科规划基金以及福建省发展改革委、福建省教育厅和国际合作研究课题20余项，已出版专著、合著《中国城市土地市场结构研究》等10多部，主编《〈资本论〉选读课教材》《政治经济学》《发展经济学与中国经济发展策论》等教材，在《经济研究》《当代经济研究》等刊物上发表论文70余篇。曾获福建省高校优秀共产党员、福建省教学名师和学校教学科研先进工作者称号，科研成果荣获国家教委优秀教学成果二等奖（合作）、福建省哲学社会科学优秀成果一等奖（合作）、福建省社会科学优秀成果二等奖、福建省社会科学优秀成果三等奖和福建师范大学优秀教学成果一等奖等多项省部级和厅级奖励。

黄茂兴 男，1976年生，福建莆田人。教授、博士生导师。现为福建师范大学经济学院院长、福建师范大学福建自贸区综合研究院院长、中国（福建）生态文明建设研究院执行院长、全国经济综合竞争力研究中心福建师范大学分中心常务副主任、二十国集团（G20）联合研究中心常务副主任、福建省人才发展研究中心执行主任。兼任中国数量经济学会副理事长、中国区域经济学会常务理事等。主要从事技术经济、区域经济、竞争力问题研究，主持教育部重大招标课题、国家社科基金重点项目等国家级、部厅级课题60多项；出版《技术选择与产业结构升级》《论技术选择与经济增长》等著作49部（含合著），在《经济研究》《管理世界》等国内外权威刊物发表论文160多篇，科研成果分别荣获教育部第六届、第七届社会科学优秀成果二等奖1项、三等奖1项（合作），福建省第七届至第十一届社会科学优秀成果一等奖7项（含合作）、二等奖3项等20多项省部级科研奖励。入选“国家首批‘万人计划’青年拔尖人才”“国家第2批‘万人计划’哲学社会科学领军人才”“中宣部全国文化名家暨‘四个一批’人才”“人社部国家百千万人才工程国家级人选”“教育部新世纪优秀人才”“福建省高校领军人才”等多项人才奖励计划。2015年荣获人社部授予的“国家有突出贡献的中青年专家”和教育部授予的“全国师德标兵”荣誉称号，并荣获2014年团中央授予的第18届“中国青年五四奖章”提名奖等多项荣誉称号。2016年获评为享受国务院特殊津贴专家。所带领的科研团队于2014年被人社部、教育部评为“全国教育系统先进集体”。

摘　要

2016年9月，二十国集团领导人第十一次峰会在杭州举行。中国作为主席国提出了峰会主题"构建创新、活力、联动、包容的世界经济"。创新首次列入G20峰会议题，并作为G20杭州峰会的首要议题。G20杭州峰会一致通过了《二十国集团创新增长蓝图》，提出应通过创新、新工业革命、数字经济等新要素新业态，为全球经济增长注入新动能，开辟新路径，拓展新边界。由此可见，G20各国已共同认识到创新对经济复苏和增长的重要作用。创新成为增强G20各国竞争力的原动力。如何全面认识全球创新环境，紧紧抓住全球创新战略机遇，提升G20成员的国家创新竞争力，推动全球经济强劲、可持续、平衡和包容增长，成为当前和今后一个时期G20的重大使命。

本书以G20作为研究对象，着重探讨了2014～2015年G20各国国家创新竞争力的发展水平、变化特征、内在动因及战略趋势，力图为推动G20各国提升国家创新竞争力提供有价值的理论指导和决策参考。全书共三大部分。第一部分为总报告，旨在从总体上评价分析2014～2015年G20国家创新竞争力的发展状况，揭示各国国家创新竞争力的优劣势和变化特征，提出增强国家创新竞争力的基本路径和发展对策，为世界各国加快提升国家创新竞争力提供有价值的参考依据。第二部分为分报告，通过对2014～2015年G20中19个国家的创新竞争力进行综合评价和比较分析，揭示不同类型和发展水平的国家创新竞争力的特点及其相对差异性，为各国提升创新竞争力提供实证依据。第三部分为专题报告，通过选取G20创新实践中的热点问题，如G20创新绩效评价与比较研究、G20科技创新开放合作的机制化建设、数字经济与G20国家创新发展以及G20农业技术合作与创新、推进全球消除饥饿与贫困等专题，为进一步了解G20各国创新竞争力水平与提升潜力提供有益补充。

Abstract

The 11th G20 Summit has held at Hangzhou in September 2016. China as summit chair has adopted "Toward an Innovative, Invigorated, Interconnected and Inclusive World Economy" as summit theme. Innovation is firstly adopted as G20 summit issues, and listed at the top of all issues. The Hangzhou G20 Summit has unanimously passed "G20 Innovation Growth Blueprint", which proposes that new formats and new elements such as innovation, new industrial revolution, digital economy are injecting new momentum, opening up new paths, and expanding new boundaries for global economic growth. Thus, G20 countries have reached a consensus that innovation plays an important role on economic recovery and growth. National innovation competitiveness has become a driving force for improving G20 countries competitiveness. How comprehensively understand global innovation environment, firmly grip global innovation strategic opportunities to improve the G20 countries innovation competitiveness and promote global economy with strong, sustainable, balanced and inclusive growth has become G20 major mission in the current and future period.

This book takes G20 group as the object of study and focuses on the national innovation competitiveness' development level, character of change, intrinsic motivation and strategic trend of each country of G20 in the period of 2014 - 2015, so as to provide valuable theoretical guidance and decision-making reference for countries of G20 to promote national innovation competitiveness. This book consists of four main parts. The first part is the general report to evaluate and analyze the development status of national innovation competitiveness of G20 countries in the period of 2014 - 2015, revealing the strengths and weakness as well as character of change of each country's innovation competitiveness and providing the basic paths and strategies of enhancing the competitiveness level. It provides valuable references for all countries in the world to speed up national innovation competitiveness. The second part is sub-report, whose purpose is to reveal the characteristics and differences of national innovation competitiveness of countries of different types and development level through the comprehensive evaluation and comparative analysis of national innovation competitiveness of 19 countries in G20 in the period of 2014 – 2015. It provides empirical basis for the countries to promote innovation competitiveness. The third part is the special report. It analyzes five hot issues in innovative practice of G20, such as evaluation and comparative study of G20 innovation performance, open cooperation mechanism construction of G20 science and technology innovation, digital economy and the G20 countries innovation development, innovation-driven and G20 countries structural reforms, eliminating global hunger and poverty by G20 agriculture technology cooperation and innovation. It provides a useful complement for further understanding the level and promotion potential of innovation competitiveness of G20 countries.

前　言

创新兴则国家兴，创新强则国家强，创新久则国家持续强盛。创新是指在技术、产品或流程中体现的新的和能创造价值的理念。创新涵盖了以科技创新为核心的广泛领域，是推动全球可持续发展的主要动力之一，在推动未来经济增长、就业、创业和结构性改革，提高生产力和竞争力，改善民众福利并应对全球性挑战等诸多领域发挥着重要作用。创新竞争力已经成为提升国家竞争力的战略支撑。进入 21 世纪以来，特别是 2008 年国际金融危机爆发以后，全球经济体系和政治格局正经历重大变革，进入一个最为活跃的变动和调整期。世界上主要发达国家和新兴经济体都纷纷提出或调整本国的创新发展战略，强化创新战略部署，进而谋求国际竞争力的提升和把握在全球创新竞争中的主动权。

国家创新竞争力研究就是因应这种形势的发展需求而提出的。国家创新竞争力反映一个国家在世界范围内对创新资源的吸引力和创新空间的扩张力，以及对周边国家或地区的影响力、辐射力、带动力。它不仅注重一国的显在创新能力，还注重它的潜在创新实力。国家创新竞争力研究与创新问题研究是一脉相承的，创新问题百年来的研究成果为开展国家创新竞争力研究提供了前提和基础。国家创新竞争力研究应将创新与竞争力有机结合起来，从经济学、管理学、统计学、计量经济学、人文地理学、运筹学、社会学等多学科、多维度对国家创新竞争力问题进行深入探讨，突出对国家创新能力问题的深度探索，催生经济发展新模式、新业态和新动能。可以说，开展国家创新竞争力研究既是对国家创新能力和竞争力理论的进一步深化与提升，更是适应国际竞争力的演变趋势，具有重要的理论和现实意义。

中国国家主席习近平同志在 2016 年 9 月 G20 杭州峰会期间指出，“中方把创新增长方式设定为杭州峰会重点议题，推动制定《二十国集团创新增长蓝图》，目的就是要向创新要动力，向改革要活力。把握创新、新技术革命和产业变革、数字经济的历史性机遇，提升世界经济中长期增长潜力”。“二十国集团应该创新发展方式，挖掘增长动能。应该调整政策思路，做到短期政策和中长期政策并重，需求侧管理和供给侧改革并重。”可见，在全球经济复苏弱于预期的背景下，创新、新工业革命、数字经济和结构性改革将为全球经济增长带来新的历史性机遇，世界各国特别是 G20 各成员应把握好这一机遇，不断提升国家创新竞争力，进而推动全球经济强劲、可持续、平衡和包容增长。

鉴于国际国内科技竞争的新趋势和新要求，福建师范大学、中国科技部科技交流中心、中共中央党校国际战略研究院等单位经过联合攻关，具体由全国经济综合竞争力研究中心福建师范大学分中心负责黄皮书《二十国集团（G20）国家创新竞争力发展报告（2016～2017)》的编写工作，这是该课题组又一部最新研究成果。2011 年 12 月，该课题组推出第一部 G20 国家创新竞争力黄皮书，出版后即引起了各国政府、学术界和新闻界的广泛关注，产生了强烈的社会反响。2012 年该书荣获第三届“中国优秀皮书奖·报告奖”一等奖。2013 年 9 月，第二部 G20 国家创新竞争力黄皮书面世，并在第八次二十国集团领导人峰会召开前夕在北京举行发布会，引起了国内外学术同行的广泛关注，产生了积极的社会反响。2014 年 11 月，第三部 G20 国家创新竞争力黄皮书面世，并在第九次二十国集团领导人峰会召开前夕在北京举行发布会，同样产生了积极的社会反响。2016 年 8 月，第四部 G20 国家创新竞争力黄皮书面世，并在第十一次二十国集团领导人峰会召开前夕在北京举行发布会，同时还联合中国科技部科技交流中心、中共中央党校国际战略研究院等七家单位合作发起成立了“二十国集团（G20）联合研究中心”，致力于联合加强推动 G20 问题的深度研究，得到了海内外的广泛关注和认可。

最新出版的《二十国集团（G20）国家创新竞争力发展报告（2016～2017)》是该研究团队推出的第五部 G20 国家创新竞争力黄皮书。本书以国家创新竞争力作为研究主题，选取 G20 作为研究对象，以竞争的独特视角诠释国家创新体系建设中所包含的创新基础、创新环境、创新投入、创新产出、创新持续等深刻的内涵，把建设创新型国家从国家战略层面深化至具体细致的评价，同时又赋予国家创新能力以新理念和新意境。幸运的是，这项研究工作始终得到国务院发展研究中心管理世界杂志社、中国社会科学院社会科学文献出版社等单位的大力支持，特别是中国科技部科技交流中心正局级副主任、国际欧亚科学院院士赵新力先生给予了鼎力支持与热心指导。

在这项课题研究过程中，我们紧密跟踪经济学、管理学、计量经济学、统计学等多学科的前沿研究成果，深入分析 G20 国家创新竞争力的发展水平、变化特征、内在动因及未来趋势，并根据本课题组所构建的 G20 国家创新竞争力指标体系及数学模型，对 2014～2015 年（由于国际科技统计数据的公布一般要滞后两年，所以目前我们所能采集到的最新统计数据是 2015 年的）G20（本报告选择 G20 中的国家作为研究对象，由于欧盟作为一个联合体，不纳入评价范围）中 19 个国家的创新竞争力进行全面深入、科学的比较分析和评价，深刻揭示不同类型和发展水平的国家创新竞争力的特点及其相对差异性，明确各自内部的竞争优势和薄弱环节，追踪研究 G20 内部各国创新竞争力的演化轨迹和提升路径，为世界各国提升国家创新竞争力提供有价值的理论指导和实践对策。全书分三大部分和附录，基本框架如下。

第一部分：总报告，即 G20 国家创新竞争力总体评价与比较分析报告。总报告是对 2014～2015 年 G20 中 19 个国家的创新竞争力进行评价分析，根据课题组所构建的 1 个一级指标、5 个二级指标、33 个三级指标组成的评价体系，在进行综合分析的基础上，对 G20 各国国家创新竞争力变化态势进行评价分析，分析各国国家创新竞争力的发展状况以及区域分布情况，明示各国国家创新竞争力的优劣势和相对地位，阐释评价期内国家创新竞争力的变化特征及发展启示，提出增强国家创新竞争力的战略原则、战略取向和战略对策，为 G20 各国加快提升国家创新竞争力提供有价值的决策分析依据。

第二部分：分报告，即分国别对国家创新竞争力进行评价分析。对 2014～2015 年中国、美国等 19 个 G20 国家的创新竞争力进行全面深入、科学的比较分析和评价（分报告中 G20 各国按照英文名称首字母顺序排列），深刻揭示不同类型和发展水平的各国创新竞争力的特点及其相对差异，明确各自内部的竞争优势和薄弱环节，追踪研究各国创新竞争力的演化轨迹和提升路径。

第三部分：专题报告，选取与科技创新有关的热点问题进行深入分析。本部分选取了 G20 创新绩效评价与比较研究、G20 科技创新开放合作的机制化建设、数字经济与 G20 国家创新发展以及 G20 农业技术合作与创新、推进全球消除饥饿与贫困等专题，详细阐述了 G20 各国在科技创新开放合作、数字经济、农业技术合作与创新等领域的水平与潜力，为进一步了解和提升二十国集团创新竞争力提供有益补充。

附录部分介绍本书所构建的国家创新竞争力指标评价体系，并列出了 2014～2015 年 G20 国家创新竞争力的一级指标、5 个二级指标数值和排名情况，为读者进行定量化分析提供参考依据。

本书是在借鉴国内外前期研究成果的基础上，综合吸收了经济学、管理学、统计学、计量经济学、人文地理学等多学科的理论知识与分析方法，力图在国家创新竞争力的理论、方法研究和实践评价上尝试作一些创新和突破。当然，这是一项跨越多个学科的研究课题，受到知识结构、研究能力和占有资料有限等主客观因素的制约，我们在一些方面的认识和研究仍然不够深入和全面，还有许多需要深入研究的问题未及研究。鉴于此，我们将继续深化研究，不断完善理论体系和分析方法，并加强对 G20 各国提升国家创新竞争力的具体对策研究。我们愿与关注这些问题的各国政府机构、世界各相关研究领域的科研机构的研究者一道，继续深化对国家创新竞争力理论和方法的研究，使国家创新竞争力的评价更加科学、更加完善，希冀能对中国及世界各国的科技创新发展提供有价值的决策借鉴。

作　者
2017 年 5 月

目 录

Ⅰ 第一部分 总报告

Ⅱ 第二部分 分报告

Ⅲ 第三部分 专题报告

Ⅳ 第四部分 附录

CONTENTS

Part I General Report

Part Ⅱ Sub Reports

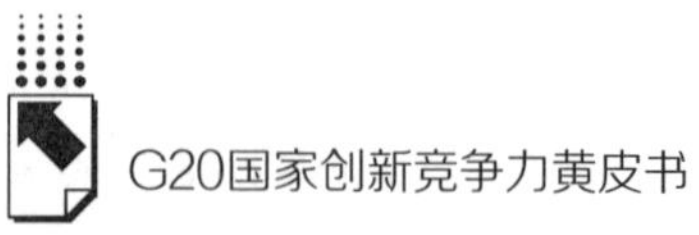

Part Ⅲ Special Reports

Part Ⅳ Appendix

第一部分　总报告

Part Ⅰ　General Report

Y.1
G20国家创新竞争力总体评价与比较分析

当今世界，二十国集团（G20）作为发达国家与新兴市场国家进行国际对话与合作的重要平台，发挥着越来越重要的作用。据统计，该集团拥有全球65%的人口，国内生产总值约占全球的85%，贸易额占全球的80%，在国际货币基金组织和世界银行所占的股权份额约为65%，可以说，G20在全球经济中占据举足轻重的地位。当前，国与国之间综合国力的竞争越来越表现为国家创新竞争力的较量，国家创新竞争力已成为支撑和引领世界经济发展和人类文明进步的主要动力。毋庸置疑，G20作为全球经济发展的重要“火车头”，它在全球科技创新中表现出的竞争力和活力将决定世界科技创新的未来和方向。本部分着重对2014～2015年G20国家创新竞争力以及创新竞争力中各要素的排名变化进行深入分析，从中找出G20国家创新竞争力的推动点及影响因素。

1　G20国家创新竞争力总体评价

1.1　G20国家创新竞争力评价结果

根据国家创新竞争力指标体系和数学模型，课题组对2014～2015年G20

国家创新竞争力进行评价①。表 1－1 列出了本评价期内 G20 国家创新竞争力的得分、排位及其变化情况，以及下属 5 个二级指标的评价结果，图 1－1、图 1－2、图 1－3 直观地标出了 2014 年和 2015 年 G20 国家创新竞争力的排位及其变化情况。

表 1－1　2014～2015 年 G20 国家创新竞争力评价比较

国家＼项目	2015 年						2014 年						综合变化
	创新竞争力	创新基础竞争力	创新环境竞争力	创新投入竞争力	创新产出竞争力	创新持续竞争力	创新竞争力	创新基础竞争力	创新环境竞争力	创新投入竞争力	创新产出竞争力	创新持续竞争力	
美国	78.6	98.6	59.5	82.0	85.0	68.1	79.4	90.0	58.8	85.6	83.4	79.0	-0.7
	1	1	8	1	1	1	1	1	9	1	1	1	0
英国	55.0	53.6	71.5	39.3	43.1	67.3	52.2	54.0	65.8	41.1	43.2	57.0	2.8
	2	3	1	9	6	2	5	3	3	8	6	3	3
韩国	53.4	31.6	68.1	57.0	46.6	63.5	53.7	30.8	68.4	70.5	47.2	51.7	-0.3
	3	10	3	4	5	3	4	10	1	3	5	7	1
德国	53.0	52.1	56.5	57.2	52.3	47.1	55.9	53.6	52.7	67.1	51.6	54.6	-2.9
	4	4	10	3	3	7	2	4	11	4	4	4	-2
日本	51.6	38.8	60.8	65.5	49.9	42.9	54.2	40.7	61.3	82.0	52.8	34.4	-2.7
	5	7	7	2	4	11	3	7	6	2	3	15	-2
法国	50.8	47.0	58.3	54.6	40.2	53.8	50.8	48.2	59.0	54.3	40.7	51.8	0.0
	6	5	9	5	7	4	7	5	8	7	7	6	1
澳大利亚	47.1	58.4	68.4	48.9	13.3	46.7	51.2	57.1	67.2	59.7	12.9	59.3	-4.1
	7	2	2	6	15	8	6	2	2	5	14	2	-1
中国	46.8	31.9	50.1	48.5	53.3	50.1	48.0	36.9	46.4	58.4	52.8	45.7	-1.2
	8	9	13	7	2	5	8	9	12	6	2	9	0
加拿大	42.6	43.6	64.9	46.4	16.9	41.4	42.8	47.4	63.7	39.8	18.2	45.0	-0.2
	9	6	4	8	12	12	9	6	4	9	12	10	0
意大利	40.2	38.3	62.9	26.7	24.7	48.6	41.4	38.8	63.0	32.9	25.4	46.9	-1.1
	10	8	5	10	9	6	10	8	5	10	9	8	0
俄罗斯	28.8	16.4	61.5	21.2	14.1	30.8	29.2	22.1	60.2	24.3	11.2	28.3	-0.4
	11	14	6	11	14	15	12	11	7	11	15	17	1

① 注：本报告中各级指标得分的计算都精确到小数点后三位或四位数，但本书图表和相关正文中的指标得分只保留到小数点后 1 位数，故部分指标得分加减后可能有正负 0.1 的误差。

续表

项目 国家	2015 年						2014 年						综合变化
	创新竞争力	创新基础竞争力	创新环境竞争力	创新投入竞争力	创新产出竞争力	创新持续竞争力	创新竞争力	创新基础竞争力	创新环境竞争力	创新投入竞争力	创新产出竞争力	创新持续竞争力	
土耳其	26.2	19.7	38.6	16.1	20.1	36.5	30.7	20.6	37.8	23.4	18.5	53.3	-4.5
	12	11	16	12	11	13	11	12	14	12	11	5	-1
墨西哥	24.1	16.9	44.1	3.6	26.8	29.1	24.9	17.6	37.1	3.5	27.5	39.0	-0.8
	13	12	14	17	8	16	14	15	16	17	8	13	1
沙特阿拉伯	23.5	16.7	54.2	2.6	0.2	43.9	24.0	19.0	56.0	3.0	0.2	41.9	-0.5
	14	13	11	18	19	10	15	13	10	18	19	12	1
巴西	21.9	11.6	41.1	14.1	10.5	32.4	25.6	18.1	37.7	19.4	9.6	43.2	-3.7
	15	16	15	13	16	14	13	14	15	13	16	11	-2
阿根廷	20.4	12.5	32.2	6.8	6.0	44.6	17.3	10.3	27.2	8.3	5.4	35.6	3.1
	16	15	17	16	18	9	17	16	17	15	18	14	1
南非	19.3	4.9	51.5	8.8	6.8	24.6	19.6	5.7	44.3	12.8	6.7	28.5	-0.3
	17	19	12	14	17	17	16	19	13	14	17	16	-1
印度	16.7	5.4	24.8	7.6	22.2	23.3	15.5	5.8	17.8	7.7	21.8	24.4	1.2
	18	18	19	15	10	18	18	18	19	16	10	18	0
印度尼西亚	12.4	7.3	26.9	0.3	16.5	10.8	11.8	8.0	26.0	0.0	13.1	11.8	0.6
	19	17	18	19	13	19	19	17	18	19	13	19	0
最高分	78.6	98.6	71.5	82.0	85.0	68.1	79.4	90.0	68.4	85.6	83.4	79.0	-0.7
最低分	12.4	4.9	24.8	0.3	0.2	10.8	11.8	5.7	17.8	0.0	0.2	11.8	0.6
平均分	37.5	31.9	52.4	32.0	28.9	42.4	38.3	32.9	50.0	36.5	28.5	43.8	-0.8
标准差	17.1	23.1	13.8	24.5	21.1	14.7	17.5	21.5	15.1	27.4	21.3	14.6	-0.4

注：各国对应的两行数列中，上一行为指标得分，下一行为指标排名。下同。

1.1.1 G20国家创新竞争力综合排名及其变化

图 1-4 直观地展现了 2014 年和 2015 年 G20 国家创新竞争力的得分、排名情况。

2015 年 G20 国家创新竞争力处于第一方阵（1~5 位）的依次为：美国、英国、韩国、德国、日本；排在第二方阵（6~10 位）的依次为：法国、澳大利亚、中国、加拿大、意大利；处于第三方阵（11~15 位）的依次为：俄罗斯、土耳其、墨西哥、沙特阿拉伯、巴西；处于第四方阵（16~19 位）的依次为：阿根廷、南非、印度、印度尼西亚。

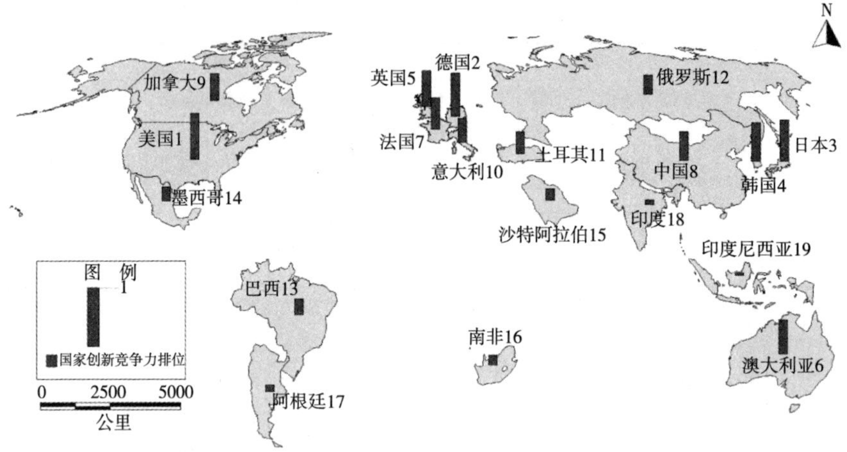

图 1－1 2014 年 G20 国家创新竞争力的排位情况

说明：图中只显示 19 个评价国家的地图，由于中国港澳台地区属无数据、不参与评价地区，故在图中不显示。下同。

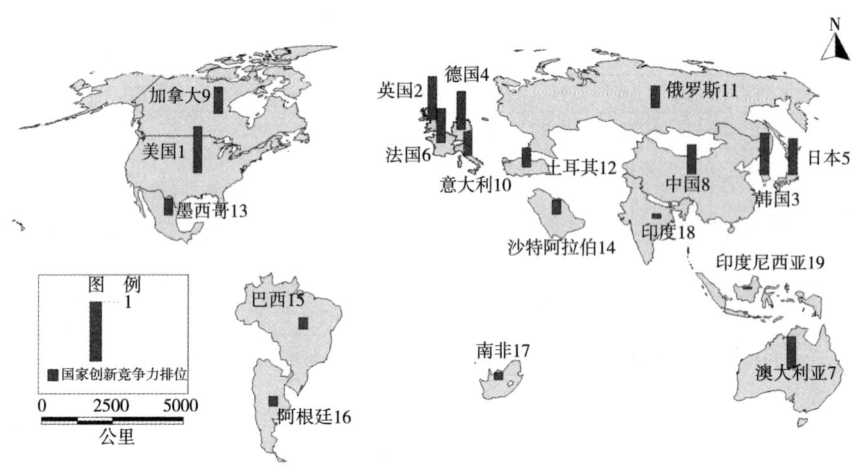

图 1－2 2015 年 G20 国家创新竞争力的排位情况

2014 年 G20 国家创新竞争力处于第一方阵（1～5 位）的依次为：美国、德国、日本、韩国、英国；排在第二方阵（6～10 位）的依次为：澳大利亚、法国、中国、加拿大、意大利；处于第三方阵（11～15 位）的依次为：土耳其、俄罗斯、巴西、墨西哥、沙特阿拉伯；处于第四方阵（16～19 位）的依次为：南非、阿根廷、印度、印度尼西亚。

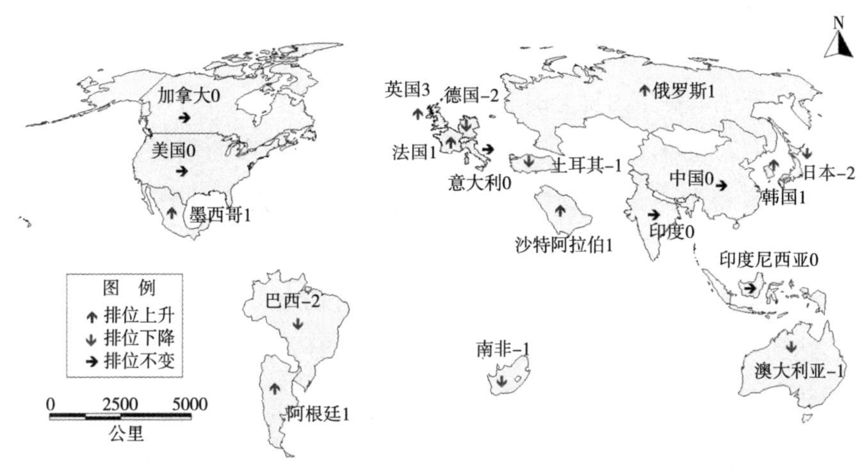

图 1-3　2014~2015 年 G20 国家创新竞争力的排位变化情况

2014~2015 年，共有 13 个国家的创新竞争力排位发生变化，其中上升幅度最大的是英国，上升了 3 位，韩国、法国、俄罗斯、墨西哥、沙特阿拉伯、阿根廷均上升了 1 位；下降幅度最大的是德国、日本、巴西，均下降了 2 位，澳大利亚、土耳其、南非均下降了 1 位。此外，没有国家发生跨方阵变动。

1.1.2　G20国家创新竞争力综合得分及其变化

由图 1-4 可知，G20 国家创新竞争力得分呈阶梯状分布，且差异非常大。2015 年，只有美国 1 个国家的创新竞争力得分达到 70 分以上，其余国家均低于 60 分；其中，有 5 个国家介于 50~60 分，有 4 个国家介于 40~50 分，没有国家介于 30~40 分，6 个国家介于 20~30 分，3 个国家介于 10~20 分。

国家创新竞争力得分较高的主要是发达国家，9 个发达国家全部处于第一方阵和第二方阵，前 10 位中只有排在第 8 位的中国是发展中国家。这突出反映了发达国家长期以来经济、社会发展基础较好，创新投入、创新人才资源和创新制度环境优势明显，因此，这些国家的创新能力和竞争力也比较强。国家创新竞争力得分较低的主要是发展中国家，集中分布在第三和第四方阵，这是由于这些国家的经济社会发展水平相对较低，而且在创新环境、创新投入、创新效益等方面都还与发达国家存在明显的差距，需要花大力气来改变这种状况，不断提升国家创新竞争力。

G20 国家创新竞争力得分的变化情况见表 1－2。

由表 1－2 可知，2014～2015 年，共有 14 个国家的创新竞争力得分下降，4 个国家得分上升，最终使得 G20 国家创新竞争力平均得分下降了 0.8 分。

有 7 个国家的得分下降明显，降幅均在 1 分以上；其中土耳其的下降幅度最大，达到 4.5 分，澳大利亚的降幅也达到 4.1 分。英国和阿根廷的得分上升比较明显，分别上升了 2.8 分和 3.1 分。

表 1－2　2014～2015 年 G20 国家创新竞争力总体得分变化情况

2015 年排名	国家	2015 年得分	2014 年得分	得分变化	得分增加幅度排序
1	美国	78.6	79.4	－0.7	11
2	英国	55.0	52.2	2.8	2
3	韩国	53.4	53.7	－0.3	7
4	德国	53.0	55.9	－2.9	16
5	日本	51.6	54.2	－2.7	15
6	法国	50.8	50.8	0.0	5
7	澳大利亚	47.1	51.2	－4.1	18
8	中国	46.8	48.0	－1.2	14
9	加拿大	42.6	42.8	－0.2	6
10	意大利	40.2	41.4	－1.1	13
11	俄罗斯	28.8	29.2	－0.4	9
12	土耳其	26.2	30.7	－4.5	19
13	墨西哥	24.1	24.9	－0.8	12
14	沙特阿拉伯	23.5	24.0	－0.5	10
15	巴西	21.9	25.6	－3.7	17
16	阿根廷	20.4	17.3	3.1	1
17	南非	19.3	19.6	－0.3	7
18	印度	16.7	15.5	1.2	3
19	印度尼西亚	12.4	11.8	0.6	4
平均分		37.5	38.3	－0.8	—

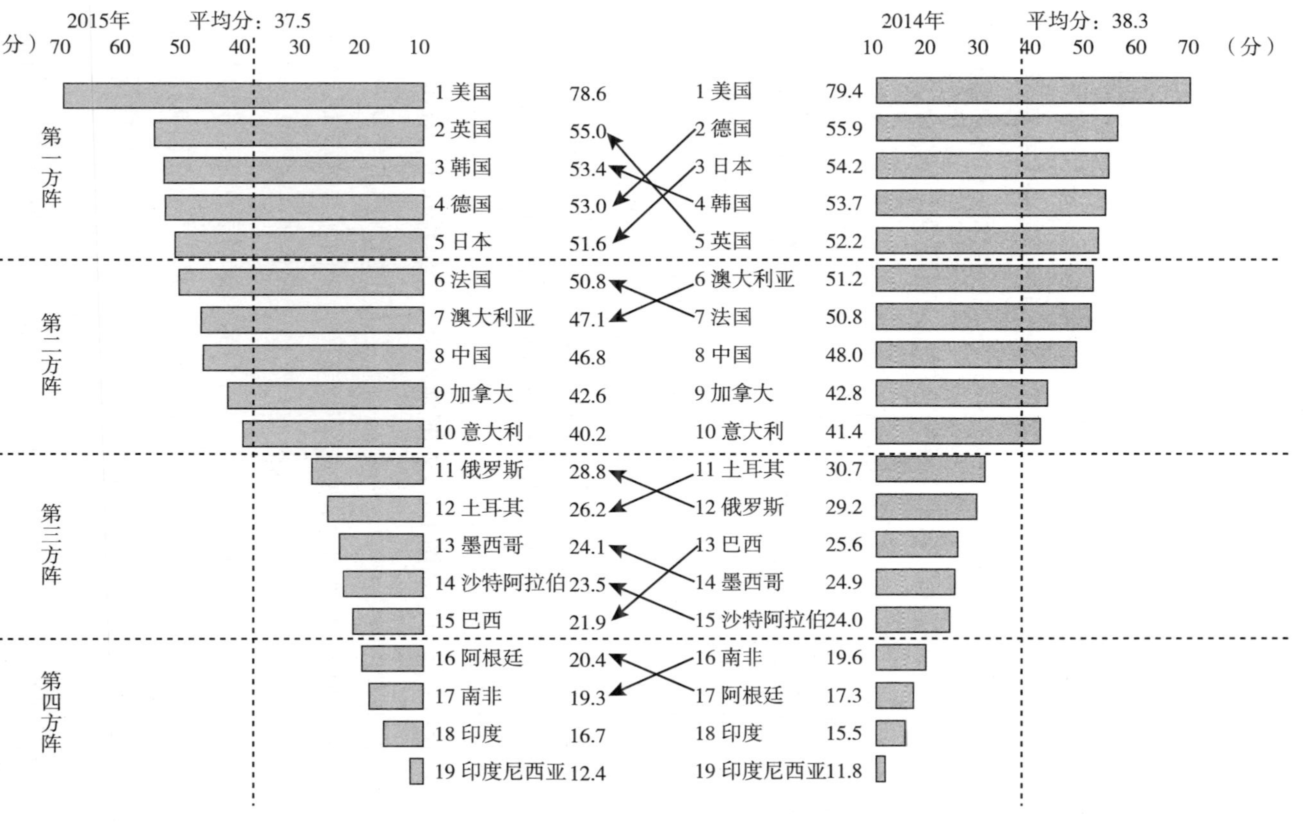

图 1－4　2015 年和 2014 年 G20 国家创新竞争力得分及排位情况

注：左边的柱状图为 2015 年数据，右边的柱状图为 2014 年数据。箭头的方向表示 2014～2015 年的排名变化。下同。

1.1.3 G20国家创新竞争力要素得分及贡献率

表 1 - 1 也列出了 2014 ~ 2015 年 G20 国家创新竞争力二级指标的评价结果，展示了国家创新竞争力 5 个二级指标的得分和排名及其波动情况。

从得分的变化情况来看，2015 年，国家创新竞争力的最高得分为 78.6 分，比 2014 年下降了 0.7 分；最低得分为 12.4 分，比 2014 年上升了 0.6 分；平均分为 37.5 分，比 2014 年下降了 0.8 分。这表明 G20 整体的创新竞争力水平略微下降。反映在二级指标上，则是创新环境竞争力的得分上升最快，平均分从 2014 年的 50.0 分上升到 2015 年的 52.4 分，上升了 2.4 分，最高分从 2014 年的 68.4 分上升到 2015 年的 71.5 分；创新产出竞争力的得分也略有上升。创新基础竞争力、创新投入竞争力和创新持续竞争力的平均分分别下降了 1.0 分、4.5 分和 1.4 分。

通过对比 2014 年和 2015 年 G20 国家创新竞争力的得分变化情况可以发现，G20 国家创新竞争力的整体水平呈现下降趋势，这主要是由创新基础竞争力、创新投入竞争力和创新持续竞争力的下降导致的。在今后的创新实践中，G20 各国需要更加关注创新基础的建设、创新投入的增加和创新的可持续发展，阻止国家创新竞争力进一步下降。同时，也要加大创新环境的改善力度，促进创新产出的增加，力争使国家创新竞争力能够获得提升。

从得分差异来看，2015 年国家创新竞争力得分的标准差为 17.1，各国的差异比较大，这一点也可以从图 1 - 4 直观地看出。二级指标中，标准差最高的是创新投入竞争力，高达 24.5，创新基础竞争力和创新产出竞争力的标准差也比较高，分别为 23.1 和 21.1；创新环境竞争力和创新持续竞争力的标准差相对较低，分别为 13.8 和 14.7。这表明，各国在创新投入竞争力、创新基础竞争力和创新产出竞争力方面的巨大差异是导致整体国家创新竞争力差异的主要因素。因此，国家创新竞争力得分较低的国家，尤其需要在创新投入竞争力、创新基础竞争力和创新产出竞争力方面加倍努力，以不断缩小与其他国家的差距。

为更好地分析各二级指标对一级指标创新竞争力的贡献和作用，我们将各二级指标的得分与其权重相乘，折算为反映在一级指标上的得分，然后除以一级指标的总得分，则可得到各二级指标的贡献率，这样可以更加直观地看出每个二级指标对一级指标的贡献大小（见图 1 - 5）。

由图 1 - 5 可见，创新环境竞争力对国家创新竞争力的贡献率最高，平均贡献率为 27.96%，创新持续竞争力的贡献率其次，为 22.61%，创新投入竞争力、创新基础竞争力和创新产出竞争力的贡献率相对较低，分别为 17.05%、16.99%和 15.39%。当然，各国二级指标的贡献率略有差别。各国在提升国家创新竞争力的过程中，需要关注对国家创新竞争力作出较大贡献的指标，继续加强巩固；同时，对贡献率暂时比较低的指标也要加以重视，继续加大这方面的工作力度，着力提高其贡献率。

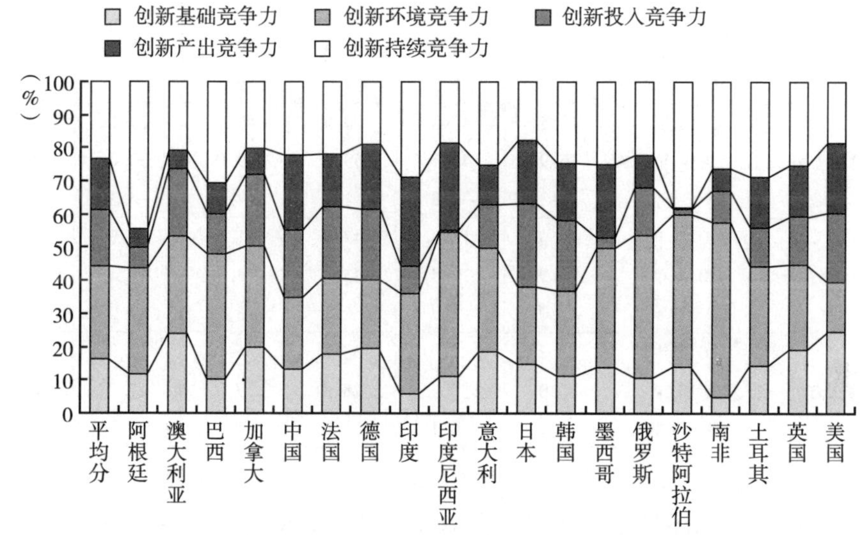

图 1 - 5　2015 年 G20 国家创新竞争力要素贡献率

1.2　G20国家创新竞争力评价比较分析

表 1 - 3 列出了 2014 ~ 2015 年 G20 中各方阵国家创新竞争力的平均得分情况。

从该表可以看出，2015 年，第一方阵与第二方阵的平均得分相差较大，两者相差 12.8 分，得分比差为 1.28∶1；第二方阵与第三方阵的平均得分相差更大，两者相差 20.6 分，得分比差为 1.83∶1；第三方阵与第四方阵的平均得分相差相对较小，两者相差 7.7 分，得分比差为 1.45∶1。第一方阵与第四方阵的差距则非常大，得分比差达到 3.39∶1。

除第四方阵上升了 1.1 分外，其余 3 个方阵的国家创新竞争力平均得分均有所下降：第三方阵的平均得分下降幅度最大，达到 2.0 分，第一方阵和第二方阵分别下降了 0.8 分和 1.3 分。

表 1－3　2014～2015 年各方阵国家创新竞争力平均得分情况

项目 \ 得分平均值		创新竞争力	创新基础竞争力	创新环境竞争力	创新投入竞争力	创新产出竞争力	创新持续竞争力
第一方阵	2015 年	58.3	55.0	63.3	60.2	55.4	57.8
	2014 年	59.1	53.8	61.4	69.3	55.6	55.3
	得分变化	－0.8	1.1	1.9	－9.1	－0.3	2.4
第二方阵	2015 年	45.5	43.8	60.9	45.0	29.7	48.1
	2014 年	46.9	45.7	59.9	49.0	30.0	49.7
	得分变化	－1.3	－1.8	1.0	－4.0	－0.3	－1.6
第三方阵	2015 年	24.9	16.2	47.9	11.5	14.3	34.5
	2014 年	26.9	19.5	45.8	14.7	13.4	41.1
	得分变化	－2.0	－3.2	2.1	－3.2	1.0	－6.6
第四方阵	2015 年	17.2	7.5	33.8	5.9	12.9	25.8
	2014 年	16.0	7.4	28.8	7.2	11.7	25.1
	得分变化	1.1	0.1	5.0	－1.3	1.1	0.8

反映在二级指标上，它们的得分差距及变化状况可以从图 1－6、图 1－7 直观地显示出来。

由图可知，2015 年，第三方阵、第四方阵的创新基础竞争力得分与第一方阵、第二方阵的得分差距很大，第一方阵和第二方阵则比较接近，需要引起注意的是第四方阵的得分仅为 7.5 分，约为第一方阵的 1/7；各个方阵在创新环境竞争力方面的差距不大，第一方阵和第二方阵只差 2.4 分，第二方阵和第三方阵相差 13.0 分；第三方阵和第四方阵的创新投入竞争力得分非常低，与第一方阵和第二方阵的差距非常大，而第一方阵的得分比其他 3 个方阵优势明显，第一方阵得分是第四方阵的 10.2 倍，第四方阵的得分仅为 5.9 分；第一方阵的创新产出竞争力评价得分较高，而其他方阵均较低，尤其是第四方阵，

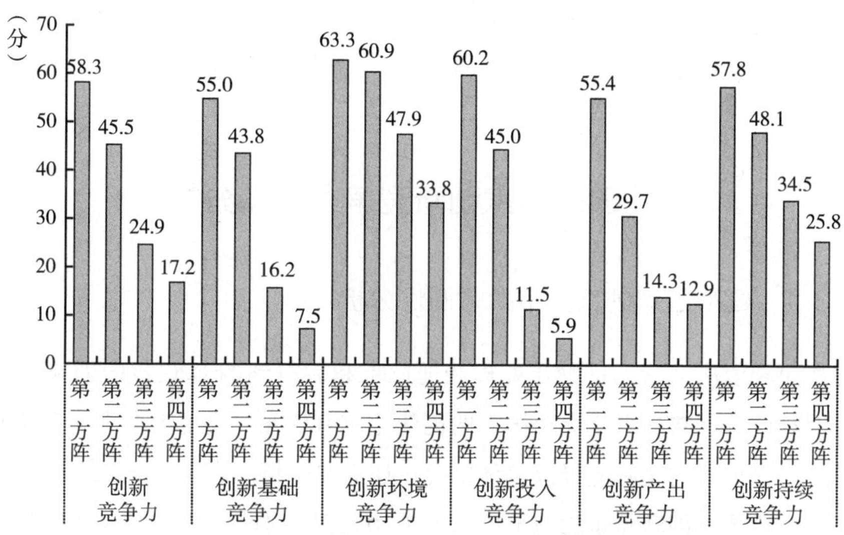

图 1-6　2015 年国家创新竞争力及其二级指标的方阵得分情况

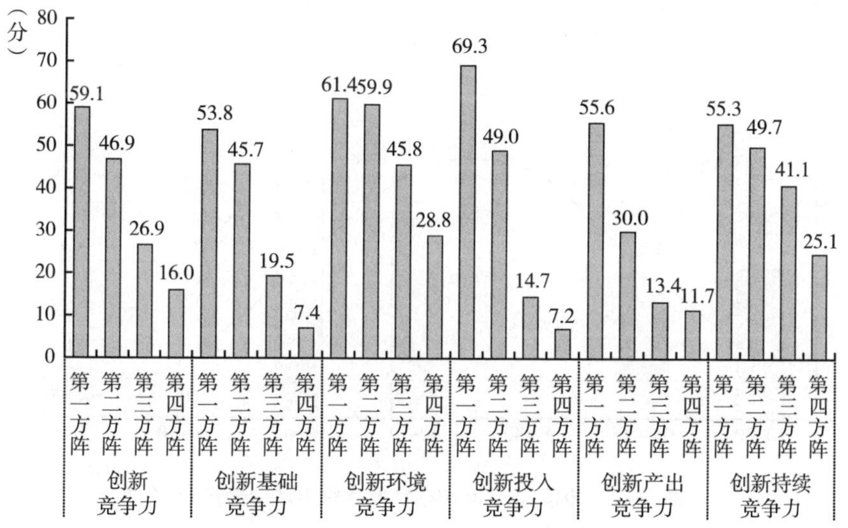

图 1-7　2014 年国家创新竞争力及其二级指标的方阵得分情况

仅为 12.9 分，约为第一方阵的 1/4，第三方阵的得分也很低，只有 14.3 分；各个方阵的创新持续竞争力得分比较接近，差距较小。

此外，2014～2015 年，虽然各个方阵的国家创新竞争力平均得分变化较小，但个别二级指标的得分变化很大，如第四方阵的创新环境竞争力上升了

5.0 分；第一方阵的创新投入竞争力下降了 9.1 分，第二方阵下降了 4.0 分，第三方阵下降了 3.2 分；第三方阵的创新持续竞争力下降了 6.6 分。

2 G20国家创新竞争力区域分析

2.1 G20国家创新竞争力均衡性分析

按照阈值法进行无量纲化处理和加权求和后得到的 G20 各国创新竞争力得分及排位，反映的只是单个国家的创新竞争力状况，要更为准确地反映 G20 国家创新竞争力的实际差异及整体状况，还需要分析国家创新竞争力的得分分布情况，对国家创新竞争力得分的实际差距及其均衡性进行深入研究和分析。图 2－1、图 2－2 分别列出了 2015 年和 2014 年 G20 国家创新竞争力评价分值的分布情况。

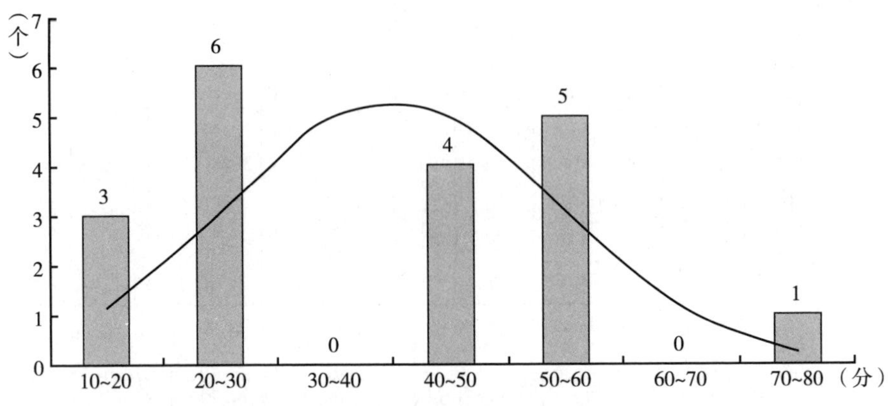

图 2－1　2015 年 G20 国家创新竞争力评价分值分布

从图 2－1、图 2－2 可以看出，2014 年和 2015 年的国家创新竞争力得分分布情况接近，不是呈对称分布，在各个得分段内也不均衡，比较多的是介于 10～30 分、40～60 分。

此外，结合表 1－1 可以发现，各个得分区间段内的各个国家得分差距比较小。例如，2015 年，得分在 50～60 分的共有 5 个国家，而这些国家的得分

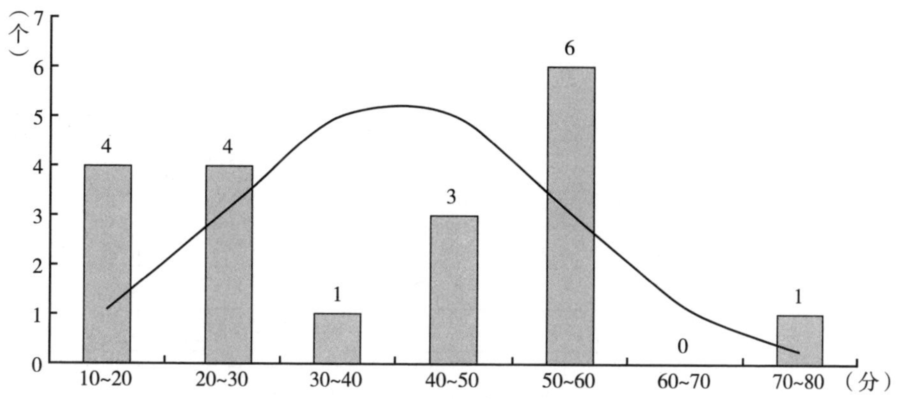

图 2－2　2014 年 G20 国家创新竞争力评价分值分布

非常接近，最高是英国，最低是法国，两者得分相差 4.2 分。但整体来看，各个国家得分差距非常明显，美国得分最高为 78.6 分，远远超过其他所有国家，其他国家得分均没有达到 60 分。得分最低的印度尼西亚只有 12.4 分，印度也只有 16.7 分，与美国和其他发达国家得分差距非常大。

2.2　G20国家创新竞争力区域评价分析

表 2－1 列出了 2014～2015 年世界六大洲中 G20 国家创新竞争力的平均得分及其变化情况。

表 2－1　2014～2015 年分区域国家创新竞争力平均得分及其变化

单位：分

区　域 \ 得　分		2015 年	2014 年	得分变化
北美洲	美国	78.6	79.4	－0.7
	加拿大	42.6	42.8	－0.2
	墨西哥	24.1	24.9	－0.8
	平均分	48.5	49.0	－0.6
南美洲	阿根廷	20.4	17.3	3.1
	巴西	21.9	25.6	－3.7
	平均分	21.2	21.5	－0.3

续表

区域 \ 得分		2015 年	2014 年	得分变化
欧洲	法国	50.8	50.8	0.0
	德国	53.0	55.9	-2.9
	意大利	40.2	41.4	-1.1
	俄罗斯	28.8	29.2	-0.4
	土耳其	26.2	30.7	-4.5
	英国	55.0	52.2	2.8
	平均分	42.3	43.4	-1.0
亚洲	中国	46.8	48.0	-1.2
	印度	16.7	15.5	1.2
	印度尼西亚	12.4	11.8	0.6
	日本	51.6	54.2	-2.7
	韩国	53.4	53.7	-0.3
	沙特阿拉伯	23.5	24.0	-0.5
	平均分	34.0	34.5	-0.5
非洲	南非	19.3	19.6	-0.3
大洋洲	澳大利亚	47.1	51.2	-4.1

从得分情况来看，2015 年世界六大洲中 G20 国家创新竞争力评价平均分为：北美洲 48.5 分、南美洲 21.2 分、欧洲 42.3 分、亚洲 34.0 分、非洲 19.3 分、大洋洲 47.1 分，比差为 2.5∶1.1∶2.2∶1.8∶1.0∶2.4，差距较大。2014 年的情况也类似。总体来说，2014～2015 年，六大区域的差异比较大。

从分值变化情况来看，2014～2015 年，G20 所在的世界六大洲中，各大洲的国家创新竞争力平均得分均下降，其中，大洋洲下降幅度最大，达到 4.1 分；欧洲的下降幅度也比较大，下降了 1.0 分。

2.3　G20国家创新竞争力区域内部评价分析

G20 成员国分布于世界六大洲，各洲的国家创新竞争力得分差距比较大，同时在各洲内部各国的差距也比较大。为进一步分析区域内各国的创新竞争力差异情况，表 2 -2、表 2 -3、表 2 -4 和表 2 -5 分别列出了 2014 ~2015 年北美洲、南美洲、欧洲、亚洲的 G20 国家创新竞争力排位情况。在这里，我们用各国排位来进行差异分析，主要是考虑到通过排位比较分析，可以清楚地看到各国在各区域内部的位次情况，以及在 G20 中的排名情况，可以从 G20 和区域内两个维度来分析其差异，这样会更全面、更客观。同时，还可以看出各国所属的方阵以及跨方阵变化情况。结合表 2 -1，可以更好地分析各个区域内部的差异情况。

表 2 -2　北美洲 G20 国家创新竞争力排位比较

项目 \ 国家		美国	加拿大	墨西哥
北美洲排位	2015 年	1	2	3
	2014 年	1	2	3
	排位变化	0	0	0
G20 排位	2015 年	1	9	13
	2014 年	1	9	14
	排位变化	0	0	1

从表 2 -2 可以看出，北美洲的 3 个 G20 国家，美国、加拿大和墨西哥的排位差距非常大。美国排在第 1 位，始终处于第一方阵；加拿大一直排在第 9 位，处于第二方阵；墨西哥的排位则上升了 1 位，仍然处于第三方阵。

从国家创新竞争力的得分来看，北美洲的 3 个 G20 国家内部的差距也非常明显。如表 2 -1 所示，2015 年，美国的得分为 78. 6 分，加拿大为 42. 6 分，墨西哥仅为 24. 1 分，比差为 3. 3∶1. 8∶1，差距非常大。

总的来看，北美洲三个国家的创新竞争力排位比较稳定，平均得分为 48. 5 分，在六大洲中最高，这主要得益于美国的影响，它极大地拉高了北美洲地区的国家创新竞争力平均得分。

从表 2 -3 可以看出，南美洲的 2 个 G20 国家，阿根廷和巴西分别处于第四方阵和第三方阵。2014 ~2015 年，阿根廷的排位从第 17 位上升到第 16 位，巴西则从第 13 位下降到第 15 位。

从国家创新竞争力的得分来看，两国的差距也比较小。如表 2 - 1 所示，2015 年，巴西的得分为 21.9 分，阿根廷为 20.4 分，仅相差 1.5 分，比差为 1.1∶1。

总的来看，南美洲 2 个国家的创新竞争力排位有所变化，平均得分为 21.2 分，整体创新竞争力处于下游水平，在六大洲中仅比非洲略高。

表 2 -3　南美洲 G20 国家创新竞争力排位比较

项目 \ 国家		阿根廷	巴西
南美洲排位	2015 年	2	1
	2014 年	2	1
	排位变化	0	0
G20 排位	2015 年	16	15
	2014 年	17	13
	排位变化	1	-2

从表 2 -4 可以看出，欧洲 6 个 G20 国家的排位差距比较大，横跨了 3 个方阵。2015 年，既有处于第一方阵的英国和德国，也有处于第二方阵的法国和意大利，还有处于第三方阵的土耳其和俄罗斯；排在第 12 位的土耳其与排在第 2 位的英国，相差了 10 位。

表 2 -4　欧洲地区 G20 国家创新竞争力排位比较

项目 \ 国家		法国	德国	意大利	俄罗斯	土耳其	英国
欧洲排位	2015 年	3	2	4	5	6	1
	2014 年	3	1	4	6	5	2
	排位变化	0	-1	0	1	-1	1
G20 排位	2015 年	6	4	10	11	12	2
	2014 年	7	2	10	12	11	5
	排位变化	1	-2	0	1	-1	3

个别国家的排位变化比较大，2014～2015 年，英国上升了 3 位，德国下降了 2 位，法国、俄罗斯和土耳其的排位变化了 1 位。

从国家创新竞争力的得分来看，欧洲 6 个国家的创新竞争力差距也比较大。如表 2－1 所示，2015 年，最高分英国为 55.0 分，最低分土耳其为 26.2 分，前者是后者的 2.1 倍。

总体来看，欧洲个别国家的创新竞争力排位变化较大，平均得分为 42.3 分，整体创新竞争力处于上游水平。

表 2－5　亚洲 G20 国家创新竞争力排位比较

项目 \ 国家		中国	印度	印度尼西亚	日本	韩国	沙特阿拉伯
亚洲排位	2015 年	3	5	6	2	1	4
	2014 年	3	5	6	1	2	4
	排位变化	0	0	0	－1	1	0
G20 排位	2015 年	8	18	19	5	3	14
	2014 年	8	18	19	3	4	15
	排位变化	0	0	0	－2	1	1

从表 2－5 可以看出，亚洲 6 个 G20 国家的排位差距比较大，横跨了 4 个方阵。2015 年，日本、韩国处于第一方阵，中国处于第二方阵，沙特阿拉伯处于第三方阵，印度和印度尼西亚处于第四方阵；排在第 19 位的印度尼西亚与排在第 3 位的韩国相差了 16 位。

个别国家的排位变化较大，2014～2015 年，日本下降了 2 位，韩国和沙特阿拉伯上升了 1 位，其他国家的排位未发生变化。

从国家创新竞争力的得分来看，亚洲 6 个国家的差距也比较大。如表 2－1 所示，2015 年，最高分韩国为 53.4 分，最低分印度尼西亚为 12.4 分，前者是后者的 4.3 倍。

总的来看，亚洲 6 个国家的整体创新竞争力排位变化较小，平均得分为 34.0 分，国家创新竞争力整体处于中等水平。

3　G20国家创新竞争力专题分析

3.1　发达国家的创新竞争力评价分析

2014～2015 年 9 个发达国家的创新竞争力排名和得分情况见表 3－1。

从综合得分及其变化来看，9 个发达国家的创新竞争力得分都比较高，2015 年平均得分达到 52.5 分，是新兴市场国家平均得分的 2.2 倍；各发达国家的得分均高于 40 分，美国近 80 分，远远领先于其他国家；各发达国家的创新竞争力得分差异不大，标准差只有 10.4。但有 7 个国家的得分出现了下降，其中下降幅度最大的是澳大利亚，下降了 4.1 分，德国和日本下降也比较快，分别下降了 2.9 分和 2.7 分，使得发达国家整体的创新竞争力平均分也下降了 1 分。

从综合排位及其变化来看，9 个发达国家的创新竞争力排名都很靠前，均处于第一方阵和第二方阵，而且第一方阵都被发达国家所占据，其中美国稳居第 1 位。各国的排位相对比较稳定，变化幅度较小，变化幅度最大的是英国，上升了 3 位，而德国和日本均下降了 2 位。

从二级指标得分及其变化来看，发达国家的各个二级指标平均分都比较高，除了创新产出竞争力外，其余 4 个二级指标的平均分均在 50 分以上，远高于新兴市场国家。5 个二级指标中，创新基础竞争力和创新环境竞争力的平均分有所上升，分别上升了 0.2 分和 1.2 分；创新持续竞争力的得分保持不变；创新投入竞争力和创新产出竞争力的平均分分别下降了 6.2 分和 0.4 分。最终整体的国家创新竞争力平均分下降了 1.0 分。2015 年，创新产出竞争力、创新基础竞争力、创新投入竞争力的标准差比较大，分别达到 20.5、18.5、14.8，说明这三个指标是导致各国创新竞争力差异的主要因素。

从二级指标的排位及其变化来看，各国二级指标的排位均比较靠前，但也有个别国家的个别指标排位比较靠后。例如，2015 年德国创新环境竞争力排在第 10 位，澳大利亚创新产出竞争力排在第 15 位，加拿大创新产出竞争力和创新持续竞争力均排在第 12 位。整体来看，二级指标的排位比较靠前或者比较均衡的国家，它们的综合竞争力排位也比较靠前，如美国和英国。

总体来说，发达国家的整体创新竞争力水平比较高，排位比较靠前，且比较稳定。

表 3－1　2014～2015 年发达国家创新竞争力评价比较

国家 \ 项目	2015 年						2014 年						综合变化
	创新竞争力	创新基础竞争力	创新环境竞争力	创新投入竞争力	创新产出竞争力	创新持续竞争力	创新竞争力	创新基础竞争力	创新环境竞争力	创新投入竞争力	创新产出竞争力	创新持续竞争力	
美　国	78.6	98.6	59.5	82.0	85.0	68.1	79.4	90.0	58.8	85.6	83.4	79.0	－0.7
	1	1	8	1	1	1	1	1	9	1	1	1	0
英　国	55.0	53.6	71.5	39.3	43.1	67.3	52.2	54.0	65.8	41.1	43.2	57.0	2.8
	2	3	1	9	6	2	5	3	3	8	6	3	3
韩　国	53.4	31.6	68.1	57.0	46.6	63.5	53.7	30.8	68.4	70.5	47.2	51.7	－0.3
	3	10	3	4	5	3	4	10	1	3	5	7	1
德　国	53.0	52.1	56.5	57.2	52.3	47.1	55.9	53.6	52.7	67.1	51.6	54.6	－2.9
	4	4	10	3	3	7	2	4	11	4	4	4	－2
日　本	51.6	38.8	60.8	65.5	49.9	42.9	54.2	40.7	61.3	82.0	52.8	34.4	－2.7
	5	7	7	2	4	11	3	7	6	2	3	15	－2
法　国	50.8	47.0	58.3	54.6	40.2	53.8	50.8	48.2	59.0	54.3	40.7	51.8	0.0
	6	5	9	5	7	4	7	5	8	7	7	6	1
澳大利亚	47.1	58.4	68.4	48.9	13.3	46.7	51.2	57.1	67.2	59.7	12.9	59.3	－4.1
	7	2	2	6	15	8	6	2	2	5	14	2	－1
加拿大	42.6	43.6	64.9	46.4	16.9	41.4	42.8	47.4	63.7	39.8	18.2	45.0	－0.2
	9	6	4	8	12	12	9	6	4	9	12	10	0
意大利	40.2	38.3	62.9	26.7	24.7	48.6	41.4	38.8	63.0	32.9	25.4	46.9	－1.1
	10	8	5	10	9	6	10	8	5	10	9	8	0
最高分	78.6	98.6	71.5	82.0	85.0	68.1	79.4	90.0	68.4	85.6	83.4	79.0	－0.7
最低分	40.2	31.6	56.5	26.7	13.3	41.4	41.4	30.8	52.7	32.9	12.9	34.4	－1.1
平均分	52.5	51.3	63.4	53.1	41.3	53.3	53.5	51.2	62.2	59.2	41.7	53.3	－1.0
标准差	10.4	18.5	4.8	14.8	20.5	9.9	10.3	15.8	4.6	17.7	20.1	11.5	0.1

3.2 新兴市场国家的创新竞争力评价分析

2014～2015 年 10 个新兴市场国家的创新竞争力排名和得分情况见表 3－2。

表 3－2　2014～2015 年新兴市场国家创新竞争力评价比较

项目 国家	2015 年						2014 年						综合变化
	创新竞争力	创新基础竞争力	创新环境竞争力	创新投入竞争力	创新产出竞争力	创新持续竞争力	创新竞争力	创新基础竞争力	创新环境竞争力	创新投入竞争力	创新产出竞争力	创新持续竞争力	
中　国	46.8	31.9	50.1	48.5	53.3	50.1	48.0	36.9	46.4	58.4	52.8	45.7	-1.2
	8	9	13	7	2	5	8	9	12	6	2	9	0
俄罗斯	28.8	16.4	61.5	21.2	14.1	30.8	29.2	22.1	60.2	24.3	11.2	28.3	-0.4
	11	14	6	11	14	15	12	11	7	11	15	17	1
土耳其	26.2	19.7	38.6	16.1	20.1	36.5	30.7	20.6	37.8	23.4	18.5	53.3	-4.5
	12	11	16	12	11	13	11	12	14	12	11	5	-1
墨西哥	24.1	16.9	44.1	3.6	26.8	29.1	24.9	17.6	37.1	3.5	27.5	39.0	-0.8
	13	12	14	17	8	16	14	15	16	17	8	13	1
沙特阿拉伯	23.5	16.7	54.2	2.6	0.2	43.9	24.0	19.0	56.0	3.0	0.2	41.9	-0.5
	14	13	11	18	19	10	15	13	10	18	19	12	1
巴　西	21.9	11.6	41.1	14.1	10.5	32.4	25.6	18.1	37.7	19.4	9.6	43.2	-3.7
	15	16	15	13	16	14	13	14	15	13	16	11	-2
阿根廷	20.4	12.5	32.2	6.8	6.0	44.6	17.3	10.3	27.2	8.3	5.4	35.6	3.1
	16	15	17	16	18	9	17	16	17	15	18	14	1
南　非	19.3	4.9	51.5	8.8	6.8	24.6	19.6	5.7	44.3	12.8	6.7	28.5	-0.3
	17	19	12	14	17	17	16	19	13	14	17	16	-1
印　度	16.7	5.4	24.8	7.6	22.2	23.3	15.5	5.8	17.8	7.7	21.8	24.4	1.2
	18	18	19	15	10	18	18	18	19	16	10	18	0
印度尼西亚	12.4	7.3	26.9	0.3	16.5	10.8	11.8	8.0	26.0	0.0	13.1	11.8	0.6
	19	17	18	19	13	19	19	17	18	19	13	19	0
最高分	46.8	31.9	61.5	48.5	53.3	50.1	48.0	36.9	60.2	58.4	52.8	53.3	-1.2
最低分	12.4	4.9	24.8	0.3	0.2	10.8	11.8	5.7	17.8	0.0	0.2	11.8	0.6
平均分	24.0	14.3	42.5	13.0	17.6	32.6	24.7	16.4	39.1	16.1	16.7	35.2	-0.7
标准差	8.8	7.6	11.5	13.4	14.2	11.1	9.7	9.0	12.6	16.3	14.3	11.5	-0.9

从综合得分及其变化来看，新兴市场国家的创新竞争力得分相对较低，2015 年平均得分仅有 24.0 分，远低于发达国家，比 2014 年还下降了 0.7 分；除中国外，其余国家得分均低于 30 分，最低的印度尼西亚只有 12.4 分；各国的创新竞争力得分差异不大，标准差只有 8.8。此外，10 个新兴市场国家中，有 7 个国家的创新竞争力得分出现下降，下降幅度最大的是土耳其，下降了 4.5 分；巴西的下降幅度也比较大，下降了 3.7 分。只有 3 个国家的得分有所上升，上升幅度最大是阿根廷，上升了 3.1 分。在各种因素的综合作用下，新兴经济体整体的创新竞争力平均得分下降了 0.7 分。

从综合排位及其变化来看，10 个新兴市场国家的创新竞争力排名都比较靠后，只有中国处于第二方阵，其余国家则处于第三方阵或第四方阵。中国是新兴市场国家的佼佼者，2014 年和 2015 年均排在第 8 位，得分也远高于其他国家。各国的排位相对比较稳定，变化幅度不大，排位变化最大的是巴西，下降了 2 位，土耳其、南非均下降了 1 位，俄罗斯、墨西哥、沙特阿拉伯和阿根廷均上升了 1 位，中国、印度和印度尼西亚的排位则不变。

从二级指标得分及其变化来看，新兴市场国家各二级指标得分都比较低，除了创新环境竞争力和创新持续竞争力外，其余 3 个二级指标的平均分均在 30 分以下，远低于发达国家。5 个二级指标中，创新环境竞争力、创新产出竞争力的平均分分别上升了 3.4 分和 1.0 分，创新基础竞争力、创新投入竞争力和创新持续竞争力的平均分分别下降了 2.1 分、3.1 分和 2.6 分。2015 年，创新投入竞争力和创新产出竞争力的标准差比较大，分别达到 13.4 和 14.2，是导致各国创新竞争力差异的主要因素。

从二级指标的排位及其变化来看，各国二级指标的排位均比较靠后，也有个别国家的个别指标排位比较靠前。例如，2015 年中国的创新产出竞争力和创新持续竞争力分别排在第 2 位和第 5 位，俄罗斯的创新环境竞争力排在第 6 位。整体来看，二级指标的排位比较靠前或者比较均衡的国家，它们的综合竞争力排位也比较靠前，如中国、俄罗斯，而二级指标排位靠后的国家，它们的综合竞争力排位也比较靠后，如印度尼西亚、印度。

总体来说，新兴市场国家的整体创新竞争力水平较低，排位比较靠后且变化不大，总体竞争力水平略有下降。

3.3 金砖国家创新竞争力评价分析

2014～2015 年金砖国家创新竞争力的排名和得分情况见表 3－3。

表 3－3　2014～2015 年金砖国家创新竞争力评价比较

国家＼项目	2015 年						2014 年						综合变化
	创新竞争力	创新基础竞争力	创新环境竞争力	创新投入竞争力	创新产出竞争力	创新持续竞争力	创新竞争力	创新基础竞争力	创新环境竞争力	创新投入竞争力	创新产出竞争力	创新持续竞争力	
中　国	46.8	31.9	50.1	48.5	53.3	50.1	48.0	36.9	46.4	58.4	52.8	45.7	－1.2
	8	9	13	7	2	5	8	9	12	6	2	9	0
俄罗斯	28.8	16.4	61.5	21.2	14.1	30.8	29.2	22.1	60.2	24.3	11.2	28.3	－0.4
	11	14	6	11	14	15	12	11	7	11	15	17	1
巴　西	21.9	11.6	41.1	14.1	10.5	32.4	25.6	18.1	37.7	19.4	9.6	43.2	－3.7
	15	16	15	13	16	14	13	14	15	13	16	11	－2
南　非	19.3	4.9	51.5	8.8	6.8	24.6	19.6	5.7	44.3	12.8	6.7	28.5	－0.3
	17	19	12	14	17	17	16	19	13	14	17	16	－1
印　度	16.7	5.4	24.8	7.6	22.2	23.3	15.5	5.8	17.8	7.7	21.8	24.4	1.2
	18	18	19	15	10	18	18	18	19	16	10	18	0
最高分	46.8	31.9	61.5	48.5	53.3	50.1	48.0	36.9	60.2	58.4	52.8	45.7	－1.2
最低分	16.7	4.9	24.8	7.6	6.8	23.3	15.5	5.7	17.8	7.7	6.7	24.4	1.2
平均分	26.7	14.0	45.8	20.0	21.4	32.2	27.6	17.7	41.3	24.5	20.4	34.0	－0.9
标准差	10.8	9.9	12.3	15.0	16.8	9.6	11.3	11.6	13.8	17.8	17.0	8.7	－0.4

从综合得分来看，2015 年，金砖国家的平均得分为 26.7 分，比 2014 年下降了 0.9 分。中国的创新竞争力得分远高于其他国家，是唯一一个得分高于 40 分的国家。金砖国家的得分差异比较大，得分比差为 2.8∶1.7∶1.3∶1.2∶1。俄罗斯、巴西的得分均高于 20 分，分别为 28.8 分和 21.9 分，而南非和印度的得分均低于 20 分。

从综合得分变化来看，只有印度的得分上升，其余 4 个国家得分均下降。其中，巴西下降最快，下降了 3.7 分；其次为中国，下降了 1.2 分。最终使得金砖国家的创新竞争力平均分下降了 0.9 分。

从综合排名来看，2014 ~2015 年，中国是唯一一个处于第二方阵的国家，俄罗斯和巴西处于第三方阵，南非和印度处于第四方阵。

从二级指标得分及其变化来看，金砖国家的创新环境竞争力和创新持续竞争力的平均分相对较高，分别达到 45.8 分和 32.2 分，而创新基础竞争力的平均分较低，仅为 14.0 分。5 个二级指标中，创新环境竞争力和创新产出竞争力的平均分有所上升，分别上升了 4.5 分和 1.0 分，而创新基础竞争力、创新投入竞争力和创新持续竞争力的得分分别下降了 3.7 分、4.5 分和 1.8 分，最终使得金砖国家的创新竞争力平均分下降了 0.9 分。2015 年，创新投入竞争力和创新产出竞争力的标准差相对较大，分别达到 15.0 和 16.8，说明它们是导致各国创新竞争力差异的主要因素。

从二级指标的排位及其变化来看，各国二级指标的排位处于中等靠后位置，但也有个别国家的个别指标排位比较靠前，如 2015 年中国的创新产出竞争力和创新持续竞争力分别排在第 2 位和第 5 位。整体来看，二级指标排位靠后的国家，它的综合竞争力排位也比较靠后，如印度。

总体来说，金砖国家的整体创新竞争力处于中等偏下水平，排位比较稳定，总体竞争力水平有所下降，这主要是由创新基础竞争力和创新投入竞争力的快速下降引起的。

4 G20国家创新基础竞争力综合评价与比较分析

4.1 G20国家创新基础竞争力评价结果

根据国家创新基础竞争力的指标体系和数学模型，课题组对 2014 ~2015 年 G20 国家创新基础竞争力进行评价，表 4 -1 列出了本评价期内 G20 国家创新基础竞争力排位和排位变化情况及其下属 7 个三级指标的评价结果，图 4 -1、图 4 -2、图 4 -3 直观地标出了 2014 年和 2015 年 G20 国家创新基础竞争力的排位及其变化情况。

表 4-1　2014~2015 年 G20 国家创新基础竞争力评价比较

国家＼项目	2015年 创新基础竞争力	2015年 GDP	2015年 人均GDP	2015年 财政收入	2015年 人均财政收入	2015年 外国直接投资净值	2015年 受高等教育人员比重	2015年 全社会劳动生产率	2014年 创新基础竞争力	2014年 GDP	2014年 人均GDP	2014年 财政收入	2014年 人均财政收入	2014年 外国直接投资净值	2014年 受高等教育人员比重	2014年 全社会劳动生产率	综合变化
美国	98.6	100.0	99.7	100.0	90.9	100.0	100.0	100.0	90.0	100.0	87.6	100.0	73.1	77.4	100.0	91.7	8.7
	1	1	2	1	4	1	1	1	1	1	2	1	6	2	1	2	0
澳大利亚	58.4	5.8	100.0	6.1	99.5	10.2	91.2	95.9	57.1	6.5	100.0	6.9	92.2	17.5	76.9	100.0	1.2
	2	12	1	12	2	8	2	2	2	12	1	11	3	6	3	1	0
英国	53.6	14.4	77.4	17.5	85.5	15.4	89.7	75.6	54.0	15.5	74.2	18.9	75.3	26.9	91.4	75.5	-0.3
	3	5	3	6	6	4	3	3	3	5	5	6	5	4	2	6	0
德国	52.1	17.2	72.4	24.6	94.1	12.2	74.9	69.1	53.6	20.7	76.7	29.9	93.0	3.9	74.4	76.6	-1.5
	4	4	5	4	3	6	4	6	4	4	4	4	2	14	5	5	0
法国	47.0	11.9	63.5	20.9	100.0	9.2	52.0	71.5	48.2	14.6	68.3	25.9	100.0	0.0	48.7	79.9	-1.2
	5	6	6	5	1	9	9	4	5	6	6	5	1	19	8	3	0
加拿大	43.6	7.0	76.3	8.7	85.7	14.4	—	69.4	47.4	8.5	80.9	10.4	83.3	24.3	—	76.8	-3.8
	6	10	4	9	5	5	—	5	6	11	3	10	4	5	—	4	0
日本	38.8	23.0	60.2	27.5	63.9	0.0	—	58.4	40.7	26.4	60.5	30.9	58.1	7.2	—	61.2	-1.9
	7	3	7	3	8	19	—	8	7	3	7	3	8	11	—	8	0
意大利	38.3	8.5	51.9	13.3	70.7	3.4	57.3	63.1	38.8	10.6	55.9	16.8	72.0	6.7	—	70.8	-0.5
	8	8	8	7	7	13	8	7	8	8	8	7	7	12	—	7	0
中国	31.9	60.7	11.8	44.4	0.0	65.9	—	8.9	36.9	59.4	10.1	43.8	0.0	100.0	—	7.9	-4.9
	9	2	16	2	13	2	—	17	9	2	16	2	13	1	—	17	0
韩国	31.6	6.0	46.9	6.3	42.4	1.3	73.7	44.7	30.8	6.2	43.7	6.6	36.6	3.8	75.0	43.7	0.8
	10	11	9	11	9	17	5	10	10	13	9	12	9	15	4	10	0
土耳其	19.7	2.3	13.8	—	—	4.5	58.9	18.9	20.6	2.6	14.5	—	—	5.0	60.0	20.7	-0.9
	11	16	12	—	—	12	7	12	12	16	15	—	—	13	7	11	1

续表

项目 国家	2015年								2014年								综合变化
	创新基础竞争力	GDP	人均GDP	财政收入	人均财政收入	外国直接投资净值	受高等教育人员比重	全社会劳动生产率	创新基础竞争力	GDP	人均GDP	财政收入	人均财政收入	外国直接投资净值	受高等教育人员比重	全社会劳动生产率	
墨西哥	16.9	4.7	13.6	—	—	8.7	42.7	14.8	17.6	5.6	14.5	—	—	10.6	40.7	16.8	-0.8
	12	14	14	—	—	10	10	13	15	14	14	—	—	8	9	15	3
沙特阿拉伯	16.7	1.9	34.5	—	—	2.2	0.0	44.9	19.0	2.4	37.8	—	—	3.4	0.0	51.7	-2.3
	13	17	10	—	—	15	13	9	13	17	10	—	—	16	12	9	0
俄罗斯	16.4	5.7	13.7	7.6	10.8	1.7	62.8	12.4	22.1	10.0	20.7	12.9	18.4	8.6	63.9	20.0	-5.7
	14	13	13	10	10	16	6	14	11	9	11	9	10	10	6	13	-3
阿根廷	12.5	1.5	21.7	—	—	3.2	—	23.6	10.3	1.0	17.7	—	—	2.3	—	20.1	2.2
	15	18	11	—	—	14	—	11	16	18	12	—	—	18	—	12	1
巴西	11.6	8.4	13.0	9.4	7.0	19.8	—	11.8	18.1	12.4	17.1	14.2	11.8	36.4	—	16.8	-6.6
	16	9	15	8	11	3	—	15	14	7	13	8	11	3	—	14	-2
印度尼西亚	7.3	3.1	3.2	—	—	5.3	22.3	2.5	8.0	3.2	3.2	—	—	9.7	21.0	2.7	-0.7
	17	15	18	—	—	11	11	18	17	15	18	—	—	9	10	18	0
印度	5.4	10.0	0.0	—	—	11.6	—	0.0	5.8	9.9	0.0	—	—	13.2	—	0.0	-0.4
	18	7	19	—	—	7	—	19	18	10	19	—	—	7	—	19	0
南非	4.9	0.0	7.5	0.0	1.5	0.4	14.5	10.3	5.7	0.0	8.1	0.0	2.7	2.5	14.7	11.7	-0.8
	19	19	17	13	12	18	12	16	19	19	17	13	12	17	11	16	0
最高分	98.6	100.0	100.0	100.0	100.0	100.0	100.0	100.0	90.0	100.0	100.0	100.0	100.0	100.0	100.0	100.0	8.7
最低分	4.9	0.0	0.0	0.0	0.0	0.0	0.0	0.0	5.7	0.0	0.0	0.0	0.0	0.0	0.0	0.0	-0.8
平均分	31.9	15.4	41.1	22.0	57.8	15.2	56.9	41.9	32.9	16.6	41.7	24.4	55.1	18.9	55.6	44.5	-1.0
标准差	23.1	23.8	32.5	25.2	38.5	24.5	29.4	31.9	21.5	23.6	31.7	24.7	35.1	25.9	29.9	32.5	1.6

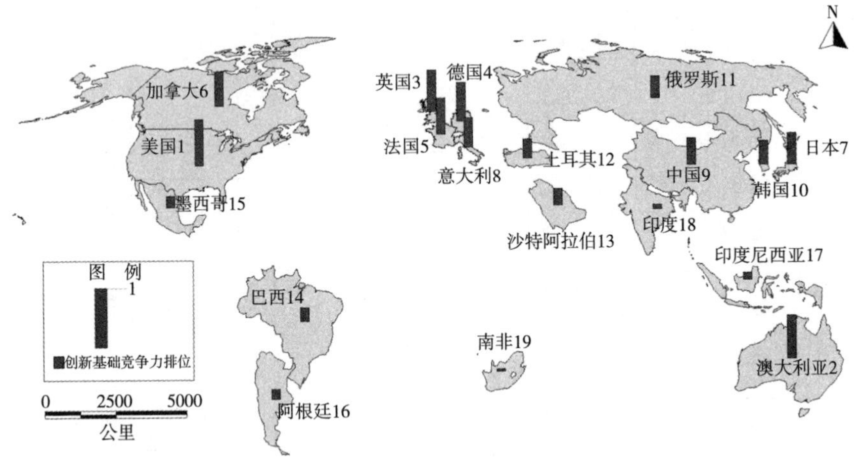

图 4-1　2014 年 G20 国家创新基础竞争力的排位情况

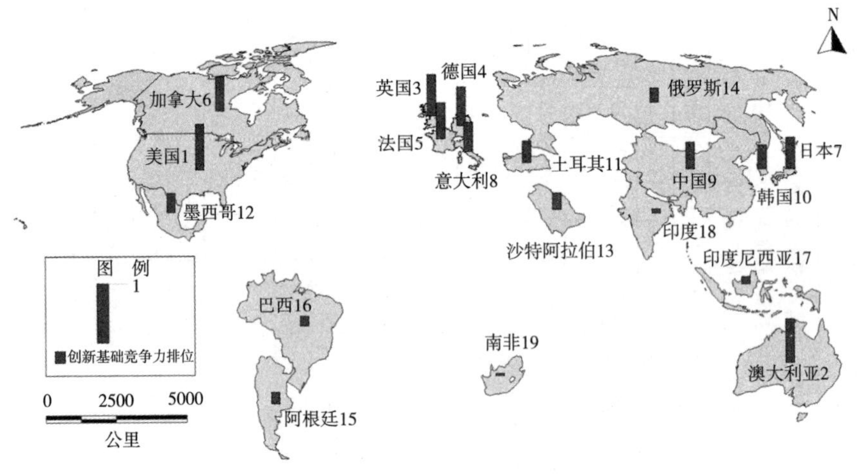

图 4-2　2015 年 G20 国家创新基础竞争力的排位情况

由表 4-1 可知，2015 年，创新基础竞争力的最高得分为 98.6 分，比 2014 年上升了 8.7 分；最低得分为 4.9 分，比 2014 年下降了 0.8 分；平均分为 31.9 分，比 2014 年下降了 1.0 分。这表明 G20 国家整体的创新基础竞争力水平有所下降。反映在三级指标上，则是外国直接投资净值的平均得分下降最多，下降了 3.7 分；其次是全社会劳动生产率，下降了 2.6 分；财政收入、GDP 和人均 GDP 则分别下降了 2.4 分、1.2 分和 0.5 分。而人均财政收入和受

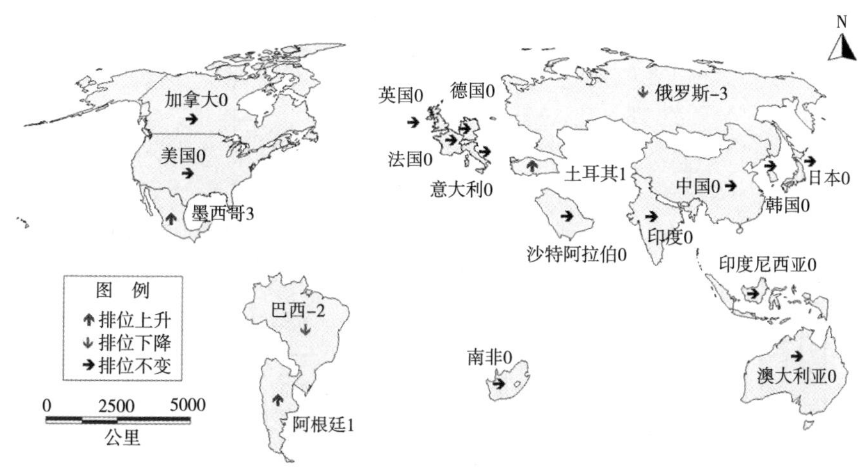

图 4-3　2014~2015 年 G20 国家创新基础竞争力的排位变化情况

高等教育人员比重则分别上升了 2.7 分和 1.4 分。由此可见，外国直接投资净值、全社会劳动生产率和财政收入是促使创新基础竞争力得分降低的主要因素。

由图 4-4 可知，G20 国家创新基础竞争力得分呈阶梯状分布，各国差异非常大，标准差达到 23.1。2015 年，只有美国的创新基础竞争力得分达到 98.6 分，其余没有一个国家的得分能超过 60 分。其中，3 个国家介于 50~60 分，2 个国家介于 40~50 分，4 个国家介于 30~40 分，6 个国家介于 10~20 分，3 个国家低于 10 分。

创新基础竞争力得分较高的国家几乎全是发达国家，在第一和第二方阵中，有 9 个国家是发达国家，只有中国是发展中国家，这说明发达国家雄厚的经济实力为它们打下了坚实的科技创新基础。发展中国家的创新基础竞争力得分普遍较低，仅有中国一个国家的得分超过 30 分，其余均低于 20 分，总体上它们与发达国家的差距非常大，排在第 19 位的南非仅有 4.9 分，仅是排在第 1 位的美国的 5.0%。

4.2　G20国家创新基础竞争力的排位变化分析

2015 年 G20 国家创新基础竞争力处于第一方阵（1~5 位）的依次为：美国、澳大利亚、英国、德国、法国；处于第二方阵（6~10 位）的依次为：加

方阵	2015年 排名	2015年 得分（平均分：31.9）	2014年 排名	2014年 得分（平均分：32.9）
第一方阵	1 美国	98.6	1 美国	90.0
	2 澳大利亚	58.4	2 澳大利亚	57.1
	3 英国	53.6	3 英国	54.0
	4 德国	52.1	4 德国	53.6
	5 法国	47.0	5 法国	48.2
第二方阵	6 加拿大	43.6	6 加拿大	47.4
	7 日本	38.8	7 日本	40.7
	8 意大利	38.3	8 意大利	38.8
	9 中国	31.9	9 中国	36.9
	10 韩国	31.6	10 韩国	30.8
第三方阵	11 土耳其	19.7	11 俄罗斯	22.1
	12 墨西哥	16.9	12 土耳其	20.6
	13 沙特阿拉伯	16.7	13 沙特阿拉伯	19.0
	14 俄罗斯	16.4	14 巴西	18.1
	15 阿根廷	12.5	15 墨西哥	17.6
第四方阵	16 巴西	11.6	16 阿根廷	10.3
	17 印度尼西亚	7.3	17 印度尼西亚	8.0
	18 印度	5.4	18 印度	5.8
	19 南非	4.9	19 南非	5.7

（分）100　80　60　40　20　0　　　0　20　40　60　80　100（分）

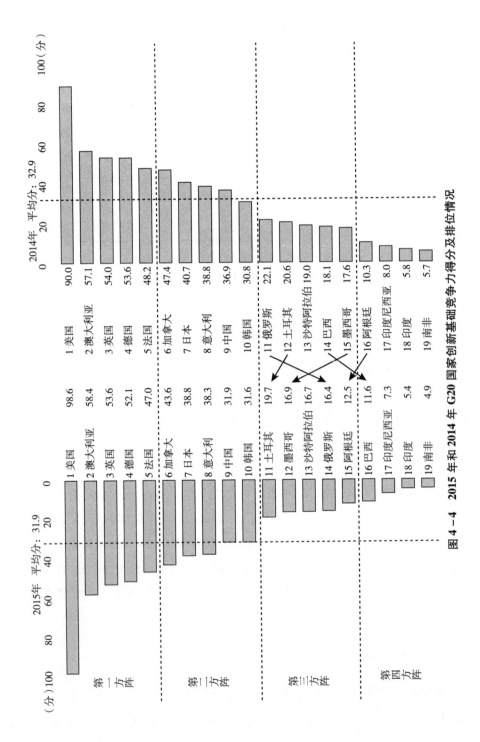

图 4－4　2015 年和 2014 年 G20 国家创新基础竞争力得分及排位情况

拿大、日本、意大利、中国、韩国；处于第三方阵（11～15 位）的依次为：土耳其、墨西哥、沙特阿拉伯、俄罗斯、阿根廷；处于第四方阵（16～19 位）的依次为：巴西、印度尼西亚、印度、南非。

2014 年 G20 国家创新基础竞争力处于第一方阵（1～5 位）的依次为：美国、澳大利亚、英国、德国、法国；处于第二方阵（6～10 位）的依次为：加拿大、日本、意大利、中国、韩国；处于第三方阵（11～15 位）的依次为：俄罗斯、土耳其、沙特阿拉伯、巴西、墨西哥；处于第四方阵（16～19 位）的依次为：阿根廷、印度尼西亚、印度、南非。

从图 4－4 可以看出，2015 年与 2014 年相比，5 个国家的排位发生了变化，墨西哥的排位上升了 3 位，土耳其和阿根廷均上升了 1 位，而俄罗斯下降了 3 位，巴西下降了 2 位。此外，有 2 个国家的创新基础竞争力出现了跨方阵变化，阿根廷由第四方阵上升到第三方阵，巴西由第三方阵下降到第四方阵。

作为二级指标的国家创新基础竞争力，它的变化是由三级指标的变化综合作用的结果，表 4－1 还列出了 7 个三级指标的变化情况。

从上述创新基础竞争力排位变化的国家来看，它们的排位变化主要是受财政收入、人均财政收入、外国直接投资净值、受高等教育人员比重、全社会劳动生产率排位变化的影响，在 G20 国家中，它们的排位变化次数分别为 10 次、11 次、15 次、16 次和 11 次；而 GDP、人均 GDP 的排位变化次数仅分别为 5 次、7 次。因此，相对来说，财政收入、人均财政收入、外国直接投资净值、受高等教育人员比重、全社会劳动生产率对创新基础竞争力排位变化的影响较大，各国创新基础竞争力的差异主要表现在这些指标上。

5　G20国家创新环境竞争力综合评价与比较分析

5.1　G20国家创新环境竞争力评价结果

根据国家创新环境竞争力的指标体系和数学模型，课题组对 2014～2015

年 G20 国家创新环境竞争力进行评价，表 5－1 列出了本评价期内 G20 国家创新环境竞争力排位和排位变化情况及其下属 6 个三级指标的评价结果，图 5－1、图5－2、图 5－3 直观地标出了 2014 年和 2015 年 G20 国家创新环境竞争力的排位及其变化情况。

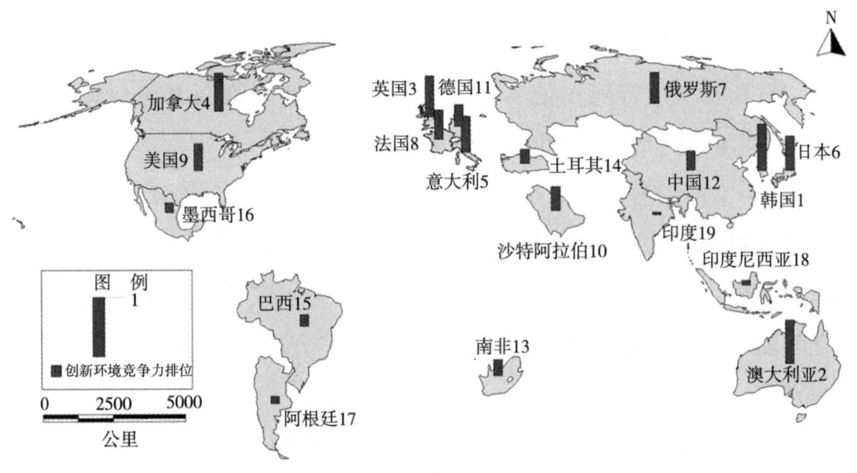

图 5－1　2014 年 G20 国家创新环境竞争力的排位情况

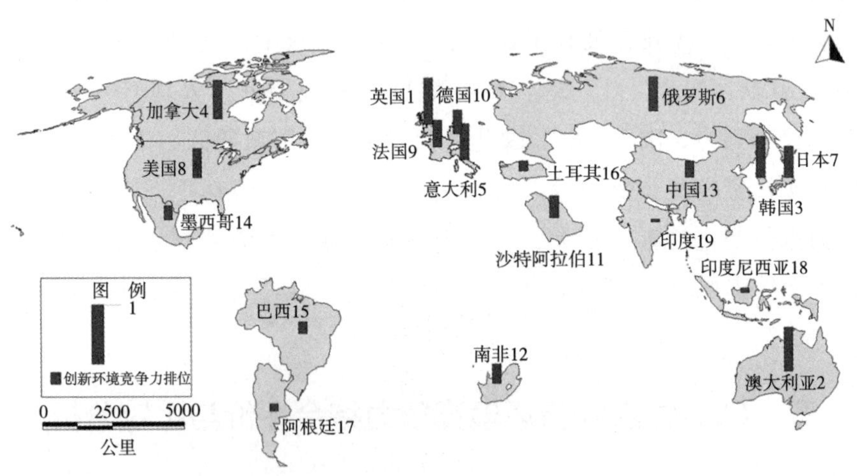

图 5－2　2015 年 G20 国家创新环境竞争力的排位情况

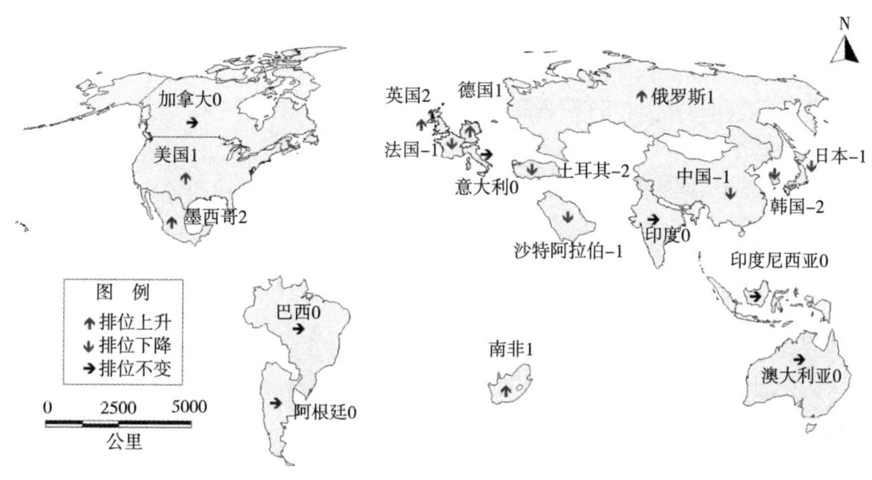

图 5-3　2014～2015 年 G20 国家创新环境竞争力的排位变化情况

由表 5-1 可知，2015 年，创新环境竞争力的最高得分为 71.5 分，比 2014 年提高了 3.1 分；最低得分为 24.8 分，比 2014 年提高了 6.9 分；平均分为 52.4 分，比 2014 年提高了 2.4 分。这表明 G20 国家整体的创新环境竞争力水平有较大提高。反映在三级指标上，除了 ISO 9001 质量体系认证数得分下降 0.6 分以外，其余指标得分均上升，其中上升幅度最大的是在线公共服务指数，上升了 10.5 分，其次为企业开业程序，上升了 1.8 分；因特网用户比例也上升了 1.5 分。由此可见，在线公共服务指数、企业开业程序、因特网用户比例是促使创新环境竞争力提高的主要因素。

由图 5-4 可知，G20 国家创新环境竞争力得分呈阶梯状分布，各国差异较小，标准差为 13.8。2015 年，只有英国的创新环境竞争力得分超过 70 分，其余国家得分均低于 70 分，其中 6 个国家介于 60～70 分，6 个国家介于 50～60 分，2 个国家介于 40～50 分，2 个国家介于 30～40 分，2 个国家低于 30 分。

创新环境竞争力得分较高的国家主要是发达国家，排在前 10 位的国家中，只有俄罗斯是发展中国家，其他均为发达国家，这说明发达国家具有良好的科技创新环境。发展中国家的创新环境竞争力得分普遍较低，除了俄罗斯外，其余发展中国家的得分均低于 55 分，与发达国家的差距较大，排在第 19 位的印度仅有 24.8 分，是排在第 1 位的英国的 34.7%。

5.2 G20国家创新环境竞争力排位变化分析

2015 年 G20 国家创新环境竞争力处于第一方阵（1～5 位）的依次为：英国、澳大利亚、韩国、加拿大、意大利；处于第二方阵（6～10 位）的依次为：俄罗斯、日本、美国、法国、德国；处于第三方阵（11～15 位）的依次为：沙特阿拉伯、南非、中国、墨西哥、巴西；处于第四方阵（16～19 位）的依次为：土耳其、阿根廷、印度尼西亚、印度。

2014 年 G20 国家创新环境竞争力处于第一方阵（1～5 位）的依次为：韩国、澳大利亚、英国、加拿大、意大利；处于第二方阵（6～10 位）的依次为：日本、俄罗斯、法国、美国、沙特阿拉伯；处于第三方阵（11～15 位）的依次为：德国、中国、南非、土耳其、巴西；处于第四方阵（16～19 位）的依次为：墨西哥、阿根廷、印度尼西亚、印度。

从图 5－4 可以看出，2015 年与 2014 年相比，创新环境竞争力排位上升的有 6 个国家，上升幅度最大的是英国和墨西哥，均上升了 2 位，俄罗斯、美国、德国、南非则上升了 1 位；排位下降的有 6 个国家，下降幅度最大的是韩国和土耳其，均下降了 2 位，日本、法国、沙特阿拉伯、中国均下降了 1 位。此外，有 4 个国家的创新环境竞争力出现了跨方阵变化，墨西哥由第四方阵上升到第三方阵，德国由第三方阵上升到第二方阵，沙特阿拉伯由第二方阵下降到第三方阵，土耳其由第三方阵下降到第四方阵。

作为二级指标的国家创新环境竞争力，它的变化是由三级指标的变化综合作用的结果，表 5－1 还列出了 6 个三级指标的变化情况。

从上述创新环境竞争力排位变化的国家来看，它们的排位变化主要是受每百人手机数和在线公共服务指数排位变化的影响，在 G20 中，它们排位变化的次数分别为 12 次和 17 次；而因特网用户比例、企业开业程序、企业平均税负水平、ISO 9001 质量体系认证数的排位变化次数分别为 6 次、8 次、8 次和 2 次。相对来说，每百人手机数和在线公共服务指数对创新环境竞争力排位变化的影响较大，各国创新环境竞争力的差异主要表现在这些指标上。

表 5-1　2014～2015 年 G20 国家创新环境竞争力评价比较

项目 \ 国家	2015 年							2014 年							综合变化
	创新环境竞争力	因特网用户比例	每百人手机数	企业开业程序	企业平均税负水平	在线公共服务指数	ISO 9001质量体系认证数	创新环境竞争力	因特网用户比例	每百人手机数	企业开业程序	企业平均税负水平	在线公共服务指数	ISO 9001质量体系认证数	
英国	71.5	100.0	46.8	83.3	86.1	100.0	12.8	65.8	100.0	46.7	66.7	84.6	84.4	12.4	5.7
	1	1	10	4	5	1	5	3	1	9	6	6	7	5	2
澳大利亚	68.4	89.4	55.6	91.7	73.4	96.6	3.6	67.2	89.8	54.0	91.7	73.3	89.1	5.6	1.1
	2	7	6	2	10	2	10	2	6	7	2	9	5	9	0
韩国	68.1	96.6	41.0	91.7	85.2	90.9	3.1	68.4	94.6	39.2	91.7	84.9	96.9	2.9	-0.3
	3	3	11	2	6	4	11	1	3	12	2	5	2	11	-2
加拿大	64.9	95.0	5.0	100.0	95.0	93.2	1.2	63.7	94.0	6.2	100.0	94.7	85.9	1.1	1.2
	4	4	18	1	2	3	17	4	4	18	1	2	6	17	0
意大利	62.9	62.3	65.0	66.7	59.4	79.6	44.5	63.0	60.2	76.0	66.7	58.8	60.9	55.4	-0.1
	5	12	5	7	16	8	2	5	12	3	6	15	9	2	0
俄罗斯	61.5	68.7	83.1	83.3	73.9	58.0	2.1	60.2	71.7	76.8	83.3	72.1	54.7	2.8	1.3
	6	9	3	4	9	13	12	7	9	2	4	11	10	12	1
日本	60.8	98.7	49.2	50.0	71.1	80.7	15.2	61.3	96.6	45.4	50.0	70.8	90.6	14.3	-0.5
	7	2	9	11	12	7	4	6	2	10	11	12	3	4	-1
美国	59.5	74.9	40.1	66.7	76.4	88.6	10.4	58.8	75.0	34.0	66.7	76.2	90.6	10.0	0.8
	8	8	12	7	8	6	7	9	8	13	6	8	3	7	1
法国	58.3	89.6	24.9	75.0	61.0	90.9	8.5	59.0	89.4	25.4	75.0	55.7	100.0	8.7	-0.7
	9	6	14	6	15	4	8	8	7	14	5	17	1	8	-1
德国	56.5	93.7	39.2	41.7	72.4	75.0	17.0	52.7	92.7	43.7	41.7	72.1	48.4	17.5	3.8
	10	5	13	13	11	10	3	11	5	11	13	10	11	3	1
沙特阿拉伯	54.2	68.0	100.0	8.3	100.0	48.9	0.0	56.0	63.9	100.0	8.3	100.0	64.1	0.0	-1.8
	11	10	1	17	1	16	19	10	10	1	17	1	8	19	-1

续表

项目 \ 国家	2015 年							2014 年							综合变化
	创新环境竞争力	因特网用户比例	每百人手机数	企业开业程序	企业平均税负水平	在线公共服务指数	ISO 9001 质量体系认证数	创新环境竞争力	因特网用户比例	每百人手机数	企业开业程序	企业平均税负水平	在线公共服务指数	ISO 9001 质量体系认证数	
南非	51.5	42.8	87.7	58.3	88.7	30.7	0.5	44.3	42.8	71.1	58.3	88.4	4.7	0.3	7.2
	12	16	2	9	3	18	18	13	15	4	9	3	18	18	1
中国	50.1	40.4	14.3	25.0	56.9	63.6	100.0	46.4	41.3	16.9	25.0	56.1	39.1	100.0	3.7
	13	17	16	14	17	11	1	12	16	16	14	16	13	1	-1
墨西哥	44.1	50.6	8.0	58.3	69.9	76.1	1.5	37.1	36.6	9.7	58.3	69.7	46.9	1.5	7.0
	14	14	17	9	13	9	15	16	17	17	9	13	12	15	2
巴西	41.1	53.0	49.3	25.0	56.7	58.0	5.0	37.7	50.2	61.4	16.7	55.5	37.5	5.1	3.4
	15	13	8	14	18	13	9	15	13	6	15	18	14	10	0
土耳其	38.6	45.4	18.2	50.0	78.7	37.5	1.9	37.8	45.5	19.3	50.0	78.9	31.3	2.0	0.8
	16	15	15	11	7	17	13	14	14	15	11	7	15	13	-2
阿根廷	32.2	67.7	69.7	0.0	0.0	54.5	1.4	27.2	63.9	68.5	0.0	0.0	29.7	1.3	5.0
	17	11	4	19	19	15	16	17	11	5	18	19	16	16	0
印度尼西亚	26.9	0.0	55.1	16.7	88.0	0.0	1.9	26.0	0.0	51.7	16.7	86.3	0.0	1.5	0.9
	18	19	7	16	4	19	14	18	19	8	15	4	19	14	0
印度	24.8	5.7	0.0	8.3	62.8	60.2	11.5	17.8	5.2	0.0	0.0	62.5	28.1	11.1	6.9
	19	18	19	17	14	12	6	19	18	19	18	14	17	6	0
最高分	71.5	100.0	100.0	100.0	100.0	100.0	100.0	68.4	100.0	100.0	100.0	100.0	100.0	100.0	3.1
最低分	24.8	0.0	0.0	0.0	0.0	0.0	0.0	17.8	0.0	0.0	0.0	0.0	0.0	0.0	6.9
平均分	52.4	65.4	44.9	52.6	71.4	67.5	12.7	50.0	63.9	44.5	50.9	70.6	57.0	13.3	2.4
标准差	13.8	29.0	27.8	30.6	20.9	25.3	22.9	15.1	29.3	26.5	31.1	21.0	30.3	23.8	-1.3

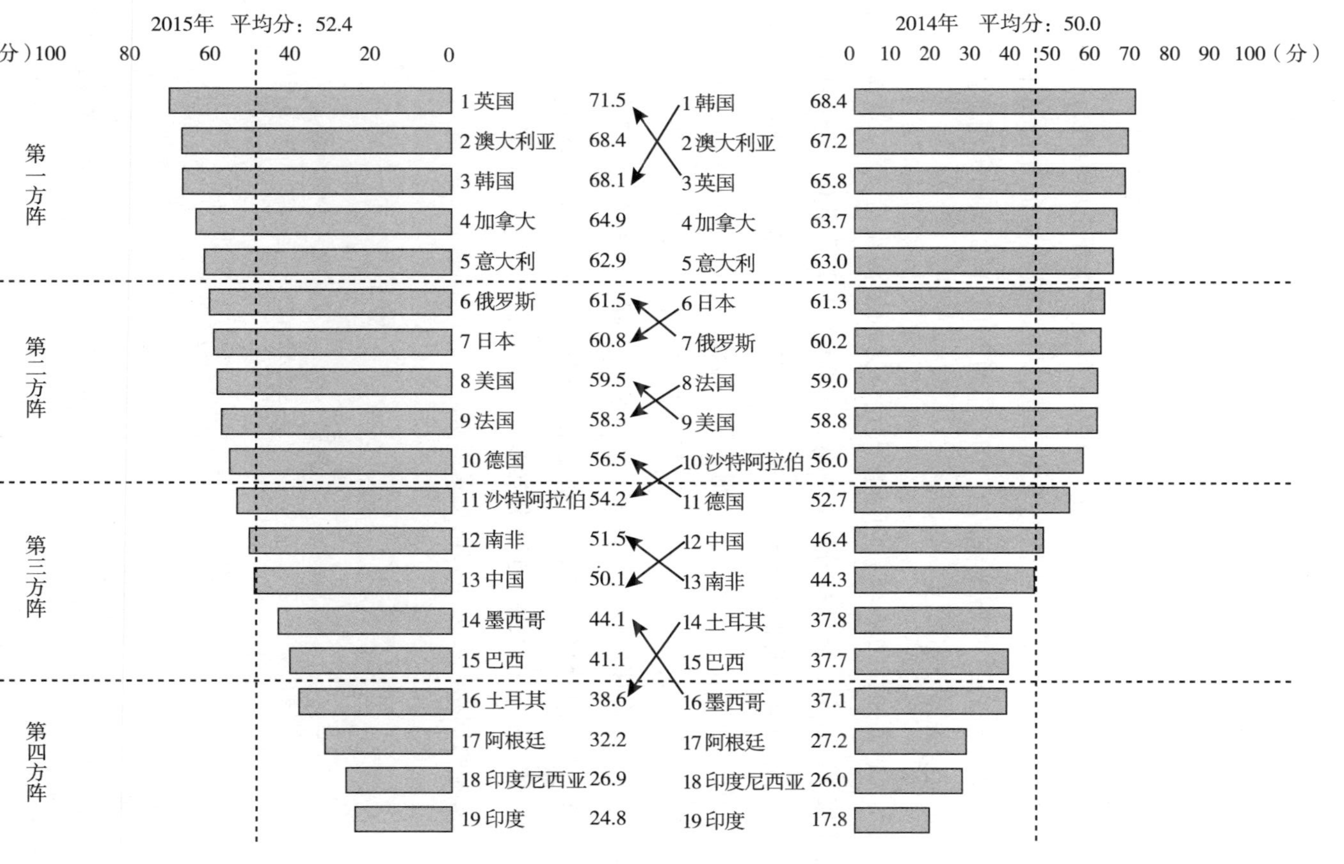

图 5－4　2015 年和 2014 年 G20 国家创新环境竞争力得分及排位情况

6 G20国家创新投入竞争力综合评价与比较分析

6.1 G20国家创新投入竞争力评价结果

根据国家创新投入竞争力的指标体系和数学模型，课题组对 2014 ~ 2015 年 G20 国家创新投入竞争力进行评价，表 6 - 1 列出了本评价期内 G20 国家创新投入竞争力排位和排位变化情况及其下属 7 个三级指标的评价结果，图 6 - 1、图6 - 2、图 6 - 3 直观地标出了 2014 年和 2015 年 G20 国家创新投入竞争力的排位及其变化情况。

由表 6 - 1 可知，2015 年，创新投入竞争力的最高得分为 82.0 分，比 2014 年下降了 3.6 分；最低得分为 0.3 分，比 2014 年上升了 0.3 分；平均分为 32.0 分，比 2014 年降低了 4.5 分。这表明 G20 国家整体的创新投入竞争力水平下降较快。反映在三级指标上，则是所有指标得分均有所下降，下降幅度最大的是风险资本交易占 GDP 比重，下降了 32.2 分；R&D 人员、研究人员占从业人员比重、企业研发投入比重的平均分分别下降了 3.0 分、2.7 分和 2.4 分；而 R&D 经费支出总额、R&D 经费支出占 GDP 比重、人均 R&D 经费支出的得分则分别下降了 0.3 分、0.2 分和 0.3 分。由此可见，风险资本交易占 GDP 比重是影响创新投入竞争力的重要因素。

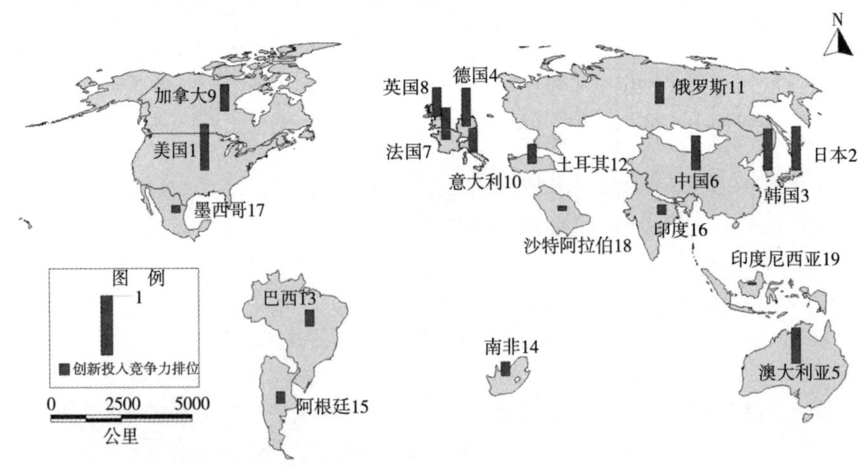

图 6 - 1 2014 年 G20 国家创新投入竞争力的排位情况

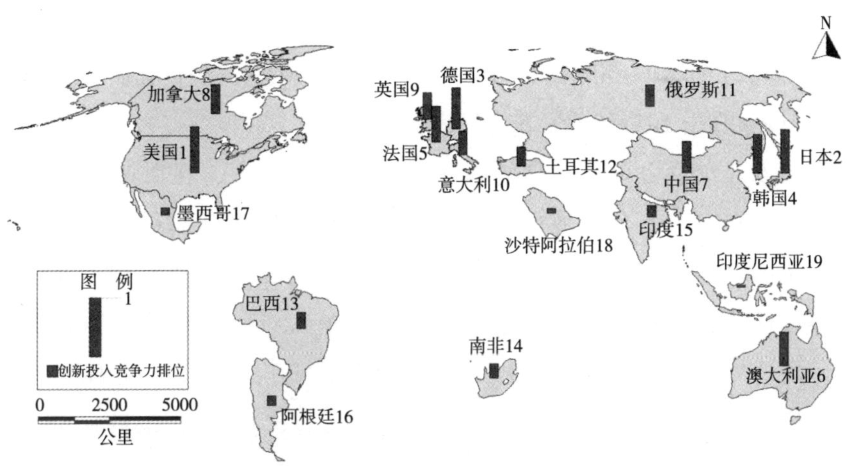

图 6－2　2015 年 G20 国家创新投入竞争力的排位情况

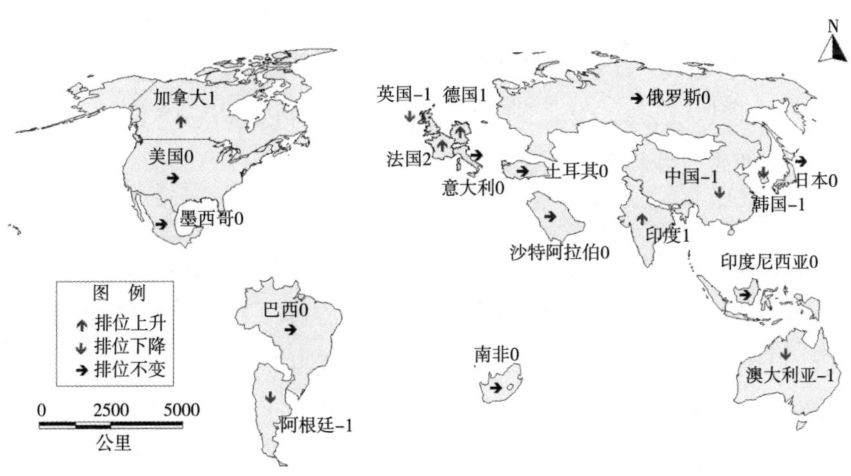

图 6－3　2014～2015 年 G20 国家创新投入竞争力的排位变化情况

由图 6 -4 可知，G20 国家创新投入竞争力得分呈阶梯状分布，各国差异很大，标准差达到 24.5。2015 年，只有美国的创新投入竞争力得分超过 80 分，其余国家均低于 70 分，1 个国家介于 60 ~70 分，3 个国家介于 50 ~60 分，3 个国家介于 40 ~50 分，1 个国家介于 30 ~40 分，2 个国家介于 20 ~30 分，2 个国家介于 10 ~20 分，6 个国家低于 10 分。

创新投入竞争力得分较高的国家主要是发达国家，在第一方阵和第二方阵中，只有中国 1 个发展中国家排在第 7 位，其余全部是发达国家，这说明发达国家雄厚的经济基础和经济实力为它们在科技创新投入方面取得的优势创造了有利条件。发展中国家的创新投入竞争力得分普遍较低，与发达国家的差距较大，排在第 19 位的印度尼西亚仅有 0.3 分，仅相当于排在第 1 位的美国的 0.4%；得分最高的发展中国家为中国，也只有 48.5 分，仅是美国的 59.1%。

6.2 G20国家创新投入竞争力排位变化分析

2015 年 G20 国家创新投入竞争力处于第一方阵（1 ~5 位）的依次为：美国、日本、德国、韩国、法国；处于第二方阵（6 ~10 位）的依次为：澳大利亚、中国、加拿大、英国、意大利；处于第三方阵（11 ~15 位）的依次为：俄罗斯、土耳其、巴西、南非、印度；处于第四方阵（16 ~19 位）的依次为：阿根廷、墨西哥、沙特阿拉伯、印度尼西亚。

2014 年 G20 国家创新投入竞争力处于第一方阵（1 ~5 位）的依次为：美国、日本、韩国、德国、澳大利亚；处于第二方阵（6 ~10 位）的依次为：中国、法国、英国、加拿大、意大利；处于第三方阵（11 ~15 位）的依次为：俄罗斯、土耳其、巴西、南非、阿根廷；处于第四方阵（16 ~19 位）的依次为：印度、墨西哥、沙特阿拉伯、印度尼西亚。

从图 6 -4 可以看出，2015 年与 2014 年相比，9 个国家的创新投入竞争力排位发生变化，排位上升的有 4 个国家，上升幅度最大的是法国，上升了 2 位，德国、加拿大、印度均上升了 1 位；排位下降的有 5 个国家，均下降了 1 位。此外，有 4 个国家的创新投入竞争力出现了跨方阵变化，法国由第二方阵上升到第一方阵，印度由第四方阵上升到第三方阵，而澳大利亚由第一方阵下

表 6－1　2014～2015 年 G20 国家创新投入竞争力评价比较

国家＼项目	2015 年								2014 年								综合变化
	创新投入竞争力	R&D 经费支出总额	R&D 经费支出占 GDP 比重	人均 R&D 经费支出	R&D 人员	研究人员占从业人员比重	企业研发投入比重	风险资本交易占 GDP 比重	创新投入竞争力	R&D 经费支出总额	R&D 经费支出占 GDP 比重	人均 R&D 经费支出	R&D 人员	研究人员占从业人员比重	企业研发投入比重	风险资本交易占 GDP 比重	
美国	82.0	100.0	75.3	100.0	82.8	—	69.3	64.6	85.6	100.0	75.3	96.8	100.0	—	72.3	69.3	-3.6
	1	1	4	1	2	—	6	3	1	1	4	3	2	—	6	6	0
日本	65.5	36.6	99.8	92.0	44.0	81.4	100.0	4.6	82.0	40.5	99.8	97.7	51.4	85.0	99.6	100.0	-16.5
	2	3	2	3	3	5	1	10	2	3	2	2	3	5	2	1	0
德国	57.2	23.4	79.4	92.4	22.1	86.5	77.9	18.5	67.1	23.5	79.4	89.8	26.8	91.4	80.9	77.9	-9.9
	3	4	3	2	5	4	4	5	4	4	3	4	5	4	4	4	1
韩国	57.0	10.5	100.0	67.5	21.6	100.0	96.4	3.1	70.5	10.2	100.0	62.8	24.2	99.9	100.0	96.4	-13.5
	4	7	1	5	6	1	3	11	3	6	1	6	6	2	1	3	-1
法国	54.6	13.4	61.9	65.0	16.5	94.6	58.4	72.3	54.3	13.8	61.9	64.6	19.7	100.0	61.4	58.4	0.3
	5	5	5	6	8	2	7	2	7	5	5	5	8	1	7	7	2
澳大利亚	48.9	6.4	58.1	88.4	5.3	94.1	71.3	18.5	59.7	7.4	60.2	100.0	6.4	98.4	74.3	71.3	-10.8
	6	8	6	4	13	3	5	5	5	8	6	1	13	3	5	5	-1
中国	48.5	45.2	56.0	10.4	100.0	23.9	96.6	7.7	58.4	43.1	56.0	9.6	100.0	24.3	98.0	96.6	-9.8
	7	2	7	11	1	10	2	8	6	2	7	12	1	10	3	2	-1
加拿大	46.4	5.9	43.6	54.6	9.2	71.2	40.4	100.0	39.8	6.4	43.6	56.8	11.1	76.5	43.9	40.4	6.6
	8	9	9	7	10	6	10	1	9	10	9	7	10	6	10	10	1
英国	39.3	10.6	46.1	53.0	16.8	71.0	42.5	35.4	41.1	10.0	46.1	48.4	19.8	76.0	44.9	42.5	-1.8
	9	6	8	8	7	7	9	4	8	7	8	8	7	7	9	9	-1
意大利	26.7	5.7	34.3	30.5	6.6	63.9	40.1	6.2	32.9	5.9	34.3	30.5	7.6	68.6	43.0	40.1	-6.1
	10	11	10	9	12	9	11	9	10	11	10	9	12	9	11	11	0
俄罗斯	21.2	5.0	31.4	11.2	28.2	65.1	6.2	1.5	24.3	5.7	31.4	12.2	33.7	69.6	11.2	6.2	-3.1
	11	12	11	10	4	8	14	14	11	12	12	10	4	8	14	14	0

续表

项目 国家	2015年								2014年								综合变化
	创新投入竞争力	R&D经费支出总额	R&D经费支出占GDP比重	人均R&D经费支出	R&D人员	研究人员占从业人员比重	企业研发投入比重	风险资本交易占GDP比重	创新投入竞争力	R&D经费支出总额	R&D经费支出占GDP比重	人均R&D经费支出	R&D人员	研究人员占从业人员比重	企业研发投入比重	风险资本交易占GDP比重	
土耳其	16.1	1.5	26.3	6.8	4.5	21.5	50.7	1.5	23.4	1.7	26.3	7.1	5.4	22.9	49.9	50.7	-7.3
	12	14	13	13	14	11	8	14	12	14	13	13	14	11	8	8	0
巴西	14.1	5.8	30.4	9.0	7.8	11.6	31.0	3.1	19.4	6.6	32.8	9.9	9.4	12.4	34.0	31.0	-5.3
	13	10	12	12	11	13	12	11	13	9	11	11	11	13	12	12	0
南非	8.8	0.4	18.5	3.0	0.0	9.2	27.3	3.1	12.8	0.4	18.5	3.2	0.0	9.8	30.2	27.3	-4.0
	14	17	15	17	17	14	13	11	14	17	15	17	17	14	13	13	0
印度	7.6	3.4	21.0	0.7	11.4	0.0	—	9.2	7.7	3.2	21.0	0.6	13.8	0.0	—	—	-0.1
	15	13	14	18	9	16	—	7	16	13	14	18	9	16	—	—	1
阿根廷	6.8	0.5	15.1	4.9	2.0	19.8	5.2	0.0	8.3	0.6	15.1	5.2	2.4	21.3	8.1	5.2	-1.5
	16	16	16	14	15	12	15	19	15	16	16	14	15	12	15	15	-1
墨西哥	3.6	1.3	12.9	3.6	1.2	5.0	0.0	1.5	3.5	1.3	12.9	3.5	1.4	5.4	0.0	0.0	0.1
	17	15	17	16	16	15	16	14	17	15	17	16	16	15	16	16	0
沙特阿拉伯	2.6	0.2	4.7	3.9	—	—	—	1.5	3.0	0.2	4.7	3.9	—	—	—	—	-0.4
	18	18	18	15	—	—	—	14	18	18	18	15	—	—	—	—	0
印度尼西亚	0.3	0.0	0.0	0.0	0.0	—	—	1.5	0.0	0.0	0.0	0.0	0.0	—	—	—	0.3
	19	19	19	19	18	—	—	14	19	19	19	19	18	—	—	—	0
最高分	82.0	100.0	100.0	100.0	100.0	100.0	100.0	100.0	85.6	100.0	100.0	100.0	100.0	100.0	100.0	100.0	-3.6
最低分	0.3	0.0	0.0	0.0	0.0	0.0	0.0	0.0	0.0	0.0	0.0	0.0	0.0	0.0	0.0	0.0	0.3
平均分	32.0	14.5	42.9	36.7	21.1	51.2	50.8	18.6	36.5	14.8	43.1	37.0	24.1	53.8	53.2	50.8	-4.5
标准差	24.5	23.5	29.3	36.4	27.3	35.5	31.7	28.1	27.4	23.5	29.3	37.0	29.8	37.0	31.4	31.7	-3.0

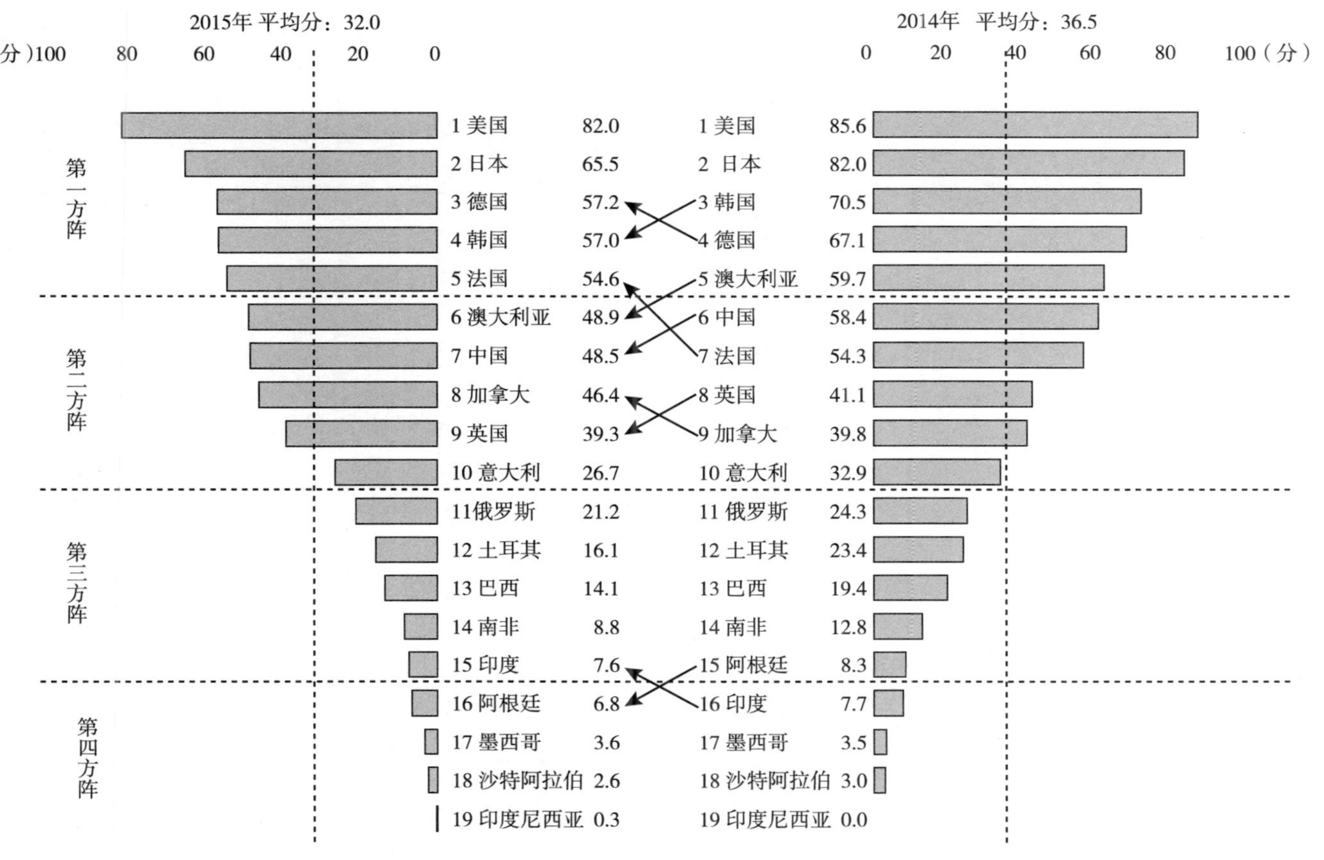

图 6－4　2015 年和 2014 年 G20 国家创新投入竞争力得分及排位情况

降到第二方阵，阿根廷由第三方阵下降到第四方阵。

作为二级指标的国家创新投入竞争力，它的变化是三级指标变化综合作用的结果，表 6 –1 还列出了 7 个三级指标的变化情况。

从上述创新投入竞争力排位变化的国家来看，排位变化主要受到风险资本交易占 GDP 比重的影响，在 G20 中，它的排位变化次数达到 17 次；而人均 R&D 经费支出、研究人员占从业人员比重、企业研发投入比重的变化次数分别为 8 次、5 次和 6 次，R&D 经费支出总额、R&D 经费支出占 GDP 比重、R&D 人员的变化次数分别为 4 次、2 次和 1 次。因此，相对来说，风险资本交易占 GDP 比重对创新投入竞争力排位变化的影响比较大，各国创新投入竞争力的差异主要表现在这个指标上。

7　G20国家创新产出竞争力综合评价与比较分析

7.1　G20国家创新产出竞争力评价结果

根据国家创新产出竞争力的指标体系和数学模型，课题组对 2014 ~2015 年 G20 国家创新产出竞争力进行评价，表 7 –1 列出了本评价期内 G20 国家创新产出竞争力排位和排位变化情况及其下属 7 个三级指标的评价结果，图 7 –1、图 7 –2、图 7 –3 直观地标出了 2014 年和 2015 年 G20 国家创新产出竞争力的排位及其变化情况。

由表 7 –1 可知，2015 年，创新产出竞争力的最高得分为 85.0 分，比 2014 年上升了 1.5 分；最低得分为 0.2 分，与 2014 年相比保持不变；平均分为 28.9 分，比 2014 年上升了 0.3 分。这表明 G20 整体的创新产出竞争力水平略有上升。反映在三级指标上，则是只有注册商标数的平均分下降，其余指标的平均分均上升。其中，专利授权数的平均分上升最多，上升了 2.4 分；创意产品出口比重的上升幅度也比较大，上升了 1.5 分；科技论文发表数、专利和许可收入、高技术产品出口额、高技术产品出口比重的平均分分别上升了 0.5 分、0.2 分、0.1 分和 0.8 分。由此可见，专利授权数、创意产品出口比重是促使创新产出竞争力上升的主要因素。

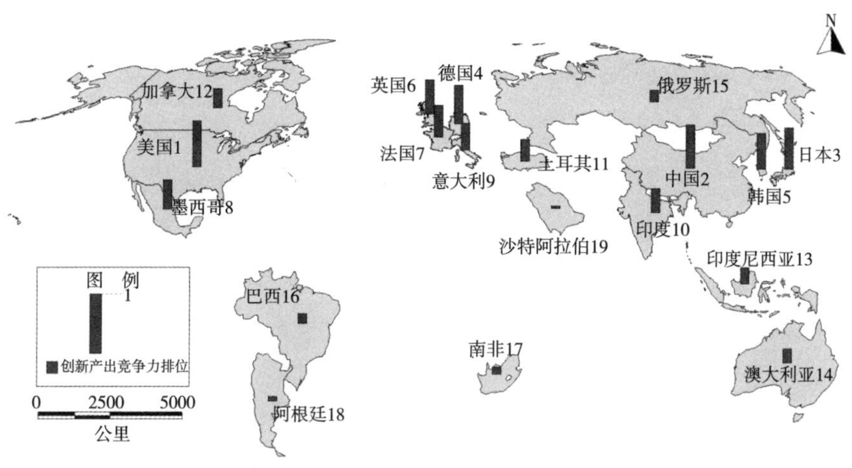

图 7－1　2014 年 G20 国家创新产出竞争力的排位情况

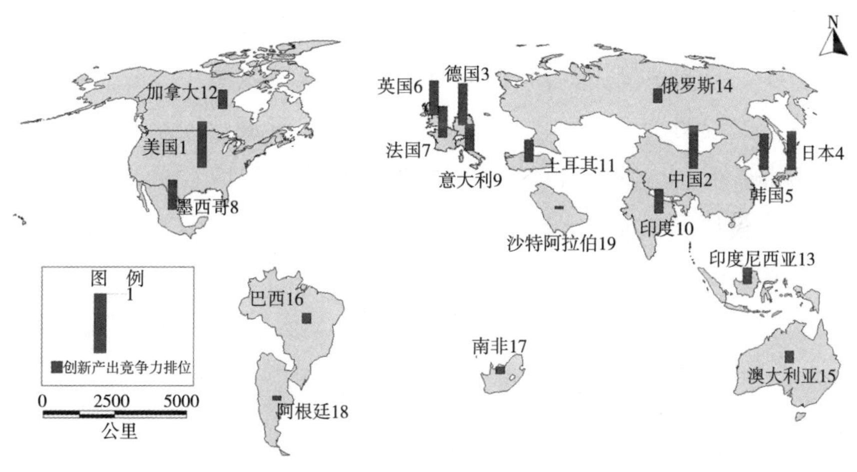

图 7－2　2015 年 G20 国家创新产出竞争力的排位情况

由图 7－4 可知，G20 国家创新产出竞争力的得分比较低，呈阶梯状分布，各国差异比较大，标准差达到 21.1。2015 年，只有美国的创新产出竞争力得分超过 80 分，达到 85.0 分，其余国家均低于 60 分。其中，2 个国家介于 50～60 分，4 个国家介于 40～50 分，4 个国家介于 20～30 分，5 个国家介于 10～20 分，3 个国家低于 10 分。

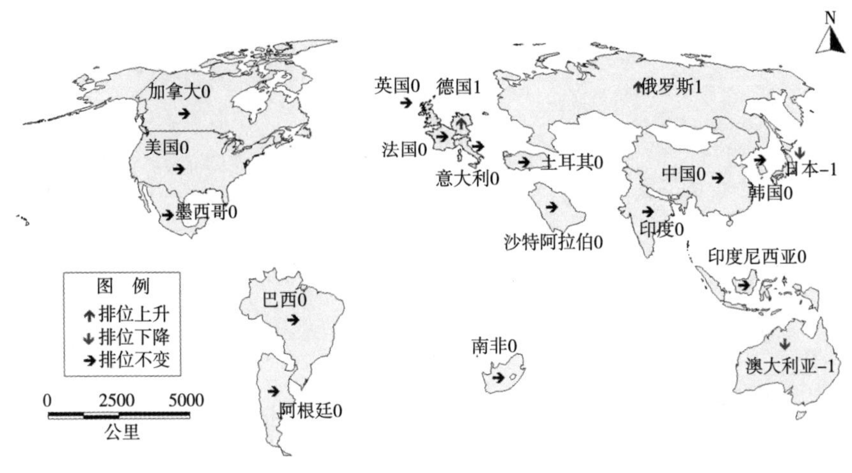

图 7-3　2014～2015 年 G20 国家创新产出竞争力的排位变化情况

创新产出竞争力得分较高的国家主要是发达国家，分布在第一方阵和第二方阵中，只有中国、墨西哥和印度三个国家是发展中国家，其余均为发达国家，这说明发达国家科技创新产出较高。发展中国家的创新产出竞争力得分非常低，与发达国家的差距非常大，排在第 19 位的沙特阿拉伯仅有 0.2 分，仅相当于排在第 1 位的美国的 0.2%；得分最高的发展中国家为中国，为 53.3 分，与美国相比也还有比较大的差距。当然，个别发达国家的创新产出竞争力得分也比较低，如加拿大和澳大利亚，分别为 16.9 分和 13.3 分。

7.2　G20国家创新产出竞争力排位变化分析

2015 年 G20 国家创新产出竞争力处于第一方阵（1～5 位）的依次为：美国、中国、德国、日本、韩国；处于第二方阵（6～10 位）的依次为：英国、法国、墨西哥、意大利、印度；处于第三方阵（11～15 位）的依次为：土耳其、加拿大、印度尼西亚、俄罗斯、澳大利亚；处于第四方阵（16～19 位）的依次为：巴西、南非、阿根廷、沙特阿拉伯。

2014 年 G20 国家创新产出竞争力处于第一方阵（1～5 位）的依次为：美

表 7－1　2014～2015 年 G20 国家创新产出竞争力评价比较

国家＼项目	2015年								2014年								综合变化
	创新产出竞争力	专利授权数	科技论文发表数	专利和许可收入	高技术产品出口额	高技术产品出口比重	注册商标数	创意产品出口比重	创新产出竞争力	专利授权数	科技论文发表数	专利和许可收入	高技术产品出口额	高技术产品出口比重	注册商标数	创意产品出口比重	
美国	85.0	91.5	100.0	100.0	83.2	69.9	100.0	50.2	83.4	86.1	100.0	100.0	77.9	67.1	100.0	52.9	1.5
	1	3	1	1	3	5	2	11	1	2	1	1	3	5	2	12	0
中国	53.3	100	97.3	0.8	100	95.8	100.0	100.0	52.8	59.3	89.7	0.5	100	94.3	100	100	0.5
	2	1	2	9	1	3	1	1	2	3	2	10	1	3	1	1	0
德国	52.3	31	24	11.7	100.0	60.9	77.9	60.8	51.6	28.1	24.2	11.5	100	58.6	82.3	56.4	0.7
	3	5	4	5	2	7	3	10	4	5	4	4	2	7	3	10	1
日本	49.9	96.9	24.5	29.4	49.2	61.4	24.0	63.7	52.8	100.0	24.8	28.7	50.5	61.3	26.8	77.3	－2.9
	4	2	3	2	6	6	7	9	3	1	3	2	6	6	7	7	－1
韩国	46.6	39	13.7	4.9	68.1	100.0	18.5	82.3	47.2	42.9	13.3	3.9	66.8	100.0	18.8	84.5	－0.5
	5	4	9	6	4	2	8	7	5	4	10	6	4	1	8	4	0
英国	43.1	7.6	23.0	15.5	37.3	76.9	50.8	90.7	43.2	7.1	23.0	15.2	35.3	76.3	52.4	93.1	－0.1
	6	8	5	3	7	4	4	4	6	8	5	3	7	4	4	3	0
法国	40.2	15.6	17.0	12.0	56.2	100.0	32.2	48.2	40.7	14.5	17.1	10.9	57.4	97.0	34.3	54.0	－0.6
	7	6	7	4	5	1	6	12	7	6	7	5	5	2	6	11	0
墨西哥	26.8	0.3	2.5	0.2	24.6	53.4	9.9	96.8	27.5	0.3	2.5	0.1	24.6	58.6	9.5	96.6	－0.7
	8	16	15	14	8	8	11	2	8	16	15	15	8	8	11	2	0
意大利	24.7	6.7	15.5	2.4	14.4	24.8	39.8	69.5	25.4	6.3	14.9	2.5	15.3	25.3	40.9	72.5	－0.7
	9	9	8	8	9	15	5	8	9	9	8	8	10	14	5	8	0
印度	22.2	2.1	22.1	0.3	7.3	25.9	8.5	89.1	21.8	1.7	20.9	0.5	8.6	30.5	7.8	82.5	0.4
	10	12	6	13	11	14	13	5	10	12	6	12	11	13	13	6	0
土耳其	20.1	0.9	6.7	—	1.1	5.3	12.9	93.6	18.5	0.6	6.4	—	1.0	5.2	13.9	83.8	1.6
	11	13	14	—	16	18	9	3	11	13	14	—	17	18	9	5	0

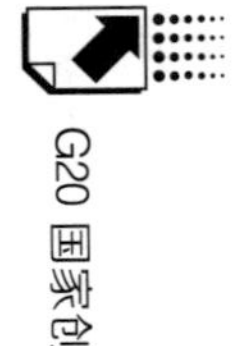

续表

项目 国家	2015年								2014年								综合变化
	创新产出竞争力	专利授权数	科技论文发表数	专利和许可收入	高技术产品出口额	高技术产品出口比重	注册商标数	创意产品出口比重	创新产出竞争力	专利授权数	科技论文发表数	专利和许可收入	高技术产品出口额	高技术产品出口比重	注册商标数	创意产品出口比重	
加拿大	16.9	4.9	13.4	3.4	14.0	50.1	6.4	26.0	18.2	4.7	13.7	3.5	15.7	54.2	5.9	29.9	-1.3
	12	10	10	7	10	9	14	13	12	10	9	7	9	9	15	13	0
印度尼西亚	16.5	0	0	0	2.2	22.5	3.3	87.8	13.1	0	0	0	2.4	24.3	3.4	61.5	3.4
	13	19	19	17	14	16	17	6	13	19	19	17	14	15	17	9	0
俄罗斯	14.1	8.9	8.0	0.5	5.1	49.8	4.7	21.5	11.2	8.8	7.6	0.5	4.8	41.3	4.8	10.7	2.9
	14	7	13	11	12	10	16	15	15	7	13	11	12	11	16	16	1
澳大利亚	13.3	2.2	11.0	0.6	2.1	48.9	9.8	18.3	12.9	2.0	10.3	0.6	2.2	49.5	7.8	17.5	0.4
	15	11	12	10	15	11	12	16	14	11	12	9	15	10	14	15	-1
巴西	10.5	0.5	11.2	0.4	4.6	44.2	10.0	2.6	9.6	0.4	11.0	0.2	4.0	38.2	9.5	3.8	0.9
	16	14	11	12	13	12	10	18	16	15	11	13	13	12	12	17	0
南非	6.8	0.4	1.6	0	0.9	19.6	2.4	22.5	6.7	0.4	1.7	0	1.1	20.1	2.7	20.6	0.1
	17	15	16	16	17	17	18	14	17	14	16	16	16	17	18	14	0
阿根廷	6.0	0.1	1.3	0.1	0.6	31.6	5.0	3.5	5.4	0.1	1.5	0.1	0.6	24.0	10.1	1.4	0.6
	18	18	17	15	18	13	15	17	18	18	17	14	18	16	10	18	0
沙特阿拉伯	0.2	0.3	1.1	—	0	0	0	0	0.2	0.2	1.0	—	0	0	0	0	0
	19	17	18	—	19	19	19	19	19	17	18	—	19	19	19	19	0
最高分	85.0	100	100	100	100	100	100	100	83.4	100	100	100	100	100	100	100	1.5
最低分	0.2	0	0	0	0	0	0	0	0.2	0	0	0	0	0	0	0	0
平均分	28.9	21.5	20.7	10.7	30.1	49.5	27.2	54.1	28.5	19.1	20.2	10.5	29.9	48.7	27.9	52.6	0.3
标准差	21.1	34	27.9	23.6	34.4	29.2	31.5	34.5	21.3	29.9	26.8	23.6	33.9	28.9	31.9	34.1	-0.3

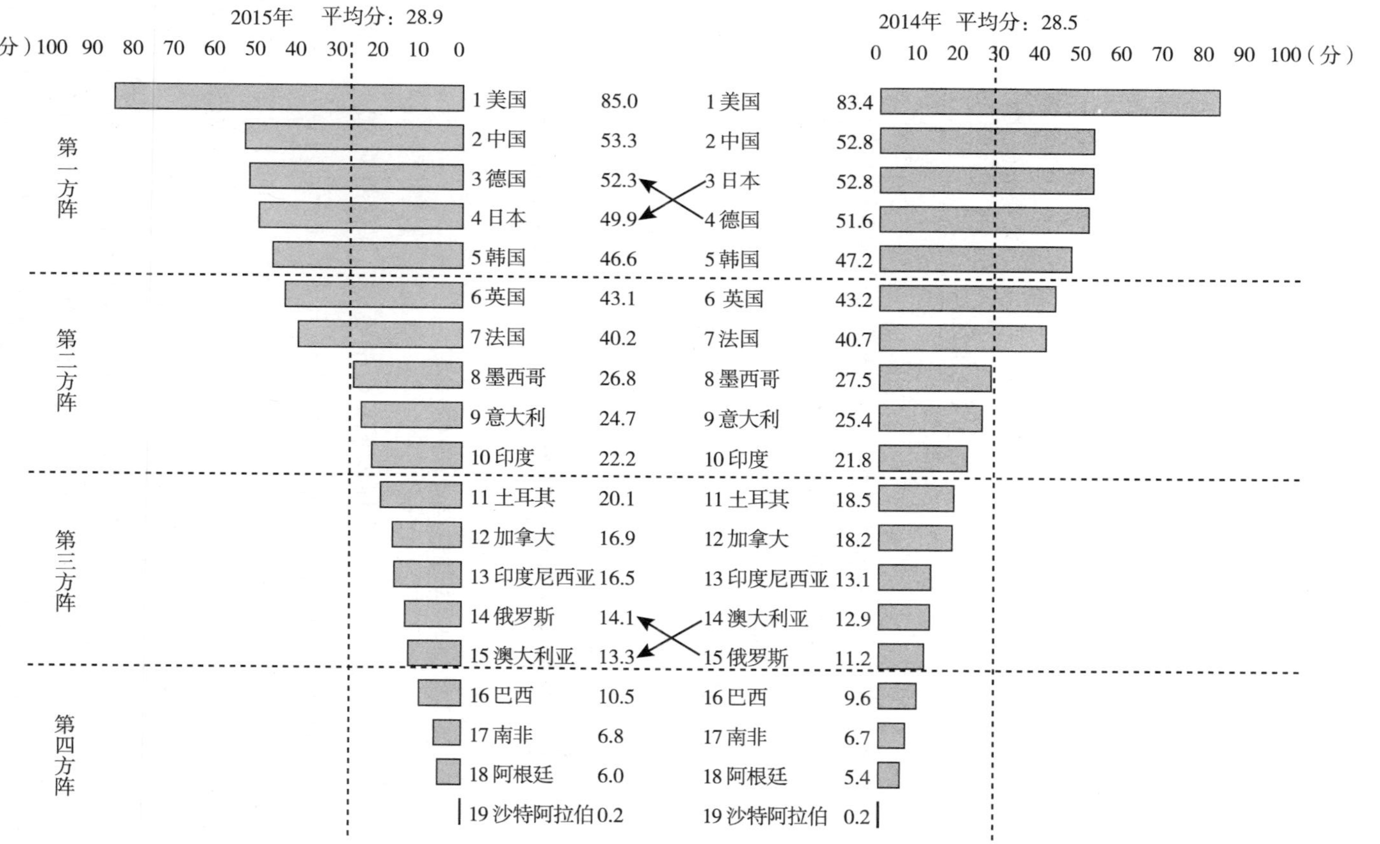

图 7－4 2015 年和 2014 年 G20 国家创新产出竞争力得分及排位情况

国、中国、日本、德国、韩国；处于第二方阵（6～10 位）的依次为：英国、法国、墨西哥、意大利、印度；处于第三方阵（11～15 位）的依次为：土耳其、加拿大、印度尼西亚、澳大利亚、俄罗斯；处于第四方阵（16～19 位）的依次为：巴西、南非、阿根廷、沙特阿拉伯。

从图 7－4 可以看出，2015 年与 2014 年相比，创新产出竞争力排位变化的仅有 4 个国家，其中德国和俄罗斯均上升了 1 位，而日本和澳大利亚均下降了 1 位，并且没有发生跨方阵变化。

作为二级指标的国家创新产出竞争力，它的变化是三级指标变化综合作用的结果，表 7－1 还列出了 7 个三级指标的变化情况。

从上述创新产出竞争力排位变化的国家来看，它们的排位变化主要是受到专利和许可收入、高技术产品出口比重和创意产品出口比重排位变化的影响，在 G20 中，它们的排位变化次数分别为 10 次、8 次和 12 次；其他各指标排位变化次数较少。因此，相对来说，专利和许可收入、高技术产品出口比重和创意产品出口比重对创新产出竞争力排位变化的影响比较大，各国创新产出竞争力的差异主要表现在这些指标上。

8　G20国家创新持续竞争力综合评价与比较分析

8.1　G20国家创新持续竞争力评价结果

根据国家创新持续竞争力的指标体系和数学模型，课题组对 2014～2015 年 G20 国家创新持续竞争力进行评价，表 8－1 列出了本评价期内 G20 国家创新持续竞争力排位和排位变化情况及其下属 6 个三级指标的评价结果，图 8－1、图8－2、图 8－3 直观地标出了 2014 年和 2015 年 G20 国家创新持续竞争力的排位及其变化情况。

由表 8－1 可知，2015 年，创新持续竞争力的最高得分为 68.1 分，比 2014 年下降了 10.9 分；最低得分为 10.8 分，比 2014 年降低了 1.0 分；平均分为 42.4 分，比 2014 年下降了 1.4 分。这表明 G20 国家整体的创新持续竞争力水平有一定幅度的下降。反映在三级指标上，只有科技人员增长率、科技经

表 8－1　2014～2015 年 G20 国家创新持续竞争力评价比较

项目＼国家	2015 年							2014 年							综合变化
	创新持续竞争力	公共教育经费支出总额	公共教育经费支出占 GDP 比重	人均公共教育经费支出额	高等教育毛入学率	科技人员增长率	科技经费增长率	创新持续竞争力	公共教育经费支出总额	公共教育经费支出占 GDP 比重	人均公共教育经费支出额	高等教育毛入学率	科技人员增长率	科技经费增长率	
美国	68.1	100.0	59.8	82.2	87.4	8.9	70.4	79.0	100.0	60.1	72.7	88.6	—	73.9	-10.9
	1	1	11	2	4	10	5	1	1	11	3	3	—	6	0
英国	67.3	18.0	89.0	81.3	48.8	66.9	100.0	57.0	16.5	88.2	67.1	48.8	21.4	100.0	10.3
	2	5	3	3	12	5	1	3	5	3	4	12	8	1	1
韩国	63.5	5.2	48.0	38.4	100.0	100.0	89.4	51.7	4.8	47.7	32.6	100.0	28.8	96.4	11.8
	3	14	13	9	1	1	4	7	14	13	10	1	7	2	4
法国	53.8	16.1	80.1	71.6	59.3	40.3	55.1	51.8	16.5	81.3	65.2	59.3	33.8	54.7	2.0
	4	6	5	6	8	7	9	6	6	4	5	8	5	9	2
中国	50.1	50.7	35.1	8.3	31.6	80.7	94.3	45.7	46.3	28.1	6.7	26.3	74.0	92.6	4.5
	5	2	15	17	14	4	3	9	2	16	17	14	3	4	4
意大利	48.6	8.1	31.7	44.0	57.6	95.9	54.2	46.9	8.3	30.5	40.4	57.6	99.3	45.3	1.7
	6	9	16	7	10	3	10	8	10	15	8	10	2	11	2
德国	47.1	20.3	59.8	72.0	64.4	0.0	66.3	54.6	20.4	60.1	64.0	60.7	57.4	65.1	-7.5
	7	3	10	5	7	18	6	4	4	10	6	7	4	7	-3
澳大利亚	46.7	6.6	71.6	100.0	93.4	8.9	0.0	59.3	7.5	72.4	100.0	93.4	—	22.9	-12.5
	8	12	7	1	2	10	19	2	11	7	1	2	—	17	-6
阿根廷	44.6	0.9	81.6	19.3	83.6	54.8	27.1	35.6	0.9	75.2	18.2	83.6	—	0.0	9.0
	9	18	4	12	5	6	15	14	18	5	12	5	—	19	5
沙特阿拉伯	43.9	2.1	66.8	37.2	57.5	—	56.0	41.9	2.0	67.4	34.5	54.9	—	50.7	2.0
	10	15	9	10	11	—	8	12	16	9	9	11	—	10	2
日本	42.9	19.3	17.4	43.0	57.9	98.9	20.7	34.4	21.8	17.3	42.4	57.9	31.2	35.6	8.5
	11	4	18	8	9	2	16	15	3	18	7	9	6	14	4

续表

项目/国家	2015年 创新持续竞争力	2015年 公共教育经费支出总额	2015年 公共教育经费支出占GDP比重	2015年 人均公共教育经费支出额	2015年 高等教育毛入学率	2015年 科技人员增长率	2015年 科技经费增长率	2014年 创新持续竞争力	2014年 公共教育经费支出总额	2014年 公共教育经费支出占GDP比重	2014年 人均公共教育经费支出额	2014年 高等教育毛入学率	2014年 科技人员增长率	2014年 科技经费增长率	综合变化
加拿大	41.4	8.7	71.7	81.1	—	8.9	36.6	45.0	9.4	72.6	77.2	—	—	20.7	-3.5
	12	8	6	4	—	10	12	10	9	6	2	—	—	18	-2
土耳其	36.5	2.0	53.7	13.5	88.1	26.2	35.3	53.3	2.1	53.6	13.1	88.1	100.0	63.0	-16.9
	13	16	12	15	3	9	13	5	15	12	15	4	1	8	-8
巴西	32.4	15.0	97.9	20.4	39.4	8.9	12.7	43.2	15.7	100.0	19.1	39.4	—	42.0	-10.9
	14	7	2	11	13	10	17	11	7	1	11	13	—	12	-3
俄罗斯	30.8	8.0	36.5	17.3	78.0	34.6	10.6	28.3	9.5	39.4	17.9	78.0	0.0	24.9	2.6
	15	10	14	13	6	8	18	17	8	14	13	6	9	16	2
墨西哥	29.1	5.5	67.8	14.8	13.9	8.9	63.8	39.0	5.4	68.4	13.4	13.9	—	93.7	-9.9
	16	13	8	14	16	10	7	13	13	8	14	16	—	3	-3
南非	24.6	0.0	100.0	10.4	0.0	8.9	28.2	28.5	0.0	100.0	10.2	0.0	—	32.1	-3.9
	17	19	1	16	18	10	14	16	19	2	16	18	—	15	-1
印度	23.3	6.8	20.0	0.0	8.1	8.9	96.2	24.4	6.1	18.3	0.0	8.1	—	89.6	-1.1
	18	11	17	19	17	10	2	18	12	17	19	17	—	5	0
印度尼西亚	10.8	1.0	0.0	1.7	15.4	8.9	38.0	11.8	1.1	0.0	1.9	15.4	—	40.6	-1.0
	19	17	19	18	15	10	11	19	17	19	18	15	—	13	0
最高分	68.1	100.0	100.0	100.0	100.0	100.0	100.0	79.0	100.0	100.0	100.0	100.0	100.0	100.0	-10.9
最低分	10.8	0.0	0.0	0.0	0.0	0.0	0.0	11.8	0.0	0.0	0.0	0.0	0.0	0.0	-1.0
平均分	42.4	15.5	57.3	39.8	54.7	37.2	50.3	43.8	15.5	56.9	36.7	54.1	49.5	54.9	-1.4
标准差	14.7	22.9	27.3	31.2	30.2	35.1	29.9	14.6	22.6	27.7	28.8	30.5	33.2	28.9	0.1

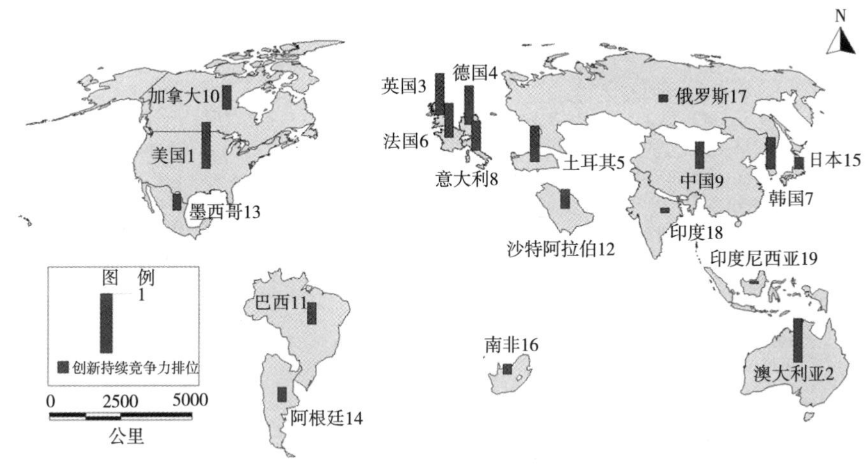

图 8－1　2014 年 G20 国家创新持续竞争力的排位情况

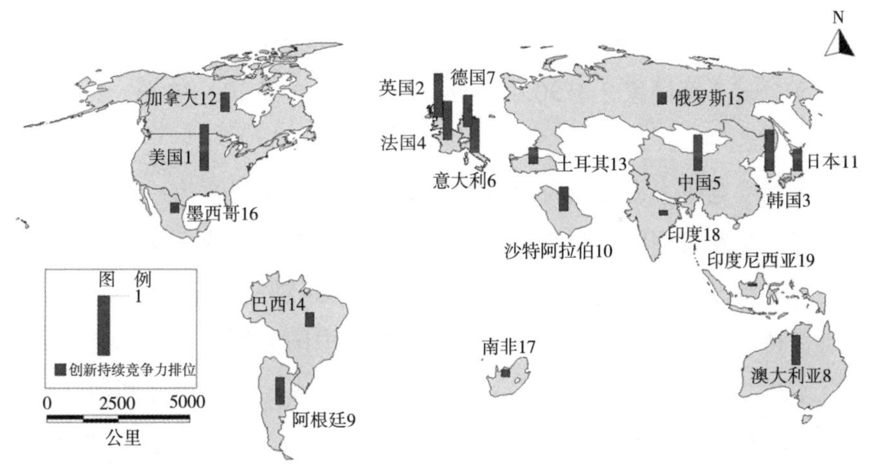

图 8－2　2015 年 G20 国家创新持续竞争力的排位情况

费增长率的平均得分下降，分别下降了 12.4 分和 4.7 分；其余多数指标得分均略有上升，其中人均公共教育经费支出额上升最快，上升了 3.2 分。由此可见，科技人员增长率、科技经费增长率是导致创新持续竞争力下降的主要因素。

由图 8－4 可知，G20 国家创新持续竞争力得分呈阶梯状分布，各国差异较大，标准差为 14.7。2015 年，美国、英国、韩国的创新持续竞争力得分超

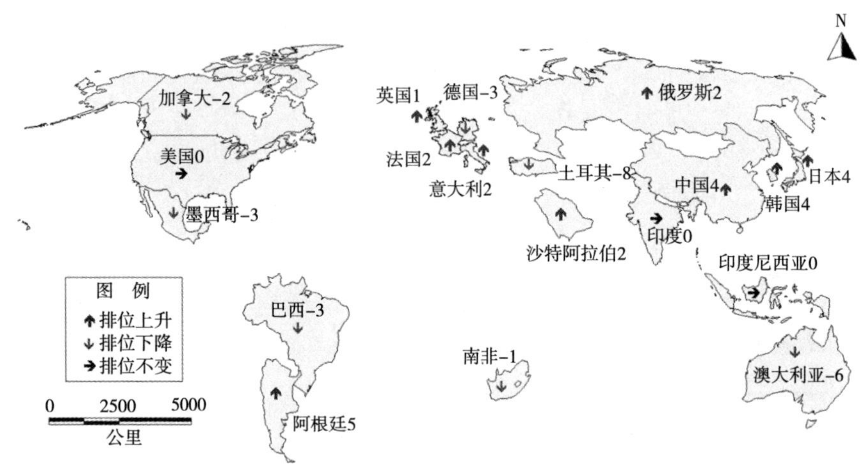

图 8－3　2014～2015 年 G20 国家创新持续竞争力的排位变化情况

过 60 分，其余各国均低于 60 分，2 个国家的得分介于 50～60 分，7 个国家介于 40～50 分，3 个国家介于 30～40 分，3 个国家介于 20～30 分，1 个国家低于 20 分。

创新持续竞争力得分较高的国家主要是发达国家，在第一方阵和第二方阵中，有 3 个发展中国家和 7 个发达国家，其中 1 个发展中国家处于第一方阵，整体来说发达国家在科技创新持续发展方面较好。虽然一部分发展中国家的创新持续竞争力得分较高，但大部分发展中国家的创新持续竞争力得分较低，不过与发达国家的差距不大，中国排在第 5 位，阿根廷和沙特阿拉伯分别排在第 9 位、第 10 位。个别发达国家的排位也比较靠后，如加拿大排在第 12 位。

8.2　G20国家创新持续竞争力排位变化分析

2015 年 G20 国家创新持续竞争力处于第一方阵（1～5 位）的依次为：美国、英国、韩国、法国、中国；处于第二方阵（6～10 位）的依次为：意大利、德国、澳大利亚、阿根廷、沙特阿拉伯；处于第三方阵（11～15 位）的依次为：日本、加拿大、土耳其、巴西、俄罗斯；处于第四方阵（16～19 位）的依次为：墨西哥、南非、印度、印度尼西亚。

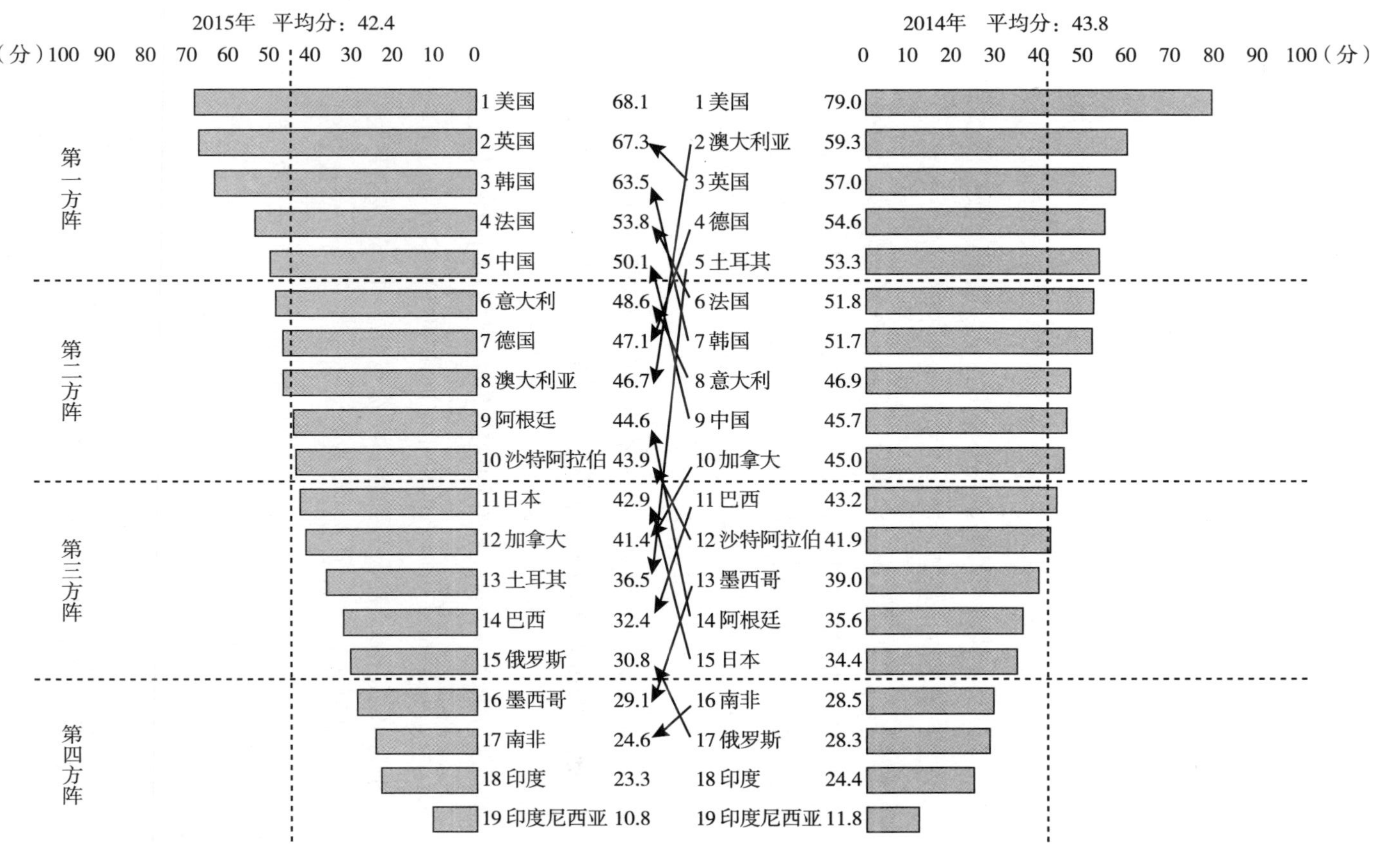

图 8-4　2015 年和 2014 年 G20 国家创新持续竞争力得分及排位情况

2014 年 G20 国家创新持续竞争力处于第一方阵（1～5 位）的依次为：美国、澳大利亚、英国、德国、土耳其；处于第二方阵（6～10 位）的依次为：法国、韩国、意大利、中国、加拿大；处于第三方阵（11～15 位）的依次为：巴西、沙特阿拉伯、墨西哥、阿根廷、日本；处于第四方阵（16～19 位）的依次为：南非、俄罗斯、印度、印度尼西亚。

从图 8－4 可以看出，2015 年与 2014 年相比，创新持续竞争力排位发生变化的国家比较多，共有 16 个国家的排位发生了变化，而且变化的幅度较大。有 9 个国家的创新持续竞争力排位上升，上升幅度最大的是阿根廷，排位上升了 5 位，其次是中国、韩国和日本，均上升了 4 位，法国、意大利、沙特阿拉伯和俄罗斯均上升了 2 位，英国上升了 1 位；排位下降的有 7 个国家，下降幅度最大的是土耳其，下降了 8 位，澳大利亚下降了 6 位，德国、巴西和墨西哥均下降了 3 位，加拿大和南非分别下降了 2 位和 1 位。此外，有 11 个国家发生了跨方阵变化，澳大利亚、德国由第一方阵下降到第二方阵，土耳其由第一方阵下降到第三方阵，加拿大由第二方阵下降到第三方阵，墨西哥由第三方阵下降到第四方阵，而法国、韩国和中国由第二方阵上升到第一方阵，沙特阿拉伯和阿根廷由第三方阵上升到第二方阵，俄罗斯由第四方阵上升到第三方阵。

作为二级指标的国家创新持续竞争力，它的变化是三级指标变化综合作用的结果，表 8－1 还列出了 6 个三级指标的变化情况。

从上述创新持续竞争力排位变化的国家来看，它们的排位变化主要是受到科技人员增长率、科技经费增长率排位变化的影响，在 G20 中，它们的排位变化次数分别为 19 次和 17 次；公共教育经费支出总额、公共教育经费支出占 GDP 比重、人均公共教育经费支出额、高等教育毛入学率的次数分别为 9 次、6 次、9 次和 3 次。因此，相对来说，科技人员增长率、科技经费增长率对创新持续竞争力排位变化的影响较大，各国创新持续竞争力的差异主要表现在这些指标上。

9　G20国家创新竞争力的主要特征与变化趋势

G20 国家创新竞争力评价指标体系由 1 个一级指标、5 个二级指标、33

个三级指标构成，包括创新基础竞争力、创新环境竞争力、创新投入竞争力、创新产出竞争力和创新持续竞争力等五个方面的内容，是一个综合性的评价体系。在该体系内部，各部分之间是紧密联系、相互渗透、相互影响的，具有内在的独特性。因此，国家创新竞争力的评价结果综合反映了 G20 在创新基础、创新环境、创新投入、创新产出和创新持续等五个方面的综合竞争力和科技创新能力。同时，各国的创新竞争力又表现出一定的变化特征和发展规律，既有各个国家普遍存在的一般性规律，也有不同国家国情决定的特殊规律。

本报告通过对 2014～2015 年 G20 国家创新竞争力的综合评价，客观、全面地分析 G20 国家创新竞争力的发展水平、存在差距及其变化态势，深刻认识和把握这些规律和特征，认清国家创新竞争力变化的实质和内在特性，这对研究和探寻提升国家创新竞争力的路径、方法和对策，指导各国有效提升国家创新竞争力，具有十分重要的借鉴意义。

9.1 国家创新竞争力是各国创新能力与水平的综合反映，受各要素的共同影响

国家创新竞争力是一个内涵丰富的综合性概念，它将国家创新的诸多要素进行了系统集成，涵盖了创新基础、创新环境、创新投入、创新产出和创新持续等五个方面的内容。这五个方面的因素是影响国家创新竞争力的重要环节，它们以提高劳动生产率、降低资源消耗和生产成本、实现经济社会的可持续发展为目的，通过经济、行政等多种手段，综合反映和影响了国家创新竞争力。因此，可以说，国家创新竞争力是各国创新能力与水平的综合反映，受各种创新因素的共同影响，国家创新竞争力评价指标体系的设置以及国家创新竞争力的评价结果都显示了这一特征。

表 9－1 列出了 2014～2015 年 G20 国家创新竞争力的排位及变化情况。由该表可以看出，2014～2015 年，各国创新竞争力（一级指标）的整体排位比较稳定，变化较小，排位处于第一方阵的 5 个国家中，全都始终处于第一方阵，且均是发达国家。第二方阵、第三方阵和第四方阵的变化情况也类似，各国均没有发生跨区段变化。国家创新竞争力排位的稳定性一定程度上

说明，一个国家的创新竞争优势是多种创新因素长期积累、综合作用的结果。

表 9－1　2014～2015 年 G20 国家创新竞争力排位变化情况

地区	2015 年	2014 年	区段	地区	2015 年	2014 年	区段
美国	1	1	第一方阵	法国	6	7	第二方阵
英国	2	5		澳大利亚	7	6	
韩国	3	4		中国	8	8	
德国	4	2		加拿大	9	9	
日本	5	3		意大利	10	10	
俄罗斯	11	12	第三方阵	阿根廷	16	17	第四方阵
土耳其	12	11		南非	17	16	
墨西哥	13	14		印度	18	18	
沙特阿拉伯	14	15		印度尼西亚	19	19	
巴西	15	13					

评价期内，国家创新竞争力的整体排位变化不大，没有一个国家的排位变化超过 3 位。相对于一级指标来说，二级指标的变化幅度比较大，如创新持续竞争力排位变化最大的是土耳其，排位下降了 8 位，澳大利亚下降了 6 位。

从二级指标的排位变化来看，德国的创新环境竞争力、创新投入竞争力、创新产出竞争力的排位均上升了 1 位，创新基础竞争力的排位保持不变，但是创新持续竞争力排位下降了 3 位，使得整体排位降低，最终德国国家创新竞争力下降了 2 位。这说明，国家创新竞争力是五个二级指标共同作用的结果，对各方面都要引起足够重视，一个二级指标的变化反映在一级指标上，可能变化不会太明显，但作为短板会拖累国家创新竞争力下降，只有各个指标均有良好表现才能支撑整体的竞争优势。此外，这也说明对二级指标和三级指标的分析至关重要。因为如果只是分析一级指标，可能无法正确分析影响国家创新竞争力的内在因素和变化特征，其本质及变化很可能被表面所掩盖，加强对二级、三级指标的分析，才能更深入地分析国家创新竞争力的本质特征，发现其变化的真正原因。在今后的科技创新过程中，各国应该全面关注国家创新竞争力的各个影响要素，做到各方面统筹协调发展、共同推进，特别是那些下降幅度较大的指标更要引起注意，只有这样才能保证持续增强国家创新竞争优势。

如前文所述，发达国家的整体竞争力水平远高于发展中国家，前者的国家创新竞争力平均分是后者的 2.2 倍。9 个发达国家中，5 个完全占据了第一方阵，剩下的 4 个发达国家则全部进入第二方阵，这也是各种因素共同作用的结果。长期以来，发展中国家在创新基础、创新环境、创新投入等各方面都与发达国家存在比较大的差距，整体国家创新竞争力比发达国家低很多。但目前发展中国家的创新竞争力在以比发达国家更快的速度上升，发展中国家与发达国家的差距不断缩小，未来可能有更多的发展中国家的创新竞争力水平超过某些发达国家。

综上所述，国家创新竞争力的提升是长期积累的过程，是多种创新要素共同作用的结果，客观体现了各国真实的科技创新水平，G20 各国需要经过长期不懈的努力才能有效提升国家创新竞争力。只有这样，即使某些年份因为一些特殊因素的影响，综合排位暂时受到影响，之后也会回归正常水平，保持原有的发展态势。目前，G20 中发达国家的整体创新竞争力水平远高于发展中国家，但这种差距在逐渐缩小。百舸争流，不进则退，每个国家都应不断努力，奋起直追，排位靠前的国家应再接再厉，努力保持竞争优势，避免出现下滑趋势；排位靠后的国家更要采取有效措施改变现状，争取创造有利的竞争优势。

9.2 G20整体创新竞争力水平有所下降，但区域差异较大

2014 ~ 2015 年，G20 整体的国家创新竞争力水平有所下降，平均得分从 38.3 分下降到 37.5 分。

从国家创新竞争力的二级指标变化情况来看，国家创新竞争力整体水平的上升主要是受创新环境竞争力和创新产出竞争力的得分上升影响，2014 ~ 2015 年，它们的平均分分别上升了 2.4 分和 0.4 分。但由于创新基础竞争力、创新投入竞争力、创新持续竞争力平均分有不同程度的下降，G20 整体的国家创新竞争力水平略微下降了 0.8 分。

从 G20 各国创新竞争力得分的升降来看，有 4 个国家的得分上升，14 个国家的得分下降，得分上升的国家少于下降的国家，使得整体的国家创新竞争力得分呈下降趋势。

G20 国家创新竞争力变化的另一个特征是创新竞争力的区域差异较大。表 9－2 列出了六大洲中 G20 国家创新竞争力的平均得分及处于第一、第二方阵的国家个数及比重。

表 9－2　六大洲 G20 国家创新竞争力平均分及处于第一、第二方阵的国家个数及比重

指标 / 地区	平均得分		第一方阵国家个数及比重		第二方阵国家个数及比重	
	2015 年	2014 年	2015 年	2014 年	2015 年	2014 年
北美洲(3 个国家)	48.5	49.0	1(33.3)	1(33.3)	1(33.3)	1(33.3)
南美洲(2 个国家)	21.2	21.5	0(0.0)	0(0.0)	0(0.0)	0(0.0)
欧洲(6 个国家)	42.3	43.4	2(33.3)	2(33.3)	2(33.3)	2(33.3)
亚洲(6 个国家)	34.0	34.5	2(33.3)	2(33.3)	1(16.7)	1(16.7)
非洲(1 个国家)	19.3	19.6	0(0.0)	0(0.0)	0(0.0)	0(0.0)
大洋洲(1 个国家)	47.1	51.2	0(0.0)	0(0.0)	1(100.0)	1(100.0)

注：括号内数值为处于第一方阵或第二方阵的国家数量占各洲国家总数的比重。

从北美洲、南美洲、欧洲、亚洲、非洲、大洋洲六大区域的 G20 国家得分来看，2015 年，北美洲的国家创新竞争力得分最高，非洲最低，两者得分相差 29.2 分，前者是后者的 2.5 倍。如前文所述，G20 国家创新竞争力得分的标准差为 17.1，表明各国的差异仍然比较大。

从处于第一、第二方阵的国家个数来看，2015 年，欧洲和亚洲均有 2 个国家处于第一方阵，北美洲只有 1 个国家处于第一方阵，南美洲、非洲和大洋洲均没有国家处于第一方阵；欧洲有 2 个国家处于第二方阵，北美洲、亚洲和大洋洲均有 1 个国家处于第二方阵，南美洲和非洲则没有国家处于第二方阵。

从各洲国家比例来看，第一方阵中，欧洲、北美洲和亚洲均为 33.3%；第二方阵中，大洋洲的比重最高，当然这与大洋洲只有澳大利亚一个国家参与评价有关；其次为欧洲、北美洲和亚洲，南美洲和非洲均为 0。

9.3 创新基础竞争力和创新投入竞争力是促使国家创新竞争力提升的关键要素

表 9－3 列出了 2014 年和 2015 年 G20 国家创新竞争力得分与 5 个二级指标得分的相关系数情况。

表 9－3 创新竞争力得分与各要素相关系数

年份	创新基础竞争力	创新环境竞争力	创新投入竞争力	创新产出竞争力	创新持续竞争力
2014	0.906	0.784	0.921	0.879	0.681
2015	0.888	0.861	0.872	0.793	0.709

从表 9－3 来看，2015 年，与国家创新竞争力得分相关系数最大的二级指标是创新基础竞争力，其次为创新投入竞争力，高于其他 3 个二级指标。从两年的变化情况来看，各指标的相关系数变化不大，相对稳定。这说明创新基础竞争力和创新投入竞争力是影响国家创新竞争力的关键要素，也就是说，G20 各国在今后的科技创新实践中，要进一步夯实科技创新基础，加大科技投入，加大研发人才的培养力度，加大研发经费投入规模和增长速度，切实提高创新基础竞争力和创新投入竞争力。

图 9－1 和图 9－2 分别显示了 2015 年 G20 国家创新竞争力与创新基础竞争力、创新投入竞争力的得分关系。

可以看出，创新基础竞争力、创新投入竞争力与国家创新竞争力得分均表现出很强的正相关关系，得分散点图接近直线。创新基础竞争力、创新投入竞争力得分高的国家，国家创新竞争力的得分也比较高。可以很直观地看出 G20 被分为 3 类国家，第一类是美国，创新基础竞争力、创新投入竞争力和国家创新竞争力的得分都非常高，而且远高于其他国家；第二类是法国、日本、澳大利亚等发达国家和中国，它们的创新基础竞争力和创新投入竞争力处于中等水平，远高于发展中国家，但是又远低于美国，它们的国家创新竞争力也处于中等水平；第三类是俄罗斯、土耳其等其他发展中国家，它们的创新基础竞争力、创新投入竞争力得分比较低，国家创新竞争力得分也比较低。这也说明创新基础竞争力、创新投入竞争力是影响国家创新竞争力的关键要素。

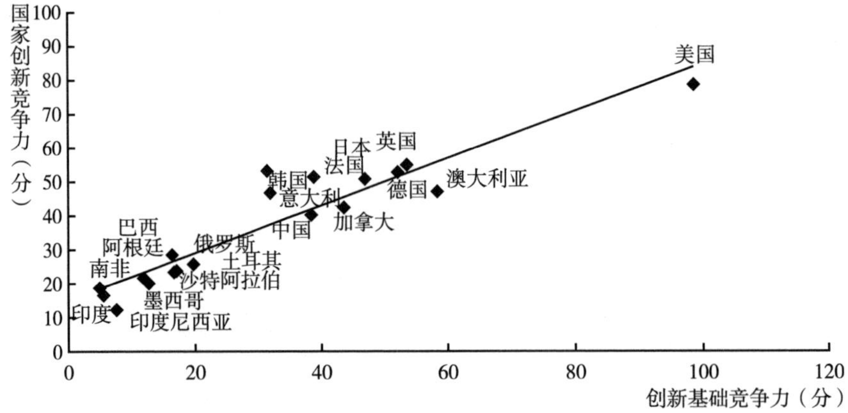

图 9－1　2015 年创新基础竞争力和国家创新竞争力得分关系

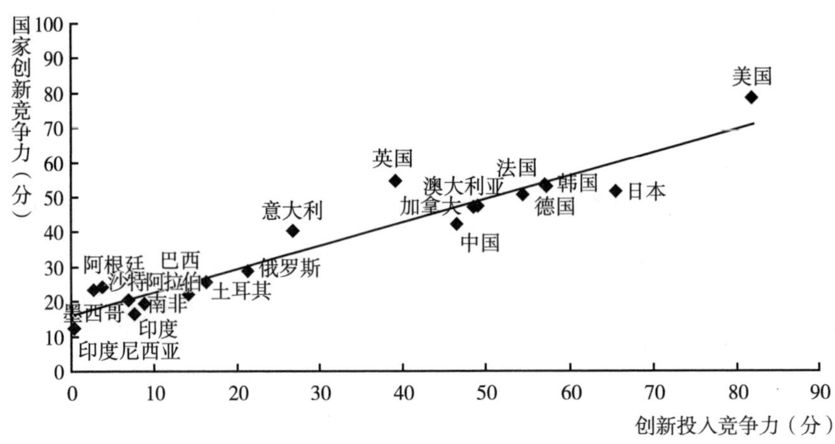

图 9－2　2015 年创新投入竞争力和国家创新竞争力得分关系

9.4　国家创新竞争力与经济实力和经济发展水平密切相关

由于各国处于不同的发展阶段，经济社会发展水平差异很大，国家创新竞争力同样表现出巨大差异，经济发展水平和创新竞争力密切相关。

图 9－3 反映了 2015 年 G20 国家创新竞争力和 GDP 的关系，图 9－4 反映了 2015 年 G20 国家创新竞争力和人均 GDP 的关系。

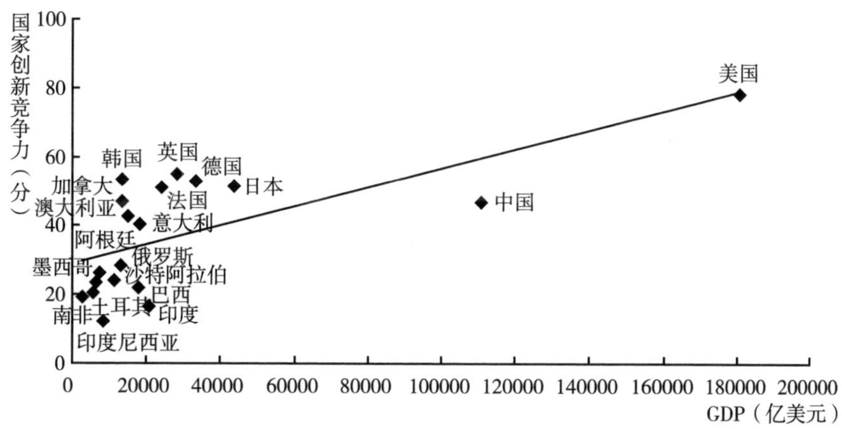

图 9－3　2015 年国家创新竞争力与 GDP 的关系

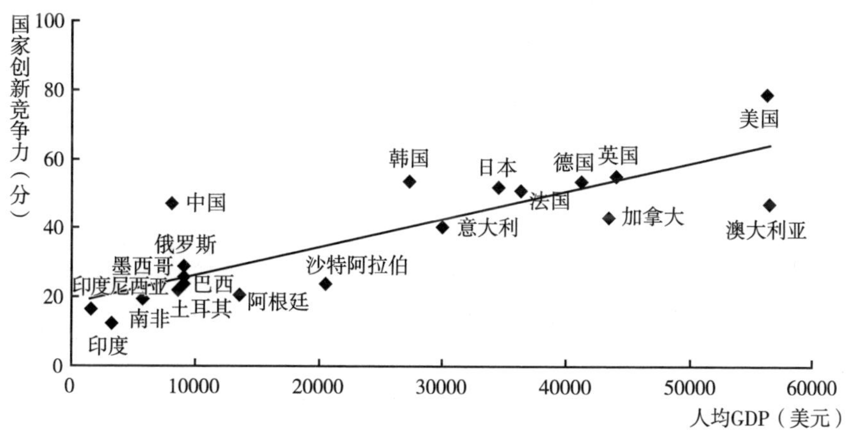

图 9－4　2015 年国家创新竞争力与人均 GDP 的关系

图 9－3 说明经济规模（GDP）和国家创新竞争力存在一定的趋势关系，GDP 总量越大的国家，其国家创新竞争力得分越高，说明经济实力是国家创新竞争力的重要基础。美国可谓一枝独秀，其 GDP 和国家创新竞争力得分均远远高于其他国家。但也有部分国家与这一趋势不符，如中国的 GDP 排在第二位，远高于其他国家，但中国的国家创新竞争力比日本、德国、韩国等 GDP 总量较小的国家更低。相反，韩国、加拿大等国的 GDP 总量虽然较小，它们的国家创新竞争力却比较强，高于其他很多 GDP 总量更大的国家，如巴西。

图 9－4 更清楚地说明了国家创新竞争力和经济发展水平的关系。从该图可知，

国家创新竞争力与人均 GDP 存在显著的线性关系，人均 GDP 越高，经济发展水平越高，国家创新竞争力得分越高。该图还自然地把 G20 分成了两个群体，一个是美国、日本等 8 个发达国家，人均 GDP 都接近或超过 3 万美元，国家创新竞争力得分都比较高；另一个是亚洲、南美洲等的 10 个发展中国家和韩国，除了韩国和沙特阿拉伯以外，人均 GDP 都低于 15000 美元，国家创新竞争力得分普遍比较低。

9.5 不断优化指标结构，巩固强优势指标，减少劣势指标能有效提升国家创新竞争力

表 9 -4 列出了 2015 年 G20 国家创新竞争力三级指标的优劣度结构，以反映国家创新竞争力指标优劣度及其结构对国家创新竞争力排位的影响。表 9 -5 列出了 2015 年 G20 国家创新竞争力三级指标的排位变化及其结构，以反映国家创新竞争力指标排位波动及其结构对国家创新竞争力排位的影响。

表 9 -4 2015 年 G20 国家创新竞争力三级指标优劣度结构

单位：个，%

项目 地区	强势指标个数及比重	优势指标个数及比重	中势指标个数及比重	劣势指标个数及比重	强势和优势指标总数及比重	综合排位	所属方阵
美国	22	7	3	0	29	1	第一方阵
	68.8	21.9	9.4	0.0	90.6		
英国	21	11	1	0	32	2	
	63.6	33.3	3.0	0.0	97.0		
韩国	14	11	7	1	25	3	
	42.4	33.3	21.2	3.0	75.8		
德国	21	8	3	1	29	4	
	63.6	24.2	9.1	3.0	87.9		
日本	15	12	2	3	27	5	
	46.9	37.5	6.3	9.4	84.4		
法国	12	18	3	0	30	6	第二方阵
	36.4	54.5	9.1	0.0	90.9		
澳大利亚	12	10	9	2	22	7	
	36.4	30.3	27.3	6.1	66.7		

续表

地区 \ 项目	强势指标个数及比重	优势指标个数及比重	中势指标个数及比重	劣势指标个数及比重	强势和优势指标总数及比重	综合排位	所属方阵
中国	16	4	6	6	20	8	第二方阵
	50. 0	12. 5	18. 8	18. 8	62. 5		
加拿大	10	16	3	2	26	9	
	32. 3	51. 6	9. 7	6. 5	83. 9		
意大利	4	21	6	2	25	10	
	12. 1	63. 6	18. 2	6. 1	75. 8		
俄罗斯	3	12	15	3	15	11	第三方阵
	9. 1	36. 4	45. 5	9. 1	45. 5		
土耳其	2	5	18	5	7	12	
	6. 7	16. 7	60. 0	16. 7	23. 4		
墨西哥	1	9	14	7	10	13	
	3. 2	29. 0	45. 2	22. 6	32. 2		
沙特阿拉伯	2	6	6	12	8	14	
	7. 7	23. 1	23. 1	46. 2	30. 8		
巴西	2	8	19	3	10	15	
	6. 3	25. 0	59. 4	9. 4	31. 3		
阿根廷	3	1	14	12	4	16	第四方阵
	10. 0	3. 3	46. 7	40. 0	13. 3		
南非	3	2	10	18	5	17	
	9. 1	6. 1	30. 3	54. 5	15. 2		
印度	2	7	10	10	9	18	
	6. 9	24. 1	34. 5	34. 5	31. 0		
印度尼西亚	1	3	8	17	4	19	
	3. 4	10. 3	27. 6	58. 6	13. 8		

注：各地区对应的两行数列中，上一行为各类指标个数，下一行为各类指标个数比重。

从表 9 -4 可以看出，第一方阵中各国的强势和优势指标所占比重普遍较高，美国的比重达到 90. 6% ，英国达到 97. 0% ，德国达到 87. 9% ，第一方阵的平均比重为 87. 1% ；第二方阵中法国的比重很高，达到 90. 9% ，第二方阵的平均比重为 76. 0% ；第三方阵国家的强势和优势指标所占比重较低，除俄罗斯外，均低于 40% ，最低的仅为 23. 4% ，平均比重为 32. 6% ；第四方阵国家的强势和优势指标所占比重非常低，除印度外，均低于 20%，平均比重仅为 18.3%。

一般来说，强势和优势指标比重较高的国家，其国家创新竞争力将处于更高的竞争优势地位，如美国。当然，也存在某些特殊情况，如中国，它的强势和优势指标所占比重为 62.5%，但它的劣势指标比重同样也很高，达 18.8%，远远高于发达国家，这极大拉低了它的综合排位。因此，除了看强势和优势指标所占比重外，还需要综合考虑劣势指标所占比重。在今后的发展实践中，各国应该有针对性地采取有效措施，继续巩固强势指标，积极扶持中势指标向优势指标转变、优势指标向强势指标转变，努力减少劣势指标，不断优化指标组成结构，只有这样，才能巩固和提升国家创新竞争力，持续保持国家创新竞争力的优势地位。

同样，从表 9-5 可以看出，一般来说，上升指标比重大于下降指标比重的国家，其创新竞争力将处于上升趋势，反之则处于下降趋势，如日本、澳大利亚、土耳其、巴西等。当然，也存在特殊情况，如俄罗斯，它的上升指标所占比重仅为 15.2%，下降指标比重为 27.3%，两者相差 12.1 个百分点，但它的排位上升 1 位。总体来看，上升指标比重较大的国家，其国家创新竞争力排位将上升，但需要根据具体情况进行分析，如还需要考虑指标排位上升或下降的幅度，这样才能更好地分析国家创新竞争力排位的升降。在今后的发展过程中，各国应努力增加上升指标的个数，减少下降指标的个数，只有这样，才能有效促进国家创新竞争力整体水平的提升。

表 9-5　2015 年 G20 国家创新竞争力三级指标排位变化趋势结构

单位：个，%

<table>
<tr><th>项目
地区</th><th>上升指标
个数及比重</th><th>保持指标
个数及比重</th><th>下降指标
个数及比重</th><th>变化趋势</th><th>综合排位</th><th>综合排位
变化</th><th>所属
方阵</th></tr>
<tr><td rowspan="2">美国</td><td>9</td><td>18</td><td>4</td><td rowspan="2">保持</td><td rowspan="2">1</td><td rowspan="2">0</td><td rowspan="6">第一
方阵</td></tr>
<tr><td>29.0</td><td>58.1</td><td>12.9</td></tr>
<tr><td rowspan="2">英国</td><td>9</td><td>20</td><td>4</td><td rowspan="2">上升</td><td rowspan="2">2</td><td rowspan="2">3</td></tr>
<tr><td>27.3</td><td>60.6</td><td>12.1</td></tr>
<tr><td rowspan="2">韩国</td><td>8</td><td>15</td><td>10</td><td rowspan="2">上升</td><td rowspan="2">3</td><td rowspan="2">1</td></tr>
<tr><td>24.2</td><td>45.5</td><td>30.3</td></tr>
</table>

续表

地区＼项目	上升指标个数及比重	保持指标个数及比重	下降指标个数及比重	变化趋势	综合排位	综合排位变化	所属方阵
德国	7	18	8	下降	4	-2	第一方阵
	21.2	54.5	24.2				
日本	3	20	9	下降	5	-2	
	9.4	62.5	28.1				
法国	6	17	10	上升	6	1	第二方阵
	18.2	51.5	30.3				
澳大利亚	5	15	12	下降	7	-1	
	15.6	46.9	37.5				
中国	7	20	5	保持	8	0	
	21.9	62.5	15.6				
加拿大	8	16	6	保持	9	0	
	26.7	53.3	20.0				
意大利	6	19	7	保持	10	0	
	18.8	59.4	21.9				
俄罗斯	5	19	9	上升	11	1	第三方阵
	15.2	57.6	27.3				
土耳其	5	18	7	下降	12	-1	
	16.7	60.0	23.3				
墨西哥	5	22	3	上升	13	1	
	16.7	73.3	10.0				
沙特阿拉伯	3	19	3	上升	14	1	
	12.0	76.0	12.0				
巴西	7	14	10	下降	15	-2	
	22.6	45.2	32.3				
阿根廷	9	16	4	上升	16	1	第四方阵
	31.0	55.2	13.8				
南非	4	23	5	下降	17	-1	
	12.5	71.9	15.6				
印度	6	19	2	保持	18	0	
	22.2	70.4	7.4				
印度尼西亚	3	20	4	保持	19	0	
	11.1	74.1	14.8				

注：各地区对应的两行数列中，上一行为各类指标个数，下一行为各类指标个数比重。

10 提升 G20国家创新竞争力的基本路径与发展对策

10.1 提升 G20国家创新竞争力的基本路径

自 2008 年国际金融危机爆发以来，世界各国纷纷采取了积极的财政、货币措施，稳定市场，扭转经济颓势。G20 作为全球经济治理的首要平台，一直把推动全球经济复苏作为最主要的议题，共同商讨克服危机的办法与对策，并取得了一定的成绩。然而，由于全球经济面临的各种结构性矛盾和问题，复苏的效果并不明显，危机后各国经济增长后劲略显不足。总结历史经验，我们会发现，体制机制变革释放的活力和创造力，科技进步造就的新产业和新产品，是历次重大危机后世界经济走出困境、实现复苏的根本。为此，2016 年 G20 杭州峰会把“共同构建创新、活力、联动、包容的世界经济”作为主题，并把“创新”放在第一位，突出了创新的重要作用。在全球经济复苏乏力的背景下，要想彻底走出危机，必须走创新之路。当前，新一轮科技革命和产业变革正在全球范围内孕育兴起，世界各国也更加清楚地认识到只有“创新”这把“智能钥匙”才能撬动世界经济中长期增长的动能和潜力①。在这一进程中，G20 各国应立足本国实际，抓住世界经济调整的机遇，快速创新调整，不断提高国家创新竞争力。

1. 坚持创新驱动，引领创新思潮

当今世界正在经历各种错综复杂的转型，未来经济增长肯定来自于创新和有效配置②。发达国家和新兴市场国家纷纷把创新作为推动未来经济增长的必然手段。创新在经济增长和发展中的核心位置更加凸显，谁在创新竞争中抢占了新一轮科技革命的先机，谁就掌握了世界主导权和国际话语权，谁就能从容应对国家社会的变化和挑战。技术创新和工业革命俨然成为当前经济领域的热

① 习近平：《习近平在二十国集团领导人杭州峰会上的讲话》，新华网，2016 年 9 月 4 日，http://news.xinhuanet.com/politics/2016－09/04/c_129269162.htm。

② 张涛：《张涛在“中国发展高层论坛 2017”的发言》，中国经济网，2017 年 3 月 18 日，http://www.ce.cn/cysc/newmain/yc/jsxw/201703/18/t20170318_21131405.shtml。

门话题之一，移动互联网、人工智能、大数据、云计算等技术将广泛渗透到经济社会各领域。未来 5 ~ 10 年是全球新一轮技术革命和产业变革的关键时期。G20 成员作为世界上最具发展活力和创新潜力的群体，必将不断激励本国创新，力图通过率先突破高端技术，成为全球创新的引领者，凝聚起创新竞争的核心优势。但需要强调的是，在经济深度全球化与高度开放的今天，全球创新资源争夺日趋激烈。因此，G20 各国应立足本国国情与发展优势，坚持创新驱动，明确创新方向，以有限的创新资源抢占未来技术领域的先机和主动权，引领创新思潮，快速提升本国创新竞争力。

2. 巩固传统优势，强化自主创新

为抢占国际技术前沿，G20 作为世界创新竞争中最为活跃的主体，必然会强化自主创新，将创新瞄准世界科技发展前沿，前瞻性地部署基础研究和前沿技术研究，鼓励自由探索，持续增加科技积累，不断提升国家自主创新能力。与自主创新密切相关的战略性新兴产业，代表着新一轮科技革命和产业变革的方向，是获取未来竞争新优势的关键领域。发达国家重振制造业的核心是先进制造业和新兴产业。对后发国家来说，新兴产业领域与发达国家的技术差距小，抓住新工业革命提供的“机会窗口”，能够实现对发达国家的赶超[①]。因此，G20 中无论发达国家还是新兴市场国家、发展中国家，只有不断增强自主创新能力，才能快速提升本国的创新竞争力。然而，需要强调指出的是，在提升自主创新能力的同时，还应不断巩固传统技术优势。在广泛吸收国外先进科学技术成果的基础上，通过消化吸收再创新和集成创新，在具有相对优势的关键技术领域取得更大的突破，从而实现社会技术和社会生产力的跨越式发展。

3. 明确创新主体，增强创新合作

企业是技术创新的主体，激发企业活力和创造力，充分发挥企业在市场资源配置中的主导作用，发挥新技术、新要素和新的工业组织模式在促进生产和创造就业中的作用，是 G20 各国摆脱经济低迷状态、实现可持续增长的关键所在。从全球发展态势看，当前世界经济增速放缓，复苏乏力，创新是从根本上解决世界增长难题的钥匙。因此，要充分发挥企业在市场资源配置中的主导

① 李晓华：《塑造新的国际竞争力》，《人民日报》2016 年 4 月 5 日，第 23 版。

作用，建立企业主导技术研发创新的体制机制，深化科技体制改革，强化企业创新主体地位，通过激发企业创新活力，加快国家创新步伐。

当前，人们对创新的频率和创新成果多样化的要求不断提高，这就意味着目前的创新不应仅仅是个别领域的孤军深入和单点突破，而应形成完整的创新链条，快速、系统地推动科技创新活动。作为推进新一轮技术革命和产业变革的主要力量，G20 在技术创新、帮助企业适应新工业革命、推动发展中国家工业化等方面具有非常广阔的合作前景。当今世界已出现了持续的联合协作创新浪潮，联合协作创新正成为创新的重要实践方式和发展趋势。为此，G20 各国还应不断加强科技创新领域的国际合作，通过建立“创新型联盟”，共同投资教育、研发、创新和信息通信技术，创新资源和知识可以在联盟内部自由流动，集中优势资源共同攻克能源安全、交通、气候变化、资源利用效率等关键领域的重大社会挑战，共同推动创新的市场应用。推动各国创新资源的加速流动，实施国际重大科技项目协同攻关，有力促进科技资源整合共享，提高国家科技持续创新能力。

4. 培育创新后备力量，推动可持续创新

创新竞争力的提升是一个较长期和持续的过程，这一过程需要源源不断地注入创新要素，包括创新基础的夯实、创新投入的增加、创新要素的集聚等。其中最核心的创新要素是人才，人才是创新的第一资源。高层次、创新型、实用型、专业型、复合型等各种范畴的人才缺乏是创新活动面临的一大瓶颈。因此，G20 各国应及时发现人才并用好人才，为人才提供良好的创新环境，勇于创新薪酬制度和奖励制度，完善创新人才评价标准和评价方式，激发科技人才的创新潜力，提高国家创新能力。通过营造出色的创新环境来提升本国在国际人才市场上的竞争力，不断吸引人才，并留住人才。G20 各国还应改善创新体系，大力培养创新人才，加强对新兴产业、重点领域人才的培育。为增强本国的可持续创新后备力量，G20 各国还应继续加大人才培育的投入力度、改善人才培养结构、鼓励对外交流与合作。

可以说，面向 21 世纪的世界科技发展战略，只有立足培养创新型人才战略，才能占据世界科学的制高点，实现经济和社会的持续发展。要增强创新竞争力的发展后劲还要注重与经济社会发展等方面的协调，必须建立有限度的发展战略，即不仅要考虑人类自己如何发展，还要以地球资源和环境的总体同化能力为限度，严格控制技术的发明和使用。新技术的发明要考虑对社会可持续发展的影响及程度，技术成果的应用也要考虑生态环境的承受能力，坚持技术效益、经济效益、生态效益和社会效益的统一，以保障创新活动的可持续性。

5. 加快创新成果转化，提高创新效益

G20 各国在创新过程中应更加注重创新效益。各国通过科技创新和运用新技术，不断提高本国产品在国际市场上的核心竞争力，获取更多收益，这是各国积极推动创新的动力所在。然而，如果科技创新成果与市场需求脱节，创新成果转化出现“梗阻”，那么科技创新成果就难以转化为现实生产力，无法从创新中获取相应收益，创新的积极性降低，经济潜力难以有效发挥。因此，G20 各国一定要将市场需求作为提升国家创新竞争力的基本出发点和落脚点，通过市场引导企业创新，提高科技创新成果的转化效率，保障创新效益，真正实现创新价值。妥善处理好政府与市场的关系，释放市场活力，推动科技创新成果转化。进一步强化政府协调力度，推进科技创新与绿色发展、协调发展、和谐发展和包容发展紧密结合，提升创新的整体成效，推动经济社会发展尽快走上创新驱动、包容增长的轨道，从而为各国的创新竞争力提升提供更加广阔的空间。

10.2 提升 G20国家创新竞争力的对策建议

当前，全球科技创新正加速推进，并广泛渗透到人类经济社会生活的方方面面，极大地改变了世界发展的格局。信息网络、生物科技、清洁能源、新材料与先进制造等领域的重大技术突破层出不穷，正在引发新一轮的科技革命和产业变革。人机共融的智能制造模式、智能材料与 3D 打印结合形成的 4D 打印技术，将推动实体经济领域传统生产模式的巨变，引领工业生产从大批量集中式生产向定制化分布式生产转变，这些技术将成为国家竞争力的关键所在。新产品、新需求和新业态的涌现也将极大地改变产业结构和社会形态，为创新驱动发展不断注入新的动力。各国正在加快创新步伐，并围绕创新展开激烈的竞争，这将推动全球创新格局深刻调整，创新中心也会呈现从以欧美为中心向北美、东亚、欧盟等区域扩散，全球创新格局处于不断变化之中，只有不断提升国家创新竞争力，才能在未来的创新浪潮中立足，才能在激烈的国际竞争中提升国际地位。

1. 推动增长方式的创新转变，开辟全球经济新一轮增长格局

当前世界经济最大的问题就是增长乏力，复苏疲软，亟须创新增长方式，为世界经济注入新的增长动力。G20 作为国际经济合作的主要平台，应该积极回应各国发展需求，着力经济增长方式创新，通过结构性改革，拓展生产边界，释放增长潜力，开辟世界经济新一轮增长格局。积极推进 G20 在关键技术和重要领域的创新联合攻关，打造各国和世界经济增长的新引擎，为全球经济增长提供方向和路径。当前，气候变化、能源、环境、粮食安全、重大疾病防控等全球性问题正考验着各国和地区的创新能力，亟待通过国际科技合作研究共同解决制约世界经济增长的瓶颈难题。G20 成员应积极推动科研创新活动的国际化，鼓励本国或本地区的研发机构与世界一流研发机构建立稳定的合作伙伴关系，积极推动建立国际科技合作基地、区域科技合作中心和合作示范园区。坚持将“走出去”与“引进来”有机结合在一起，一方面鼓励本国或本地区企业或研发机构到境外设立研发机构，另一方面努力创造条件积极吸引世界一流科学家支持本国或本地区的创新攻关。积极参与国际科技组织和区域组织的多边科技合作和重大科研项目，不断提高国际创新地位和创新标准制定的话语权。营造促进合法获得科学技术的全球环境，推动各国在相互同意和自愿条件下促进知识分享，加强可持续发展领域的创新实践交流。巩固和深化政府间科技合作，拓展合作领域，形成层次合理、重点突出的科技合作新格局，并在更加灵活完善的合作机制下开展关键创新领域的联合攻关。通过 G20 国家间的创新合作，为创新发展注入加速度，为全球构建起有利于经济持续增长的增长方式。

2. 深入推进结构性改革，全力实施创新驱动发展战略

G20 内部，不论是发达国家还是新兴工业化国家，都在谋求驱动新一轮经济增长的动力。从国际上看，新一轮技术革命和工业革命正在深化，实体经济的战略意义再次凸显，发达国家欲重塑实体经济的竞争优势，而新兴工业化国家欲顺利实现发展要素的替代。创新战略成为各国不约而同的选择，几乎所有的国家都出台了创新计划，对未来的创新战略实施进行科学的部署。然而要确

保创新活动的顺利进行，还要进一步推进 G20 经济结构性改革，结构性改革在实现强劲、可持续和平衡增长方面发挥着关键作用。要确保 G20 国家有针对性、持续地推进结构性改革，就要加强结构性改革议程设置，加大结构性改革力度，合理评估和监测 G20 国家结构性改革的进展及其困难。值得注意的是，由于各国国情不同，结构性改革的优先领域也不尽相同，应该结合本国实际情况，关注与自身改革联系最为紧密的领域。合理安排各项制度，建立起更加灵活的体制机制，特别是政府层面应该在创新中合理安排角色，从参与者向引导者转变。此外，还要推进 G20 本身的体制改革，如推动 G20 货币金融体系改革，推动国际金融架构改革，提升发展中国家在全球经济和金融机构的参与度，提升发展中国家的话语权，加强债务可持续机制，持续关注低收入和发展中国家的金融稳定。通过构建 G20 新的治理机制，更好地推动全球治理创新，增强全球的创新活力。

3. 促进包容协调的全球价值链发展，全面激发创新潜能和活力

随着经济全球化的发展，创新资源在全球范围内不断流动和配置，一个国家或地区可能不会拥有推动重大科技创新的全部元素，必须要有多个国家的参与。同时，随着新兴国家创新能力的不断提高，原来以欧美发达国家为创新中心的格局不断被打破，创新竞争越来越激烈。如今，全球价值链已经进入调整重塑期，发展中国家在全球价值链中的参与度亟须提升，伴随着全球价值链的创新链也亟须有发展中国家的参与。因此，构建包容协调、合作共赢的全球价值链，从根本上提升中小企业和发展中国家参与全球价值链和开展创新的能力，可以更好地调动全球创新要素的积极性，激发创新潜能和活力。围绕全球价值链，促进产业链、创新链、资金链之间的有效协同。要围绕产业链来安排创新链，通过产业链的衔接实现创新的连续性，使创新成果相互衔接，服务于产业链的整体创新，实现产业链与创新链的有效融合，同时要依托产业链来整合创新资源，实现技术的群体突破，提升产业链的整体创新能力。各个国家和地区既要注重基础研究，也要注重应用研究，并将两者有机结合起来，不断探索科技成果转化的方法和途径。要构建科技成果产业化运用的有效途径和机制，加快国家创新体系建设，积极促进产学研的有机结合，完善创新服务体系，充分调动各类中介机构的积极性，构建科技成果产业化的顺畅途径。此

外，还要在产业链、创新链的不同环节精准合理地投入创新资金，综合运用多种金融手段为产业链和创新链的完善提供保障服务。还要协调好处于价值链不同环节的国家和地区的利益，特别要注重对发展中国家的利益安排，营造 G20 更加和谐的创新氛围，推动全球包容性创新的发展。

4. 着眼于创新发展前沿，牢牢把握创新的主动权

当前，全球出现的以信息网络、智能制造、新能源、新材料等为代表的新一轮技术创新浪潮，其核心在于信息网络技术的突破，经济结构调整和产业结构升级最为核心的技术也是信息技术和互联网技术。世界主要国家也把信息网络技术作为经济发展、技术创新的重点。信息化与产业化的融合就是要使信息网络技术广泛渗透到实体经济发展领域中，如制造业的生产方式在工业互联网、工业云等新的生产理念引导下，朝着智能制造、网络制造、柔性制造等方向变革。G20 各国只有牢牢把握创新发展的前沿动态趋势，才能把握创新发展的方向，成为创新的引领者。因此，G20 各国要顺应互联网技术的发展趋势，推动信息化与工业化的深度融合，深化信息从研发设计到制造、管理以及营销的全流程和全产业链的集成创新和应用，用现代信息技术改造提升传统产业，加强先进制造技术在生产过程中的应用，完善信息化服务体系。首先，要面向技术创新的新趋势构筑更加完善的国家创新体系，实施核心技术设备攻坚战略，推动研发和应用取得重大突破。进一步确定企业在创新体系中的主体地位，高校、科研机构、企业要在基础研究、应用研究、试验发展方面发挥各自的创新优势，提高知识创新以及将知识创新转化为实际生产力的能力，加快培育一大批拥有核心技术和自主知识产权、具有知名品牌和持续创新能力的创新型企业。其次，改进创新评价体系，提升创新产出质量，既要增加科技论文、人均专利受理和授权数量，还要考察知识创新的应用、开发程度以及投入产出效益比，强化创新的应用和社会经济效益。最后，发挥政府部门的组织和协调作用，推动各个主体的协同合作，构建体制机制运转灵活、创新效率高、创新活力充沛的国家创新体系。

5. 优化配置和合理利用创新资源，大幅度提高创新效率

创新活动是一个多投入、多产出的过程，如何更加合理地配置和使用创新资源从而获得更多产出、提高创新效率，成为各国普遍关注的热点问题。资

金、人才、技术等要素的投入构筑了创新竞争力的支撑体系，同时在 G20 平台上促进创新资源要素的合理流动和有效配置，也可以极大地提高创新效率，从而为创新竞争力的提升注入更强劲的动力。要充分发挥企业作为创新主体的作用，营造有利于企业创新发展的良好氛围，优化国家创新环境，灵活运用财税、金融、投资等政策工具，激励企业等各个市场主体加快创新步伐，推动企业将研发与生产相结合，将供给与需求相结合，既面向市场积极推动产品和技术创新，同时优化创新资源要素组合，提升创新供给的效率。要不断积累和更新创新资源要素，注重创新人才的引进和培养，积极发挥人才的创新能动性，不断提升人才的创新能力，提高人才使用效率。要重视自主创新能力的培育，通过提高创新投入规模、优化投入结构、改革创新体制机制、加大政府扶持力度等方式，掌握一些关键和核心技术，逐步摆脱其他国家或地区的创新约束，真正成为创新的主体，持续获得创新的动力。最后，要协调好创新与环境可持续发展之间的关系，任何创新活动都要在环境可承载的基础上开展，技术的运用和推广不能破坏生态环境，真正实现环境发展的持续性和创新的持续性协同推进。此外，还要注重创新载体和创新环境建设，为科技创新创业提供更加宽松的氛围。

第二部分　分报告

Part Ⅱ　Sub Reports

Y.2
第 1 章
阿根廷国家创新竞争力评价分析报告

阿根廷位于南美洲南部，与智利、玻利维亚、巴拉圭、巴西等国接壤，东南面向大西洋。国土面积约 277 万平方公里，海岸线长 4989 公里。2015 年全国年末总人口为 4342 万人，实现国内生产总值 5847 亿美元，人均 GDP 达到 13467 美元。本部分通过对阿根廷 2014 ~ 2015 年国家创新竞争力以及创新竞争力中各要素在 G20 中的排名变化分析，从中找出阿根廷国家创新竞争力的推动点及影响因素。

1.1　阿根廷国家创新竞争力总体评价分析

2014 ~ 2015 年，阿根廷的国家创新竞争力排名略有上升。其中，2014 年阿根廷国家创新竞争力在 G20 中排名第 17 位，到了 2015 年，排名第 16 位，上升了 1 位。

1.1.1　阿根廷国家创新竞争力概要分析

阿根廷国家创新竞争力在G20中所处的位置及5个二级指标的得分和排位变化如图1－1、图1－2和表1－1所示。

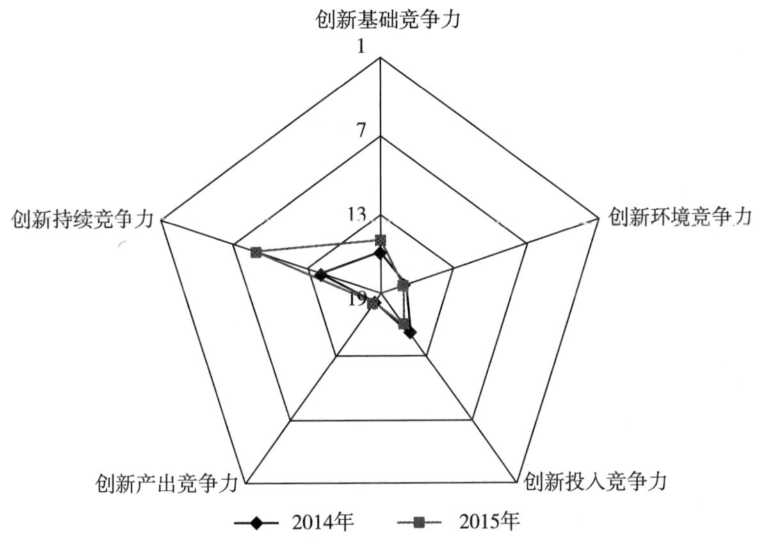

图1－1　阿根廷国家创新竞争力二级指标排名雷达图

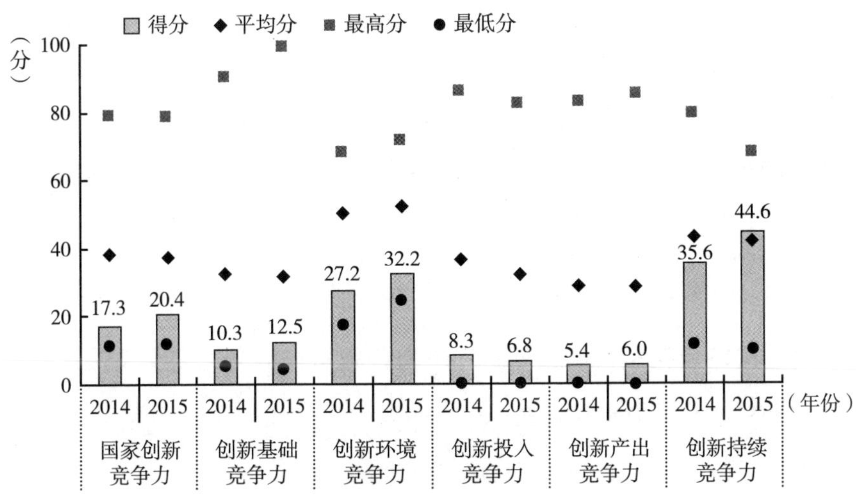

图1－2　阿根廷国家创新竞争力得分变化趋势

表 1-1　阿根廷国家创新竞争力二级指标得分和排名

项目 \ 年份	创新基础竞争力		创新环境竞争力		创新投入竞争力		创新产出竞争力		创新持续竞争力		创新竞争力	
	得分	排名	得分	排名	得分	排名	得分	排名	得分	排名	得分	排名
2014	10.3	16	27.2	17	8.3	15	5.4	18	35.6	14	17.3	17
2015	12.5	15	32.2	17	6.8	16	6.0	18	44.6	9	20.4	16
得分变化	2.2		5.0		-1.5		0.6		9.0		3.1	
排名升降		1		0		-1		0		5		1
优劣度		中势		劣势		劣势		劣势		优势		劣势

（1）从综合排位变化看，2015 年阿根廷国家创新竞争力综合排名在 G20 中处于第 16 位，与 2014 年相比，排位上升了 1 位。

（2）从指标得分看，2015 年阿根廷国家创新竞争力得分为 20.4 分，比 G20 最高分低 58.2 分，比平均分低 17.0 分；与 2014 年相比，阿根廷国家创新竞争力得分上升了 3.1 分，与当年最高分的差距缩小了 3.8 分，与 G20 平均分的差距也缩小了 4.0 分。

（3）从指标所处区位看，2015 年阿根廷国家创新竞争力的 5 个二级指标中，没有强势指标；优势指标有 1 个，为创新持续竞争力；劣势指标 3 个，为创新环境竞争力、创新投入竞争力和创新产出竞争力①。

（4）从指标排位变化趋势看，在 5 个二级指标中，有 2 个指标的排位处于上升趋势，分别为创新基础竞争力和创新持续竞争力；有 1 个指标的排位处于下降趋势，为创新投入竞争力；而创新环境竞争力和创新产出竞争力的指标排位没有发生变化。

（5）从指标排位变化的动因来看，2 个二级指标的排位出现了上升，1 个二级指标的排位出现了下降，受此变动的综合影响，2015 年阿根廷国家创新竞争力的综合排位比 2014 年上升了 1 位，在 G20 中排名第 16 位。

1.1.2　阿根廷国家创新竞争力各级指标动态变化分析

2014～2015 年阿根廷国家创新竞争力各级指标的动态变化及其结构，如图 1-3 和表 1-2 所示。

① 本报告所指的强势指标为排名在第 1～5 位的指标；优势指标为排名在第 6～10 位的指标；中势指标为排名在第 11～15 位的指标；劣势指标为排名在第 16～19 位的指标。

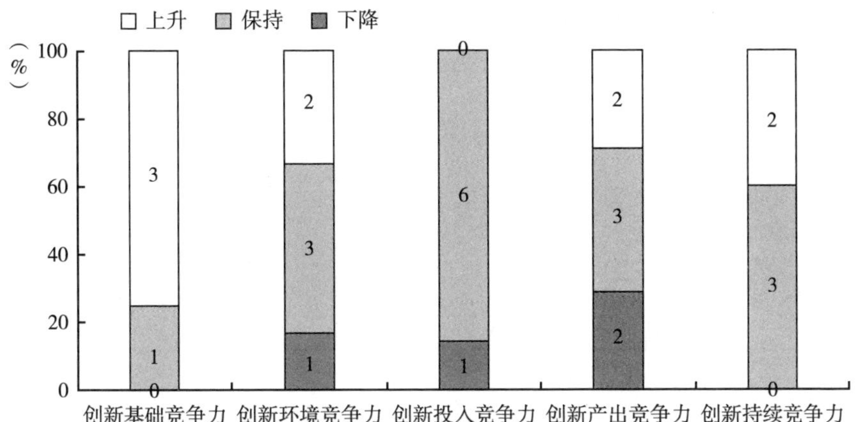

图 1－3　2014～2015 年阿根廷国家创新竞争力指标动态变化结构

表 1－2　2014～2015 年阿根廷国家创新竞争力各级指标排位变化态势比较

单位：个，%

二级指标	三级指标个数	上升		保持		下降		变化趋势
		个数	比重	个数	比重	个数	比重	
创新基础竞争力	4	3	75.0	1	25.0	0	0.0	上升
创新环境竞争力	6	2	33.3	3	50.0	1	16.7	保持
创新投入竞争力	7	0	0.0	6	85.7	1	14.3	下降
创新产出竞争力	7	2	28.6	3	42.9	2	28.6	保持
创新持续竞争力	5	2	40.0	3	60.0	0	0.0	上升
合计	29	9	31.0	16	55.2	4	13.8	上升

从图 1－3 可以看出，阿根廷国家创新竞争力的三级指标中保持不变的指标居于主导地位，但上升指标的数量大于下降指标。指标上升的数量大于下降的数量，使得 2015 年阿根廷国家创新竞争力排位上升了 1 位。表 1－2 中的数据进一步显示，阿根廷国家创新竞争力有数据的 29 个三级指标中，上升的指标有 9 个，占指标总数的 31.0%；保持的指标有 16 个，占指标总数的 55.2%；下降的指标有 4 个，占指标总数的 13.8%。

1.1.3　阿根廷国家创新竞争力各级指标优劣势结构分析

2014～2015 年阿根廷国家创新竞争力各级指标的优劣势变化及其结构，如表 1－3 所示。

表 1-3 2014~2015 年阿根廷国家创新竞争力各级指标排位优劣势比较

单位：个，%

二级指标	三级指标个数	强势		优势		中势		劣势		优劣度
		个数	比重	个数	比重	个数	比重	个数	比重	
创新基础竞争力	4	0	0.0	0	0.0	3	75.0	1	25.0	中势
创新环境竞争力	6	1	16.7	0	0.0	2	33.3	3	50.0	劣势
创新投入竞争力	7	0	0.0	0	0.0	4	57.1	3	42.9	劣势
创新产出竞争力	7	0	0.0	0	0.0	3	42.9	4	57.1	劣势
创新持续竞争力	6	2	33.3	1	16.7	2	33.3	1	16.7	优势
合计	30	3	10.0	1	3.3	14	46.7	12	40.0	劣势

从表 1-3 中的数据可以看出，阿根廷国家创新竞争力有数据的 30 个三级指标中，强势指标 3 个，占指标总数的 10.0%；优势指标 1 个，占指标总数的 3.3%；中势指标 14 个，占指标总数的 46.7%；劣势指标 12 个，占指标总数的 40.0%；强势指标和优势指标的数量之和约占指标总数的 13.3%，远远小于中势指标和劣势指标之和所占比重。从二级指标来看，没有强势指标；优势指标 1 个，占二级指标总数的 20.0%；中势指标 1 个，占二级指标总数的 20.0%；劣势指标 3 个，占二级指标总数的 60.0%。由于中势指标和劣势指标在指标体系中居于主导地位，2014~2015 年阿根廷国家创新竞争力处于劣势地位。

1.2 阿根廷国家创新基础竞争力评价分析

1.2.1 阿根廷国家创新基础竞争力评价结果

2014~2015 年阿根廷国家创新基础竞争力及其下属 7 个三级指标的排位和排位变化情况，如表 1-4 所示。

（1）从排位变化比较看，2015 年阿根廷国家创新基础竞争力排名第 15 位，与 2014 年相比，排位上升了 1 位，处于中势地位。

（2）从指标所处区位来看，7 个三级指标中没有强势指标，也没有优势指标；人均 GDP、外国直接投资净值和全社会劳动生产率 3 个指标是中势指标；GDP 是劣势指标。

表 1-4　阿根廷 2014～2015 年国家创新基础竞争力指标组排位及趋势

项目 年份	GDP		人均 GDP		财政收入		人均财政收入		外国直接投资净值		受高等教育人员比重		全社会劳动生产率		创新基础竞争力	
	得分	排名	得分	排名	得分	排名	得分	排名	得分	排名	得分	排名	得分	排名	得分	排名
2014	1.0	18	17.7	12	—	—	—	—	2.3	18	—	—	20.1	12	10.3	16
2015	1.5	18	21.7	11	—	—	—	—	3.2	14	—	—	23.6	11	12.5	15
得分变化	0.5		4.0		—		—		0.9		—		3.6		2.2	
排名升降		0		1		—		—		4		—		1		1
优劣度		劣势		中势		—		—		中势		—		中势		中势

（3）从指标排位变化趋势看，在 7 个三级指标中，有 3 个指标处于上升趋势，为人均 GDP、外国直接投资净值和全社会劳动生产率；没有处于下降趋势的指标；1 个指标保持不变，为 GDP。

（4）从指标排位变化的动因看，由于 3 个指标处于上升趋势，占据主导地位，阿根廷创新基础竞争力的综合排名比上一年上升了 1 位。

（5）从三级指标结构特征看，在创新基础竞争力指标组的 7 个三级指标中，没有强势指标和优势指标；中势指标 3 个，占有数据的指标总数的 75.0%；劣势指标 1 个，占有数据的指标总数的 25.0%。中势指标占大多数，使得 2015 年阿根廷国家创新基础竞争力处于中势地位。

1.2.2　阿根廷国家创新基础竞争力比较分析

图 1-4 反映了 2014～2015 年阿根廷国家创新基础竞争力与 G20 最高水平和平均水平的比较情况。

由图 1-4 可知，评价期内阿根廷国家创新基础竞争力得分均低于 15 分，说明阿根廷国家创新基础竞争力处于较低水平。从创新基础竞争力的整体得分比较来看，2014 年，阿根廷国家创新基础竞争力得分与 G20 最高分相比还有 79.7 分的差距，比 G20 平均分低 22.6 分；到 2015 年，阿根廷国家创新基础竞争力得分与 G20 最高分的差距为 86.1 分，比 G20 平均分低 19.3 分。总体来说，2014～2015 年阿根廷国家创新基础竞争力与平均分的差距缩小了 3.3

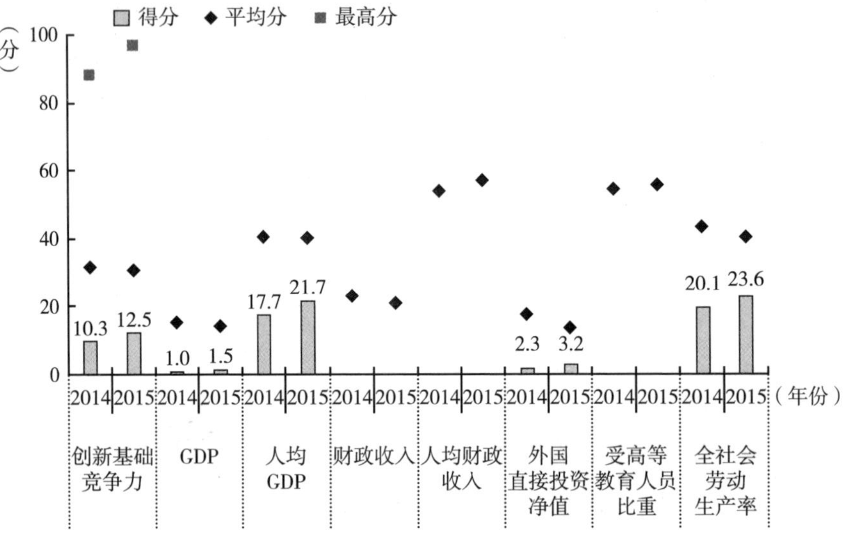

图 1－4　2014～2015 年阿根廷国家创新基础竞争力指标得分比较

分，其创新基础竞争力排名上升了 1 位。

从具体指标得分比较和变化趋势来看，阿根廷国家创新基础竞争力整体水平基本稳定，GDP、外国直接投资净值等指标排位靠后，且 4 个有数据的指标的得分普遍低于 G20 平均分，创新基础竞争力上升的空间较大。在下一步的科技创新活动中，要特别关注这些问题，积极推动经济增长，加快企业战略转型、加大教育和科技财政投入，借鉴和引进国际科技前沿技术，提高全社会劳动生产率，夯实国家创新基础，不断增强国家创新基础竞争力。

1.3　阿根廷国家创新环境竞争力评价分析

1.3.1　阿根廷国家创新环境竞争力评价结果

2014～2015 年阿根廷国家创新环境竞争力及其下属 6 个三级指标的排位和排位变化情况，如表 1－5 所示。

表 1-5　阿根廷 2014~2015 年国家创新环境竞争力指标组排位及趋势

项目 \ 年份	因特网用户比例		每百人手机数		企业开业程序		企业平均税负水平		在线公共服务指数		ISO 9001 质量体系认证数		创新环境竞争力	
	得分	排名	得分	排名	得分	排名	得分	排名	得分	排名	得分	排名	得分	排名
2014	63.9	11	68.5	5	0.0	18	0.0	19	29.7	16	1.3	16	27.2	17
2015	67.7	11	69.7	4	0.0	19	0.0	19	54.5	15	1.4	16	32.2	17
得分变化	3.9		1.1		0.0		0.0		24.9		0.2		5.0	
排名升降		0		1		-1		0		1		0		0
优劣度		中势		强势		劣势		劣势		中势		劣势		劣势

（1）从排位变化比较看，2015 年阿根廷国家创新环境竞争力排名第 17 位，与 2014 年相比，排位保持不变，仍处于劣势地位。

（2）从指标所处区位来看，6 个三级指标中有 1 个强势指标，为每百人手机数；有 2 个中势指标，为因特网用户比例和在线公共服务指数；其余 3 个指标为劣势指标。

（3）从指标排位变化趋势看，在 6 个三级指标中，有 2 个指标处于上升趋势，分别为每百人手机数和在线公共服务指数；有 1 个指标处于下降趋势，为企业开业程序；其余指标均保持不变。

（4）从指标排位变化的动因看，尽管 2 个三级指标的排位出现了上升，1 个指标处于下降趋势，但受多数指标排位保持不变的综合影响，阿根廷创新环境竞争力的综合排位没有发生变化，在 G20 中仍处于第 17 位。

（5）从三级指标结构特征看，在创新环境竞争力指标组的 6 个三级指标中，强势指标 1 个，占指标总数的 16.7%；没有优势指标；2 个中势指标，占指标总数的 33.3%；劣势指标 3 个，占指标总数的 50.0%；中势和劣势指标居于主导地位，使得阿根廷国家创新环境竞争力整体处于劣势地位。

1.3.2　阿根廷国家创新环境竞争力比较分析

图 1-5 反映了 2014~2015 年阿根廷国家创新环境竞争力与 G20 最高水平和平均水平的比较情况。

由图 1-5 可知，评价期内阿根廷国家创新环境竞争力得分多低于平均分，

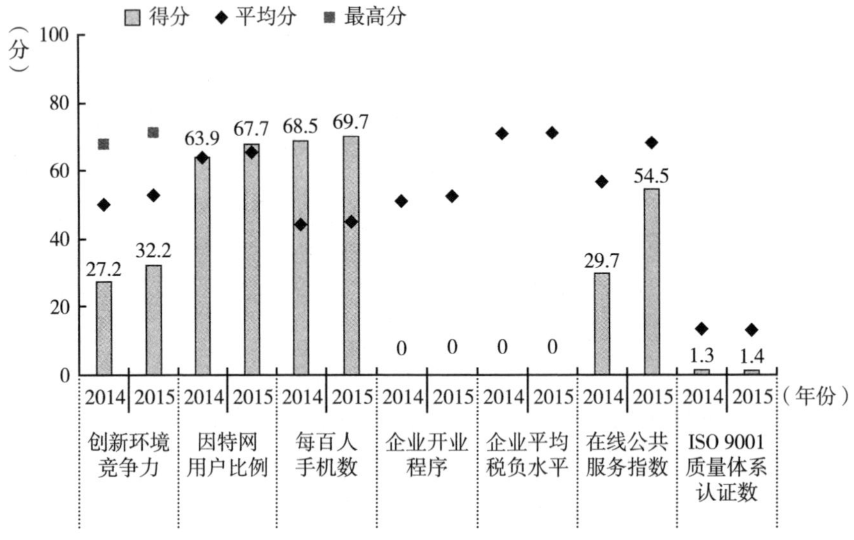

图 1－5　2014～2015 年阿根廷国家创新环境竞争力指标得分比较

处于较低水平。从创新环境竞争力的整体得分比较来看，2014 年，阿根廷国家创新环境竞争力得分与 G20 最高分相比有 41.1 分的差距，与 G20 平均分相比，低了 22.8 分；2015 年，阿根廷国家创新环境竞争力得分与 G20 最高分的差距为 39.3 分，低于 G20 平均分 20.2 分。总的来说，2014～2015 年阿根廷国家创新环境竞争力与最高分的差距呈缩小趋势，但没有达到影响排位变化的程度。

从具体指标得分比较和变化趋势来看，阿根廷国家创新环境竞争力整体水平较低，仍处于劣势地位，这主要是由于企业开业程序、企业平均税负水平和 ISO 9001 质量体系认证数等 3 个指标处于劣势地位；这些指标得分均低于 G20 平均分，限制了其创新环境竞争力的进一步提升。针对当前存在的不足，要巩固和提升阿根廷国家创新环境竞争力，应加大以下方面的工作力度：降低企业税负水平，加大对创新型企业的科技和资金扶持力度，加强知识产权保护，重视创新人才的外引内育，营造有利于企业健康有序发展的良好创新氛围，不断优化国家创新环境，进一步增强国家创新环境竞争力。

1.4　阿根廷国家创新投入竞争力评价分析

1.4.1　阿根廷国家创新投入竞争力评价结果

2014～2015 年阿根廷国家创新投入竞争力及其下属 7 个三级指标的排位和排位变化情况，如表 1－6 所示。

表 1－6　阿根廷 2014～2015 年国家创新投入竞争力指标组排位及趋势

项目＼年份	R&D 经费支出总额		R&D 经费支出占 GDP 比重		人均 R&D 经费支出		R&D 人员		研究人员占从业人员比重		企业研发投入比重		风险资本交易占 GDP 比重		创新投入竞争力	
	得分	排名	得分	排名	得分	排名	得分	排名	得分	排名	得分	排名	得分	排名	得分	排名
2014	0.6	16	15.1	16	5.2	14	2.4	15	21.3	12	8.1	15	5.2	15	8.3	15
2015	0.5	16	15.1	16	4.9	14	2.0	15	19.8	12	5.2	15	0.0	19	6.8	16
得分变化	-0.1		0.0		-0.3		-0.3		-1.5		-3.0		-5.2		-1.5	
排名升降		0		0		0		0		0		0		-4		-1
优劣度		劣势		劣势		中势		中势		中势		中势		劣势		劣势

（1）从排位变化比较看，2015 年阿根廷国家创新投入竞争力排名第 16 位，与 2014 年相比，排位下降 1 位，处于劣势地位。

（2）从指标所处区位来看，7 个三级指标中没有强势指标和优势指标；4 个指标是中势指标，分别为人均 R&D 经费支出、R&D 人员、研究人员占从业人员比重和企业研发投入比重；其余 3 个指标均是劣势指标。

（3）从指标排位变化趋势看，在 7 个三级指标中，有 6 个指标排位保持不变，分别为 R&D 经费支出总额、R&D 经费支出占 GDP 比重、人均 R&D 经费支出、R&D 人员、研究人员占从业人员比重和企业研发投入比重；有 1 个指标处于下降趋势，为风险资本交易占 GDP 比重。

（4）从指标排位变化的动因看，有 6 个三级指标的排位保持不变，1 个三级指标的排位下降，使得阿根廷创新投入竞争力的综合排位下降 1 位，在 G20 中排名第 16 位。

（5）从三级指标结构特征看，在创新投入竞争力指标组的 7 个三级指标中，没有强势指标和优势指标；中势指标 4 个，占指标总数的 57. 1%；劣势指标 3 个，占指标总数的 42. 9%，使得 2015 年阿根廷国家创新投入竞争力综合排位处于劣势地位。

1. 4. 2　阿根廷国家创新投入竞争力比较分析

图 1 –6 反映了 2014 ~2015 年阿根廷国家创新投入竞争力与 G20 最高水平和平均水平的比较情况。

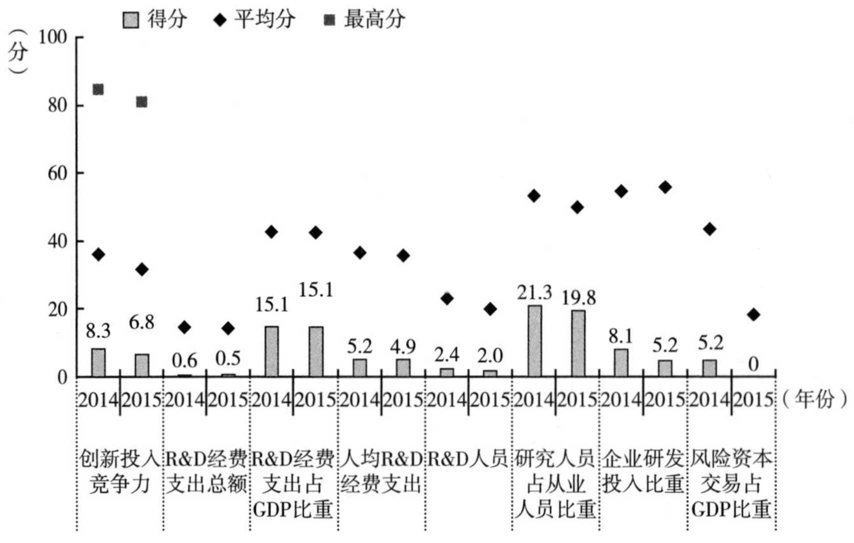

图 1 –6　2014 ~2015 年阿根廷国家创新投入竞争力指标得分比较

由图 1 –6 可知，评价期内阿根廷国家创新投入竞争力得分均低于 10 分，说明阿根廷国家创新投入竞争力处于较低水平。从创新投入竞争力的整体得分比较来看，2014 年，阿根廷国家创新投入竞争力得分与 G20 最高分相比还有 77. 4 分的差距，与 G20 平均分相比，则低了 28. 3 分；到 2015 年，阿根廷国家创新投入竞争力得分与 G20 最高分的差距为 75. 2 分，低于 G20 平均分 25. 2 分。总的来说，2014 ~2015 年阿根廷国家创新投入竞争力与平均分的差距有所缩小，但并没能使整体排位上升，反而因为上升幅度小于其他国家，排位下降了 1 位。

从具体指标得分比较和变化趋势来看，阿根廷国家创新投入竞争力整体水平没有较大变化，仍处于劣势地位，这主要是由大部分三级指标得分偏低导致的。所有三级指标得分都低于 G20 平均分，反映了其创新投入竞争力确实较弱。为此，在今后发展中需要进一步加大科技研发经费投入，鼓励多元化的创新研发投入，加大研发人员培养力度，高度重视研发人才队伍建设，不断增加国家创新投入，显著增强国家创新投入竞争力。

1.5　阿根廷国家创新产出竞争力评价分析

1.5.1　阿根廷国家创新产出竞争力评价结果

2014～2015 年阿根廷国家创新产出竞争力及其下属 7 个三级指标的排位和排位变化情况，如表 1－7 所示。

表 1－7　阿根廷 2014～2015 年国家创新产出竞争力指标组排位及趋势

项目/年份	专利授权数		科技论文发表数		专利和许可收入		高技术产品出口额		高技术产品出口比重		注册商标数		创意产品出口比重		创新产出竞争力	
	得分	排名	得分	排名	得分	排名	得分	排名	得分	排名	得分	排名	得分	排名	得分	排名
2014	0.1	18	1.5	17	0.1	14	0.6	18	24.0	16	10.1	10	1.4	18	5.4	18
2015	0.1	18	1.3	17	0.1	15	0.6	18	31.6	13	5.0	15	3.5	17	6.0	18
得分变化	0.0		-0.2		0.0		0.0		7.6		-5.1		2.2		0.6	
排名升降		0		0		-1		0		3		-5		1		0
优劣度		劣势		劣势		中势		劣势		中势		中势		劣势		劣势

（1）从排位变化比较看，2015 年阿根廷国家创新产出竞争力排名第 18 位，与 2014 年相比，排位保持不变，仍处于劣势地位。

（2）从指标所处区位来看，7 个三级指标中没有强势指标和优势指标；3 个指标是中势指标，分别为专利和许可收入、高技术产品出口比重和注册商标数；其余 4 个指标均为劣势指标。

（3）从指标排位变化趋势看，在 7 个三级指标中，有 2 个指标处于上升趋势，分别为高技术产品出口比重和创意产品出口比重；有 2 个指标处于下降趋势，为专利和许可收入和注册商标数。

（4）从指标排位变化的动因看，2 个三级指标的排位出现了上升，2 个三级指标的排位出现了下降，在指标升降的综合影响下，阿根廷创新产出竞争力的综合排位保持不变。

（5）从三级指标结构特征看，在创新产出竞争力指标组的 7 个三级指标中，没有强势指标和优势指标；劣势指标 4 个，占指标总数的 57.1%。强势和优势指标所占比重远远小于劣势指标的比重，致使 2015 年阿根廷国家创新产出竞争力综合排位处于劣势地位。

1.5.2　阿根廷国家创新产出竞争力比较分析

图 1－7 反映了 2014～2015 年阿根廷国家创新产出竞争力与 G20 最高水平和平均水平的比较情况。

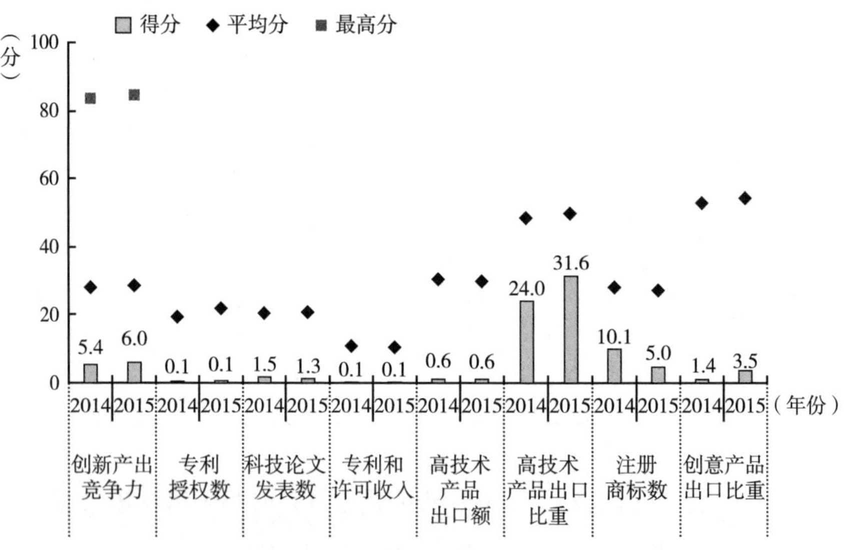

图 1－7　2014～2015 年阿根廷国家创新产出竞争力指标得分比较

由图 1－7 可知，评价期内阿根廷国家创新产出竞争力得分均低于 7 分，说明阿根廷国家创新产出竞争力处于较低水平。从创新产出竞争力的整体得分比较来看，2014 年，阿根廷国家创新产出竞争力得分与 G20 最高分相比还有 78.0 分的差距，低于 G20 平均分 23.1 分；到 2015 年，阿根廷国家创新产出竞争力得分与 G20 最高分的差距为 78.9 分，低于 G20 平均分 22.8 分。总的来说，2014 ~2015 年阿根廷国家创新产出竞争力与最高分和平均分的差距变化不大，排位保持不变。

从具体指标得分比较和变化趋势来看，阿根廷国家创新产出竞争力整体水平没有发生明显变化，一直处于劣势地位。这主要是由于专利授权数、科技论文发表数、高技术产品出口额、创意产品出口比重等指标得分偏低、排位靠后，并且 7 个三级指标的得分均低于 G20 平均分。因此，要进一步提升阿根廷创新产出竞争力，就要不断增加专利申请和授权量，增强企业和个人的专利创造和运用能力；完善知识产权激励机制，促进专利和许可收入增长；注重提升基础研究能力，提高科技论文等创新产出的数量和质量；优化出口贸易结构，加大高技术产品出口比重，突出高技术产品在对外贸易中的地位；推动实施商标战略，打造国际知名品牌。通过实施一系列的创新措施，切实提高国家创新产出，增强国家创新产出竞争力。

1.6　阿根廷国家创新持续竞争力评价分析

1.6.1　阿根廷国家创新持续竞争力评价结果

2014 ~2015 年阿根廷国家创新持续竞争力及其下属 6 个三级指标的排位和排位变化情况，如表 1 –8 所示。

表 1 –8　阿根廷 2014 ~2015 年国家创新持续竞争力指标组排位及趋势

项目/年份	公共教育经费支出总额		公共教育经费支出占 GDP 比重		人均公共教育经费支出额		高等教育毛入学率		科技人员增长率		科技经费增长率		创新持续竞争力	
	得分	排名	得分	排名	得分	排名	得分	排名	得分	排名	得分	排名	得分	排名
2014	0.9	18	75.2	5	18.2	12	83.6	5	—	—	0.0	19	35.6	14
2015	0.9	18	81.6	4	19.3	12	83.6	5	54.8	6	27.1	15	44.6	9
得分变化	0.0		6.4		1.1		0.0		—	—	27.1		9.0	
排名升降		0		1		0		0		—		4		5
优劣度		劣势		强势		中势		强势		优势		中势		优势

（1）从排位变化比较看，2015 年阿根廷国家创新持续竞争力排名第 9 位，比 2014 年上升了 5 位，处于优势地位。

（2）从指标所处区位来看，6 个三级指标中有 2 个强势指标，分别是公共教育经费支出占 GDP 比重和高等教育毛入学率；优势指标 1 个，为科技人员增长率；中势指标 2 个，为人均公共教育经费支出额和科技经费增长率；劣势指标 1 个，即公共教育经费支出总额。

（3）从指标排位变化趋势看，在 6 个三级指标中，有 2 个指标处于上升趋势，为公共教育经费支出占 GDP 比重和科技经费增长率；没有指标处于下降趋势，其余指标排位保持不变。

（4）从指标排位变化的动因看，有 2 个三级指标的排位出现了上升，受指标排位上升的影响，阿根廷创新持续竞争力的综合排位大幅度上升，在 G20 中排名从 2014 年的第 14 位上升到 2015 年的第 9 位。

（5）从三级指标结构特征看，在创新持续竞争力指标组的 6 个三级指标中，强势指标 2 个，占指标总数的 33.3%；优势指标 1 个，占指标总数的 16.7%；劣势指标 1 个，占指标总数的 16.7%；强势指标和优势指标所占比重高于劣势指标的比重，使得阿根廷国家创新持续竞争力整体处于优势地位。上升指标 2 个，占指标总数的 40.0%；没有下降指标。由于指标排位上升的数量大于排位下降的数量，2015 年阿根廷国家创新持续竞争力综合排位比 2014 年上升了 5 位。

1.6.2 阿根廷国家创新持续竞争力比较分析

图 1－8 反映了 2014～2015 年阿根廷国家创新持续竞争力与 G20 最高水平和平均水平的比较情况。

由图 1－8 可知，评价期内阿根廷国家创新持续竞争力得分处于上升趋势，说明阿根廷国家创新持续竞争力水平有所提高。从创新持续竞争力的整体得分比较来看，2014 年，阿根廷国家创新持续竞争力得分与 G20 最高分相比还有 43.4 分的差距，低于 G20 平均分 8.2 分；到 2015 年，阿根廷国家创新持续竞争力得分与 G20 最高分的差距缩小为 23.5 分，反而高于 G20 平均分 2.2 分。总的来说，2014～2015 年阿根廷国家创新持续竞争力与最高分的差距不断缩

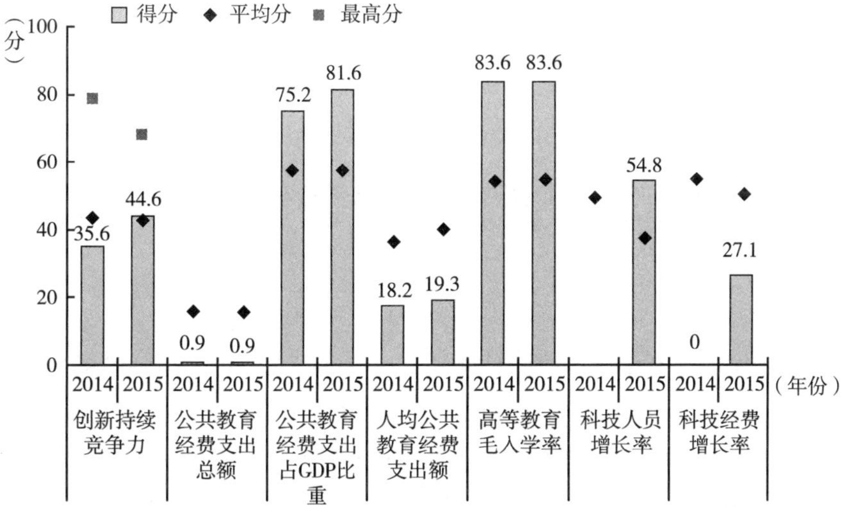

图1-8　2014～2015年阿根廷国家创新持续竞争力指标得分比较

小，并且已高于平均分，排位处于上升趋势。

从具体指标得分比较和变化趋势来看，阿根廷国家创新持续竞争力整体水平出现了上升，这主要是由于公共教育经费支出占GDP比重、科技经费增长率等指标得分明显上升，但公共教育经费支出总额、人均公共教育经费支出额、科技经费增长率等指标的得分还低于G20平均分。因此，针对这些问题，阿根廷需要不断增加教育经费投入，提升科学家和工程师待遇，加大培养科学家和工程师的力度，不断增强国家创新持续竞争力。

Y.3

第2章 澳大利亚国家创新竞争力评价分析报告

澳大利亚东临太平洋，西临印度洋，由澳大利亚大陆和塔斯马尼亚等岛屿组成。国土面积约769万平方公里，其中70%为沙漠和半沙漠，海岸线长36735公里。2015年全国年末总人口为2379万人，实现国内生产总值13391亿美元，人均GDP达到56291美元。本部分通过对澳大利亚2014～2015年国家创新竞争力以及创新竞争力中各要素在G20中的排名变化分析，从中找出澳大利亚国家创新竞争力的推动点及影响因素。

2.1 澳大利亚国家创新竞争力总体评价分析

2014～2015年，澳大利亚的国家创新竞争力排名略有下降。其中，2014年澳大利亚国家创新竞争力在G20中排名第6位，到了2015年，排名第7位，排位下降了1位。

2.1.1 澳大利亚国家创新竞争力概要分析

澳大利亚国家创新竞争力在G20中所处的位置及5个二级指标的得分和排位变化如图2－1、图2－2和表2－1所示。

（1）从综合排位变化看，2015年澳大利亚国家创新竞争力综合排名在G20中处于第7位，与2014年相比，排位下降了1位。

（2）从指标得分看，2015年澳大利亚国家创新竞争力得分为47.1分，比G20最高分低31.5分，比平均分高9.7分；与2014年相比，澳大利亚国家创新竞争力得分下降了4.1分，与当年最高分的差距扩大了3.4分，与G20平均分的差距缩小了3.2分。

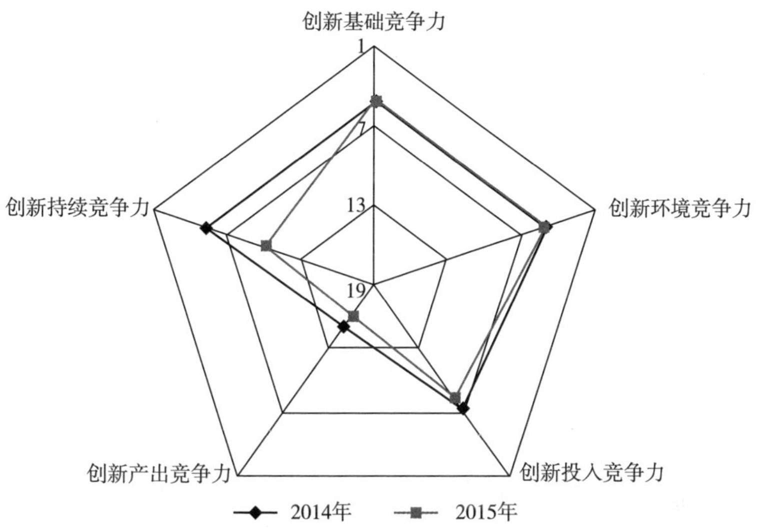

图 2-1 澳大利亚国家创新竞争力二级指标排名雷达图

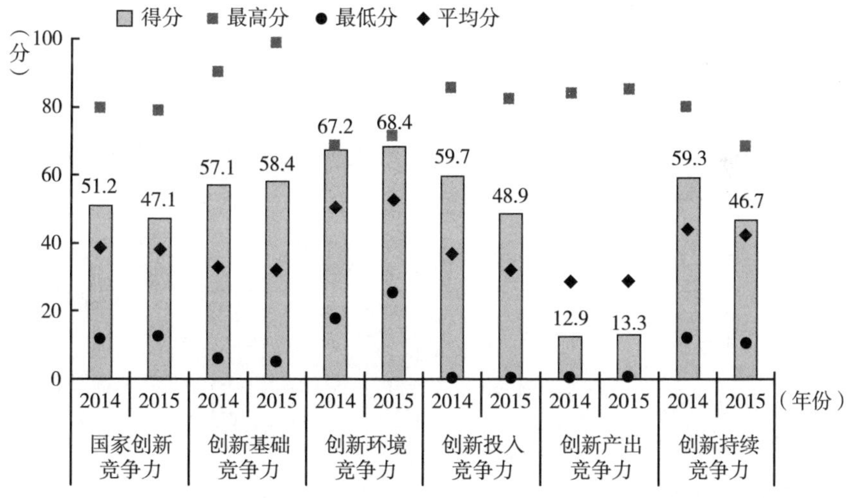

图 2-2 澳大利亚国家创新竞争力得分变化趋势

（3）从指标所处区位看，2015 年澳大利亚国家创新竞争力的 5 个二级指标中，强势指标 2 个，分别为创新基础竞争力和创新环境竞争力；优势指标 2 个，分别为创新投入竞争力和创新持续竞争力；中势指标 1 个，为创新产出竞争力；没有劣势指标。

表 2 -1　澳大利亚国家创新竞争力二级指标得分和排名

项目 年份	创新基础竞争力		创新环境竞争力		创新投入竞争力		创新产出竞争力		创新持续竞争力		创新竞争力	
	得分	排名	得分	排名	得分	排名	得分	排名	得分	排名	得分	排名
2014	57.1	2	67.2	2	59.7	5	12.9	14	59.3	2	51.2	6
2015	58.4	2	68.4	2	48.9	6	13.3	15	46.7	8	47.1	7
得分变化	1.2		1.1		-10.8		0.4		-12.5		-4.1	
排名升降		0		0		-1		-1		-6		-1
优劣度		强势		强势		优势		中势		优势		优势

（4）从指标排位变化趋势看，在 5 个二级指标中，没有处于上升趋势的指标；2 个指标排位没有发生变化，为创新基础竞争力和创新环境竞争力；但有 3 个指标的排位处于下降趋势，分别为创新投入竞争力、创新产出竞争力和创新持续竞争力，这些是澳大利亚国家创新竞争力的下降拉力所在，其创新竞争力排名下降了 1 位。

2.1.2　澳大利亚国家创新竞争力各级指标动态变化分析

2014 ~2015 年澳大利亚国家创新竞争力各级指标的动态变化及其结构，如图 2 -3 和表 2 -2 所示。

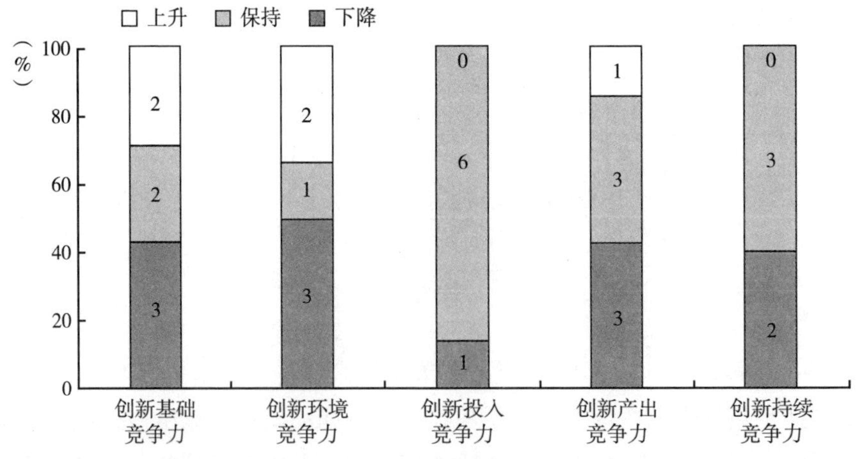

图 2 -3　2014 ~2015 年澳大利亚国家创新竞争力指标动态变化结构

从图 2－3 可以看出，澳大利亚国家创新竞争力的三级指标中保持不变的指标最多，下降指标的数量明显多于上升指标。表 2－2 中的数据进一步显示，澳大利亚国家创新竞争力有数据的 32 个三级指标中，上升的指标有 5 个，占指标总数的 15.6%；保持的指标有 15 个，占指标总数的 46.9%；下降的指标有 12 个，占指标总数的 37.5%。由于指标下降的幅度较大，上升的动力小于下降的拉力，2015 年澳大利亚国家创新竞争力排位下降了 1 位，在 G20 中居第 7 位。

表 2－2　2014～2015 年澳大利亚国家创新竞争力各级指标排位变化态势比较

单位：个，%

二级指标	三级指标个数	上升		保持		下降		变化趋势
		个数	比重	个数	比重	个数	比重	
创新基础竞争力	7	2	28.6	2	28.6	3	42.9	保持
创新环境竞争力	6	2	33.3	1	16.7	3	50.0	保持
创新投入竞争力	7	0	0.0	6	85.7	1	14.3	下降
创新产出竞争力	7	1	14.3	3	42.9	3	42.9	下降
创新持续竞争力	5	0	0.0	3	60.0	2	40.0	下降
合计	32	5	15.6	15	46.9	12	37.5	下降

2.1.3　澳大利亚国家创新竞争力各级指标优劣势结构分析

2014～2015 年澳大利亚国家创新竞争力各级指标的优劣势变化及其结构，如表 2－3 所示。

表 2－3　2014～2015 年澳大利亚国家创新竞争力各级指标排位优劣势比较

单位：个，%

二级指标	三级指标个数	强势		优势		中势		劣势		优劣度
		个数	比重	个数	比重	个数	比重	个数	比重	
创新基础竞争力	7	4	57.1	1	14.3	2	28.6	0	0.0	强势
创新环境竞争力	6	2	33.3	4	66.7	0	0.0	0	0.0	强势
创新投入竞争力	7	4	57.1	2	28.6	1	14.3	0	0.0	优势
创新产出竞争力	7	0	0.0	1	14.3	5	71.4	1	14.3	中势
创新持续竞争力	6	2	33.3	2	33.3	1	16.7	1	16.7	优势
合计	33	12	36.4	10	30.3	9	27.3	2	6.1	优势

从表 2－3 中的数据可以看出，澳大利亚国家创新竞争力的 33 个三级指标中，强势指标 12 个，占指标总数的 36.4%；优势指标 10 个，占指标总数的 30.3%；中势指标 9 个，占指标总数的 27.3%；劣势指标 2 个，占指标总数的 6.1%；强势指标和优势指标的数量之和约占指标总数的 66.7%，远远大于中势指标和劣势指标之和所占比重。从二级指标来看，强势指标 2 个，占二级指标总数的 40%；优势指标 2 个，占二级指标总数的 40%；中势指标 1 个，占二级指标总数的 20%；没有劣势指标。由于强势指标和优势指标在指标体系中居于主导地位，2014～2015 年澳大利亚国家创新竞争力处于优势地位。

2.2 澳大利亚国家创新基础竞争力评价分析

2.2.1 澳大利亚国家创新基础竞争力评价结果

2014～2015 年澳大利亚国家创新基础竞争力及其下属 7 个三级指标的排位和排位变化情况，如表 2－4 所示。

表 2－4 澳大利亚 2014～2015 年国家创新基础竞争力指标组排位及趋势

项目 年份	GDP		人均 GDP		财政收入		人均财政收入		外国直接投资净值		受高等教育人员比重		全社会劳动生产率		创新基础竞争力	
	得分	排名	得分	排名	得分	排名	得分	排名	得分	排名	得分	排名	得分	排名	得分	排名
2014	6.5	12	100.0	1	6.9	11	92.2	3	17.5	6	76.9	3	100.0	1	57.1	2
2015	5.8	12	100.0	1	6.1	12	99.5	2	10.2	8	91.2	2	95.9	2	58.4	2
得分变化	-0.7		0.0		-0.8		7.3		-7.3		14.3		-4.1		1.2	
排名升降		0		0		-1		1		-2		1		-1		0
优劣度		中势		强势		中势		强势		优势		强势		强势		强势

（1）从排位变化比较看，2015 年澳大利亚国家创新基础竞争力排名第 2 位，与 2014 年排名一样，处于强势地位。

（2）从指标所处区位来看，7 个三级指标中，有 4 个强势指标，分别为人均 GDP、人均财政收入、受高等教育人员比重和全社会劳动生产率；只有 1 个优势指标，为外国直接投资净值；2 个中势指标，分别为 GDP 和财政收入；没有劣势指标。

（3）从指标排位变化趋势看，在7个三级指标中，有2个指标处于上升趋势，为人均财政收入和受高等教育人员比重；有3个指标处于下降趋势，分别为财政收入、外国直接投资净值和全社会劳动生产率；其余2个指标保持不变。

（4）从指标排位变化的动因看，尽管处于下降趋势的指标多于上升指标，但受指标变化幅度的影响，澳大利亚创新基础竞争力的综合排位保持不变，在G20中排名第2位。

（5）从三级指标结构特征看，在创新基础竞争力指标组的7个三级指标中，有4个强势指标，占指标总数的57.1%；优势指标1个，占指标总数的14.3%；中势指标2个，占指标总数的28.6%，强势和优势指标所占比重远远大于中势指标和劣势指标所占比重，澳大利亚国家创新基础竞争力处于强势地位。上升指标2个，占指标总数的28.6%；下降指标3个，占指标总数的42.9%。指标排位上升的数量与排位下降的数量基本相当，2015年澳大利亚国家创新基础竞争力综合排位保持不变。

2.2.2　澳大利亚国家创新基础竞争力比较分析

图2－4反映了2014～2015年澳大利亚国家创新基础竞争力与G20最高水平和平均水平的比较情况。

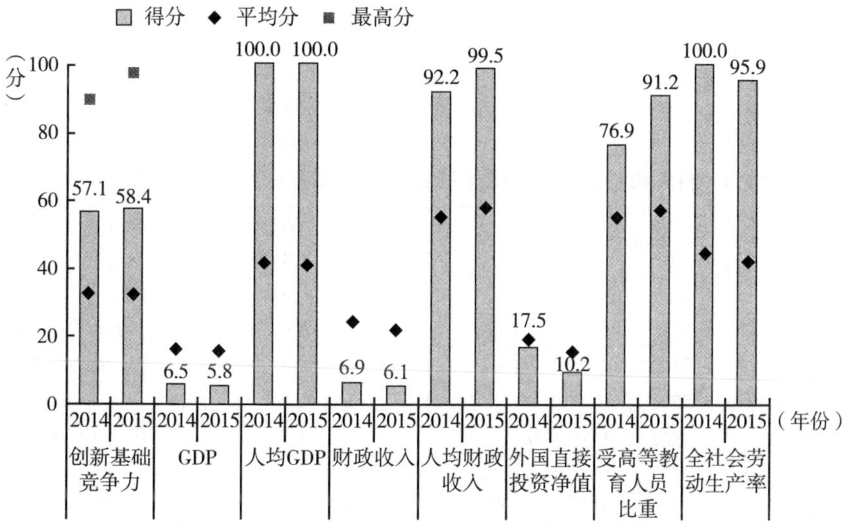

图2－4　2014～2015年澳大利亚国家创新基础竞争力指标得分比较

由图 2－4 可知，评价期内澳大利亚国家创新基础竞争力得分均高于 50 分，说明澳大利亚国家创新基础竞争力处于较高水平。从创新基础竞争力的整体得分比较来看，2014 年，澳大利亚国家创新基础竞争力得分与 G20 最高分相比还有 32.8 分的差距，比 G20 平均分高 24.3 分；到 2015 年，澳大利亚国家创新基础竞争力得分与 G20 最高分的差距为 40.3 分，比 G20 平均分高 26.5 分。总的来说，2014～2015 年澳大利亚国家创新基础竞争力均高于平均分，且相比平均分的优势变化不大，其创新基础竞争力保持稳定。

从具体指标得分比较和变化趋势来看，澳大利亚国家创新基础竞争力整体水平基本稳定，GDP、财政收入等指标排位靠后；财政收入、外国直接投资净值和全社会劳动生产率有下降趋势，创新基础竞争力缺乏上升的动力。在下一步的科技创新活动中，要特别关注这些问题，继续扩大生产和加快企业战略转型、加大教育和科技财政投入，积极参与国际直接投资，借鉴和引进国际科技前沿技术，提高全社会劳动生产率，夯实国家创新基础，不断增强国家创新基础竞争力。

2.3 澳大利亚国家创新环境竞争力评价分析

2.3.1 澳大利亚国家创新环境竞争力评价结果

2014～2015 年澳大利亚国家创新环境竞争力及其下属 6 个三级指标的排位和排位变化情况，如表 2－5 所示。

表 2－5 澳大利亚 2014～2015 年国家创新环境竞争力指标组排位及趋势

项目 / 年份	因特网用户比例		每百人手机数		企业开业程序		企业平均税负水平		在线公共服务指数		ISO 9001 质量体系认证数		创新环境竞争力	
	得分	排名	得分	排名	得分	排名	得分	排名	得分	排名	得分	排名	得分	排名
2014	89.8	6	54.0	7	91.7	2	73.3	9	89.1	5	5.6	9	67.2	2
2015	89.4	7	55.6	6	91.7	2	73.4	10	96.6	2	3.6	10	68.4	2
得分变化	-0.4		1.6		0.0		0.1		7.5		-1.9		1.1	
排名升降		-1		1		0		-1		3		-1		0
优劣度		优势		优势		强势		优势		强势		优势		强势

（1）从排位变化比较看，2015 年澳大利亚国家创新环境竞争力排名第 2 位，与 2014 年相比，排位保持不变，仍处于强势地位。

（2）从指标所处区位来看，6 个三级指标中有 2 个强势指标，分别为企业开业程序和在线公共服务指数；其余 4 个均为优势指标，分别为因特网用户比例、每百人手机数、企业平均税负水平和 ISO 9001 质量体系认证数。

（3）从指标排位变化趋势看，在 6 个三级指标中，有 2 个指标处于上升趋势，分别为每百人手机数和在线公共服务指数；有 3 个指标处于下降趋势，分别为因特网用户比例、企业平均税负水平和 ISO 9001 质量体系认证数；企业开业程序的排位保持不变。

（4）从指标排位变化的动因看，2 个三级指标的排位出现了上升，3 个三级指标的排位出现了下降，但下降幅度较小，受指标排位升降的综合影响，澳大利亚创新环境竞争力的综合排位保持不变，在 G20 中处于第2 位。

（5）从三级指标结构特征看，在创新环境竞争力指标组的 6 个三级指标中，强势指标 2 个，占指标总数的 33.3%；优势指标 4 个，占指标总数的 66.7%；没有中势、劣势指标，强势和优势指标居于主导地位，使得澳大利亚创新环境竞争力处于强势地位。上升指标 2 个，占指标总数的 33.3%；下降指标 3 个，占指标总数的 50.0%；保持指标 1 个，占指标总数的 16.7%。虽然指标排位下降的数量大于排位上升的数量，但受其他因素的综合影响，2015 年澳大利亚国家创新环境竞争力综合排位与 2014 年相比保持不变。

2.3.2　澳大利亚国家创新环境竞争力比较分析

图 2－5 反映了 2014～2015 年澳大利亚国家创新环境竞争力与 G20 最高水平和平均水平的比较情况。

由图 2－5 可知，评价期内澳大利亚国家创新环境竞争力得分均高于 60 分，处于较高水平。从创新环境竞争力的整体得分比较来看，2014 年，澳大利亚国家创新环境竞争力得分与 G20 最高分相比仅有 1.1 分的差距，与 G20 平均分相比，高出 17.2 分；2015 年，澳大利亚国家创新环境竞争力得分与 G20 最高分的差距为 3.1 分，高于 G20 平均分 16.0 分。总的来说，2014～2015 年澳大利亚国家创新环境竞争力均高于平均分，且相比平均分的优势变

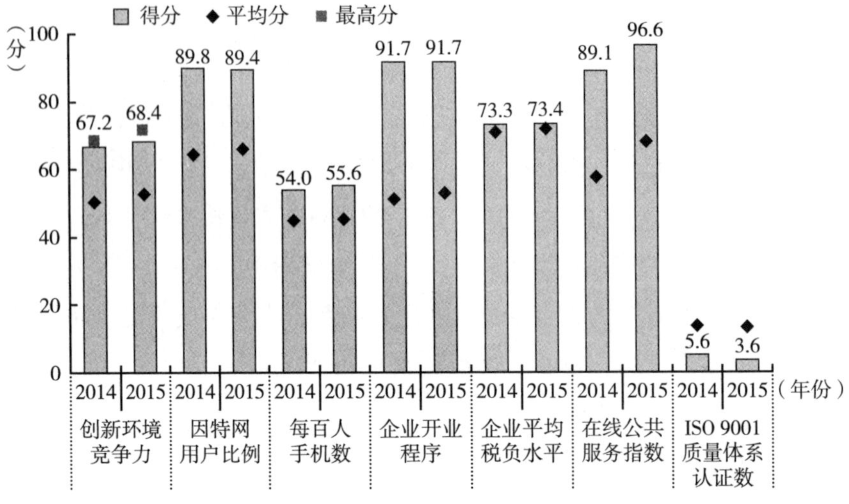

图 2－5　2014～2015 年澳大利亚国家创新环境竞争力指标得分比较

化不大，排位保持不变。

从具体指标得分比较和变化趋势来看，澳大利亚国家创新环境竞争力整体水平较高，仍处于强势地位，这主要是由于企业开业程序和在线公共服务指数等指标处于强势地位；而 ISO 9001 质量体系认证数得分低于 G20 平均水平，这限制了其创新环境竞争力的进一步提升。为巩固和提升澳大利亚国家创新环境竞争力，应针对存在的这些问题，加大对创新型企业的科技和资金扶持力度，加强知识产权保护，重视创新人才的外引内育，营造有利于企业健康有序发展的良好创新氛围，不断优化国家创新环境，进一步增强国家创新环境竞争力。

2.4　澳大利亚国家创新投入竞争力评价分析

2.4.1　澳大利亚国家创新投入竞争力评价结果

2014～2015 年澳大利亚国家创新投入竞争力及其下属 7 个三级指标的排位和排位变化情况，如表 2－6 所示。

表 2－6　澳大利亚 2014～2015 年国家创新投入竞争力指标组排位及趋势

项目 年份	R&D 经费支出总额		R&D 经费支出占 GDP 比重		人均 R&D 经费支出		R&D 人员		研究人员占从业人员比重		企业研发投入比重		风险资本交易占 GDP 比重		创新投入竞争力	
	得分	排名	得分	排名	得分	排名	得分	排名	得分	排名	得分	排名	得分	排名	得分	排名
2014	7.4	8	60.2	6	100.0	1	6.4	13	98.4	3	74.3	5	71.3	5	59.7	5
2015	6.4	8	58.1	6	88.4	4	5.3	13	94.1	3	71.3	5	18.5	5	48.9	6
得分变化	－1.0		－2.2		－11.6		－1.1		－4.3		－3.0		－52.8		－10.8	
排名升降		0		0		－3		0		0		0		0		－1
优劣度		优势		优势		强势		中势		强势		强势		强势		优势

（1）从排位变化比较看，2015 年澳大利亚国家创新投入竞争力排名第 6 位，与 2014 年相比，排位下降 1 位，处于优势地位。

（2）从指标所处区位来看，7 个三级指标中有 4 个强势指标，分别为人均 R&D 经费支出、研究人员占从业人员比重、企业研发投入比重和风险资本交易占 GDP 比重；有 2 个优势指标，分别为 R&D 经费支出总额和 R&D 经费支出占 GDP 比重；有 1 个指标是中势指标，为 R&D 人员；没有劣势指标。

（3）从指标排位变化趋势看，在 7 个三级指标中，有 6 个指标排位保持不变，分别为 R&D 经费支出总额、R&D 经费支出占 GDP 比重、R&D 人员、研究人员占从业人员比重、企业研发投入比重和风险资本交易占 GDP 比重；有 1 个指标处于下降趋势，为人均 R&D 经费支出。

（4）从指标排位变化的动因看，由于有 6 个三级指标的排位保持不变，1 个指标的排位下降，澳大利亚创新投入竞争力的综合排位也下降 1 位，在 G20 中排名第 6 位。

（5）从三级指标结构特征看，在创新投入竞争力指标组的 7 个三级指标中，有 4 个强势指标，占指标总数的 57.1%；有 2 个优势指标，占指标总数的 28.6%；中势指标 1 个，占指标总数的 14.3%；受此综合影响，澳大利亚国家创新投入竞争力处于优势地位。没有上升指标；下降指标 1 个，占指标总数的 14.3%；保持指标 6 个，占指标总数的 85.7%。由于大部分指标排位保持不变，1 个指标排位下降，2015 年澳大利亚国家创新投入竞争力综合排位下降 1 位。

2.4.2 澳大利亚国家创新投入竞争力比较分析

图 2－6 反映了 2014～2015 年澳大利亚国家创新投入竞争力与 G20 最高水平和平均水平的比较情况。

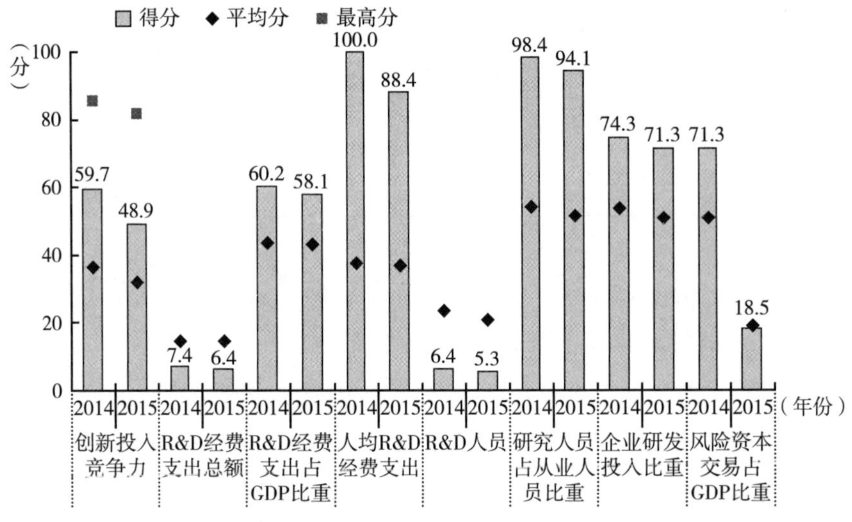

图 2－6　2014～2015 年澳大利亚国家创新投入竞争力指标得分比较

由图 2－6 可知，评价期内澳大利亚国家创新投入竞争力得分均高于 45 分，说明澳大利亚国家创新投入竞争力处于较高水平。从创新投入竞争力的整体得分比较来看，2014 年，澳大利亚国家创新投入竞争力得分与 G20 最高分相比还有 25.9 分的差距，高于 G20 平均分 23.2 分；到 2015 年，澳大利亚国家创新投入竞争力得分与 G20 最高分的差距为 33.2 分，高于 G20 平均分 16.9 分。总的来说，2014～2015 年澳大利亚国家创新投入竞争力相比平均分的优势缩小，国家创新投入竞争力的得分下降 10.8 分，排位下降 1 位。

从具体指标得分比较和变化趋势来看，澳大利亚国家创新投入竞争力整体水平较为稳定，处于优势地位，这主要是由于大部分指标得分较高；但 R&D 经费支出总额和 R&D 人员的得分都低于 G20 平均分。今后要特别关注这些问题，继续加大科技研发经费投入，鼓励多元化的创新研发投入，加大研发人员培养力度，高度重视研发人才队伍建设，不断增加国家创新投入，显著增强国家创新投入竞争力。

2.5　澳大利亚国家创新产出竞争力评价分析

2.5.1　澳大利亚国家创新产出竞争力评价结果

2014～2015年澳大利亚国家创新产出竞争力及其下属7个三级指标的排位和排位变化情况，如表2－7所示。

表2－7　澳大利亚2014～2015年国家创新产出竞争力指标组排位及趋势

项目 年份	专利授权数		科技论文发表数		专利和许可收入		高技术产品出口额		高技术产品出口比重		注册商标数		创意产品出口比重		创新产出竞争力	
	得分	排名	得分	排名	得分	排名	得分	排名	得分	排名	得分	排名	得分	排名	得分	排名
2014	2.0	11	10.3	12	0.6	9	2.2	15	49.5	10	7.8	14	17.5	15	12.9	14
2015	2.2	11	11.0	12	0.6	10	2.1	15	48.9	11	9.8	12	18.3	16	13.3	15
得分变化	0.2		0.7		0.0		－0.1		－0.6		2.0		0.8		0.4	
排名升降		0		0		－1		0		－1		2		－1		－1
优劣度		中势		中势		优势		中势		中势		中势		劣势		中势

（1）从排位变化比较看，2015年澳大利亚国家创新产出竞争力排名第15位，与2014年相比，排位下降了1位，处于中势地位。

（2）从指标所处区位来看，7个三级指标中没有强势指标；优势指标1个，为专利和许可收入；1个指标是劣势指标，为创意产品出口比重；其余5个指标均为中势指标。

（3）从指标排位变化趋势看，在7个三级指标中，有1个指标处于上升趋势，为注册商标数；3个指标保持不变，分别为专利授权数、科技论文发表数和高技术产品出口额；有3个指标处于下降趋势，为专利和许可收入、高技术产品出口比重和创意产品出口比重。

（4）从指标排位变化的动因看，1个三级指标的排位出现了上升，3个三级指标的排位出现了下降，使得澳大利亚创新产出竞争力的综合排位下降了 1 位，在 G20 中排名第 15 位。

（5）从三级指标结构特征看，在创新产出竞争力指标组的 7 个三级指标中，没有强势指标；优势指标 1 个，占指标总数的 14.3%；中势指标 5 个，占指标总数的 71.4%；劣势指标 1 个，占指标总数的 14.3%，强势和优势指标所占比重与劣势指标的比重相同，中势指标占主导地位，澳大利亚国家创新产出竞争力处于中势地位。上升指标 1 个，占指标总数的 14.3%；下降指标 3 个，占指标总数的 42.9%。指标排位上升的数量小于排位下降的数量，2015 年澳大利亚国家创新产出竞争力综合排位与 2014 年相比，下降了 1 位。

2.5.2 澳大利亚国家创新产出竞争力比较分析

图 2－7 反映了 2014～2015 年澳大利亚国家创新产出竞争力与 G20 最高水平和平均水平的比较情况。

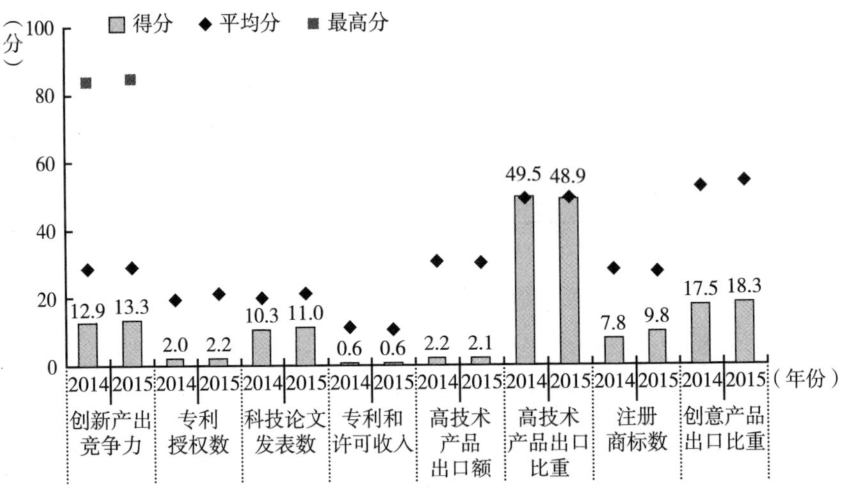

图 2－7 2014～2015 年澳大利亚国家创新产出竞争力指标得分比较

由图 2－7 可知，评价期内澳大利亚国家创新产出竞争力得分均低于 20 分，说明澳大利亚国家创新产出竞争力处于较低水平。从创新产出竞争力的整体得分比较来看，2014 年，澳大利亚国家创新产出竞争力得分与 G20 最高分相比还有 70.6 分的差距，低于 G20 平均分 15.7 分；到 2015 年，澳大利亚国家创新产出竞争力得分与 G20 最高分的差距为 71.7 分，低于 G20 平均分 15.6 分。总的来说，2014～2015 年澳大利亚国家创新产出竞争力与最高分的差距呈扩大趋势，排位处于下降趋势。

从具体指标得分比较和变化趋势来看，澳大利亚国家创新产出竞争力整体水平没有发生明显变化，这主要是由于专利授权数、专利和许可收入、高技术产品出口额、注册商标数等指标得分偏低、排位靠后，且三级指标得分基本低于 G20 平均分。因此，要进一步提升澳大利亚国家创新产出竞争力，需要进一步增加专利申请和授权量，增强企业和个人的专利创造和运用能力；完善知识产权激励机制，促进专利和许可收入增长；注重提升基础研究能力，提高科技论文等创新产出的数量和质量；优化出口贸易结构，加大高技术产品出口比重，突出高技术产品在对外贸易中的重要地位；推动实施商标战略，打造国际知名品牌。通过实施一系列的创新措施，切实提高国家创新产出，增强国家创新产出竞争力。

2.6　澳大利亚国家创新持续竞争力评价分析

2.6.1　澳大利亚国家创新持续竞争力评价结果

2014～2015 年澳大利亚国家创新持续竞争力及其下属 6 个三级指标的排位和排位变化情况，如表 2－8 所示。

表 2－8　澳大利亚 2014～2015 年国家创新持续竞争力指标组排位及趋势

项目／年份	公共教育经费支出总额		公共教育经费支出占 GDP 比重		人均公共教育经费支出额		高等教育毛入学率		科技人员增长率		科技经费增长率		创新持续竞争力	
	得分	排名	得分	排名	得分	排名	得分	排名	得分	排名	得分	排名	得分	排名
2014	7.5	11	72.4	7	100.0	1	93.4	2	—	—	22.9	17	59.3	2
2015	6.6	12	71.6	7	100.0	1	93.4	2	8.9	10	0.0	19	46.7	8
得分变化	－0.9		－0.8		0.0		0.0		—		－22.9		－12.5	
排名升降		－1		0		0		0		—		－2		－6
优劣度		中势		优势		强势		强势		优势		劣势		优势

（1）从排位变化比较看，2015 年澳大利亚国家创新持续竞争力排名第 8 位，比 2014 年下降了 6 位，处于优势地位。

（2）从指标所处区位来看，6 个三级指标中有 2 个强势指标，分别是人均公共教育经费支出额和高等教育毛入学率；优势指标 2 个，为公共教育经费支出占 GDP 比重和科技人员增长率；公共教育经费支出总额为中势指标；科技经费增长率为劣势指标。

（3）从指标排位变化趋势看，在 6 个三级指标中，没有指标处于上升趋势；有 2 个指标处于下降趋势，分别为公共教育经费支出总额和科技经费增长率，这些是澳大利亚创新持续竞争力的下降拉力所在。

（4）从指标排位变化的动因看，有 2 个三级指标的排位出现了下降，受指标排位下降的影响，澳大利亚创新持续竞争力的综合排位下降幅度较大，在 G20 中排名第 8 位。

（5）从三级指标结构特征看，在创新持续竞争力指标组的 6 个三级指标中，强势指标 2 个，占指标总数的 33.3%；优势指标 2 个，占指标总数的 33.3%；劣势指标 1 个，占指标总数的 16.7%；强势指标和优势指标所占比重远远高于劣势指标的比重，澳大利亚国家创新持续竞争力处于优势地位。没有上升指标；下降指标 2 个，占指标总数的 40.0%。由于指标排位下降的数量大于排位上升的数量，且指标下降的幅度较大，2015 年澳大利亚国家创新持续竞争力综合排位比 2014 年下降了 6 位。

2.6.2 澳大利亚国家创新持续竞争力比较分析

图 2－8 反映了 2014～2015 年澳大利亚国家创新持续竞争力与 G20 最高水平和平均水平的比较情况。

由图 2－8 可知，评价期内澳大利亚国家创新持续竞争力得分处于下降趋势，澳大利亚国家创新持续竞争力水平有所降低。从创新持续竞争力的整体得分比较来看，2014 年，澳大利亚国家创新持续竞争力得分与 G20 最高分相比还有 19.8 分的差距，高于 G20 平均分 15.5 分；到 2015 年，澳大利亚国家创新持续竞争力得分与 G20 最高分的差距扩大为 21.4 分，高于 G20 平均分 4.3 分。总的来说，2014～2015 年澳大利亚国家创新持续竞争力与最高分的差距

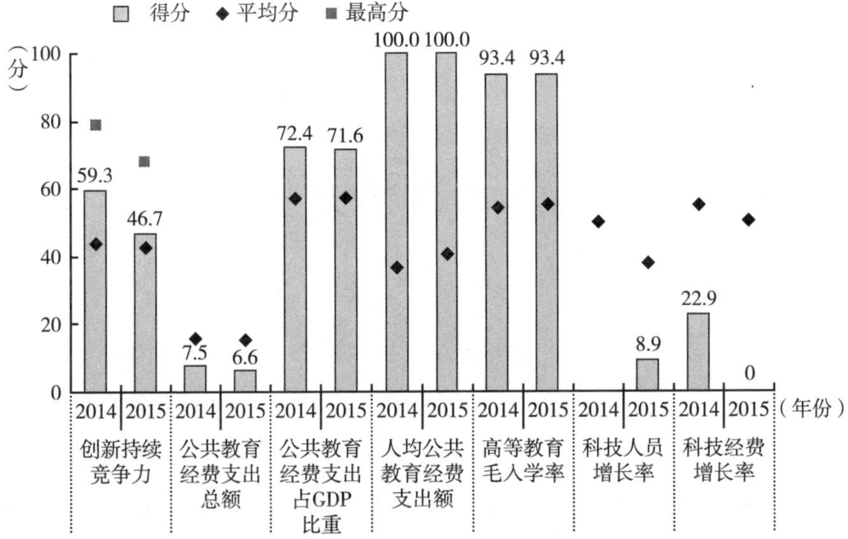

图 2－8　2014～2015 年澳大利亚国家创新持续竞争力指标得分比较

呈扩大趋势，相比平均分的优势缩小，排位处于下降趋势。

从具体指标得分比较和变化趋势来看，澳大利亚国家创新持续竞争力整体水平出现了下降，这主要是由于科技经费增长率得分明显下降，且公共教育经费支出总额、科技人员增长率和科技经费增长率等指标得分还低于 G20 平均分。针对这些问题，澳大利亚需要不断增加教育经费投入，提升科学家和工程师的待遇，加大培养科学家和工程师的力度，实现国家创新能力的可持续发展，不断提升国家创新持续竞争力。

Y.4
第3章
巴西国家创新竞争力评价分析报告

巴西位于南美洲东部，毗邻大西洋，与乌拉圭、阿根廷等国接壤，国土面积约851万平方公里，海岸线长7400公里。2015年全国年末总人口为20785万人，实现国内生产总值18037亿美元，人均GDP达到8678美元。本部分通过对巴西2014～2015年国家创新竞争力以及创新竞争力中各要素在G20中的排名变化分析，从中找出巴西国家创新竞争力的推动点及影响因素。

3.1 巴西国家创新竞争力总体评价分析

2014～2015年，巴西的国家创新竞争力排名略有下降。其中，2014年巴西国家创新竞争力在G20中排名第13位，到了2015年，排名第15位，排位下降了2位。

3.1.1 巴西国家创新竞争力概要分析

巴西国家创新竞争力在G20中所处的位置及5个二级指标的得分和排位变化如图3－1、图3－2和表3－1所示。

（1）从综合排位变化看，2015年巴西国家创新竞争力综合排名在G20中处于第15位，与2014年相比，排位下降了2位。

（2）从指标得分看，2015年巴西国家创新竞争力得分为21.9分，比G20最高分低56.7分，比平均分低15.5分；与2014年相比，巴西国家创新竞争力得分下降了3.7分，与当年最高分的差距扩大了3.0分，与G20平均分的差距也扩大了2.7分。

（3）从指标所处区位看，2015年巴西国家创新竞争力的5个二级指标中，没有强势指标和优势指标；中势指标3个，分别为创新环境竞争力、创新投入竞争力和创新持续竞争力；劣势指标2个，为创新基础竞争力和创新产出竞争力。

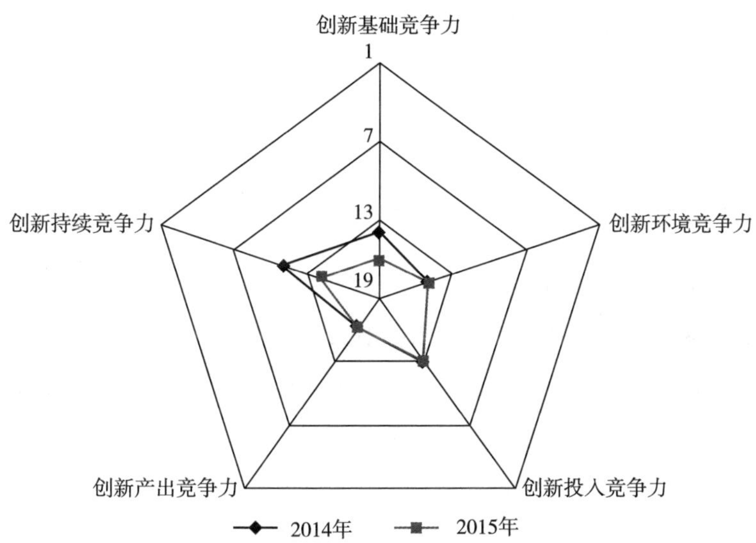

图3-1　巴西国家创新竞争力二级指标排名雷达图

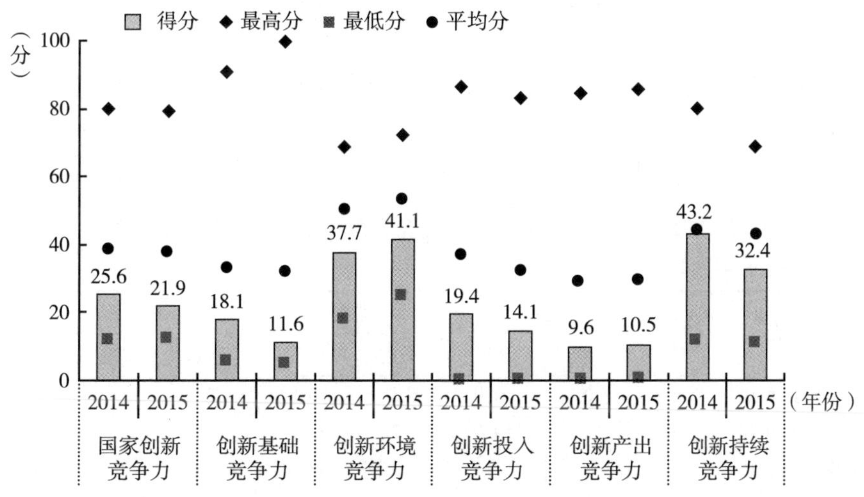

图3-2　巴西国家创新竞争力得分变化趋势

表 3-1 巴西国家创新竞争力二级指标得分和排名

项目 年份	创新基础竞争力		创新环境竞争力		创新投入竞争力		创新产出竞争力		创新持续竞争力		创新竞争力	
	得分	排名	得分	排名	得分	排名	得分	排名	得分	排名	得分	排名
2014	18.1	14	37.7	15	19.4	13	9.6	16	43.2	11	25.6	13
2015	11.6	16	41.1	15	14.1	13	10.5	16	32.4	14	21.9	15
得分变化	-6.6		3.4		-5.3		0.9		-10.9		-3.7	
排名升降		-2		0		0		0		-3		-2
优劣度		劣势		中势		中势		劣势		中势		中势

（4）从指标排位变化趋势看，在 5 个二级指标中，没有上升指标，有 2 个指标的排位处于下降趋势，分别为创新基础竞争力和创新持续竞争力，这些是巴西国家创新竞争力的下降拉力所在，创新环境竞争力、创新投入竞争力和创新产出竞争力指标排位没有发生变化。

（5）从指标排位变化的动因看，2 个二级指标的排位出现了下降，没有排位上升的二级指标。受指标排位下降的影响，2015 年巴西国家创新竞争力的综合排位下降了 2 位，在 G20 中排名第 15 位。

3.1.2 巴西国家创新竞争力各级指标动态变化分析

2014～2015 年巴西国家创新竞争力各级指标的动态变化及其结构，如图 3-3和表 3-2 所示。

表 3-2 2014～2015 年巴西国家创新竞争力各级指标排位变化态势比较

单位：个，%

二级指标	三级指标个数	上升		保持		下降		变化趋势
		个数	比重	个数	比重	个数	比重	
创新基础竞争力	6	0	0.0	3	50.0	3	50.0	下降
创新环境竞争力	6	3	50.0	2	33.3	1	16.7	保持
创新投入竞争力	7	1	14.3	3	42.9	3	42.9	保持
创新产出竞争力	7	3	42.9	3	42.9	1	14.3	保持
创新持续竞争力	5	0	0.0	3	60.0	2	40.0	下降
合计	31	7	22.6	14	45.2	10	32.3	下降

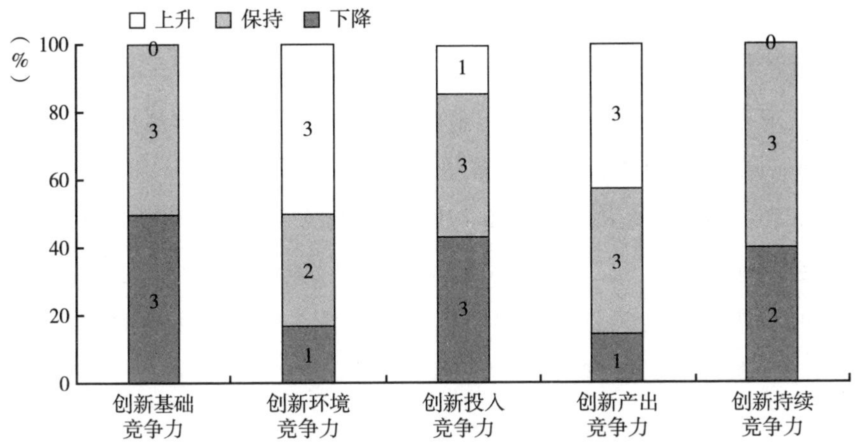

图 3-3 2014~2015 年巴西国家创新竞争力指标动态变化结构

从图 3-3 可以看出，巴西国家创新竞争力的三级指标中保持不变的指标数量最多，上升指标的数量小于下降指标。表 3-2 中的数据进一步显示，巴西国家创新竞争力有数据的 31 个三级指标中，上升的指标有 7 个，占指标总数的 22.6%；保持的指标有 14 个，占指标总数的 45.2%；下降的指标有 10 个，占指标总数的 32.3%。指标上升的数量小于下降的数量，上升的动力小于下降的拉力，2015 年巴西国家创新竞争力排位下降了 2 位，在 G20 中居第 15 位。

3.1.3 巴西国家创新竞争力各级指标优劣势结构分析

2014~2015 年巴西国家创新竞争力各级指标的优劣势变化及其结构，如表 3-3 所示。

表 3-3 2014~2015 年巴西国家创新竞争力各级指标排位优劣势比较

单位：个，%

二级指标	三级指标个数	强势		优势		中势		劣势		优劣度
		个数	比重	个数	比重	个数	比重	个数	比重	
创新基础竞争力	6	1	16.7	2	33.3	3	50.0	0	0.0	劣势
创新环境竞争力	6	0	0.0	2	33.3	3	50.0	1	16.7	中势
创新投入竞争力	7	0	0.0	1	14.3	6	85.7	0	0.0	中势
创新产出竞争力	7	0	0.0	1	14.3	5	71.4	1	14.3	劣势
创新持续竞争力	6	1	16.7	2	33.3	2	33.3	1	16.7	中势
合计	32	2	6.3	8	25.0	19	59.4	3	9.4	中势

从表 3 -3 中的数据可以看出，巴西国家创新竞争力有数据的 32 个三级指标中，强势指标 2 个，占指标总数的 6.3%；优势指标 8 个，占指标总数的 25.0%；中势指标 19 个，占指标总数的 59.4%；劣势指标 3 个，占指标总数的 9.4%；强势指标和优势指标的数量之和约占指标总数的 31.3%，远远小于中势指标和劣势指标之和所占比重。从二级指标来看，没有强势指标和优势指标；中势指标 3 个，占二级指标总数的 60%；劣势指标 2 个，占二级指标总数的 40%。由于中势指标和劣势指标在指标体系中居于主导地位，2014 ~ 2015 年巴西国家创新竞争力处于中势地位。

3.2 巴西国家创新基础竞争力评价分析

3.2.1 巴西国家创新基础竞争力评价结果

2014 ~2015 年巴西国家创新基础竞争力及其下属 7 个三级指标的排位和排位变化情况，如表 3 -4 所示。

表 3 -4 巴西 2014 ~2015 年国家创新基础竞争力指标组排位及趋势

项目 年份	GDP		人均 GDP		财政收入		人均财政收入		外国直接投资净值		受高等教育人员比重		全社会劳动生产率		创新基础竞争力	
	得分	排名	得分	排名	得分	排名	得分	排名	得分	排名	得分	排名	得分	排名	得分	排名
2014	12.4	7	17.1	13	14.2	8	11.8	11	36.4	3	—	—	16.8	14	18.1	14
2015	8.4	9	13.0	15	9.4	8	7.0	11	19.8	3	—	—	11.8	15	11.6	16
得分变化	-3.9		-4.2		-4.7		-4.9		-16.6		—		-5.0		-6.6	
排名升降		-2		-2		0		0		0		—		-1		-2
优劣度		优势		中势		优势		中势		强势		—		中势		劣势

（1）从排位变化比较看，2015 年巴西国家创新基础竞争力排名第 16 位，与 2014 年相比，排位下降了 2 位，处于劣势地位。

（2）从指标所处区位来看，有数据的 6 个三级指标中有 1 个强势指标，为外国直接投资净值；2 个优势指标，为 GDP 和财政收入；人均 GDP、人均财政收入和全社会劳动生产率 3 个指标是中势指标；没有劣势指标。

（3）从指标排位变化趋势看，在有数据的 6 个三级指标中，没有指标处于上升趋势；有 3 个指标处于下降趋势，分别为 GDP、人均 GDP 和全社会劳动生产率；其余 3 个指标均保持不变。

（4）从指标排位变化的动因看，由于三级指标中排位下降的指标数量较多，且没有上升指标，巴西创新基础竞争力的综合排位下降了 2 位，在 G20 中排名第 16 位。

（5）从三级指标结构特征看，在创新基础竞争力指标组有数据的 6 个三级指标中，强势指标 1 个，占指标总数的 16.7%；优势指标 2 个，占指标总数的 33.3%；中势指标 3 个，占指标总数的 50.0%，没有劣势指标，强势和优势指标所占比重大于劣势指标的比重。没有上升指标；下降指标 3 个，占指标总数的 50.0%。指标排位下降的数量远远大于排位上升的数量，使得 2015 年巴西国家创新基础竞争力综合排位下降 2 位。

3.2.2　巴西国家创新基础竞争力比较分析

图 3－4 反映了 2014～2015 年巴西国家创新基础竞争力与 G20 最高水平和平均水平的比较情况。

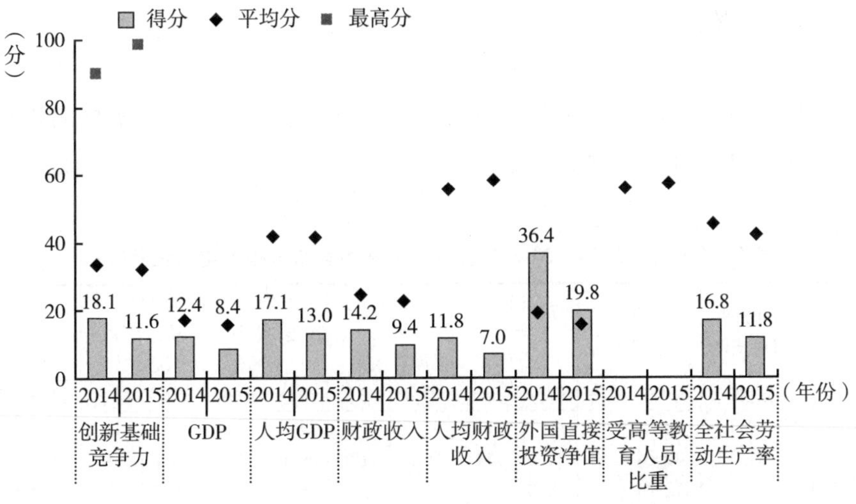

图 3－4　2014～2015 年巴西国家创新基础竞争力指标得分比较

由图 3 -4 可知，评价期内巴西国家创新基础竞争力得分均低于 20 分，说明巴西国家创新基础竞争力处于较低水平。从创新基础竞争力的整体得分比较来看，2014 年，巴西国家创新基础竞争力得分与 G20 最高分相比还有 71. 9 分的差距，比 G20 平均分低 14. 8 分；到 2015 年，巴西国家创新基础竞争力得分与 G20 最高分的差距为 87. 1 分，比 G20 平均分低 20. 3 分。总的来说，2014 ~ 2015 年巴西国家创新基础竞争力与最高分和平均分的差距呈扩大趋势，其创新基础竞争力排位呈下降趋势。

从具体指标得分比较和变化趋势来看，巴西国家创新基础竞争力整体水平较低，处于劣势地位，这主要是由于人均 GDP、人均财政收入、全社会劳动生产率等指标排位靠后，且三级指标得分基本低于 G20 平均分，创新基础竞争力缺乏上升的动力。在下一步的科技创新活动中，要特别关注这些问题，继续扩大生产和加快企业战略转型、加大教育和科技财政投入，积极参与国际直接投资，借鉴和引进国际科技前沿技术，提高全社会劳动生产率，夯实国家创新基础，不断增强国家创新基础竞争力。

3. 3 巴西国家创新环境竞争力评价分析

3. 3. 1 巴西国家创新环境竞争力评价结果

2014 ~2015 年巴西国家创新环境竞争力及其下属 6 个三级指标的排位和排位变化情况，如表 3 -5 所示。

表 3 -5 巴西 2014 ~2015 年国家创新环境竞争力指标组排位及趋势

项目 年份	因特网用户比例		每百人手机数		企业开业程序		企业平均税负水平		在线公共服务指数		ISO 9001 质量体系认证数		创新环境竞争力	
	得分	排名	得分	排名	得分	排名	得分	排名	得分	排名	得分	排名	得分	排名
2014	50. 2	13	61. 4	6	16. 7	15	55. 5	18	37. 5	14	5. 1	10	37. 7	15
2015	53. 0	13	49. 3	8	25. 0	14	56. 7	18	58. 0	13	5. 0	9	41. 1	15
得分变化	2. 8		-12. 1		8. 3		1. 2		20. 5		-0. 1		3. 4	
排名升降		0		-2		1		0		1		1		0
优劣度		中势		优势		中势		劣势		中势		优势		中势

（1）从排位变化比较看，2015 年巴西国家创新环境竞争力排名第 15 位，与 2014 年相比，排位保持不变，仍处于中势地位。

（2）从指标所处区位来看，6 个三级指标中有 2 个优势指标，分别为每百人手机数和 ISO 9001 质量体系认证数；1 个劣势指标，为企业平均税负水平；其余 3 个指标为中势指标。

（3）从指标排位变化趋势看，在 6 个三级指标中，有 3 个指标处于上升趋势，分别为企业开业程序、在线公共服务指数和 ISO 9001 质量体系认证数；有 1 个指标处于下降趋势，为每百人手机数；其余指标均保持不变。

（4）从指标排位变化的动因看，尽管有 3 个三级指标的排位出现了上升，只有 1 个指标的排位出现下降，但指标下降的幅度较大，受此综合影响，巴西创新环境竞争力的综合排位保持不变，在 G20 中处于第 15 位。

（5）从三级指标结构特征看，在创新环境竞争力指标组的 6 个三级指标中，没有强势指标；优势指标 2 个，占指标总数的 33.3%；中势指标 3 个，占指标总数的 50.0%；劣势指标 1 个，占指标总数的 16.7%；中势指标居于主导地位。上升指标 3 个，占指标总数的 50.0%；保持指标 2 个，占指标总数的 33.3%；下降指标 1 个，占指标总数的 16.7%。虽然指标排位上升的数量大于下降的数量，但受其他因素的综合影响，2015 年巴西国家创新环境竞争力综合排位与 2014 年相比保持不变。

3.3.2　巴西国家创新环境竞争力比较分析

图 3 -5 反映了 2014 ~2015 年巴西国家创新环境竞争力与 G20 最高水平和平均水平的比较情况。

由图 3 -5 可知，评价期内巴西国家创新环境竞争力得分均低于 45 分，处于较低水平。从创新环境竞争力的整体得分比较来看，2014 年，巴西国家创新环境竞争力得分与 G20 最高分相比还有 30.6 分的差距，与 G20 平均分相比，低了 12.3 分；2015 年，巴西国家创新环境竞争力得分与 G20 最高分的差距为 30.3 分，低于 G20 平均分 11.3 分。总的来说，2014 ~2015 年巴西国家创新环境竞争力与最高分的差距变化不大，排位也保持不变。

从具体指标得分比较和变化趋势来看，巴西国家创新环境竞争力整体水

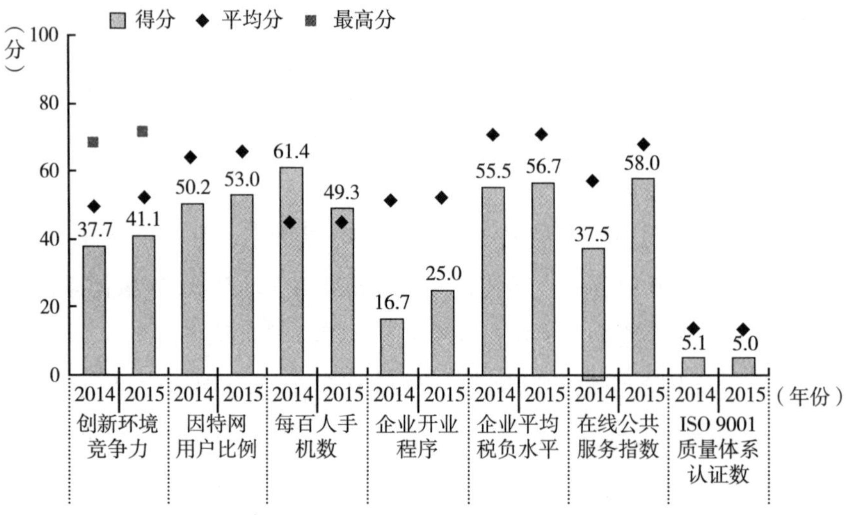

图 3-5　2014~2015 年巴西国家创新环境竞争力指标得分比较

平较低，处于中势地位，这主要是由于企业开业程序和企业平均税负水平等指标处于较低水平，除了每百人手机数得分高于 G20 平均分外，其他指标得分均低于 G20 平均分，这限制了其创新环境竞争力的进一步提升。为巩固和提升巴西国家创新环境竞争力，应针对这些问题，着力提高网络使用率，加快信息高速公路建设，加大对创新型企业的科技和资金扶持力度，加强知识产权保护，重视创新人才的外引内育，营造有利于企业健康有序发展的良好创新氛围，不断优化国家创新环境，进一步增强国家创新环境竞争力。

3.4　巴西国家创新投入竞争力评价分析

3.4.1　巴西国家创新投入竞争力评价结果

2014~2015 年巴西国家创新投入竞争力及其下属 7 个三级指标的排位和排位变化情况，如表 3-6 所示。

表 3-6　巴西 2014～2015 年国家创新投入竞争力指标组排位及趋势

项目 年份	R&D经费支出总额		R&D经费支出占GDP比重		人均R&D经费支出		R&D人员		研究人员占从业人员比重		企业研发投入比重		风险资本交易占GDP比重		创新投入竞争力	
	得分	排名	得分	排名	得分	排名	得分	排名	得分	排名	得分	排名	得分	排名	得分	排名
2014	6.6	9	32.8	11	9.9	11	9.4	11	12.4	13	34.0	12	31.0	12	19.4	13
2015	5.8	10	30.4	12	9.0	12	7.8	11	11.6	13	31.0	12	3.1	11	14.1	13
得分变化	-0.8		-2.5		-0.8		-1.6		-0.9		-3.0		-27.9		-5.3	
排名升降		-1		-1		-1		0		0		0		1		0
优劣度		优势		中势		中势		中势		中势		中势		中势		中势

（1）从排位变化比较看，2015 年巴西国家创新投入竞争力排名第 13 位，与 2014 年相比，排位保持不变，处于中势地位。

（2）从指标所处区位来看，7 个三级指标中没有强势指标；有 1 个优势指标，为 R&D 经费支出总额；其余 6 个指标均是中势指标。

（3）从指标排位变化趋势看，在 7 个三级指标中，有 1 个指标处于上升趋势，为风险资本交易占 GDP 比重；有 3 个指标排位保持不变，分别为 R&D 人员、研究人员占从业人员比重和企业研发投入比重；有 3 个指标排位处于下降趋势，分别为 R&D 经费支出总额、R&D 经费支出占 GDP 比重、人均 R&D 经费支出。

（4）从指标排位变化的动因看，虽然有 3 个三级指标的排位出现了下降，1 个指标的排位出现了上升，但在指标升降的综合影响下，巴西创新投入竞争力的综合排位保持不变，在 G20 中排名第 13 位。

（5）从三级指标结构特征看，在创新投入竞争力指标组的 7 个三级指标中，没有强势指标；只有 1 个优势指标；其他 6 个指标均为中势指标，占指标总数的 85.7%。上升指标 1 个，占指标总数的 14.3%；下降指标 3 个，占指标总数的 42.9%；保持指标 3 个，占指标总数的 42.9%。虽然指标排位下降的数量大于排位上升的数量，但受其他因素的综合影响，2015 年巴西国家创新投入竞争力综合排位保持不变。

3.4.2 巴西国家创新投入竞争力比较分析

图 3-6 反映了 2014～2015 年巴西国家创新投入竞争力与 G20 最高水平和平均水平的比较情况。

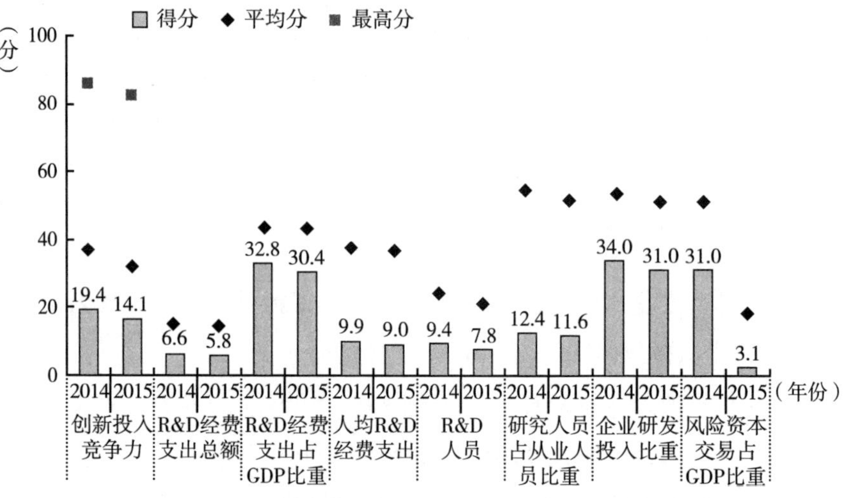

图 3-6 2014～2015 年巴西国家创新投入竞争力指标得分比较

由图 3-6 可知，评价期内巴西国家创新投入竞争力得分均低于 20 分，说明巴西国家创新投入竞争力处于较低水平。从创新投入竞争力的整体得分比较来看，2014 年，巴西国家创新投入竞争力得分与 G20 最高分相比还有 66.2 分的差距，与 G20 平均分相比，则低了 17.1 分；到 2015 年，巴西国家创新投入竞争力得分与 G20 最高分的差距为 67.9 分，低于 G20 平均分 17.9 分。总的来说，2014～2015 年巴西国家创新投入竞争力与平均分的差距变化不大，国家创新投入竞争力排位保持不变。

从具体指标得分比较和变化趋势来看，巴西国家创新投入竞争力整体水平较为稳定，仍处于中势地位。这主要是由于大部分指标处于中势地位，且所有三级指标得分都低于 G20 平均分，其创新投入竞争力确实较弱。今后要特别关注这些问题，继续加大科技研发经费投入，鼓励多元化的创新研发投入，加大研发人员培养力度，高度重视研发人才队伍建设，不断增加国家创新投入，显著增强国家创新投入竞争力。

3.5　巴西国家创新产出竞争力评价分析

3.5.1　巴西国家创新产出竞争力评价结果

2014 ~ 2015 年巴西国家创新产出竞争力及其下属 7 个三级指标的排位和排位变化情况，如表 3 - 7 所示。

表 3 - 7　巴西 2014 ~ 2015 年国家创新产出竞争力指标组排位及趋势

项目/年份	专利授权数		科技论文发表数		专利和许可收入		高技术产品出口额		高技术产品出口比重		注册商标数		创意产品出口比重		创新产出竞争力	
	得分	排名	得分	排名	得分	排名	得分	排名	得分	排名	得分	排名	得分	排名	得分	排名
2014	0.4	15	11.0	11	0.2	13	4.0	13	38.2	12	9.5	12	3.8	17	9.6	16
2015	0.5	14	11.2	11	0.4	12	4.6	13	44.2	12	10.0	10	2.6	18	10.5	16
得分变化	0.1		0.2		0.2		0.6		6.1		0.5		-1.2		0.9	
排名升降		1		0		1		0		0		2		-1		0
优劣度		中势		中势		中势		中势		中势		优势		劣势		劣势

（1）从排位变化比较看，2015 年巴西国家创新产出竞争力排名第 16 位，与 2014 年相比，排位保持不变，仍处于劣势地位。

（2）从指标所处区位来看，7 个三级指标中没有强势指标；优势指标 1 个，为注册商标数；1 个指标是劣势指标，为创意产品出口比重；其余 5 个指标均为中势指标。

（3）从指标排位变化趋势看，在 7 个三级指标中，有 3 个指标处于上升趋势，分别为专利授权数、专利和许可收入、注册商标数；有 1 个指标处于下降趋势，为创意产品出口比重；其余 3 个指标的排位保持不变。

（4）从指标排位变化的动因看，3 个三级指标的排位出现了上升，1 个三级指标的排位出现了下降，但受指标升降的综合影响，巴西创新产出竞争力综合排位保持不变，在 G20 中排名第 16 位。

（5）从三级指标结构特征看，在创新产出竞争力指标组的 7 个三级指标中，没有强势指标；有 1 个优势指标，占指标总数的 14.3%；劣势指标 1 个，占指标总数的 14.3%，强势和优势指标所占比重与劣势指标所占比重相当。

上升指标 3 个，占指标总数的 42.9%；下降指标 1 个，占指标总数的 14.3%。虽然指标排位上升的数量大于排位下降的数量，但受其他因素的综合影响，2015 年巴西国家创新产出竞争力综合排位与 2014 年相比保持不变。

3.5.2 巴西国家创新产出竞争力比较分析

图 3－7 反映了 2014～2015 年巴西国家创新产出竞争力与 G20 最高水平和平均水平的比较情况。

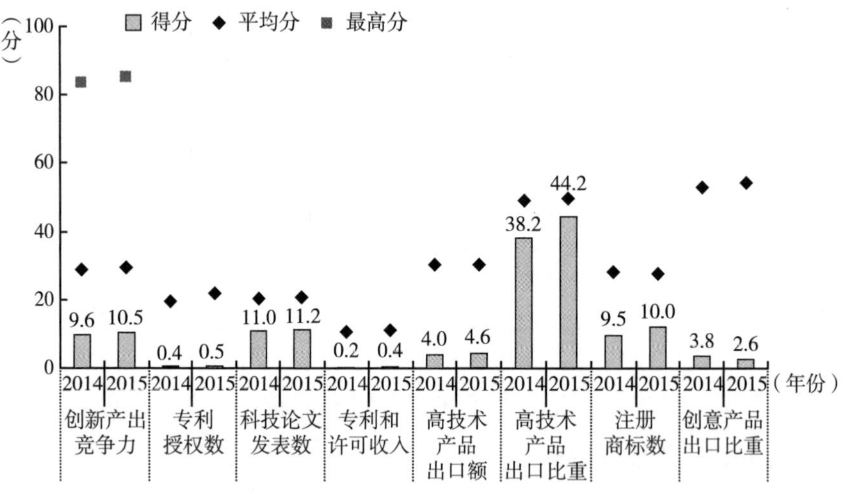

图 3－7　2014～2015 年巴西国家创新产出竞争力指标得分比较

由图 3－7 可知，评价期内巴西国家创新产出竞争力得分均低于 15 分，说明巴西国家创新产出竞争力处于较低水平。从创新产出竞争力的整体得分比较来看，2014 年，巴西国家创新产出竞争力得分与 G20 最高分相比还有 73.9 分的差距，低于 G20 平均分 18.9 分；到 2015 年，巴西国家创新产出竞争力得分与 G20 最高分的差距为 74.5 分，低于 G20 平均分 18.4 分。总的来说，2014～2015 年巴西国家创新产出竞争力与最高分和平均分的差距变化幅度较小，排位也保持不变。

从具体指标得分比较和变化趋势来看，巴西国家创新产出竞争力整体水平没有发生明显变化，这主要是由于专利授权数、专利和许可收入、高技术产品出口额、创意产品出口比重等指标得分偏低、排位靠后，且 7 个三级指标得分均低于 G20 平均分。因此，要进一步提升巴西的专利申请和授权量，增强企业和个人的专利创造和运用能力；完善知识产权激励机制，促进专利和许可收入增长；注重提升基础研究能力，提高科技论文等创新产出的数量和质量；优化出口贸易结构，加大高技术产品出口比重，突出高技术产品在对外贸易中的重要地位；推动实施商标战略，打造国际知名品牌。通过实施一系列的创新措施，切实提高国家创新产出，增强国家创新产出竞争力。

3.6 巴西国家创新持续竞争力评价分析

3.6.1 巴西国家创新持续竞争力评价结果

2014～2015 年巴西国家创新持续竞争力及其下属 6 个三级指标的排位和排位变化情况，如表 3－8 所示。

表 3－8 巴西 2014～2015 年国家创新持续竞争力指标组排位及趋势

项目 / 年份	公共教育经费支出总额		公共教育经费支出占 GDP 比重		人均公共教育经费支出额		高等教育毛入学率		科技人员增长率		科技经费增长率		创新持续竞争力	
	得分	排名	得分	排名	得分	排名	得分	排名	得分	排名	得分	排名	得分	排名
2014	15.7	7	100.0	1	19.1	11	39.4	13	—	—	42.0	12	43.2	11
2015	15.0	7	97.9	2	20.4	11	39.4	13	8.9	10	12.7	17	32.4	14
得分变化	－0.7		－2.1		1.3		0.0		—		－29.3		－10.9	
排名升降		0		－1		0		0		—		－5		－3
优劣度		优势		强势		中势		中势		优势		劣势		中势

（1）从排位变化比较看，2015 年巴西国家创新持续竞争力排名第 14 位，比 2014 年下降了 3 位，处于中势地位。

（2）从指标所处区位来看，6 个三级指标中有 1 个强势指标，为公共教育经费支出占 GDP 比重；2 个优势指标为公共教育经费支出总额和科技人员增长率；中势指标 2 个，为人均公共教育经费支出额和高等教育毛入学率；科技经费增长率为劣势指标。

（3）从指标排位变化趋势看，在有数据的 5 个三级指标中，没有指标处于上升趋势；有 2 个指标处于下降趋势，分别为公共教育经费支出占 GDP 比重和科技经费增长率，其中科技经费增长率指标下降的幅度较大，这些是巴西创新持续竞争力的下降拉力所在。

（4）从指标排位变化的动因看，有 2 个三级指标的排位出现了下降，受指标排位下降的影响，巴西创新持续竞争力的综合排位大幅下降，在 G20 中排名第 14 位。

（5）从三级指标结构特征看，在创新持续竞争力指标组有数据的三级指标中，强势指标 1 个，占指标总数的 16.7%；优势指标 2 个，占指标总数的 33.3%；劣势指标 1 个，占指标总数的 16.7%，强势指标和优势指标所占比重大于劣势指标的比重。没有上升指标；下降指标 2 个，占指标总数的 40.0%。由于指标排位下降的数量大于上升的数量，且指标下降的幅度较大，2015 年巴西国家创新持续竞争力综合排位比 2014 年下降了 3 位。

3.6.2 巴西国家创新持续竞争力比较分析

图 3－8 反映了 2014～2015 年巴西国家创新持续竞争力与 G20 最高水平和平均水平的比较情况。

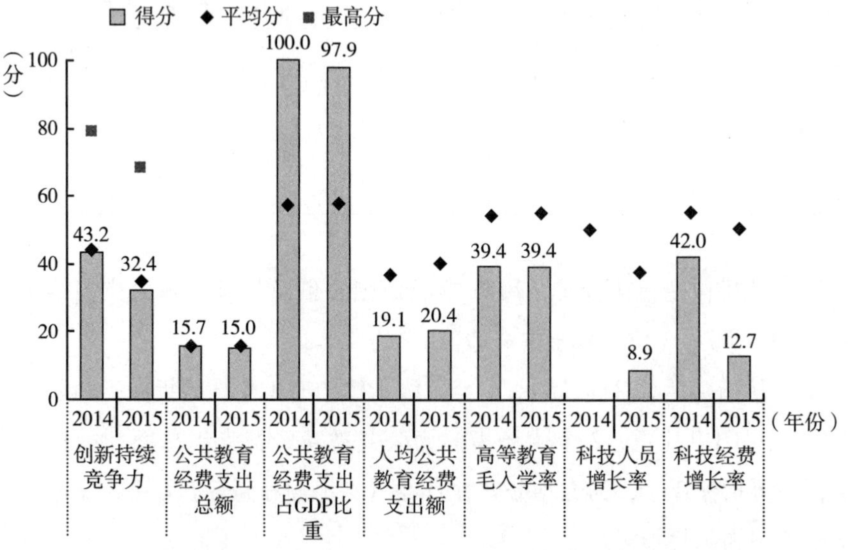

图 3－8　2014～2015 年巴西国家创新持续竞争力指标得分比较

由图 3 - 8 可知，评价期内巴西国家创新持续竞争力得分处于下降趋势，说明巴西国家创新持续竞争力水平有所下降。从创新持续竞争力的整体得分比较来看，2014 年，巴西国家创新持续竞争力得分与 G20 最高分相比还有 35.8 分的差距，低于 G20 平均分 0.5 分；到 2015 年，巴西国家创新持续竞争力得分与 G20 最高分的差距为 35.7 分，低于 G20 平均分 10.0 分。总的来说，2014 ~ 2015 年巴西国家创新持续竞争力与平均分的差距呈扩大趋势，排位处于下降趋势。

从具体指标得分比较和变化趋势来看，巴西国家创新持续竞争力整体水平下降，这主要是由于科技经费增长率得分明显下降，且人均公共教育经费支出额、高等教育毛入学率、科技人员增长率和科技经费增长率等指标得分还低于 G20 平均分。针对这些问题，巴西需要不断增加教育经费投入，提升科学家和工程师的待遇，加大培养科学家和工程师的力度，实现国家创新能力的可持续发展，不断增强国家创新持续竞争力。

Y.5

第4章 加拿大国家创新竞争力评价分析报告

加拿大位于北美洲北部，东临大西洋，西濒太平洋，南接美国本土，北靠北冰洋达北极圈。国土面积约 998 万平方公里，国境边界长达 8892 公里。2015 年全国年末总人口为 3585 万人，实现国内生产总值 15528 亿美元，人均 GDP 达到 43316 美元。本部分通过对加拿大 2014～2015 年国家创新竞争力以及创新竞争力中各要素在 G20 中的排名变化分析，从中找出加拿大国家创新竞争力的推动点及影响因素。

4.1 加拿大国家创新竞争力总体评价分析

2014～2015 年，加拿大国家创新竞争力排名保持不变，均排在第 9 位。

4.1.1 加拿大国家创新竞争力概要分析

加拿大国家创新竞争力在 G20 中所处的位置及 5 个二级指标的得分和排位变化如图 4－1、图 4－2 和表 4－1 所示。

（1）从综合排位变化看，2015 年加拿大国家创新竞争力综合排名在 G20 中处于第 9 位，与 2014 年相比，排位保持不变。

（2）从指标得分看，2015 年加拿大国家创新竞争力得分为 42.6 分，比 G20 最高分低 36.0 分，比平均分高 5.2 分；与 2014 年相比，加拿大国家创新竞争力得分下降了 0.2 分，与当年最高分的差距缩小了 0.6 分，相比 G20 平均分的优势扩大了 0.7 分。

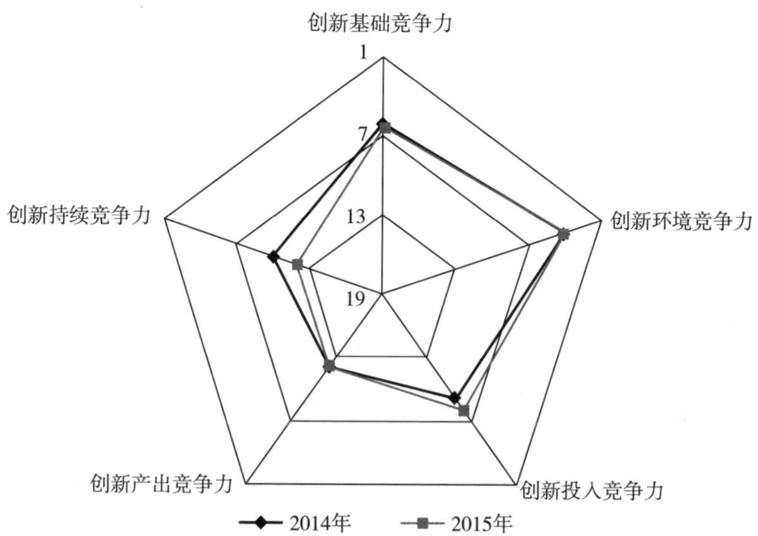

图 4 －1　加拿大国家创新竞争力二级指标排名雷达图

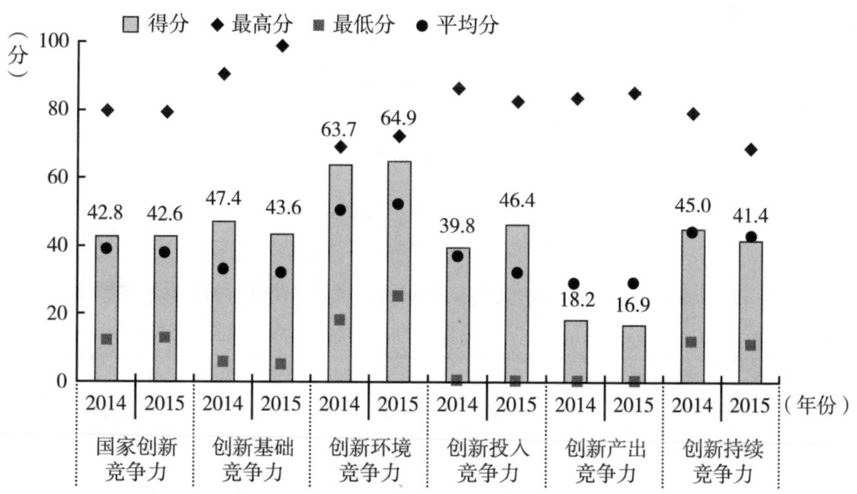

图 4 －2　加拿大国家创新竞争力得分变化趋势

表 4－1　加拿大国家创新竞争力二级指标得分和排名

项目 年份	创新基础竞争力		创新环境竞争力		创新投入竞争力		创新产出竞争力		创新持续竞争力		创新竞争力	
	得分	排名	得分	排名	得分	排名	得分	排名	得分	排名	得分	排名
2014	47.4	6	63.7	4	39.8	9	18.2	12	45.0	10	42.8	9
2015	43.6	6	64.9	4	46.4	8	16.9	12	41.4	12	42.6	9
得分变化	-3.8		1.2		6.6		-1.3		-3.5		-0.2	
排名升降		0		0		1		0		-2		0
优劣度		优势		强势		优势		中势		中势		优势

（3）从指标所处区位看，2015 年加拿大国家创新竞争力的 5 个二级指标中，强势指标 1 个，为创新环境竞争力；优势指标 2 个，为创新基础竞争力和创新投入竞争力；中势指标 2 个，为创新产出竞争力和创新持续竞争力。

（4）从指标排位变化趋势看，在 5 个二级指标中，1 个指标的排位处于上升趋势，为创新投入竞争力；有 1 个指标的排位处于下降趋势，为创新持续竞争力。其他指标排位没有发生变化。

（5）从指标排位变化的动因看，1 个二级指标的排位出现了下降，1 个指标排位出现了上升，受指标排位升降的综合影响，2015 年加拿大国家创新竞争力的综合排位保持不变，在 G20 中排名第 9 位。

4.1.2　加拿大国家创新竞争力各级指标动态变化分析

2014～2015 年加拿大国家创新竞争力各级指标的动态变化及其结构，如图 4－3 和表 4－2 所示。

表 4－2　2014～2015 年加拿大国家创新竞争力各级指标排位变化态势比较

单位：个，%

二级指标	三级指标个数	上升		保持		下降		变化趋势
		个数	比重	个数	比重	个数	比重	
创新基础竞争力	6	2	33.3	1	16.7	3	50.0	保持
创新环境竞争力	6	1	16.7	5	83.3	0	0.0	保持
创新投入竞争力	7	2	28.6	5	71.4	0	0.0	上升
创新产出竞争力	7	1	14.3	4	57.1	2	28.6	保持
创新持续竞争力	4	2	50.0	1	25.0	1	25.0	下降
合计	30	8	26.7	16	53.3	6	20.0	保持

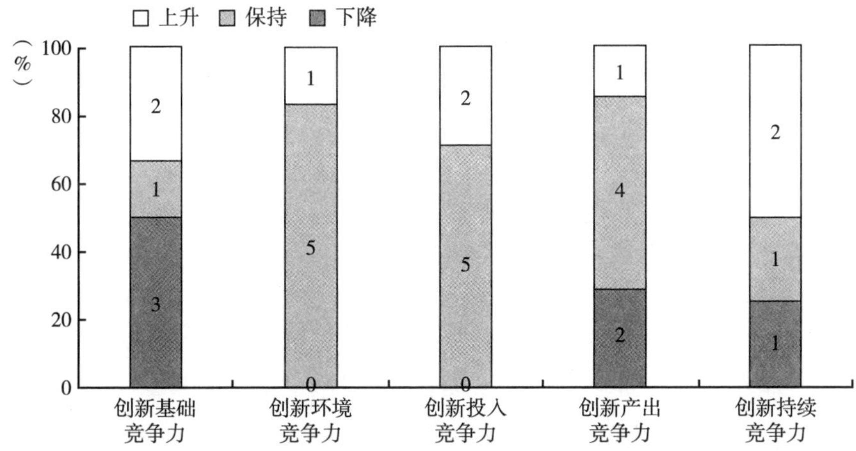

图 4－3　2014～2015 年加拿大国家创新竞争力指标动态变化结构

从图 4－3 可以看出，加拿大国家创新竞争力的三级指标中上升指标的数量大于下降指标，但保持不变的指标仍居于主导地位。表 4－2 中的数据进一步显示，加拿大国家创新竞争力有数据的 30 个三级指标中，上升的指标有 8 个，占指标总数的 26.7%；保持的指标有 16 个，占指标总数的 53.3%；下降的指标有 6 个，占指标总数的 20.0%。指标上升的数量略大于指标下降的数量，但排位保持不变的指标居于主导地位，2015 年加拿大国家创新竞争力排位保持不变，在 G20 中居第 9 位。

4.1.3　加拿大国家创新竞争力各级指标优劣势结构分析

2014～2015 年加拿大国家创新竞争力各级指标的优劣势变化及其结构，如表 4－3 所示。

表 4－3　2014～2015 年加拿大国家创新竞争力各级指标排位优劣势比较

单位：个，%

二级指标	三级指标个数	强势		优势		中势		劣势		优劣度
		个数	比重	个数	比重	个数	比重	个数	比重	
创新基础竞争力	6	4	66.7	2	33.3	0	0.0	0	0.0	优势
创新环境竞争力	6	4	66.7	0	0.0	0	0.0	2	33.3	强势
创新投入竞争力	7	1	14.3	6	85.7	0	0.0	0	0.0	优势

续表

二级指标	三级指标个数	强势		优势		中势		劣势		优劣度
		个数	比重	个数	比重	个数	比重	个数	比重	
创新产出竞争力	7	0	0.0	5	71.4	2	28.6	0	0.0	中势
创新持续竞争力	5	1	20.0	3	60.0	1	20.0	0	0.0	中势
合计	31	10	32.3	16	51.6	3	9.7	2	6.5	优势

从表 4－3 中的数据可以看出，加拿大国家创新竞争力有数据的 31 个三级指标中，强势指标 10 个，占指标总数的 32.3%；优势指标 16 个，占指标总数的 51.6%；中势指标 3 个，占指标总数的 9.7%；劣势指标 2 个，占指标总数的 6.5%；强势指标和优势指标的数量之和约占指标总数的 83.9%，远远大于中势指标和劣势指标之和所占比重。从二级指标来看，强势指标 1 个，占二级指标总数的 20.0%；优势指标 2 个，占二级指标总数的 40.0%；中势指标 2 个，占二级指标总数的 40.0%；没有劣势指标。由于强势指标和优势指标在指标体系中居于主导地位，2014～2015 年加拿大国家创新竞争力处于优势地位。

4.2 加拿大国家创新基础竞争力评价分析

4.2.1 加拿大国家创新基础竞争力评价结果

2014～2015 年加拿大国家创新基础竞争力及其下属 7 个三级指标的排位和排位变化情况，如表 4－4 所示。

表 4－4 加拿大 2014～2015 年国家创新基础竞争力指标组排位及趋势

项目 年份	GDP		人均 GDP		财政收入		人均财政收入		外国直接投资净值		受高等教育人员比重		全社会劳动生产率		创新基础竞争力	
	得分	排名	得分	排名	得分	排名	得分	排名	得分	排名	得分	排名	得分	排名	得分	排名
2014	8.5	11	80.9	3	10.4	10	83.3	4	24.3	5	—	—	76.8	4	47.4	6
2015	7.0	10	76.3	4	8.7	9	85.7	5	14.4	5	—	—	69.4	5	43.6	6
得分变化	-1.5		-4.6		-1.7		2.4		-9.8		—		-7.4		-3.8	
排名升降		1		-1		1		-1		0		—		-1		0
优劣度		优势		强势		优势		强势		强势		—		强势		优势

（1）从排位变化比较看，2015 年加拿大国家创新基础竞争力排名第 6 位，与 2014 年相比，排位没有发生变化，处于优势地位。

（2）从指标所处区位来看，有数据的 6 个三级指标中有 4 个强势指标，分别是人均 GDP、人均财政收入、外国直接投资净值和全社会劳动生产率；有 2 个优势指标，为 GDP 和财政收入。

（3）从指标排位变化趋势看，在有数据的 6 个三级指标中，有 2 个指标处于上升趋势，分别为 GDP 和财政收入；有 3 个指标处于下降趋势，分别为人均 GDP、人均财政收入和全社会劳动生产率；外国直接投资净值的排位保持不变。

（4）从指标排位变化的动因看，尽管排位上升的指标数量略小于排位下降的指标数量，但指标排位升降的幅度较小，加拿大创新基础竞争力的综合排位保持不变，在 G20 中排名第 6 位。

（5）从三级指标结构特征看，在创新基础竞争力指标组有数据的 6 个三级指标中，强势指标 4 个，占指标总数的 66.7%；优势指标 2 个，占指标总数的 33.3%；没有中势和劣势指标，强势和优势指标占主导地位。上升指标 2 个，占指标总数的 33.3%；下降指标 3 个，占指标总数的 50.0%。受指标排位升降的综合影响，2015 年加拿大国家创新基础竞争力综合排位保持不变。

4.2.2　加拿大国家创新基础竞争力比较分析

图 4－4 反映了 2014～2015 年加拿大国家创新基础竞争力与 G20 最高水平和平均水平的比较情况。

由图 4－4 可知，评价期内加拿大国家创新基础竞争力得分均高于 43 分，说明加拿大国家创新基础竞争力处于较高水平。从创新基础竞争力的整体得分比较来看，2014 年，加拿大国家创新基础竞争力得分与 G20 最高分相比有 42.6 分的差距，比 G20 平均分高 14.5 分；到 2015 年，加拿大国家创新基础竞争力得分与 G20 最高分的差距为 55.1 分，比 G20 平均分高 11.7 分。总的来说，2014～2015 年加拿大国家创新基础竞争力相比平均分的优势有所缩小，但创新基础竞争力排位保持稳定。

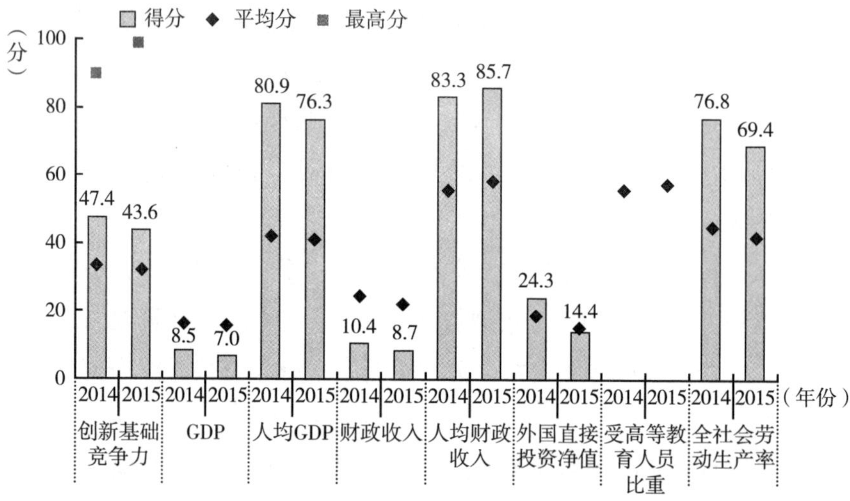

图 4-4　2014～2015 年加拿大国家创新基础竞争力指标得分比较

从具体指标得分比较和变化趋势来看，加拿大国家创新基础竞争力整体水平基本稳定，但 GDP、财政收入等指标得分还低于 G20 平均分，创新基础竞争力缺乏上升的动力。在下一步的科技创新活动中，要特别关注这些问题，继续扩大生产和加快企业战略转型、加大教育和科技财政投入，夯实国家创新基础，不断增强国家创新基础竞争力。

4.3　加拿大国家创新环境竞争力评价分析

4.3.1　加拿大国家创新环境竞争力评价结果

2014～2015 年加拿大国家创新环境竞争力及其下属 6 个三级指标的排位和排位变化情况，如表 4-5 所示。

（1）从排位变化比较看，2015 年加拿大国家创新环境竞争力排名第 4 位，与 2014 年相比，排位保持不变，仍处于强势地位。

（2）从指标所处区位来看，6 个三级指标中有 4 个强势指标，分别为因特网用户比例、企业开业程序、企业平均税负水平和在线公共服务指数；有 2 个劣势指标，为每百人手机数和 ISO 9001 质量体系认证数。

表 4－5　加拿大 2014～2015 年国家创新环境竞争力指标组排位及趋势

项目 年份	因特网用户比例		每百人手机数		企业开业程序		企业平均税负水平		在线公共服务指数		ISO 9001 质量体系认证数		创新环境竞争力	
	得分	排名	得分	排名	得分	排名	得分	排名	得分	排名	得分	排名	得分	排名
2014	94.0	4	6.2	18	100.0	1	94.7	2	85.9	6	1.1	17	63.7	4
2015	95.0	4	5.0	18	100.0	1	95.0	2	93.2	3	1.2	17	64.9	4
得分变化	1.0		－1.3		0.0		0.3		7.2		0.1		1.2	
排名升降		0		0		0		0		3		0		0
优劣度		强势		劣势		强势		强势		强势		劣势		强势

（3）从指标排位变化趋势看，在 6 个三级指标中，有 1 个指标处于上升趋势，为在线公共服务指数；其余指标均保持不变。

（4）从指标排位变化的动因看，尽管 1 个三级指标的排位出现了上升，但排位不变的指标居主导地位，2015 年加拿大创新环境竞争力的综合排位保持不变，在 G20 中处于第 4 位。

（5）从三级指标结构特征看，在创新环境竞争力指标组的 6 个三级指标中，强势指标 4 个，占指标总数的 66.7%；没有优势指标和中势指标；劣势指标 2 个，占指标总数的 33.3%，强势指标居于主导地位。上升指标 1 个，占指标总数的 16.7%；其余指标保持不变。由于排位保持的指标占主导地位，2015 年加拿大国家创新环境竞争力综合排位保持不变。

4.3.2　加拿大国家创新环境竞争力比较分析

图 4－5 反映了 2014～2015 年加拿大国家创新环境竞争力与 G20 最高水平和平均水平的比较情况。

由图 4－5 可知，评价期内加拿大国家创新环境竞争力得分均高于 60 分，处于较高水平。从创新环境竞争力的整体得分比较来看，2014 年，加拿大国家创新环境竞争力得分与 G20 最高分相比还有 4.7 分的差距，与 G20 平均分相比，高出 13.6 分；2015 年，加拿大国家创新环境竞争力得分与 G20 最高分的差距为 6.6 分，高于 G20 平均分 12.5 分。总的来说，2014～2015 年加拿大国家创新环境竞争力与最高分的差距有所扩大，相比平均分的优势略有缩小，

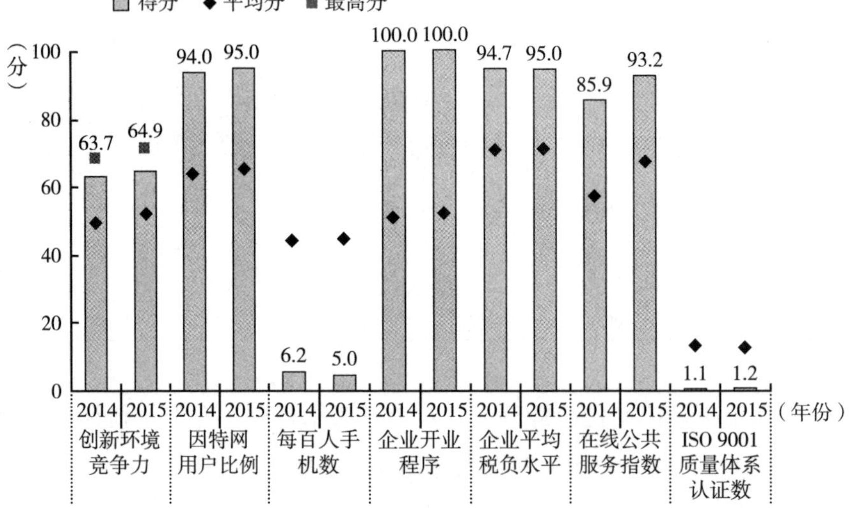

图 4－5　2014～2015 年加拿大国家创新环境竞争力指标得分比较

但排位保持不变。

从具体指标得分比较和变化趋势来看，加拿大国家创新环境竞争力整体水平较高，仍处于强势地位，这主要是由于因特网用户比例、企业开业程序、企业平均税负水平和在线公共服务指数等指标处于强势地位。每百人手机数、ISO 9001 质量体系认证数等指标得分均低于 G20 平均分，这限制了其创新环境竞争力的进一步提升。因此，为巩固和提升加拿大国家创新环境竞争力，应针对这些问题，加快信息高速公路建设，加强创新产品质量认证，营造有利于企业健康有序发展的良好创新氛围，不断优化国家创新环境，进一步增强国家创新环境竞争力。

4.4　加拿大国家创新投入竞争力评价分析

4.4.1　加拿大国家创新投入竞争力评价结果

2014～2015 年加拿大国家创新投入竞争力及其下属 7 个三级指标的排位和排位变化情况，如表 4－6 所示。

表 4－6　加拿大 2014～2015 年国家创新投入竞争力指标组排位及趋势

项目 年份	R&D经费支出总额		R&D经费支出占GDP比重		人均R&D经费支出		R&D人员		研究人员占从业人员比重		企业研发投入比重		风险资本交易占GDP比重		创新投入竞争力	
	得分	排名	得分	排名	得分	排名	得分	排名	得分	排名	得分	排名	得分	排名	得分	排名
2014	6.4	10	43.6	9	56.8	7	11.1	10	76.5	6	43.9	10	40.4	10	39.8	9
2015	5.9	9	43.6	9	54.6	7	9.2	10	71.2	6	40.4	10	100.0	1	46.4	8
得分变化	-0.4		0.0		-2.2		-1.9		-5.3		-3.5		59.6		6.6	
排名升降		1		0		0		0		0		0		9		1
优劣度		优势		优势		优势		优势		优势		优势		强势		优势

（1）从排位变化比较看，2015 年加拿大国家创新投入竞争力排名第 8 位，与 2014 年相比，排位上升 1 位，处于优势地位。

（2）从指标所处区位来看，7 个三级指标中有 1 个强势指标，为风险资本交易占 GDP 比重；其余 6 个指标均是优势指标。

（3）从指标排位变化趋势看，在 7 个三级指标中，有 5 个指标排位保持不变，分别为 R&D 经费支出占 GDP 比重、人均 R&D 经费支出、R&D 人员、研究人员占从业人员比重和企业研发投入比重；有 2 个指标处于上升趋势，分别为 R&D 经费支出总额和风险资本交易占 GDP 比重。

（4）从指标排位变化的动因看，由于有 2 个三级指标排位出现上升，加拿大创新投入竞争力的综合排位上升了 1 位，在 G20 中排名第 8 位。

（5）从三级指标结构特征看，在创新投入竞争力指标组的 7 个三级指标中，强势指标 1 个，占指标总数的 14.3%；优势指标 6 个，占指标总数的 85.7%；没有中势指标和劣势指标，强势指标和优势指标占主导地位。上升指标 2 个，占指标总数的 28.6%，其余指标保持不变。有 2 个指标排位上升，无下降指标，使得 2015 年加拿大国家创新投入竞争力综合排位上升 1 位。

4.4.2　加拿大国家创新投入竞争力比较分析

图 4－6 反映了 2014～2015 年加拿大国家创新投入竞争力与 G20 最高水平和平均水平的比较情况。

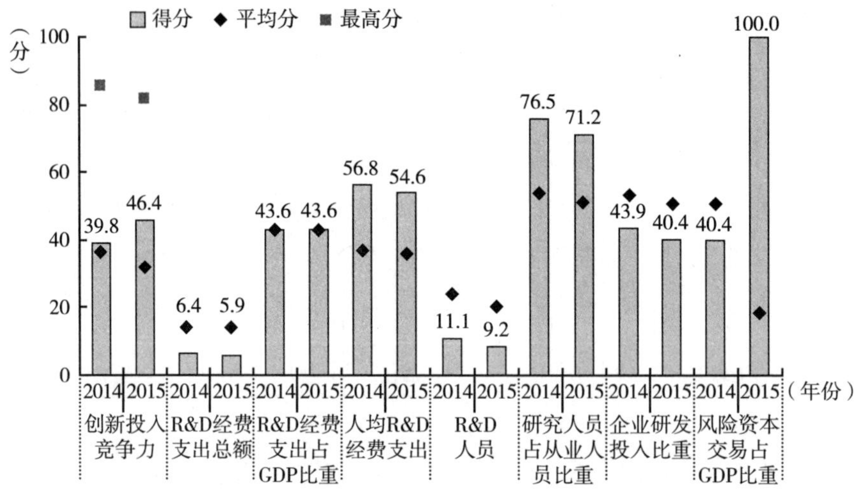

图 4－6　2014～2015 年加拿大国家创新投入竞争力指标得分比较

由图 4－6 可知，评价期内加拿大国家创新投入竞争力得分均高于 39 分，说明加拿大国家创新投入竞争力处于较高水平。从创新投入竞争力的整体得分比较来看，2014 年，加拿大国家创新投入竞争力得分与 G20 最高分相比还有 45.8 分的差距，与 G20 平均分相比，则高了 3.3 分；到 2015 年，加拿大国家创新投入竞争力得分与 G20 最高分的差距为 35.6 分，高于 G20 平均分 14.5 分。总的来说，2014～2015 年加拿大国家创新投入竞争力与最高分的差距缩小，国家创新投入竞争力的得分和排位均上升。

从具体指标得分比较和变化趋势来看，加拿大国家创新投入竞争力整体水平较高，处于优势地位，这主要是由于大部分指标得分较高，但 R&D 经费支出总额和 R&D 人员的得分都低于 G20 平均分。今后其创新投入竞争力的提高要特别关注这些问题，继续加大科技研发经费投入，加大研发人员培养力度，高度重视研发人才队伍建设，不断增加国家创新投入，显著增强国家创新投入竞争力。

4.5　加拿大国家创新产出竞争力评价分析

4.5.1　加拿大国家创新产出竞争力评价结果

2014～2015 年加拿大国家创新产出竞争力及其下属 7 个三级指标的排位和排位变化情况，如表 4－7 所示。

表 4－7　加拿大 2014～2015 年国家创新产出竞争力指标组排位及趋势

项目 年份	专利授权数		科技论文发表数		专利和许可收入		高技术产品出口额		高技术产品出口比重		注册商标数		创意产品出口比重		创新产出竞争力	
	得分	排名	得分	排名	得分	排名	得分	排名	得分	排名	得分	排名	得分	排名	得分	排名
2014	4.7	10	13.7	9	3.5	7	15.7	9	54.2	9	5.9	15	29.9	13	18.2	12
2015	4.9	10	13.4	10	3.4	7	14.0	10	50.1	9	6.4	14	26.0	13	16.9	12
得分变化	0.2		－0.3		－0.1		－1.6		－4.1		0.5		－3.9		－1.3	
排名升降		0		－1		0		－1		0		1		0		0
优劣度		优势		优势		优势		优势		优势		中势		中势		中势

（1）从排位变化比较看，2015 年加拿大国家创新产出竞争力排名第 12 位，与 2014 年相比，排位保持不变，处于中势地位。

（2）从指标所处区位来看，7 个三级指标中没有强势指标；2 个指标是中势指标，分别为注册商标数和创意产品出口比重；其余 5 个指标均为优势指标。

（3）从指标排位变化趋势看，在 7 个三级指标中，有 1 个指标处于上升趋势，为注册商标数；有 2 个指标处于下降趋势，分别为科技论文发表数和高技术产品出口额。

（4）从指标排位变化的动因看，1 个三级指标的排位出现了上升，2 个三级指标的排位出现了下降，受指标升降的综合影响，加拿大创新产出竞争力综合排位保持不变，在 G20 中排名第 12 位。

（5）从三级指标结构特征看，在创新产出竞争力指标组的 7 个三级指标中，没有强势指标；优势指标 5 个，占指标总数的 71.4%；中势指标 2 个，占指标总数的 28.6%，优势指标所占比重大于劣势指标。上升指标 1 个，占指标总数的 14.3%；下降指标 2 个，占指标总数的 28.6%。虽然指标排位上升的数量小于排位下降的数量，但受其他因素的综合影响，2015 年加拿大国家创新产出竞争力综合排位与 2014 年相比保持不变。

4.5.2 加拿大国家创新产出竞争力比较分析

图 4－7 反映了 2014～2015 年加拿大国家创新产出竞争力与 G20 最高水平和平均水平的比较情况。

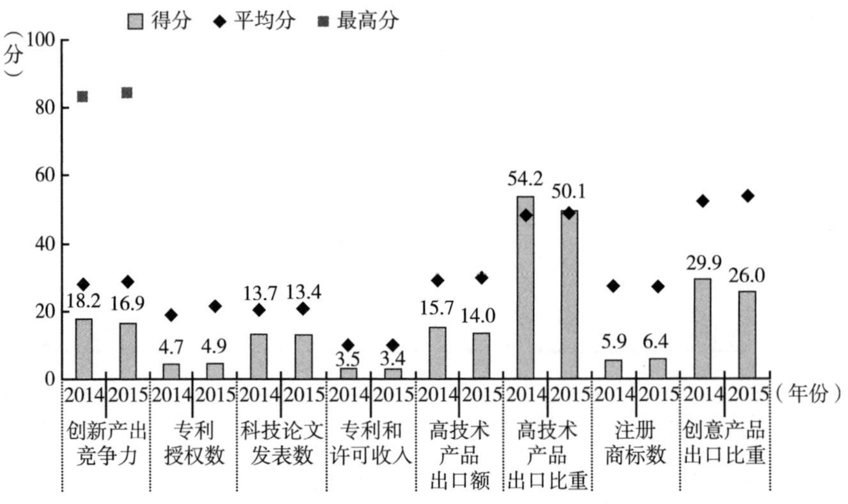

图 4－7　2014～2015 年加拿大国家创新产出竞争力指标得分比较

由图 4－7 可知，评价期内加拿大国家创新产出竞争力得分均低于 20 分，说明加拿大国家创新产出竞争力处于较低水平。从创新产出竞争力的整体得分比较来看，2014 年，加拿大国家创新产出竞争力得分与 G20 最高分相比还有 65.2 分的差距，低于 G20 平均分 10.3 分；到 2015 年，加拿大国家创新产出竞争力得分与 G20 最高分的差距为 68.1 分，低于 G20 平均分 12.0 分。总的来说，2014～2015 年加拿大国家创新产出竞争力与最高分和平均分的差距均呈扩大趋势，但排位保持不变。

从具体指标得分比较和变化趋势来看，加拿大国家创新产出竞争力整体水平不高，这主要是由于注册商标数、创意产品出口比重等指标得分偏低、排位靠后，除高技术产品出口比重外，其他6个三级指标得分均低于G20平均分。因此，要进一步提升加拿大的专利申请和授权量，增强企业和个人的专利创造和运用能力；完善知识产权激励机制，促进专利和许可收入增长；注重提升基础研究能力，提高科技论文等创新产出的数量和质量；推动实施商标战略，打造国际知名品牌。通过实施一系列的创新措施，切实提高国家创新产出，增强国家创新产出竞争力。

4.6 加拿大国家创新持续竞争力评价分析

4.6.1 加拿大国家创新持续竞争力评价结果

2014～2015年加拿大国家创新持续竞争力及其下属6个三级指标的排位和排位变化情况，如表4－8所示。

表4－8 加拿大2014～2015年国家创新持续竞争力指标组排位及趋势

项目 年份	公共教育经费支出总额		公共教育经费支出占GDP比重		人均公共教育经费支出额		高等教育毛入学率		科技人员增长率		科技经费增长率		创新持续竞争力	
	得分	排名	得分	排名	得分	排名	得分	排名	得分	排名	得分	排名	得分	排名
2014	9.4	9	72.6	6	77.2	2	—	—	—	—	20.7	18	45.0	10
2015	8.7	8	71.7	6	81.1	4	—	—	8.9	10	36.6	12	41.4	12
得分变化	－0.6		－0.8		3.9		—		—		15.9		－3.5	
排名升降		1		0		－2		—		—		6		－2
优劣度		优势		优势		强势		—		优势		中势		中势

（1）从排位变化比较看，2015年加拿大国家创新持续竞争力排名第12位，比2014年下降了2位，处于中势地位。

（2）从指标所处区位来看，5个有数据的三级指标中，有1个强势指标，为人均公共教育经费支出额；有3个优势指标，分别为公共教育经费支出总额、公共教育经费支出占GDP比重和科技人员增长率。

（3）从指标排位变化趋势看，在有数据的 4 个三级指标中，有 2 个指标处于上升趋势，为公共教育经费支出总额和科技经费增长率；有 1 个指标处于下降趋势，为人均公共教育经费支出额。

（4）从指标排位变化的动因看，有 1 个三级指标的排位出现了下降，有 2 个指标的排位出现了上升，受指标排位升降及其他因素的综合影响，加拿大创新持续竞争力的综合排位下降，在 G20 中排名第 12 位。

（5）从三级指标结构特征看，在创新持续竞争力指标组有数据的三级指标中，强势指标 1 个，占指标总数的 20.0%；优势指标 3 个，占指标总数的 60.0%；中势指标 1 个，占指标总数的 20.0%，强势指标和优势指标所占比重大于劣势指标的比重。上升指标 2 个，占指标总数的 50.0%；下降指标 1 个，占指标总数的 25.0%。虽然指标排位上升的数量大于排位下降的数量，但受其他因素的综合影响，2015 年加拿大国家创新持续竞争力综合排位比 2014 年下降了 2 位。

4.6.2 加拿大国家创新持续竞争力比较分析

图 4－8 反映了 2014～2015 年加拿大国家创新持续竞争力与 G20 最高水平和平均水平的比较情况。

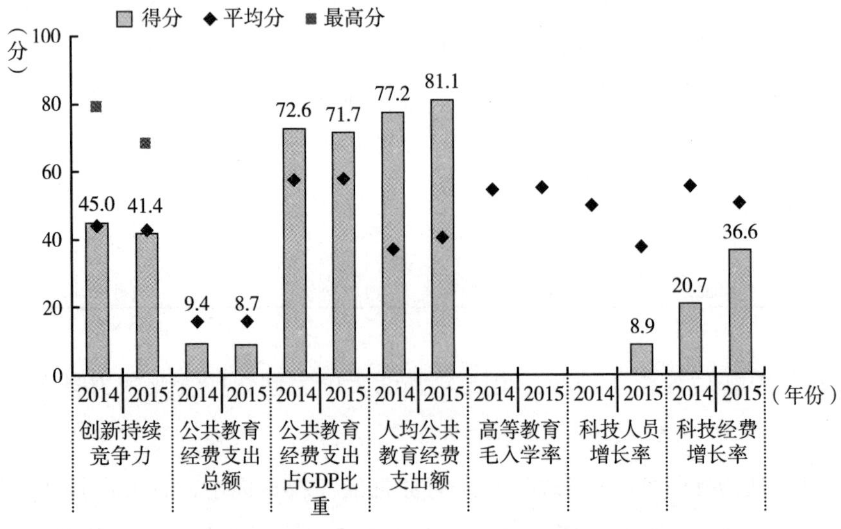

图 4－8　2014～2015 年加拿大国家创新持续竞争力指标得分比较

由图 4 – 8 可知，评价期内加拿大国家创新持续竞争力得分处于下降趋势，说明加拿大国家创新持续竞争力水平有所下降。从创新持续竞争力的整体得分比较来看，2014 年，加拿大国家创新持续竞争力得分与 G20 最高分相比还有 34. 1 分的差距，高于 G20 平均分 1. 2 分；到 2015 年，加拿大国家创新持续竞争力得分与 G20 最高分的差距缩小为 26. 7 分，低于 G20 平均分 1. 0 分。总的来说，2014 ~ 2015 年加拿大国家创新持续竞争力与最高分的差距呈缩小趋势，但排位处于下降趋势。

从具体指标得分比较和变化趋势来看，加拿大国家创新持续竞争力整体水平出现了下降，这主要是由于公共教育经费支出总额和科技人员增长率等指标得分偏低，且公共教育经费支出总额、科技人员增长率和科技经费增长率等指标得分还低于 G20 平均分。针对这些问题，加拿大要不断增加教育经费投入，提升科学家和工程师的待遇，加大培养科学家和工程师的力度，实现国家创新能力的可持续发展，显著增强国家创新持续竞争力。

Y.6

第 5 章 中国国家创新竞争力评价分析报告

中国位于亚洲大陆的东部、太平洋西岸，国土面积约 960 万平方公里，陆地边界长达 2.28 万公里，海域面积 473 万平方公里。2015 年全国年末总人口为 137122 万人，实现国内生产总值 110647 亿美元，人均 GDP 达到 8069 美元。本部分通过对中国 2014 ~2015 年国家创新竞争力以及创新竞争力中各要素在 G20 中的排名变化分析，从中找出中国国家创新竞争力的推动点及影响因素。

5.1 中国国家创新竞争力总体评价分析

2014 ~2015 年，中国的国家创新竞争力排名保持不变，均排在第 8 位。

5.1.1 中国国家创新竞争力概要分析

中国国家创新竞争力在 G20 中所处的位置及 5 个二级指标的得分和排位变化如图 5 -1、图 5 -2 和表 5 -1 所示。

表 5 -1 中国国家创新竞争力二级指标得分和排名

项目 / 年份	创新基础竞争力		创新环境竞争力		创新投入竞争力		创新产出竞争力		创新持续竞争力		创新竞争力	
	得分	排名	得分	排名	得分	排名	得分	排名	得分	排名	得分	排名
2014	36.9	9	46.4	12	58.4	6	52.8	2	45.7	9	48.0	8
2015	31.9	9	50.1	13	48.5	7	53.3	2	50.1	5	46.8	8
得分变化	-4.9		3.7		-9.8		0.5		4.5		-1.2	
排名升降		0		-1		-1		0		4		0
优劣度		优势		中势		优势		强势		强势		优势

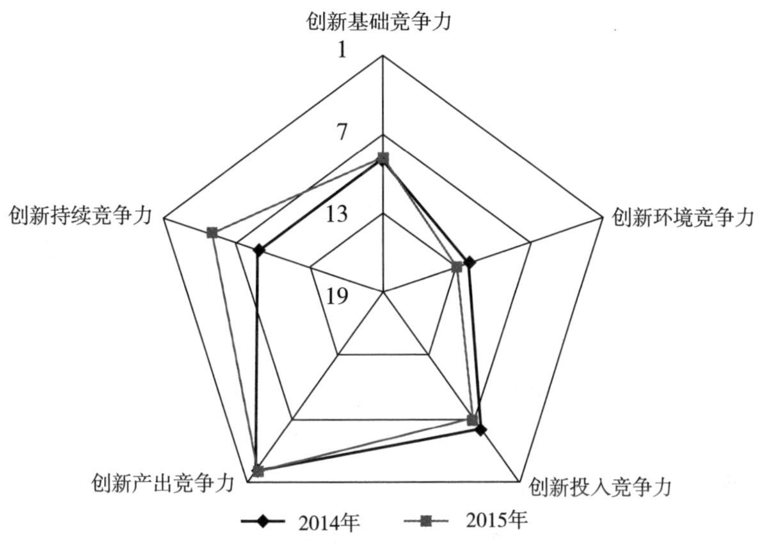

图 5－1　中国国家创新竞争力二级指标排名雷达图

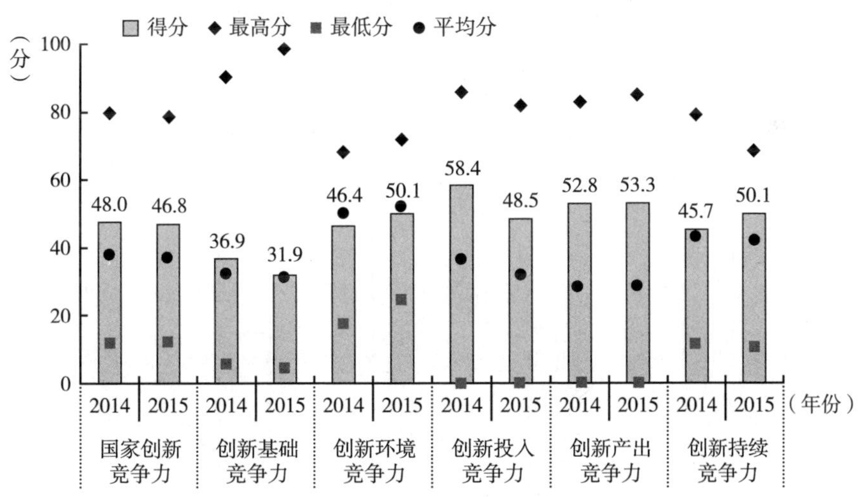

图 5－2　中国国家创新竞争力得分变化趋势

（1）从综合排位变化看，2015 年中国国家创新竞争力综合排名在 G20 中处于第 8 位，与 2014 年相比，排位保持不变。

（2）从指标得分看，2015 年中国国家创新竞争力得分为 46. 8 分，比 G20

最高分低31.9分，比平均分高9.4分；与2014年相比，中国国家创新竞争力得分下降了1.2分，与当年最高分的差距扩大了0.6分，相比G20平均分的优势缩小了0.3分。

（3）从指标所处区位看，2015年中国国家创新竞争力的5个二级指标中，强势指标2个，分别为创新产出竞争力和创新持续竞争力；优势指标2个，分别为创新基础竞争力和创新投入竞争力；中势指标1个，为创新环境竞争力。

（4）从指标排位变化趋势看，在5个二级指标中，有1个指标的排位处于上升趋势，为创新持续竞争力；有2个指标的排位处于下降趋势，分别为创新环境竞争力和创新投入竞争力。

（5）从指标排位变化的动因看，2个二级指标的排位出现了下降，1个二级指标的排位出现了上升，受指标排位升降的综合影响，2015年中国国家创新竞争力的综合排位保持不变，在G20中排名第8位。

5.1.2　中国国家创新竞争力各级指标动态变化分析

2014～2015年中国国家创新竞争力各级指标的动态变化及其结构，如图5－3和表5－2所示。

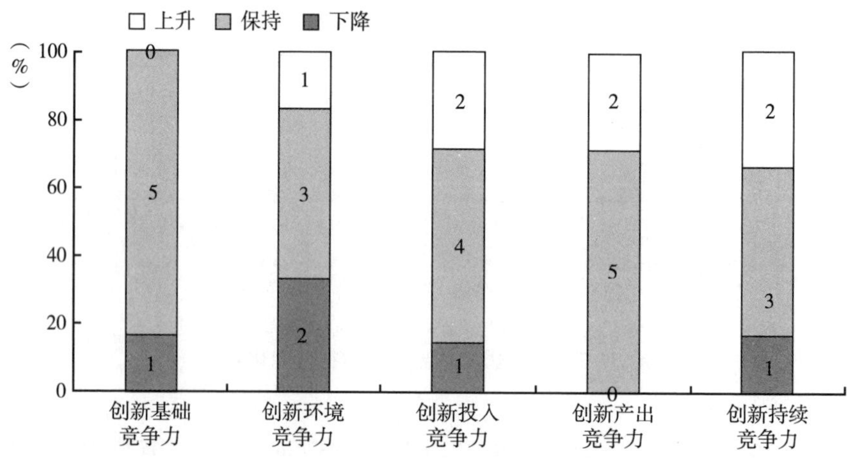

图5－3　2014～2015年中国国家创新竞争力指标动态变化结构

表 5－2　2014～2015 年中国国家创新竞争力各级指标排位变化态势比较

单位：个，%

二级指标	三级指标个数	上升		保持		下降		变化趋势
		个数	比重	个数	比重	个数	比重	
创新基础竞争力	6	0	0.0	5	83.3	1	16.7	保持
创新环境竞争力	6	1	16.7	3	50.0	2	33.3	下降
创新投入竞争力	7	2	28.6	4	57.1	1	14.3	下降
创新产出竞争力	7	2	28.6	5	71.4	0	0.0	保持
创新持续竞争力	6	2	33.3	3	50.0	1	16.7	上升
合计	32	7	21.9	20	62.5	5	15.6	保持

从图 5－3 可以看出，中国国家创新竞争力的三级指标中上升指标的数量略大于下降指标的数量，但保持不变的指标居于主导地位。表 5－2 中的数据进一步显示，中国国家创新竞争力有数据的 32 个三级指标中，上升的指标有 7 个，占指标总数的 21.9%；保持的指标有 20 个，占指标总数的 62.5%；下降的指标有 5 个，占指标总数的 15.6%。由于保持不变的指标居于主导地位。2015 年中国国家创新竞争力排位保持不变，在 G20 中居第 8 位。

5.1.3　中国国家创新竞争力各级指标优劣势结构分析

2014～2015 年中国国家创新竞争力各级指标的优劣势变化及其结构，如表 5－3 所示。

表 5－3　2014～2015 年中国国家创新竞争力各级指标排位优劣势比较

单位：个，%

二级指标	三级指标个数	强势		优势		中势		劣势		优劣度
		个数	比重	个数	比重	个数	比重	个数	比重	
创新基础竞争力	6	3	50.0	0	0.0	1	16.7	2	33.3	优势
创新环境竞争力	6	1	16.7	0	0.0	2	33.3	3	50.0	中势
创新投入竞争力	7	3	42.9	3	42.9	1	14.3	0	0.0	优势
创新产出竞争力	7	6	85.7	1	14.3	0	0.0	0	0.0	强势
创新持续竞争力	6	3	50.0	0	0.0	2	33.3	1	16.7	强势
合计	32	16	50.0	4	12.5	6	18.8	6	18.8	优势

从表 5－3 中的数据可以看出，中国国家创新竞争力有数据的 32 个三级指标中，强势指标 16 个，占指标总数的 50%；优势指标 4 个，占指标总数的 12.5%；中势指标 6 个，占指标总数的 18.8%；劣势指标 6 个，占指标总数的 18.8%；强势指标和优势指标的数量之和占指标总数的 62.5%，远远大于中势指标和劣势指标之和所占比重。从二级指标来看，强势指标 2 个，占二级指标总数的 40%；优势指标 2 个，占二级指标总数的 40%；中势指标 1 个，占二级指标总数的 20%；没有劣势指标。由于强势指标和优势指标在指标体系中居于主导地位，2014～2015 年中国国家创新竞争力处于优势地位。

5.2 中国国家创新基础竞争力评价分析

5.2.1 中国国家创新基础竞争力评价结果

2014～2015 年中国国家创新基础竞争力及其下属 7 个三级指标的排位和排位变化情况，如表 5－4 所示。

表 5－4 中国 2014～2015 年国家创新基础竞争力指标组排位及趋势

项目 / 年份	GDP		人均 GDP		财政收入		人均财政收入		外国直接投资净值		受高等教育人员比重		全社会劳动生产率		创新基础竞争力	
	得分	排名	得分	排名	得分	排名	得分	排名	得分	排名	得分	排名	得分	排名	得分	排名
2014	59.4	2	10.1	16	43.8	2	0.0	13	100	1	—	—	7.9	17	36.9	9
2015	60.7	2	11.8	16	44.4	2	0.0	13	65.9	2	—	—	8.9	17	31.9	9
得分变化	1.2		1.7		0.5		0.0		-34.1		—		1.1		-4.9	
排名升降		0		0		0		0		-1		—		0		0
优劣度		强势		劣势		强势		中势		强势		—		劣势		优势

（1）从排位变化比较看，2015 年中国国家创新基础竞争力排名第 9 位，与 2014 年相比，排位没有发生变化，处于优势地位。

（2）从指标所处区位来看，有数据的 6 个三级指标中有 3 个强势指标，分别为 GDP、财政收入和外国直接投资净值；没有优势指标；有 1 个中势指标，为人均财政收入；有 2 个劣势指标，为人均 GDP、全社会劳动生产率。

（3）从指标排位变化趋势看，在6个三级指标中，没有指标处于上升趋势；有1个指标处于下降趋势，为外国直接投资净值；其余5个指标均保持不变。

（4）从指标排位变化的动因看，由于指标排位升降的幅度较小，且大部分指标排位保持不变，中国创新基础竞争力的综合排位也保持不变，在G20中排名第9位。

（5）从三级指标结构特征看，在创新基础竞争力指标组有数据的6个三级指标中，有3个强势指标，占指标总数的50%；中势指标1个，占指标总数的16.7%；劣势指标2个，占指标总数的33.3%，强势和优势指标所占比重等于中势和劣势指标的比重。下降指标1个，占指标总数的16.7%；排位不变的指标5个，占指标总数的83.3%，2015年中国国家创新基础竞争力综合排位保持不变。

5.2.2　中国国家创新基础竞争力比较分析

图5-4反映了2014~2015年中国国家创新基础竞争力与G20最高水平和平均水平的比较情况。

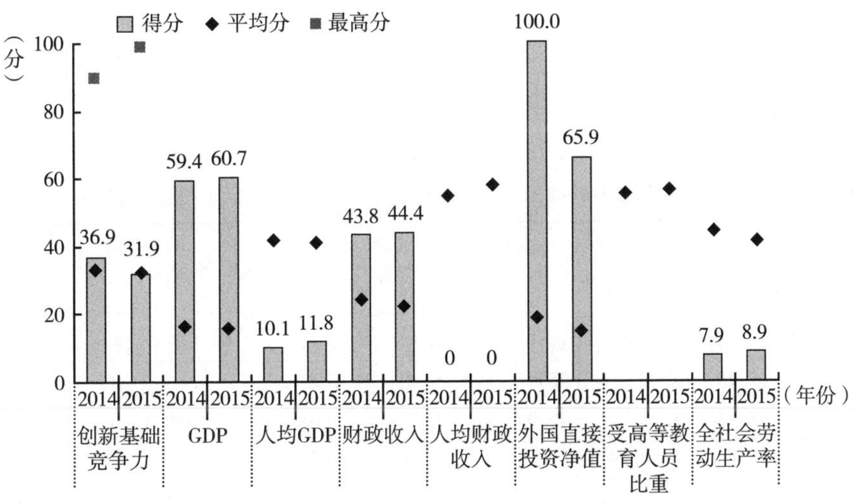

图5-4　2014~2015年中国国家创新基础竞争力指标得分比较

由图 5－4 可知，评价期内中国国家创新基础竞争力得分处于 30～40 分，说明中国国家创新基础竞争力处于中等水平。从创新基础竞争力的整体得分比较来看，2014 年，中国国家创新基础竞争力得分与 G20 最高分相比还有 53.1 分的差距，比 G20 平均分高 4.0 分；到 2015 年，中国国家创新基础竞争力得分与 G20 最高分的差距为 66.7 分，与 G20 平均分相同。总的来说，2014～2015 年中国国家创新基础竞争力与最高分的差距扩大，但其创新基础竞争力排位保持稳定。

从具体指标得分比较和变化趋势来看，中国国家创新基础竞争力整体水平基本稳定，人均 GDP、人均财政收入、全社会劳动生产率排位靠后，其得分低于 G20 平均分。在下一步的科技创新活动中，要特别关注这些问题，继续扩大生产和加快企业战略转型、加大教育和科技财政投入，积极参与国际直接投资，借鉴和引进国际科技前沿技术，提高全社会劳动生产率，夯实国家创新基础，不断增强国家创新基础竞争力。

5.3 中国国家创新环境竞争力评价分析

5.3.1 中国国家创新环境竞争力评价结果

2014～2015 年中国国家创新环境竞争力及其下属 6 个三级指标的排位和排位变化情况，如表 5－5 所示。

表 5－5 中国 2014～2015 年国家创新环境竞争力指标组排位及趋势

项目 年份	因特网用户比例		每百人手机数		企业开业程序		企业平均税负水平		在线公共服务指数		ISO 9001 质量体系认证数		创新环境竞争力	
	得分	排名	得分	排名	得分	排名	得分	排名	得分	排名	得分	排名	得分	排名
2014	41.3	16	16.9	16	25.0	14	56.1	16	39.1	13	100	1	46.4	12
2015	40.4	17	14.3	16	25.0	14	56.9	17	63.6	11	100	1	50.1	13
得分变化	-0.9		-2.6		0.0		0.8		24.6		0.0		3.7	
排名升降		-1		0		0		-1		2		0		-1
优劣度		劣势		劣势		中势		劣势		中势		强势		中势

（1）从排位变化比较看，2015 年中国国家创新环境竞争力排名第 13 位，与 2014 年相比，排位下降了 1 位，仍处于中势地位。

（2）从指标所处区位来看，6 个三级指标中有 1 个强势指标，为 ISO 9001 质量体系认证数；有 2 个中势指标，分别为企业开业程序和在线公共服务指数；其余 3 个指标为劣势指标。

（3）从指标排位变化趋势看，在 6 个三级指标中，有 1 个指标处于上升趋势，为在线公共服务指数；有 2 个指标处于下降趋势，分别为因特网用户比例和企业平均税负水平；其余指标均保持不变。

（4）从指标排位变化的动因看，受 2 个三级指标排位下降的影响，中国创新环境竞争力的综合排位处于下降趋势，在 G20 中处于第 13 位。

（5）从三级指标结构特征看，在创新环境竞争力指标组的 6 个三级指标中，强势指标 1 个，占指标总数的 16.7%；没有优势指标；中势指标 2 个，占指标总数的 33.3%；劣势指标 3 个，占指标总数的 50%。上升指标 1 个，占指标总数的 16.7%；保持指标 3 个，占指标总数的 50.0%；下降指标 2 个，占指标总数的 33.3%。指标排位下降的数量大于排位上升的数量，2015 年中国国家创新环境竞争力综合排位与 2014 年相比下降了 1 位。

5.3.2　中国国家创新环境竞争力比较分析

图 5－5 反映了 2014～2015 年中国国家创新环境竞争力与 G20 最高水平和平均水平的比较情况。

由图 5－5 可知，评价期内中国国家创新环境竞争力得分均高于 45 分。从创新环境竞争力的整体得分比较来看，2014 年，中国国家创新环境竞争力得分与 G20 最高分相比还有 22.0 分的差距，与 G20 平均分相比，有 3.6 分的差距；2015 年，中国国家创新环境竞争力得分与 G20 最高分的差距为 21.4 分，与 G20 平均分相比，有 2.4 分的差距。总的来说，2014～2015 年中国国家创新环境竞争力与最高分的差距呈缩小趋势，但排位呈现下降趋势。

从具体指标得分比较和变化趋势来看，中国国家创新环境竞争力仍处

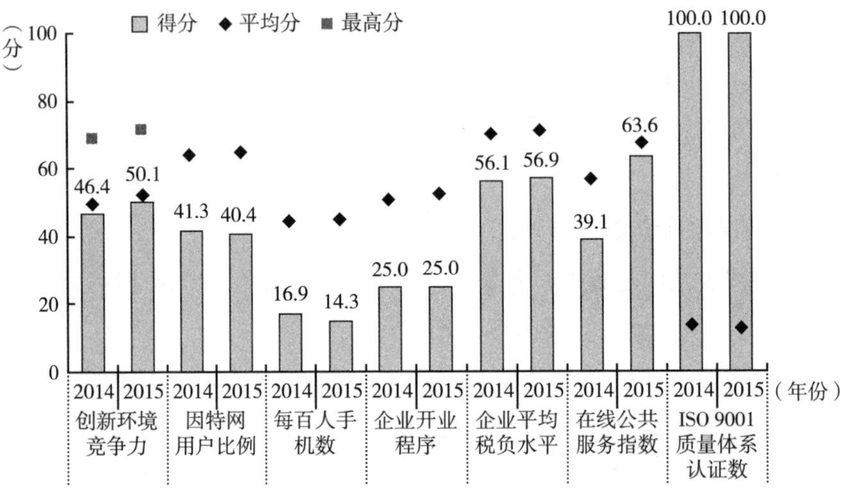

图 5－5　2014～2015 年中国国家创新环境竞争力指标得分比较

于中势地位，这主要是由于企业开业程序和在线公共服务指数等指标处于中势地位，因特网用户比例、企业开业程序和在线公共服务指数等指标均低于 G20 平均分，限制了其创新环境竞争力的进一步提升。为巩固和提升中国国家创新环境竞争力，应针对这些问题，着力提高网络使用率，加快信息高速公路建设，加大对创新型企业的科技和资金扶持力度，加强知识产权保护，重视创新人才的外引内育，营造有利于企业健康有序发展的良好创新氛围，不断优化国家创新环境，进一步增强国家创新环境竞争力。

5.4　中国国家创新投入竞争力评价分析

5.4.1　中国国家创新投入竞争力评价结果

2014～2015 年中国国家创新投入竞争力及其下属 7 个三级指标的排位和排位变化情况，如表 5－6 所示。

表 5－6　中国 2014～2015 年国家创新投入竞争力指标组排位及趋势

项目 年份	R&D经费支出总额		R&D经费支出占GDP比重		人均R&D经费支出		R&D人员		研究人员占从业人员比重		企业研发投入比重		风险资本交易占GDP比重		创新投入竞争力	
	得分	排名	得分	排名	得分	排名	得分	排名	得分	排名	得分	排名	得分	排名	得分	排名
2014	43.1	2	56.0	7	9.6	12	100.0	1	24.3	10	98.0	3	96.6	2	58.4	6
2015	45.2	2	56.0	7	10.4	11	100.0	1	23.9	10	96.6	2	7.7	8	48.5	7
得分变化	2.0		0.0		0.8		0.0		－0.4		－1.4		－88.9		－9.8	
排名升降		0		0		1		0		0		1		－6		－1
优劣度		强势		优势		中势		强势		优势		强势		优势		优势

（1）从排位变化比较看，2015 年中国国家创新投入竞争力排名第 7 位，与 2014 年相比，排位下降了 1 位，处于优势地位。

（2）从指标所处区位来看，7 个三级指标中有 3 个强势指标，分别为 R&D 经费支出总额、R&D 人员和企业研发投入比重；有 3 个优势指标，分别为 R&D 经费支出占 GDP 比重、研究人员占从业人员比重和风险资本交易占 GDP 比重；有 1 个指标中势指标，为人均 R&D 经费支出。

（3）从指标排位变化趋势看，在 7 个三级指标中，有 4 个指标排位保持不变，分别为 R&D 经费支出总额、R&D 经费支出占 GDP 比重、R&D 人员和研究人员占从业人员比重；有 2 个指标处于上升趋势，分别为人均 R&D 经费支出和企业研发投入比重；有 1 个指标处于下降趋势，为风险资本交易占 GDP 比重。

（4）从指标排位变化的动因看，只有 1 个三级指标的排位处于下降趋势，但下降幅度较大，使得中国创新投入竞争力的综合排位下降 1 位，在 G20 中排名第 7 位。

（5）从三级指标结构特征看，在创新投入竞争力指标组的 7 个三级指标中，有 3 个强势指标，占指标总数的 42.9%。优势指标 3 个，占指标总数的 42.9%。上升指标 2 个，占指标总数的 28.6%；下降指标 1 个，占指标总数的 14.3%；保持指标 4 个，占指标总数的 57.1%。虽然大部分指标排位保持不变，但下降指标的下降幅度较大，使得 2015 年中国国家创新投入竞争力综合排位下降了 1 位。

5.4.2 中国国家创新投入竞争力比较分析

图 5 -6 反映了 2014 ~2015 年中国国家创新投入竞争力与 G20 最高水平和平均水平的比较情况。

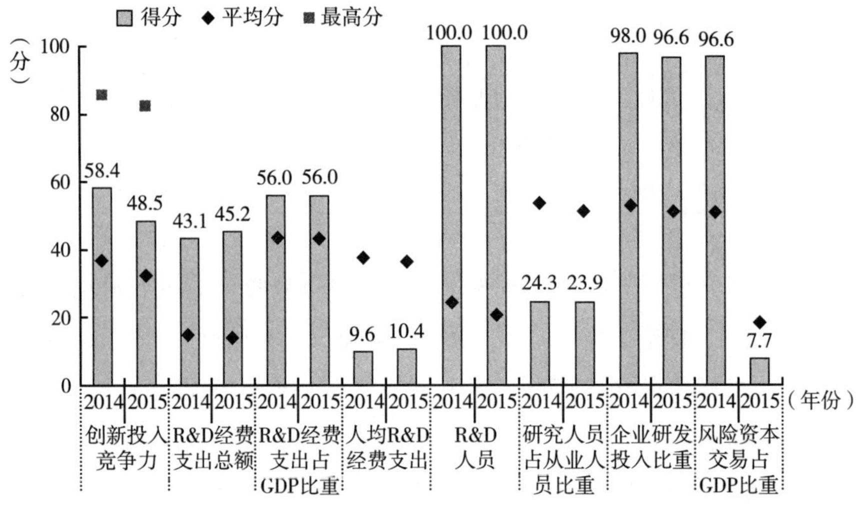

图 5 -6　2014 ~2015 年中国国家创新投入竞争力指标得分比较

由图 5 -6 可知，评价期内中国国家创新投入竞争力得分均高于 45 分，说明中国国家创新投入竞争力处于较高水平。从创新投入竞争力的整体得分比较来看，2014 年，中国国家创新投入竞争力得分与 G20 最高分相比还有 27. 3 分的差距，与 G20 平均分相比，则高了 21. 9 分；到 2015 年，中国国家创新投入竞争力得分与 G20 最高分的差距为 33. 5 分，高于 G20 平均分 16. 6 分。总的来说，2014 ~2015 年中国国家创新投入竞争力得分与最高分的差距拉大，国家创新投入竞争力的排位下降了 1 位。

从具体指标得分比较和变化趋势来看，中国国家创新投入竞争力整体水平较为稳定，仍处于优势地位，这主要是由于大部分三级指标的得分都高于 G20 平均分。但人均 R&D 经费支出和研究人员占从业人员比重的得分低于 G20 平均分，这限制了其创新投入竞争力的进一步提升。今后要特别关注这些问题，继续加大科技研发经费投入，鼓励多元化的创新研发投入，加大研发人员培养力度，高度重视研发人才队伍建设，不断增加国家创新投入，显著增强国家创新投入竞争力。

5.5　中国国家创新产出竞争力评价分析

5.5.1　中国国家创新产出竞争力评价结果

2014～2015年中国国家创新产出竞争力及其下属7个三级指标的排位和排位变化情况，如表5－7所示。

表5－7　中国2014～2015年国家创新产出竞争力指标组排位及趋势

项目 / 年份	专利授权数		科技论文发表数		专利和许可收入		高技术产品出口额		高技术产品出口比重		注册商标数		创意产品出口比重		创新产出竞争力	
	得分	排名	得分	排名	得分	排名	得分	排名	得分	排名	得分	排名	得分	排名	得分	排名
2014	59.3	3	89.7	2	0.5	10	100.0	1	94.3	3	100.0	1	100.0	1	52.8	2
2015	100.0	1	97.3	2	0.8	9	100.0	1	95.8	3	100.0	1	100.0	1	53.3	2
得分变化	40.7		7.6		0.4		0.0		1.5		0.0		0.0		0.5	
排名升降		2		0		1		0		0		0		0		0
优劣度		强势		强势		优势		强势		强势		强势		强势		强势

（1）从排位变化比较看，2015年中国国家创新产出竞争力排名第2位，与2014年相比，排位保持不变，处于强势地位。

（2）从指标所处区位来看，7个三级指标中有1个优势指标，为专利和许可收入；其余6个三级指标均为强势指标。

（3）从指标排位变化趋势看，在7个三级指标中，有2个指标处于上升趋势，分别为专利授权数、专利和许可收入；其余指标保持不变。

（4）从指标排位变化的动因看，2个三级指标的排位出现了上升，但受其他因素的综合影响，中国创新产出竞争力的综合排位保持不变，在G20中排名第2位。

（5）从三级指标结构特征看，在创新产出竞争力指标组的 7 个三级指标中，有 6 个强势指标，占指标总数的 85.7%；有 1 个优势指标，占指标总数的 14.3%；没有中势指标和劣势指标。上升指标 2 个，占指标总数的 28.6%。虽然有指标排位出现上升，但受其他因素的综合影响，2015 年中国国家创新产出竞争力综合排位保持不变。

5.5.2 中国国家创新产出竞争力比较分析

图 5－7 反映了 2014～2015 年中国国家创新产出竞争力与 G20 最高水平和平均水平的比较情况。

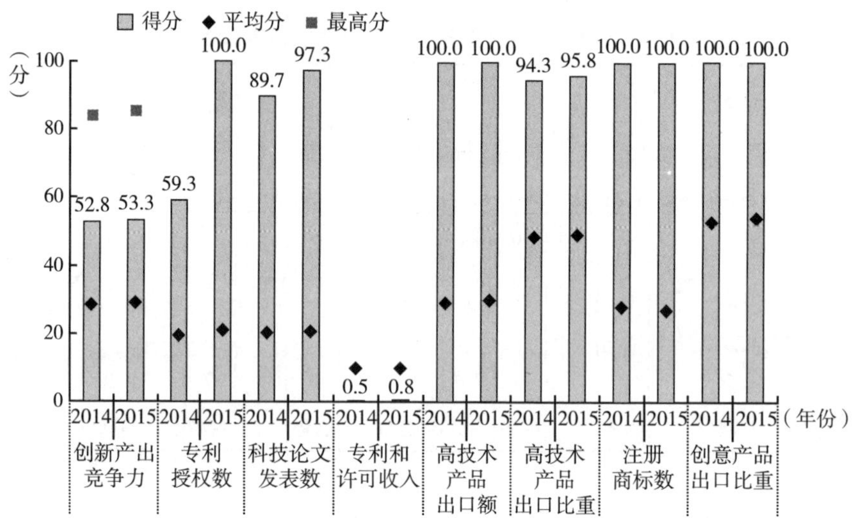

图 5－7　2014～2015 年中国国家创新产出竞争力指标得分比较

由图 5－7 可知，评价期内中国国家创新产出竞争力得分均高于 50 分，说明中国国家创新产出竞争力处于较高水平。从创新产出竞争力的整体得分比较来看，2014 年，中国国家创新产出竞争力得分与 G20 最高分相比还有 30.6 分的差距，高于 G20 平均分 24.3 分；到 2015 年，中国国家创新产出竞争力得分与 G20 最高分的差距为 31.7 分，高于 G20 平均分 24.4 分。总的来说，2014～2015 年中国国家创新产出竞争力与最高分的差距变化不大，排位保持不变。

从具体指标得分比较和变化趋势来看，中国国家创新产出竞争力整体水平没有发生明显变化，仍处于强势地位，这主要是由于专利授权数、科技论文发表数、高技术产品出口额等指标得分较高、排位靠前，只有专利和许可收入的得分还低于 G20 平均分。因此，要进一步提升中国的创新产出竞争力，应加快完善知识产权激励机制，促进专利和许可收入增长；加大高技术产品出口比重，突出高技术产品在对外贸易中的重要地位。同时，继续保持专利授权数、科技论文发表数等创新产出指标的强势地位，夯实国家创新产出竞争力。

5.6　中国国家创新持续竞争力评价分析

5.6.1　中国国家创新持续竞争力评价结果

2014～2015 年中国国家创新持续竞争力及其下属 6 个三级指标的排位和排位变化情况，如表 5－8 所示。

表 5－8　中国 2014～2015 年国家创新持续竞争力指标组排位及趋势

项目 年份	公共教育经费支出总额		公共教育经费支出占 GDP 比重		人均公共教育经费支出额		高等教育毛入学率		科技人员增长率		科技经费增长率		创新持续竞争力	
	得分	排名	得分	排名	得分	排名	得分	排名	得分	排名	得分	排名	得分	排名
2014	46.3	2	28.1	16	6.7	17	26.3	14	74.0	3	92.6	4	45.7	9
2015	50.7	2	35.1	15	8.3	17	31.6	14	80.7	4	94.3	3	50.1	5
得分变化	4.4		7.0		1.6		5.3		6.7		1.7		4.5	
排名升降		0		1		0		0		－1		1		4
优劣度		强势		中势		劣势		中势		强势		强势		强势

（1）从排位变化比较看，2015 年中国国家创新持续竞争力排名第 5 位，比 2014 年上升了 4 位，处于强势地位。

（2）从指标所处区位来看，6 个三级指标中有 3 个强势指标，分别为公共教育经费支出总额、科技人员增长率和科技经费增长率；有 1 个劣势指标，为人均公共教育经费支出额；其余 2 个为中势指标。

（3）从指标排位变化趋势看，在 6 个三级指标中，有 2 个指标处于上升趋势，分别为公共教育经费支出占 GDP 比重、科技经费增长率，这些是中国创新持续竞争力的上升动力所在；有 1 个指标处于下降趋势，为科技人员增长率。

（4）从指标排位变化的动因看，有 2 个三级指标的排位出现了上升，受指标排位上升的拉动，中国创新持续竞争力的综合排位大幅度上升，在 G20 中排名第 5 位。

（5）从三级指标结构特征看，在创新持续竞争力指标组的 6 个三级指标中，强势指标 3 个，占指标总数的 50%；没有优势指标；中势指标 2 个，占指标总数的 33.3%；劣势指标 1 个，占指标总数的 16.7%，强势指标所占比重大于劣势指标的比重。上升指标 2 个，占指标总数的 33.3%；下降指标 1 个，占指标总数的 16.7%。由于指标排位上升的数量大于排位下降的数量，2015 年中国国家创新持续竞争力综合排位比 2014 年上升了 4 位。

5.6.2 中国国家创新持续竞争力比较分析

图 5－8 反映了 2014～2015 年中国国家创新持续竞争力与 G20 最高水平和平均水平的比较情况。

由图 5－8 可知，评价期内中国国家创新持续竞争力得分处于上升趋势，说明中国国家创新持续竞争力水平有所提升。从创新持续竞争力的整体得分比较来看，2014 年，中国国家创新持续竞争力得分与 G20 最高分相比还有 33.4 分的差距，高于 G20 平均分 1.9 分；到 2015 年，中国国家创新持续竞争力得分与 G20 最高分的差距为 18.0 分，高于 G20 平均分 7.7 分。总的来说，2014～2015年中国国家创新持续竞争力与最高分的差距呈缩小趋势，排位处于上升趋势。

从具体指标得分比较和变化趋势来看，中国国家创新持续竞争力整体水平出现了上升，这主要受益于公共教育经费支出占 GDP 比重、科技经费增长率

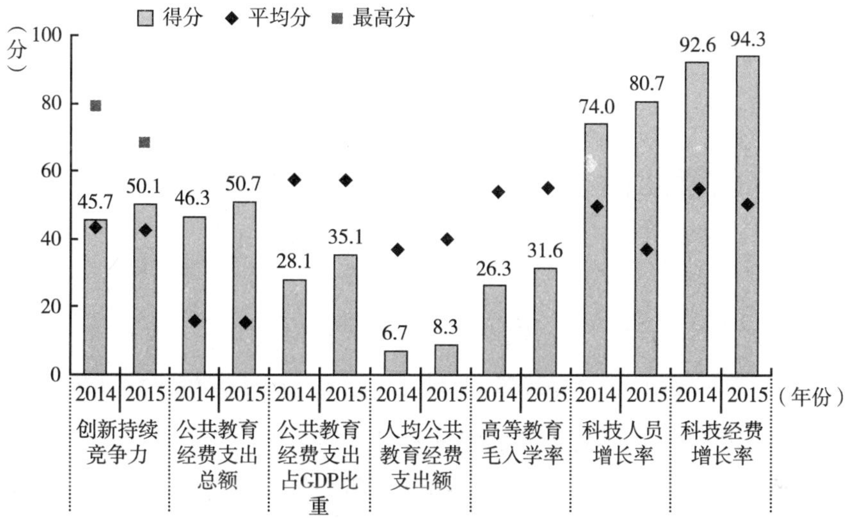

图 5－8　2014～2015 年中国国家创新持续竞争力指标得分比较

等指标排位和得分上升，但公共教育经费支出占 GDP 比重、人均公共教育经费支出额、高等教育毛入学率等指标的得分偏低、排位靠后。针对这些问题，中国要不断增加教育经费投入，提升高等教育毛入学率，实现国家创新能力的可持续发展，显著增强国家创新持续竞争力。

Y.7

第6章 法国国家创新竞争力评价分析报告

法国位于欧洲西部，与比利时、卢森堡、德国、瑞士、意大利、摩纳哥、安道尔和西班牙接壤，与英国隔英吉利海峡而望。国土面积约55万平方公里，海岸线长约7000公里。2015年全国年末总人口为6554万人，实现国内生产总值24188亿美元，人均GDP达到36352美元。本部分通过对法国2014～2015年国家创新竞争力以及创新竞争力中各要素在G20中的排名变化分析，从中找出法国国家创新竞争力的推动点及影响因素。

6.1 法国国家创新竞争力总体评价分析

2014～2015年，法国的国家创新竞争力排名有所上升。其中，2014年法国国家创新竞争力在G20中排名第7位，到了2015年，排名第6位，排位上升了1位。

6.1.1 法国国家创新竞争力概要分析

法国国家创新竞争力在G20中所处的位置及5个二级指标的得分和排位变化如图6－1、图6－2和表6－1所示。

（1）从综合排位变化看，2015年法国国家创新竞争力综合排名在G20中处于第6位，与2014年相比，排位上升了1位。

（2）从指标得分看，2015年法国国家创新竞争力得分为50.8分，比G20最高分低27.9分，比平均分高13.4分；与2014年相比，法国国家创新竞争力得分保持不变，与当年最高分的差距缩小了0.7分，相比G20平均分的优势扩大了0.9分。

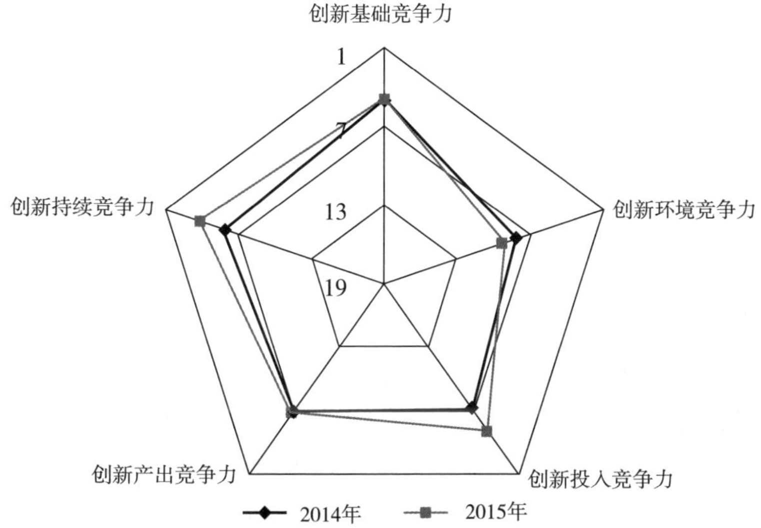

图 6－1　法国国家创新竞争力二级指标排名雷达图

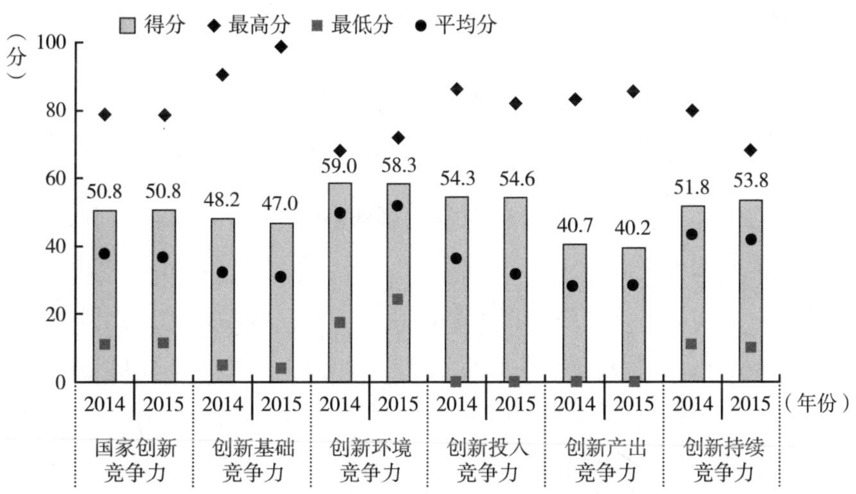

图 6－2　法国国家创新竞争力得分变化趋势

表 6－1　法国国家创新竞争力二级指标得分和排名

项目 年份	创新基础竞争力		创新环境竞争力		创新投入竞争力		创新产出竞争力		创新持续竞争力		创新竞争力	
	得分	排名	得分	排名	得分	排名	得分	排名	得分	排名	得分	排名
2014	48.2	5	59.0	8	54.3	7	40.7	7	51.8	6	50.8	7
2015	47.0	5	58.3	9	54.6	5	40.2	7	53.8	4	50.8	6
得分变化	－1.2		－0.7		0.3		－0.6		2.0		0.0	
排名升降		0		－1		2		0		2		1
优劣度		强势		优势		强势		优势		强势		优势

（3）从指标所处区位看，2015 年法国国家创新竞争力的 5 个二级指标中，强势指标 3 个，分别为创新基础竞争力、创新投入竞争力和创新持续竞争力；优势指标 2 个，分别为创新环境竞争力和创新产出竞争力。

（4）从指标排位变化趋势看，在 5 个二级指标中，有 2 个指标排位处于上升趋势，分别为创新投入竞争力和创新持续竞争力，这些是法国国家创新竞争力的上升动力所在；有 1 个指标的排位处于下降趋势，为创新环境竞争力；创新基础竞争力和创新产出竞争力排位没有发生变化。

（5）从指标排位变化的动因看，1 个二级指标的排位出现了下降，2 个二级指标的排位出现了上升，指标排位上升的数量大于下降的数量，使得 2015 年法国国家创新竞争力的综合排位上升了 1 位，排名第 6 位。

6.1.2　法国国家创新竞争力各级指标动态变化分析

2014～2015 年法国国家创新竞争力各级指标的动态变化及其结构，如图 6－3和表 6－2 所示。

从图 6－3 可以看出，法国国家创新竞争力的三级指标中，上升指标的数量小于下降指标，但保持不变的指标居于主导地位。表 6－2 中的数据进一步显示，法国国家创新竞争力的 33 个三级指标中，上升的指标有 6 个，占指标总数的 18.2%；保持的指标有 17 个，占指标总数的 51.5%；下降的指标有 10 个，占指标总数的 30.3%。指标上升的数量小于下降的数量，但由于指标上升的幅度较大，上升的动力大于下降的拉力，2015 年法国国家创新竞争力排位上升了 1 位，在 G20 中居第 6 位。

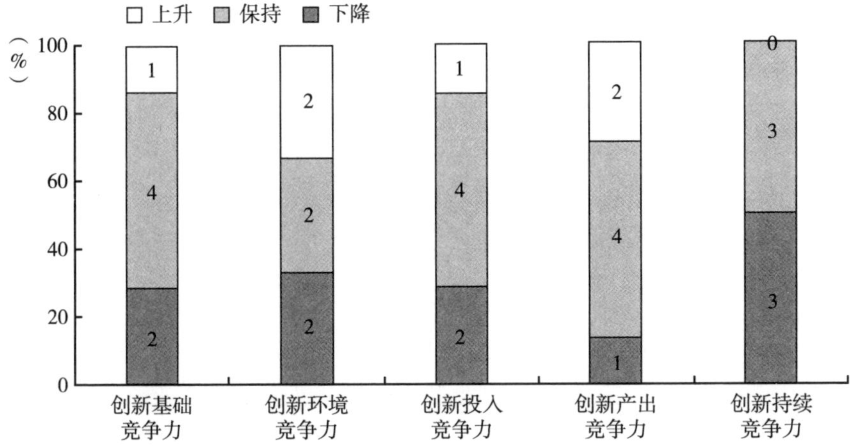

图 6－3　2014～2015 年法国国家创新竞争力指标动态变化结构

表 6－2　2014～2015 年法国国家创新竞争力各级指标排位变化态势比较

单位：个，%

二级指标	三级指标个数	上升		保持		下降		变化趋势
		个数	比重	个数	比重	个数	比重	
创新基础竞争力	7	1	14.3	4	57.1	2	28.6	保持
创新环境竞争力	6	2	33.3	2	33.3	2	33.3	下降
创新投入竞争力	7	1	14.3	4	57.1	2	28.6	上升
创新产出竞争力	7	2	28.6	4	57.1	1	14.3	保持
创新持续竞争力	6	0	0.0	3	50.0	3	50.0	上升
合计	33	6	18.2	17	51.5	10	30.3	上升

6.1.3　法国国家创新竞争力各级指标优劣势结构分析

2014～2015 年法国国家创新竞争力各级指标的优劣势变化及其结构，如表 6－3 所示。

从表 6－3 中的数据可以看出，法国国家创新竞争力的 33 个三级指标中，强势指标 12 个，占指标总数的 36.4%；优势指标 18 个，占指标总数的 54.5%；中势指标 3 个，占指标总数的 9.1%；没有劣势指标；强势指标和优势指标的数量之和约占指标总数的 90.9%，远远大于中势指标和劣势指标之

表 6-3　2014~2015 年法国国家创新竞争力各级指标排位优劣势比较

单位：个，%

二级指标	三级指标个数	强势		优势		中势		劣势		优劣度
		个数	比重	个数	比重	个数	比重	个数	比重	
创新基础竞争力	7	3	42.9	4	57.1	0	0.0	0	0.0	强势
创新环境竞争力	6	1	16.7	3	50.0	2	33.3	0	0.0	优势
创新投入竞争力	7	4	57.1	3	42.9	0	0.0	0	0.0	强势
创新产出竞争力	7	3	42.9	3	42.9	1	14.3	0	0.0	优势
创新持续竞争力	6	1	16.7	5	83.3	0	0.0	0	0.0	强势
合计	33	12	36.4	18	54.5	3	9.1	0	0.0	优势

和所占比重。从二级指标来看，强势指标 3 个，占二级指标总数的 60%；优势指标 2 个，占二级指标总数的 40%；没有中势和劣势指标。由于强势指标和优势指标在指标体系中居于主导地位，2014~2015 年法国国家创新竞争力处于优势地位。

6.2　法国国家创新基础竞争力评价分析

6.2.1　法国国家创新基础竞争力评价结果

2014~2015 年法国国家创新基础竞争力及其下属 7 个三级指标的排位和排位变化情况，如表 6-4 所示。

表 6-4　法国 2014~2015 年国家创新基础竞争力指标组排位及趋势

项目 / 年份	GDP		人均 GDP		财政收入		人均财政收入		外国直接投资净值		受高等教育人员比重		全社会劳动生产率		创新基础竞争力	
	得分	排名	得分	排名	得分	排名	得分	排名	得分	排名	得分	排名	得分	排名	得分	排名
2014	14.6	6	68.3	6	25.9	5	100.0	1	0.0	19	48.7	8	79.9	3	48.2	5
2015	11.9	6	63.5	6	20.9	5	100.0	1	9.2	9	52.0	9	71.5	4	47.0	5
得分变化	-2.7		-4.7		-5.0		0.0		9.2		3.3		-8.4		-1.2	
排名升降		0		0		0		0		10		-1		-1		0
优劣度		优势		优势		强势		强势		优势		优势		强势		强势

（1）从排位变化比较看，2015 年法国国家创新基础竞争力排名第 5 位，与 2014 年相比，排位没有发生变化，处于强势地位。

（2）从指标所处区位来看，7 个三级指标中有 3 个强势指标，分别为财政收入、人均财政收入和全社会劳动生产率；有 4 个优势指标，分别为 GDP、人均 GDP、外国直接投资净值和受高等教育人员比重；没有中势指标和劣势指标。

（3）从指标排位变化趋势看，在 7 个三级指标中，有 1 个指标处于上升趋势，为外国直接投资净值；有 2 个指标处于下降趋势，分别为受高等教育人员比重和全社会劳动生产率；其余 4 个指标均保持不变。

（4）从指标排位变化的动因看，由于指标上升的动力和下降的拉力相当，且大部分指标排位保持不变，法国创新基础竞争力的综合排位也保持不变，在 G20 中排名第 5 位。

（5）从三级指标结构特征看，在创新基础竞争力指标组的 7 个三级指标中，有 3 个强势指标，占指标总数的 42.9%；优势指标 4 个，占指标总数的 57.1%；没有中势和劣势指标。上升指标 1 个，占指标总数的 14.3%；下降指标 2 个，占指标总数的 28.6%。虽然指标排位上升的数量小于排位下降的数量，但大部分指标保持不变，2015 年法国国家创新基础竞争力综合排位保持不变。

6.2.2　法国国家创新基础竞争力比较分析

图 6－4 反映了 2014～2015 年法国国家创新基础竞争力与 G20 最高水平和平均水平的比较情况。

由图 6－4 可知，评价期内法国国家创新基础竞争力得分均大于 45 分，说明法国国家创新基础竞争力处于较高水平。从创新基础竞争力的整体得分比较来看，2014 年，法国国家创新基础竞争力得分与 G20 最高分相比还有 41.8 分的差距，比 G20 平均分高 15.3 分；到 2015 年，法国国家创新基础竞争力得分与 G20 最高分的差距为 51.6 分，比 G20 平均分高 15.1 分。总的来说，2014～2015 年法国国家创新基础竞争力相比平均分的优势变化不大，其创新基础竞争力保持稳定。

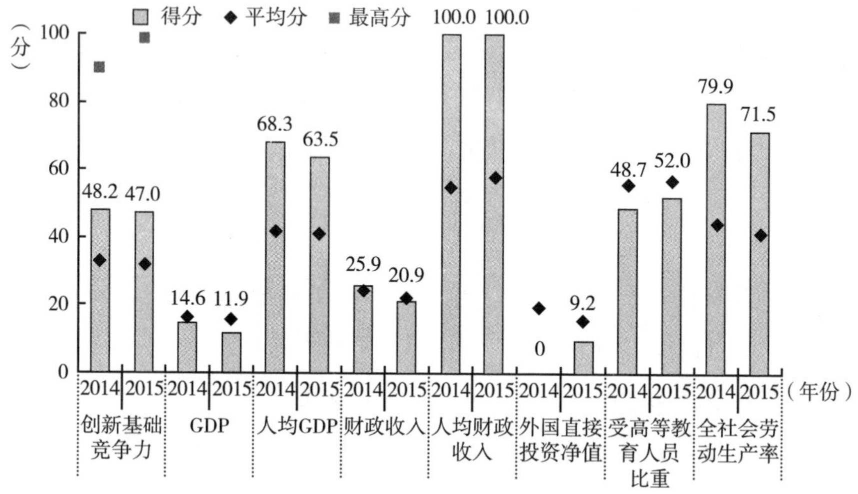

图 6-4　2014~2015 年法国国家创新基础竞争力指标得分比较

从具体指标得分比较和变化趋势来看，法国国家创新基础竞争力整体水平基本稳定，受高等教育人员比重等指标排位靠后，且指标得分低于 G20 平均分，创新基础竞争力缺乏上升的动力。在下一步的科技创新活动中，要特别关注这些问题，继续扩大生产和加快企业战略转型，加大教育和科技财政投入，积极参与国际直接投资，借鉴和引进国际科技前沿技术，提高全社会劳动生产率，夯实国家创新基础，不断增强国家创新基础竞争力。

6.3　法国国家创新环境竞争力评价分析

6.3.1　法国国家创新环境竞争力评价结果

2014~2015 年法国国家创新环境竞争力及其下属 6 个三级指标的排位和排位变化情况，如表 6-5 所示。

（1）从排位变化比较看，2015 年法国国家创新环境竞争力排名第 9 位，与 2014 年相比，排位下降了 1 位，但仍处于优势地位。

（2）从指标所处区位来看，6 个三级指标中有 1 个强势指标，为在线公共服务指数；有 3 个优势指标，分别为因特网用户比例、企业开业程序和 ISO 9001 质量体系认证数；其余 2 个指标为中势指标。

表 6－5　法国 2014～2015 年国家创新环境竞争力指标组排位及趋势

项目 \ 年份	因特网用户比例		每百人手机数		企业开业程序		企业平均税负水平		在线公共服务指数		ISO 9001 质量体系认证数		创新环境竞争力	
	得分	排名	得分	排名	得分	排名	得分	排名	得分	排名	得分	排名	得分	排名
2014	89.4	7	25.4	14	75.0	5	55.7	17	100.0	1	8.7	8	59.0	8
2015	89.6	6	24.9	14	75.0	6	61.0	15	90.9	4	8.5	8	58.3	9
得分变化	0.1		－0.5		0.0		5.3		－9.1		－0.2		－0.7	
排名升降		1		0		－1		2		－3		0		－1
优劣度		优势		中势		优势		中势		强势		优势		优势

（3）从指标排位变化趋势看，在 6 个三级指标中，有 2 个指标处于上升趋势，分别为因特网用户比例和企业平均税负水平；有 2 个指标处于下降趋势，分别为企业开业程序和在线公共服务指数；其余指标均保持不变。

（4）从指标排位变化的动因看，尽管 2 个三级指标的排位出现了上升，但受指标排位升降的综合影响，法国创新环境竞争力的综合排位处于下降趋势，在 G20 中处于第 9 位。

（5）从三级指标结构特征看，在创新环境竞争力指标组的 6 个三级指标中，强势指标 1 个，占指标总数的 16.7%；优势指标 3 个，占指标总数的 50.0%；中势指标 2 个，占指标总数的 33.3%；没有劣势指标，强势和优势指标居于主导地位。上升指标 2 个，占指标总数的 33.3%；下降指标 2 个，占指标总数的 33.3%。虽然排位上升的指标数量与下降的数量相当，但受其他因素的综合影响，2015 年法国国家创新环境竞争力综合排位与 2014 年相比下降了 1 位。

6.3.2 法国国家创新环境竞争力比较分析

图 6－5 反映了 2014～2015 年法国国家创新环境竞争力与 G20 最高水平和平均水平的比较情况。

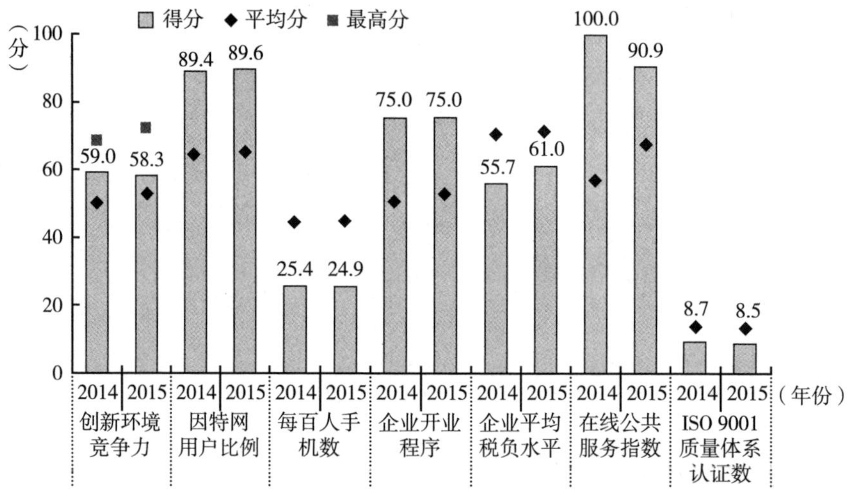

图 6－5 2014～2015 年法国国家创新环境竞争力指标得分比较

由图 6－5 可知，评价期内法国国家创新环境竞争力得分均高于 55 分，处于较高水平。从创新环境竞争力的整体得分比较来看，2014 年，法国国家创新环境竞争力得分与 G20 最高分相比还有 9.3 分的差距，与 G20 平均分相比，高出 9.0 分；2015 年，法国国家创新环境竞争力得分与 G20 最高分的差距为 13.2 分，高于 G20 集团平均分 5.9 分。总的来说，2014～2015 年法国国家创新环境竞争力与最高分的差距呈扩大趋势，排位呈现下降趋势。

从具体指标得分比较和变化趋势来看，法国国家创新环境竞争力整体水平较高，仍处于优势地位，这主要是由于因特网用户比例、企业开业程序等指标处于优势地位，而每百人手机数和企业平均税负水平等指标均低于 G20 平均分，这限制了其创新环境竞争力的进一步提升。为巩固和提升法国国家创新环境竞争力，应针对这些问题，加快信息化建设，降低企业尤其是创新型企业的税负水平，营造有利于企业健康有序发展的良好创新环境，进一步增强国家创新环境竞争力。

6.4　法国国家创新投入竞争力评价分析

6.4.1　法国国家创新投入竞争力评价结果

2014～2015 年法国国家创新投入竞争力及其下属 7 个三级指标的排位和排位变化情况，如表 6－6 所示。

表 6－6　法国 2014～2015 年国家创新投入竞争力指标组排位及趋势

项目／年份	R&D经费支出总额		R&D 经费支出占GDP 比重		人均R&D经费支出		R&D人员		研究人员占从业人员比重		企业研发投入比重		风险资本交易占GDP 比重		创新投入竞争力	
	得分	排名	得分	排名	得分	排名	得分	排名	得分	排名	得分	排名	得分	排名	得分	排名
2014	13.8	5	61.9	5	64.6	5	19.7	8	100.0	1	61.4	7	58.4	7	54.3	7
2015	13.4	5	61.9	5	65.0	6	16.5	8	94.6	2	58.4	7	72.3	2	54.6	5
得分变化	-0.4		0.0		0.4		-3.2		-5.4		-3.0		13.9		0.3	
排名升降		0		0		-1		0		-1		0		5		2
优劣度		强势		强势		优势		优势		强势		优势		强势		强势

（1）从排位变化比较看，2015 年法国国家创新投入竞争力排名第 5 位，与 2014 年相比，排位上升了 2 位，处于强势地位。

（2）从指标所处区位来看，7 个三级指标中有 4 个强势指标，分别为 R&D 经费支出总额、R&D 经费支出占 GDP 比重、研究人员占从业人员比重和风险资本交易占 GDP 比重；其他指标均为优势指标。

（3）从指标排位变化趋势看，在 7 个三级指标中，有 1 个指标排位处于上升趋势，为风险资本交易占 GDP 比重；有 2 个指标处于下降趋势，分别为人均 R&D 经费支出和研究人员占从业人员比重；其他指标排位保持不变。

（4）从指标排位变化的动因看，有 1 个三级指标的排位处于上升趋势，且上升幅度较大，使得法国创新投入竞争力的综合排位上升了 2 位，在 G20 中排名第 5 位。

（5）从三级指标结构特征看，在创新投入竞争力指标组的 7 个三级指标中，强势指标 4 个，占指标总数的 57.1%；优势指标 3 个，占指标总数的 42.9%；没有中势指标和劣势指标。上升指标 1 个，占指标总数的 14.3%，下降指标 2 个，占指标总数的 28.6%；保持指标 4 个，占指标总数的 57.1%。指标上升的动力大于下降的拉力，使得 2015 年法国国家创新投入竞争力综合排位上升了 2 位。

6.4.2 法国国家创新投入竞争力比较分析

图 6－6 反映了 2014～2015 年法国国家创新投入竞争力与 G20 最高水平和平均水平的比较情况。

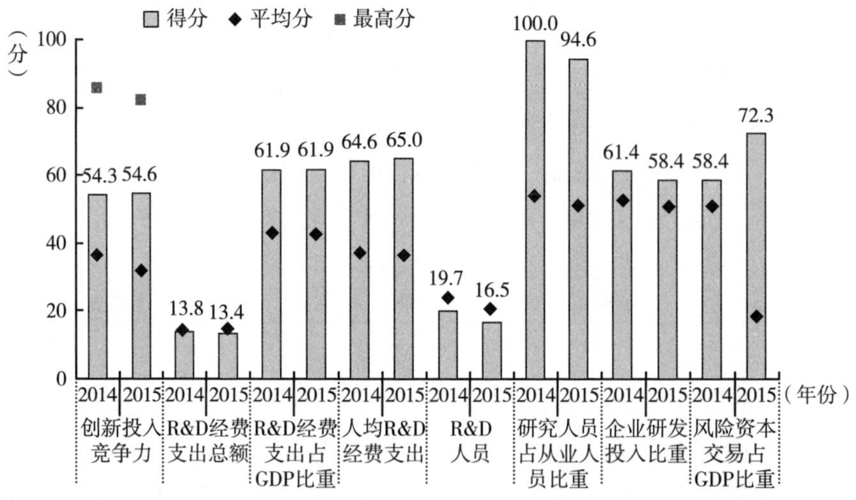

图 6－6　2014～2015 年法国国家创新投入竞争力指标得分比较

由图 6－6 可知，评价期内法国国家创新投入竞争力得分均大于 50 分，说明法国国家创新投入竞争力处于较高水平。从创新投入竞争力的整体得分比较来看，2014 年，法国国家创新投入竞争力得分与 G20 最高分相比还有 31.4 分的差距，与 G20 平均分相比，则高了 17.8 分；到 2015 年，法国国家创新投入竞争力得分与 G20 最高分的差距为 27.4 分，高于 G20 平均分 22.6 分。总的来说，2014～2015 年法国国家创新投入竞争力与最高分的差距缩小，国家创新投入竞争力排位上升了 2 位。

从具体指标得分比较和变化趋势来看，法国国家创新投入竞争力整体水平较为稳定，处于强势地位，这主要是由于大部分指标得分较高、排位靠前，且大部分三级指标得分高于 G20 平均分。仅 R&D 经费支出总额、R&D 人员的得分低于 G20 平均分，这也是其创新投入竞争力的薄弱之处。因此，法国要增加研发经费支出，加大研发人员培养力度，高度重视研发人才队伍建设，增强国家创新投入竞争力。

6.5 法国国家创新产出竞争力评价分析

6.5.1 法国国家创新产出竞争力评价结果

2014～2015 年法国国家创新产出竞争力及其下属 7 个三级指标的排位和排位变化情况，如表 6－7 所示。

表 6－7 法国 2014～2015 年国家创新产出竞争力指标组排位及趋势

项目／年份	专利授权数		科技论文发表数		专利和许可收入		高技术产品出口额		高技术产品出口比重		注册商标数		创意产品出口比重		创新产出竞争力	
	得分	排名	得分	排名	得分	排名	得分	排名	得分	排名	得分	排名	得分	排名	得分	排名
2014	14.5	6	17.1	7	10.9	5	57.4	5	97.0	2	34.3	6	54.0	11	40.7	7
2015	15.6	6	17.0	7	12.0	4	56.2	5	100.0	1	32.2	6	48.2	12	40.2	7
得分变化	1.1		-0.1		1.0		-1.2		3.0		-2.1		-5.7		-0.6	
排名升降		0		0		1		0		1		0		-1		0
优劣度		优势		优势		强势		强势		强势		优势		中势		优势

（1）从排位变化比较看，2015 年法国国家创新产出竞争力排名第 7 位，与 2014 年相比，排位保持不变，处于优势地位。

（2）从指标所处区位来看，7 个三级指标中有 3 个强势指标，分别为专利和许可收入、高技术产品出口额、高技术产品出口比重；有 3 个优势指标，分别为专利授权数、科技论文发表数和注册商标数；其余 1 个指标为中势指标。

（3）从指标排位变化趋势看，在 7 个三级指标中，有 2 个指标处于上升趋势，分别为专利和许可收入、高技术产品出口比重；有 1 个指标处于下降趋势，为创意产品出口比重。

（4）从指标排位变化的动因看，2 个三级指标的排位出现了上升，1 个三级指标的排位出现了下降，受指标升降的综合影响，法国创新产出竞争力的综合排位保持不变，在 G20 中排名第 7 位。

（5）从三级指标结构特征看，在创新产出竞争力指标组的 7 个三级指标中，有 3 个强势指标，占指标总数的 42.9%；有 3 个优势指标，占指标总数的 42.9%；有 1 个中势指标，占指标总数的 14.3%；强势和优势指标所占比重远远大于劣势指标的比重。上升指标 2 个，占指标总数的 28.6%；下降指标 1 个，占指标总数的 14.3%。虽然指标排位上升的数量大于排位下降的数量，但受其他因素的综合影响，2015 年法国国家创新产出竞争力综合排位与 2014 年相比保持不变。

6.5.2 法国国家创新产出竞争力比较分析

图 6－7 反映了 2014～2015 年法国国家创新产出竞争力与 G20 最高水平和平均水平的比较情况。

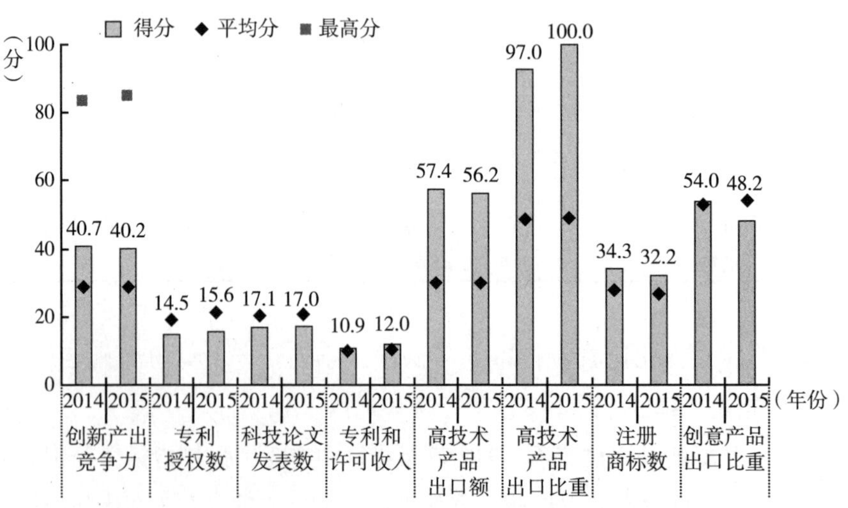

图 6－7 2014～2015 年法国国家创新产出竞争力指标得分比较

由图 6－7 可知，评价期内法国国家创新产出竞争力得分均高于 40 分，说明法国国家创新产出竞争力处于较高水平。从创新产出竞争力的整体得分比较来看，2014 年，法国国家创新产出竞争力得分与 G20 最高分相比还有 42.7 分的差距，高于 G20 平均分 12.2 分；到 2015 年，法国国家创新产出竞争力得分与 G20 最高分的差距为 44.8 分，高于 G20 平均分 11.3 分。总的来说，2014～2015 年法国国家创新产出竞争力与最高分的差距变化不大，排位保持不变。

从具体指标得分比较和变化趋势来看，法国国家创新产出竞争力整体水平没有发生明显变化，主要是因为 7 个指标的得分和排位变化均不显著。专利授权数、科技论文发表数等指标得分均低于 G20 平均分，这也是法国创新产出竞争力的薄弱之处。因此，要进一步提升法国的专利申请和授权量，增强企业和个人的专利创造和运用能力；注重提升基础研究能力，提高科技论文等创新产出水平；优化出口贸易结构，加大高技术产品和创意产品出口比重。通过实施一系列的创新措施，切实提高国家创新产出，进一步增强国家创新产出竞争力。

6.6　法国国家创新持续竞争力评价分析

6.6.1　法国国家创新持续竞争力评价结果

2014～2015 年法国国家创新持续竞争力及其下属 6 个三级指标的排位和排位变化情况，如表 6－8 所示。

（1）从排位变化比较看，2015 年法国国家创新持续竞争力排名第 4 位，比 2014 年上升了 2 位，处于强势地位。

（2）从指标所处区位来看，6 个三级指标中有 1 个强势指标，为公共教育经费支出占 GDP 比重；其他 5 个指标均为优势指标。

（3）从指标排位变化趋势看，在 6 个三级指标中，没有指标处于上升趋势；有 3 个指标处于下降趋势，分别为公共教育经费支出占 GDP 比重、人均公共教育经费支出额和科技人员增长率；其他 3 个指标排位保持不变。

表 6－8　法国 2014～2015 年国家创新持续竞争力指标组排位及趋势

项目 年份	公共教育经费支出总额		公共教育经费支出占 GDP 比重		人均公共教育经费支出额		高等教育毛入学率		科技人员增长率		科技经费增长率		创新持续竞争力	
	得分	排名	得分	排名	得分	排名	得分	排名	得分	排名	得分	排名	得分	排名
2014	16.5	6	81.3	4	65.2	5	59.3	8	33.8	5	54.7	9	51.8	6
2015	16.1	6	80.1	5	71.6	6	59.3	8	40.3	7	55.1	9	53.8	4
得分变化	-0.4		-1.2		6.5		0.0		6.4		0.5		2.0	
排名升降		0		-1		-1		0		-2		0		2
优劣度		优势		强势		优势		优势		优势		优势		强势

（4）从指标排位变化的动因看，有 3 个三级指标的排位出现了下降，但受其他因素的综合影响，法国创新持续竞争力的综合排位上升了 2 位，在 G20 中排名第 4 位。

（5）从三级指标结构特征看，在创新持续竞争力指标组的 6 个三级指标中，强势指标 1 个，占指标总数的 16.7%；优势指标 5 个，占指标总数的 83.3%；没有中势和劣势指标。没有上升指标；下降指标 3 个，占指标总数的 50.0%。指标排位下降的数量大于排位上升的数量，但受其他因素的综合影响，2015 年法国国家创新持续竞争力综合排位比 2014 年上升了 2 位。

6.6.2　法国国家创新持续竞争力比较分析

图 6－8 反映了 2014～2015 年法国国家创新持续竞争力与 G20 最高水平和平均水平的比较情况。

由图 6－8 可知，评价期内法国国家创新持续竞争力得分处于上升趋势，说明法国国家创新持续竞争力水平有所上升。从创新持续竞争力的整体得分比较来看，2014 年，法国国家创新持续竞争力得分与 G20 最高分相比还有 27.2 分的差距，高于 G20 平均分 8.0 分；到 2015 年，法国国家创新持续竞争力得分与 G20 最高分的差距缩小为 14.4 分，高于 G20 平均分 11.4 分。总的来说，2014～2015 年法国国家创新持续竞争力与最高分的差距呈缩小趋势，排位处于上升趋势。

从具体指标得分比较和变化趋势来看，法国国家创新持续竞争力整体水平

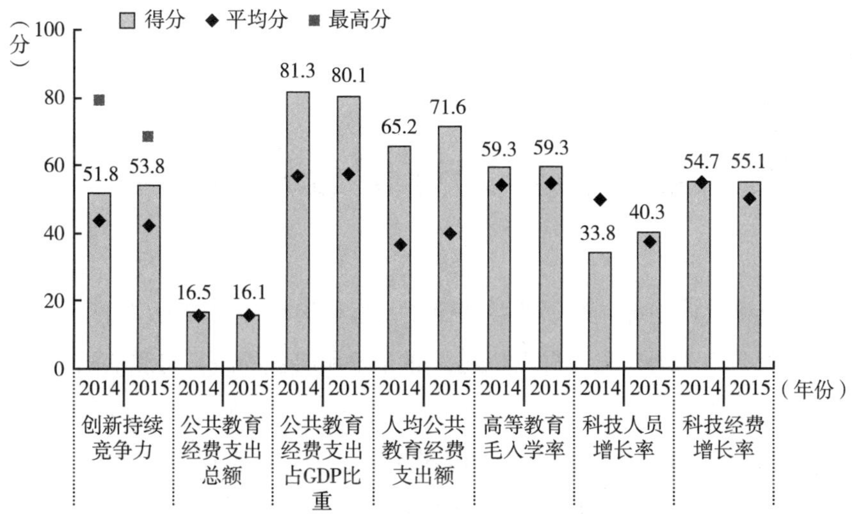

图 6－8　2014～2015 年法国国家创新持续竞争力指标得分比较

出现了上升，这主要是由于科技人员增长率、人均公共教育经费支出额等指标得分明显上升。总体来说，法国的创新持续竞争力较为稳定，可以通过进一步提升高等教育毛入学率、科技经费增长率等指标增强其持续创新能力。

Y.8
第 7 章
德国国家创新竞争力评价分析报告

德国位于欧洲中部，东邻波兰和捷克，南接奥地利和瑞士，西接荷兰、比利时、卢森堡和法国，北与丹麦相连，邻北海和波罗的海，与北欧国家隔海相望。国土面积约 35.7 万平方公里，海岸线长 2389 公里。2015 年全国年末总人口为 8168 万人，实现国内生产总值 33634 亿美元，人均 GDP 达到 41178 美元。本部分通过对德国 2014 ~ 2015 年国家创新竞争力以及创新竞争力中各要素在 G20 中的排名变化分析，从中找出德国国家创新竞争力的推动点及影响因素。

7.1 德国国家创新竞争力总体评价分析

2014 ~ 2015 年，德国的国家创新竞争力排名略有下降。2014 年德国国家创新竞争力在 G20 中排名第 2 位，到了 2015 年，排名第 4 位，下降了 2 位。

7.1.1 德国国家创新竞争力概要分析

德国国家创新竞争力在 G20 中所处的位置及 5 个二级指标的得分和排位变化如图 7 - 1、图 7 - 2 和表 7 - 1 所示。

（1）从综合排位变化看，2015 年德国国家创新竞争力综合排名在 G20 中处于第 4 位，与 2014 年相比，下降了 2 位。

（2）从指标得分看，2015 年德国国家创新竞争力得分为 53.0 分，比 G20 最高分低 25.6 分，比平均分高 15.6 分；与 2014 年相比，德国国家创新竞争力得分下降了 2.9 分，与当年最高分的差距扩大了 2.2 分，相比 G20 平均分的优势也缩小了 1.9 分。

（3）从指标所处区位看，2015 年德国国家创新竞争力的 5 个二级指标中，强势指标 3 个，为创新基础竞争力、创新投入竞争力、创新产出竞争力，优势指标 2 个，为创新环境竞争力和创新持续竞争力，没有劣势指标。

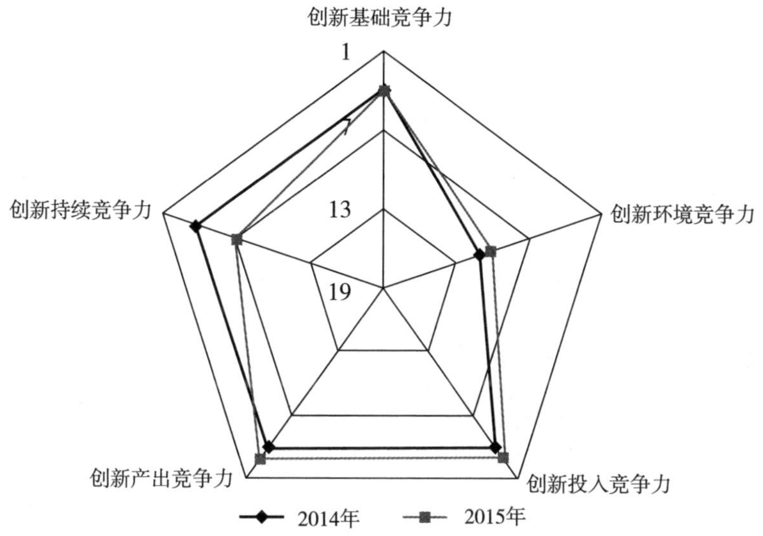

图 7 - 1　德国国家创新竞争力二级指标排名雷达图

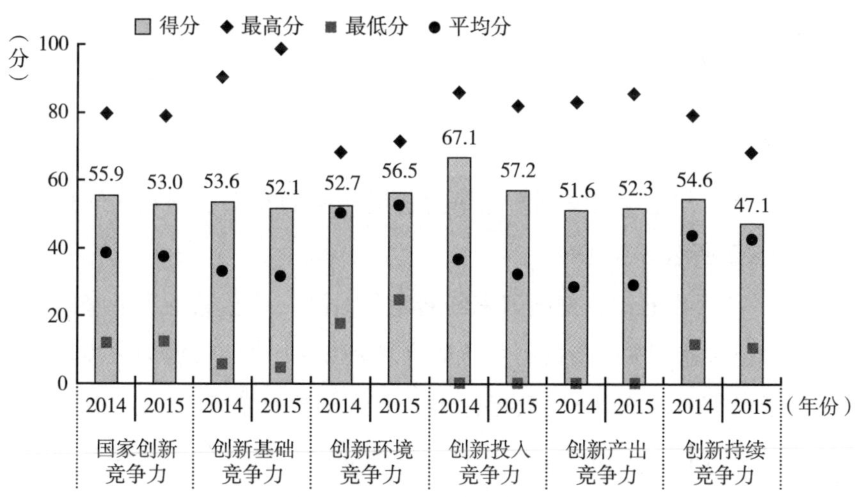

图 7 - 2　德国国家创新竞争力得分变化趋势

表 7－1 德国国家创新竞争力二级指标得分和排名

年份＼项目	创新基础竞争力		创新环境竞争力		创新投入竞争力		创新产出竞争力		创新持续竞争力		创新竞争力	
	得分	排名	得分	排名	得分	排名	得分	排名	得分	排名	得分	排名
2014	53.6	4	52.7	11	67.1	4	51.6	4	54.6	4	55.9	2
2015	52.1	4	56.5	10	57.2	3	52.3	3	47.1	7	53.0	4
得分变化	-1.5		3.8		-9.9		0.7		-7.5		-2.9	
排名升降		0		1		1		1		-3		-2
优劣度		强势		优势		强势		强势		优势		强势

（4）从指标排位变化趋势看，在 5 个二级指标中，有 3 个指标的排位处于上升趋势，分别为创新环境竞争力、创新投入竞争力和创新产出竞争力；有 1 个指标的排位处于下降趋势，为创新持续竞争力，这是德国国家创新竞争力的下降拉力所在；创新基础竞争力排位没有发生变化。

（5）从指标排位变化的动因看，1 个二级指标的排位出现了下降，3 个二级指标的排位出现了上升，但上升指标排位变化幅度较小，下降指标排位变化幅度较大。受此影响，2015 年德国国家创新竞争力的综合排位下降了 2 位，在 G20 中排名第 4 位。

7.1.2 德国国家创新竞争力各级指标动态变化分析

2014～2015 年德国国家创新竞争力各级指标的动态变化及其结构，如图 7－3和表 7－2 所示。

从图 7－3 可以看出，德国国家创新竞争力的三级指标中，下降指标多于上升指标，但保持不变的指标居主导地位。表 7－2 中的数据进一步显示，德国国家创新竞争力的 33 个三级指标中，上升的指标有 7 个，占指标总数的 21.2%；保持的指标有 18 个，占指标总数的 54.5%；下降的指标有 8 个，占指标总数的 24.2%。指标下降的数量大于上升的数量，但由于下降的幅度较大，上升的动力小于下降的拉力，2015 年德国国家创新竞争力排位下降了 2 位，在 G20 中居第 4 位。

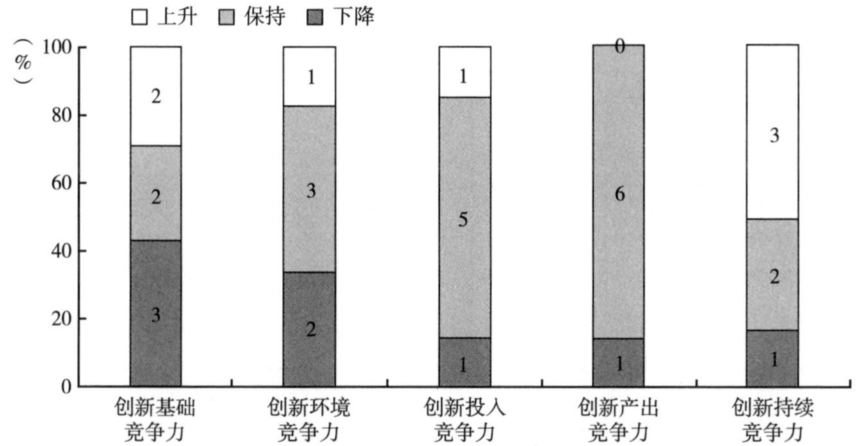

图 7-3　2014~2015 年德国国家创新竞争力指标动态变化结构

表 7-2　2014~2015 年德国国家创新竞争力各级指标排位变化态势比较

单位：个，%

二级指标	三级指标个数	上升		保持		下降		变化趋势
		个数	比重	个数	比重	个数	比重	
创新基础竞争力	7	2	28.6	2	28.6	3	42.9	保持
创新环境竞争力	6	1	16.7	3	50.0	2	33.3	上升
创新投入竞争力	7	1	14.3	5	71.4	1	14.3	上升
创新产出竞争力	7	0	0.0	6	85.7	1	14.3	上升
创新持续竞争力	6	3	50.0	2	33.3	1	16.7	下降
合计	33	7	21.2	18	54.5	8	24.2	下降

7.1.3　德国国家创新竞争力各级指标优劣势结构分析

2014~2015 年德国国家创新竞争力各级指标的优劣势变化及其结构，如表 7-3 所示。

从表 7-3 中的数据可以看出，德国国家创新竞争力的 33 个三级指标中，强势指标 21 个，占指标总数的 63.6%；优势指标 8 个，占指标总数的 24.2%；中势指标 3 个，占指标总数的 9.1%；劣势指标 1 个，占指标总数的 3.0%；强势指标和优势指标的数量之和约占指标总数的 87.9%，远远大于中

表 7－3　2014～2015 年德国国家创新竞争力各级指标排位优劣势比较

单位：个，%

二级指标	三级指标个数	强势		优势		中势		劣势		优劣度
		个数	比重	个数	比重	个数	比重	个数	比重	
创新基础竞争力	7	5	71.4	2	28.6	0	0.0	0	0.0	强势
创新环境竞争力	6	2	33.3	1	16.7	3	50.0	0	0.0	优势
创新投入竞争力	7	7	100.0	0	0.0	0	0.0	0	0.0	强势
创新产出竞争力	7	5	71.4	2	28.6	0	0.0	0	0.0	强势
创新持续竞争力	6	2	33.3	3	50.0	0	0.0	1	16.7	优势
合计	33	21	63.6	8	24.2	3	9.1	1	3.0	强势

势指标和劣势指标之和所占比重。从二级指标来看，强势指标 3 个，占二级指标总数的 60.0%；优势指标 2 个；占二级指标总数的 40.0%；没有中势指标和劣势指标。由于强势指标和优势指标在指标体系中居于主导地位，2014～2015 年德国国家创新竞争力处于强势地位。

7.2　德国国家创新基础竞争力评价分析

7.2.1　德国国家创新基础竞争力评价结果

2014～2015 年德国国家创新基础竞争力及其下属 7 个三级指标的排位和排位变化情况，如表 7－4 所示。

表 7－4　德国 2014～2015 年国家创新基础竞争力指标组排位及趋势

项目／年份	GDP		人均 GDP		财政收入		人均财政收入		外国直接投资净值		受高等教育人员比重		全社会劳动生产率		创新基础竞争力	
	得分	排名	得分	排名	得分	排名	得分	排名	得分	排名	得分	排名	得分	排名	得分	排名
2014	20.7	4	76.7	4	29.9	4	93.0	2	3.9	14	74.4	5	76.6	5	53.6	4
2015	17.2	4	72.4	5	24.6	4	94.1	3	12.2	6	74.9	4	69.1	6	52.1	4
得分变化	-3.5		-4.3		-5.3		1.1		8.3		0.5		-7.5		-1.5	
排名升降		0		-1		0		-1		8		1		-1		0
优劣度		强势		强势		强势		强势		优势		强势		优势		强势

（1）从排位变化比较看，2015 年德国国家创新基础竞争力排名第 4 位，与 2014 年相比，排位没有发生变化，处于强势地位。

（2）从指标所处区位来看，7 个三级指标中有 5 个强势指标，分别为 GDP、人均 GDP、财政收入、人均财政收入和受高等教育人员比重；2 个优势指标，为外国直接投资净值和全社会劳动生产率；没有中势指标和劣势指标。

（3）从指标排位变化趋势看，在 7 个三级指标中，有 2 个指标处于上升趋势，为外国直接投资净值和受高等教育人员比重；有 3 个指标处于下降趋势，分别为人均 GDP、人均财政收入和全社会劳动生产率；其余 2 个指标均保持不变。

（4）从指标排位变化的动因看，由于指标排位升降的幅度较小，且部分指标排位保持不变，德国创新基础竞争力的综合排位保持不变，在 G20 中排名第 4 位。

（5）从三级指标结构特征看，在创新基础竞争力指标组的 7 个三级指标中，有 5 个强势指标，占指标总数的 71.4%；优势指标 2 个，占指标总数的 28.6%；没有中势和劣势指标。上升指标 2 个，占指标总数的 28.6%；下降指标 3 个，占指标总数的 42.9%。指标排位上升的数量与排位下降的数量基本相当，且排位变化幅度不大，2015 年德国国家创新基础竞争力综合排位保持不变。

7.2.2　德国国家创新基础竞争力比较分析

图 7－4 反映了 2014～2015 年德国国家创新基础竞争力与 G20 最高水平和平均水平的比较情况。

由图 7－4 可知，评价期内德国国家创新基础竞争力得分高于 50 分，说明德国国家创新基础竞争力处于较高水平。从创新基础竞争力的整体得分比较来看，2014 年德国国家创新基础竞争力得分与 G20 最高分相比还有 36.4 分的差距，比 G20 平均分高 20.7 分；到 2015 年，德国国家创新基础竞争力得分与 G20 最高分的差距为 46.6 分，比 G20 平均分高 20.2 分。总的来说，2014～2015 年德国国家创新基础竞争力与平均分的差别保持稳定，其创新基础竞争力保持不变。

从具体指标得分比较和变化趋势来看，德国国家创新基础竞争力整体水平基本稳定，GDP、人均 GDP、财政收入、全社会劳动生产率等指标得分略有下

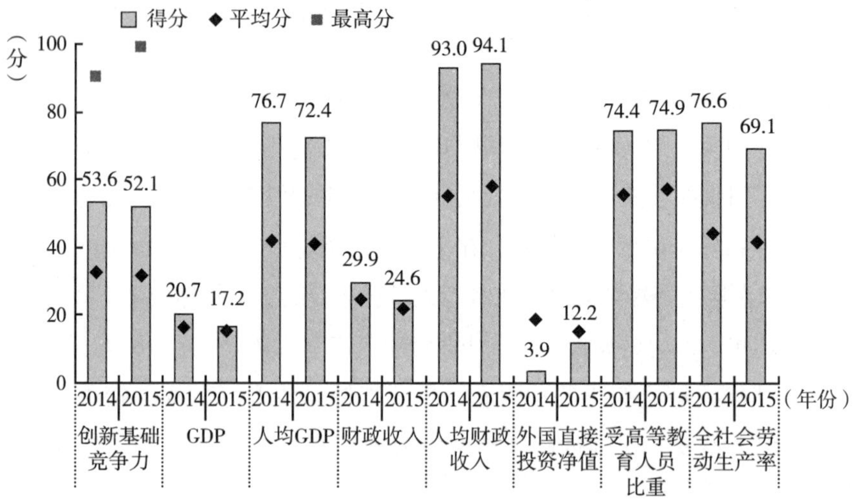

图 7－4　2014～2015 年德国国家创新基础竞争力指标得分比较

降，1 个指标的得分低于 G20 平均分，德国国家创新基础竞争力缺乏上升的动力。在下一步的科技创新活动中，要特别关注这些问题，继续扩大生产和加快企业战略转型、加大财政投入，夯实国家创新基础，提升国民劳动生产率，不断增强国家创新基础竞争力。

7.3　德国国家创新环境竞争力评价分析

7.3.1　德国国家创新环境竞争力评价结果

2014～2015 年德国国家创新环境竞争力及其下属 6 个三级指标的排位和排位变化情况，如表 7－5 所示。

（1）从排位变化比较看，2015 年德国国家创新环境竞争力排名第 10 位，与 2014 年相比，排位上升 1 位，处于优势地位。

（2）从指标所处区位来看，6 个三级指标中有 2 个强势指标，分别为因特网用户比例和 ISO 9001 质量体系认证数；有 1 个优势指标，为在线公共服务指数；其余 3 个指标为中势指标。

表 7－5　德国 2014～2015 年国家创新环境竞争力指标组排位及趋势

年份＼项目	因特网用户比例		每百人手机数		企业开业程序		企业平均税负水平		在线公共服务指数		ISO 9001 质量体系认证数		创新环境竞争力	
	得分	排名	得分	排名	得分	排名	得分	排名	得分	排名	得分	排名	得分	排名
2014	92.7	5	43.7	11	41.7	13	72.1	10	48.4	11	17.5	3	52.7	11
2015	93.7	5	39.2	13	41.7	13	72.4	11	75.0	10	17.0	3	56.5	10
得分变化	1.0		－4.5		0.0		0.3		26.6		－0.5		3.8	
排名升降		0		－2		0		－1		1		0		1
优劣度		强势		中势		中势		中势		优势		强势		优势

（3）从指标排位变化趋势看，在 6 个三级指标中，有 1 个指标处于上升趋势，为在线公共服务指数；有 2 个指标处于下降趋势，为每百人手机数和企业平均税负水平；其余 3 个指标均保持不变。

（4）从指标排位变化的动因看，尽管 2 个三级指标的排位出现了下降，但受指标排位变化的综合影响，德国创新环境竞争力的综合排位呈现上升趋势，在 G20 中处于第 10 位。

（5）从三级指标结构特征看，在创新环境竞争力指标组的 6 个三级指标中，强势指标 2 个，占指标总数的 33.3%；优势指标 1 个，占指标总数的 16.7%；中势指标 3 个，占指标总数的 50%；没有劣势指标，中势指标居于主导地位。上升指标 1 个，占指标总数的 16.7%；保持指标 3 个，占指标总数的 50%；下降指标 2 个，占指标总数的 33.3%。虽然指标排位下降的数量大于排位上升的数量，但受多种因素影响，2015 年德国国家创新环境竞争力综合排位与 2014 年相比上升了 1 位。

7.3.2　德国国家创新环境竞争力比较分析

图 7－5 反映了 2014～2015 年德国国家创新环境竞争力与 G20 最高水平和平均水平的比较情况。

由图 7－5 可知，评价期内德国国家创新环境竞争力得分高于 50 分，处于较高水平。从创新环境竞争力的整体得分比较来看，2014 年，德国国家创新环境竞争力得分与 G20 最高分相比还有 15.7 分的差距，与 G20 平均分相比，高出

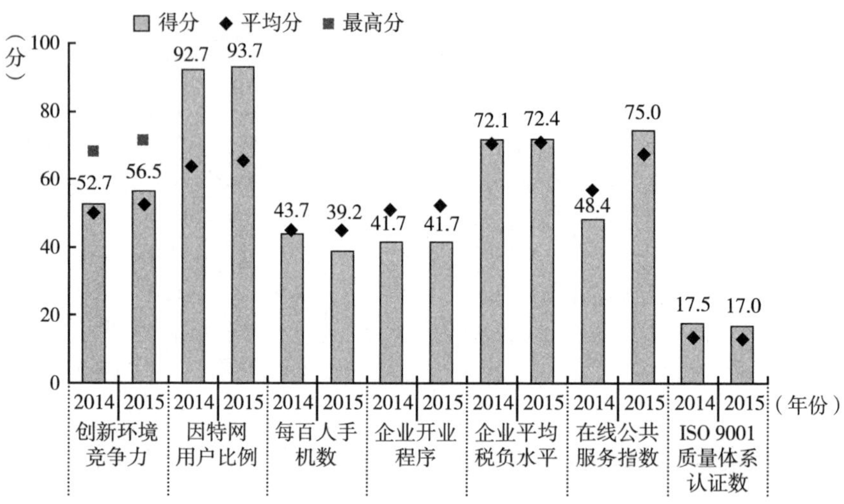

图 7－5　2014～2015 年德国国家创新环境竞争力指标得分比较

2.7 分；2015 年，德国国家创新环境竞争力得分与 G20 最高分的差距为 15.0 分，高于 G20 平均分 4.1 分。总的来说，2014～2015 年德国国家创新环境竞争力与最高分的差距呈缩小趋势，排位呈现上升趋势。

从具体指标得分比较和变化趋势来看，德国国家创新环境竞争力整体水平较高，处于优势地位，这主要是受因特网用户比例和 ISO 9001 质量体系认证数等强势指标影响。每百人手机数、企业开业程序等得分低于 G20 平均分，这限制了其创新环境竞争力的进一步提升。为巩固和提升德国国家创新环境竞争力，应针对这些问题，进一步提高手机普及程度，为创新型企业提供更加优惠的政策，改革审批制度，提高审批效率，优化国家创新环境，提升国家创新环境竞争力。

7.4　德国国家创新投入竞争力评价分析

7.4.1　德国国家创新投入竞争力评价结果

2014～2015 年德国国家创新投入竞争力及其下属 7 个三级指标的排位和排位变化情况，如表 7－6 所示。

表 7-6　德国 2014～2015 年国家创新投入竞争力指标组排位及趋势

项目 / 年份	R&D经费支出总额		R&D经费支出占GDP比重		人均R&D经费支出		R&D人员		研究人员占从业人员比重		企业研发投入比重		风险资本交易占GDP比重		创新投入竞争力	
	得分	排名	得分	排名	得分	排名	得分	排名	得分	排名	得分	排名	得分	排名	得分	排名
2014	23.5	4	79.4	3	89.8	4	26.8	5	91.4	4	80.9	4	77.9	4	67.1	4
2015	23.4	4	79.4	3	92.4	2	22.1	5	86.5	4	77.9	4	18.5	5	57.2	3
得分变化	-0.2		0.0		2.6		-4.7		-4.9		-3.0		-59.4		-9.9	
排名升降		0		0		2		0		0		0		-1		1
优劣度		强势		强势		强势		强势		强势		强势		强势		强势

（1）从排位变化比较看，2015 年德国国家创新投入竞争力排名第 3 位，与 2014 年相比，排位上升 1 位，处于强势地位。

（2）从指标所处区位来看，7 个三级指标均为强势指标。

（3）从指标排位变化趋势看，在 7 个三级指标中，有 1 个指标处于上升趋势，为人均 R&D 经费支出；有 1 个指标处于下降趋势，为风险资本交易占 GDP 比重；其余 5 个指标排位保持不变。

（4）从指标排位变化的动因看，5 个三级指标的排位保持不变，有 1 个上升指标、1 个下降指标，但受多种因素影响，德国创新投入竞争力的综合排位上升 1 位，在 G20 中排名第 3 位。

（5）从三级指标结构特征看，创新投入竞争力指标组的 7 个三级指标全部为强势指标。由于大部分指标排位保持不变，且排位上升的动力大于下降的拉力，2015 年德国国家创新投入竞争力综合排位上升 1 位。

7.4.2　德国国家创新投入竞争力比较分析

图 7-6 反映了 2014～2015 年德国国家创新投入竞争力与 G20 最高水平和平均水平的比较情况。

由图 7-6 可知，评价期内德国国家创新投入竞争力得分均高于 55 分，说

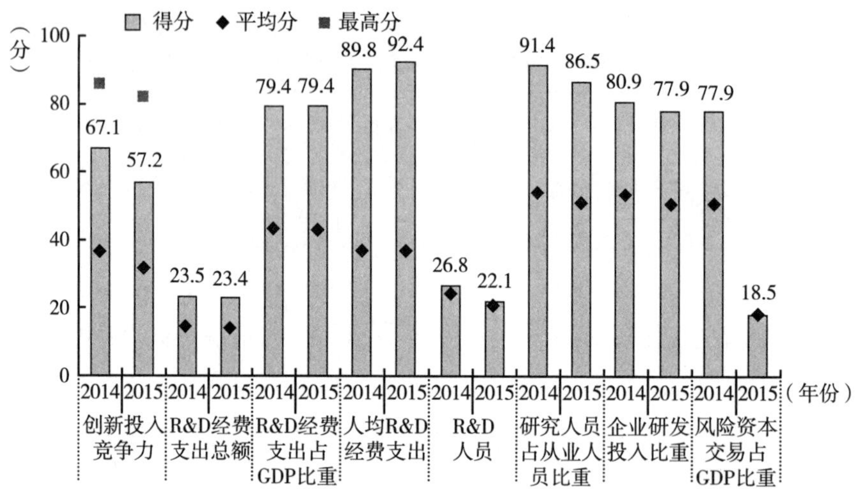

图 7-6　2014~2015 年德国国家创新投入竞争力指标得分比较

明德国国家创新投入竞争力处于较高水平。从创新投入竞争力的整体得分比较来看，2014 年，德国国家创新投入竞争力得分与 G20 最高分相比还有 18.5 分的差距，与 G20 平均分相比，则高了 30.6 分；到 2015 年，德国国家创新投入竞争力得分与 G20 最高分的差距为 24.8 分，高于 G20 平均分 25.2 分。总的来说，2014~2015 年德国国家创新投入竞争力相比平均水平的优势略有下降，德国创新投入竞争力排位上升 1 位。

从具体指标得分比较和变化趋势来看，德国国家创新投入竞争力整体水平较为稳定，仍处于强势地位。因为大部分指标得分较高，多数三级指标得分高于 G20 平均分，其创新投入竞争力实力较强。今后要继续鼓励风险资本交易，提升风险资本交易占 GDP 比重，增强国家创新投入竞争力。

7.5　德国国家创新产出竞争力评价分析

7.5.1　德国国家创新产出竞争力评价结果

2014~2015 年德国国家创新产出竞争力及其下属 7 个三级指标的排位和排位变化情况，如表 7-7 所示。

表 7－7　德国 2014～2015 年国家创新产出竞争力指标组排位及趋势

项目 / 年份	专利授权数		科技论文发表数		专利和许可收入		高技术产品出口额		高技术产品出口比重		注册商标数		创意产品出口比重		创新产出竞争力	
	得分	排名	得分	排名	得分	排名	得分	排名	得分	排名	得分	排名	得分	排名	得分	排名
2014	28.1	5	24.2	4	11.5	4	100.0	2	58.6	7	82.3	3	56.4	10	51.6	4
2015	31.0	5	24.0	4	11.7	5	100.0	2	60.9	7	77.9	3	60.8	10	52.3	3
得分变化	2.9		-0.2		0.2		0.0		2.3		-4.5		4.4		0.7	
排名升降		0		0		-1		0		0		0		0		1
优劣度		强势		强势		强势		强势		优势		强势		优势		强势

（1）从排位变化比较看，2015 年德国国家创新产出竞争力排名第 3 位，与 2014 年相比，排位上升了 1 位，处于强势地位。

（2）从指标所处区位来看，7 个三级指标中有 5 个强势指标、2 个优势指标。

（3）从指标排位变化趋势看，在 7 个三级指标中，有 1 个指标处于下降趋势，为专利和许可收入；其余指标保持不变。

（4）从指标排位变化的动因看，仅 1 个三级指标的排位出现了下降，受指标排位升降的综合影响，德国创新产出竞争力的综合排位上升了 1 位，在 G20 中排名第 3 位。

（5）从三级指标结构特征看，在创新产出竞争力指标组的 7 个三级指标中，强势指标 5 个，占指标总数的 71.4%；优势指标 2 个，占指标总数的 28.6%，强势和优势指标占比 100.0%。下降指标 1 个，占指标总数的 14.3%；其余指标保持不变。虽然有 1 个指标排位下降，但多数指标排位不变且得分上升，受此影响，2015 年德国国家创新产出竞争力综合排位与 2014 年相比，上升了 1 位。

7.5.2　德国国家创新产出竞争力比较分析

图 7－7 反映了 2014～2015 年德国国家创新产出竞争力与 G20 最高水平和平均水平的比较情况。

由图 7－7 可知，评价期内德国国家创新产出竞争力得分均高于 50 分，说

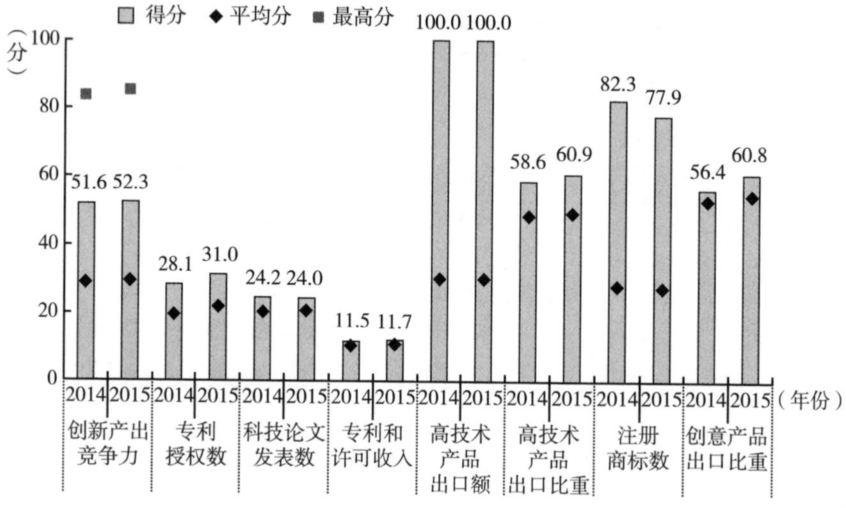

图 7－7　2014～2015 年德国国家创新产出竞争力指标得分比较

明德国国家创新产出竞争力水平较高。从创新产出竞争力的整体得分比较来看，2014 年德国国家创新产出竞争力得分与 G20 最高分相比还有 31.8 分的差距，高于 G20 平均分 23.1 分；到 2015 年，德国国家创新产出竞争力得分与 G20 最高分的差距为 32.7 分，高于 G20 平均分 23.4 分。总的来说，2014～2015 年德国国家创新产出竞争力与最高分的差距基本稳定，但排位处于上升趋势。

从具体指标得分比较和变化趋势来看，德国国家创新产出竞争力整体变化不大，这主要是由于除专利和许可收入排名下降 1 位外，其他指标排位均保持不变。因此，德国需要进一步增加专利申请和授权量，增强企业和个人的专利创造和运用能力，增强国家创新产出竞争力。

7.6　德国国家创新持续竞争力评价分析

7.6.1　德国国家创新持续竞争力评价结果

2014～2015 年德国国家创新持续竞争力及其下属 6 个三级指标的排位和排位变化情况，如表 7－8 所示。

表 7－8　德国 2014～2015 年国家创新持续竞争力指标组排位及趋势

项目 年份	公共教育经费支出总额		公共教育经费支出占 GDP 比重		人均公共教育经费支出额		高等教育毛入学率		科技人员增长率		科技经费增长率		创新持续竞争力	
	得分	排名	得分	排名	得分	排名	得分	排名	得分	排名	得分	排名	得分	排名
2014	20.4	4	60.1	10	64.0	6	60.7	7	57.4	4	65.1	7	54.6	4
2015	20.3	3	59.8	10	72.0	5	64.4	7	0.0	18	66.3	6	47.1	7
得分变化	-0.1		-0.3		8.0		3.7		-57.4		1.3		-7.5	
排名升降		1		0		1		0		-14		1		-3
优劣度		强势		优势		强势		优势		劣势		优势		优势

（1）从排位变化比较看，2015 年德国国家创新持续竞争力排名第 7 位，比 2014 年下降了 3 位，处于优势地位。

（2）从指标所处区位来看，6 个三级指标中有 2 个强势指标，分别是公共教育经费支出总额和人均公共教育经费支出额；科技人员增长率为劣势指标；其余为优势指标。

（3）从指标排位变化趋势看，在 6 个三级指标中，有 3 个指标处于上升趋势，为公共教育经费支出总额、人均公共教育经费支出额和科技经费增长率；有 1 个指标处于下降趋势，为科技人员增长率，且该指标下降的幅度较大，这是德国创新持续竞争力的下降拉力所在。

（4）从指标排位变化的动因看，有 1 个三级指标的排位出现了大幅度下降，受此指标排位下降的影响，德国创新持续竞争力的综合排位下降，在 G20 中排名第 7 位。

（5）从三级指标结构特征看，在创新持续竞争力指标组的 6 个三级指标中，强势指标 2 个，占指标总数的 33.3%；优势指标 3 个，占指标总数的 50.0%；劣势指标 1 个，占指标总数的 16.7%，强势指标和优势指标所占比重较大。上升指标 3 个，占指标总数的 50.0%；下降指标 1 个，占指标总数的 16.7%。虽然指标排位下降的数量小于上升的数量，但指标下降的幅度较大，2015 年德国国家创新持续竞争力综合排位下降了 3 位。

7.6.2 德国国家创新持续竞争力比较分析

图 7－8 反映了 2014～2015 年德国国家创新持续竞争力与 G20 最高水平和平均水平的比较情况。

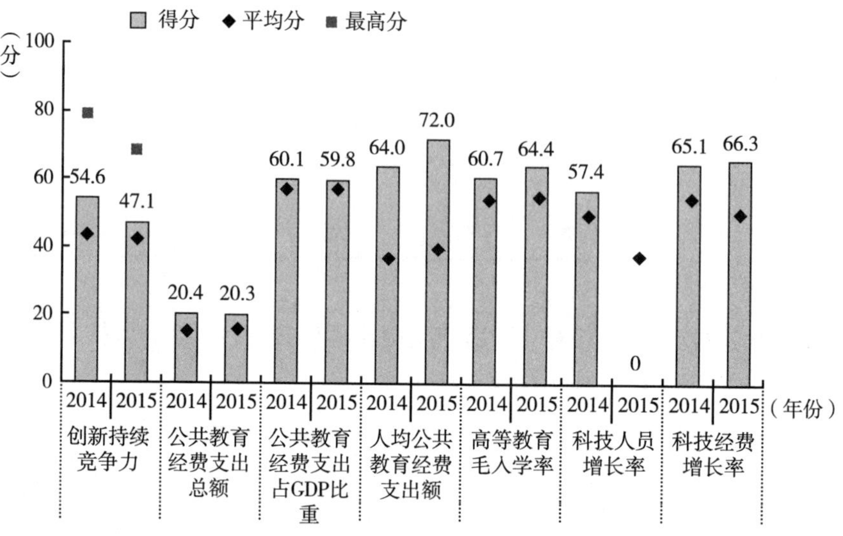

图 7－8　2014～2015 年德国国家创新持续竞争力指标得分比较

由图 7－8 可知，评价期内德国国家创新持续竞争力得分处于下降趋势，说明德国国家创新持续竞争力水平有所下降。从创新持续竞争力的整体得分比较来看，2014 年，德国国家创新持续竞争力得分与 G20 最高分相比还有 24.5 分的差距，高于 G20 平均分 10.8 分；到 2015 年，德国国家创新持续竞争力得分与 G20 最高分的差距缩小为 21.0 分，高于 G20 平均分 4.7 分。总的来说，2014～2015 年德国国家创新持续竞争力与最高分的差距缩小，但比平均分的优势也降低了，排位处于下降趋势。

从具体指标得分比较和变化趋势来看，德国国家创新持续竞争力整体水平出现了下降，这主要是由于科技人员增长率得分明显下降且得分低于 G20 平均分。针对这个突出问题，德国应不断增加科技经费投入，提升科学家和工程师的待遇，加大培养科学家和工程师的力度，实现国家科技经费投入的持续增长，显著增强国家创新持续竞争力。

Y.9

第 8 章 印度国家创新竞争力评价分析报告

印度位于亚洲南部，是南亚次大陆最大的国家，与孟加拉国、缅甸、中国、不丹、尼泊尔和巴基斯坦等国家接壤，国土面积约 328.76 万平方公里，海岸线长 7000 多公里。2015 年全国年末总人口为 131105 万人，实现国内生产总值 20888 亿美元，人均 GDP 达到 1593 美元。本部分通过对印度 2014 ~ 2015 年国家创新竞争力以及创新竞争力中各要素在 G20 中的排名变化分析，从中找出印度国家创新竞争力的推动点及影响因素。

8.1 印度国家创新竞争力总体评价分析

2014 ~2015 年，印度国家创新竞争力排名保持不变。2014 年、2015 年印度国家创新竞争力在 G20 中都排名第 18 位。

8.1.1 印度国家创新竞争力概要分析

印度国家创新竞争力在 G20 中所处的位置及 5 个二级指标的得分和排位变化如图 8 -1、图 8 -2 和表 8 -1 所示。

（1）从综合排位变化看，2015 年印度国家创新竞争力综合排名在 G20 中处于第 18 位，与 2014 年相比，排位保持不变。

（2）从指标得分看，2015 年印度国家创新竞争力得分为 16.7 分，比 G20 最高分低 62.0 分，比平均分低 20.7 分；与 2014 年相比，印度国家创新竞争力得分上升了 1.2 分，与当年最高分的差距缩小了 1.9 分，与 G20 平均分的差距也缩小了 2.1 分。

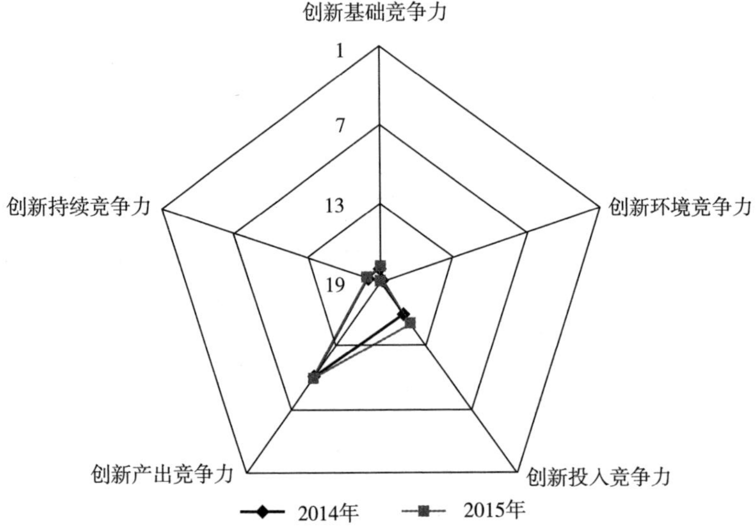

图 8－1　印度国家创新竞争力二级指标排名雷达图

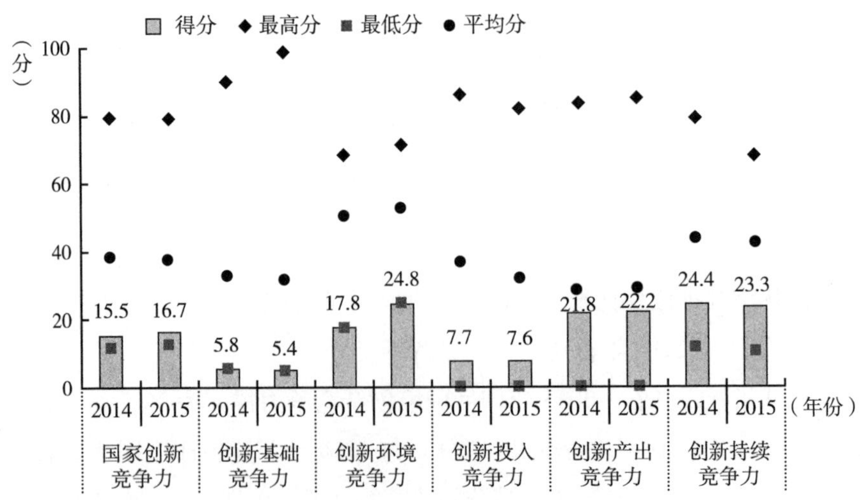

图 8－2　印度国家创新竞争力得分变化趋势

表 8－1　印度国家创新竞争力二级指标得分和排名

项目 年份	创新基础竞争力		创新环境竞争力		创新投入竞争力		创新产出竞争力		创新持续竞争力		创新竞争力	
	得分	排名	得分	排名	得分	排名	得分	排名	得分	排名	得分	排名
2014	5.8	18	17.8	19	7.7	16	21.8	10	24.4	18	15.5	18
2015	5.4	18	24.8	19	7.6	15	22.2	10	23.3	18	16.7	18
得分变化	－0.4		7.0		－0.1		0.4		－1.1		1.2	
排名升降		0		0		1		0		0		0
优劣度		劣势		劣势		中势		优势		劣势		劣势

（3）从指标所处区位看，2015 年印度国家创新竞争力的 5 个二级指标中，没有强势指标，优势指标 1 个，为创新产出竞争力；中势指标 1 个，为创新投入竞争力，其余指标均为劣势指标。

（4）从指标排位变化趋势看，在 5 个二级指标中，1 个指标的排位处于上升趋势，为创新投入竞争力，其余指标排位没有发生变化。

（5）从指标排位变化的动因看，1 个二级指标的排位出现了上升，其余二级指标的排位没有变化，2015 年印度国家创新竞争力的综合排位保持不变，在 G20 中排名第 18 位。

8.1.2　印度国家创新竞争力各级指标动态变化分析

2014～2015 年印度国家创新竞争力各级指标的动态变化及其结构，如图 8－3和表 8－2 所示。

从图 8－3 可以看出，印度国家创新竞争力的三级指标中上升指标的数量多于下降指标，保持不变的指标居于主导地位。表 8－2 中的数据进一步显示，印度国家创新竞争力有数据的 27 个三级指标中，上升的指标有 6 个，占指标总数的 22.2%；保持的指标有 19 个，占指标总数的 70.4%；下降的指标有 2 个，占指标总数的 7.4%。指标上升的数量大于下降的数量，但由于指标下降的幅度较大，2015 年印度国家创新竞争力排位保持不变，在 G20 中居第 18 位。

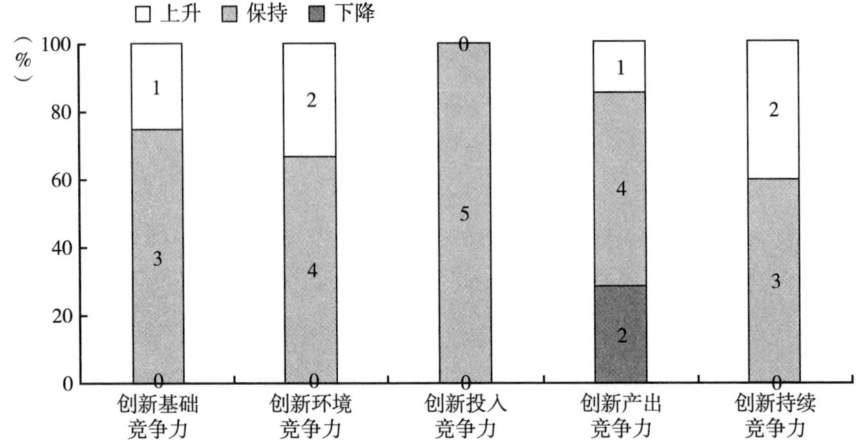

图 8－3　2014～2015 年印度国家创新竞争力指标动态变化结构

表 8－2　2014～2015 年印度国家创新竞争力各级指标排位变化态势比较

单位：个，%

二级指标	三级指标个数	上升		保持		下降		变化趋势
		个数	比重	个数	比重	个数	比重	
创新基础竞争力	4	1	25.0	3	75.0	0	0.0	保持
创新环境竞争力	6	2	33.3	4	66.7	0	0.0	保持
创新投入竞争力	5	0	0.0	5	100.0	0	0.0	上升
创新产出竞争力	7	1	14.3	4	57.1	2	28.6	保持
创新持续竞争力	5	2	40.0	3	60.0	0	0.0	保持
合计	27	6	22.2	19	70.4	2	7.4	保持

8.1.3　印度国家创新竞争力各级指标优劣势结构分析

2014～2015 年印度国家创新竞争力各级指标的优劣势变化及其结构，如表 8－3 所示。

从表 8－3 中的数据可以看出，印度国家创新竞争力有数据的 29 个三级指标中，强势指标 2 个，占指标总数的 6.9%；优势指标 7 个，占指标总数的 24.1%；中势指标 10 个，占指标总数的 34.5%；劣势指标 10 个，占指标总数的 34.5%；强势指标和优势指标的数量之和约占指标总数的 31.0%，远远小于中势指标和劣势指标之和所占比重。从二级指标来看，没有强势指标；优势指标 1

表 8 -3　2014 ~2015 年印度国家创新竞争力各级指标排位优劣势比较

单位：个，%

二级指标	三级指标个数	强势		优势		中势		劣势		优劣度
		个数	比重	个数	比重	个数	比重	个数	比重	
创新基础竞争力	4	0	0.0	2	50.0	0	0.0	2	50.0	劣势
创新环境竞争力	6	0	0.0	1	16.7	2	33.3	3	50.0	劣势
创新投入竞争力	6	0	0.0	2	33.3	2	33.3	2	33.3	中势
创新产出竞争力	7	1	14.3	1	14.3	5	71.4	0	0.0	优势
创新持续竞争力	6	1	16.7	1	16.7	1	16.7	3	50.0	劣势
合计	29	2	6.9	7	24.1	10	34.5	10	34.5	劣势

个，占二级指标总数的 20%；中势指标 1 个，占二级指标总数的 20.0%；劣势指标 3 个，占二级指标总数的 60.0%。由于劣势指标在指标体系中居于主导地位，2014 ~2015 年印度国家创新竞争力处于劣势地位。

8.2　印度国家创新基础竞争力评价分析

8.2.1　印度国家创新基础竞争力评价结果

2014 ~2015 年印度国家创新基础竞争力及其下属 7 个三级指标的排位和排位变化情况，如表 8 -4 所示。

表 8 -4　印度 2014 ~2015 年国家创新基础竞争力指标组排位及趋势

项目 年份	GDP		人均 GDP		财政收入		人均财政收入		外国直接投资净值		受高等教育人员比重		全社会劳动生产率		创新基础竞争力	
	得分	排名	得分	排名	得分	排名	得分	排名	得分	排名	得分	排名	得分	排名	得分	排名
2014	9.9	10	0.0	19	—	—	—	—	13.2	7	—	—	0.0	19	5.8	18
2015	10.0	7	0.0	19	—	—	—	—	11.6	7	—	—	0.0	19	5.4	18
得分变化	0.1		0.0		—		—		-1.6		—		0.0		-0.4	
排名升降		3		0		—		—		0		—		0		0
优劣度		优势		劣势		—		—		优势		—		劣势		劣势

（1）从排位变化比较看，2015 年印度国家创新基础竞争力排名第 18 位，与 2014 年相比，排位没有发生变化，处于劣势地位。

（2）从指标所处区位来看，7 个三级指标中没有强势指标；有 2 个优势指标，为 GDP 和外国直接投资净值；没有中势指标；人均 GDP、全社会劳动生产率 2 个指标是劣势指标。

（3）从指标排位变化趋势看，在 7 个三级指标中，有 1 个指标处于上升趋势，为 GDP；其余指标均保持不变。

（4）从指标排位变化的动因看，由于指标排位升降的幅度较小，且大部分指标排位保持不变，印度创新基础竞争力的综合排位也保持不变，在 G20 中排名第 18 位。

（5）从三级指标结构特征看，在创新基础竞争力指标组有数据的 4 个三级指标中，没有强势指标；优势指标 2 个，占指标总数的 50.0%；劣势指标 2 个，占指标总数的 50.0%。上升指标 1 个，占指标总数的 25.0%；其余指标保持不变。排位上升的指标仅有 1 个，且排位不变的指标较多，2015 年印度国家创新基础竞争力综合排位保持不变。

8.2.2 印度国家创新基础竞争力比较分析

图 8-4 反映了 2014～2015 年印度国家创新基础竞争力与 G20 最高水平和平均水平的比较情况。

由图 8-4 可知，评价期内印度国家创新基础竞争力得分均低于 10 分，说明印度国家创新基础竞争力处于较低水平。从创新基础竞争力的整体得分比较来看，2014 年印度国家创新基础竞争力得分与 G20 最高分相比差距较大，比 G20 平均分低 27.1 分；到 2015 年，印度国家创新基础竞争力得分与 G20 最高分的差距仍较大，比 G20 平均分低 26.5 分。总的来说，2014～2015 年印度国家创新基础竞争力与平均分的差距变化不大，其创新基础竞争力保持稳定。

从具体指标得分比较和变化趋势来看，印度国家创新基础竞争力整体水平基本稳定，人均 GDP、全社会劳动生产率等指标排位居末，且有数据的 4 个指标得分普遍低于 G20 平均分，反映了印度创新基础竞争力较弱。

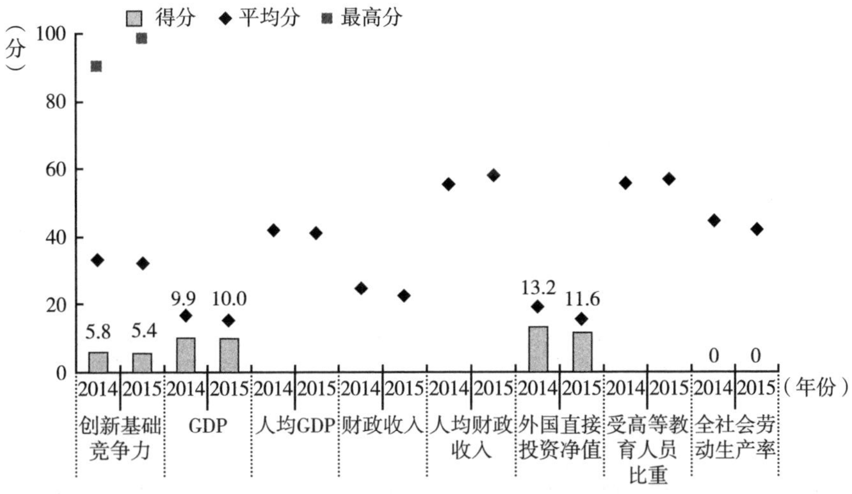

图 8－4　2014～2015 年印度国家创新基础竞争力指标得分比较

在下一步的科技创新活动中，印度应继续扩大生产和加快企业战略转型、加大教育和科技财政投入，积极参与国际直接投资，借鉴和引进国际科技前沿技术，提高全社会劳动生产率，夯实国家创新基础，不断增强国家创新基础竞争力。

8.3　印度国家创新环境竞争力评价分析

8.3.1　印度国家创新环境竞争力评价结果

2014～2015 年印度国家创新环境竞争力及其下属 6 个三级指标的排位和排位变化情况，如表 8－5 所示。

（1）从排位变化比较看，2015 年印度国家创新环境竞争力排名第 19 位，与 2014 年相比，排位保持不变，仍处于劣势地位。

（2）从指标所处区位来看，6 个三级指标中没有强势指标；有 1 个优势指标，为 ISO 9001 质量体系认证数；2 个中势指标，为企业平均税负水平和在线公共服务指数；其余 3 个指标为劣势指标。

表 8-5　印度 2014~2015 年国家创新环境竞争力指标组排位及趋势

项目 年份	因特网用户比例		每百人手机数		企业开业程序		企业平均税负水平		在线公共服务指数		ISO 9001 质量体系认证数		创新环境竞争力	
	得分	排名	得分	排名	得分	排名	得分	排名	得分	排名	得分	排名	得分	排名
2014	5.2	18	0.0	19	0.0	18	62.5	14	28.1	17	11.1	6	17.8	19
2015	5.7	18	0.0	19	8.3	17	62.8	14	60.2	12	11.5	6	24.8	19
得分变化	0.5		0.0		8.3		0.3		32.1		0.4		7.0	
排名升降		0		0		1		0		5		0		0
优劣度		劣势		劣势		劣势		中势		中势		优势		劣势

（3）从指标排位变化趋势看，在 6 个三级指标中，有 2 个指标处于上升趋势，分别为企业开业程序和在线公共服务指数；其余指标均保持不变。

（4）从指标排位变化的动因看，尽管 2 个三级指标的排位出现了上升，但上升幅度较小，印度创新环境竞争力的综合排位保持不变，在 G20 中处于第 19 位。

（5）从三级指标结构特征看，在创新环境竞争力指标组的 6 个三级指标中，没有强势指标；优势指标 1 个，占指标总数的 16.7%；中势指标 2 个，占指标总数的 33.3%；劣势指标 3 个，占指标总数的 50.0%；中势和劣势指标居于主导地位。上升指标 2 个，占指标总数的 33.3%；保持指标 4 个，占指标总数的 66.7%；没有下降指标。虽然排位上升的指标数量大于排位下降的数量，但受其他因素的综合影响，2015 年印度国家创新环境竞争力综合排位与 2014 年相比保持不变。

8.3.2　印度国家创新环境竞争力比较分析

图 8-5 反映了 2014~2015 年印度国家创新环境竞争力与 G20 最高水平和平均水平的比较情况。

由图 8-5 可知，评价期内印度国家创新环境竞争力得分低于 30 分，处于较低水平。从创新环境竞争力的整体得分比较来看，2014 年，印度国家创新环境竞争力得分与 G20 最高分相比还有 50.5 分的差距，与 G20 平均分相比，低了 32.2 分；2015 年，印度国家创新环境竞争力得分与 G20 最高分的差距为

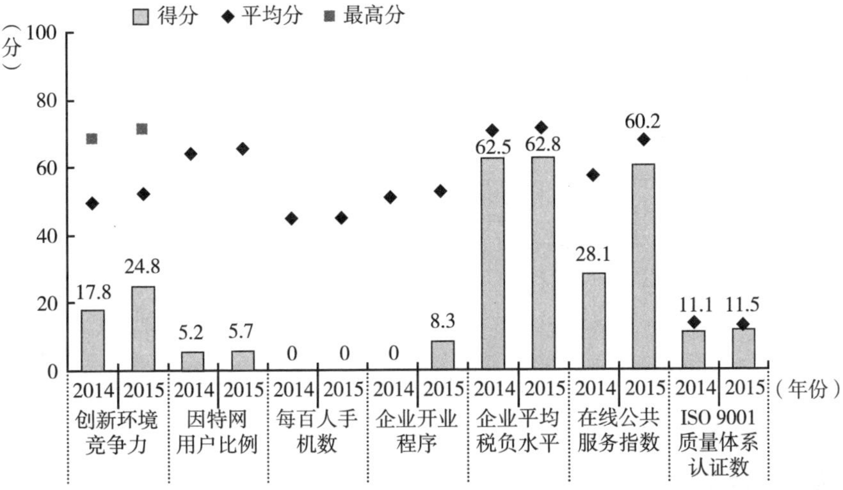

图 8－5　2014～2015 年印度国家创新环境竞争力指标得分比较

46.7 分，低于 G20 平均分 27.7 分。总的来说，2014～2015 年印度国家创新环境竞争力与最高分的差距呈缩小趋势，排位保持不变。

从具体指标得分比较和变化趋势来看，印度国家创新环境竞争力整体水平较低，仍处于劣势地位，这主要是由于因特网用户比例、每百人手机数、企业开业程序等指标处于劣势地位，6 个指标均低于 G20 平均分，这限制了其创新环境竞争力的进一步提升。为改变落后状况，印度应针对这些问题，加快建设信息高速公路，加强对创新型企业的科技扶持力度和资金扶持力度，加强知识产权保护，营造有利于企业健康有序发展的良好创新氛围，不断优化国家创新环境，显著增强国家创新环境竞争力。

8.4　印度国家创新投入竞争力评价分析

8.4.1　印度国家创新投入竞争力评价结果

2014～2015 年印度国家创新投入竞争力及其下属 7 个三级指标的排位和排位变化情况，如表 8－6 所示。

表 8-6　印度 2014～2015 年国家创新投入竞争力指标组排位及趋势

项目 / 年份	R&D经费支出总额		R&D经费支出占GDP比重		人均R&D经费支出		R&D人员		研究人员占从业人员比重		企业研发投入比重		风险资本交易占GDP比重		创新投入竞争力	
	得分	排名	得分	排名	得分	排名	得分	排名	得分	排名	得分	排名	得分	排名	得分	排名
2014	3.2	13	21.0	14	0.6	18	13.8	9	0.0	16	—	—	—	—	7.7	16
2015	3.4	13	21.0	14	0.7	18	11.4	9	0.0	16	—	—	9.2	7	7.6	15
得分变化	0.2		0.0		0.1		-2.4		0.0		—		—		-0.1	
排名升降		0		0		0		0		0		—		—		1
优劣度		中势		中势		劣势		优势		劣势		—		优势		中势

（1）从排位变化比较看，2015 年印度国家创新投入竞争力排名第 15 位，与 2014 年相比，排位上升 1 位，处于中势地位。

（2）从指标所处区位来看，有数据的 6 个三级指标中没有强势指标；2 个优势指标，分别为 R&D 人员和风险资本交易占 GDP 比重；有 2 个指标是中势指标，分别为 R&D 经费支出总额和 R&D 经费支出占 GDP 比重；其余 2 个指标是劣势指标。

（3）从指标排位变化趋势看，有数据的 5 个三级指标排位均保持不变。

（4）从指标排位变化的动因看，有数据的 5 个三级指标的排位均保持不变，但受其他因素影响，印度创新投入竞争力的综合排位上升 1 位，在 G20 中排名第 15 位。

（5）从三级指标结构特征看，在创新投入竞争力指标组有数据的三级指标中，没有强势指标；优势指标 2 个，占指标总数的 33.3%；中势指标 2 个，占指标总数的 33.3%；劣势指标 2 个，占指标总数的 33.3%。虽然有数据的指标排位均保持不变，但受多个指标得分上升及其他因素的影响，2015 年印度国家创新投入竞争力综合排位仍上升 1 位。

8.4.2　印度国家创新投入竞争力比较分析

图 8－6 反映了 2014～2015 年印度国家创新投入竞争力与 G20 最高水平和平均水平的比较情况。

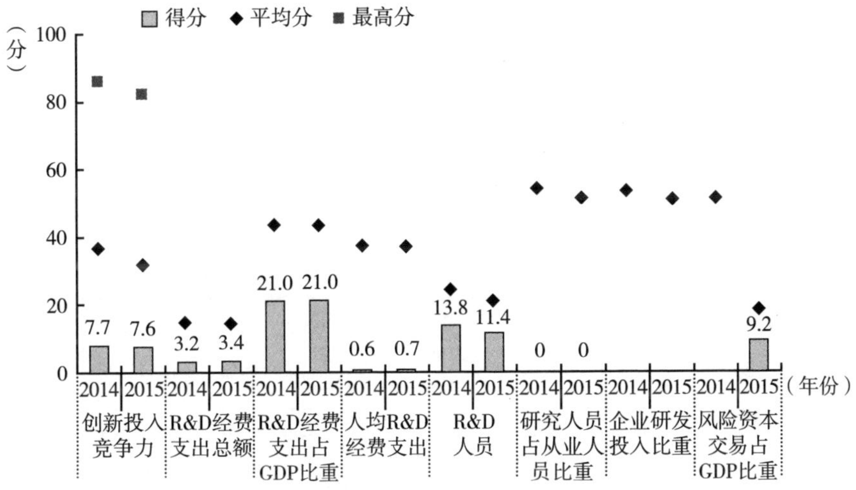

图 8－6　2014～2015 年印度国家创新投入竞争力指标得分比较

由图 8－6 可知，评价期内印度国家创新投入竞争力得分均低于 10 分，说明印度国家创新投入竞争力处于较低水平。从创新投入竞争力的整体得分比较来看，2014 年印度国家创新投入竞争力得分与 G20 最高分相比还有 77.9 分的差距，与 G20 平均分相比，则低了 28.8 分；到 2015 年，印度国家创新投入竞争力得分与 G20 最高分的差距为 74.4 分，低于 G20 平均分 24.3 分。总的来说，2014～2015 年印度国家创新投入竞争力与最高分和平均分的差距略有缩小，排位上升 1 位。

从具体指标得分比较和变化趋势来看，印度国家创新投入竞争力整体水平较为稳定，处于中势地位，这主要是由于大部分指标得分偏低，且所有三级指标得分都低于 G20 平均分，反映了印度创新投入竞争力较弱。为此，印度应继续加大科技研发经费投入，鼓励多元化的创新研发投入，加大研发人员培养力度，高度重视研发人才队伍建设，不断增加国家创新投入，显著增强国家创新投入竞争力。

8.5 印度国家创新产出竞争力评价分析

8.5.1 印度国家创新产出竞争力评价结果

2014～2015 年印度国家创新产出竞争力及其下属 7 个三级指标的排位和排位变化情况，如表 8－7 所示。

表 8－7 印度 2014～2015 年国家创新产出竞争力指标组排位及趋势

项目 年份	专利授权数		科技论文发表数		专利和许可收入		高技术产品出口额		高技术产品出口比重		注册商标数		创意产品出口比重		创新产出竞争力	
	得分	排名	得分	排名	得分	排名	得分	排名	得分	排名	得分	排名	得分	排名	得分	排名
2014	1.7	12	20.9	6	0.5	12	8.6	11	30.5	13	7.8	13	82.5	6	21.8	10
2015	2.1	12	22.1	6	0.3	13	7.3	11	25.9	14	8.5	13	89.1	5	22.2	10
得分变化	0.4		1.2		-0.1		-1.3		-4.6		0.6		6.6		0.4	
排名升降		0		0		-1		0		-1		0		1		0
优劣度		中势		优势		中势		中势		中势		中势		强势		优势

（1）从排位变化比较看，2015 年印度国家创新产出竞争力排名第 10 位，在 G20 中处于优势地位，与 2014 年相比，排位保持不变。

（2）从指标所处区位来看，7 个三级指标中有 1 个强势指标，为创意产品出口比重；1 个优势指标，为科技论文发表数；其余 5 个指标是中势指标。

（3）从指标排位变化趋势看，在 7 个三级指标中，有 1 个指标处于上升趋势，为创意产品出口比重；有 2 个指标处于下降趋势，分别为专利和许可收入、高技术产品出口比重。

（4）从指标排位变化的动因看，1 个三级指标的排位出现了上升，2 个三级指标的排位出现了下降，受指标升降的综合影响，印度创新产出竞争力综合排位保持不变，在 G20 中排名第 10 位。

（5）从三级指标结构特征看，在创新产出竞争力指标组的 7 个三级指标中，有 1 个强势指标，占指标总数的 14.3%；1 个优势指标，占指标总数的 14.3%；中势指标 5 个，占指标总数的 71.4%；没有劣势指标，强势和优势指标所占比重大于劣势指标的比重。上升指标 1 个，占指标总数的 14.3%；下降指标 2 个，占指标总数的 28.6%。虽然指标排位下降的数量大于排位上升的数量，但受其他因素的综合影响，2015 年印度国家创新产出竞争力综合排位与 2014 年相比保持不变。

8.5.2　印度国家创新产出竞争力比较分析

图 8－7 反映了 2014～2015 年印度国家创新产出竞争力与 G20 最高水平和平均水平的比较情况。

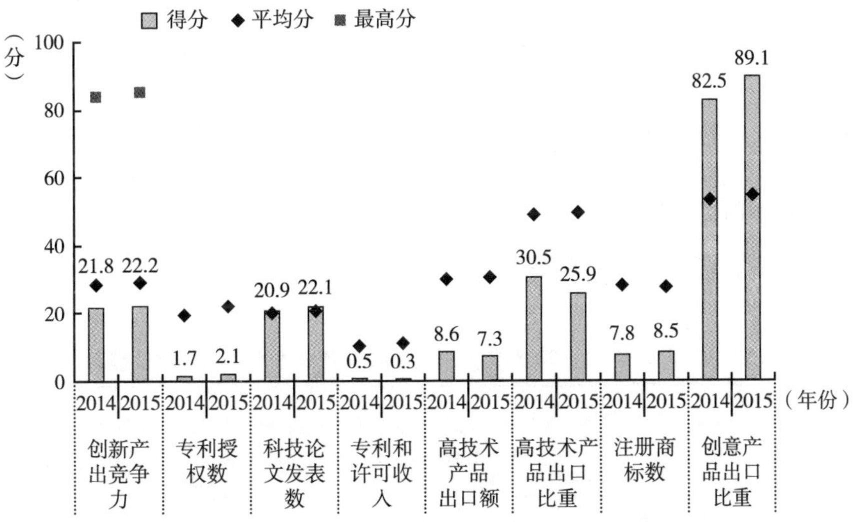

图 8－7　2014～2015 年印度国家创新产出竞争力指标得分比较

由图 8－7 可知，评价期内印度国家创新产出竞争力得分低于 30 分，印度国家创新产出竞争力接近平均分水平。从创新产出竞争力的整体得分比较来看，2014 年印度国家创新产出竞争力得分与 G20 最高分相比还有 61.7 分的差距，低于 G20 平均分 6.8 分；到 2015 年，印度国家创新产出竞争力得分与 G20 最高分的差距为 62.8 分，低于 G20 平均分 6.7 分。总的来说，2014～2015 年印度国家创新产出竞争力与最高分和平均分的差距变化不大，排位保持不变。

从具体指标得分比较和变化趋势来看，印度国家创新产出竞争力整体水平没有发生明显变化，这主要是由于专利授权数、专利和许可收入、高技术产品出口额、注册商标数等指标得分偏低、排位靠后，且专利授权数、专利和许可收入、高技术产品出口额、高技术产品出口比重、注册商标数等三级指标得分均低于 G20 平均分。因此，要进一步提升印度的国家创新产出竞争力，应不断提升专利申请和授权量，增强企业和个人的专利创造和运用能力；完善知识产权激励机制，促进专利和许可收入增长；优化出口贸易结构，加大高技术产品出口比重，突出高技术产品在对外贸易中的重要地位。通过实施一系列的创新措施，切实提高国家创新产出，增强国家创新产出竞争力。

8.6 印度国家创新持续竞争力评价分析

8.6.1 印度国家创新持续竞争力评价结果

2014 ~2015 年印度国家创新持续竞争力及其下属 6 个三级指标的排位和排位变化情况，如表 8 -8 所示。

表 8 -8 印度 2014 ~2015 年国家创新持续竞争力指标组排位及趋势

项目 / 年份	公共教育经费支出总额		公共教育经费支出占 GDP 比重		人均公共教育经费支出额		高等教育毛入学率		科技人员增长率		科技经费增长率		创新持续竞争力	
	得分	排名	得分	排名	得分	排名	得分	排名	得分	排名	得分	排名	得分	排名
2014	6.1	12	18.3	17	0.0	19	8.1	17	—	—	89.6	5	24.4	18
2015	6.8	11	20.0	17	0.0	19	8.1	17	8.9	10	96.2	2	23.3	18
得分变化	0.6		1.7		0.0		0.0		—		6.6		-1.1	
排名升降		1		0		0		0		—		3		0
优劣度		中势		劣势		劣势		劣势		优势		强势		劣势

（1）从排位变化比较看，2015 年印度国家创新持续竞争力排名第 18 位，与 2014 年相比保持不变，处于劣势地位。

（2）从指标所处区位来看，6 个三级指标中有 1 个强势指标，为科技经费增长率；科技人员增长率为优势指标；公共教育经费支出总额为中势指标；其余 3 个指标为劣势指标。

（3）从指标排位变化趋势看，在有数据的 5 个三级指标中，有 2 个指标处于上升趋势，为公共教育经费支出总额和科技经费增长率；其余指标保持不变。

（4）从指标排位变化的动因看，有 2 个三级指标的排位出现了上升，其余指标排位保持不变，受指标排位变化的综合影响，印度创新持续竞争力的综合排位保持不变，在 G20 中排名第 18 位。

（5）从三级指标结构特征看，在创新持续竞争力指标组有数据的三级指标中，强势指标 1 个，占指标总数的 16.7%；优势指标 1 个，占指标总数的 16.7%；中势指标 1 个，占指标总数的 16.7%；劣势指标 3 个，占指标总数的 50.0%，强势指标和优势指标所占比重小于劣势指标的比重。上升指标 2 个，占指标总数的 40.0%；其余指标保持不变。虽然指标排位上升的数量大于排位下降的数量，但受指标得分变化幅度及其他因素的综合影响，2015 年印度国家创新持续竞争力综合排位和 2014 年相比保持不变。

8.6.2　印度国家创新持续竞争力比较分析

图 8－8 反映了 2014～2015 年印度国家创新持续竞争力与 G20 最高水平和平均水平的比较情况。

由图 8－8 可知，评价期内印度国家创新持续竞争力得分低于 30 分，说明印度国家创新持续竞争力水平较低。从创新持续竞争力的整体得分比较来看，2014 年印度国家创新持续竞争力得分与 G20 最高分相比还有 54.6 分的差距，低于 G20 平均分 19.3 分；到 2015 年，印度国家创新持续竞争力得分与 G20 最高分的差距缩小为 44.8 分，低于 G20 平均分 19.1 分。总的来说，2014～2015 年印度国家创新持续竞争力与最高分、平均分的差距均呈缩小趋势，排位保持不变。

从具体指标得分比较和变化趋势来看，印度国家创新持续竞争力整体水平保持稳定，这主要是由于公共教育经费支出占 GDP 比重、人均公共教育经费

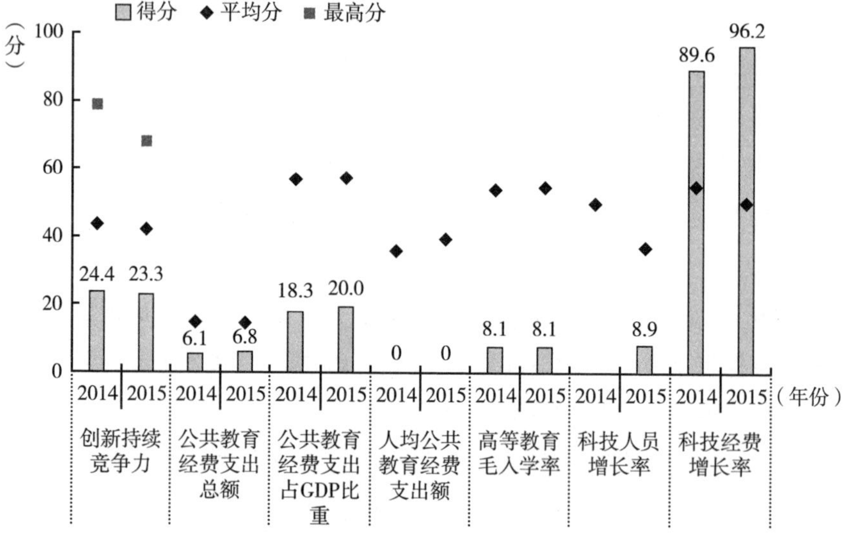

图 8－8　2014～2015 年印度国家创新持续竞争力指标得分比较

支出额、高等教育毛入学率等指标排位保持不变，除科技经费增长率外，其他指标得分还低于 G20 平均分，这决定了其国家创新持续竞争力水平很低。为此，印度应不断增加教育经费投入，提升科学家和工程师的待遇，加大培养科学家和工程师的力度，实现国家创新能力的可持续发展，显著增强国家创新持续竞争力。

Y.10

第 9 章 印度尼西亚国家创新竞争力评价分析报告

印度尼西亚为东南亚国家，由上万个岛屿组成，是全世界最大的群岛国家，疆域横跨亚洲及大洋洲，国土面积约 191.1 万平方公里，海岸线长 3.5 万公里。2015 年全国年末总人口为 25756 万人，实现国内生产总值 8619 亿美元，人均 GDP 达到 3346 美元。本部分通过对印度尼西亚 2014～2015 年国家创新竞争力以及创新竞争力中各要素在 G20 中的排名变化分析，从中找出印度尼西亚国家创新竞争力的推动点及影响因素。

9.1 印度尼西亚国家创新竞争力总体评价分析

2014～2015 年，印度尼西亚国家创新竞争力排名不变。2014 年和 2015 年印度尼西亚国家创新竞争力在 G20 中都排名第 19 位。

9.1.1 印度尼西亚国家创新竞争力概要分析

印度尼西亚国家创新竞争力在 G20 中所处的位置及 5 个二级指标的得分和排位变化如图 9－1、图 9－2 和表 9－1 所示。

（1）从综合排位变化看，2015 年印度尼西亚国家创新竞争力综合排名在 G20 中处于第 19 位，与 2014 年相比，排位不变。

（2）从指标得分看，2015 年印度尼西亚国家创新竞争力得分为 12.4 分，比 G20 最高分低 66.3 分，比平均分低 25.0 分；与 2014 年相比，印度尼西亚国家创新竞争力得分上升了 0.6 分，与当年最高分的差距缩小了 1.3 分，与 G20 平均分的差距也缩小了 1.5 分。

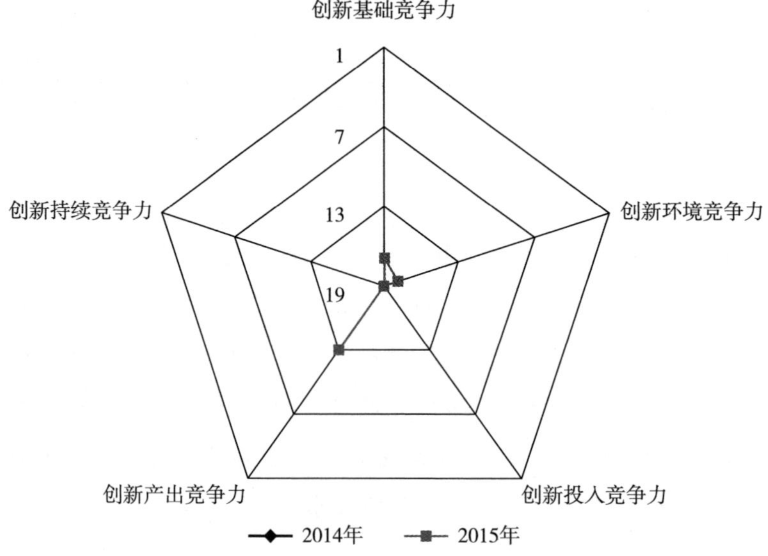

图 9-1　印度尼西亚国家创新竞争力二级指标排名雷达图

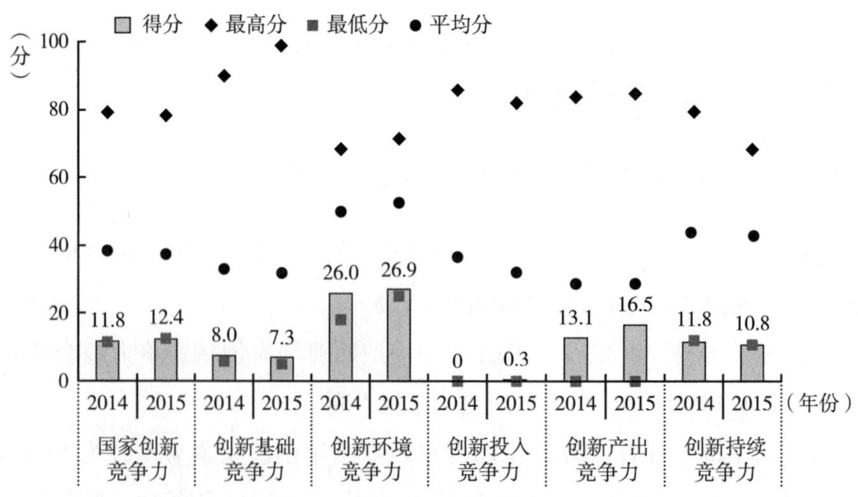

图 9-2　印度尼西亚国家创新竞争力得分变化趋势

表 9-1　印度尼西亚国家创新竞争力二级指标得分和排名

项目 / 年份	创新基础竞争力		创新环境竞争力		创新投入竞争力		创新产出竞争力		创新持续竞争力		创新竞争力	
	得分	排名	得分	排名	得分	排名	得分	排名	得分	排名	得分	排名
2014	8.0	17	26.0	18	0.0	19	13.1	13	11.8	19	11.8	19
2015	7.3	17	26.9	18	0.3	19	16.5	13	10.8	19	12.4	19
得分变化	-0.7		0.9		0.3		3.4		-1.0		0.6	
排名升降		0		0		0		0		0		0
优劣度		劣势		劣势		劣势		中势		劣势		劣势

（3）从指标所处区位看，2015 年印度尼西亚国家创新竞争力的 5 个二级指标中，没有强势指标和优势指标，中势指标 1 个，为创新产出竞争力；劣势指标 4 个，为创新基础竞争力、创新环境竞争力、创新投入竞争力和创新持续竞争力。

（4）从指标排位变化趋势看，5 个二级指标的排位都没有发生变化。

（5）从指标排位变化的动因看，没有排位上升的二级指标，2015 年印度尼西亚国家创新竞争力的综合排位保持不变，在 G20 中排名第 19 位。

9.1.2　印度尼西亚国家创新竞争力各级指标动态变化分析

2014～2015 年印度尼西亚国家创新竞争力各级指标的动态变化及其结构，如图 9-3 和表 9-2 所示。

从图 9-3 可以看出，印度尼西亚国家创新竞争力的三级指标中，下降指标的数量大于上升指标的数量，但保持不变的指标居于主导地位。表 9-2 中的数据进一步显示，印度尼西亚国家创新竞争力有数据的 27 个三级指标中，上升的指标有 3 个，占指标总数的 11.1%；保持的指标有 20 个，占指标总数的 74.1%；下降的指标有 4 个，占指标总数的 14.8%。指标下降的数量大于上升的数量，但由于指标变化幅度相对较小，上升的动力和下降的拉力大致相当，2015 年印度尼西亚国家创新竞争力排位保持不变，在 G20 中居第 19 位。

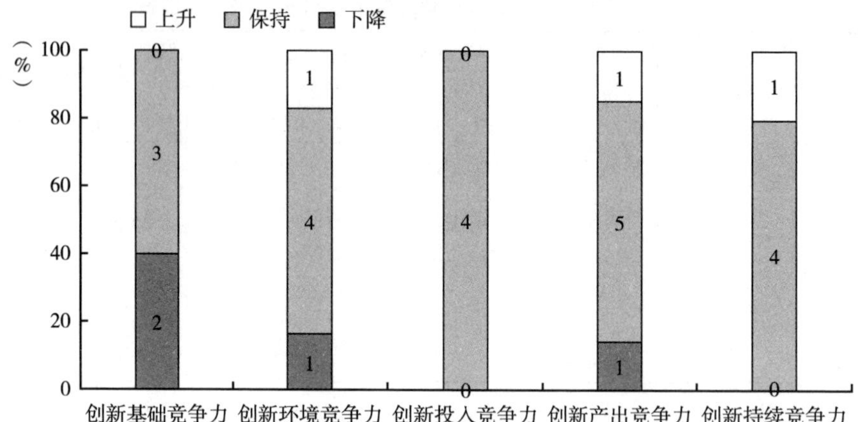

图 9－3 2014～2015 年印度尼西亚国家创新竞争力指标动态变化结构

表 9－2 2014～2015 年印度尼西亚国家创新竞争力各级指标排位变化态势比较

单位：个，%

二级指标	三级指标个数	上升		保持		下降		变化趋势
		个数	比重	个数	比重	个数	比重	
创新基础竞争力	5	0	0.0	3	60.0	2	40.0	保持
创新环境竞争力	6	1	16.7	4	66.7	1	16.7	保持
创新投入竞争力	4	0	0.0	4	100.0	0	0.0	保持
创新产出竞争力	7	1	14.3	5	71.4	1	14.3	保持
创新持续竞争力	5	1	20.0	4	80.0	0	0.0	保持
合计	27	3	11.1	20	74.1	4	14.8	保持

9.1.3 印度尼西亚国家创新竞争力各级指标优劣势结构分析

2014～2015 年印度尼西亚国家创新竞争力各级指标的优劣势变化及其结构，如表 9－3 所示。

从表 9－3 中的数据可以看出，印度尼西亚国家创新竞争力有数据的 29 个三级指标中，强势指标 1 个，占指标总数的 3.4%；优势指标 3 个，占指标总数的 10.3%；中势指标 8 个，占指标总数的 27.6%；劣势指标 17 个，占指标总数的 58.6%；强势指标和优势指标的数量之和约占指标总数的 13.8%，远远小于中势指标和劣势指标之和所占比重。从二级指标来看，没有强势指标和优势指标；中势指标 1 个，占二级指标总数的 20%；劣势指标 4 个，占二级指标总数的80%。由于劣势指标在指标体系中居于主导地位，2014～2015年印度尼西亚国家创新竞争力处于劣势地位。

表9－3 2014～2015年印度尼西亚国家创新竞争力各级指标排位优劣势比较

单位：个，%

二级指标	三级指标个数	强势		优势		中势		劣势		优劣度
		个数	比重	个数	比重	个数	比重	个数	比重	
创新基础竞争力	5	0	0.0	0	0.0	3	60.0	2	40.0	劣势
创新环境竞争力	6	1	16.7	1	16.7	1	16.7	3	50.0	劣势
创新投入竞争力	5	0	0.0	0	0.0	1	20.0	4	80.0	劣势
创新产出竞争力	7	0	0.0	1	14.3	1	14.3	5	71.4	中势
创新持续竞争力	6	0	0.0	1	16.7	2	33.3	3	50.0	劣势
合计	29	1	3.4	3	10.3	8	27.6	17	58.6	劣势

9.2 印度尼西亚国家创新基础竞争力评价分析

9.2.1 印度尼西亚国家创新基础竞争力评价结果

2014～2015年印度尼西亚国家创新基础竞争力及其下属7个三级指标的排位和排位变化情况，如表9－4所示。

表9－4 印度尼西亚2014～2015年国家创新基础竞争力指标组排位及趋势

项目 / 年份	GDP		人均GDP		财政收入		人均财政收入		外国直接投资净值		受高等教育人员比重		全社会劳动生产率		创新基础竞争力	
	得分	排名	得分	排名	得分	排名	得分	排名	得分	排名	得分	排名	得分	排名	得分	排名
2014	3.2	15	3.2	18	—	—	—	—	9.7	9	21.0	10	2.7	18	8.0	17
2015	3.1	15	3.2	18	—	—	—	—	5.3	11	22.3	11	2.5	18	7.3	17
得分变化	-0.1		0.0		—		—		-4.4		1.3		-0.2		-0.7	
排名升降		0		0		—		—		-2		-1		0		0
优劣度		中势		劣势		—		—		中势		中势		劣势		劣势

（1）从排位变化比较看，2015年印度尼西亚国家创新基础竞争力排名第17位，与2014年相比，排位没有发生变化，处于劣势地位。

（2）从指标所处区位来看，有数据的 5 个三级指标中没有强势指标和优势指标；GDP、外国直接投资净值、受高等教育人员比重 3 个指标是中势指标；人均 GDP、全社会劳动生产率 2 个指标是劣势指标。

（3）从指标排位变化趋势看，有数据的 5 个三级指标中，有 2 个指标处于下降趋势，为外国直接投资净值和受高等教育人员比重；其余 3 个指标均保持不变。

（4）从指标排位变化的动因看，由于指标排位下降的幅度较小，且大部分指标排位保持不变，印度尼西亚创新基础竞争力的综合排位也保持不变，在 G20 中排名第 17 位。

（5）从三级指标结构特征看，在创新基础竞争力指标组有数据的 5 个三级指标中，没有强势指标和优势指标；中势指标 3 个，占指标总数的 60.0%；劣势指标 2 个，占指标总数的 40.0%。没有上升指标，下降指标 2 个，占指标总数的 40.0%。虽然只有下降指标而无上升指标，但指标得分变化幅度较小且排位不变的指标较多，2015 年印度尼西亚国家创新基础竞争力综合排位保持不变。

9.2.2 印度尼西亚国家创新基础竞争力比较分析

图 9－4 反映了 2014～2015 年本印度尼西亚国家创新基础竞争力与 G20 最高水平和平均水平的比较情况。

由图 9－4 可知，评价期内印度尼西亚国家创新基础竞争力得分均低于 10 分，说明印度尼西亚国家创新基础竞争力处于较低水平。从创新基础竞争力的整体得分比较来看，2014 年印度尼西亚国家创新基础竞争力得分与 G20 最高分相比还有 82.0 分的差距，比 G20 平均分低 24.9 分；到 2015 年，印度尼西亚国家创新基础竞争力得分与 G20 最高分的差距为 91.4 分，比 G20 平均分低 24.6 分。总的来说，2014～2015 年印度尼西亚国家创新基础竞争力与平均分的差距变化不大，其创新基础竞争力排位保持稳定。

从具体指标得分比较和变化趋势来看，印度尼西亚国家创新基础竞争力整体水平基本稳定，GDP、人均 GDP、全社会劳动生产率等指标排位靠后，且 5 个有数据的指标得分普遍低于 G20 平均分，创新基础竞争力缺乏上升的

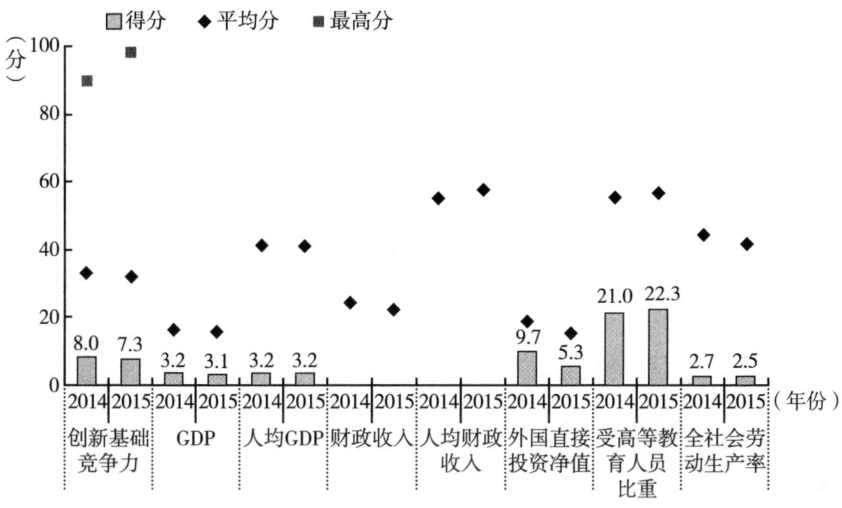

图 9－4　2014～2015 年印度尼西亚国家创新基础竞争力指标得分比较

动力。在下一步的科技创新活动中，应继续扩大生产和加快企业战略转型、加大教育和科技财政投入，积极参与国际直接投资，借鉴和引进国际科技前沿技术，提高全社会劳动生产率，夯实国家创新基础，不断增强国家创新基础竞争力。

9.3　印度尼西亚国家创新环境竞争力评价分析

9.3.1　印度尼西亚国家创新环境竞争力评价结果

2014～2015 年印度尼西亚国家创新环境竞争力及其下属 6 个三级指标的排位和排位变化情况，如表 9－5 所示。

（1）从排位变化比较看，2015 年印度尼西亚国家创新环境竞争力排名第 18 位，与 2014 年相比，排位保持不变，仍处于劣势地位。

（2）从指标所处区位来看，6 个三级指标中有 1 个强势指标，为企业平均税负水平；有 1 个优势指标，为每百人手机数；有 1 个中势指标，为 ISO 9001 质量体系认证数；其余 3 个指标为劣势指标。

表 9-5 印度尼西亚 2014~2015 年国家创新环境竞争力指标组排位及趋势

项目 年份	因特网用户比例		每百人手机数		企业开业程序		企业平均税负水平		在线公共服务指数		ISO 9001 质量体系认证数		创新环境竞争力	
	得分	排名	得分	排名	得分	排名	得分	排名	得分	排名	得分	排名	得分	排名
2014	0.0	19	51.7	8	16.7	15	86.3	4	0.0	19	1.5	14	26.0	18
2015	0.0	19	55.1	7	16.7	16	88.0	4	0.0	19	1.9	14	26.9	18
得分变化	0.0		3.4		0.0		1.7		0.0		0.4		0.9	
排名升降		0		1		-1		0		0		0		0
优劣度		劣势		优势		劣势		强势		劣势		中势		劣势

（3）从指标排位变化趋势看，在 6 个三级指标中，有 1 个指标处于上升趋势，为每百人手机数；有 1 个指标处于下降趋势，为企业开业程序；其余指标均保持不变。

（4）从指标排位变化的动因看，上升和下降的指标个数相同，保持指标占多数，印度尼西亚创新环境竞争力的综合排位保持不变，在 G20 中处于第 18 位。

（5）从三级指标结构特征看，在创新环境竞争力指标组的 6 个三级指标中，强势指标 1 个，占指标总数的 16.7%；优势指标 1 个，占指标总数的 16.7%；劣势指标有 3 个，占指标总数的 50.0%，劣势指标居于主导地位。上升指标 1 个，占指标总数的 16.7%；保持指标 4 个，占指标总数的 66.7%；下降指标 1 个，占指标总数的 16.7%；下降指标 1 个，占指标总数的 16.7%。上升和下降的指标个数相同，2015 年印度尼西亚国家创新环境竞争力综合排位与 2014 年相比保持不变。

9.3.2 印度尼西亚国家创新环境竞争力比较分析

图 9-5 反映了 2014~2015 年印度尼西亚国家创新环境竞争力与 G20 最高水平和平均水平的比较情况。

由图 9-5 可知，评价期内印度尼西亚国家创新环境竞争力得分均低于 30 分，处于较低水平。从创新环境竞争力的整体得分比较来看，2014 年印度尼西亚国家创新环境竞争力得分与 G20 最高分相比还有 42.3 分的差距，与 G20 平均分相比，低了 24.0 分；2015 年，印度尼西亚国家创新环境竞争力得分与 G20 最高分的差距为 44.6 分，低于 G20 平均分 25.5 分。总的来说，2014~2015 年印度

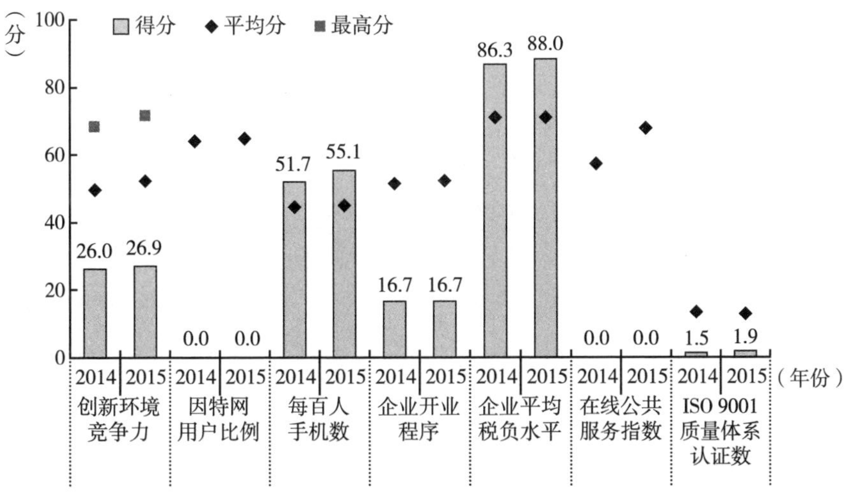

图 9－5　2014～2015 年印度尼西亚国家创新环境竞争力指标得分比较

尼西亚国家创新环境竞争力与最高分和平均分的差距扩大，排位保持不变。

从具体指标得分比较和变化趋势来看，印度尼西亚国家创新环境竞争力整体水平较低，仍处于劣势地位，这主要是由于因特网用户比例、企业开业程序和在线公共服务指数等指标处于劣势地位，因特网用户比例、企业开业程序、在线公共服务指数和 ISO 9001 质量体系认证数等指标均低于 G20 平均分，这限制了其创新环境竞争力的进一步提升。为巩固和提升印度尼西亚国家创新环境竞争力，应针对这些问题，着力提高网络使用率，加快信息高速公路建设，加大对创新型企业的科技和资金扶持力度，加强知识产权保护，重视创新人才的外引内育，营造有利于企业健康有序发展的良好创新氛围，不断优化国家创新环境，进一步增强国家创新环境竞争力。

9.4　印度尼西亚国家创新投入竞争力评价分析

9.4.1　印度尼西亚国家创新投入竞争力评价结果

2014～2015 年印度尼西亚国家创新投入竞争力及其下属 7 个三级指标的排位和排位变化情况，如表 9－6 所示。

表 9-6 印度尼西亚 2014~2015 年国家创新投入竞争力指标组排位及趋势

项目 年份	R&D经费支出总额		R&D经费支出占GDP比重		人均R&D经费支出		R&D人员		研究人员占从业人员比重		企业研发投入比重		风险资本交易占GDP比重		创新投入竞争力	
	得分	排名	得分	排名	得分	排名	得分	排名	得分	排名	得分	排名	得分	排名	得分	排名
2014	0.0	19	0.0	19	0.0	19	0.0	18	—	—	—	—	—	—	0.0	19
2015	0.0	19	0.0	19	0.0	19	0.0	18	—	—	—	—	1.5	14	0.3	19
得分变化	0.0		0.0		0.0		0.0		—		—		—		0.3	
排名升降		0		0		0		0		—		—		—		0
优劣度		劣势		劣势		劣势		劣势		—		—		中势		劣势

（1）从排位变化比较看，2015 年印度尼西亚国家创新投入竞争力排名第 19 位，与 2014 年相比，排位保持不变，处于劣势地位。

（2）从指标所处区位来看，有数据的 5 个三级指标中没有强势指标和优势指标；有 1 个指标是中势指标，为风险资本交易占 GDP 比重；其余 4 个指标均是劣势指标。

（3）从指标排位变化趋势看，有数据的 4 个三级指标都排位保持不变，无上升和下降指标。

（4）从指标排位变化的动因看，由于有 4 个三级指标的排位保持不变，印度尼西亚创新投入竞争力的综合排位保持不变，在 G20 中排名第 19 位。

（5）从三级指标结构特征看，在创新投入竞争力指标组有数据的三级指标中，没有强势指标和优势指标；劣势指标 4 个，占指标总数的 80.0%。没有上升和下降指标，保持指标 4 个，占有数据的指标总数的 100.0%。由于所有指标排位保持不变，2015 年印度尼西亚国家创新投入竞争力综合排位仍保持不变。

9.4.2 印度尼西亚国家创新投入竞争力比较分析

图 9-6 反映了 2014~2015 年印度尼西亚国家创新投入竞争力与 G20 最高水平和平均水平的比较情况。

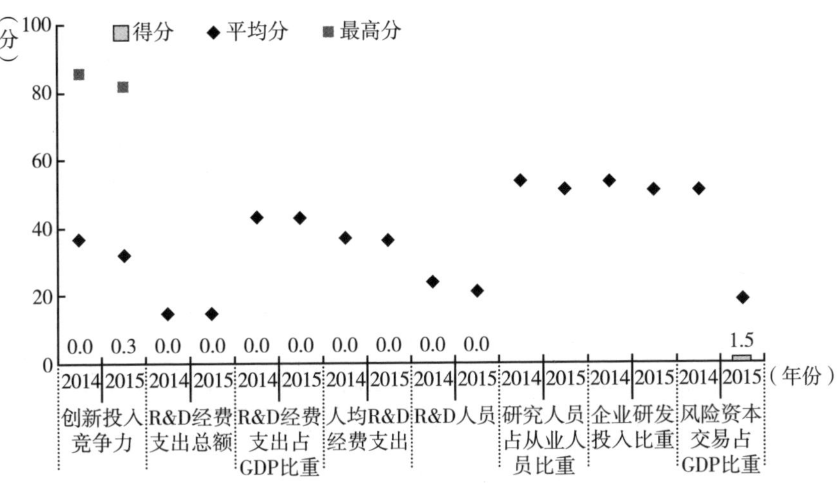

图 9－6　2014～2015 年印度尼西亚国家创新投入竞争力指标得分比较

由图 9－6 可知，评价期内印度尼西亚国家创新投入竞争力得分均低于 10 分，说明印度尼西亚国家创新投入竞争力处于较低水平。从创新投入竞争力的整体得分比较来看，2014 年印度尼西亚国家创新投入竞争力得分与 G20 最高分相比还有 85.6 分的差距，与 G20 平均分相比，则低了 36.5 分；到 2015 年，印度尼西亚国家创新投入竞争力得分与 G20 最高分的差距为 81.7 分，低于 G20 平均分 31.7 分。总的来说，2014～2015 年印度尼西亚国家创新投入竞争力与最高分和平均分的差距有所缩小，国家创新投入竞争力排位保持不变。

从具体指标得分比较和变化趋势来看，印度尼西亚国家创新投入竞争力整体水平较为稳定，仍处于劣势地位，这主要是由于大部分指标得分偏低，且所有三级指标得分都低于 G20 平均分。今后要特别关注这些问题，加大科技研发经费投入，鼓励多元化的创新研发投入，加大研发人员培养力度，高度重视研发人才队伍建设，不断增加国家创新投入，显著增强国家创新投入竞争力。

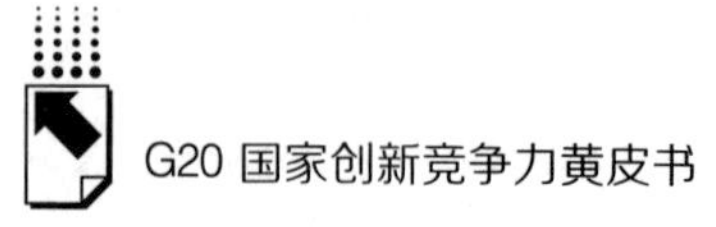

9.5 印度尼西亚国家创新产出竞争力评价分析

9.5.1 印度尼西亚国家创新产出竞争力评价结果

2014～2015 年印度尼西亚国家创新产出竞争力及其下属 7 个三级指标的排位和排位变化情况，如表 9－7 所示。

表 9－7 印度尼西亚 2014～2015 年国家创新产出竞争力指标组排位及趋势

项目 年份	专利授权数		科技论文发表数		专利和许可收入		高技术产品出口额		高技术产品出口比重		注册商标数		创意产品出口比重		创新产出竞争力	
	得分	排名	得分	排名	得分	排名	得分	排名	得分	排名	得分	排名	得分	排名	得分	排名
2014	0.0	19	0.0	19	0.0	17	2.4	14	24.3	15	3.4	17	61.5	9	13.1	13
2015	0.0	19	0.0	19	0.0	17	2.2	14	22.5	16	3.3	17	87.8	6	16.5	13
得分变化	0.0		0.0		0.0		－0.1		－1.9		－0.1		26.3		3.4	
排名升降		0		0		0		0		－1		0		3		0
优劣度		劣势		劣势		劣势		中势		劣势		劣势		优势		中势

（1）从排位变化比较看，2015 年印度尼西亚国家创新产出竞争力排名第 13 位，与 2014 年相比，排位保持不变，处于中势地位。

（2）从指标所处区位来看，7 个三级指标中没有强势指标；1 个指标是优势指标，为创意产品出口比重；1 个指标是中势指标，为高技术产品出口额；其余 5 个指标均为劣势指标。

（3）从指标排位变化趋势看，在 7 个三级指标中，有 1 个指标处于上升趋势，为创意产品出口比重；有 1 个指标处于下降趋势，为高技术产品出口比重。

（4）从指标排位变化的动因看，1 个三级指标的排位出现了上升，1 个三级指标的排位出现了下降，受指标排位升降的综合影响，印度尼西亚创新产出竞争力的综合排位保持不变，在 G20 中排名第 13 位。

（5）从三级指标结构特征看，在创新产出竞争力指标组的 7 个三级指标中，没有强势指标；优势指标有1个，占指标总数的14.3%；劣势指标5个，占指标总数的71.4%，强势和优势指标所占比重远远小于劣势指标的比重。上升指标1个，占指标总数的14.3%；下降指标1个，占指标总数的14.3%。上升和下降的指标个数相同且保持不变的指标占主体，2015年印度尼西亚国家创新产出竞争力综合排位保持不变。

9.5.2　印度尼西亚国家创新产出竞争力比较分析

图9－7反映了2014～2015年印度尼西亚国家创新产出竞争力与G20最高水平和平均水平的比较情况。

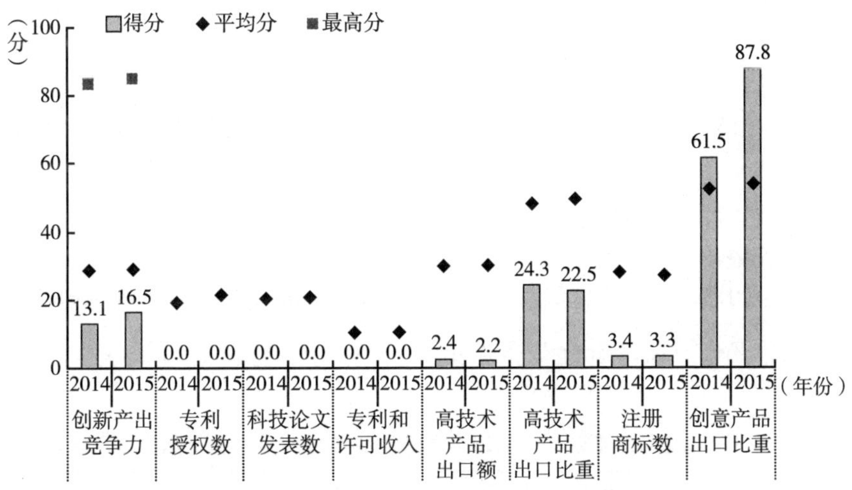

图9－7　2014～2015年印度尼西亚国家创新产出竞争力指标得分比较

由图9－7可知，评价期内印度尼西亚国家创新产出竞争力得分均低于20分，说明印度尼西亚国家创新产出竞争力处于较低水平。从创新产出竞争力的整体得分比较来看，2014年，印度尼西亚国家创新产出竞争力得分与G20最高分相比还有70.3分的差距，低于G20平均分15.4分；到2015年，印度尼西亚国家创新产出竞争力得分与G20最高分的差距为68.4分，低于G20平均分12.3分。总的来说，2014～2015年印度尼西亚国家创新产出竞争力与最高分和平均分的差距呈缩小趋势，但排位保持不变。

从具体指标得分比较和变化趋势来看，印度尼西亚国家创新产出竞争力整体水平没有发生明显变化，这主要是由于专利授权数、科技论文发表数、专利和许可收入、高技术产品出口额和注册商标数等指标得分偏低、排位靠后，且有 6 个三级指标得分低于 G20 平均分。因此，要进一步提升印度尼西亚的专利申请和授权量，增强企业和个人的专利创造和运用能力；完善知识产权激励机制，促进专利和许可收入增长；注重提升基础研究能力，提高科技论文等创新产出的数量和质量；优化出口贸易结构，加大高技术产品出口比重，突出高技术产品在对外贸易中的重要地位；推动实施商标战略，打造国际知名品牌。通过实施一系列的创新措施，切实提高国家创新产出，增强国家创新产出竞争力。

9.6 印度尼西亚国家创新持续竞争力评价分析

9.6.1 印度尼西亚国家创新持续竞争力评价结果

2014～2015 年印度尼西亚国家创新持续竞争力及其下属 6 个三级指标的排位和排位变化情况，如表 9－8 所示。

表 9－8 印度尼西亚 2014～2015 年国家创新持续竞争力指标组排位及趋势

项目 / 年份	公共教育经费支出总额		公共教育经费支出占 GDP 比重		人均公共教育经费支出额		高等教育毛入学率		科技人员增长率		科技经费增长率		创新持续竞争力	
	得分	排名	得分	排名	得分	排名	得分	排名	得分	排名	得分	排名	得分	排名
2014	1.1	17	0.0	19	1.9	18	15.4	15	—	—	40.6	13	11.8	19
2015	1.0	17	0.0	19	1.7	18	15.4	15	8.9	10	38.0	11	10.8	19
得分变化	-0.1		0.0		-0.2		0.0		—		-2.6		-1.0	
排名升降		0		0		0		0		—		2		0
优劣度		劣势		劣势		劣势		中势		优势		中势		劣势

（1）从排位变化比较看，2015 年印度尼西亚国家创新持续竞争力排名第 19 位，与 2014 年相比保持不变，处于劣势地位。

（2）从指标所处区位来看，6 个三级指标中没有强势指标；科技人员增长率为优势指标；高等教育毛入学率和科技经费增长率为中势指标；其余 3 个指标为劣势指标。

（3）从指标排位变化趋势看，在有数据的 5 个三级指标中，有 1 个指标处于上升趋势，为科技经费增长率；没有指标处于下降趋势；4 个指标保持不变，分别为公共教育经费支出总额、公共教育经费支出占 GDP 比重、人均公共教育经费支出额、高等教育毛入学率，这些是印度尼西亚创新持续竞争力排位保持不变的重要因素。

（4）从指标排位变化的动因看，没有三级指标的排位出现下降，4 个三级指标的排位保持不变，印度尼西亚创新持续竞争力的综合排位保持不变，在 G20 中排名第 19 位。

（5）从三级指标结构特征看，在创新持续竞争力指标组有数据的三级指标中，没有强势指标；优势指标 1 个，占指标总数的 16.7%；劣势指标 3 个，占指标总数的 50.0%，劣势指标所占比重远大于强势指标和优势指标所占比重；上升指标 1 个，占指标总数的 20.0%；没有下降指标。由于指标得分变化幅度较小，且排位保持的指标占主导地位，2015 年印度尼西亚国家创新持续竞争力综合排位保持不变。

9.6.2　印度尼西亚国家创新持续竞争力比较分析

图 9－8 反映了 2014～2015 年印度尼西亚国家创新持续竞争力与 G20 最高水平和平均水平的比较情况。

由图 9－8 可知，评价期内印度尼西亚国家创新持续竞争力得分均低于 20 分，说明印度尼西亚国家创新持续竞争力水平较低。从创新持续竞争力的整体得分比较来看，2014 年印度尼西亚国家创新持续竞争力得分与 G20 最高分相比还有 67.2 分的差距，高于 G20 平均分 32.0 分；到 2015 年，印度尼西亚国家创新持续竞争力得分与 G20 最高分的差距为 57.3 分，低于 G20 平均分 31.6 分。总的来说，2014～2015 年印度尼西亚国家创新持续竞争力与最高分、平均分的差距均呈缩小趋势，但排位保持不变。

从具体指标得分比较和变化趋势来看，印度尼西亚国家创新持续竞争力整

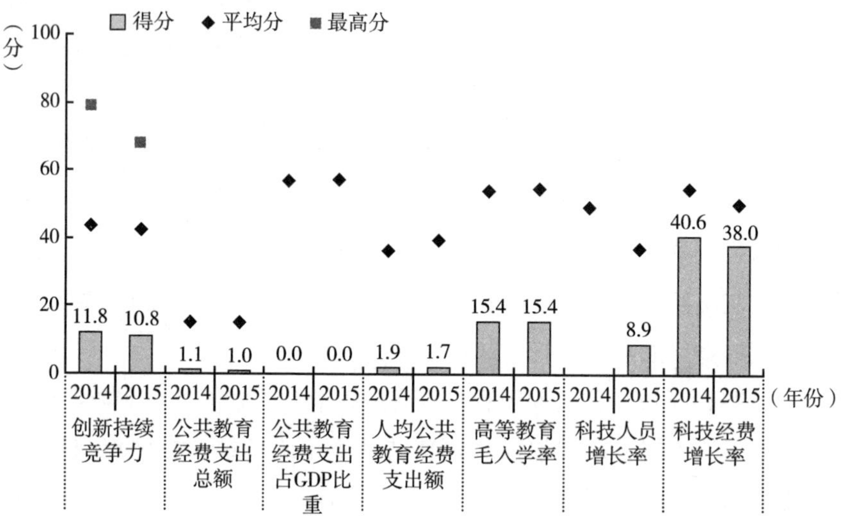

图 9－8　2014～2015 年印度尼西亚国家创新持续竞争力指标得分比较

体水平有所下降，这主要是由于公共教育经费支出总额、人均公共教育经费支出额和科技经费增长率等指标得分下降，6 个三级指标得分都低于 G20 平均分。针对这些问题，印度尼西亚应不断增加教育经费投入，提升科学家和工程师的待遇，加大培养科学家和工程师的力度，实现国家创新能力的可持续发展，显著增强国家创新持续竞争力。

Y.11
第 10 章
意大利国家创新竞争力评价分析报告

意大利的全称是“意大利共和国”，位于欧洲南部，由亚平宁半岛、西西里岛和萨丁岛等岛屿组成。意大利与法国、瑞士、奥地利、斯洛文尼亚接壤，东西南三面临亚得里亚海和第勒尼安海，国土面积约 30.13 万平方公里，80% 的国界线为海界，海岸线长 7200 多公里。2015 年意大利全国年末总人口约为 6073 万人，实现国内生产总值 18215 亿美元，人均 GDP 达到 29993 美元。本部分对意大利 2014 ~ 2015 年国家创新竞争力以及创新竞争力中各要素在 G20 中的排名变化进行比较，分析影响意大利国家创新竞争力发展变化的重要因素。

10.1 意大利国家创新竞争力总体评价分析

总体来看，2014 ~ 2015 年，意大利国家创新竞争力排名保持不变。其中，2014 年意大利国家创新竞争力排在第 10 名，2015 年意大利国家创新竞争力排位保持不变。

10.1.1 意大利国家创新竞争力概要分析

2014 ~ 2015 年，意大利国家创新竞争力 5 个二级指标得分及排序变化如图 10 - 1、图10 - 2和表 10 - 1 所示。

（1）从综合排位变化情况看，2015 年意大利国家创新竞争力综合排名在 G20 中依然处于第 10 位，与 2014 年相比，排位保持不变。

（2）从指标得分变化看，2015 年意大利国家创新竞争力得分 40.2 分，比 G20 最高分低 38.4 分，比平均分高 2.7 分；与 2014 年相比，意大利国家创新

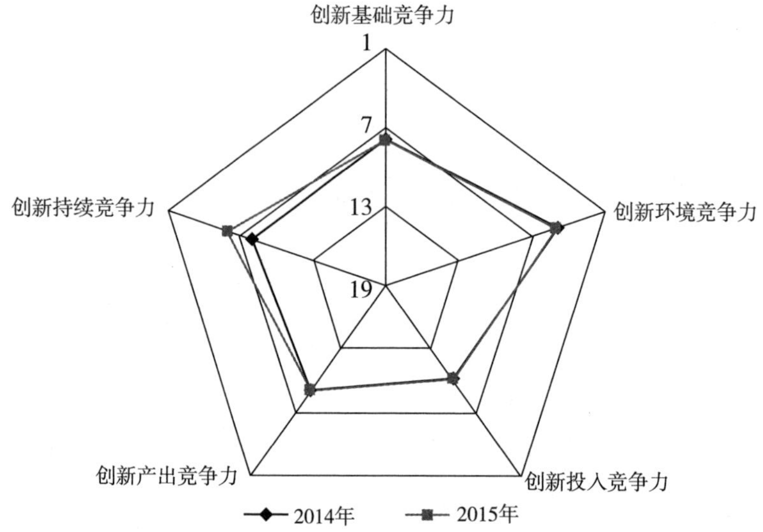

图 10－1 意大利国家创新竞争力二级指标排名雷达图

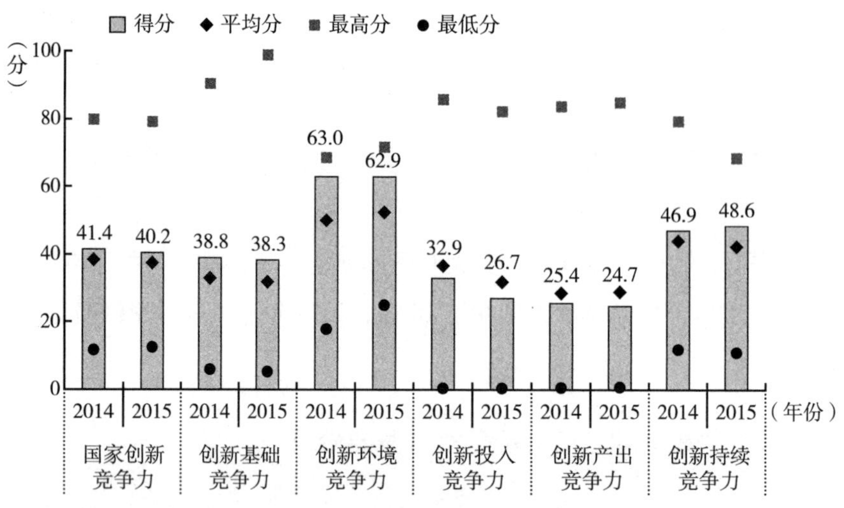

图 10－2 意大利国家创新竞争力得分变化趋势

竞争力得分下降了 1.2 分，与当年最高分的差距扩大了 0.4 分，相对 G20 平均分的优势也扩大了 0.4 分。

（3）从指标所处区位看，2015 年意大利国家创新竞争力的 5 个二级指标中，强势指标 1 个，为创新环境竞争力，优势指标 4 个，分别为创新基础竞争

表 10－1　意大利国家创新竞争力二级指标得分和排名

项目 年份	创新基础竞争力		创新环境竞争力		创新投入竞争力		创新产出竞争力		创新持续竞争力		创新竞争力	
	得分	排名	得分	排名	得分	排名	得分	排名	得分	排名	得分	排名
2014	38.8	8	63.0	5	32.9	10	25.4	9	46.9	8	41.4	10
2015	38.3	8	62.9	5	26.7	10	24.7	9	48.6	6	40.2	10
得分变化	－0.5		－0.1		－6.1		－0.7		1.7		－1.2	
排名升降		0		0		0		0		2		0
优劣度		优势		强势		优势		优势		优势		优势

力、创新投入竞争力、创新产出竞争力和创新持续竞争力，没有劣势指标。

（4）从指标排位变化趋势看，在 5 个二级指标中，没有下降趋势，有 1 个指标的排位处于上升趋势，为创新持续竞争力，创新基础竞争力、创新环境竞争力、创新投入竞争力和创新产出竞争力指标排位没有发生变化。

（5）从指标排位变化的动因看，1 个二级指标的排位出现了上升，4 个二级指标的排位保持不变，受多数二级指标排位保持不变的影响，2015 年意大利国家创新竞争力综合排位保持不变，在 G20 中排名第 10 位。

10.1.2　意大利国家创新竞争力各级指标动态变化分析

2014～2015 年意大利国家创新竞争力各级指标的动态变化及其结构，如图 10－3 和表 10－2 所示。

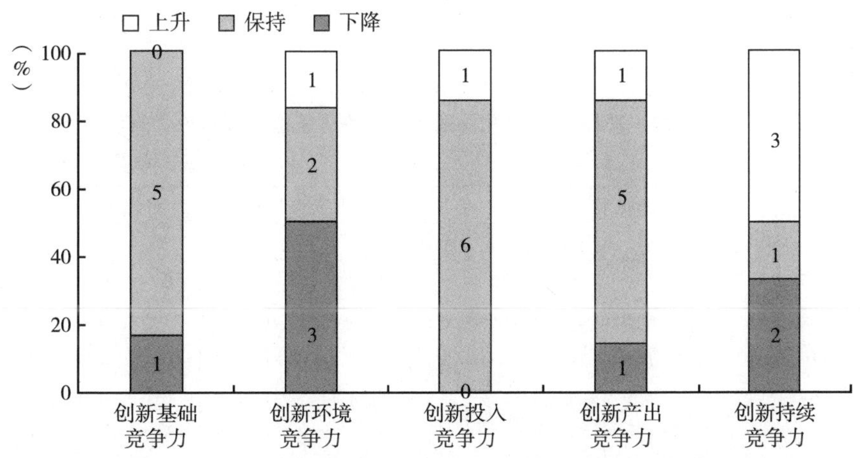

图 10－3　2014～2015 年意大利国家创新竞争力指标动态变化结构

表 10－2　2014～2015 年意大利国家创新竞争力各级指标排位变化态势比较

单位：个，%

二级指标	三级指标个数	上升		保持		下降		变化趋势
		个数	比重	个数	比重	个数	比重	
创新基础竞争力	6	0	0.0	5	83.3	1	16.7	保持
创新环境竞争力	6	1	16.7	2	33.3	3	50.0	保持
创新投入竞争力	7	1	14.3	6	85.7	0	0.0	保持
创新产出竞争力	7	1	14.3	5	71.4	1	14.3	保持
创新持续竞争力	6	3	50.0	1	16.7	2	33.3	上升
合计	32	6	18.8	19	59.4	7	21.9	保持

从图 10－3 可以看出，意大利国家创新竞争力的三级指标中上升指标的数量小于下降指标，但保持不变的指标居于主导地位。表 10－2 中的数据进一步显示，意大利国家创新竞争力有数据的 32 个三级指标中，上升的指标有 6 个，占指标总数的 18.8%；保持的指标有 19 个，占指标总数的 59.4%；下降的指标有 7 个，占指标总数的 21.9%。指标上升的数量小于下降的数量，但指标下降的幅度与上升的幅度相当，2015 年意大利国家创新竞争力排位保持不变，在 G20 中居第 10 位。

10.1.3　意大利国家创新竞争力各级指标优劣势结构分析

2014～2015 年意大利国家创新竞争力各级指标的优劣势变化及其结构，如表 10－3 所示。

表 10－3　2014～2015 年意大利国家创新竞争力各级指标排位优劣势比较

单位：个，%

二级指标	三级指标个数	强势		优势		中势		劣势		优劣度
		个数	比重	个数	比重	个数	比重	个数	比重	
创新基础竞争力	7	0	0.0	6	85.7	1	14.3	0	0.0	优势
创新环境竞争力	6	2	33.3	2	33.3	1	16.7	1	16.7	强势
创新投入竞争力	7	0	0.0	4	57.1	3	42.9	0	0.0	优势
创新产出竞争力	7	1	14.3	5	71.4	1	14.3	0	0.0	优势
创新持续竞争力	6	1	16.7	4	66.7	0	0.0	1	16.7	优势
合计	33	4	12.1	21	63.6	6	18.2	2	6.1	优势

从表 10－3 中的数据可以发现，在意大利国家创新竞争力的 33 个三级指标中，有 4 个强势指标，占指标总数的 12.1%；21 个优势指标，占指标总数的 63.6%；6 个中势指标，占指标总数的 18.2%；2 个劣势指标，占指标总数的 6.1%；强势指标和优势指标的数量之和约占三级指标总数的 75.8%，远远大于中势指标和劣势指标之和所占比例。在意大利国家创新竞争力的 5 个二级指标中，有 1 个强势指标，占二级指标总数的 20.0%；4 个优势指标，占二级指标总数的 80.0%；没有中势及劣势指标。在二级及三级指标中优势指标均占据主导地位，2014～2015 年意大利国家创新竞争力处于优势地位。

10.2　意大利国家创新基础竞争力评价分析

10.2.1　意大利国家创新基础竞争力评价结果

2014～2015 年意大利国家创新基础竞争力及其下属 7 个三级指标的排位和排位变化情况，如表 10－4 所示。

表 10－4　意大利 2014～2015 年国家创新基础竞争力指标组排位及趋势

项目 / 年份	GDP		人均 GDP		财政收入		人均财政收入		外国直接投资净值		受高等教育人员比重		全社会劳动生产率		创新基础竞争力	
	得分	排名	得分	排名	得分	排名	得分	排名	得分	排名	得分	排名	得分	排名	得分	排名
2014	10.6	8	55.9	8	16.8	7	72.0	7	6.7	12	—	—	70.8	7	38.8	8
2015	8.5	8	51.9	8	13.3	7	70.7	7	3.4	13	57.3	8	63.1	7	38.3	8
得分变化	-2.1		-4.0		-3.5		-1.3		-3.3		—		-7.8		-0.5	
排名升降		0		0		0		0		-1		—		0		0
优劣度		优势		优势		优势		优势		中势		优势		优势		优势

（1）从排位变化比较看，2015 年意大利国家创新基础竞争力在 G20 中排名第 8 位，与 2014 年相比，排位没有发生变化，仍然处于优势地位。

（2）从指标所处区位来看，意大利国家创新基础竞争力的 7 个三级指标中，没有强势指标；有 6 个优势指标，分别为 GDP、人均 GDP、财政收入、人均财政收入、受高等教育人员比重、全社会劳动生产率；有 1 个指标是中势指标，为外国直接投资净值。

（3）从指标排位变化趋势看，在有数据的 6 个三级指标中，有 1 个指标处于下降趋势，为外国直接投资净值；其余 5 个指标（GDP、人均 GDP、财政收入、人均财政收入及全社会劳动生产率）保持不变。

（4）从指标排位变化的动因看，由于三级指标排位升降的幅度较小，且大部分指标排位保持不变，意大利创新基础竞争力的综合排位保持不变，在 G20 中排名第 8 位。

（5）从三级指标结构特征看，在创新基础竞争力指标组有数据的三级指标中，没有强势指标；优势指标 6 个，占指标总数的 85.7%；中势指标 1 个，占指标总数的 14.3%，优势指标所占比重大于劣势指标的比重。没有上升指标；下降指标 1 个，占指标总数的 16.7%。指标排位上升的数量小于下降的数量，且排位不变的指标较多，2015 年意大利国家创新基础竞争力综合排位保持不变。

10.2.2 意大利国家创新基础竞争力比较分析

图 10－4 反映了 2014～2015 年意大利国家创新基础竞争力与 G20 最高水平和平均水平的比较情况。

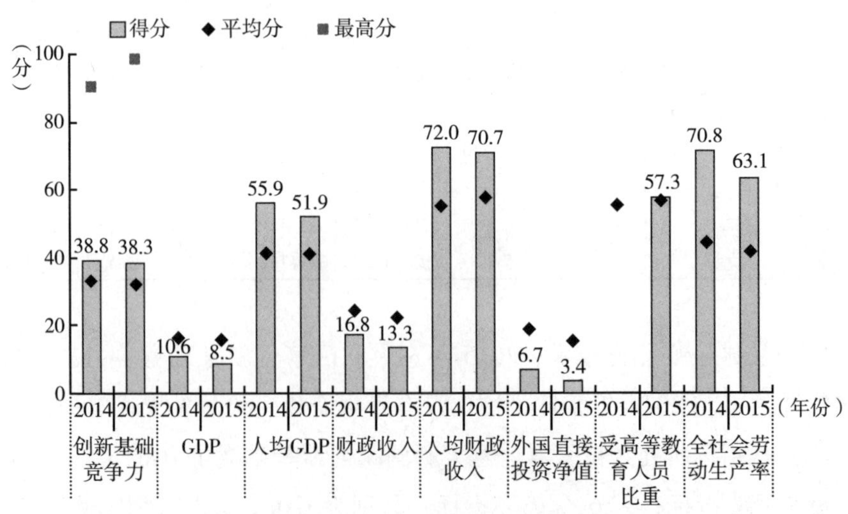

图 10－4　2014～2015 年意大利国家创新基础竞争力指标得分比较

从图 10-4 可以看出，2014~2015 年意大利国家创新基础竞争力得分均高于 30 分，说明意大利国家创新基础竞争力在 G20 中处于较高水平。从创新基础竞争力的整体得分比较来看，2014 年，意大利国家创新基础竞争力得分与 G20 最高分相比还有 51.2 分的差距，比 G20 平均分高 5.9 分；到 2015 年，意大利国家创新基础竞争力得分与 G20 最高分的差距为 60.3 分，比 G20 平均分高 6.5 分。总的来说，2014~2015 年意大利国家创新基础竞争力相比平均分的优势变化不大，其创新基础竞争力保持稳定。

从具体指标得分比较和变化趋势来看，意大利国家创新基础竞争力整体水平基本稳定，外国直接投资净值指标排位靠后，且 7 个指标中有 3 个指标得分低于 G20 平均分，创新基础竞争力缺乏上升的动力。因此，意大利在未来的科技创新活动中，应重点关注创新基础相关问题，继续扩大生产和加快企业战略转型、加大教育和科技财政投入，积极参与国际直接投资，借鉴和引进国际科技前沿技术，提高全社会劳动生产率，夯实国家创新基础，不断增强国家创新基础竞争力。

10.3　意大利国家创新环境竞争力评价分析

10.3.1　意大利国家创新环境竞争力评价结果

2014~2015 年意大利国家创新环境竞争力及其下属 6 个三级指标的排位和排位变化情况，如表 10-5 所示。

表 10-5　意大利 2014~2015 年国家创新环境竞争力指标组排位及趋势

项目 / 年份	因特网用户比例		每百人手机数		企业开业程序		企业平均税负水平		在线公共服务指数		ISO 9001 质量体系认证数		创新环境竞争力	
	得分	排名	得分	排名	得分	排名	得分	排名	得分	排名	得分	排名	得分	排名
2014	60.2	12	76.0	3	66.7	6	58.8	15	60.9	9	55.4	2	63.0	5
2015	62.3	12	65.0	5	66.7	7	59.4	16	79.6	8	44.5	2	62.9	5
得分变化	2.1		-10.9		0.0		0.6		18.6		-10.9		-0.1	
排名升降		0		-2		-1		-1		1		0		0
优劣度		中势		强势		优势		劣势		优势		强势		强势

（1）从排位变化比较看，2015 年意大利国家创新环境竞争力排名第 5 位，与 2014 年相比，排位保持不变，仍然处于强势地位。

（2）从指标所处区位来看，6 个三级指标中有 2 个强势指标，分别为每百人手机数和 ISO 9001 质量体系认证数；2 个优势指标，分别为企业开业程序和在线公共服务指数；1 个中势指标，为因特网用户比例；1 个劣势指标，为企业平均税负水平。

（3）从指标排位变化趋势看，在 6 个三级指标中，有 1 个指标处于上升趋势，为在线公共服务指数；有 3 个指标处于下降趋势，分别为每百人手机数、企业开业程序和企业平均税负水平；其余 2 个三级指标均保持不变。

（4）从指标排位变化的动因看，尽管 3 个三级指标的排位出现了下降，但受指标排位升降的综合影响，意大利创新环境竞争力综合排位保持不变，在 G20 中处于第 5 位。

（5）从三级指标结构特征看，在创新环境竞争力指标组的 6 个三级指标中，强势指标 2 个，占指标总数的 33.3%；优势指标 2 个，占指标总数的 33.3%；中势指标 1 个，占指标总数的 16.7%；劣势指标 1 个，占指标总数的 16.7%，强势和优势指标居于主导地位。上升指标 1 个，占指标总数的 16.7%；保持指标 2 个，占指标总数的 33.3%；下降指标 3 个，占指标总数的 50.0%。虽然指标排位上升的数量小于排位下降的数量，但受多种因素的影响，2015 年意大利国家创新环境竞争力综合排位与 2014 年相比保持不变。

10.3.2 意大利国家创新环境竞争力比较分析

图 10－5 反映了 2014～2015 年意大利国家创新环境竞争力与 G20 最高水平和平均水平的比较情况。

由图 10－5 可知，评价期内意大利国家创新环境竞争力得分均高于 60 分，在 G20 中处于较高水平。从创新环境竞争力的整体得分比较来看，2014 年，意大利国家创新环境竞争力得分与 G20 最高分相比还有 5.4 分的差距，与 G20 平均分相比，高出 13.0 分；2015 年，意大利国家创新环境竞争力得分与 G20 最高分的差距扩大为 8.6 分，高于 G20 平均分 10.5 分。总体来看，2014～

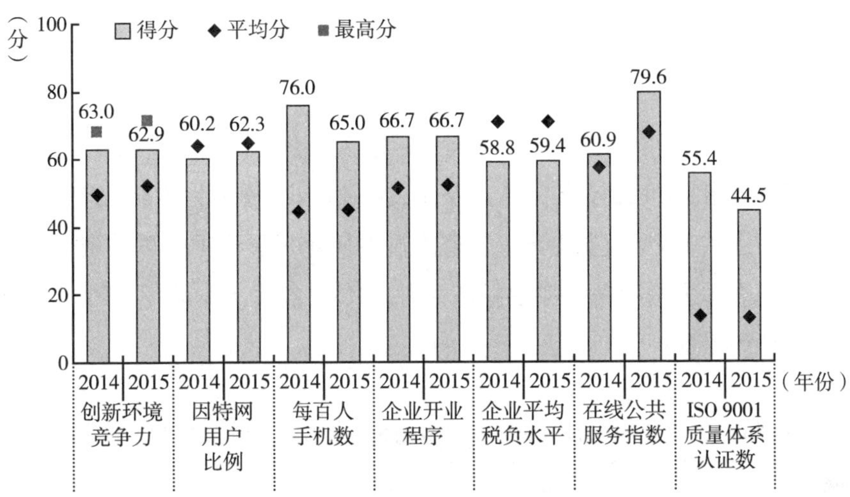

图 10－5　2014～2015 年意大利国家创新环境竞争力指标得分比较

2015 年意大利国家创新环境竞争力与 G20 最高分的差距呈扩大趋势，排位则保持不变。

从具体指标得分比较和变化趋势来看，意大利国家创新环境竞争力整体水平较高，仍处于强势地位，这主要是由于多数三级指标为强势和优势指标。与此同时，还应当注意因特网用户比例、企业平均税负水平两个三级指标得分均低于 G20 平均分，这限制了其创新环境竞争力的进一步提升。因此，为巩固和提升意大利国家创新环境竞争力，应针对这些问题，着力提高网络使用率，加快信息高速公路建设，加大对创新型企业的科技和资金扶持力度，加强知识产权保护，重视创新人才的外引内育，营造有利于企业健康有序发展的良好创新氛围，不断优化国家创新环境，进一步增强国家创新环境竞争力。

10.4　意大利国家创新投入竞争力评价分析

10.4.1　意大利国家创新投入竞争力评价结果

2014～2015 年意大利国家创新投入竞争力及其下属 7 个三级指标的排位

和排位变化情况，如表 10－6 所示。

（1）从排位变化比较看，2015 年意大利国家创新投入竞争力排名第 10 位，与 2014 年相比，排位保持不变，依然处于优势地位。

（2）从指标所处区位来看，意大利国家创新投入竞争力下属 7 个三级指标中没有强势指标和劣势指标；有 4 个优势指标，分别为 R&D 经费支出占 GDP 比重、人均 R&D 经费支出、研究人员占从业人员比重和风险资本交易占 GDP 比重；有 3 个指标是中势指标，分别为 R&D 经费支出总额、R&D 人员和企业研发投入比重。

表 10－6　意大利 2014～2015 年国家创新投入竞争力指标组排位及趋势

项目 年份	R&D 经费支出总额		R&D 经费支出占 GDP 比重		人均 R&D 经费支出		R&D 人员		研究人员占从业人员比重		企业研发投入比重		风险资本交易占 GDP 比重		创新投入竞争力	
	得分	排名	得分	排名	得分	排名	得分	排名	得分	排名	得分	排名	得分	排名	得分	排名
2014	5.9	11	34.3	10	30.5	9	7.6	12	68.6	9	43.0	11	40.1	11	32.9	10
2015	5.7	11	34.3	10	30.5	9	6.6	12	63.9	9	40.1	11	6.2	9	26.7	10
得分变化	-0.2		0.0		0.0		-1.1		-4.7		-3.0		-33.9		-6.1	
排名升降		0		0		0		0		0		0		2		0
优劣度		中势		优势		优势		中势		优势		中势		优势		优势

（3）从指标排位变化趋势看，在 7 个三级指标中，有 6 个指标排位保持不变，分别为 R&D 经费支出总额、R&D 经费支出占 GDP 比重、人均 R&D 经费支出、R&D 人员、研究人员占从业人员比重、企业研发投入比重；有 1 个指标处于上升趋势，为风险资本交易占 GDP 比重。

（4）从指标排位变化的动因看，受 6 个三级指标排位保持不变的影响，意大利创新投入竞争力的综合排位也保持不变，在 G20 中仍然排名第 10 位。

（5）从三级指标结构特征看，在创新投入竞争力指标组的 7 个三级指标中，没有强势指标；有优势指标 4 个，占指标总数的 57.1%；中势指标 3 个，占指标总数的 42.9%。上升指标 1 个，占指标总数的 14.3%；没有下降指标；排位保持不变的指标有 6 个，占指标总数的 85.7%。由于大部分指标排位保持不变，2015 年意大利国家创新投入竞争力综合排位仍保持不变。

10.4.2　意大利国家创新投入竞争力比较分析

图 10－6 反映了 2014～2015 年意大利国家创新投入竞争力与 G20 最高水平和平均水平的比较情况。

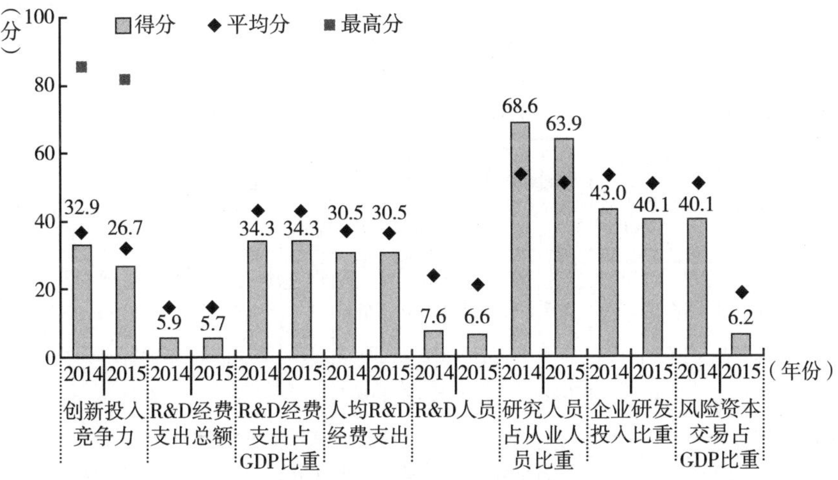

图 10－6　2014～2015 年意大利国家创新投入竞争力指标得分比较

从图 10－6 可以看出，2014～2015 年意大利国家创新投入竞争力得分均高于 20 分，说明意大利国家创新投入竞争力在 G20 中处于较高水平。从创新投入竞争力的整体得分比较来看，2014 年，意大利国家创新投入竞争力得分与 G20 最高分相比还有 52.8 分的差距，与 G20 平均分相比，低了 3.6 分；到 2015 年，意大利国家创新投入竞争力得分与 G20 最高分的差距扩大为 55.3 分，低于 G20 平均分 5.2 分。

从具体指标得分比较和变化趋势来看，意大利国家创新投入竞争力整体水平较为稳定，仍处于优势地位。但需要注意，意大利国家创新投入竞争力三级指标的得分大多低于 G20 平均分，其创新投入竞争力缺乏上升的动力。在未来的科技发展中，意大利应继续加大科技研发经费投入，鼓励多元化的创新研发投入，加大研发人员培养力度，高度重视研发人才队伍建设，不断增加创新投入，显著增强国家创新投入竞争力。

10.5 意大利国家创新产出竞争力评价分析

10.5.1 意大利国家创新产出竞争力评价结果

2014～2015 年意大利国家创新产出竞争力及其下属 7 个三级指标的排位和排位变化情况，如表 10－7 所示。

表 10－7 意大利 2014～2015 年国家创新产出竞争力指标组排位及趋势

项目 / 年份	专利授权数		科技论文发表数		专利和许可收入		高技术产品出口额		高技术产品出口比重		注册商标数		创意产品出口比重		创新产出竞争力	
	得分	排名	得分	排名	得分	排名	得分	排名	得分	排名	得分	排名	得分	排名	得分	排名
2014	6.3	9	14.9	8	2.5	8	15.3	10	25.3	14	40.9	5	72.5	8	25.4	9
2015	6.7	9	15.5	8	2.4	8	14.4	9	24.8	15	39.8	5	69.5	8	24.7	9
得分变化	0.4		0.6		-0.1		-0.9		-0.5		-1.1		-3.1		-0.7	
排名升降		0		0		0		1		-1		0		0		0
优劣度		优势		优势		优势		优势		中势		强势		优势		优势

（1）从排位变化比较看，2015 年意大利国家创新产出竞争力排名第 9 位，与 2014 年相比，排位保持不变，依然处于优势地位。

（2）从指标所处区位来看，意大利国家创新产出竞争力 7 个三级指标中没有劣势指标；1 个指标是强势指标，为注册商标数；5 个指标是优势指标，分别为专利授权数、科技论文发表数、专利和许可收入、高技术产品出口额和创意产品出口比重；其余 1 个指标是中势指标，为高技术产品出口比重。

（3）从指标排位变化趋势看，在 7 个三级指标中，有 1 个指标处于上升趋势，为高技术产品出口额；有 1 个指标处于下降趋势，为高技术产品出口比重，其余三级指标排位保持稳定。

（4）从指标排位变化的动因看，1 个三级指标的排位出现了上升，1 个三级指标的排位出现了下降，5 个三级指标排位不变，意大利创新产出竞争力的综合排位保持不变，在 G20 中仍然排名第 9 位。

（5）从三级指标结构特征看，在创新产出竞争力指标组的 7 个三级指标中，有强势指标 1 个，占指标总数的 14.3%；优势指标 5 个，占指标总数的 71.4%；中势指标 1 个，占指标总数的 14.3%，强势和优势指标所占比重远远大于劣势指标的比重。上升指标 1 个，占指标总数的 14.3%；下降指标 1 个，占指标总数的 14.3%。受三级指标升降的综合影响，2015 年意大利国家创新产出竞争力综合排位继续保持不变。

10.5.2　意大利国家创新产出竞争力比较分析

图 10－7 反映了 2014～2015 年意大利国家创新产出竞争力与 G20 最高水平和平均水平的比较情况。

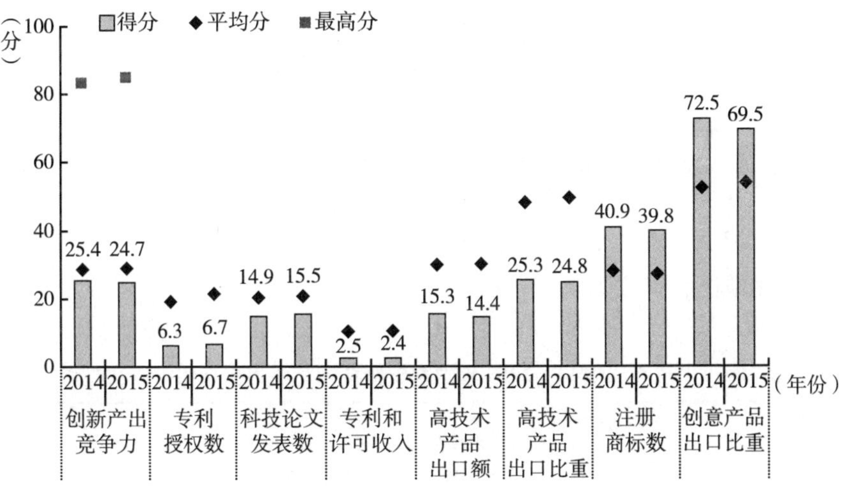

图 10－7　2014～2015 年意大利国家创新产出竞争力指标得分比较

由图 10－7 可知，2014～2015 年意大利国家创新产出竞争力得分均高于 20 分，说明意大利国家创新产出竞争力处于较高水平。从创新产出竞争力的整体得分比较来看，2014 年，意大利国家创新产出竞争力得分与 G20 最高分相比存在 58.0 分的差距，并且低于 G20 平均分 3.1 分；到 2015 年，意大利国家创新产出竞争力得分与 G20 最高分的差距扩大为 60.2 分，低于 G20 平均分 4.1 分。总的来说，2014 ~2015 年意大利国家创新产出竞争力得分与 G20 最高分和平均分的差距呈扩大趋势，但排位保持不变。

从具体指标得分比较和变化趋势来看，虽然意大利国家创新产出竞争力整体水平没有发生明显变化，但是创新产出竞争力得分出现下降，这主要是由于专利授权数、科技论文发表数、专利和许可收入、高技术产品出口额和高技术产品出口比重等指标得分偏低、排位靠后。因此，应进一步提升意大利的专利申请和授权量，增强企业和个人的专利创造和运用能力；完善知识产权激励机制，促进专利和许可收入增长；注重提升基础研究能力，提高科技论文等创新产出的数量和质量；优化出口贸易结构，加大高技术产品出口比重，突出高技术产品在对外贸易中的重要地位；推动实施商标战略，打造国际知名品牌。通过实施一系列的创新措施，切实提高国家创新产出，增强国家创新产出竞争力。

10.6 意大利国家创新持续竞争力评价分析

10.6.1 意大利国家创新持续竞争力评价结果

2014 ~2015 年意大利国家创新持续竞争力及其下属 6 个三级指标的排位和排位变化情况，如表 10 -8 所示。

表 10 -8 意大利 2014 ~2015 年国家创新持续竞争力指标组排位及趋势

项目 年份	公共教育经费支出总额		公共教育经费支出占 GDP 比重		人均公共教育经费支出额		高等教育毛入学率		科技人员增长率		科技经费增长率		创新持续竞争力	
	得分	排名	得分	排名	得分	排名	得分	排名	得分	排名	得分	排名	得分	排名
2014	8.3	10	30.5	15	40.4	8	57.6	10	99.3	2	45.3	11	46.9	8
2015	8.1	9	31.7	16	44.0	7	57.6	10	95.9	3	54.2	10	48.6	6
得分变化	-0.2		1.1		3.7		0.0		-3.4		9.0		1.7	
排名升降		1		-1		1		0		-1		1		2
优劣度		优势		劣势		优势		优势		强势		优势		优势

（1）从排位变化比较看，2015 年意大利国家创新持续竞争力排名第 6 位，比 2014 年上升了 2 位，处于优势地位。

（2）从指标所处区位来看，6 个三级指标中有 1 个强势指标，是科技人员增长率；有 4 个优势指标，分别为公共教育经费支出总额、人均公共教育经费支出额、高等教育毛入学率和科技经费增长率；没有中势指标；其余 1 个指标为劣势指标。

（3）从指标排位变化趋势看，在 6 个三级指标中，有 3 个指标呈现上升趋势，分别为公共教育经费支出总额、人均公共教育经费支出额和科技经费增长率；有 2 个指标呈现下降趋势，分别为公共教育经费支出占 GDP 比重、科技人员增长率。

（4）从指标排位变化的动因看，有 2 个三级指标的排位出现了下降，有 3 个三级指标的排位出现了上升，受指标排位升降的综合影响，意大利创新持续竞争力的综合排位上升，在 G20 中排名第 6 位。

（5）从三级指标结构特征看，在创新持续竞争力指标组的 6 个三级指标中，有强势指标 1 个，占指标总数的 16. 7%；优势指标 4 个，占指标总数的 66. 7%；劣势指标 1 个，占指标总数的 16. 7%，强势指标和优势指标所占比重大于劣势指标的比重。上升指标 3 个，占指标总数的 50. 0%；下降指标 2 个，占指标总数的 33. 3%。由于指标排位下降的数量小于排位上升的数量，2015 年意大利国家创新持续竞争力综合排位比 2014 年上升了 2 位。

10. 6. 2　意大利国家创新持续竞争力比较分析

图 10 - 8 反映了 2014 ~ 2015 年意大利国家创新持续竞争力与 G20 最高水平和平均水平的比较情况。

由图 10 - 8 可知，评价期内意大利国家创新持续竞争力得分处于上升趋势，说明意大利国家创新持续竞争力水平有所上升。从创新持续竞争力的整体得分比较来看，2014 年，意大利国家创新持续竞争力得分与 G20 最高分相比还有 32. 2 分的差距，高于 G20 平均分 3. 1 分；到 2015 年，意大利国家创新持续竞争力得分与 G20 最高分的差距缩小为 19. 5 分，高于 G20 平均分 6. 2 分。

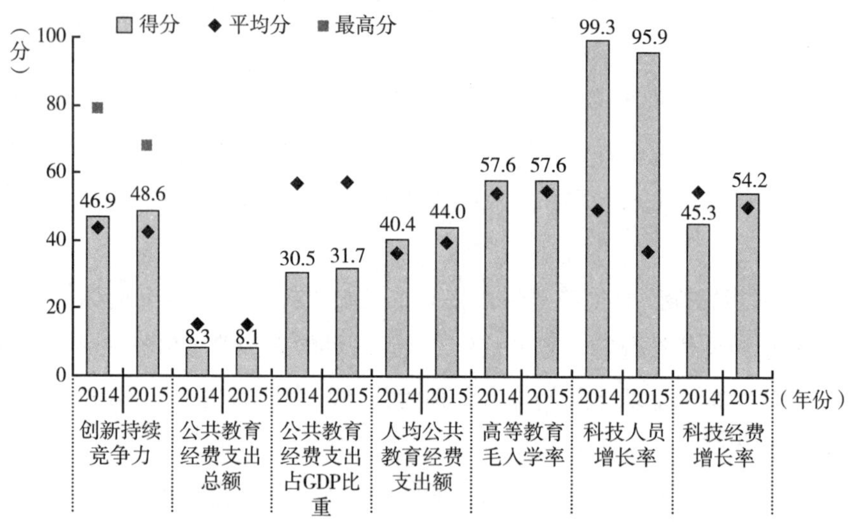

图 10－8　2014～2015 年意大利国家创新持续竞争力指标得分比较

总的来说，2014～2015 年意大利国家创新持续竞争力与最高分的差距呈缩小趋势，领先于平均分的优势呈扩大趋势，因此综合排位处于上升趋势。

从具体指标得分比较和变化趋势来看，虽然意大利公共教育经费支出总额、公共教育经费支出占 GDP 比重两项指标得分还低于 G20 平均分，但在公共教育经费支出占 GDP 比重、人均公共教育经费支出额和科技经费增长率等指标得分显著上升的拉动下，意大利国家创新持续竞争力整体水平出现了明显上升。为继续巩固这一优势，保持创新持续竞争力的上升态势，意大利应合理增加教育经费投入，加大培养科学家和工程师的力度，实现国家创新能力的可持续发展，显著增强国家创新持续竞争力。

Y.12
第 11 章
日本国家创新竞争力评价分析报告

日本是位于亚洲大陆东岸外的太平洋岛国，领土由北海道、本州、四国、九州四个大岛和三千多个小岛组成，国土面积约 37.8 万平方公里，海岸线长 33889 公里。2015 年全国年末总人口为 12696 万人，实现国内生产总值 43831 亿美元，人均 GDP 达到 34524 美元。本部分通过对日本 2014～2015 年国家创新竞争力以及创新竞争力各要素在 G20 中的排名变化分析，从中找出日本国家创新竞争力的推动点及影响因素。

11.1 日本国家创新竞争力总体评价分析

2014～2015 年，日本国家创新竞争力排名略有下降。2014 年，日本国家创新竞争力在 G20 中排名第 3 位，到了 2015 年，排名第 5 位，排位下降了 2 位。

11.1.1 日本国家创新竞争力概要分析

日本国家创新竞争力在 G20 中所处的位置及 5 个二级指标的得分和排位变化如图 11－1、图 11－2 和表 11－1 所示。

（1）从综合排位变化看，2015 年日本国家创新竞争力综合排名在 G20 中处于第 5 位，与 2014 年相比，排位下降了 2 位。

（2）从指标得分看，2015 年日本国家创新竞争力得分为 51.6 分，比 G20 最高分低 27 分，比平均分高 14.2 分；与 2014 年相比，日本国家创新竞争力得分下降了 2.6 分，与当年最高分的差距扩大了 1.9 分，相比 G20 平均分的优势缩小了 1.7 分。

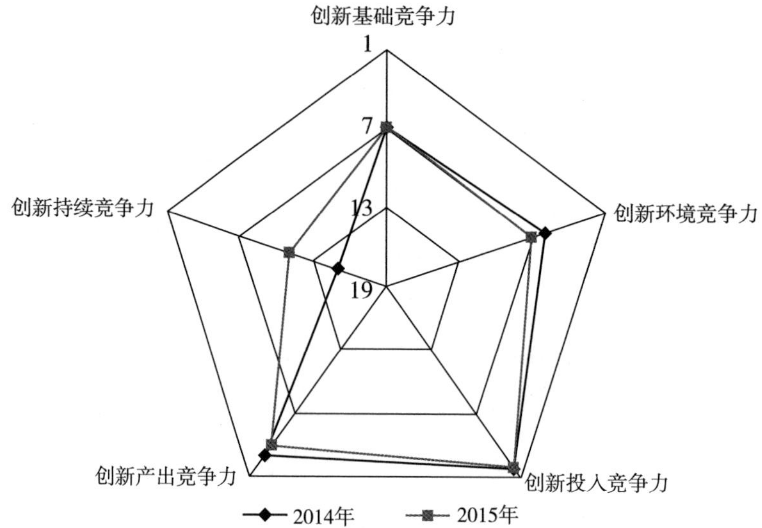

图 11－1　日本国家创新竞争力二级指标排名雷达图

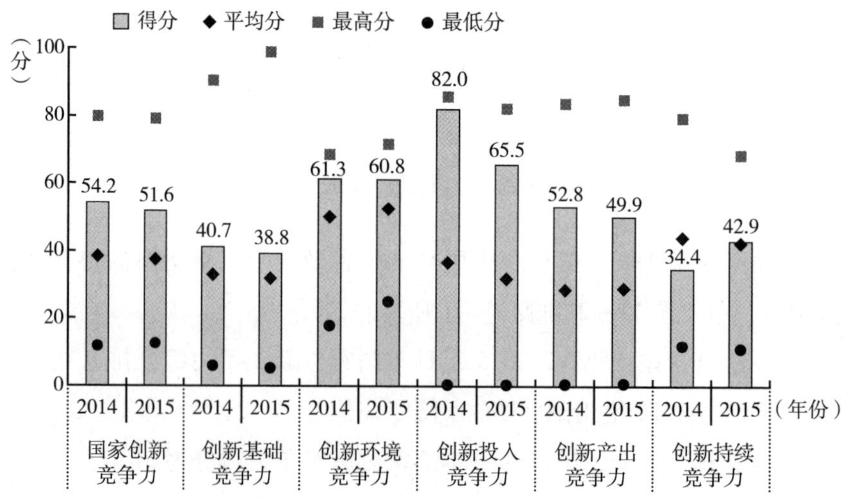

图 11－2　日本国家创新竞争力得分变化趋势

表 11－1　日本国家创新竞争力二级指标得分和排名

年份＼项目	创新基础竞争力		创新环境竞争力		创新投入竞争力		创新产出竞争力		创新持续竞争力		创新竞争力	
	得分	排名	得分	排名	得分	排名	得分	排名	得分	排名	得分	排名
2014	40.7	7	61.3	6	82.0	2	52.8	3	34.4	15	54.2	3
2015	38.8	7	60.8	7	65.5	2	49.9	4	42.9	11	51.6	5
得分变化	－1.9		－0.5		－16.5		－2.9		8.5		－2.6	
排名升降		0		－1		0		－1		4		－2
优劣度		优势		优势		强势		强势		中势		强势

（3）从指标所处区位看，2015 年日本国家创新竞争力的 5 个二级指标中，强势指标 2 个，为创新投入竞争力和创新产出竞争力；优势指标 2 个，为创新基础竞争力和创新环境竞争力；中势指标 1 个，为创新持续竞争力。

（4）从指标排位变化趋势看，在 5 个二级指标中，有 1 个指标的排位处于上升趋势，为创新持续竞争力；有 2 个指标的排位处于下降趋势，分别为创新环境竞争力和创新产出竞争力，这些是日本国家创新竞争力下降的拉力，创新基础竞争力和创新投入竞争力指标排位没有发生变化。

（5）从指标排位变化的动因看，由于上升指标的个数小于下降指标的个数，下降的拉力较大，2015 年日本国家创新竞争力的综合排位下降了 2 位，在 G20 中从第 3 位下降到第 5 位。

11.1.2　日本国家创新竞争力各级指标动态变化分析

2014～2015 年日本国家创新竞争力各级指标的动态变化及其结构，如图 11－3 和表 11－2 所示。

从图 11－3 可以看出，日本国家创新竞争力的三级指标中，上升指标的数量小于下降指标的数量，保持不变的指标居于主导地位。表 11－2 中的数据进一步显示，日本国家创新竞争力有数据的 32 个三级指标中，上升的指标有 3 个，占指标总数的 9.4%；保持的指标有 20 个，占指标总数的 62.5%；下降的指标有 9 个，占指标总数的 28.1%。由于指标上升的数量小于下降的数量，上升的动力小于下降的拉力，2015 年日本国家创新竞争力排位下降了 2 位，在 G20 中居第 5 位。

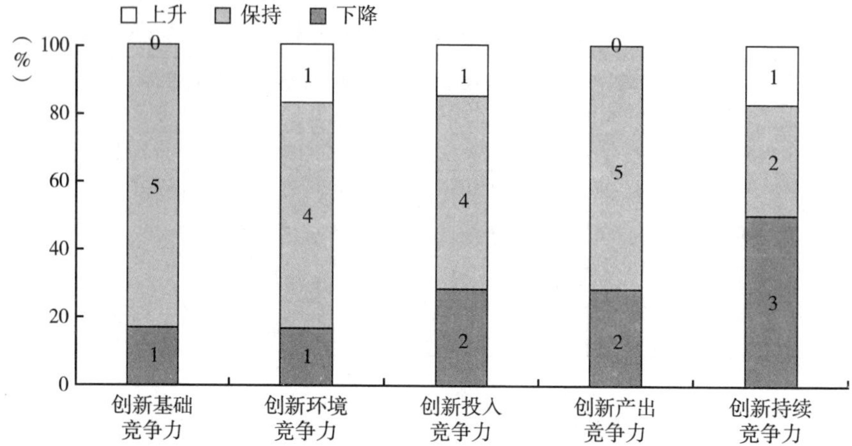

图 11-3　2014~2015 年日本国家创新竞争力指标动态变化结构

表 11-2　2014~2015 年日本国家创新竞争力各级指标排位变化态势比较

单位：个，%

二级指标	三级指标个数	上升		保持		下降		变化趋势
		个数	比重	个数	比重	个数	比重	
创新基础竞争力	6	0	0.0	5	83.3	1	16.7	保持
创新环境竞争力	6	1	16.7	4	66.7	1	16.7	下降
创新投入竞争力	7	1	14.3	4	57.1	2	28.6	保持
创新产出竞争力	7	0	0.0	5	71.4	2	28.6	下降
创新持续竞争力	6	1	16.7	2	33.3	3	50.0	上升
合计	32	3	9.4	20	62.5	9	28.1	下降

11.1.3　日本国家创新竞争力各级指标优劣势结构分析

2014~2015 年日本国家创新竞争力各级指标的优劣势变化及其结构，如表 11-3 所示。

表 11-3　2014~2015 年日本国家创新竞争力各级指标排位优劣势比较

单位：个，%

二级指标	三级指标个数	强势		优势		中势		劣势		优劣度
		个数	比重	个数	比重	个数	比重	个数	比重	
创新基础竞争力	6	2	33.3	3	50.0	0	0.0	1	16.7	优势
创新环境竞争力	6	2	33.3	2	33.3	2	33.3	0	0.0	优势

续表

二级指标	三级指标个数	强势		优势		中势		劣势		优劣度
		个数	比重	个数	比重	个数	比重	个数	比重	
创新投入竞争力	7	6	85.7	1	14.3	0	0.0	0	0.0	强势
创新产出竞争力	7	3	42.9	4	57.1	0	0.0	0	0.0	强势
创新持续竞争力	6	2	33.3	2	33.3	0	0.0	2	33.3	中势
合计	32	15	46.9	12	37.5	2	6.3	3	9.4	强势

从表 11－3 中的数据可以看出，日本国家创新竞争力有数据的 32 个三级指标中，强势指标 15 个，占指标总数的 46.9%；优势指标 12 个，占指标总数的 37.5%；中势指标 2 个，占指标总数的 6.3%；劣势指标 3 个，占指标总数的 9.4%；强势指标和优势指标的数量之和约占指标总数的 84.4%，远远大于中势指标和劣势指标之和所占比重。从二级指标来看，强势指标 2 个，占二级指标总数的 40%；优势指标 2 个，占二级指标总数的 40%；中势指标 1 个，占二级指标总数的 20%；没有劣势指标。由于强势指标和优势指标在指标体系中居于主导地位，2014～2015 年日本国家创新竞争力处于强势地位。

11.2　日本国家创新基础竞争力评价分析

11.2.1　日本国家创新基础竞争力评价结果

2014～2015 年日本国家创新基础竞争力及其下属 7 个三级指标的排位和排位变化情况，如表 11－4 所示。

表 11－4　日本 2014～2015 年国家创新基础竞争力指标组排位及趋势

项目 / 年份	GDP		人均 GDP		财政收入		人均财政收入		外国直接投资净值		受高等教育人员比重		全社会劳动生产率		创新基础竞争力	
	得分	排名	得分	排名	得分	排名	得分	排名	得分	排名	得分	排名	得分	排名	得分	排名
2014	26.4	3	60.5	7	30.9	3	58.1	8	7.2	11	—	—	61.2	8	40.7	7
2015	23.0	3	60.2	7	27.5	3	63.9	8	0.0	19	—	—	58.4	8	38.8	7
得分变化	-3.4		-0.3		-3.4		5.8		-7.2		—		-2.7		-1.9	
排名升降		0		0		0		0		-8		—		0		0
优劣度		强势		优势		强势		优势		劣势		—		优势		优势

（1）从排位变化比较看，2015 年日本国家创新基础竞争力排名第 7 位，与 2014 年相比，排位没有发生变化，仍处于优势地位。

（2）从指标所处区位来看，有数据的 6 个三级指标中有 2 个强势指标，为 GDP 和财政收入；有 3 个优势指标，分别为人均 GDP、人均财政收入和全社会劳动生产率；没有中势指标；只有 1 个劣势指标，为外国直接投资净值。

（3）从指标排位变化趋势看，在有数据的 6 个三级指标中，只有外国直接投资净值指标排位下降，其他指标排位均保持不变。

（4）从指标排位变化的动因看，由于大部分指标排位保持不变，日本创新基础竞争力的综合排位也保持不变，在 G20 中排名第 7 位。

（5）从三级指标结构特征看，在创新基础竞争力指标组有数据的 6 个三级指标中，有 2 个强势指标，占指标总数的 33.3%；优势指标 3 个，占指标总数的 50%；劣势指标 1 个，占指标总数的 16.7%，强势和优势指标所占比重大于劣势指标的比重。没有上升指标；保持不变的指标有 5 个，占指标总数的 83.3%；下降指标 1 个，占指标总数的 16.7%。多数三级指标排位保持不变，2015 年日本国家创新基础竞争力综合排位保持不变。

11.2.2 日本国家创新基础竞争力比较分析

图 11－4 反映了 2014～2015 年日本国家创新基础竞争力与 G20 最高水平和平均水平的比较情况。

由图 11－4 可知，评价期内日本国家创新基础竞争力得分均高于 G20 平均分，说明日本国家创新基础竞争力处于较高水平。从创新基础竞争力的整体得分比较来看，2014 年，日本国家创新基础竞争力得分与 G20 最高分相比还有 49.3 分的差距，比 G20 平均分高 7.9 分；到 2015 年，日本国家创新基础竞争力得分与 G20 最高分的差距为 59.8 分，比 G20 平均分高 7 分。总的来说，2014～2015 年日本国家创新基础竞争力与平均分的差距变化不大，其创新基础竞争力比较稳定。

从具体指标得分比较和变化趋势来看，日本国家创新基础竞争力整体水平基本稳定，虽然多数三级指标得分高于 G20 平均分，但是 GDP、人均 GDP、财政收入、人均财政收入、全社会劳动生产率等指标排位保持不变，缺乏排位

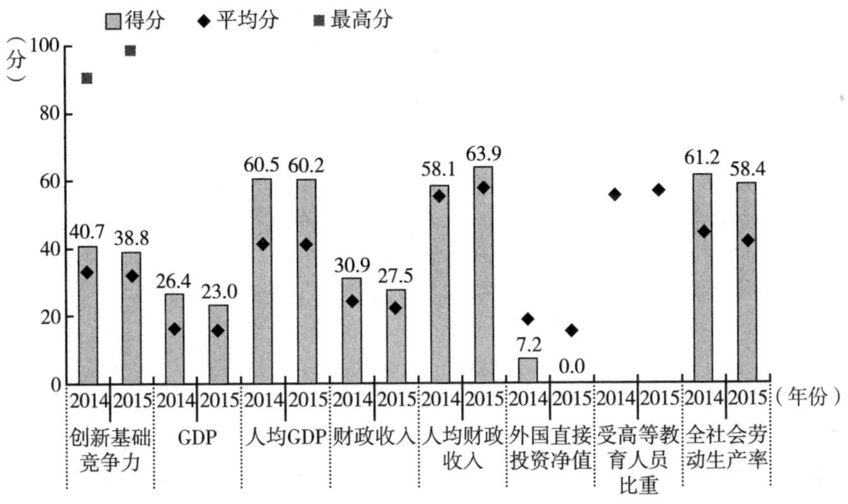

图 11－4　2014～2015 年日本国家创新基础竞争力指标得分比较

上升的动力。在下一步的科技创新活动中，要进一步加大教育和科技财政投入，引导更多的外国资本和社会资金投入科技创新活动，强化对先进技术和前沿技术的攻关，提高全社会劳动生产率，夯实国家创新基础，不断增强日本国家创新基础竞争力。

11.3　日本国家创新环境竞争力评价分析

11.3.1　日本国家创新环境竞争力评价结果

2014～2015 年日本国家创新环境竞争力及其下属 6 个三级指标的排位和排位变化情况，如表 11－5 所示。

（1）从排位变化比较看，2015 年日本国家创新环境竞争力排名第 7 位，与 2014 年相比，排位下降了 1 位，但仍处于优势地位。

（2）从指标所处区位来看，6 个三级指标中有 2 个强势指标，分别为因特网用户比例和 ISO 9001 质量体系认证数；有 2 个优势指标，为每百人手机数和在线公共服务指数；其余 2 个指标为中势指标。

表 11－5　日本 2014～2015 年国家创新环境竞争力指标组排位及趋势

项目 年份	因特网用户比例		每百人手机数		企业开业程序		企业平均税负水平		在线公共服务指数		ISO 9001 质量体系认证数		创新环境竞争力	
	得分	排名	得分	排名	得分	排名	得分	排名	得分	排名	得分	排名	得分	排名
2014	96.6	2	45.4	10	50.0	11	70.8	12	90.6	3	14.3	4	61.3	6
2015	98.7	2	49.2	9	50.0	11	71.1	12	80.7	7	15.2	4	60.8	7
得分变化	2.0		3.8		0.0		0.3		-9.9		0.9		-0.5	
排名升降		0		1		0		0		-4		0		-1
优劣度		强势		优势		中势		中势		优势		强势		优势

（3）从指标排位变化趋势看，在 6 个三级指标中，有 1 个指标排位上升，为每百人手机数；有 1 个指标排位下降，为在线公共服务指数；其余指标排位均保持不变。

（4）从指标排位变化的动因看，由于指标排位下降的幅度较大，日本创新环境竞争力的综合排位下降了 1 位，在 G20 中处于第 7 位。

（5）从三级指标结构特征看，在创新环境竞争力指标组的 6 个三级指标中，强势指标 2 个，占指标总数的 33.3%；优势指标 2 个，占指标总数的 33.3%；没有劣势指标，强势和优势指标居于主导地位。上升指标 1 个，占指标总数的 16.7%；保持指标 4 个，占指标总数的 66.7%；下降指标 1 个，占指标总数的 16.7%。虽然指标排位上升的数量等于排位下降的数量，但由于下降的幅度较大，2015 年日本国家创新环境竞争力综合排位与 2014 年相比下降了 1 位。

11.3.2　日本国家创新环境竞争力比较分析

图 11－5 反映了 2014～2015 年日本国家创新环境竞争力与 G20 最高水平和平均水平的比较情况。

由图 11－5 可知，评价期内日本国家创新环境竞争力得分均高于 G20 平均分，处于较高水平。从创新环境竞争力的整体得分比较来看，2014 年，日本国家创新环境竞争力得分与 G20 最高分相比还有 7.1 分的差距，与 G20 平均分相比，高出 11.3 分；2015 年，日本国家创新环境竞争力得分与

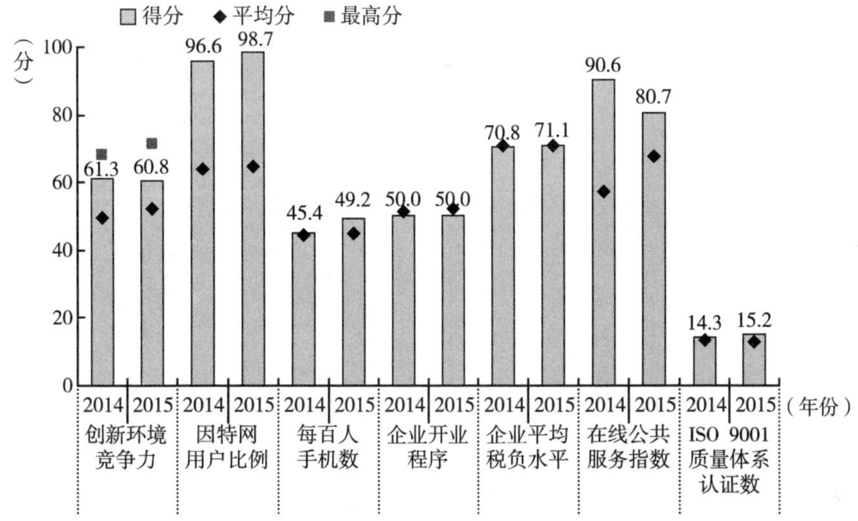

图 11－5　2014～2015 年日本国家创新环境竞争力指标得分比较

G20 最高分的差距为 10.7 分，高于 G20 平均分 8.4 分。总的来说，2014～2015 年日本国家创新环境竞争力与最高分的差距呈扩大趋势，排位呈现下降趋势。

从具体指标得分比较和变化趋势来看，日本国家创新环境竞争力整体水平较高，仍处于优势地位，这主要是由于因特网用户比例和 ISO 9001 质量体系认证数等指标处于强势地位。为巩固和提升日本国家创新环境竞争力，应着力提高其在线公共服务能力，加强信息基础设施建设，普及信息化。加大对创新型企业的科技和资金扶持力度，加强知识产权保护，提高政府部门服务于创新的效率和水平，营造有利于企业健康有序发展的良好创新氛围，不断优化国家创新环境，进一步增强国家创新环境竞争力。

11.4　日本国家创新投入竞争力评价分析

11.4.1　日本国家创新投入竞争力评价结果

2014～2015 年日本国家创新投入竞争力及其下属 7 个三级指标的排位和排位变化情况，如表 11－6 所示。

表 11－6　日本 2014～2015 年国家创新投入竞争力指标组排位及趋势

项目 / 年份	R&D经费支出总额		R&D经费支出占GDP比重		人均R&D经费支出		R&D人员		研究人员占从业人员比重		企业研发投入比重		风险资本交易占GDP比重		创新投入竞争力	
	得分	排名	得分	排名	得分	排名	得分	排名	得分	排名	得分	排名	得分	排名	得分	排名
2014	40.5	3	99.8	2	97.7	2	51.4	3	85.0	5	99.6	2	100.0	1	82.0	2
2015	36.6	3	99.8	2	92.0	3	44.0	3	81.4	5	100.0	1	4.6	10	65.5	2
得分变化	-4.0		0.0		-5.7		-7.4		-3.6		0.4		-95.4		-16.5	
排名升降		0		0		-1		0		0		1		-9		0
优劣度		强势		强势		强势		强势		强势		强势		优势		强势

（1）从排位变化比较看，2015 年日本国家创新投入竞争力排名第 2 位，与 2014 年相比，排位保持不变，仍处于强势地位。

（2）从指标所处区位来看，7 个三级指标中有 6 个强势指标和 1 个优势指标，没有中势指标和劣势指标。

（3）从指标排位变化趋势看，在 7 个三级指标中，有 4 个指标排位保持不变，分别为 R&D 经费支出总额、R&D 经费支出占 GDP 比重、R&D 人员和研究人员占从业人员比重；有 1 个指标处于上升趋势，为企业研发投入比重；有 2 个指标处于下降趋势，分别为人均 R&D 经费支出和风险资本交易占 GDP 比重。

（4）从指标排位变化的动因看，由于多数三级指标排位保持不变，日本创新投入竞争力的综合排位也保持不变，在 G20 中排名第 2 位。

（5）从三级指标结构特征看，在创新投入竞争力指标组的 7 个三级指标中，有 6 个强势指标和 1 个优势指标。上升指标 1 个，占指标总数的 14.3%；下降指标有 2 个，占指标总数的 28.6%；保持指标 4 个，占指标总数的 57.1%。由于大部分指标排位保持不变，2015 年日本国家创新投入竞争力综合排位仍保持不变。

11.4.2　日本国家创新投入竞争力比较分析

图 11－6 反映了 2014～2015 年日本国家创新投入竞争力与 G20 最高水平和平均水平的比较情况。

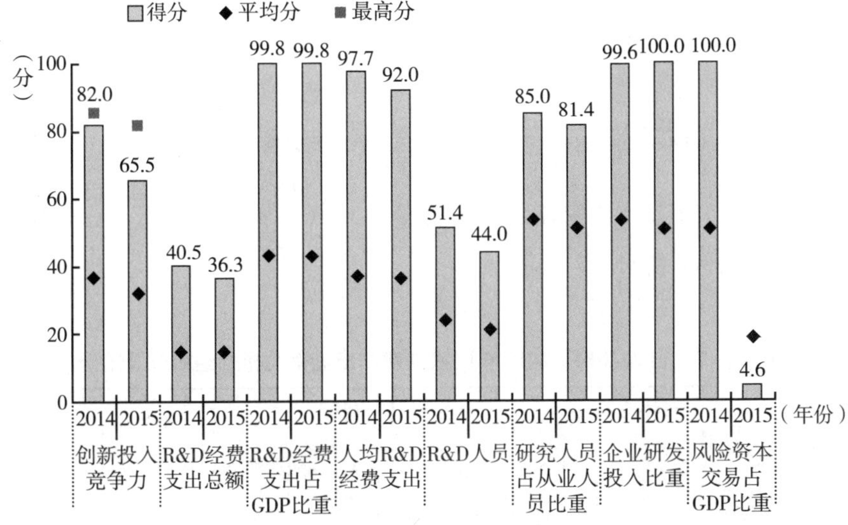

图 11－6　2014～2015 年日本国家创新投入竞争力指标得分比较

由图 11－6 可知，评价期内日本国家创新投入竞争力得分均高于 G20 平均分，说明日本国家创新投入竞争力处于很高水平。从创新投入竞争力的整体得分比较来看，2014 年，日本国家创新投入竞争力得分与 G20 最高分相比还有 3.6 分的差距，与 G20 平均分相比，高了 45.5 分；到 2015 年，日本国家创新投入竞争力得分与 G20 最高分的差距为 16.5 分，高于 G20 平均分 33.5 分。总的来说，2014～2015 年日本国家创新投入竞争力相比平均分的优势虽有收缩，但国家创新投入竞争力的排位仍保持不变。

从具体指标得分比较和变化趋势来看，日本国家创新投入竞争力整体水平较为稳定，仍处于强势地位，这主要是由于大部分指标得分保持较高水平，且有 6 个三级指标的得分都高于 G20 平均分，其创新投入竞争力实力很强。应继续保持创新投入优势，加大多元化科技研发经费投入，加大研发人员培养力度，同时要注重风险资本交易市场建设，防范和控制创新风险，显著增强国家创新投入竞争力。

11.5 日本国家创新产出竞争力评价分析

11.5.1 日本国家创新产出竞争力评价结果

2014～2015 年日本国家创新产出竞争力及其下属 7 个三级指标的排位和排位变化情况，如表 11－7 所示。

表 11－7 日本 2014～2015 年国家创新产出竞争力指标组排位及趋势

项目 / 年份	专利授权数		科技论文发表数		专利和许可收入		高技术产品出口额		高技术产品出口比重		注册商标数		创意产品出口比重		创新产出竞争力	
	得分	排名	得分	排名	得分	排名	得分	排名	得分	排名	得分	排名	得分	排名	得分	排名
2014	100.0	1	24.8	3	28.7	2	50.5	6	61.3	6	26.8	7	77.3	7	52.8	3
2015	96.9	2	24.5	3	29.4	2	49.2	6	61.4	6	24.0	7	63.7	9	49.9	4
得分变化	－3.1		－0.3		0.6		－1.2		0.1		－2.8		－13.7		－2.9	
排名升降		－1		0		0		0		0		0		－2		－1
优劣度		强势		强势		强势		优势		优势		优势		优势		强势

（1）从排位变化比较看，2015 年日本国家创新产出竞争力排名第 4 位，与 2014 年相比，排位下降了 1 位，仍处于强势地位。

（2）从指标所处区位来看，7 个三级指标中有 3 个强势指标，分别为专利授权数、科技论文发表数、专利和许可收入；4 个优势指标，分别为高技术产品出口额、高技术产品出口比重、注册商标数和创意产品出口比重；没有中势指标和劣势指标。

（3）从指标排位变化趋势看，在 7 个三级指标中，有 2 个指标处于下降趋势，分别为专利授权数和创意产品出口比重；其余指标排位都保持不变。

（4）从指标排位变化的动因看，由于 2 个三级指标的排位出现了下降，日本创新产出竞争力的综合排位下降了 1 位，在 G20 中排名第 4 位。

（5）从三级指标结构特征看，在创新产出竞争力指标组的 7 个三级指标中，有 3 个强势指标和 4 个优势指标，没有中势和劣势指标。下降指标 2

个，占指标总数的 28.6%，其余的指标排位均保持不变。受下降指标的影响，2015 年日本国家创新产出竞争力综合排位与 2014 年相比，下降了 1 位。

11.5.2　日本国家创新产出竞争力比较分析

图 11－7 反映了 2014～2015 年日本国家创新产出竞争力与 G20 最高水平和平均水平的比较情况。

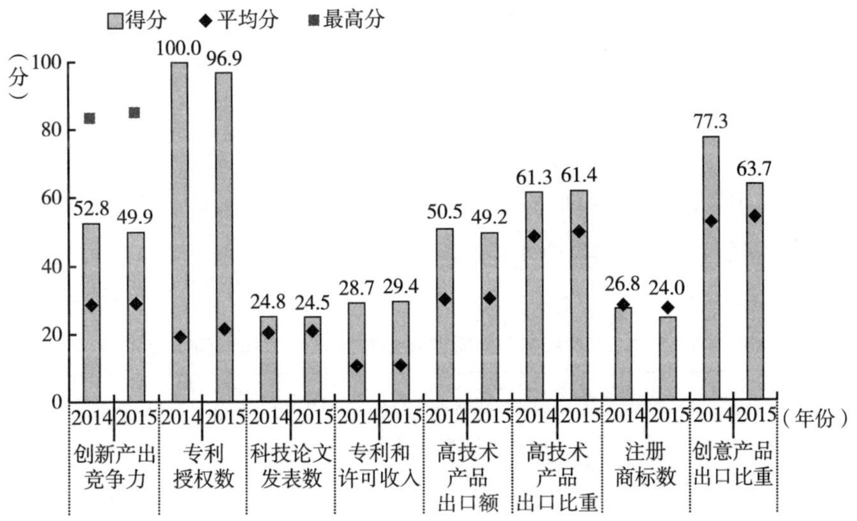

图 11－7　2014～2015 年日本国家创新产出竞争力指标得分比较

由图 11－7 可知，评价期内日本国家创新产出竞争力得分均高于 G20 平均分，说明日本国家创新产出竞争力处于很高水平。从创新产出竞争力的整体得分比较来看，2014 年，日本国家创新产出竞争力得分与 G20 最高分相比还有 30.7 分的差距，高于 G20 平均分 24.2 分；到 2015 年，日本国家创新产出竞争力得分与 G20 最高分的差距为 35.1 分，高于 G20 平均分 21 分。总的来说，2014～2015 年日本国家创新产出竞争力与最高分的差距扩大，相比平均分的优势则缩小，反映在排位上，下降了 1 位。

从具体指标得分比较和变化趋势来看，日本国家创新产出竞争力整体水平稍有下降，这主要是由于虽有 5 个指标排位保持不变，但专利授权数和创意产品出口比重两个指标排位下降拉低了其竞争力排位。因此，要进一步实施创新激励机制，提高开展创新的主动性和积极性；完善知识产权激励机制，增加专利申请和创新产品生产，完善知识产权交易市场建设，促进专利和许可收入增长；注重提升基础研究能力，提高科技论文等创新产出的数量和质量；加大高技术产品的生产和出口，增强国际竞争优势，提高在国际市场的占有份额；推动实施商标战略，打造国际知名品牌，切实增强国家创新产出竞争力。

11.6 日本国家创新持续竞争力评价分析

11.6.1 日本国家创新持续竞争力评价结果

2014～2015 年日本国家创新持续竞争力及其下属 6 个三级指标的排位和排位变化情况，如表 11－8 所示。

表 11－8 日本 2014～2015 年国家创新持续竞争力指标组排位及趋势

项目 年份	公共教育经费支出总额		公共教育经费支出占 GDP 比重		人均公共教育经费支出额		高等教育毛入学率		科技人员增长率		科技经费增长率		创新持续竞争力	
	得分	排名	得分	排名	得分	排名	得分	排名	得分	排名	得分	排名	得分	排名
2014	21.8	3	17.3	18	42.4	7	57.9	9	31.2	6	35.6	14	34.4	15
2015	19.3	4	17.4	18	43.0	8	57.9	9	98.9	2	20.7	16	42.9	11
得分变化	-2.5		0.1		0.5		0.0		67.7		-14.9		8.5	
排名升降		-1		0		-1		0		4		-2		4
优劣度		强势		劣势		优势		优势		强势		劣势		中势

（1）从排位变化比较看，2015 年日本国家创新持续竞争力排名第 11 位，比 2014 年上升了 4 位，处于中势地位。

（2）从指标所处区位来看，6 个三级指标中有 2 个强势指标，分别是公共教育经费支出总额和科技人员增长率；有 2 个优势指标，分别为人均公共教育经费支出额和高等教育毛入学率；其余 2 个指标为劣势指标。

（3）从指标排位变化趋势看，在6个三级指标中，有1个指标处于上升趋势，为科技人员增长率；有3个指标处于下降趋势，分别为公共教育经费支出总额、人均公共教育经费支出额和科技经费增长率。其中，科技人员增长率指标上升的幅度较大，这是日本创新持续竞争力的上升动力所在。

（4）从指标排位变化的动因看，虽然三级指标排位下降的数量大于排位上升的数量，但指标排位上升的幅度较大，日本创新持续竞争力的综合排位上升4位，在G20中排名第11位。

（5）从三级指标结构特征看，在创新持续竞争力指标组的6个三级指标中，强势指标2个，占指标总数的33.3%；优势指标2个，占指标总数的33.3%；劣势指标2个，占指标总数的33.3%，强势指标和优势指标所占比重大于劣势指标所占比重。上升指标1个，占指标总数的16.7%；下降指标3个，占指标总数的50%。虽然指标排位下降的数量大于排位上升的数量，但指标上升的幅度较大，2015年日本国家创新持续竞争力综合排位比2014年上升了4位。

11.6.2 日本国家创新持续竞争力比较分析

图11－8反映了2014～2015年日本国家创新持续竞争力与G20最高水平和平均水平的比较情况。

由图11－8可知，评价期内日本国家创新持续竞争力得分处于上升趋势，说明日本国家创新持续竞争力水平有所上升。从创新持续竞争力的整体得分比较来看，2014年，日本国家创新持续竞争力得分与G20最高分相比还有44.7分的差距，低于G20平均分9.4分；到2015年，日本国家创新持续竞争力得分与G20最高分的差距缩小为25.2分，高于G20平均分0.5分。总的来说，2014～2015年日本国家创新持续竞争力得分与最高分的差距缩小，国家创新持续竞争力排位处于上升趋势。

从具体指标得分比较和变化趋势来看，日本国家创新持续竞争力整体水平出现上升，这主要是由于科技人员增长率等指标得分明显上升，也应看到公共教育经费支出占GDP比重和科技经费增长率得分还低于G20平均分。因此，要着眼于不足之处，加大公共教育经费支出比重，持续加大科技经费投入；提

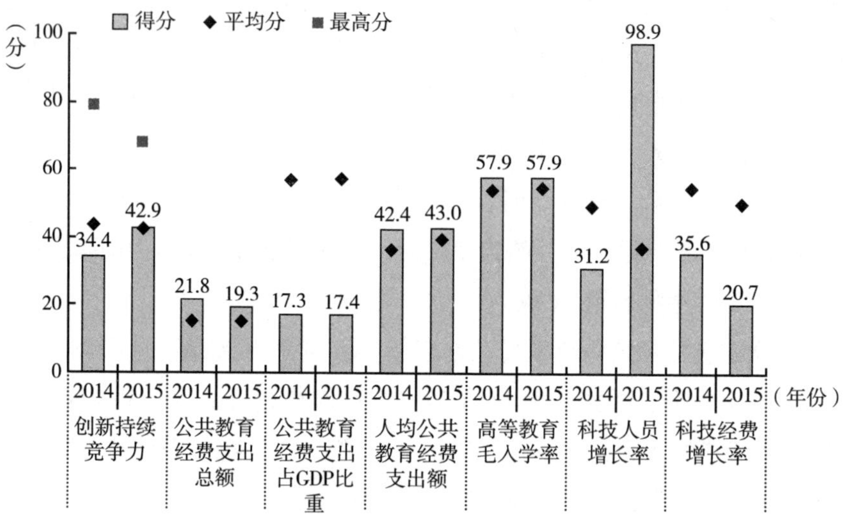

图 11－8　2014～2015 年日本国家创新持续竞争力指标得分比较

升科学家和工程师的待遇，加大培养科学家和工程师的力度，充分发挥创新人才在推进创新竞争力提升中的核心作用，实现国家创新能力的可持续发展，显著增强国家创新持续竞争力。

Y.13
第 12 章
韩国国家创新竞争力评价分析报告

韩国是位于东北亚朝鲜半岛南半部的国家，其三面环海，国土面积 99646 平方公里，海岸线长约 5259 公里。2015 年全国年末总人口为 5062 万人，实现国内生产总值 13779 亿美元，人均 GDP 达到 27222 美元。本部分通过对韩国 2014 ~2015 年国家创新竞争力以及创新竞争力各要素在 G20 中的排名变化分析，从中找出韩国国家创新竞争力的推动点及影响因素。

12.1 韩国国家创新竞争力总体评价分析

2014 ~2015 年，韩国的国家创新竞争力排名略有上升。2014 年，韩国国家创新竞争力在 G20 中排名第 4 位，到了 2015 年，排名第 3 位，排位上升了 1 位。

12.1.1 韩国国家创新竞争力概要分析

韩国国家创新竞争力在 G20 中所处的位置及 5 个二级指标的得分和排位变化如图 12 -1、图 12 -2 和表 12 -1 所示。

（1）从综合排位变化看，2015 年韩国国家创新竞争力综合排名在 G20 中处于第 3 位，与 2014 年相比，排位上升了 1 位。

（2）从指标得分看，2015 年韩国国家创新竞争力得分为 53.4 分，比 G20 最高分低 25.3 分，比平均分高 15.9 分；与 2014 年相比，韩国国家创新竞争力得分下降了 0.3 分，与当年最高分的差距缩小了 0.4 分，相比 G20 平均分的优势扩大了 0.5 分。

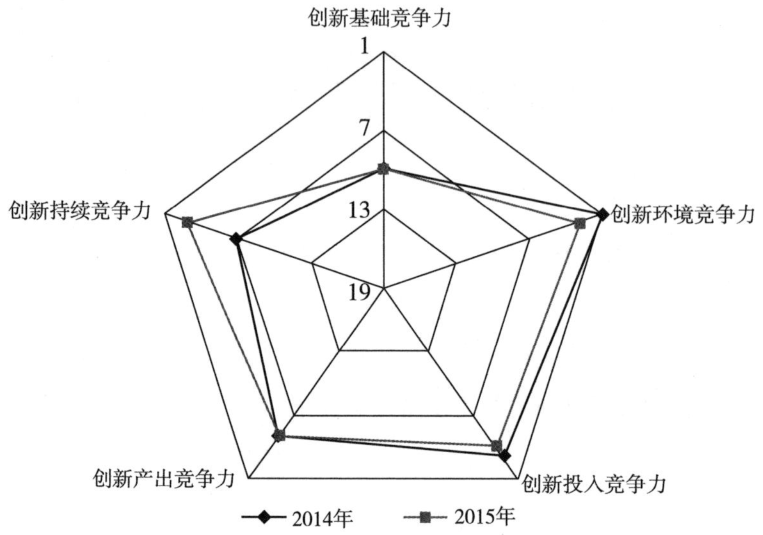

图 12－1　韩国国家创新竞争力二级指标排名雷达图

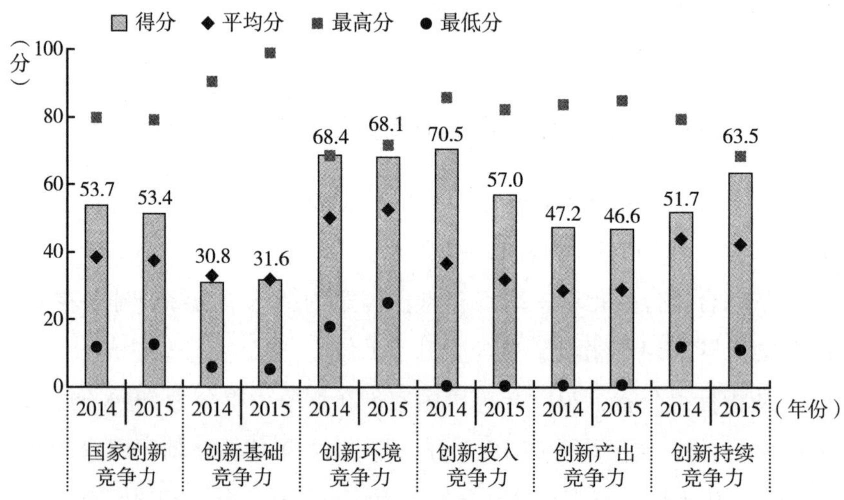

图 12－2　韩国国家创新竞争力得分变化趋势

表 12－1　韩国国家创新竞争力二级指标得分和排名

项目 年份	创新基础竞争力		创新环境竞争力		创新投入竞争力		创新产出竞争力		创新持续竞争力		创新竞争力	
	得分	排名	得分	排名	得分	排名	得分	排名	得分	排名	得分	排名
2014	30.8	10	68.4	1	70.5	3	47.2	5	51.7	7	53.7	4
2015	31.6	10	68.1	3	57.0	4	46.6	5	63.5	3	53.4	3
得分变化	0.8		－0.3		－13.5		－0.6		11.8		－0.3	
排名升降		0		－2		－1		0		4		1
优劣度		优势		强势		强势		强势		强势		强势

（3）从指标所处区位看，2015 年韩国国家创新竞争力的 5 个二级指标中，强势指标 4 个，为创新环境竞争力、创新投入竞争力、创新产出竞争力和创新持续竞争力；优势指标 1 个，为创新基础竞争力；没有劣势指标。

（4）从指标排位变化趋势看，在 5 个二级指标中，有 1 个指标排位处于上升趋势，为创新持续竞争力；有 2 个指标排位处于下降趋势，分别为创新环境竞争力和创新投入竞争力；创新基础竞争力和创新产出竞争力指标排位没有发生变化。

（5）从指标排位变化的动因看，二级指标中排位下降的指标数量大于排位上升的数量，但受其他因素影响，2015 年韩国国家创新竞争力的综合排位上升了 1 位，在 G20 中排名第 3 位。

12.1.2　韩国国家创新竞争力各级指标动态变化分析

2014～2015 年韩国国家创新竞争力各级指标的动态变化及其结构，如图 12－3 和表 12－2 所示。

从图 12－3 可以看出，韩国国家创新竞争力的三级指标中上升指标的数量小于下降指标，但保持不变的指标居于主导地位。表 12－2 中的数据进一步显示，韩国国家创新竞争力的 33 个三级指标中，上升的指标有 8 个，占指标总数的 24.2%；保持的指标有 15 个，占指标总数的 45.5%；下降的指标有 10 个，占指标总数的 30.3%。指标上升的数量小于下降的数量，但受其他因素影响，2015 年韩国国家创新竞争力排位上升了 1 位，在 G20 中居第 3 位。

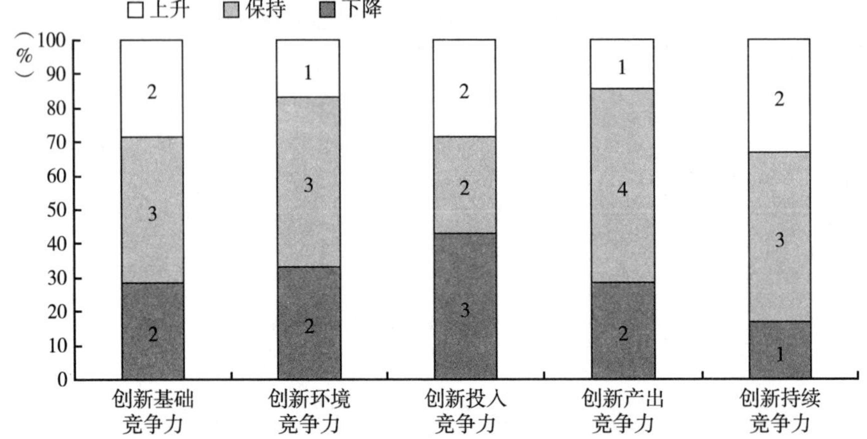

图 12－3　2014～2015 年韩国国家创新竞争力指标动态变化结构

表 12－2　2014～2015 年韩国国家创新竞争力各级指标排位变化态势比较

单位：个，%

二级指标	三级指标个数	上升		保持		下降		变化趋势
		个数	比重	个数	比重	个数	比重	
创新基础竞争力	7	2	28.6	3	42.9	2	28.6	保持
创新环境竞争力	6	1	16.7	3	50.0	2	33.3	下降
创新投入竞争力	7	2	28.6	2	28.6	3	42.9	下降
创新产出竞争力	7	1	14.3	4	57.1	2	28.6	保持
创新持续竞争力	6	2	33.3	3	50.0	1	16.7	上升
合计	33	8	24.2	15	45.5	10	30.3	下降

12.1.3　韩国国家创新竞争力各级指标优劣势结构分析

2014～2015 年韩国国家创新竞争力各级指标的优劣势变化及其结构，如表 12－3 所示。

表 12－3　2014～2015 年韩国国家创新竞争力各级指标排位优劣势比较

单位：个，%

二级指标	三级指标个数	强势		优势		中势		劣势		优劣度
		个数	比重	个数	比重	个数	比重	个数	比重	
创新基础竞争力	7	1	14.3	3	42.9	2	28.6	1	14.3	优势
创新环境竞争力	6	3	50.0	1	16.7	2	33.3	0	0.0	强势
创新投入竞争力	7	4	57.1	2	28.6	1	14.3	0	0.0	强势

续表

二级指标	三级指标个数	强势		优势		中势		劣势		优劣度
		个数	比重	个数	比重	个数	比重	个数	比重	
创新产出竞争力	7	3	42.9	4	57.1	0	0.0	0	0.0	强势
创新持续竞争力	6	3	50.0	1	16.7	2	33.3	0	0.0	强势
合计	33	14	42.4	11	33.3	7	21.2	1	3.0	强势

从表 12－3 中的数据可以看出，韩国国家创新竞争力的 33 个三级指标中，强势指标 14 个，占指标总数的 42.4%；优势指标 11 个，占指标总数的 33.3%；中势指标7 个，占指标总数的21.2%；劣势指标1 个，占指标总数的 3.0%；强势指标和优势指标的数量之和约占指标总数的 75.8%，远远大于中势指标和劣势指标之和所占比重。从二级指标来看，强势指标 4 个，占二级指标总数的 80%；优势指标 1 个，占二级指标总数的 20%；没有中势指标和劣势指标。由于全部二级指标均为强势指标和优势指标，2014～2015 年韩国国家创新竞争力处于强势地位。

12.2　韩国国家创新基础竞争力评价分析

12.2.1　韩国国家创新基础竞争力评价结果

2014～2015 年韩国国家创新基础竞争力及其下属 7 个三级指标的排位和排位变化情况，如表 12－4 所示。

表 12－4　韩国 2014～2015 年国家创新基础竞争力指标组排位及趋势

项目 年份	GDP		人均 GDP		财政收入		人均财政收入		外国直接投资净值		受高等教育人员比重		全社会劳动生产率		创新基础竞争力	
	得分	排名	得分	排名	得分	排名	得分	排名	得分	排名	得分	排名	得分	排名	得分	排名
2014	6.2	13	43.7	9	6.6	12	36.6	9	3.8	15	75.0	4	43.7	10	30.8	10
2015	6.0	11	46.9	9	6.3	11	42.4	9	1.3	17	73.7	5	44.7	10	31.6	10
得分变化	－0.2		3.1		－0.3		5.7		－2.5		－1.3		1.0		0.8	
排名升降		2		0		1		0		－2		－1		0		0
优劣度		中势		优势		中势		优势		劣势		强势		优势		优势

（1）从排位变化比较看，2015 年韩国国家创新基础竞争力排名第 10 位，与 2014 年相比，排位没有发生变化，仍处于优势地位。

（2）从指标所处区位来看，7 个三级指标中，有 1 个强势指标，为受高等教育人员比重；有 3 个优势指标，分别为人均 GDP、人均财政收入和全社会劳动生产率；有 2 个中势指标，分别为 GDP 和财政收入；有 1 个劣势指标，为外国直接投资净值。

（3）从指标排位变化趋势看，在 7 个三级指标中，有 2 个指标处于上升趋势，分别为 GDP 和财政收入；有 2 个指标处于下降趋势，分别为外国直接投资净值和受高等教育人员比重；其余 3 个指标保持不变。

（4）从指标排位变化的动因看，由于指标排位升降的幅度较小，且排位上升的指标个数等于排位下降的指标个数，韩国创新基础竞争力的综合排位保持不变，在 G20 中排名第 10 位。

（5）从三级指标结构特征看，在创新基础竞争力指标组的 7 个三级指标中，1 个强势指标，占指标总数的 14. 3%；优势指标 3 个，占指标总数的 42. 8%；中势指标 2 个，占指标总数的 28. 6%；劣势指标 1 个，占指标总数的 14. 3%，强势和优势指标所占比重大于劣势指标的比重。上升指标 2 个，占指标总数的 28. 6%；下降指标 2 个，占指标总数的 28. 6%。指标排位上升的数量与排位下降的数量相当，2015 年韩国国家创新基础竞争力综合排位保持不变。

12. 2. 2　韩国国家创新基础竞争力比较分析

图 12 –4 反映了 2014 ~2015 年韩国国家创新基础竞争力与 G20 最高水平和平均水平的比较情况。

由图 12 –4 可知，评价期内韩国国家创新基础竞争力得分均低于 G20 平均分，说明韩国国家创新基础竞争力处于中等偏下水平。从创新基础竞争力的整体得分比较来看，2014 年，韩国国家创新基础竞争力得分与 G20 最高分相比还有 59. 2 分的差距，比 G20 平均分低 2. 1 分；到 2015 年，韩国国家创新基础竞争力得分与 G20 最高分的差距为 67. 1 分，比 G20 平均分低 0. 3 分。总的来说，2014 ~2015 年韩国国家创新基础竞争力得分与

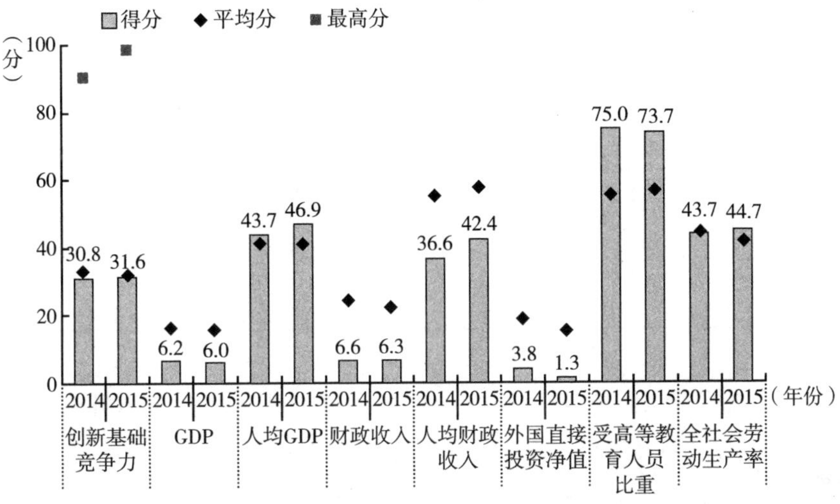

图 12－4　2014～2015 年韩国国家创新基础竞争力指标得分比较

最高分的差距扩大，与平均分的差距略有缩小，其创新基础竞争力较为稳定。

从具体指标得分比较和变化趋势来看，韩国国家创新基础竞争力整体水平基本稳定，GDP、财政收入、外国直接投资净值和全社会劳动生产率等指标排位靠后，且 7 个指标得分多数低于 G20 平均分，创新基础竞争力缺乏上升的动力。要切实夯实支撑韩国创新的基础，加快经济发展，扩大财政收入来源，增强支撑创新的经济实力；优化外商投资环境，在吸引外商投资的同时注重引进创新要素；注重先进技术的使用以提高全社会劳动生产率，不断增强国家创新基础竞争力。

12.3　韩国国家创新环境竞争力评价分析

12.3.1　韩国国家创新环境竞争力评价结果

2014～2015 年韩国国家创新环境竞争力及其下属 6 个三级指标的排位和排位变化情况，如表 12－5 所示。

表 12-5 韩国 2014~2015 年国家创新环境竞争力指标组排位及趋势

项目 年份	因特网用户比例		每百人手机数		企业开业程序		企业平均税负水平		在线公共服务指数		ISO 9001 质量体系认证数		创新环境竞争力	
	得分	排名	得分	排名	得分	排名	得分	排名	得分	排名	得分	排名	得分	排名
2014	94.6	3	39.2	12	91.7	2	84.9	5	96.9	2	2.9	11	68.4	1
2015	96.6	3	41.0	11	91.7	2	85.2	6	90.9	4	3.1	11	68.1	3
得分变化	2.1		1.8		0.0		0.3		-6.0		0.1		-0.3	
排名升降		0		1		0		-1		-2		0		-2
优劣度		强势		中势		强势		优势		强势		中势		强势

（1）从排位变化比较看，2015 年韩国国家创新环境竞争力排名第 3 位，与 2014 年相比，排位下降了 2 位，但仍处于强势地位。

（2）从指标所处区位来看，6 个三级指标中有 3 个强势指标，分别为因特网用户比例、企业开业程序和在线公共服务指数；有 1 个优势指标，为企业平均税负水平；其余 2 个指标为中势指标。

（3）从指标排位变化趋势看，在 6 个三级指标中，有 1 个指标排位上升，为每百人手机数；2 个指标排位下降，分别为企业平均税负水平和在线公共服务指数；其余指标排位均保持不变。

（4）从指标排位变化的动因看，由于指标排位下降的数量大于排位上升的数量，下降的拉力大于上升的动力，韩国创新环境竞争力的综合排位在 G20 中下降了 2 位，处于第 3 位。

（5）从三级指标结构特征看，在创新环境竞争力指标组的 6 个三级指标中，强势指标 3 个，占指标总数的 50%；优势指标 1 个，占指标总数的 16.7%；没有劣势指标；强势和优势指标居于主导地位。上升指标 1 个，占指标总数的 16.7%；下降指标 2 个，占指标总数的 33.3%；保持不变的指标 3 个，占指标总数的 50%。由于指标排位下降的数量大于排位上升的数量，下降的拉力较大，2015 年韩国国家创新环境竞争力综合排位比 2014 年下降了 2 位。

12.3.2 韩国国家创新环境竞争力比较分析

图 12-5 反映了 2014~2015 年韩国国家创新环境竞争力与 G20 最高水平和平均水平的比较情况。

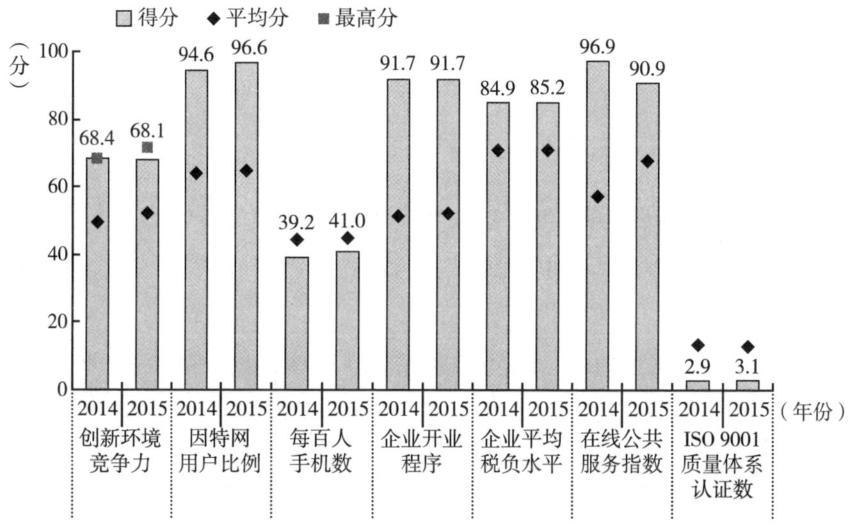

图 12－5　2014～2015 年韩国国家创新环境竞争力指标得分比较

由图 12－5 可知，评价期内韩国国家创新环境竞争力得分均高于 G20 平均分，处于较高水平。从创新环境竞争力的整体得分比较来看，2014 年，韩国国家创新环境竞争力得分即为 G20 最高分，与 G20 平均分相比，高出 18.3 分；2015 年，韩国国家创新环境竞争力得分低于 G20 最高分 3.4 分，高于 G20 平均分 15.7 分。总的来说，2014～2015 年韩国国家创新环境竞争力得分从最高分位次上下滑，排位呈现下降趋势。

从具体指标得分比较和变化趋势来看，韩国国家创新环境竞争力整体水平较高，仍处于强势地位，这主要是由于因特网用户比例、企业开业程序和在线公共服务指数等指标处于强势地位。每百人手机数和 ISO 9001 质量体系认证数等指标得分均低于 G20 平均分，这限制了其创新环境竞争力的进一步提升。因此，应进一步优化韩国国家创新环境，加强信息基础设施等硬件建设，提高公共服务能力；完善支撑创新的制度建设，形成更加宽松、有利于创新资源流动和合理配置的市场环境，形成良好的创新氛围，进一步增强国家创新环境竞争力。

12.4 韩国国家创新投入竞争力评价分析

12.4.1 韩国国家创新投入竞争力评价结果

2014～2015 年韩国国家创新投入竞争力及其下属 7 个三级指标的排位和排位变化情况，如表 12－6 所示。

表 12－6 韩国 2014～2015 年国家创新投入竞争力指标组排位及趋势

项目 / 年份	R&D 经费支出总额		R&D 经费支出占 GDP 比重		人均 R&D 经费支出		R&D 人员		研究人员占从业人员比重		企业研发投入比重		风险资本交易占 GDP 比重		创新投入竞争力	
	得分	排名	得分	排名	得分	排名	得分	排名	得分	排名	得分	排名	得分	排名	得分	排名
2014	10.2	6	100.0	1	62.8	6	24.2	6	99.9	2	100.0	1	96.4	3	70.5	3
2015	10.5	7	100.0	1	67.5	5	21.6	6	100.0	1	96.4	3	3.1	11	57.0	4
得分变化	0.4		0.0		4.8		－2.6		0.1		－3.6		－93.3		－13.5	
排名升降		－1		0		1		0		1		－2		－8		－1
优劣度		优势		强势		强势		优势		强势		强势		中势		强势

（1）从排位变化比较看，2015 年韩国国家创新投入竞争力排名第 4 位，与 2014 年相比，排位下降了 1 位，仍处于强势地位。

（2）从指标所处区位来看，7 个三级指标中有 4 个指标是强势指标，分别为 R&D 经费支出占 GDP 比重、人均 R&D 经费支出、研究人员占从业人员比重和企业研发投入比重；2 个优势指标，分别为 R&D 经费支出总额和 R&D 人员；其余指标是中势指标。

（3）从指标排位变化趋势看，在 7 个三级指标中，有 2 个指标排位上升，分别为人均 R&D 经费支出和研究人员占从业人员比重；有 3 个指标排位下降，分别为 R&D 经费支出总额、企业研发投入比重和风险资本交易占 GDP 比重。

（4）从指标排位变化的动因看，由于三级指标中排位下降的数量大于排位上升的数量，韩国创新投入竞争力的综合排位下降了 1 位，在 G20 中排名第 4 位。

（5）从三级指标结构特征看，在创新投入竞争力指标组的 7 个三级指标中，强势指标 4 个，占指标总数的 57.1%；优势指标 2 个，占指标总数的 28.6%；中势指标 1 个，占指标总数的 14.3%，没有劣势指标。上升指标 2 个，占指标总数的28.6%，下降指标3 个，占指标总数的42.9%；保持指标2 个，占指标总数的 28.6%。由于排位下降的指标个数大于排位上升的指标个数，且风险资本交易占 GDP 比重排位下降幅度较大，2015 年韩国国家创新投入竞争力综合排位下降了 1 位。

12.4.2　韩国国家创新投入竞争力比较分析

图 12 -6 反映了 2014 ~2015 年韩国国家创新投入竞争力与 G20 最高水平和平均水平的比较情况。

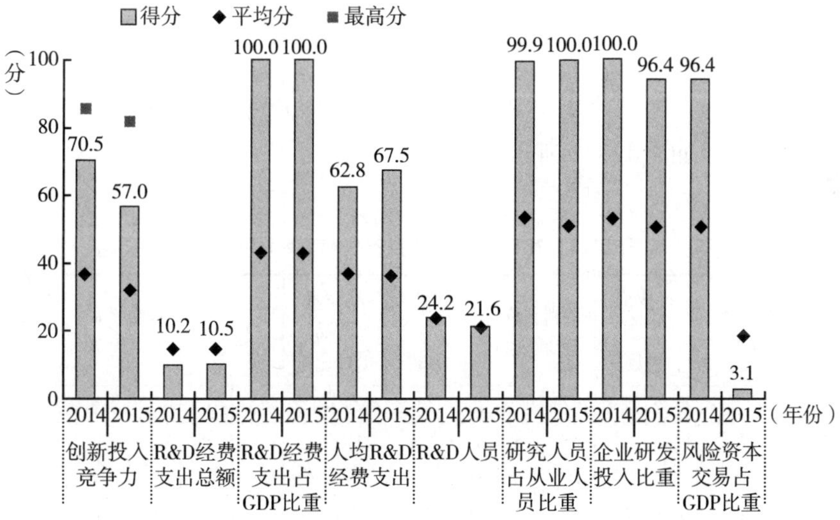

图 12 -6　2014 ~2015 年韩国国家创新投入竞争力指标得分比较

由图 12 -6 可知，评价期内韩国国家创新投入竞争力得分均高于 G20 平均分，说明韩国国家创新投入竞争力处于较高水平。从创新投入竞争力的整体得分比较来看，2014 年，韩国国家创新投入竞争力得分低于 G20 最高分 15.1 分，与 G20 平均分相比，则高了 34 分；到 2015 年，韩国国家创新投入竞争力得分与 G20 最高分的差距扩大到 25 分，但仍高于 G20 平均分 25.1 分。总的来说，2014～2015 年韩国国家创新投入竞争力与最高分差距扩大，相对平均分的优势缩小，国家创新投入竞争力排位下降了 1 位。

从具体指标得分比较和变化趋势来看，韩国国家创新投入竞争力整体水平较为稳定，仍处于强势地位，这主要是由于大部分三级指标得分高于 G20 平均分，其创新投入竞争力实力较强。要特别关注排位下降的指标，进一步增加研究与开发试验投入；通过制度调整和采取有针对性的政策激发企业创新的积极性，提高企业研发投入比重；密切关注风险资本市场的动态变化，有效防范和控制创新资本融资风险，切实提升韩国国家创新投入竞争力。

12.5 韩国国家创新产出竞争力评价分析

12.5.1 韩国国家创新产出竞争力评价结果

2014～2015 年韩国国家创新产出竞争力及其下属 7 个三级指标的排位和排位变化情况，如表 12－7 所示。

表 12－7 韩国 2014～2015 年国家创新产出竞争力指标组排位及趋势

项目 年份	专利授权数		科技论文发表数		专利和许可收入		高技术产品出口额		高技术产品出口比重		注册商标数		创意产品出口比重		创新产出竞争力	
	得分	排名	得分	排名	得分	排名	得分	排名	得分	排名	得分	排名	得分	排名	得分	排名
2014	42.9	4	13.3	10	3.9	6	66.8	4	100.0	1	18.8	8	84.5	4	47.2	5
2015	39.0	4	13.7	9	4.9	6	68.1	4	100.0	2	18.5	8	82.3	7	46.6	5
得分变化	－3.8		0.3		1.0		1.4		0.0		－0.3		－2.2		－0.5	
排名升降		0		1		0		0		－1		0		－3		0
优劣度		强势		优势		优势		强势		强势		优势		优势		强势

（1）从排位变化比较看，2015 年韩国国家创新产出竞争力排名第 5 位，与 2014 年相比，排位没有变化，处于强势地位。

（2）从指标所处区位来看，7 个三级指标中，强势指标 3 个，分别为专利授权数、高技术产品出口额和高技术产品出口比重；其余 4 个指标均为优势指标。

（3）从指标排位变化趋势看，在 7 个三级指标中，有 1 个指标排位上升，为科技论文发表数；有 2 个指标排位下降，为高技术产品出口比重和创意产品出口比重；其余 4 个指标排位保持不变。

（4）从指标排位变化的动因看，虽然排位上升的指标个数小于排位下降的指标个数，但受其他因素的综合影响，韩国创新产出竞争力的综合排位保持不变，在 G20 中排名第 5 位。

（5）从三级指标结构特征看，在创新产出竞争力指标组的 7 个三级指标中，有强势指标 3 个，占指标总数的 42.9%；有优势指标 4 个，占指标总数的 57.1%。上升指标 1 个，占指标总数的 14.3%；下降指标 2 个，占指标总数的 28.6%。虽然指标排位上升的数量小于排位下降的数量，但受其他因素的综合影响，2015 年韩国国家创新产出竞争力综合排位保持不变。

12.5.2　韩国国家创新产出竞争力比较分析

图 12－7 反映了 2014～2015 年韩国国家创新产出竞争力与 G20 最高水平和平均水平的比较情况。

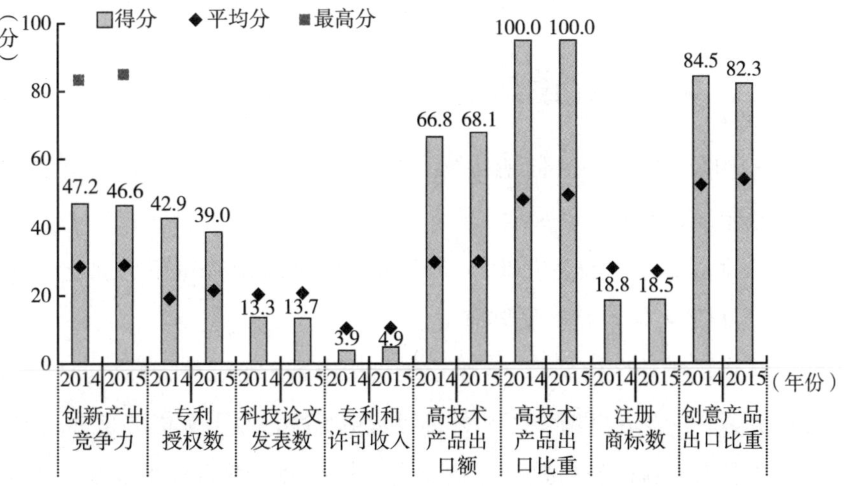

图 12－7　2014～2015 年韩国国家创新产出竞争力指标得分比较

由图 12 - 7 可知，评价期内韩国国家创新产出竞争力得分均高于 G20 平均分，表明韩国国家创新产出竞争力处于较高水平。从创新产出竞争力的整体得分比较来看，2014 年，韩国国家创新产出竞争力得分低于 G20 最高分 36. 3 分，高于 G20 平均分 18. 6 分；到 2015 年，韩国国家创新产出竞争力得分与 G20 最高分的差距扩大为 38. 3 分，高于 G20 平均分 17. 8 分。总的来说，2014 ~2015 年韩国国家创新产出竞争力得分与最高分的差距略有扩大，相比平均分的优势则有所缩小，由于变化幅度不大，其排位保持不变。

从具体指标得分比较和变化趋势来看，韩国国家创新产出竞争力整体水平没有发生变化，这主要是由于专利授权数、专利和许可收入、高技术产品出口额、注册商标数等超过半数的指标排位不变。因此，要特别关注得分低于平均分的科技论文发表数、专利和许可收入以及注册商标数等几个指标，加大对基础研究的扶持力度，鼓励支持更多原创性的成果；加大对知识产权的保护力度，促进专利和许可收入增长；推动实施商标战略，做大做强国际性品牌，增强在国际上的竞争力。此外，还要努力提高创新效率，确保创新投入效益，提升创新产出的数量和质量，切实增强韩国国家创新产出竞争力。

12. 6　韩国国家创新持续竞争力评价分析

12. 6. 1　韩国国家创新持续竞争力评价结果

2014 ~2015 年韩国国家创新持续竞争力及其下属 6 个三级指标的排位和排位变化情况，如表 12 - 8 所示。

（1）从排位变化比较看，2015 年韩国国家创新持续竞争力排名第 3 位，比 2014 年上升了 4 位，处于强势地位。

（2）从指标所处区位来看，6 个三级指标中有 3 个强势指标，分别是高等教育毛入学率、科技人员增长率和科技经费增长率；有 1 个优势指标，为人均公共教育经费支出额；公共教育经费支出总额和公共教育经费支出占 GDP 比重两个指标为中势指标；没有劣势指标。

表 12－8　韩国 2014～2015 年国家创新持续竞争力指标组排位及趋势

项目 年份	公共教育经费支出总额		公共教育经费支出占 GDP 比重		人均公共教育经费支出额		高等教育毛入学率		科技人员增长率		科技经费增长率		创新持续竞争力	
	得分	排名	得分	排名	得分	排名	得分	排名	得分	排名	得分	排名	得分	排名
2014	4.8	14	47.7	13	32.6	10	100.0	1	28.8	7	96.4	2	51.7	7
2015	5.2	14	48.0	13	38.4	9	100.0	1	100.0	1	89.4	4	63.5	3
得分变化	0.5		0.3		5.8		0.0		71.2		－7.0		11.8	
排名升降		0		0		1		0		6		－2		4
优劣度		中势		中势		优势		强势		强势		强势		强势

（3）从指标排位变化趋势看，在 6 个三级指标中，有 2 个指标排位上升，且科技人员增长率排位上升幅度较大；有 1 个指标排位下降，为科技经费增长率；其余 3 个指标排位保持不变。

（4）从指标排位变化的动因看，排位上升的指标个数大于排位下降的指标个数，上升的动力大于下降的拉力，决定了韩国创新持续竞争力的综合排位上升了 4 位，在 G20 中排名第 3 位。

（5）从三级指标结构特征看，在创新持续竞争力指标组的 6 个三级指标中，强势指标 3 个，占指标总数的 50%；优势指标 1 个，占指标总数的 16.7%；中势指标 2 个，占指标总数的 33.3%。上升指标 2 个，占指标总数的 33.3%；下降指标 1 个，占指标总数的 16.7%；其余为中势指标。由于指标排位上升的数量大于下降的数量，且指标上升的幅度较大，2015 年韩国国家创新持续竞争力综合排位比 2014 年上升了 4 位。

12.6.2　韩国国家创新持续竞争力比较分析

图 12－8 反映了 2014～2015 年韩国国家创新持续竞争力与 G20 最高水平和平均水平的比较情况。

由图 12－8 可知，评价期内韩国国家创新持续竞争力得分均高于 G20 平均分，说明韩国国家创新持续竞争力处于较高水平。从创新持续竞争力的整体得分比较来看，2014 年，韩国国家创新持续竞争力得分低于 G20 最高分 27.3 分，高于 G20 平均分 8 分；到 2015 年，韩国国家创新持续竞争力得分与 G20

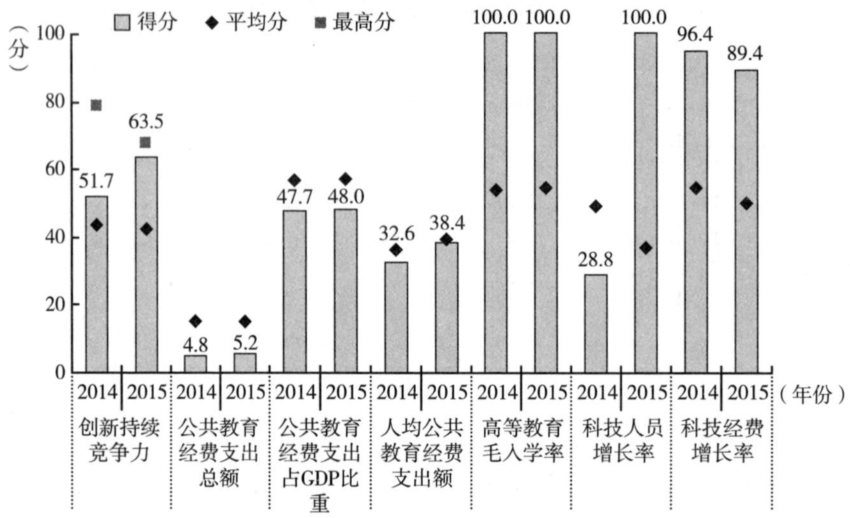

图 12－8　2014～2015 年韩国国家创新持续竞争力指标得分比较

最高分的差距缩小为 4.6 分，高于 G20 平均分 21.1 分。总的来说，2014～2015 年韩国国家创新持续竞争力与最高分的差距大幅度缩小，相比平均分的优势则明显扩大，共同推动了其排位大幅上升。

从具体指标得分比较和变化趋势来看，韩国国家创新持续竞争力整体水平出现了上升，但也要看到公共教育经费支出总额、公共教育经费支出占 GDP 比重、人均公共教育经费支出额等指标得分低于平均分。增加公共教育经费支出是提升韩国国家创新持续竞争力的重要着力点，有必要大幅度增加财政性教育经费，优化公共教育资金配置，向基础教育倾斜，保证公共资金的合理使用，防止教育经费的浪费和滥用。

Y.14
第 13 章
墨西哥国家创新竞争力评价分析报告

墨西哥位于北美洲南部、拉丁美洲西北端，北邻美国，东南接危地马拉和伯利兹，东接墨西哥湾和加勒比海，西临太平洋和加利福尼亚湾。国土面积约 197 万平方公里，海岸线长 11122 公里。2015 年全国年末总人口为 12702 万人，实现国内生产总值 11438 亿美元，人均 GDP 达到 9005 美元。本部分通过分析墨西哥 2014 ~ 2015 年国家创新竞争力以及创新竞争力中各要素在 G20 中的排名变化，进而找出墨西哥国家创新竞争力的推动点及影响因素。

13.1 墨西哥国家创新竞争力总体评价分析

2014 ~ 2015 年，墨西哥国家创新竞争力排名略有上升。2014 年墨西哥国家创新竞争力在 G20 中排名第 14 位，到了 2015 年，排名第 13 位，排位上升了 1 位。

13.1.1 墨西哥国家创新竞争力概要分析

墨西哥国家创新竞争力在 G20 中所处的位置及 5 个二级指标的得分和排位变化如图 13 – 1、图 13 – 2 和表 13 – 1 所示。

（1）从综合排位变化看，2015 年墨西哥国家创新竞争力排名在 G20 中处于第 13 位，与 2014 年相比，排位上升了 1 位。

（2）从指标得分看，2015 年墨西哥国家创新竞争力得分为 24.1 分，比 G20 最高分低 54.5 分，比平均分低 13.3 分；与 2014 年相比，墨西哥国家创新竞争力得分下降了 0.8 分，与当年最高分和平均分的差距基本不变。

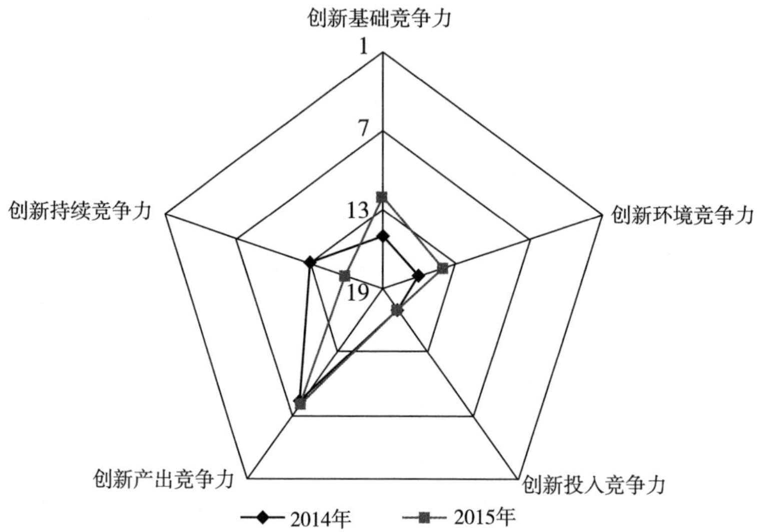

图 13－1　墨西哥国家创新竞争力二级指标排名雷达图

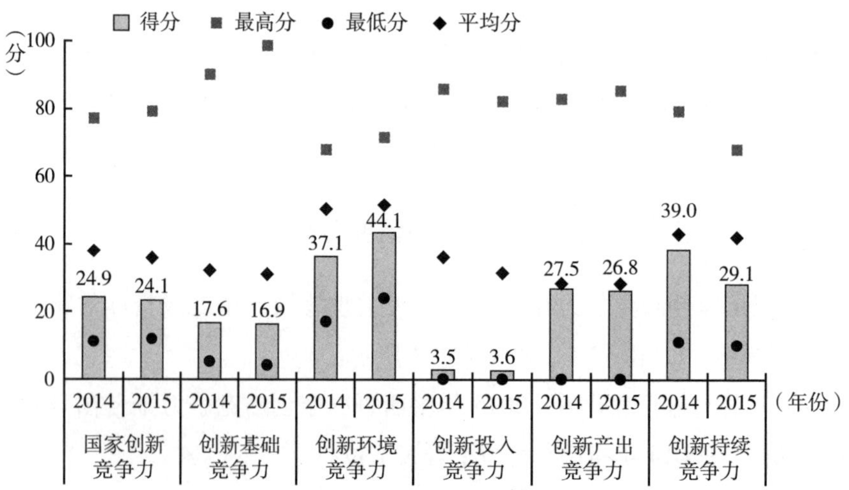

图 13－2　墨西哥国家创新竞争力得分变化趋势

表 13 -1　墨西哥国家创新竞争力二级指标得分和排名

年份 \ 项目	创新基础竞争力		创新环境竞争力		创新投入竞争力		创新产出竞争力		创新持续竞争力		创新竞争力	
	得分	排名	得分	排名	得分	排名	得分	排名	得分	排名	得分	排名
2014	17.6	15	37.1	16	3.5	17	27.5	8	39.0	13	24.9	14
2015	16.9	12	44.1	14	3.6	17	26.8	8	29.1	16	24.1	13
得分变化	-0.8		7.0		0.1		-0.7		-9.9		-0.8	
排名升降		3		2		0		0		-3		1
优劣度		中势		中势		劣势		优势		劣势		中势

（3）从指标所处区位看，2015 年墨西哥国家创新竞争力的 5 个二级指标中，优势指标 1 个，为创新产出竞争力；中势指标 2 个，为创新基础竞争力和创新环境竞争力；劣势指标 2 个，为创新投入竞争力和创新持续竞争力。

（4）从指标排位变化趋势看，在 5 个二级指标中，有 2 个指标排位处于上升趋势，为创新基础竞争力和创新环境竞争力，这是墨西哥国家创新竞争力的上升动力所在；有 1 个指标排位处于下降趋势，为创新持续竞争力；创新投入竞争力和创新产出竞争力指标排位没有发生变化。

（5）从指标排位变化的动因看，1 个二级指标的排位下降，2 个二级指标的排位上升。受多数指标排位上升的影响，2015 年墨西哥国家创新竞争力的综合排位上升了 1 位，在 G20 中排名第 13 位。

13. 1. 2　墨西哥国家创新竞争力各级指标动态变化分析

2014 ~2015 年墨西哥国家创新竞争力各级指标的动态变化及其结构，如图 13 -3 和表 13 -2 所示。

从图 13 -3 可以看出，墨西哥国家创新竞争力的三级指标中，上升指标的数量大于下降指标，但保持不变的指标居于主导地位。表 13 -2 中的数据进一步显示，墨西哥国家创新竞争力有数据的 30 个三级指标中，上升的指标有 5 个，占指标总数的 16.7%；保持的指标有 22 个，占指标总数的 73.3%；下降

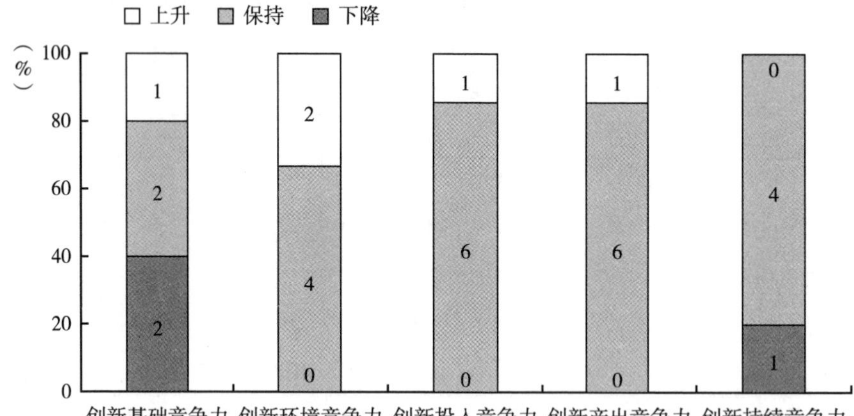

图 13－3　2014～2015 年墨西哥国家创新竞争力指标动态变化结构

表 13－2　2014～2015 年墨西哥国家创新竞争力各级指标排位变化态势比较

单位：个，%

二级指标	三级指标个数	上升		保持		下降		变化趋势
		个数	比重	个数	比重	个数	比重	
创新基础竞争力	5	1	20.0	2	40.0	2	40.0	上升
创新环境竞争力	6	2	33.3	4	66.7	0	0.0	上升
创新投入竞争力	7	1	14.3	6	85.7	0	0.0	保持
创新产出竞争力	7	1	14.3	6	85.7	0	0.0	保持
创新持续竞争力	5	0	0.0	4	80.0	1	20.0	下降
合计	30	5	16.7	22	73.3	3	10.0	上升

的指标有 3 个，占指标总数的 10%。上升指标的数量大于下降指标的数量，上升的动力大于下降的拉力，2015 年墨西哥国家创新竞争力排位上升了 1 位，在 G20 中居第 13 位。

13.1.3　墨西哥国家创新竞争力各级指标优劣势结构分析

2014～2015 年墨西哥国家创新竞争力各级指标的优劣势变化及其结构，如表 13－3 所示。

表 13－3　2014～2015 年墨西哥国家创新竞争力各级指标排位优劣势比较

单位：个，%

二级指标	三级指标个数	强势		优势		中势		劣势		优劣度
		个数	比重	个数	比重	个数	比重	个数	比重	
创新基础竞争力	5	0	0.0	2	40.0	3	60.0	0	0.0	中势
创新环境竞争力	6	0	0.0	2	33.3	3	50.0	1	16.7	中势
创新投入竞争力	7	0	0.0	0	0.0	3	42.9	4	57.1	劣势
创新产出竞争力	7	1	14.3	2	28.6	3	42.9	1	14.3	优势
创新持续竞争力	6	0	0.0	3	50.0	2	33.3	1	16.7	劣势
合计	31	1	3.2	9	29.0	14	45.2	7	22.6	中势

从表 13－3 中的数据可以看出，墨西哥国家创新竞争力有数据的 31 个三级指标中，强势指标 1 个，占指标总数的 3.2%；优势指标 9 个，占指标总数的 29%；中势指标 14 个，占指标总数的 45.2%；劣势指标 7 个，占指标总数的 22.6%；强势指标和优势指标的数量之和约占指标总数的 32.2%，远远小于中势指标和劣势指标之和所占比重。从二级指标来看，没有强势指标，优势指标 1 个，占二级指标总数的 20%；中势指标 2 个，占二级指标总数的 40%；劣势指标 2 个，占二级指标总数的 40%。中势指标和劣势指标在指标体系中居于主导地位，2014～2015 年墨西哥国家创新竞争力处于中势地位。

13.2　墨西哥国家创新基础竞争力评价分析

13.2.1　墨西哥国家创新基础竞争力评价结果

2014～2015 年墨西哥国家创新基础竞争力及其下属 7 个三级指标的排位和排位变化情况，如表 13－4 所示。

（1）从排位变化比较看，2015 年墨西哥国家创新基础竞争力排名第 12 位，与 2014 年相比，排位上升 3 位，处于中势地位。

（2）从指标所处区位来看，有数据的 5 个三级指标中没有强势指标；有 2 个优势指标，为外国直接投资净值和受高等教育人员比重；GDP、人均 GDP 和全社会劳动生产率 3 个指标是中势指标。

表 13-4 墨西哥 2014～2015 年国家创新基础竞争力指标组排位及趋势

项目 年份	GDP		人均 GDP		财政收入		人均财政收入		外国直接投资净值		受高等教育人员比重		全社会劳动生产率		创新基础竞争力	
	得分	排名	得分	排名	得分	排名	得分	排名	得分	排名	得分	排名	得分	排名	得分	排名
2014	5.6	14	14.5	14	—	—	—	—	10.6	8	40.7	9	16.8	15	17.6	15
2015	4.7	14	13.6	14	—	—	—	—	8.7	10	42.7	10	14.8	13	16.9	12
得分变化	-0.9		-1.0		—		—		-1.9		1.9		-2.0		-0.8	
排名升降		0		0		—		—		-2		-1		2		3
优劣度		中势		中势		—		—		优势		优势		中势		中势

（3）从指标排位变化趋势看，在有数据的 5 个三级指标中，有 1 个指标处于上升趋势，为全社会劳动生产率；有 2 个指标处于下降趋势，分别为外国直接投资净值和受高等教育人员比重；GDP 和人均 GDP 均保持不变。

（4）从指标排位变化的动因看，排位上升的指标数量小于下降指标，但受其他因素影响，墨西哥创新基础竞争力的综合排位上升，在 G20 中排名第 12 位。

（5）从三级指标结构特征看，在创新基础竞争力指标组有数据的 5 个三级指标中，没有强势指标和劣势指标；优势指标 2 个，占指标总数的 40.0%，强势和优势指标所占比重大于劣势指标的比重。上升指标 1 个，占指标总数的 20.0%；下降指标 2 个，占指标总数的 40.0%。排位上升指标的影响较大，且 2 个指标排位保持不变，2015 年墨西哥国家创新基础竞争力综合排位上升 3 位。

13.2.2 墨西哥国家创新基础竞争力比较分析

图 13-4 反映了 2014～2015 年墨西哥国家创新基础竞争力与 G20 最高水平和平均水平的比较情况。

由图 13-4 可知，评价期内墨西哥国家创新基础竞争力得分均低于 20 分，说明墨西哥国家创新基础竞争力处于较低水平。从创新基础竞争力的整体得分比较来看，2014 年，墨西哥国家创新基础竞争力得分与 G20 最高分相比还有

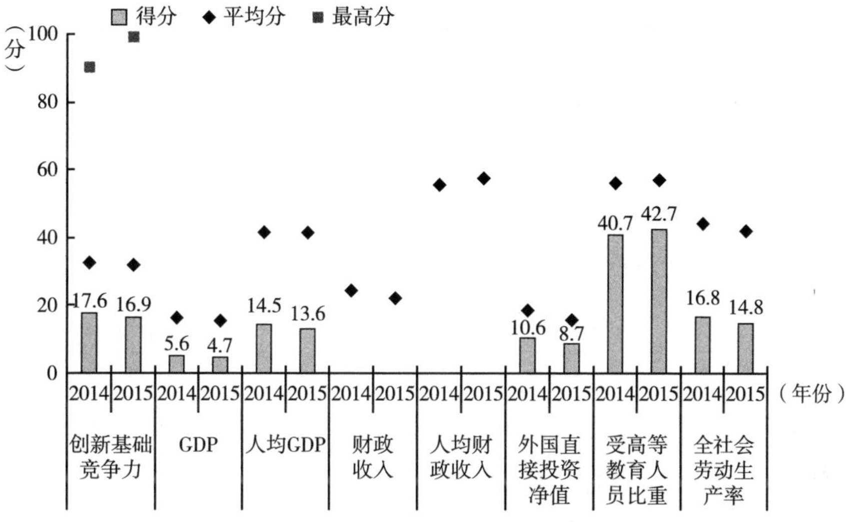

图 13－4 2014～2015 年墨西哥国家创新基础竞争力指标得分比较

72.4 分的差距，比 G20 平均分低 15.2 分；到 2015 年，墨西哥国家创新基础竞争力得分与 G20 最高分的差距为 81.8 分，比 G20 平均分低 15 分。总的来说，2014～2015 年墨西哥国家创新基础竞争力与平均分的差距基本不变，其创新基础竞争力排位上升 3 位。

从具体指标得分比较和变化趋势来看，墨西哥国家创新基础竞争力整体水平有所上升。GDP、全社会劳动生产率等指标排位靠后，且有数据的 5 个三级指标得分普遍低于 G20 平均分。墨西哥应积极提高全社会劳动生产率，夯实国家创新基础，不断增强国家创新基础竞争力。

13.3 墨西哥国家创新环境竞争力评价分析

13.3.1 墨西哥国家创新环境竞争力评价结果

2014～2015 年墨西哥国家创新环境竞争力及其下属 6 个三级指标的排位和排位变化情况，如表 13－5 所示。

表 13－5 墨西哥 2014～2015 年国家创新环境竞争力指标组排位及趋势

项目 年份	因特网用户比例		每百人手机数		企业开业程序		企业平均税负水平		在线公共服务指数		ISO 9001 质量体系认证数		创新环境竞争力	
	得分	排名	得分	排名	得分	排名	得分	排名	得分	排名	得分	排名	得分	排名
2014	36.6	17	9.7	17	58.3	9	69.7	13	46.9	12	1.5	15	37.1	16
2015	50.6	14	8.0	17	58.3	9	69.9	13	76.1	9	1.5	15	44.1	14
得分变化	14.0		－1.6		0.0		0.2		29.3		0.0		7.0	
排名升降		3		0		0		0		3		0		2
优劣度		中势		劣势		优势		中势		优势		中势		中势

（1）从排位变化比较看，2015 年墨西哥国家创新环境竞争力排名第 14 位，与 2014 年相比，排位上升了 2 位，处于中势地位。

（2）从指标所处区位来看，6 个三级指标中有 2 个优势指标，分别为企业开业程序和在线公共服务指数；有 1 个劣势指标，为每百人手机数；其余 3 个指标为中势指标。

（3）从指标排位变化趋势看，在 6 个三级指标中，有 2 个指标处于上升趋势，分别为因特网用户比例和在线公共服务指数；其余指标均保持不变。

（4）从指标排位变化的动因看，2 个三级指标的排位出现了上升，无下降指标，墨西哥创新环境竞争力的综合排位处于上升趋势，在 G20 中处于第 14 位。

（5）从三级指标结构特征看，在创新环境竞争力指标组的 6 个三级指标中，无强势指标，劣势指标 1 个，优势指标 2 个，中势指标 3 个，中势和优势指标居于主导地位。上升指标 2 个，占指标总数的 33.3%；保持指标 4 个，占指标总数的 66.7%；没有下降指标。排位上升的指标数量大于排位下降的数量，2015 年墨西哥国家创新环境竞争力综合排位与 2014 年相比上升了 2 位。

13.3.2 墨西哥国家创新环境竞争力比较分析

图 13－5 反映了 2014～2015 年墨西哥国家创新环境竞争力与 G20 最高水

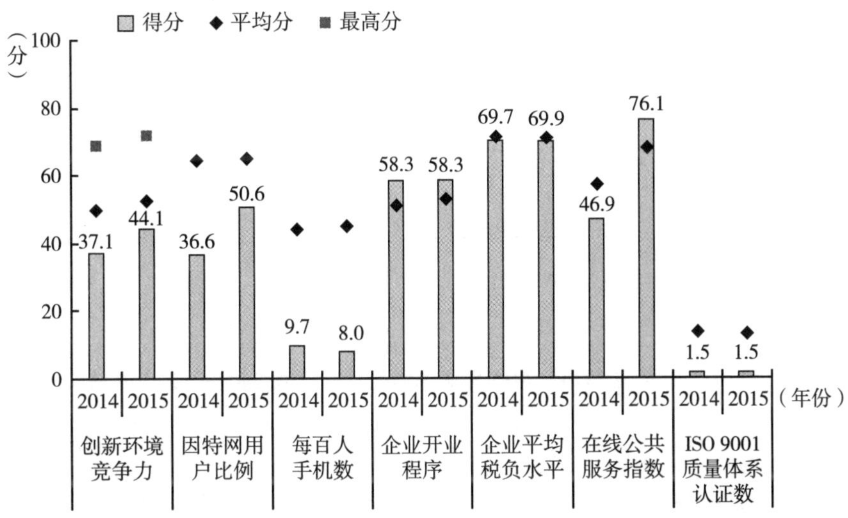

图 13-5　2014～2015 年墨西哥国家创新环境竞争力指标得分比较

平和平均水平的比较情况。

由图 13-5 可知，评价期内墨西哥国家创新环境竞争力得分均高于 37 分。从创新环境竞争力的整体得分比较来看，2014 年，墨西哥国家创新环境竞争力得分与 G20 最高分相比还有 31.2 分的差距，与 G20 平均分相比，低了 12.9 分；2015 年，墨西哥国家创新环境竞争力得分与 G20 最高分的差距为 27.4 分，低于 G20 平均分 8.3 分。总的来说，2014～2015 年墨西哥国家创新环境竞争力与最高分的差距呈缩小趋势，排位呈现上升趋势。

从具体指标得分比较和变化趋势来看，墨西哥国家创新环境竞争力整体水平处于中势地位。而因特网用户比例、每百人手机数、ISO 9001 质量体系认证数等指标得分低于 G20 平均分，企业平均税负水平接近 G20 平均分，这限制了其创新环境竞争力的进一步提升。为巩固和提升墨西哥国家创新环境竞争力，应针对这些问题，着力提高网络使用率，加快信息高速公路建设，推动企业加强质量认证，营造有利于企业健康有序发展的市场氛围，进一步增强国家创新环境竞争力。

13.4 墨西哥国家创新投入竞争力评价分析

13.4.1 墨西哥国家创新投入竞争力评价结果

2014~2015 年墨西哥国家创新投入竞争力及其下属 7 个三级指标的排位和排位变化情况，如表 13-6 所示。

表 13-6 墨西哥 2014~2015 年国家创新投入竞争力指标组排位及趋势

项目/年份	R&D经费支出总额		R&D经费支出占GDP比重		人均R&D经费支出		R&D人员		研究人员占从业人员比重		企业研发投入比重		风险资本交易占GDP比重		创新投入竞争力	
	得分	排名	得分	排名	得分	排名	得分	排名	得分	排名	得分	排名	得分	排名	得分	排名
2014	1.3	15	12.9	17	3.5	16	1.4	16	5.4	15	0.0	16	0.0	16	3.5	17
2015	1.3	15	12.9	17	3.6	16	1.2	16	5.0	15	0.0	16	1.5	14	3.6	17
得分变化	0.0		0.0		0.1		-0.2		-0.4		0.0		1.5		0.1	
排名升降		0		0		0		0		0		0		2		0
优劣度		中势		劣势		劣势		劣势		中势		劣势		中势		劣势

（1）从排位变化比较看，2015 年墨西哥国家创新投入竞争力排名第 17 位，与 2014 年相比，排位保持不变，处于劣势地位。

（2）从指标所处区位来看，7 个三级指标中没有强势指标和优势指标；有 3 个指标是中势指标，分别为 R&D 经费支出总额、研究人员占从业人员比重和风险资本交易占 GDP 比重；其余 4 个指标均是劣势指标。

（3）从指标排位变化趋势看，在 7 个三级指标中，有 6 个指标排位保持不变，分别为 R&D 经费支出总额、R&D 经费支出占 GDP 比重、R&D 人员、人均 R&D 经费支出、研究人员占从业人员比重、企业研发投入比重；有 1 个指标处于上升趋势，为风险资本交易占 GDP 比重。

（4）从指标排位变化的动因看，由于有 6 个三级指标排位保持不变，墨西哥创新投入竞争力的综合排位也保持不变，在G20中排名第17位。

（5）从三级指标结构特征看，在创新投入竞争力指标组的7个三级指标中，没有强势指标和优势指标；劣势指标4个，占指标总数的57.1%。上升指标1个，占指标总数的14.3%；没有下降指标；保持指标6个，占指标总数的85.7%。由于大部分指标排位保持不变，2015年墨西哥国家创新投入竞争力综合排位仍保持不变。

13.4.2　墨西哥国家创新投入竞争力比较分析

图13－6反映了2014～2015年墨西哥国家创新投入竞争力与G20最高水平和平均水平的比较情况。

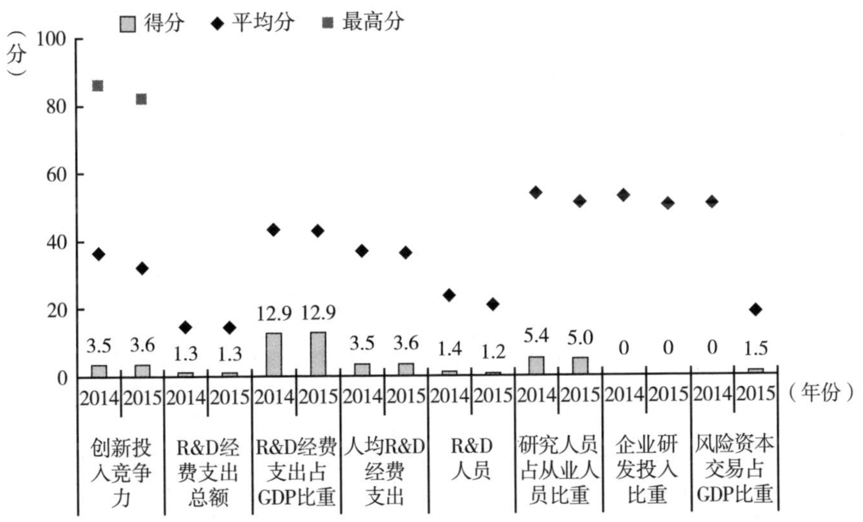

图13－6　2014～2015年墨西哥国家创新投入竞争力指标得分比较

由图13－6可知，评价期内墨西哥国家创新投入竞争力得分均低于4分，说明墨西哥国家创新投入竞争力水平很低。从创新投入竞争力的整体得分比较来看，2014年，墨西哥国家创新投入竞争力得分与G20最高分相比还有82.1分的差距，与G20平均分相比，则低了33分；到2015年，墨西哥国家创新投入竞争力得分与G20最高分的差距为78.4分，低于G20平均分28.3分。总的来说，2014～2015年墨西哥国家创新投入竞争力与平均分的差距变化不大，国家创新投入竞争力的得分和排位均保持稳定。

从具体指标得分比较和变化趋势来看，墨西哥国家创新投入竞争力整体水平较为稳定，仍处于劣势地位。这主要是由于大部分指标得分偏低，且所有三级指标得分都低于 G20 平均分，其创新投入竞争力实力薄弱。今后要继续加大科技研发经费投入，鼓励多元化的创新研发投入，加大研发人员培养力度，高度重视研发人才队伍建设，不断增强国家创新投入竞争力。

13.5 墨西哥国家创新产出竞争力评价分析

13.5.1 墨西哥国家创新产出竞争力评价结果

2014～2015 年墨西哥国家创新产出竞争力及其下属 7 个三级指标的排位和排位变化情况，如表 13－7 所示。

表 13－7 墨西哥 2014～2015 年国家创新产出竞争力指标组排位及趋势

项目/年份	专利授权数		科技论文发表数		专利和许可收入		高技术产品出口额		高技术产品出口比重		注册商标数		创意产品出口比重		创新产出竞争力	
	得分	排名	得分	排名	得分	排名	得分	排名	得分	排名	得分	排名	得分	排名	得分	排名
2014	0.3	16	2.5	15	0.1	15	24.6	8	58.6	8	9.5	11	96.6	2	27.5	8
2015	0.3	16	2.5	15	0.2	14	24.6	8	53.4	8	9.9	11	96.8	2	26.8	8
得分变化	0.0		0.0		0.1		0.0		-5.2		0.4		0.2		-0.7	
排名升降		0		0		1		0		0		0		0		0
优劣度		劣势		中势		中势		优势		优势		中势		强势		优势

（1）从排位变化比较看，2015 年墨西哥国家创新产出竞争力排名第 8 位，与 2014 年相比，排位保持不变，处于优势地位。

（2）从指标所处区位来看，有 1 个强势指标，为创意产品出口比重；有 2 个优势指标，为高技术产品出口额和高技术产品出口比重；3 个指标是中势指标，分别为科技论文发表数、专利和许可收入、注册商标数；其余 1 个指标为劣势指标。

（3）从指标排位变化趋势看，在7个三级指标中，有1个指标处于上升趋势，为专利和许可收入；其他指标排位不变。

（4）从指标排位变化的动因看，1个三级指标的排位出现了上升，其他三级指标排位不变，墨西哥创新产出竞争力综合排位不变，在G20中排名第8位。

（5）从三级指标结构特征看，在创新产出竞争力指标组的7个三级指标中，强势指标1个，占指标总数的14.3%；优势指标2个，占指标总数的28.6%；中势指标3个，占指标总数的42.8%；劣势指标1个，占指标总数的14.3%，强势和优势指标所占比重大于劣势指标的比重。上升指标1个，其他指标排名不变，2015年墨西哥国家创新产出竞争力排位与2014年相比，保持不变。

13.5.2 墨西哥国家创新产出竞争力比较分析

图13－7反映了2014～2015年墨西哥国家创新产出竞争力与G20最高水平和平均水平的比较情况。

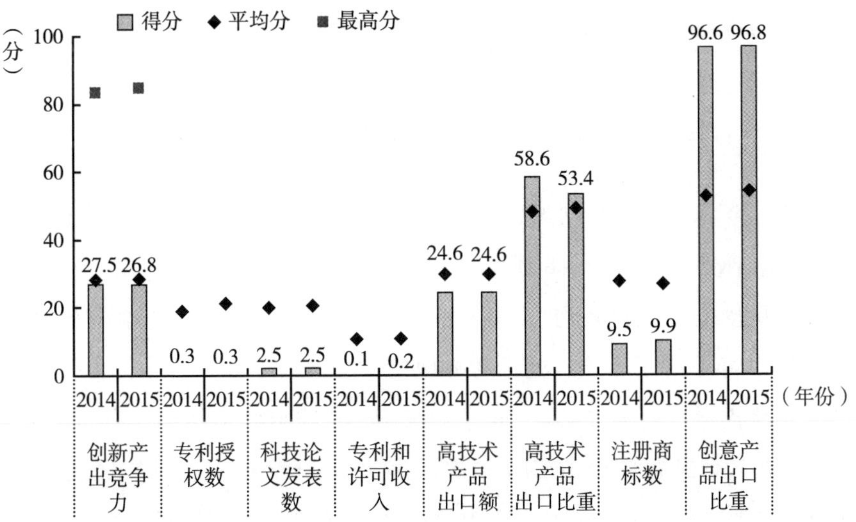

图13－7 2014～2015年墨西哥国家创新产出竞争力指标得分比较

由图 13 - 7 可知，评价期内墨西哥国家创新产出竞争力得分均高于 26 分，说明墨西哥国家创新产出竞争力处于较高水平。从创新产出竞争力的整体得分比较来看，2014 年，墨西哥国家创新产出竞争力得分与 G20 最高分相比还有 56 分的差距，低于 G20 平均分 1.1 分；到 2015 年，墨西哥国家创新产出竞争力得分与 G20 最高分的差距为 58.2 分，低于 G20 平均分 2.1 分。总的来说，2014 ~2015 年墨西哥国家创新产出竞争力与最高分和平均分的差距略有扩大，但排位不变。

从具体指标得分比较和变化趋势来看，墨西哥国家创新产出竞争力整体水平没有发生明显变化，这主要是由于专利授权数、科技论文发表数、专利和许可收入、注册商标数等指标得分偏低、排位靠后。且 5 个三级指标得分低于 G20 平均分。因此，墨西哥要进一步提升专利申请和授权量，增强企业和个人的专利创造和运用能力；完善知识产权激励机制，促进专利和许可收入增长；注重提升基础研究能力，提高科技论文等创新产出的数量和质量；推动实施商标战略，打造国际知名品牌。通过实施一系列的创新措施，切实提高国家创新产出，增强国家创新产出竞争力。

13.6 墨西哥国家创新持续竞争力评价分析

13.6.1 墨西哥国家创新持续竞争力评价结果

2014 ~2015 年墨西哥国家创新持续竞争力及其下属 6 个三级指标的排位和排位变化情况，如表 13 - 8 所示。

（1）从排位变化比较看，2015 年墨西哥国家创新持续竞争力排名第 16 位，比 2014 年下降了 3 位，处于劣势地位。

（2）从指标所处区位来看，6 个三级指标中没有强势指标；有 3 个优势指标，为公共教育经费支出占 GDP 比重、科技人员增长率和科技经费增长率；公共教育经费支出总额和人均公共教育经费支出额为中势指标；其余 1 个指标为劣势指标。

表 13－8 墨西哥 2014～2015 年国家创新持续竞争力指标组排位及趋势

项目 \ 年份	公共教育经费支出总额		公共教育经费支出占 GDP 比重		人均公共教育经费支出额		高等教育毛入学率		科技人员增长率		科技经费增长率		创新持续竞争力	
	得分	排名	得分	排名	得分	排名	得分	排名	得分	排名	得分	排名	得分	排名
2014	5.4	13	68.4	8	13.4	14	13.9	16	—	—	93.7	3	39.0	13
2015	5.5	13	67.8	8	14.8	14	13.9	16	8.9	10	63.8	7	29.1	16
得分变化	0.1		-0.6		1.4		0.0		—		-29.9		-9.9	
排名升降		0		0		0		0		—		-4		-3
优劣度		中势		优势		中势		劣势		优势		优势		劣势

（3）从指标排位变化趋势看，在有数据的 5 个三级指标中，有 1 个指标处于下降趋势，为科技经费增长率，而且下降的幅度较大，这是墨西哥创新持续竞争力的下降拉力所在。

（4）从指标排位变化的动因看，有 1 个三级指标的排位出现了较大幅度的下降，墨西哥创新持续竞争力综合排位下降 3 位，在 G20 中排名第 16 位。

（5）从三级指标结构特征看，在创新持续竞争力指标组有数据的三级指标中，优势指标 3 个，占指标总数的 50%；劣势指标 1 个，占指标总数的 16.7%。保持指标 4 个，下降指标 1 个，但该指标下降的幅度较大，2015 年墨西哥国家创新持续竞争力综合排位比 2014 年下降了 3 位。

13.6.2 墨西哥国家创新持续竞争力比较分析

图 13－8 反映了 2014～2015 年墨西哥国家创新持续竞争力与 G20 最高水平和平均水平的比较情况。

由图 13－8 可知，评价期内墨西哥国家创新持续竞争力得分处于下降趋势，说明墨西哥国家创新持续竞争力水平有所降低。从创新持续竞争力的整体得分比较来看，2014 年，墨西哥国家创新持续竞争力得分与 G20 最高分相比还有 40.1 分的差距，低于 G20 平均分 4.8 分；到 2015 年，墨西哥国家创新持续竞争力得分与 G20 最高分的差距为 39 分，低于 G20 平均分 13.3 分。总的

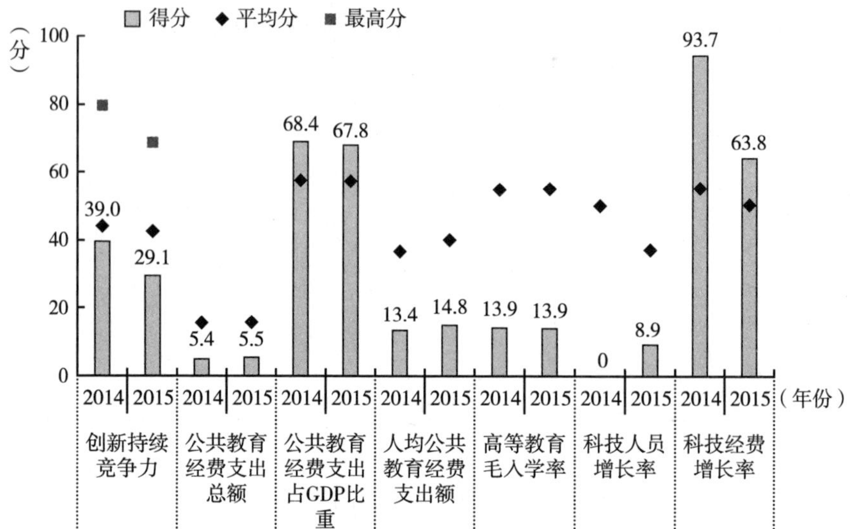

图 13－8　2014～2015 年墨西哥国家创新持续竞争力指标得分比较

来说，2014～2015 年墨西哥国家创新持续竞争力与平均分的差距呈扩大趋势，排位处于下降趋势。

从具体指标得分比较和变化趋势来看，墨西哥国家创新持续竞争力整体水平出现了下降，这主要是由于科技经费增长率等指标得分明显下降，且公共教育经费支出总额、人均公共教育经费支出额、高等教育毛入学率、科技人员增长率等指标得分低于 G20 平均分。针对这些问题，墨西哥要不断增加教育经费投入，提升科学家和工程师的待遇，加大培养科学家和工程师的力度，实现国家创新能力的可持续发展，显著增强国家创新持续竞争力。

Y.15
第 14 章 俄罗斯国家创新竞争力评价分析报告

俄罗斯是世界上面积最大的国家，地域跨越欧亚两个大洲，与多个国家接壤，蔓延的海岸线从北冰洋一直伸展到北太平洋，还包括了内陆海黑海和里海，国土面积约 1707 万平方公里，海岸线长 57655 万平方公里。2015 年全国年末总人口为 14410 万人，实现国内生产总值 13312 亿美元。本部分通过分析俄罗斯 2014～2015 年国家创新竞争力以及创新竞争力中各要素在 G20 中的排名变化，进而找出俄罗斯国家创新竞争力的推动点及影响因素。

14.1 俄罗斯国家创新竞争力总体评价分析

2014～2015 年，俄罗斯国家创新竞争力排名略有上升。其中，2014 年俄罗斯国家创新竞争力在 G20 中排名第 12 位，到了 2015 年，排名第 11 位，排位上升了 1 位。

14.1.1 俄罗斯国家创新竞争力概要分析

俄罗斯国家创新竞争力在 G20 中所处的位置及 5 个二级指标的得分和排位变化如图 14－1、图 14－2 和表 14－1 所示。

（1）从综合排位变化看，2015 年俄罗斯国家创新竞争力综合排名在 G20 中处于第 11 位，与 2014 年相比，排位上升了 1 位。

（2）从指标得分看，2015 年俄罗斯国家创新竞争力得分为 28.8 分，比 G20 最高分低 49.8 分，比平均分低 8.6 分；与 2014 年相比，俄罗斯国家创新竞争力得分下降了 0.4 分，与当年最高分的差距缩小了 0.3 分，与 G20 平均分的差距也缩小了 0.5 分。

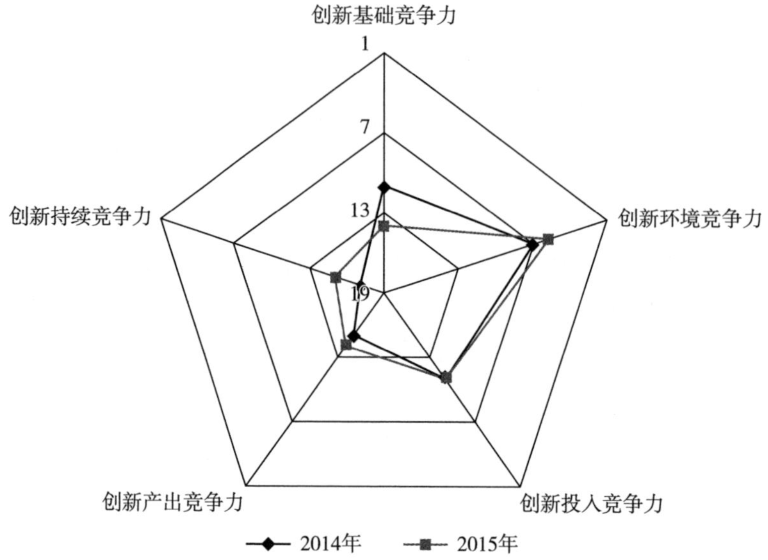

图 14－1　俄罗斯国家创新竞争力二级指标排名雷达图

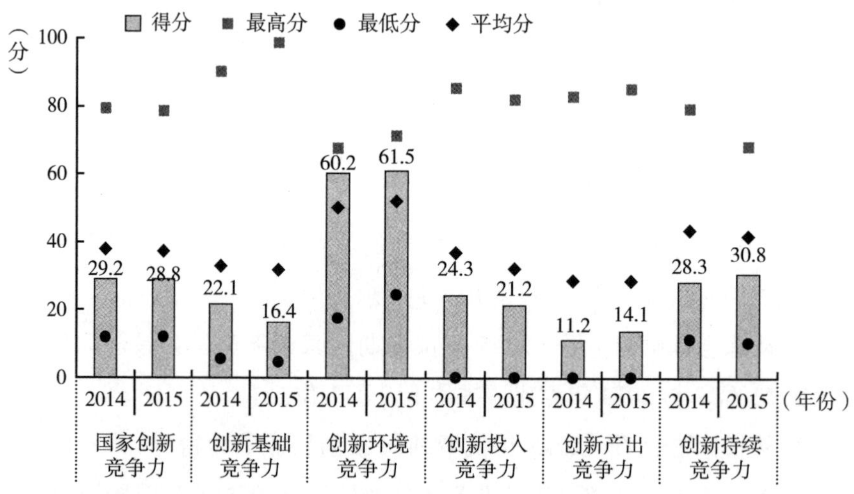

图 14－2　俄罗斯国家创新竞争力得分变化趋势

表 14－1　俄罗斯国家创新竞争力二级指标得分和排名

项目 / 年份	创新基础竞争力		创新环境竞争力		创新投入竞争力		创新产出竞争力		创新持续竞争力		创新竞争力	
	得分	排名	得分	排名	得分	排名	得分	排名	得分	排名	得分	排名
2014	22.1	11	60.2	7	24.3	11	11.2	15	28.3	17	29.2	12
2015	16.4	14	61.5	6	21.2	11	14.1	14	30.8	15	28.8	11
得分变化	－5.7		1.3		－3.1		2.9		2.6		－0.4	
排名升降		－3		1		0		1		2		1
优劣度		中势		优势		中势		中势		中势		中势

（3）从指标所处区位看，2015 年俄罗斯国家创新竞争力的 5 个二级指标中，没有强势指标和劣势指标；优势指标 1 个，为创新环境竞争力；其余 4 个都为中势指标。

（4）从指标排位变化趋势看，在 5 个二级指标中，3 个指标的排位处于上升趋势，为创新环境竞争力、创新产出竞争力和创新持续竞争力，这些指标是俄罗斯国家创新竞争力的上升动力所在；有 1 个指标的排位处于下降趋势，为创新基础竞争力；创新投入竞争力指标排位没有发生变化。

（5）从指标排位变化的动因看，1 个二级指标的排位出现了下降，3 个二级指标的排位上升，受指标排位上升的影响，2015 年俄罗斯国家创新竞争力的综合排位上升了 1 位，在 G20 中排名第 11 位。

14.1.2　俄罗斯国家创新竞争力各级指标动态变化分析

2014～2015 年俄罗斯国家创新竞争力各级指标的动态变化及其结构，如图 14－3 和表 14－2 所示。

从图 14－3 可以看出，俄罗斯国家创新竞争力的三级指标中上升指标的数量小于下降指标，但保持不变的指标居于主导地位。表 14－2 中的数据进一步显示，俄罗斯国家创新竞争力的 33 个三级指标中，上升指标有 5 个，占指标总数的 15.2%；保持指标有 19 个，占指标总数的57.6%；下降

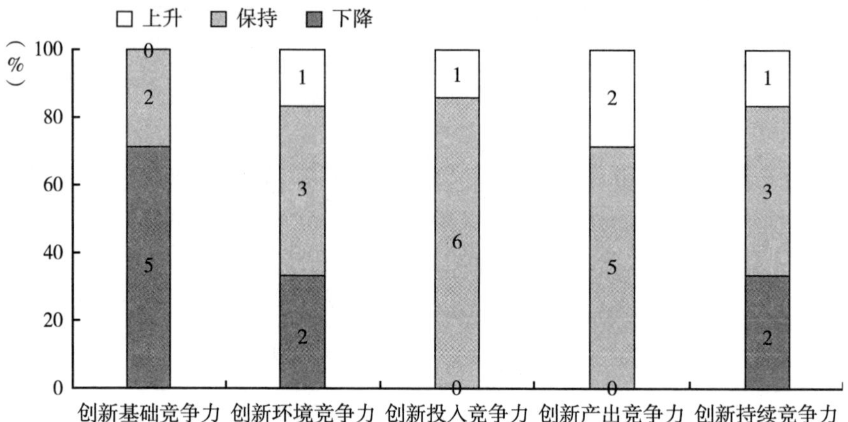

图 14－3　2014～2015 年俄罗斯国家创新竞争力指标动态变化结构

表 14－2　2014～2015 年俄罗斯国家创新竞争力各级指标排位变化态势比较

单位：个，%

二级指标	三级指标个数	上升		保持		下降		变化趋势
		个数	比重	个数	比重	个数	比重	
创新基础竞争力	7	0	0.0	2	28.6	5	71.4	下降
创新环境竞争力	6	1	16.7	3	50.0	2	33.3	上升
创新投入竞争力	7	1	14.3	6	85.7	0	0.0	保持
创新产出竞争力	7	2	28.6	5	71.4	0	0.0	上升
创新持续竞争力	6	1	16.7	3	50.0	2	33.3	上升
合计	33	5	15.2	19	57.6	9	27.3	上升

指标有 9 个，占指标总数的 27.3%。指标上升的数量小于下降的数量，但由于指标上升的幅度较大，上升的动力大于下降的拉力，2015 年俄罗斯国家创新竞争力排位上升了 1 位，在 G20 中居第 11 位。

14.1.3　俄罗斯国家创新竞争力各级指标优劣势结构分析

2014～2015 年俄罗斯国家创新竞争力各级指标的优劣势变化及其结构，如表 14－3 所示。

表 14－3　2014～2015 年俄罗斯国家创新竞争力各级指标排位优劣势比较

单位：个，%

二级指标	三级指标个数	强势		优势		中势		劣势		优劣度
		个数	比重	个数	比重	个数	比重	个数	比重	
创新基础竞争力	7	0	0.0	3	42.9	3	42.9	1	14.3	中势
创新环境竞争力	6	2	33.3	2	33.3	2	33.3	0	0.0	优势
创新投入竞争力	7	1	14.3	2	28.6	4	57.1	0	0.0	中势
创新产出竞争力	7	0	0.0	2	28.6	4	57.1	1	14.3	中势
创新持续竞争力	6	0	0.0	3	50.0	2	33.3	1	16.7	中势
合计	33	3	9.1	12	36.4	15	45.5	3	9.1	中势

从表 14－3 中的数据可以看出，俄罗斯国家创新竞争力的 33 个三级指标中，强势指标 3 个，占指标总数的 9.1%；优势指标 12 个，占指标总数的 36.4%；中势指标 15 个，占指标总数的 45.5%；劣势指标 3 个，占指标总数的 9.1%；强势指标和优势指标的数量之和约占指标总数的 45.5%，略低于中势指标和劣势指标比重之和。从二级指标来看，优势指标 1 个，占二级指标总数的 20%；中势指标 4 个，占二级指标总数的 80%；没有强势和劣势指标。由于中势指标在指标体系中居于主导地位，2014～2015 年俄罗斯国家创新竞争力处于中势地位。

14.2　俄罗斯国家创新基础竞争力评价分析

14.2.1　俄罗斯国家创新基础竞争力评价结果

2014～2015 年俄罗斯国家创新基础竞争力及其下属 7 个三级指标的排位和排位变化情况，如表 14－4 所示。

（1）从排位变化比较看，2015 年俄罗斯国家创新基础竞争力排名第 14 位，与 2014 年相比，排位下降了 3 位，处于中势地位。

（2）从指标所处区位来看，7 个三级指标中没有强势指标；有 3 个优势指标，为财政收入、人均财政收入和受高等教育人员比重；GDP、人均 GDP 和全社会劳动生产率 3 个指标是中势指标；外国直接投资净值是劣势指标。

表 14－4　俄罗斯 2014～2015 年国家创新基础竞争力指标组排位及趋势

项目 \ 年份	GDP		人均 GDP		财政收入		人均财政收入		外国直接投资净值		受高等教育人员比重		全社会劳动生产率		创新基础竞争力	
	得分	排名	得分	排名	得分	排名	得分	排名	得分	排名	得分	排名	得分	排名	得分	排名
2014	10.0	9	20.7	11	12.9	9	18.4	10	8.6	10	63.9	6	20.0	13	22.1	11
2015	5.7	13	13.7	13	7.6	10	10.8	10	1.7	16	62.8	6	12.4	14	16.4	14
得分变化	-4.2		-6.9		-5.2		-7.6		-6.9		-1.1		-7.6		-5.7	
排名升降		-4		-2		-1		0		-6		0		-1		-3
优劣度		中势		中势		优势		优势		劣势		优势		中势		中势

（3）从指标排位变化趋势看，在 7 个三级指标中，没有指标处于上升趋势；有 5 个指标处于下降趋势，分别为 GDP、人均 GDP、财政收入、外国直接投资净值和全社会劳动生产率；其余 2 个指标保持不变。

（4）从指标排位变化的动因看，由于指标排位下降幅度较大，且大部分指标排位下降，俄罗斯创新基础竞争力的综合排位也下降了 3 位，在 G20 中排名第 14 位。

（5）从三级指标结构特征看，在创新基础竞争力指标组的 7 个三级指标中，没有强势指标；优势指标 3 个，占指标总数的 42.9%；劣势指标 1 个，占指标总数的 14.3%。没有上升指标；下降指标 5 个，占指标总数的 71.4%。指标排位上升的数量远小于下降的数量，2015 年俄罗斯国家创新基础竞争力综合排位下降。

14.2.2　俄罗斯国家创新基础竞争力比较分析

图 14－4 反映了 2014～2015 年俄罗斯国家创新基础竞争力与 G20 最高水平和平均水平的比较情况。

由图 14－4 可知，评价期内俄罗斯国家创新基础竞争力得分均低于 23 分，说明俄罗斯国家创新基础竞争力处于较低水平。从创新基础竞争力的整体得分比较来看，2014 年，俄罗斯国家创新基础竞争力得分与 G20 最高分相比还有 67.9 分的差距，比 G20 平均分低 10.8 分；到 2015 年，俄罗斯国家创新基础

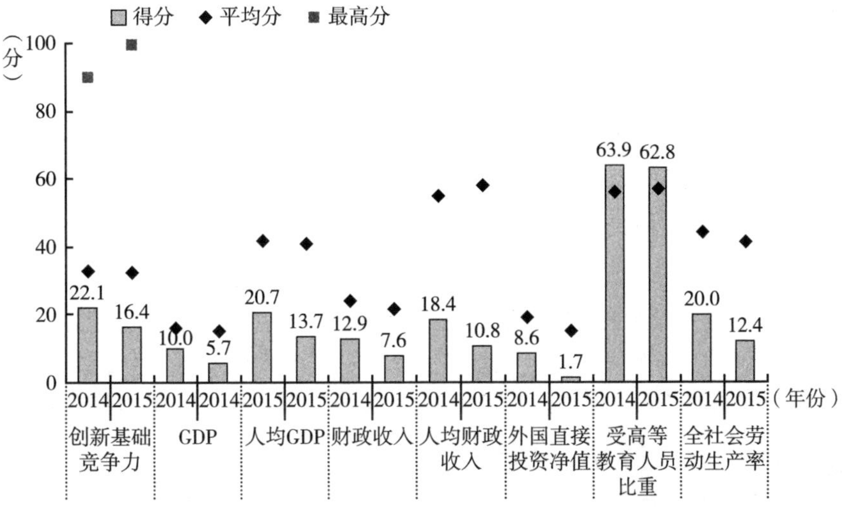

图 14－4　2014～2015 年俄罗斯国家创新基础竞争力指标得分比较

竞争力得分与 G20 最高分的差距为 82.3 分，比 G20 平均分低 15.5 分。总的来说，2014～2015 年俄罗斯国家创新基础竞争力与最高分和平均分的差距扩大，其创新基础竞争力呈下降趋势。

从具体指标得分比较和变化趋势来看，俄罗斯国家创新基础竞争力整体水平有所下降，GDP、人均 GDP、外国直接投资净值和全社会劳动生产率等指标排位靠后，且有 6 个指标得分低于 G20 平均分，创新基础竞争力缺乏上升的动力。在下一阶段要继续加大教育和科技财政投入，积极参与国际直接投资，借鉴和引进国际科技前沿技术，提高全社会劳动生产率，夯实国家创新基础，不断增强国家创新基础竞争力。

14.3　俄罗斯国家创新环境竞争力评价分析

14.3.1　俄罗斯国家创新环境竞争力评价结果

2014～2015 年俄罗斯国家创新环境竞争力及其下属 6 个三级指标的排位和排位变化情况，如表 14－5 所示。

表 14－5　俄罗斯 2014～2015 年国家创新环境竞争力指标组排位及趋势

项目／年份	因特网用户比例		每百人手机数		企业开业程序		企业平均税负水平		在线公共服务指数		ISO 9001 质量体系认证数		创新环境竞争力	
	得分	排名	得分	排名	得分	排名	得分	排名	得分	排名	得分	排名	得分	排名
2014	71.7	9	76.8	2	83.3	4	72.1	11	54.7	10	2.8	12	60.2	7
2015	68.7	9	83.1	3	83.3	4	73.9	9	58.0	13	2.1	12	61.5	6
得分变化	-3.0		6.3		0.0		1.8		3.3		-0.7		1.3	
排名升降		0		-1		0		2		-3		0		1
优劣度		优势		强势		强势		优势		中势		中势		优势

（1）从排位变化比较看，2015 年俄罗斯国家创新环境竞争力排名第 6 位，与 2014 年相比，排位上升了 1 位，仍处于优势地位。

（2）从指标所处区位来看，6 个三级指标中有 2 个强势指标，分别为每百人手机数、企业开业程序；有 2 个优势指标，为因特网用户比例和企业平均税负水平；其余 2 个指标为中势指标。

（3）从指标排位变化趋势看，在 6 个三级指标中，有 1 个指标处于上升趋势，为企业平均税负水平；有两个指标处于下降趋势，为每百人手机数、在线公共服务指数；其余指标均保持不变。

（4）从指标排位变化的动因看，尽管 2 个三级指标的排位出现了下降，但受指标排位升降的综合影响，俄罗斯创新环境竞争力的综合排位处于上升趋势，在 G20 中排名第 6 位。

（5）从三级指标结构特征看，在创新环境竞争力指标组的 6 个三级指标中，强势指标 2 个，占指标总数的 33.3%；优势指标 2 个，占指标总数的 33.3%；没有劣势指标，强势和优势指标居于主导地位。上升指标 1 个，占指标总数的 16.7%；保持指标 3 个，占指标总数的 50%；下降指标 2 个，占指标总数的 33.3%。虽然指标排位下降的数量大于排位上升的数量，但受其他因素的综合影响，2015 年俄罗斯国家创新环境竞争力综合排位与 2014 年相比上升了 1 位。

14.3.2　俄罗斯国家创新环境竞争力比较分析

图 14－5 反映了 2014～2015 年俄罗斯国家创新环境竞争力与 G20 最高水平和平均水平的比较情况。

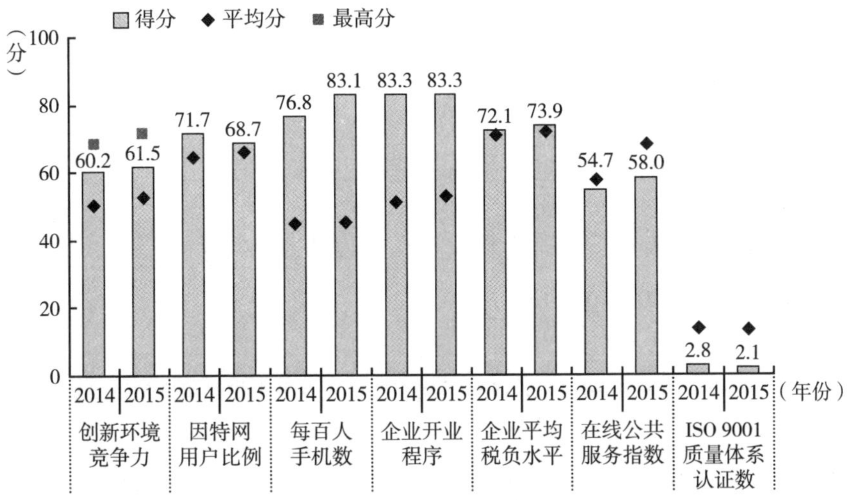

图 14－5　2014～2015 年俄罗斯国家创新环境竞争力指标得分比较

由图 14－5 可知，评价期内俄罗斯国家创新环境竞争力得分均高于 60 分，处于较高水平。从创新环境竞争力的整体得分比较来看，2014 年，俄罗斯国家创新环境竞争力得分与 G20 最高分相比还有 8.1 分的差距，与 G20 平均分相比，高出 10.2 分；2015 年，俄罗斯国家创新环境竞争力得分与 G20 最高分的差距为 10 分，高于 G20 平均分 9.1 分。总的来说，2014～2015 年俄罗斯国家创新环境竞争力与最高分的差距变化不大，排位呈现上升趋势。

从具体指标得分比较和变化趋势来看，俄罗斯国家创新环境竞争力整体水平较高，仍处于优势地位，这主要是由于每百人手机数、企业开业程序等指标处于强势地位；但在线公共服务指数、ISO 9001 质量体系认证数等指标均低于 G20 平均分，这限制了其创新环境竞争力的进一步提升。为巩固和提升俄罗斯国家创新环境竞争力，应针对这些问题，着力提高网络使用率，加快信息高速公路建设，提高在线公共服务水平，鼓励企业参与 ISO 9001 质量体系认证，不断优化国家创新环境，进一步增强国家创新环境竞争力。

14.4 俄罗斯国家创新投入竞争力评价分析

14.4.1 俄罗斯国家创新投入竞争力评价结果

2014～2015 年俄罗斯国家创新投入竞争力及其下属 7 个三级指标的排位和排位变化情况，如表 14－6 所示。

表 14－6 俄罗斯 2014～2015 年国家创新投入竞争力指标组排位及趋势

项目/年份	R&D 经费支出总额		R&D 经费支出占 GDP 比重		人均 R&D 经费支出		R&D 人员		研究人员占从业人员比重		企业研发投入比重		风险资本交易占 GDP 比重		创新投入竞争力	
	得分	排名	得分	排名	得分	排名	得分	排名	得分	排名	得分	排名	得分	排名	得分	排名
2014	5.7	12	31.4	12	12.2	10	33.7	4	69.6	8	11.2	14	6.2	14	24.3	11
2015	5.0	12	31.4	11	11.2	10	28.2	4	65.1	8	6.2	14	1.5	14	21.2	11
得分变化	-0.7		0.0		-1.0		-5.5		-4.5		-5.0		-4.7		-3.1	
排名升降		0		1		0		0		0		0		0		0
优劣度		中势		中势		优势		强势		优势		中势		中势		中势

（1）从排位变化比较看，2015 年俄罗斯国家创新投入竞争力排名第 11 位，与 2014 年相比，排位保持不变，处于中势地位。

（2）从指标所处区位来看，7 个三级指标中，强势指标有 1 个，为 R&D 人员；优势指标有 2 个，为人均 R&D 经费支出和研究人员占从业人员比重；没有劣势指标，其余 4 个指标均是中势指标。

（3）从指标排位变化趋势看，在 7 个三级指标中，有 6 个指标排位保持不变，分别为 R&D 经费支出总额、人均 R&D 经费支出、R&D 人员、研究人员占从业人员比重、企业研发投入比重、风险资本交易占 GDP 比重；有 1 个指标处于上升趋势，为 R&D 经费支出占 GDP 比重。

（4）从指标排位变化的动因看，由于有 6 个三级指标的排位保持不变，俄罗斯创新投入竞争力的综合排位也保持不变，在 G20 中排名第 11 位。

（5）从三级指标结构特征看，在创新投入竞争力指标组的 7 个三级指标中，强势指标有 1 个，占指标总数的 14.3%；优势指标 2 个，占指标总数的 28.6%；没有劣势指标。上升指标 1 个，占指标总数的 14.3%，没有下降指标；保持指标 6 个，占指标总数的 85.7%。由于大部分指标排位保持不变，2015 年俄罗斯国家创新投入竞争力综合排位仍保持不变。

14.4.2　俄罗斯国家创新投入竞争力比较分析

图 14－6 反映了 2014～2015 年俄罗斯国家创新投入竞争力与 G20 最高水平和平均水平的比较情况。

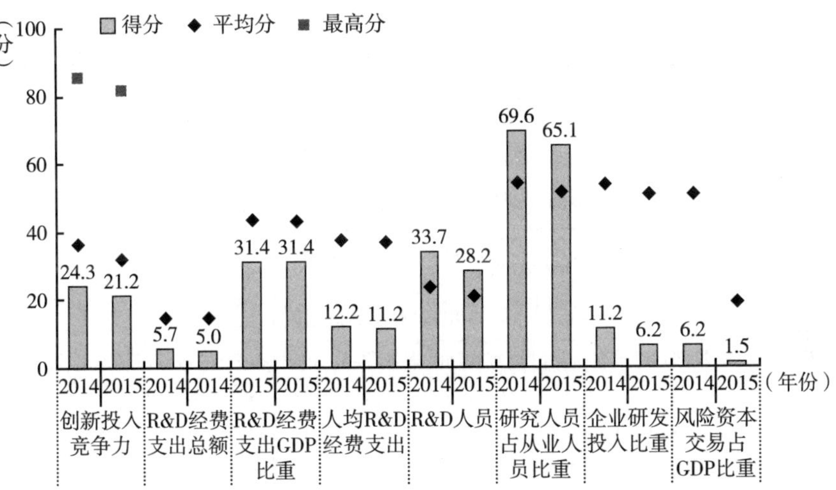

图 14－6　2014～2015 年俄罗斯国家创新投入竞争力指标得分比较

由图 14－6 可知，评价期内俄罗斯国家创新投入竞争力得分均低于 25 分，说明俄罗斯国家创新投入竞争力处于较低水平。从创新投入竞争力的整体得分比较来看，2014 年，俄罗斯国家创新投入竞争力得分与 G20 最高分相比还有 61.3 分的差距，与 G20 平均分相比，则低了 12.2 分；到 2015 年，俄罗斯国家创新投入竞争力得分与 G20 最高分的差距为 60.8 分，低于 G20 平均分 10.7 分。总的来说，2014～2015 年俄罗斯国家创新投入竞争力与最高分和平均分的差距变化不大，国家创新投入竞争力的排位保持不变。

从具体指标得分比较和变化趋势来看，俄罗斯国家创新投入竞争力整体水平较为稳定，仍处于中势地位，这主要是由于大部分指标得分偏低，且有 5 个三级指标得分低于 G20 平均分，其创新投入竞争力确实较为薄弱。今后要继续鼓励多元化的创新研发投入，特别是鼓励企业加大科技研发经费投入，不断增加国家创新投入，显著增强国家创新投入竞争力。

1.5 俄罗斯国家创新产出竞争力评价分析

1.5.1 俄罗斯国家创新产出竞争力评价结果

2014 ~2015 年俄罗斯国家创新产出竞争力及其下属 7 个三级指标的排位和排位变化情况，如表 14 –7 所示。

表 14 –7 俄罗斯 2014 ~2015 年国家创新产出竞争力指标组排位及趋势

项目 年份	专利授权数		科技论文发表数		专利和许可收入		高技术产品出口额		高技术产品出口比重		注册商标数		创意产品出口比重		创新产出竞争力	
	得分	排名	得分	排名	得分	排名	得分	排名	得分	排名	得分	排名	得分	排名	得分	排名
2014	8.8	7	7.6	13	0.5	11	4.8	12	41.3	11	4.8	16	10.7	16	11.2	15
2015	8.9	7	8.0	13	0.5	11	5.1	12	49.8	10	4.7	16	21.5	15	14.1	14
得分变化	0.2		0.4		0.0		0.3		8.5		-0.1		10.9		2.9	
排名升降		0		0		0		0		1		0		1		1
优劣度		优势		中势		中势		中势		优势		劣势		中势		中势

（1）从排位变化比较看，2015 年俄罗斯国家创新产出竞争力排名第 14 位，与 2014 年相比，排位上升了 1 位，处于中势地位。

（2）从指标所处区位来看，7 个三级指标中没有强势指标；2 个指标是优势指标，为专利授权数和高技术产品出口比重；4 个指标是中势指标，分别为科技论文发表数、专利和许可收入、高技术产品出口额和创意产品出口比重；其余 1 个指标为劣势指标。

（3）从指标排位变化趋势看，在 7 个三级指标中，有 2 个指标处于上升趋势，分别为高技术产品出口比重和创意产品出口比重；没有指标处于下降趋势。

（4）从指标排位变化的动因看，2 个三级指标的排位出现了上升，没有三级指标的排位出现下降，俄罗斯创新产出竞争力的综合排位上升了 1 位，在 G20 中排名第 14 位。

（5）从三级指标结构特征看，在创新产出竞争力指标组的 7 个三级指标中，没有强势指标；优势指标 2 个，占指标总数的 28.6%；劣势指标 1 个，占指标总数的 14.3%，优势指标所占比重大于劣势指标的比重。上升指标 2 个，占指标总数的 28.6%；没有下降指标。指标排位上升的数量大于排位下降的数量，2015 年俄罗斯国家创新产出竞争力综合排位与 2014 年相比，上升了 1 位。

14.5.2　俄罗斯国家创新产出竞争力比较分析

图 14 –7 反映了 2014 ~2015 年俄罗斯国家创新产出竞争力与 G20 最高水平和平均水平的比较情况。

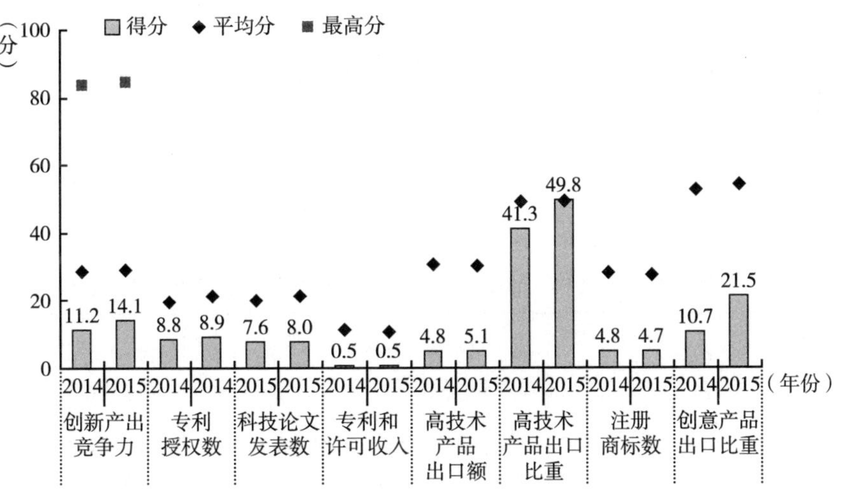

图 14 –7　2014 ~2015 年俄罗斯国家创新产出竞争力指标得分比较

由图 14 –7 可知，评价期内俄罗斯国家创新产出竞争力得分均低于 15 分，说明俄罗斯国家创新产出竞争力处于较低水平。从创新产出竞争力的整体得分比较来看，2014 年，俄罗斯国家创新产出竞争力得分与 G20 最高分相比还有 72.2 分的差距，低于 G20 平均分 17.3 分；到 2015 年，俄罗斯国家创新产出竞争力得分与 G20 最高分的差距为 70.9 分，低于 G20 平均分 14.8 分。总的来说，2014 ~2015 年俄罗斯国家创新产出竞争力与最高分和平均分的差距呈缩小趋势，排位处于上升趋势。

从具体指标得分比较和变化趋势来看，俄罗斯国家创新产出竞争力整体水平较为稳定，这主要是由于科技论文发表数、高技术产品出口额、注册商标数、创意产品出口比重等指标得分偏低、排位靠后，且 7 个三级指标得分基本低于 G20 平均分。因此，要注重提升基础研究能力，提高科技论文等创新产出的数量和质量；优化出口贸易结构，加大高技术产品和创意产品出口比重，突出高技术产品在对外贸易中的重要地位；推动实施商标战略，打造国际知名品牌，切实提高国家创新产出，增强国家创新产出竞争力。

14.6 俄罗斯国家创新持续竞争力评价分析

14.6.1 俄罗斯国家创新持续竞争力评价结果

2014 ~2015 年俄罗斯国家创新持续竞争力及其下属 6 个三级指标的排位和排位变化情况，如表 14 -8 所示。

表 14 -8 俄罗斯 2014 ~2015 年国家创新持续竞争力指标组排位及趋势

项目 / 年份	公共教育经费支出总额		公共教育经费支出占 GDP 比重		人均公共教育经费支出额		高等教育毛入学率		科技人员增长率		科技经费增长率		创新持续竞争力	
	得分	排名	得分	排名	得分	排名	得分	排名	得分	排名	得分	排名	得分	排名
2014	9.5	8	39.4	14	17.9	13	78.0	6	0.0	9	24.9	16	28.3	17
2015	8.0	10	36.5	14	17.3	13	78.0	6	34.6	8	10.6	18	30.8	15
得分变化	-1.5		-2.9		-0.7		0.0		34.6		-14.2		2.6	
排名升降		-2		0		0		0		1		-2		2
优劣度		优势		中势		中势		优势		优势		劣势		中势

（1）从排位变化比较看，2015 年俄罗斯国家创新持续竞争力排名第 15 位，比 2014 年上升了 2 位，处于中势地位。

（2）从指标所处区位来看，6 个三级指标中没有强势指标；有 3 个优势指标，为公共教育经费支出总额、高等教育毛入学率和科技人员增长率；公共教育经费支出占 GDP 比重和人均公共教育经费支出额为中势指标；科技经费增长率为劣势指标。

（3）从指标排位变化趋势看，在 6 个三级指标中，有 1 个指标处于上升趋势，为科技人员增长率；有 2 个指标处于下降趋势，分别为公共教育经费支出总额和科技经费增长率。

（4）从指标排位变化的动因看，有 2 个三级指标的排位出现了下降，但受上升指标上升幅度较大的影响，俄罗斯创新持续竞争力综合排位上升，在 G20 中排名第 15 位。

（5）从三级指标结构特征看，在创新持续竞争力指标组的 6 个三级指标中，没有强势指标；优势指标 3 个，占指标总数的 50%；劣势指标 1 个，占指标总数的 16.7%，优势指标所占比重远大于劣势指标的比重。上升指标 1 个，占指标总数的 16.7%；下降指标 2 个，占指标总数的 33.3%。虽然指标排位下降的数量大于排位上升的数量，但受上升指标上升幅度较大的影响，2015 年俄罗斯国家创新持续竞争力综合排位比 2014 年上升了 2 位。

14.6.2　俄罗斯国家创新持续竞争力比较分析

图 14－8 反映了 2014～2015 年俄罗斯国家创新持续竞争力与 G20 最高水平和平均水平的比较情况。

由图 14－8 可知，评价期内俄罗斯国家创新持续竞争力得分处于上升趋势，说明俄罗斯国家创新持续竞争力水平有所提高。从创新持续竞争力的整体得分比较来看，2014 年，俄罗斯国家创新持续竞争力得分与 G20 最高分相比还有 50.8 分的差距，低于 G20 平均分 15.5 分；到 2015 年，俄罗斯国家创新持续竞争力得分与 G20 最高分的差距缩小为 37.3 分，低于 G20 平均分 11.6 分。总的来说，2014～2015 年俄罗斯国家创新持续竞争力与最高分、平均分的差距均呈缩小趋势，排位处于上升趋势。

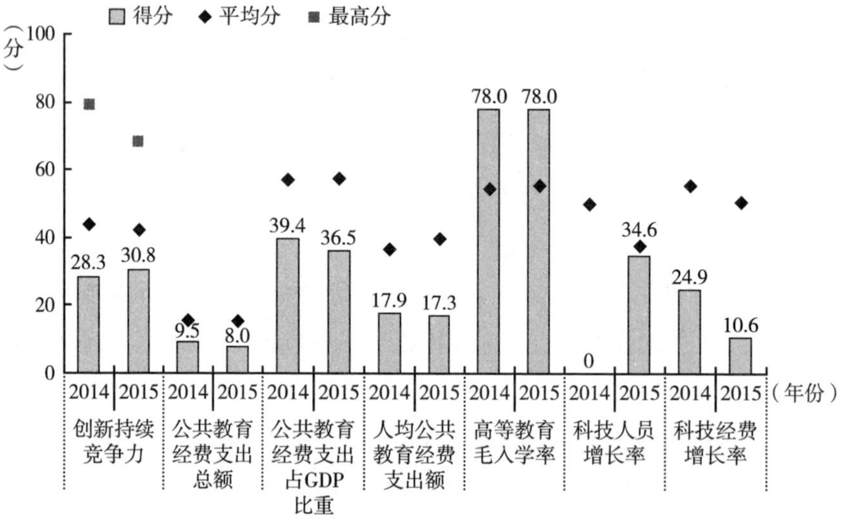

图 14－8　2014～2015 年俄罗斯国家创新持续竞争力指标得分比较

从具体指标得分比较和变化趋势来看，俄罗斯国家创新持续竞争力整体水平出现了上升，这主要是由于科技人员增长率得分明显上升，但公共教育经费支出总额、公共教育经费支出占 GDP 比重、人均公共教育经费支出额、科技经费增长率等指标得分还低于 G20 平均分。针对这些问题，俄罗斯要不断增加教育经费和科技经费投入，实现国家创新能力的可持续发展，显著增强国家创新持续竞争力。

Y.16

第 15 章 沙特阿拉伯国家创新竞争力评价分析报告

沙特阿拉伯位于亚洲西南部的阿拉伯半岛，东濒波斯湾，西临红海，同约旦、伊拉克、科威特、阿拉伯联合酋长国、阿曼、也门等国接壤，国土面积约225 万平方公里。2015 年全国年末总人口为 3154 万人，实现国内生产总值6460 亿美元，人均 GDP 达到 20482 美元。本部分通过分析沙特阿拉伯 2014～2015 年国家创新竞争力以及创新竞争力各要素在 G20 中的排名变化，进而找出沙特阿拉伯国家创新竞争力的推动点及影响因素。

15.1 沙特阿拉伯国家创新竞争力总体评价分析

2014～2015 年，沙特阿拉伯国家创新竞争力排名略有上升。其中，2014 年沙特阿拉伯国家创新竞争力在 G20 中排名第 15 位，到了 2015 年，排名第 14 位，排位上升了 1 位。

15.1.1 沙特阿拉伯国家创新竞争力概要分析

沙特阿拉伯国家创新竞争力在 G20 中所处的位置及 5 个二级指标的得分和排位变化如图 15－1、图 15－2 和表 15－1 所示。

（1）从综合排位变化看，2015 年沙特阿拉伯国家创新竞争力综合排名在G20 中处于第 14 位，与 2014 年相比，排位上升了 1 位。

（2）从指标得分看，2015 年沙特阿拉伯国家创新竞争力得分为 23.5 分，比 G20 最高分低 55.1 分，比平均分低 13.9 分；与 2014 年相比，沙特阿拉伯国家创新竞争力得分下降了 0.5 分，与当年最高分的差距缩小了 0.2 分，与G20 平均分的差距缩小了 0.4 分。

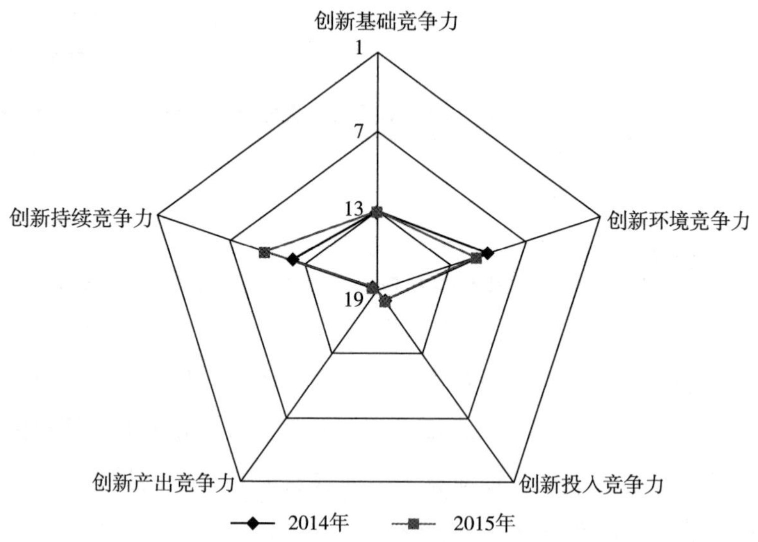

图 15－1　沙特阿拉伯国家创新竞争力二级指标排名雷达图

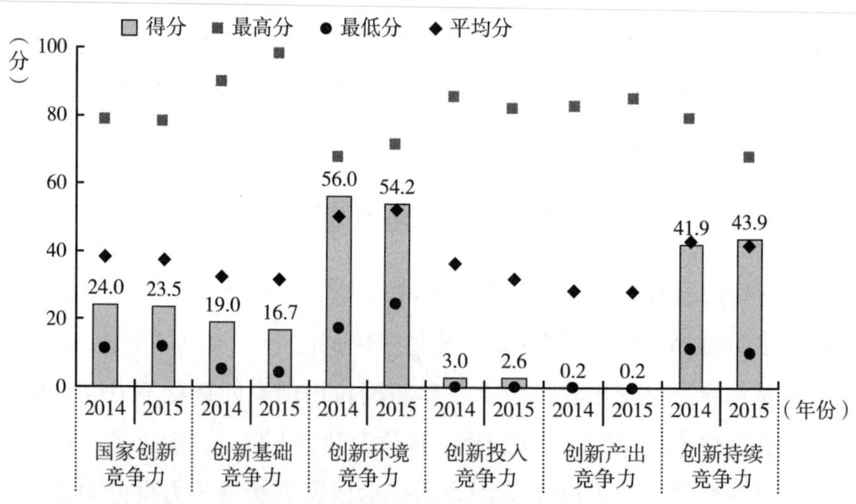

图 15－2　沙特阿拉伯国家创新竞争力得分变化趋势

表 15－1　沙特阿拉伯国家创新竞争力二级指标得分和排名

项目 年份	创新基础竞争力		创新环境竞争力		创新投入竞争力		创新产出竞争力		创新持续竞争力		创新竞争力	
	得分	排名	得分	排名	得分	排名	得分	排名	得分	排名	得分	排名
2014	19.0	13	56.0	10	3.0	18	0.2	19	41.9	12	24.0	15
2015	16.7	13	54.2	11	2.6	18	0.2	19	43.9	10	23.5	14
得分变化	－2.3		－1.8		－0.4		0.0		2.0		－0.5	
排名升降		0		－1		0		0		2		1
优劣度		中势		中势		劣势		劣势		优势		中势

（3）从指标所处区位看，2015 年沙特阿拉伯国家创新竞争力的 5 个二级指标中，没有强势指标；优势指标 1 个，为创新持续竞争力；中势指标 2 个，为创新基础竞争力和创新环境竞争力；劣势指标 2 个，为创新投入竞争力和创新产出竞争力。

（4）从指标排位变化趋势看，在 5 个二级指标中，有 1 个指标的排位处于上升趋势，为创新持续竞争力；有 1 个指标的排位处于下降趋势，为创新环境竞争力；创新基础竞争力、创新投入竞争力和创新产出竞争力指标排位没有发生变化。

（5）从指标排位变化的动因看，1 个二级指标的排位出现了下降，1 个二级指标的排位上升，3 个二级指标的排位没有变化，受指标排位升降的综合影响，2015 年沙特阿拉伯国家创新竞争力的综合排位上升了 1 位，在 G20 中排名第 14 位。

15.1.2　沙特阿拉伯国家创新竞争力各级指标动态变化分析

2014～2015 年沙特阿拉伯国家创新竞争力各级指标的动态变化及其结构，如图 15－3 和表 15－2 所示。

从图 15－3 可以看出，沙特阿拉伯国家创新竞争力的三级指标中，上升指标的数量与下降指标相当，保持不变的指标居于主导地位。表 15－2 中的数据进一步显示，沙特阿拉伯国家创新竞争力有数据的 25 个三级指标中，上升的指标有 3 个，占指标总数的 12.0%；保持的指标有 19 个，占指标总数的 76.0%；

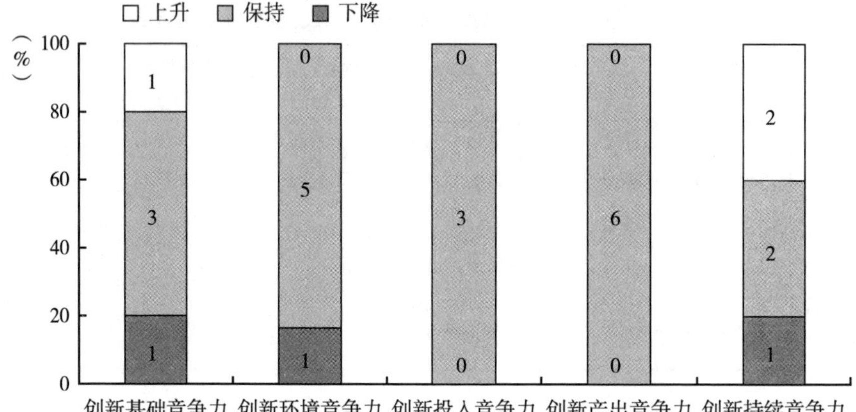

图 15－3　2014～2015 年沙特阿拉伯国家创新竞争力指标动态变化结构

表 15－2　2014～2015 年沙特阿拉伯国家创新竞争力各级指标排位变化态势比较

单位：个，%

二级指标	三级指标个数	上升		保持		下降		变化趋势
		个数	比重	个数	比重	个数	比重	
创新基础竞争力	5	1	20.0	3	60.0	1	20.0	保持
创新环境竞争力	6	0	0.0	5	83.3	1	16.7	下降
创新投入竞争力	3	0	0.0	3	100.0	0	0.0	保持
创新产出竞争力	6	0	0.0	6	100.0	0	0.0	保持
创新持续竞争力	5	2	40.0	2	40.0	1	20.0	上升
合计	25	3	12.0	19	76.0	3	12.0	上升

下降的指标有 3 个，占指标总数的 12.0%。指标上升的数量等于下降的数量，但由于指标上升的幅度较大，2015 年沙特阿拉伯国家创新竞争力排位上升了 1 位，在 G20 中居第 14 位。

15.1.3　沙特阿拉伯国家创新竞争力各级指标优劣势结构分析

2014～2015 年沙特阿拉伯国家创新竞争力各级指标的优劣势变化及其结构，如表 15－3 所示。

从表 15－3 中的数据可以看出，沙特阿拉伯国家创新竞争力有数据的 26 个三级指标中，强势指标 2 个，占指标总数的 7.7%；优势指标 6 个，占指标总数的 23.1%；中势指标 6 个，占指标总数的 23.1%；劣势指标 12 个，占指

表 15 - 3　2014 ~ 2015 年沙特阿拉伯国家创新竞争力各级指标排位优劣势比较

单位：个，%

二级指标	三级指标个数	强势		优势		中势		劣势		优劣度
		个数	比重	个数	比重	个数	比重	个数	比重	
创新基础竞争力	5	0	0.0	2	40.0	2	40.0	1	20.0	中势
创新环境竞争力	6	2	33.3	1	16.7	0	0.0	3	50.0	中势
创新投入竞争力	4	0	0.0	0	0.0	2	50.0	2	50.0	劣势
创新产出竞争力	6	0	0.0	0	0.0	0	0.0	6	100.0	劣势
创新持续竞争力	5	0	0.0	3	60.0	2	40.0	0	0.0	优势
合计	26	2	7.7	6	23.1	6	23.1	12	46.2	中势

标总数的 46.2%；强势指标和优势指标的数量之和约占指标总数的 30.8%，远远小于中势指标和劣势指标之和的比重。从二级指标来看，没有强势指标；优势指标 1 个，占二级指标总数的 20%；中势指标 2 个，占二级指标总数的 40%；劣势指标 2 个，占二级指标总数的 40%。由于中势指标和劣势指标在指标体系中居于主导地位，2014 ~ 2015 年沙特阿拉伯国家创新竞争力处于中势地位。

15.2　沙特阿拉伯国家创新基础竞争力评价分析

15.2.1　沙特阿拉伯国家创新基础竞争力评价结果

2014 ~ 2015 年沙特阿拉伯国家创新基础竞争力及其下属 7 个三级指标的排位和排位变化情况，如表 15 - 4 所示。

表 15 - 4　沙特阿拉伯 2014 ~ 2015 年国家创新基础竞争力指标组排位及趋势

项目 / 年份	GDP		人均 GDP		财政收入		人均财政收入		外国直接投资净值		受高等教育人员比重		全社会劳动生产率		创新基础竞争力	
	得分	排名	得分	排名	得分	排名	得分	排名	得分	排名	得分	排名	得分	排名	得分	排名
2014	2.4	17	37.8	10	—	—	—	—	3.4	16	0.0	12	51.7	9	19.0	13
2015	1.9	17	34.5	10	—	—	—	—	2.2	15	0.0	13	44.9	9	16.7	13
得分变化	-0.5		-3.3		—	—	—	—	-1.2		0.0		-6.8		-2.3	
排名升降		0		0	—	—	—	—		1		-1		0		0
优劣度		劣势		优势	—	—	—	—		中势		中势		优势		中势

（1）从排位变化比较看，2015 年沙特阿拉伯国家创新基础竞争力排名第 13 位，与 2014 年相比，排位没有变化，处于中势地位。

（2）从指标所处区位来看，有数据的 5 个三级指标中没有强势指标；有 2 个优势指标，为人均 GDP、全社会劳动生产率；2 个指标是中势指标，分别为外国直接投资净值和受高等教育人员比重；1 个指标是劣势指标，为 GDP。

（3）从指标排位变化趋势看，在有数据的 5 个三级指标中，有 1 个指标处于上升趋势，为外国直接投资净值；有 1 个指标处于下降趋势，为受高等教育人员比重；其余指标均保持不变。

（4）从指标排位变化的动因看，由于升降指标数量相同，且大部分指标排位保持不变，沙特阿拉伯创新基础竞争力的综合排位也保持不变，在 G20 中排名第 13 位。

（5）从三级指标结构特征看，在创新基础竞争力指标组有数据的 5 个三级指标中，没有强势指标；优势指标 2 个，占指标总数的 40.0%；劣势指标 1 个，占指标总数的 20.0%。上升指标 1 个，占指标总数的 20.0%；下降指标 1 个，占指标总数的 20.0%。指标排位上升的数量与下降的数量相当，且排位不变的指标较多，2015 年沙特阿拉伯国家创新基础竞争力综合排位保持不变。

15.2.2 沙特阿拉伯国家创新基础竞争力比较分析

图 15－4 反映了 2014～2015 年沙特阿拉伯国家创新基础竞争力与 G20 最高水平和平均水平的比较情况。

由图 15－4 可知，评价期内沙特阿拉伯国家创新基础竞争力得分都低于 20 分，说明沙特阿拉伯国家创新基础竞争力处于较低水平。从创新基础竞争力的整体得分比较来看，2014 年，沙特阿拉伯国家创新基础竞争力得分与 G20 最高分相比还有 70.9 分的差距，比 G20 平均分低 13.8 分；到 2015 年，沙特阿拉伯国家创新基础竞争力得分与 G20 最高分的差距为 82.0 分，比 G20 平均分低 15.2 分。总的来说，2014～2015 年沙特阿拉伯国家创新基础竞争力与平均分的差距变化不大，其创新基础竞争力排位保持稳定。

从具体指标得分比较和变化趋势来看，沙特阿拉伯国家创新基础竞争力

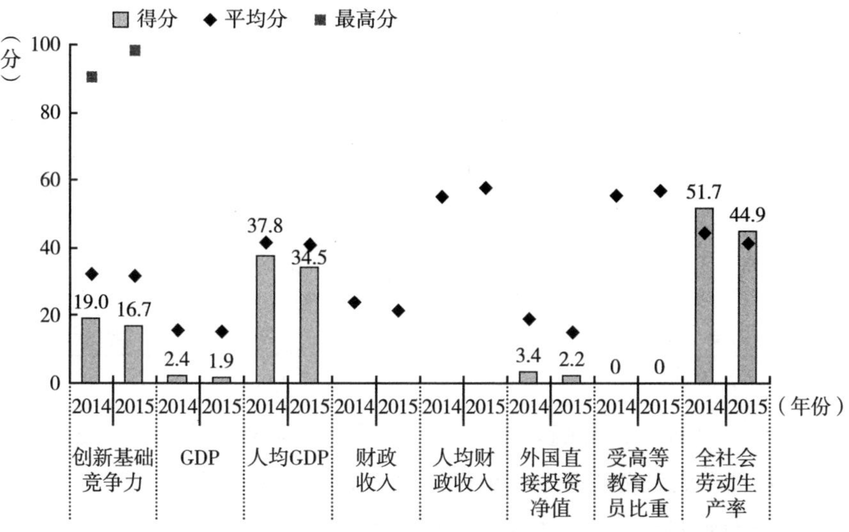

图 15－4　2014～2015 年沙特阿拉伯国家创新基础竞争力指标得分比较

整体水平基本稳定，GDP、外国直接投资净值等指标排位靠后，且三级指标得分基本低于 G20 平均分，创新基础竞争力缺乏上升的动力。在下一阶段，应积极引进外商直接投资，夯实国家创新基础，不断增强国家创新基础竞争力。

15.3　沙特阿拉伯国家创新环境竞争力评价分析

15.3.1　沙特阿拉伯国家创新环境竞争力评价结果

2014～2015 年沙特阿拉伯国家创新环境竞争力及其下属 6 个三级指标的排位和排位变化情况，如表 15－5 所示。

（1）从排位变化比较看，2015 年沙特阿拉伯国家创新环境竞争力排名第 11 位，与 2014 年相比，排位下降了 1 位，处于中势地位。

（2）从指标所处区位来看，6 个三级指标中有 2 个强势指标，分别为每百人手机数和企业平均税负水平；有 1 个优势指标，为因特网用户比例；其余 3 个指标为劣势指标。

表 15－5　沙特阿拉伯 2014～2015 年国家创新环境竞争力指标组排位及趋势

项目 年份	因特网用户比例		每百人手机数		企业开业程序		企业平均税负水平		在线公共服务指数		ISO 9001 质量体系认证数		创新环境竞争力	
	得分	排名	得分	排名	得分	排名	得分	排名	得分	排名	得分	排名	得分	排名
2014	63.9	10	100.0	1	8.3	17	100.0	1	64.1	8	0.0	19	56.0	10
2015	68.0	10	100.0	1	8.3	17	100.0	1	48.9	16	0.0	19	54.2	11
得分变化	4.2		0.0		0.0		0.0		－15.2		0.0		－1.8	
排名升降		0		0		0		0		－8		0		－1
优劣度		优势		强势		劣势		强势		劣势		劣势		中势

（3）从指标排位变化趋势看，在 6 个三级指标中，有 1 个指标处于下降趋势，为在线公共服务指数；其余指标均保持不变。

（4）从指标排位变化的动因看，1 个三级指标的排位出现了较大幅度的下降，其余指标排位未发生变化，导致沙特阿拉伯创新环境竞争力的综合排位下降 1 位，在 G20 中处于第 11 位。

（5）从三级指标结构特征看，在创新环境竞争力指标组的 6 个三级指标中，强势指标 2 个，占指标总数的 33.3%；优势指标 1 个，占指标总数的 16.7%；劣势指标 3 个，占指标总数的 50%。没有上升指标；保持指标 5 个，占指标总数的 83.3%；下降指标 1 个，占指标总数的 16.7%。指标排位上升的数量小于排位下降的数量，同时受其他因素的综合影响，2015 年沙特阿拉伯国家创新环境竞争力综合排位与 2014 年相比下降了 1 位。

15.3.2　沙特阿拉伯国家创新环境竞争力比较分析

图 15－5 反映了 2014～2015 年沙特阿拉伯国家创新环境竞争力与 G20 最高水平和平均水平的比较情况。

由图 15－5 可知，评价期内沙特阿拉伯国家创新环境竞争力得分高于平均分，处于较高水平。从创新环境竞争力的整体得分比较来看，2014 年，沙特阿拉伯国家创新环境竞争力得分与 G20 最高分相比还有 12.3 分的差距，与 G20 平均分相比，高出 6.0 分；2015 年，沙特阿拉伯国家创新环境竞争力得分与 G20 最高分的差距为 17.3 分，高于 G20 平均分 1.8 分。总的来说，2014～

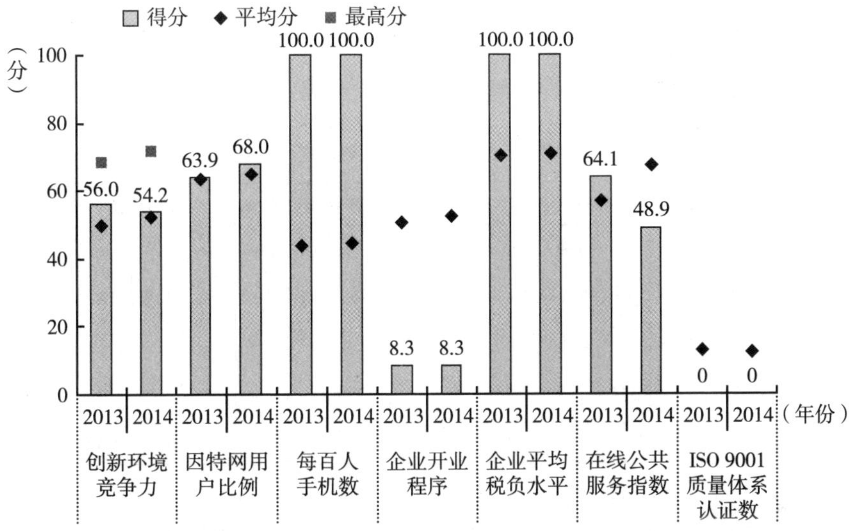

图 15－5　2014～2015 年沙特阿拉伯国家创新环境竞争力指标得分比较

2015 年沙特阿拉伯国家创新环境竞争力与最高分的差距呈扩大趋势，排位呈现下降趋势。

从具体指标得分比较和变化趋势来看，沙特阿拉伯国家创新环境竞争力整体水平较高，处于中势地位，这主要是由于每百人手机数和企业平均税负水平等指标处于强势地位；而企业开业程序、在线公共服务指数等指标排位靠后，这限制了其创新环境竞争力的进一步提升。为巩固和提升沙特阿拉伯国家创新环境竞争力，应着力提高网络使用率，加快信息高速公路建设，提高在线公共服务水平，简化企业开业程序，为企业发展创造良好的环境，不断优化国家创新环境，进一步增强国家创新环境竞争力。

15.4　沙特阿拉伯国家创新投入竞争力评价分析

15.4.1　沙特阿拉伯国家创新投入竞争力评价结果

2014～2015 年沙特阿拉伯国家创新投入竞争力及其下属 7 个三级指标的排位和排位变化情况，如表 15－6 所示。

表 15－6　沙特阿拉伯 2014～2015 年国家创新投入竞争力指标组排位及趋势

项目 年份	R&D 经费支出总额		R&D 经费支出占 GDP 比重		人均 R&D 经费支出		R&D 人员		研究人员占从业人员比重		企业研发投入比重		风险资本交易占 GDP 比重		创新投入竞争力	
	得分	排名	得分	排名	得分	排名	得分	排名	得分	排名	得分	排名	得分	排名	得分	排名
2014	0.2	18	4.7	18	3.9	15	—	—	—	—	—	—	—	—	3.0	18
2015	0.2	18	4.7	18	3.9	15	—	—	—	—	—	—	1.5	14	2.6	18
得分变化	0.0		0.0		0.0		—	—	—	—	—	—	—		-0.4	
排名升降		0		0		0								—		0
优劣度		劣势		劣势		中势								中势		劣势

（1）从排位变化比较看，2015 年沙特阿拉伯国家创新投入竞争力排名第 18 位，与 2014 年相比，排位保持不变，处于劣势地位。

（2）从指标所处区位来看，有数据的 4 个三级指标中没有强势指标和优势指标；有 2 个指标是中势指标，分别为人均 R&D 经费支出和风险资本交易占 GDP 比重；2 个指标是劣势指标。

（3）从指标排位变化趋势看，有数据的 3 个三级指标排位均保持不变。

（4）从指标排位变化的动因看，由于有数据的 3 个三级指标排位保持不变，沙特阿拉伯创新投入竞争力的综合排位也保持不变，在 G20 中排名第 18 位。

（5）从三级指标结构特征看，在创新投入竞争力指标组有数据的三级指标中，没有强势指标和优势指标；劣势指标 2 个，占指标总数的 50.0%；中势指标 2 个，占指标总数的 50.0%。排位保持不变的指标 3 个，占有数据的指标总数的 100.0%。由于有数据的指标排位保持不变，2015 年沙特阿拉伯国家创新投入竞争力综合排位仍保持不变。

15.4.2　沙特阿拉伯国家创新投入竞争力比较分析

图 15－6 反映了 2014～2015 年沙特阿拉伯国家创新投入竞争力与 G20 最高水平和平均水平的比较情况。

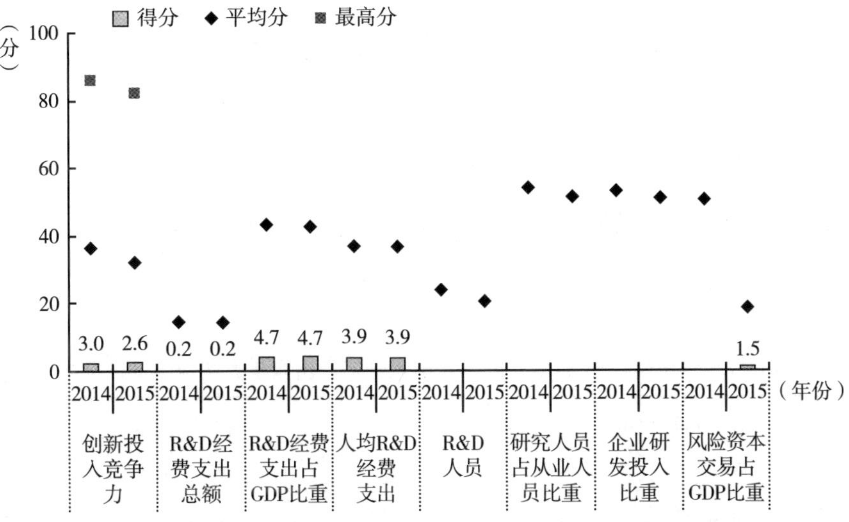

图 15－6　2014～2015 年沙特阿拉伯国家创新投入竞争力指标得分比较

由图 15－6 可知，评价期内沙特阿拉伯国家创新投入竞争力得分小于 5 分，说明沙特阿拉伯国家创新投入竞争力水平很低。从创新投入竞争力的整体得分比较来看，2014 年，沙特阿拉伯国家创新投入竞争力得分与 G20 最高分相比还有 82.7 分的差距，与 G20 平均分相比，则低了 33.5 分；到 2015 年，沙特阿拉伯国家创新投入竞争力得分与 G20 最高分的差距为 79.4 分，低于 G20 平均分 29.4 分。总的来说，2014～2015 年沙特阿拉伯国家创新投入竞争力与平均分的差距变动不大，国家创新投入竞争力的排位保持不变。

从具体指标得分比较和变化趋势来看，沙特阿拉伯国家创新投入竞争力整体水平较为稳定，仍处于劣势地位。这主要是由于有数据的指标得分偏低，且得分低于 G20 平均分，其创新投入竞争力确实较为薄弱。今后要继续加大科技研发经费投入，鼓励多元化的创新研发投入，加大研发人员培养力度，高度重视研发人才队伍建设，不断增加国家创新投入，逐步增强国家创新投入竞争力。

15.5 沙特阿拉伯国家创新产出竞争力评价分析

15.5.1 沙特阿拉伯国家创新产出竞争力评价结果

2014～2015 年沙特阿拉伯国家创新产出竞争力及其下属 7 个三级指标的排位和排位变化情况，如表 15－7 所示。

表 15－7 沙特阿拉伯 2014～2015 年国家创新产出竞争力指标组排位及趋势

项目/年份	专利授权数		科技论文发表数		专利和许可收入		高技术产品出口额		高技术产品出口比重		注册商标数		创意产品出口比重		创新产出竞争力	
	得分	排名	得分	排名	得分	排名	得分	排名	得分	排名	得分	排名	得分	排名	得分	排名
2014	0.2	17	1.0	18	—	—	0.0	19	0.0	19	0.0	19	0.0	19	0.2	19
2015	0.3	17	1.1	18	—	—	0.0	19	0.0	19	0.0	19	0.0	19	0.2	19
得分变化	0.1		0.1		—		0.0		0.0		0.0		0.0		0.0	
排名升降		0		0		—		0		0		0		0		0
优劣度		劣势		劣势		—		劣势		劣势		劣势		劣势		劣势

（1）从排位变化比较看，2015 年沙特阿拉伯国家创新产出竞争力排名第 19 位，与 2014 年相比，排位没有变化，处于劣势地位。

（2）从指标所处区位来看，有数据的 6 个三级指标中没有强势指标、优势指标和中势指标，均为劣势指标。

（3）从指标排位变化趋势看，有数据的 6 个三级指标排位均没有变化。

（4）从指标排位变化的动因看，三级指标排位均没有变化，沙特阿拉伯创新产出竞争力的综合排位保持不变，在 G20 中排名第 19 位。

（5）从三级指标结构特征看，在创新产出竞争力指标组有数据的 6 个三级指标中，没有强势指标、优势指标和中势指标，只有劣势指标。由于三级指标排位均没有变化，2015 年沙特阿拉伯国家创新产出竞争力综合排位与 2014 年相比，保持不变。

15.5.2　沙特阿拉伯国家创新产出竞争力比较分析

图 15－7 反映了 2014～2015 年沙特阿拉伯国家创新产出竞争力与 G20 最高水平和平均水平的比较情况。

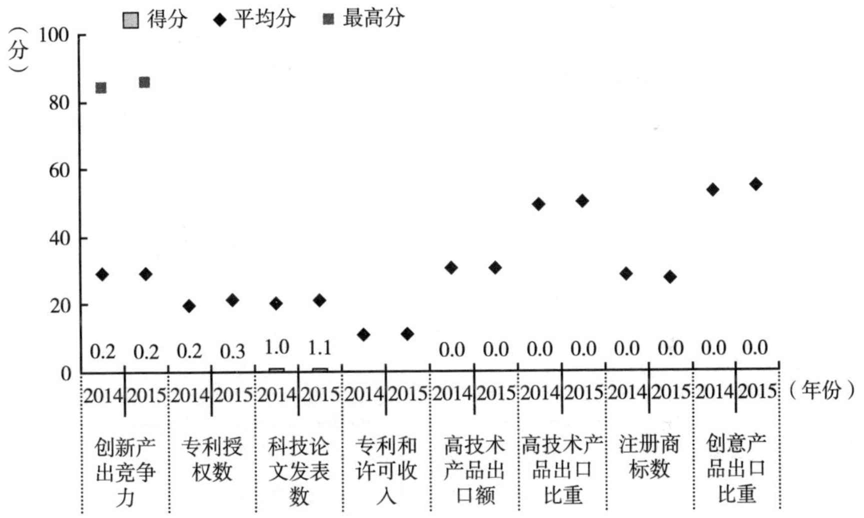

图 15－7　2014～2015 年沙特阿拉伯国家创新产出竞争力指标得分比较

由图 15－7 可知，评价期内沙特阿拉伯国家创新产出竞争力得分均低于 1 分，说明沙特阿拉伯国家创新产出竞争力处于很低水平。从创新产出竞争力的整体得分比较来看，2014 年，沙特阿拉伯国家创新产出竞争力得分与 G20 最高分相比还有 83.2 分的差距，低于 G20 平均分 28.3 分；到 2015 年，沙特阿拉伯国家创新产出竞争力得分与 G20 最高分的差距为 84.7 分，低于 G20 平均分 28.6 分。总的来说，2014～2015 年沙特阿拉伯国家创新产出竞争力与最高分和平均分的差距呈小幅扩大趋势，但排位保持不变。

从具体指标得分比较和变化趋势来看，沙特阿拉伯国家创新产出竞争力整体水平没有发生明显变化，这主要是由于三级指标得分偏低、排位靠后，且三级指标得分均低于 G20 平均分。要进一步提升沙特阿拉伯的专利申请和授权量，增强企业和个人的专利创造和运用能力；完善知识产权激励机制，促进专利和许可收入增长；注重提升基础研究能力，提高科技论文等创新产出的数量和质量；优化出口贸易结构，加大高技术产品和创意产品出口比重，突出高技术产品在对外贸易中的重要地位；推动实施商标战略，打造国际知名品牌。通过实施一系列的创新措施，切实提高国家创新产出，增强国家创新产出竞争力。

15.6 沙特阿拉伯国家创新持续竞争力评价分析

15.6.1 沙特阿拉伯国家创新持续竞争力评价结果

2014～2015 年沙特阿拉伯国家创新持续竞争力及其下属 6 个三级指标的排位和排位变化情况，如表 15－8 所示。

表 15－8 沙特阿拉伯 2014～2015 年国家创新持续竞争力指标组排位及趋势

项目 年份	公共教育经费支出总额		公共教育经费支出占 GDP 比重		人均公共教育经费支出额		高等教育毛入学率		科技人员增长率		科技经费增长率		创新持续竞争力	
	得分	排名	得分	排名	得分	排名	得分	排名	得分	排名	得分	排名	得分	排名
2014	2.0	16	67.4	9	34.5	9	54.9	11	—	—	50.7	10	41.9	12
2015	2.1	15	66.8	9	37.2	10	57.5	11	—	—	56.0	8	43.9	10
得分变化	0.1		－0.6		2.7		2.6		—		5.3		2.0	
排名升降		1		0		－1		0		—		2		2
优劣度		中势		优势		优势		中势		—		优势		优势

（1）从排位变化比较看，2015 年沙特阿拉伯国家创新持续竞争力排名第 10 位，比 2014 年上升了 2 位，处于优势地位。

（2）从指标所处区位来看，有数据的 5 个三级指标中，有 2 个中势指标，分别是公共教育经费支出总额和高等教育毛人学率；公共教育经费支出占 GDP 比重、人均公共教育经费支出额、科技经费增长率等 3 个指标为优势指标。

（3）从指标排位变化趋势看，在有数据的 5 个三级指标中，2 个指标处于上升趋势，为公共教育经费支出总额和科技经费增长率；1 个指标处于下降趋势，为人均公共教育经费支出额；其余 2 个指标排位保持不变。

（4）从指标排位变化的动因看，有 2 个指标的排位出现了上升，受指标排位上升的影响，沙特阿拉伯创新持续竞争力的综合排位上升，在 G20 中排名第 10 位。

（5）从三级指标结构特征看，在创新持续竞争力指标组有数据的 5 个三级指标中，优势指标 3 个，占指标总数的 60.0%；没有劣势指标，优势指标所占比重大于劣势指标的比重。上升指标 2 个，占指标总数的 40.0%；下降指标 1 个，占指标总数 20.0%。由于指标排位上升的数量大于排位下降的数量，2015 年沙特阿拉伯国家创新持续竞争力综合排位比 2014 年上升了 2 位。

15.6.2　沙特阿拉伯国家创新持续竞争力比较分析

图 15－8 反映了 2014～2015 年沙特阿拉伯国家创新持续竞争力与 G20 最高水平和平均水平的比较情况。

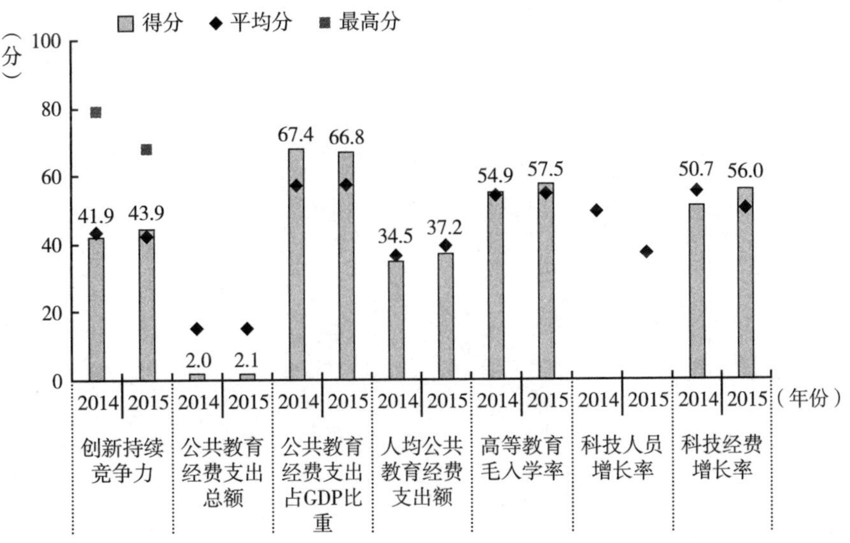

图 15－8　2014～2015 年沙特阿拉伯国家创新持续竞争力指标得分比较

由图 15－8 可知，评价期内沙特阿拉伯国家创新持续竞争力得分处于上升趋势，说明沙特阿拉伯国家创新持续竞争力水平有所上升。从创新持续竞争力的整体得分比较来看，2014 年，沙特阿拉伯国家创新持续竞争力得分与 G20

最高分相比还有 37.1 分的差距，低于 G20 平均分 1.8 分；到 2015 年，沙特阿拉伯国家创新持续竞争力得分与 G20 最高分的差距缩小为 24.2 分，高于 G20 平均分 1.5 分。总的来说，2014 ~2015 年沙特阿拉伯国家创新持续竞争力与最高分的差距呈缩小趋势，且 2015 年得分超过 G20 平均分，其排位处于上升趋势。

从具体指标得分比较和变化趋势来看，沙特阿拉伯国家创新持续竞争力整体水平出现了上升，这主要是由于科技经费增长率等指标得分上升，且公共教育经费支出占 GDP 比重等指标得分还高于 G20 平均分，但公共教育经费支出总额还低于 G20 平均分。因此，沙特阿拉伯要不断增加公共教育经费投入，实现国家创新能力的可持续发展，显著增强国家创新持续竞争力。

Y.17

第16章 南非国家创新竞争力评价分析报告

南非地处南半球，有“彩虹之国”之称，位于非洲大陆的最南端，其东、南、西三面被印度洋和大西洋环抱，与纳米比亚、博茨瓦纳、津巴布韦、莫桑比克和斯威士兰等国接壤，国土面积约122万平方公里。2015年南非全国年末总人口为5501万人，实现国内生产总值3146亿美元，人均GDP达到5718美元。本部分通过对南非2014~2015年国家创新竞争力以及创新竞争力各要素在G20中的排名变化进行对比分析，从中找出南非国家创新竞争力的推动点及影响因素。

16.1 南非国家创新竞争力总体评价分析

2014~2015年，南非国家创新竞争力排名略有下降。其中，2014年南非国家创新竞争力在G20中排名第16位，到了2015年，排名第17位，排位下降了1位。

16.1.1 南非国家创新竞争力概要分析

南非国家创新竞争力在G20中所处的位置及5个二级指标的得分和排位变化如图16－1、图16－2和表16－1所示。

（1）从综合排位变化看，2015年南非国家创新竞争力综合排名在G20中处于第17位，与2014年相比，排位下降了1位。

（2）从指标得分看，2015年南非国家创新竞争力得分为19.3分，比G20最高分低59.4分，比平均分低18.1分；与2014年相比，南非国家创新竞争力得分下降了0.3分，与当年最高分的差距缩小了0.4分，与G20平均分的差距也缩小了0.7分。

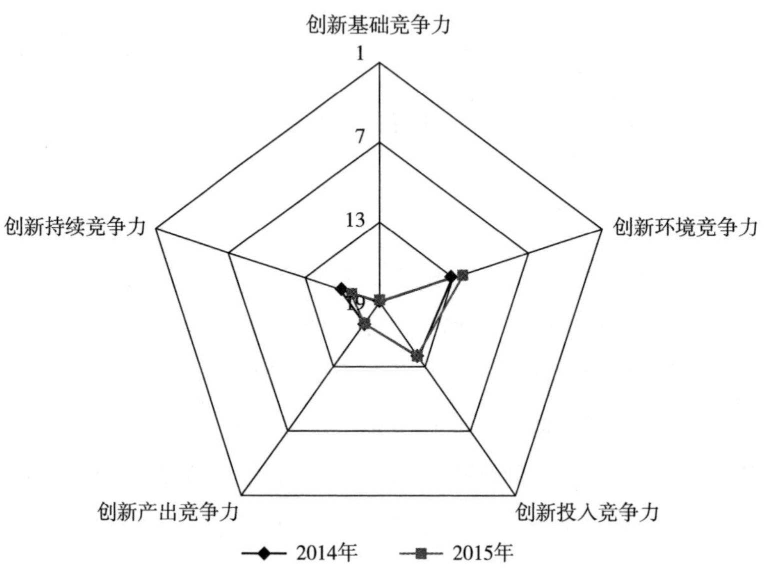

图 16－1　南非国家创新竞争力二级指标排名雷达图

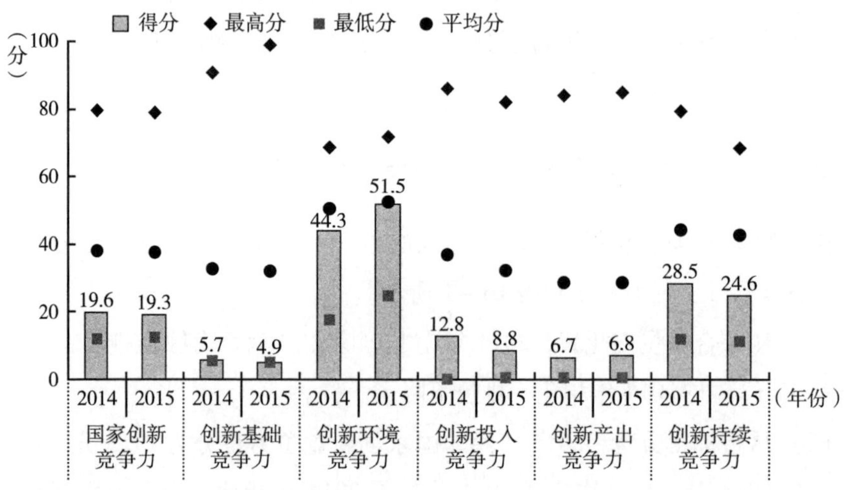

图 16－2　南非国家创新竞争力得分变化趋势

表 16－1　南非国家创新竞争力二级指标得分和排名

年份＼项目	创新基础竞争力		创新环境竞争力		创新投入竞争力		创新产出竞争力		创新持续竞争力		创新竞争力	
	得分	排名	得分	排名	得分	排名	得分	排名	得分	排名	得分	排名
2014	5.7	19	44.3	13	12.8	14	6.7	17	28.5	16	19.6	16
2015	4.9	19	51.5	12	8.8	14	6.8	17	24.6	17	19.3	17
得分变化	－0.8		7.2		－4.0		0.1		－3.9		－0.3	
排名升降		0		1		0		0		－1		－1
优劣度		劣势		中势		中势		劣势		劣势		劣势

（3）从指标所处区位看，2015 年南非国家创新竞争力的 5 个二级指标中，没有强势指标和优势指标；中势指标 2 个，为创新投入竞争力和创新环境竞争力；劣势指标 3 个，为创新基础竞争力、创新持续竞争力和创新产出竞争力。

（4）从指标排位变化趋势看，在 5 个二级指标中，有 1 个指标的排位处于上升趋势，为创新环境竞争力；有 1 个指标的排位处于下降趋势，为创新持续竞争力；创新基础竞争力、创新投入竞争力和创新产出竞争力指标排位没有发生变化。

（5）从指标排位变化的动因看，2014～2015 年，南非国家创新竞争力下属的 5 个二级指标中，2 个二级指标一升一降，其余 3 个二级指标排位保持不变，在诸多因素的综合影响下，2015 年南非国家创新竞争力的综合排位下降了 1 位，在 G20 中排名第 17 位。

16.1.2　南非国家创新竞争力各级指标动态变化分析

2014～2015 年南非国家创新竞争力各级指标的动态变化及其结构，如图 16－3 和表 16－2 所示。

从图 16－3 可以看出，南非国家创新竞争力的三级指标中，上升指标的数量小于下降指标，保持不变的指标居于主导地位。表 16－2 中的数据进一步说明，南非国家创新竞争力有数据的 32 个三级指标中，4 个三级指标呈现上升

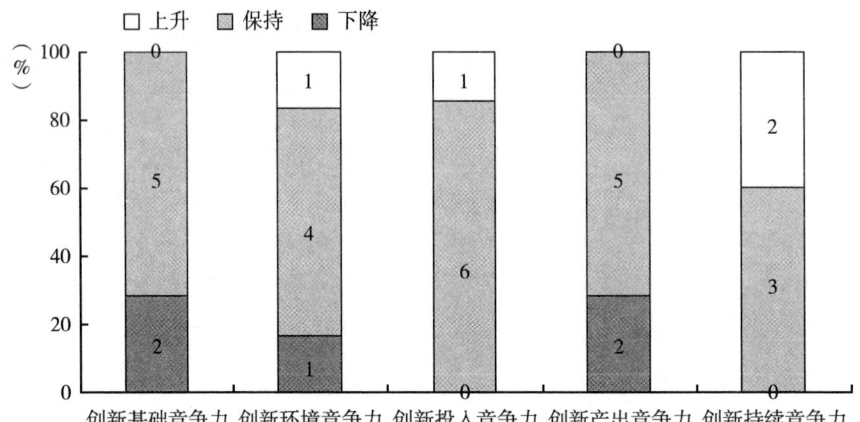

图 16－3　2014～2015 年南非国家创新竞争力指标动态变化结构

表 16－2　2014～2015 年南非国家创新竞争力各级指标排位变化态势比较

单位：个，%

二级指标	三级指标个数	上升		保持		下降		变化趋势
		个数	比重	个数	比重	个数	比重	
创新基础竞争力	7	0	0.0	5	71.4	2	28.6	保持
创新环境竞争力	6	1	16.7	4	66.7	1	16.7	上升
创新投入竞争力	7	1	14.3	6	85.7	0	0.0	保持
创新产出竞争力	7	0	0.0	5	71.4	2	28.6	保持
创新持续竞争力	5	2	40.0	3	60.0	0	0.0	下降
合计	32	4	12.5	23	71.9	5	15.6	下降

趋势，占指标总数的 12.5%；排位保持不变的指标有 23 个，占指标总数的 71.9%；呈现下降趋势的指标有 5 个，占指标总数的 15.6%。指标上升的数量小于指标下降的数量，2015 年南非国家创新竞争力排位下降了 1 位，在 G20 中居第 17 位。

16.1.3　南非国家创新竞争力各级指标优劣势结构分析

2014～2015 年南非国家创新竞争力各级指标的优劣势变化及其结构，如表 16－3 所示。

表 16 - 3　2014 ~ 2015 年南非国家创新竞争力各级指标排位优劣势比较

单位：个，%

二级指标	三级指标个数	强势		优势		中势		劣势		优劣度
		个数	比重	个数	比重	个数	比重	个数	比重	
创新基础竞争力	7	0	0.0	0	0.0	3	42.9	4	57.1	劣势
创新环境竞争力	6	2	33.3	1	16.7	0	0.0	3	50.0	中势
创新投入竞争力	7	0	0.0	0	0.0	4	57.1	3	42.9	中势
创新产出竞争力	7	0	0.0	0	0.0	2	28.6	5	71.4	劣势
创新持续竞争力	6	1	16.7	1	16.7	1	16.7	3	50.0	劣势
合计	33	3	9.1	2	6.1	10	30.3	18	54.5	劣势

从表 16 - 3 中的数据可以看出，南非国家创新竞争力的 33 个三级指标中，有 3 个强势指标，占指标总数的 9.1%；2 个优势指标，占指标总数的 6.1%；10 个中势指标，占指标总数的 30.3%；18 个劣势指标，占指标总数的 54.5%；强势指标和优势指标的数量之和仅占指标总数的 15.2%，远远小于中势指标和劣势指标所占比例。从二级指标来看，南非国家创新竞争力的 5 个二级指标中，没有强势指标和优势指标；有 2 个中势指标，占二级指标总数的 40%；3 个劣势指标，占二级指标总数的 60%。中势指标和劣势指标在指标体系居主导地位，2014 ~ 2015 年南非国家创新竞争力在 G20 中处于劣势地位。

16.2　南非国家创新基础竞争力评价分析

16.2.1　南非国家创新基础竞争力评价结果

2014 ~ 2015 年南非国家创新基础竞争力及其下属 7 个三级指标的排位和排位变化情况，如表 16 - 4 所示。

（1）从排位变化比较看，2015 年南非国家创新基础竞争力排名第 19 位，与 2014 年相比，排位没有变化，在 G20 中依然处于劣势地位。

（2）从指标所处区位来看，南非国家创新基础竞争力下属的 7 个三级指标中，没有强势指标和优势指标；3 个指标是中势指标，分别为财政收入，人均财政收入和受高等教育人员比重；其余均为劣势指标。

表 16－4　南非 2014～2015 年国家创新基础竞争力指标组排位及趋势

项目 年份	GDP		人均 GDP		财政收入		人均财政收入		外国直接投资净值		受高等教育人员比重		全社会劳动生产率		创新基础竞争力	
	得分	排名	得分	排名	得分	排名	得分	排名	得分	排名	得分	排名	得分	排名	得分	排名
2014	0.0	19	8.1	17	0.0	13	2.7	12	2.5	17	14.7	11	11.7	16	5.7	19
2015	0.0	19	7.5	17	0.0	13	1.5	12	0.4	18	14.5	12	10.3	16	4.9	19
得分变化	0.0		-0.6		0.0		-1.2		-2.1		-0.3		-1.4		-0.8	
排名升降		0		0		0		0		-1		-1		0		0
优劣度		劣势		劣势		中势		中势		劣势		中势		劣势		劣势

（3）从指标排位变化趋势看，在 7 个三级指标中，没有指标处于上升趋势；有 2 个指标处于下降趋势，分别为外国直接投资净值和受高等教育人员比重；其余 5 个指标均保持不变。

（4）从指标排位变化的动因看，由于指标排位下降的幅度较小，且大部分指标排位保持不变，南非创新基础竞争力的综合排位也保持不变，在 G20 中排名第 19 位。

（5）从三级指标结构特征看，在创新基础竞争力指标组的 7 个三级指标中，没有强势指标和优势指标；劣势指标 4 个，占指标总数的 57.1%，在三级指标中占据主导地位。2 个三级指标的排位出现了下降，其余 5 个三级指标排位保持不变，2015 年南非国家创新基础竞争力综合排位保持不变。

16.2.2　南非国家创新基础竞争力比较分析

图 16－4 反映了 2014～2015 年南非国家创新基础竞争力与 G20 最高水平和平均水平的比较情况。

由图 16－4 可知，评价期内南非国家创新基础竞争力得分较低，均低于 10 分，说明南非国家创新基础竞争力在 G20 中处于较低水平。从创新基础竞争力的整体得分比较情况来看，2014 年，南非国家创新基础竞争力得分与 G20 最高分相比存在 84.3 分的差距，比 G20 平均分低 27.2 分；到 2015 年，南非国家

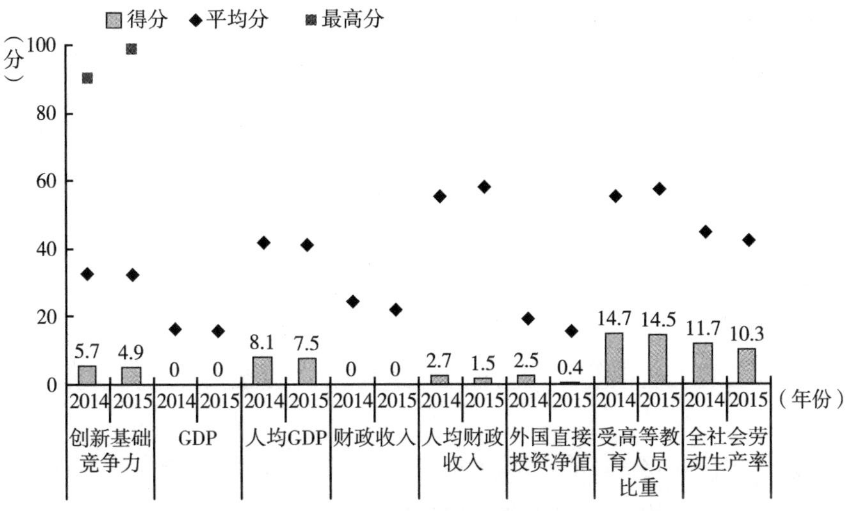

图 16－4　2014～2015 年南非国家创新基础竞争力指标得分比较

创新基础竞争力得分与 G20 最高分的差距扩大为 93.8 分，比 G20 平均分低 27.0 分。总的来说，2014～2015 年南非国家创新基础竞争力与平均分的差距基本不变，其创新基础竞争力保持稳定。

从具体指标得分比较和变化趋势来看，南非国家创新基础竞争力整体水平基本稳定，GDP、外国直接投资净值等指标排位靠后，7 个三级指标得分普遍低于 G20 平均分，创新基础竞争力缺乏上升的动力。南非应密切关注国家创新基础竞争力相关指标，加快企业战略转型，持续增加教育和科技创新投入，积极吸引外资，引进国际前沿科技成果，提高国家创新水平，增强创新基础竞争力。

16.3　南非国家创新环境竞争力评价分析

16.3.1　南非国家创新环境竞争力评价结果

2014～2015 年南非国家创新环境竞争力及其下属 6 个三级指标的排位和排位变化情况，如表 16－5 所示。

表 16-5　南非 2014～2015 年国家创新环境竞争力指标组排位及趋势

项目 年份	因特网用户比例		每百人手机数		企业开业程序		企业平均税负水平		在线公共服务指数		ISO 9001 质量体系认证数		创新环境竞争力	
	得分	排名	得分	排名	得分	排名	得分	排名	得分	排名	得分	排名	得分	排名
2014	42.8	15	71.1	4	58.3	9	88.4	3	4.7	18	0.3	18	44.3	13
2015	42.8	16	87.7	2	58.3	9	88.7	3	30.7	18	0.5	18	51.5	12
得分变化	0.0		16.6		0.0		0.4		26.0		0.2		7.2	
排名升降		-1		2		0		0		0		0		1
优劣度		劣势		强势		优势		强势		劣势		劣势		中势

（1）从排位变化比较看，2015 年南非国家创新环境竞争力排名第 12 位，与 2014 年相比，排位上升了 1 位，但仍然处于中势地位。

（2）从指标所处区位来看，6 个三级指标中有 2 个强势指标，分别为每百人手机数和企业平均税负水平；有 1 个优势指标，为企业开业程序；其余 3 个三级指标均为劣势指标。

（3）从指标排位变化趋势看，在 6 个三级指标中，有 1 个指标处于下降趋势，为因特网用户比例；有 1 个指标处于上升趋势，为每百人手机数；其余指标均保持稳定，排位不变。

（4）从指标排位变化的动因看，1 个三级指标的排位出现了上升，1 个三级指标的排位出现了下降，其余三级指标排位不变，受多种因素的综合影响，南非创新环境竞争力的综合排位处于上升趋势，在 G20 中处于第 12 位。

（5）从三级指标结构特征看，在创新环境竞争力指标组的 6 个三级指标中，有强势指标 2 个，占指标总数的 33.3%；优势指标 1 个，占指标总数的 16.7%；劣势指标 3 个，占指标总数的 50%。上升指标 1 个，占指标总数的 16.7%；保持指标 4 个，占指标总数的 66.7%；下降指标 1 个，占指标总数的 16.7%。虽然指标排位上升的数量等于排位下降的数量，但受多数指标得分上升的影响，2015 年南非国家创新环境竞争力综合排位与 2014 年相比上升了 1 位。

16.3.2　南非国家创新环境竞争力比较分析

图 16－5 反映了 2014～2015 年南非国家创新环境竞争力与 G20 最高水平和平均水平的比较情况。

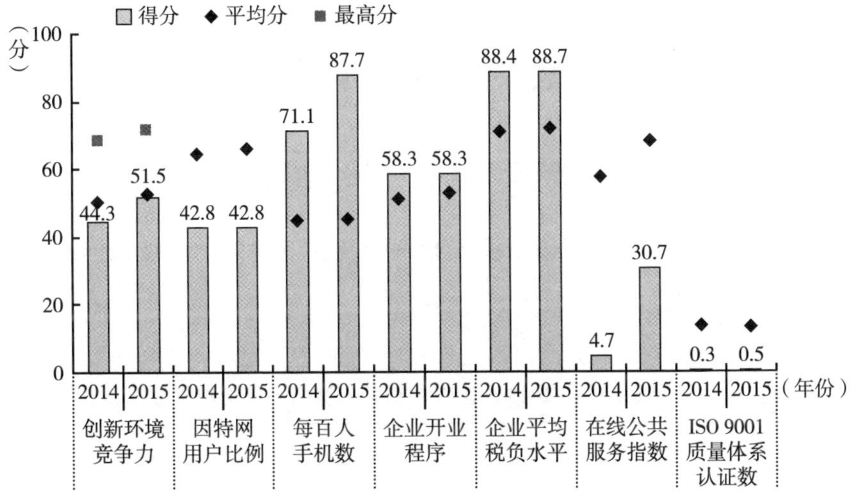

图 16－5　2014～2015 年南非国家创新环境竞争力指标得分比较

由图 16－5 可知，评价期内南非国家创新环境竞争力得分高于 40 分，在 G20 成员国中处于较高水平。从创新环境竞争力的整体得分比较来看，2014 年，南非国家创新环境竞争力得分与 G20 最高分相比还有 24.1 分的差距，与 G20 平均分相比，低了 5.8 分；2015 年，南非国家创新环境竞争力得分与 G20 最高分的差距缩小为 20.0 分，低于 G20 平均分 1.0 分。总的来说，2014～2015 年南非国家创新环境竞争力与最高分及平均分的差距呈缩小趋势，在 G20 中排位呈现上升趋势。

从具体指标得分比较和变化趋势来看，南非国家创新环境竞争力整体变化不大，仍处于中势地位。具体分析各三级指标的区位及变化可以发现，虽然每百人手机数和企业平均税负水平等指标处于强势地位，但 ISO 9001 质量体系认证数等指标低于 G20 平均分，这限制了南非创新环境竞争力的进一步提升。为巩固和提升南非国家创新环境竞争力，应针对这些问题，着力提高网络使用率，加快信息高速公路建设，加大对创新型企业的科技和资金扶持力度，加强知识产权保护，重视创新人才的外引内育，营造有利于企业健康有序发展的良好创新氛围，不断优化国家创新环境，进一步增强国家创新环境竞争力。

16.4 南非国家创新投入竞争力评价分析

16.4.1 南非国家创新投入竞争力评价结果

2014～2015 年南非国家创新投入竞争力及其下属 7 个三级指标的排位和排位变化情况，如表 16－6 所示。

表 16－6 南非 2014～2015 年国家创新投入竞争力指标组排位及趋势

项目／年份	R&D经费支出总额		R&D经费支出占GDP比重		人均R&D经费支出		R&D人员		研究人员占从业人员比重		企业研发投入比重		风险资本交易占GDP比重		创新投入竞争力	
	得分	排名	得分	排名	得分	排名	得分	排名	得分	排名	得分	排名	得分	排名	得分	排名
2014	0.4	17	18.5	15	3.2	17	0.0	17	9.8	14	30.2	13	27.3	13	12.8	14
2015	0.4	17	18.5	15	3.0	17	0.0	17	9.2	14	27.3	13	3.1	11	8.8	14
得分变化	0.0		0.0		-0.2		0.0		-0.7		-3.0		-24.2		-4.0	
排名升降		0		0		0		0		0		0		2		0
优劣度		劣势		中势		劣势		劣势		中势		中势		中势		中势

（1）从排位变化比较看，2015 年南非国家创新投入竞争力排名第 14 位，与 2014 年相比，排位保持不变，在 G20 中依然处于中势地位。

（2）从指标所处区位来看，7 个三级指标中没有强势指标和优势指标；有 3 个指标是劣势指标，分别为 R&D 经费支出总额，人均 R&D 经费支出和 R&D 人员；其余指标均是中势指标。

（3）从指标排位变化趋势看，在 7 个三级指标中，仅有 1 个三级指标的排位上升，为风险资本交易占 GDP 比重；其余指标排位均保持不变。

（4）从指标排位变化的动因看，由于6个三级指标的排位保持不变，南非创新投入竞争力的综合排位也保持不变，在G20中仍然排名第14位。

（5）从三级指标结构特征看，在创新投入竞争力指标组的7个三级指标中，没有强势指标和优势指标；有3个劣势指标，占指标总数的42.9%；4个中势指标，占指标总数的57.1%。由于大部分指标排位保持不变，2015年南非国家创新投入竞争力综合排位仍保持不变。

16.4.2　南非国家创新投入竞争力比较分析

图16－6反映了2014～2015年南非国家创新投入竞争力与G20最高水平和平均水平的比较情况。

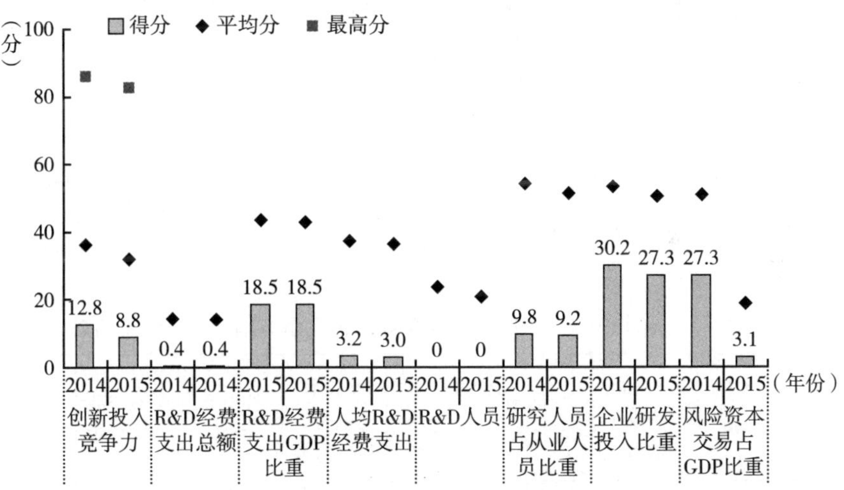

图16－6　2014～2015年南非国家创新投入竞争力指标得分比较

由图16－6可知，评价期内南非国家创新投入竞争力得分低于15分，说明南非国家创新投入竞争力在G20中处于较低水平。从创新投入竞争力的整体得分比较来看，2014年，南非国家创新投入竞争力得分与G20最高分相比还有72.9分的差距，与G20平均分相比，则低了23.7分；到2015年，南非国家创新投入竞争力得分与G20最高分的差距为73.2分，低于G20平均分23.2分。总的来说，2014～2015年南非国家创新投入竞争力与 G20 最高分及平均分的差距变化不大，国家创新投入竞争力排位保持稳定。

从具体指标得分比较和变化趋势来看，南非国家创新投入竞争力整体水平较为稳定，仍处于中势地位，这主要是由于大部分指标处于中势地位，且所有三级指标得分均低于 G20 平均分，其创新投入竞争力确实较为薄弱。因此，南非需要持续加大科技研发经费投入，积极鼓励多元化的创新研发投入，重视研发人员的培养、集聚和国际流动，高度重视研发人才队伍建设，改善投资环境，合理利用外部投资，促进产学研有效结合，进而增强国家创新投入竞争力。

16.5 南非国家创新产出竞争力评价分析

16.5.1 南非国家创新产出竞争力评价结果

2014～2015 年南非国家创新产出竞争力及其下属 7 个三级指标的排位和排位变化情况，如表 16－7 所示。

表 16－7 南非 2014～2015 年国家创新产出竞争力指标组排位及趋势

项目／年份	专利授权数		科技论文发表数		专利和许可收入		高技术产品出口额		高技术产品出口比重		注册商标数		创意产品出口比重		创新产出竞争力	
	得分	排名	得分	排名	得分	排名	得分	排名	得分	排名	得分	排名	得分	排名	得分	排名
2014	0.4	14	1.7	16	0.0	16	1.1	16	20.1	17	2.7	18	20.6	14	6.7	17
2015	0.4	15	1.6	16	0.0	16	0.9	17	19.6	17	2.4	18	22.5	14	6.8	17
得分变化	0.0		-0.1		0.0		-0.2		-0.5		-0.4		1.9		0.1	
排名升降		-1		0		0		-1		0		0		0		0
优劣度		中势		劣势		劣势		劣势		劣势		劣势		中势		劣势

（1）从排位变化比较看，2015 年南非国家创新产出竞争力排名第 17 位，与 2014 年相比，排位没有变化，仍然处于劣势地位。

（2）从指标所处区位来看，7 个三级指标中没有强势指标和优势指标，有 2 个中势指标，分别为专利授权数及创意产品出口比重；其余指标均为劣势指标。

（3）从指标排位变化趋势看，在 7 个三级指标中，有 2 个指标排位下降，分别为专利授权数和高技术产品出口额；其余指标排位均没有变化。

（4）从指标排位变化的动因看，有 2 个指标排位下降，其余指标排位不变，保持稳定的指标占据主导地位，南非创新产出竞争力的综合排位保持不变，在 G20 中排名第 17 位。

（5）从三级指标结构特征看，在创新产出竞争力指标组的 7 个三级指标中，没有强势指标和优势指标，劣势指标所占比重远远超过中势指标，南非国家创新产出竞争力处于劣势地位。由于大部分三级指标排位保持稳定,2015 年南非国家创新产出竞争力综合排位与 2014 年相比，保持不变。

16.5.2　南非国家创新产出竞争力比较分析

图 16 – 7 反映了 2014 ~2015 年南非国家创新产出竞争力与 G20 最高水平和平均水平的比较情况。

由图 16 – 7 可知，评价期内南非国家创新产出竞争力得分低于 10 分，在 G20 中南非国家创新产出竞争力处于很低水平。从创新产出竞争力的整体得分比较来看，2014 年，南非国家创新产出竞争力得分与 G20 最高分相比还有 76. 8 分的差距，低于 G20 平均分 21. 9 分；到 2015 年，南非国家创新产出竞争力得分与 G20 最高分的差距扩大为 78. 2 分，低于 G20 平均分 22. 1 分。总的来说，2014 ~2015 年南非国家创新产出竞争力与最高分和平均分的差距呈扩大趋势，但排位保持不变。

从具体指标得分比较和变化趋势来看，虽然创意产品出口比重得分呈现上升趋势，但科技论文发表数、高技术产品出口额、高技术产品出口比重及注册商标数 4 个三级指标的得分均出现了小幅下降。因此，要进一步提升南非的专利申请和授权量，增强企业和个人的专利创造和运用能力；完善知识产权激励机制，促进专利和许可收入增长；注重提升基础研究能力，提高科技论文等创

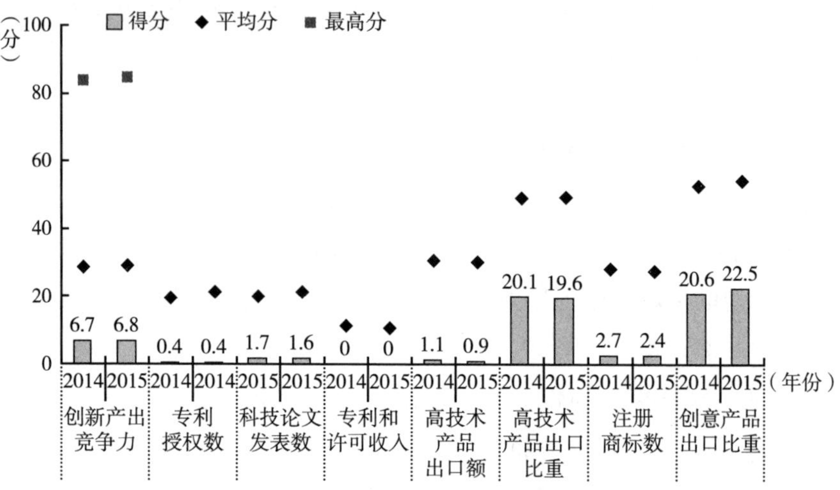

图 16－7　2014～2015 年南非国家创新产出竞争力指标得分比较

新产出的数量和质量；优化出口贸易结构，加大高技术产品出口比重，突出高技术产品在对外贸易中的重要地位；推动实施商标战略，打造国际知名品牌。通过实施一系列的创新措施，切实提高国家创新产出，增强国家创新产出竞争力。

16.6　南非国家创新持续竞争力评价分析

16.6.1　南非国家创新持续竞争力评价结果

2014～2015 年南非国家创新持续竞争力及其下属 6 个三级指标的排位和排位变化情况，如表 16－8 所示。

（1）从排位变化比较看，2015 年南非国家创新持续竞争力排名第 17 位，比 2014 年下降了 1 位，处于劣势地位。

（2）从指标所处区位来看，6 个三级指标中有 1 个强势指标，为公共教育经费支出占 GDP 比重；有 1 个优势指标，为科技人员增长率；有 1 个中势指标，为科技经费增长率；其余指标均为劣势指标。

表 16－8　南非 2014～2015 年国家创新持续竞争力指标组排位及趋势

项目 \ 年份	公共教育经费支出总额		公共教育经费支出占 GDP 比重		人均公共教育经费支出额		高等教育毛入学率		科技人员增长率		科技经费增长率		创新持续竞争力	
	得分	排名	得分	排名	得分	排名	得分	排名	得分	排名	得分	排名	得分	排名
2014	0.0	19	100.0	2	10.2	16	0.0	18	—	—	32.1	15	28.5	16
2015	0.0	19	100.0	1	10.4	16	0.0	18	8.9	10	28.2	14	24.6	17
得分变化	0.0		0.0		0.2		0.0		—		-4.0		-3.9	
排名升降		0		1		0		0		—		1		-1
优劣度		劣势		强势		劣势		劣势		优势		中势		劣势

（3）从指标排位变化趋势看，在有数据的 5 个三级指标中，有 2 个指标处于上升趋势，为公共教育经费支出占 GDP 比重和科技经费增长率；没有指标处于下降趋势；其余指标排位保持不变。

（4）从指标排位变化的动因看，虽然有 2 个三级级指标的排位出现了上升，但受其他因素综合影响，南非创新持续竞争力的综合排位下降，在 G20 中排名第 17 位。

（5）从三级指标结构特征看，在创新持续竞争力指标组有数据的三级指标中，优势指标 1 个，占指标总数的 16.7%；强势指标 1 个，占指标总数的 16.7%；中势指标 1 个，占指标总数的 16.7%；劣势指标 3 个，占指标总数的 50%，强势指标和优势指标所占比重低于劣势指标的比重。上升指标 2 个，占指标总数的 40.0%；无下降指标。虽然指标排位上升的数量大于排位下降的数量，但受其他因素综合影响，2015 年南非国家创新持续竞争力综合排位比 2014 年下降了 1 位。

16.6.2　南非国家创新持续竞争力比较分析

图 16－8 反映了 2014～2015 年南非国家创新持续竞争力与 G20 最高水平和平均水平的比较情况。

由图 16－8 可知，评价期内南非国家创新持续竞争力得分处于下降趋势，说明南非国家创新持续竞争力水平有所下降。从创新持续竞争力的整体得分比较来看，2014 年，南非国家创新持续竞争力得分与 G20 最高分相比还有 50.6

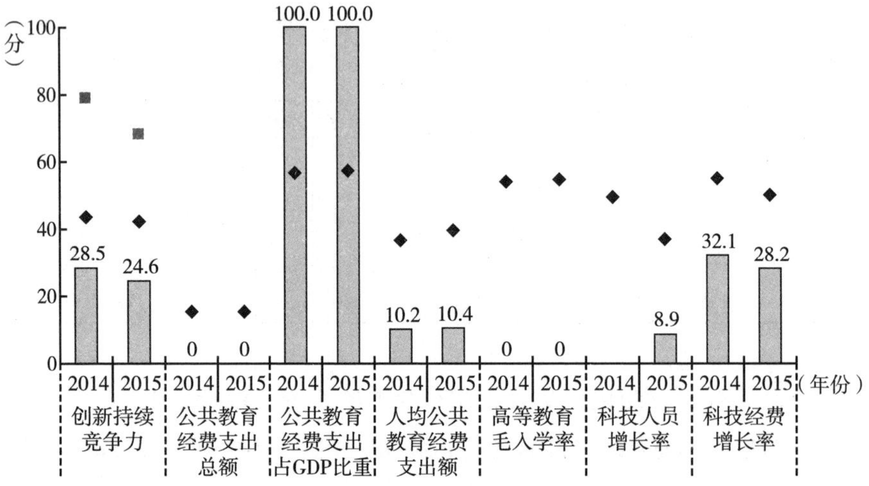

图 16－8　2014～2015 年南非国家创新持续竞争力指标得分比较

分的差距，低于 G20 平均分 15.3 分；到 2015 年，南非国家创新持续竞争力得分与 G20 最高分的差距缩小为 43.5 分，低于 G20 平均分 17.8 分。总的来说，2014～2015 年南非国家创新持续竞争力与平均分的差距呈扩大趋势，排位处于下降趋势。

从具体指标得分比较和变化趋势来看，南非国家创新持续竞争力整体水平出现了下降，这主要是由于人均公共教育经费支出额、科技人员增长率、科技经费增长率等指标得分与 G20 平均分还存在较大差距。为缩小差距，南非要不断增加教育经费投入，加大培养科学家和工程师的力度，实现国家创新能力的可持续发展，显著增强国家创新持续竞争力。

Y.18
第 17 章
土耳其国家创新竞争力评价分析报告

土耳其是一个横跨欧亚两洲的国家，国土包括西亚的安纳托利亚半岛以及巴尔干半岛的东色雷斯地区。2015 年全国年末总人口为 7867 万人，实现国内生产总值 7179 亿美元，人均 GDP 为 9126 美元。本部分通过对土耳其 2014～2015 年国家创新竞争力以及创新竞争力各要素在 G20 中的排名变化分析，从中找出土耳其国家创新竞争力的推动点及影响因素。

17.1　土耳其国家创新竞争力总体评价分析

2014～2015 年，土耳其的国家创新竞争力排名略有下降。其中，2014 年土耳其国家创新竞争力在 G20 中排名第 11 位，到了 2015 年，排名第 12 位，排位下降了 1 位。

17.1.1　土耳其国家创新竞争力概要分析

土耳其国家创新竞争力在 G20 中所处的位置及 5 个二级指标的得分和排位变化如图 17－1、图 17－2 和表 17－1 所示。

（1）从综合排位变化看，2015 年土耳其国家创新竞争力综合排名在 G20 中处于第 12 位，与 2014 年相比，排位下降了 1 位，处于中势地位。

（2）从指标得分看，2015 年土耳其国家创新竞争力得分为 26.2 分，比 G20 最高分低 52.4 分，比平均分低 11.2 分；与 2014 年相比，土耳其国家创新竞争力得分下降了 4.5 分，与当年最高分的差距扩大了 3.8 分，与 G20 平均分的差距也扩大了 3.6 分。

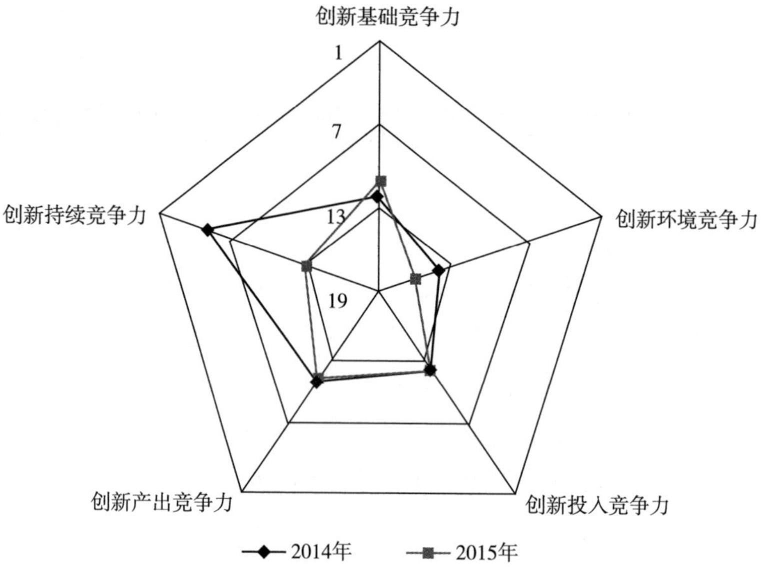

图17－1　土耳其国家创新竞争力二级指标排名雷达图

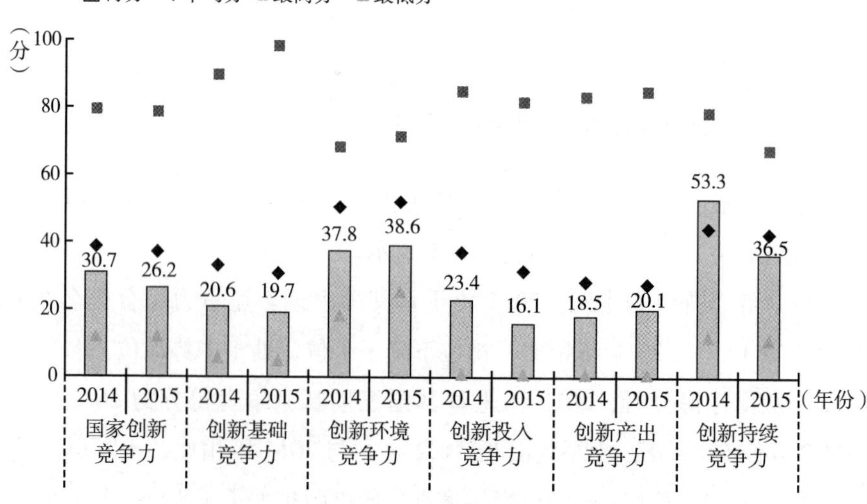

图17－2　土耳其国家创新竞争力得分变化趋势

表 17－1　土耳其国家创新竞争力二级指标得分和排名

项目 年份	创新基础竞争力		创新环境竞争力		创新投入竞争力		创新产出竞争力		创新持续竞争力		创新竞争力	
	得分	排名	得分	排名	得分	排名	得分	排名	得分	排名	得分	排名
2014	20.6	12	37.8	14	23.4	12	18.5	11	53.3	5	30.7	11
2015	19.7	11	38.6	16	16.1	12	20.1	11	36.5	13	26.2	12
得分变化	-0.9		0.8		-7.3		1.6		-16.9		-4.5	
排名升降		1		-2		0		0		-8		-1
优劣度		中势		劣势		中势		中势		中势		中势

（3）从指标所处区位看，2015 年土耳其国家创新竞争力的 5 个二级指标中，没有强势指标和优势指标，中势指标有 4 个，分别为创新基础竞争力、创新投入竞争力、创新产出竞争力和创新持续竞争力；劣势指标 1 个，为创新环境竞争力。

（4）从指标排位变化趋势看，在 5 个二级指标中，1 个指标的排位上升；有 2 个指标的排位下降，分别为创新环境竞争力和创新持续竞争力，这些是土耳其国家创新竞争力的下降拉力所在；创新投入竞争力和创新产出竞争力指标排位没有发生变化。

（5）从指标排位变化的动因看，排位下降的指标个数大于排位上升的指标个数，下降的拉力大于上升的动力，使得 2015 年土耳其国家创新竞争力的综合排位下降了 1 位，在 G20 中排名第 12 位。

17.1.2　土耳其国家创新竞争力各级指标动态变化分析

2014～2015 年土耳其国家创新竞争力各级指标的动态变化及其结构，如图 17－3 和表 17－2 所示。

从图 17－3 可以看出，土耳其国家创新竞争力的三级指标中上升指标的数量小于下降指标的数量，保持不变的指标居于主导地位。表 17－2 中的数据进一步显示，土耳其国家创新竞争力有数据的 30 个三级指标中，上升的指标有 5 个，占指标总数的 16.7%；保持的指标有 18 个，占指标总数的 60.0%；下

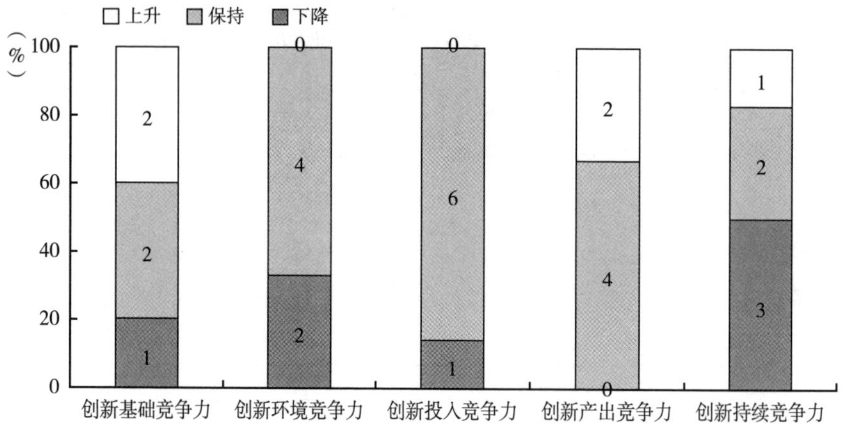

图 17－3　2014～2015 年土耳其国家创新竞争力指标动态变化结构

表 17－2　2014～2015 年土耳其国家创新竞争力各级指标排位变化态势比较

单位：个，%

二级指标	三级指标个数	上升		保持		下降		变化趋势
		个数	比重	个数	比重	个数	比重	
创新基础竞争力	5	2	40.0	2	40.0	1	20.0	上升
创新环境竞争力	6	0	0.0	4	66.7	2	33.3	下降
创新投入竞争力	7	0	0.0	6	85.7	1	14.3	保持
创新产出竞争力	6	2	33.3	4	66.7	0	0.0	保持
创新持续竞争力	6	1	16.7	2	33.3	3	50.0	下降
合计	30	5	16.7	18	60.0	7	23.3	下降

降的指标有 7 个，占指标总数的 23.3%。指标上升的数量小于下降的数量，上升的动力小于下降的拉力，2015 年土耳其国家创新竞争力排位下降了 1 位，在 G20 中居第 12 位。

17.1.3　土耳其国家创新竞争力各级指标优劣势结构分析

2014～2015 年土耳其国家创新竞争力各级指标的优劣势变化及其结构，如表 17－3 所示。

表 17－3　2014～2015 年土耳其国家创新竞争力各级指标排位优劣势比较

单位：个，%

二级指标	三级指标个数	强势		优势		中势		劣势		优劣度
		个数	比重	个数	比重	个数	比重	个数	比重	
创新基础竞争力	5	0	0.0	1	20.0	3	60.0	1	20.0	中势
创新环境竞争力	6	0	0.0	1	16.7	4	66.7	1	16.7	劣势
创新投入竞争力	7	0	0.0	1	14.3	6	85.7	0	0.0	中势
创新产出竞争力	6	1	16.7	1	16.7	2	33.3	2	33.3	中势
创新持续竞争力	6	1	16.7	1	16.7	3	50.0	1	16.7	中势
合计	30	2	6.7	5	16.7	18	60.0	5	16.7	中势

从表 17－3 中的数据可以看出，土耳其国家创新竞争力有数据的 30 个三级指标中，强势指标 2 个，占指标总数的 6.7%；优势指标 5 个，占指标总数的 16.7%；中势指标 18 个，占指标总数的 60.0%；劣势指标 5 个，占指标总数的 16.7%。强势指标和优势指标的数量之和约占指标总数的 23.4%，远远小于中势指标和劣势指标之和所占比重。从二级指标来看，没有强势指标和优势指标；中势指标 4 个，占二级指标总数的 80.0%；劣势指标 1 个，占二级指标总数的 20.0%。由于中势指标和劣势指标在指标体系中居于主导地位，2014～2015 年土耳其国家创新竞争力处于中势地位。

17.2　土耳其国家创新基础竞争力评价分析

17.2.1　土耳其国家创新基础竞争力评价结果

2014～2015 年土耳其国家创新基础竞争力及其下属 7 个三级指标的排位和排位变化情况，如表 17－4 所示。

（1）从排位变化比较看，2015 年土耳其国家创新基础竞争力排名第 11 位，与 2014 年相比，排位上升了 1 位，处于中势地位。

（2）从指标所处区位来看，有数据的 5 个三级指标中没有强势指标；只有 1 个优势指标，为受高等教育人员比重；人均 GDP、外国直接投资净值和全社会劳动生产率 3 个指标是中势指标；GDP 标是劣势指标。

表 17－4　土耳其 2014～2015 年国家创新基础竞争力指标组排位及趋势

项目 年份	GDP		人均 GDP		财政收入		人均财政收入		外国直接投资净值		受高等教育人员比重		全社会劳动生产率		创新基础竞争力	
	得分	排名	得分	排名	得分	排名	得分	排名	得分	排名	得分	排名	得分	排名	得分	排名
2014	2.6	16	14.5	15	—	—	—	—	5.0	13	60.0	7	20.7	11	20.6	12
2015	2.3	16	13.8	12	—	—	—	—	4.5	12	58.9	7	18.9	12	19.7	11
得分变化	-0.4		-0.7		—		—		-0.5		-1.1		-1.8		-0.9	
排名升降		0		3		—		—		1		0		-1		1
优劣度		劣势		中势		—		—		中势		优势		中势		中势

（3）从指标排位变化趋势看，在有数据的 5 个三级指标中，有 2 个指标处于上升趋势，为人均 GDP 和外国直接投资净值；有 1 个指标处于下降趋势，为全社会劳动生产率；GDP 和受高等教育人员比重 2 个指标排位保持不变。

（4）从指标排位变化的动因看，由于排位上升的指标数量大于排位下降的指标数量，土耳其创新基础竞争力的综合排位上升了 1 位，在 G20 中排名第 11 位。

（5）从三级指标结构特征看，在创新基础竞争力指标组有数据的 5 个三级指标中，没有强势指标；优势指标 1 个，占指标总数的 20%；劣势指标 1 个，占指标总数的 20%，优势指标和劣势指标数量相同。上升指标 2 个，占指标总数的 40%；下降指标 1 个，占指标总数的 20%。指标排位上升的数量大于排位下降的数量，2015 年土耳其国家创新基础竞争力综合排位上升 1 位。

17.2.2　土耳其国家创新基础竞争力比较分析

图 17－4 反映了 2014～2015 年土耳其国家创新基础竞争力与 G20 最高水平和平均水平的比较情况。

由图 17－4 可知，评价期内土耳其国家创新基础竞争力得分均在 20 分左右，低于 G20 平均分，说明土耳其国家创新基础竞争力处于较低水平。从创新基础竞争力的整体得分比较来看，2014 年，土耳其国家创新基础竞争力得分低于 G20 最高分 69.4 分，比 G20 平均分低 12.3 分；到 2015 年，土耳其国家创新基础竞争力得分比 G20 最高分低 79.0 分，比 G20 平均分低 12.2 分。

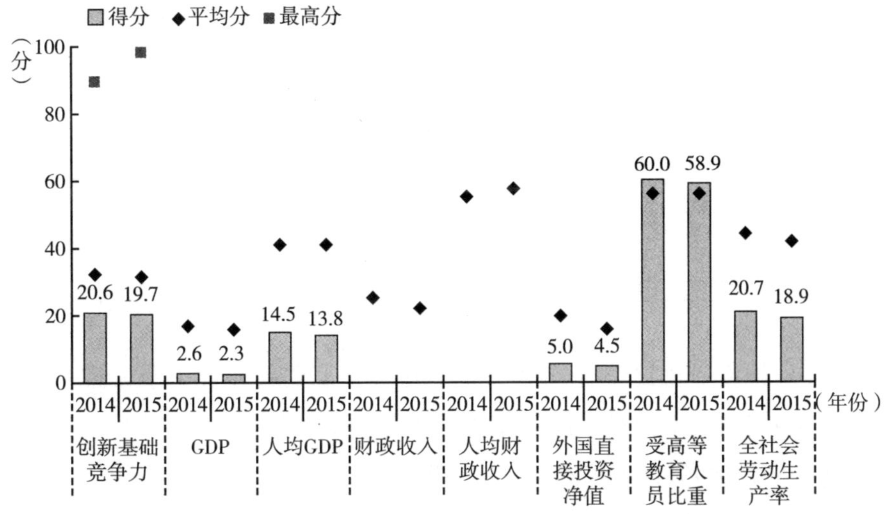

图 17－4　2014～2015 年土耳其国家创新基础竞争力指标得分比较

总的来说，2014～2015 年土耳其国家创新基础竞争力与最高分的差距扩大，与平均分的差距基本不变，创新基础竞争力上升 1 位。

从具体指标得分比较和变化趋势来看，土耳其国家创新基础竞争力整体水平稳中略升，GDP、人均 GDP、外国直接投资净值、全社会劳动生产率等指标排位靠后，除了受高等教育人员比重指标得分高于 G20 平均分外，其余指标得分均低于 G20 平均分，表明土耳其的创新基础较弱。应进一步加强基础研究，强化原始创新，发挥科技创新的引领作用；努力提高经济发展水平，促进经济的新一轮增长，为创新提供更多的资金支持；注重技术创新与技术引进相结合，着眼于前沿技术和关键技术，提高全社会劳动生产率，提高土耳其国家创新基础竞争力。

17.3　土耳其国家创新环境竞争力评价分析

17.3.1　土耳其国家创新环境竞争力评价结果

2014～2015 年土耳其国家创新环境竞争力及其下属 6 个三级指标的排位和排位变化情况，如表 17－5 所示。

表 17－5　土耳其 2014～2015 年国家创新环境竞争力指标组排位及趋势

年份 \ 项目	因特网用户比例		每百人手机数		企业开业程序		企业平均税负水平		在线公共服务指数		ISO 9001 质量体系认证数		创新环境竞争力	
	得分	排名	得分	排名	得分	排名	得分	排名	得分	排名	得分	排名	得分	排名
2014	45.5	14	19.3	15	50.0	11	78.9	7	31.3	15	2.0	13	37.8	14
2015	45.4	15	18.2	15	50.0	11	78.7	7	37.5	17	1.9	13	38.6	16
得分变化	-0.2		-1.1		0.0		-0.2		6.2		-0.1		0.8	
排名升降		-1		0		0		0		-2		0		-2
优劣度		中势		中势		中势		优势		劣势		中势		劣势

（1）从排位变化比较看，2015 年土耳其国家创新环境竞争力排名第 16 位，与 2014 年相比，排位下降了 2 位，处于劣势地位。

（2）从指标所处区位来看，6 个三级指标中没有强势指标；有 1 个优势指标，为企业平均税负水平；有 4 个指标为中势指标，分别为因特网用户比例、每百人手机数、企业开业程序和 ISO 9001 质量体系认证数；有 1 个劣势指标，为在线公共服务指数。

（3）从指标排位变化趋势看，在 6 个三级指标中，没有指标处于上升趋势；2 个指标处于下降趋势，分别为因特网用户比例和在线公共服务指数；其余指标排位均保持不变。

（4）从指标排位变化的动因看，有 2 个三级指标的排位出现了下降，没有排位上升的指标，下降的拉力明显，土耳其创新环境竞争力的综合排位下降，在 G20 中处于第 16 位。

（5）从三级指标结构特征看，在创新环境竞争力指标组的 6 个三级指标中，没有强势指标；优势指标 1 个，占指标总数的 16.7%；劣势指标 1 个，占指标总数的 16.7%；优势指标和劣势指标的数量相等。没有上升指标；保持指标 4 个，占指标总数的 66.7%；下降指标 2 个，占指标总数的 33.3%。受排位下降指标的影响，2015 年土耳其国家创新环境竞争力综合排位与 2014 年相比下降了 2 位。

17.3.2　土耳其国家创新环境竞争力比较分析

图 17－5 反映了 2014～2015 年土耳其国家创新环境竞争力与 G20 最高水平和平均水平的比较情况。

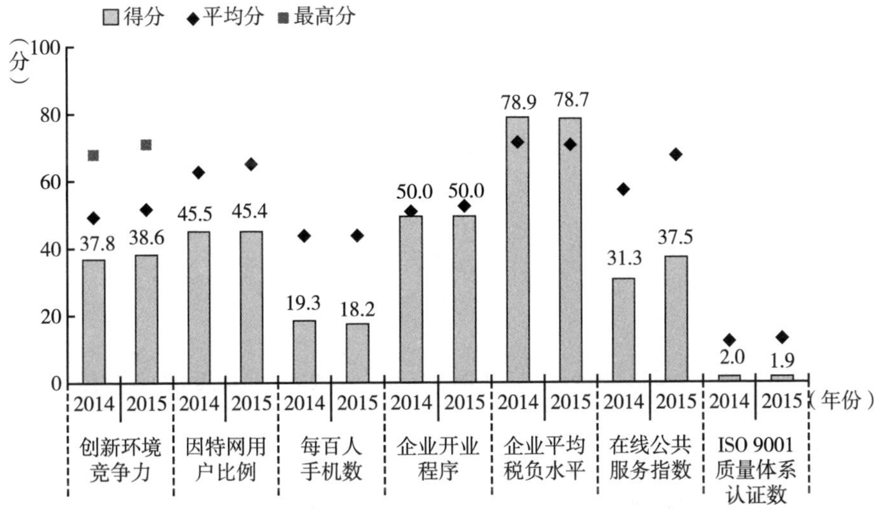

图 17-5　2014~2015 年土耳其国家创新环境竞争力指标得分比较

由图 17-5 可知，评价期内土耳其国家创新环境竞争力得分均低于 G20 平均分，处于较低水平。从创新环境竞争力的整体得分比较来看，2014 年，土耳其国家创新环境竞争力得分比 G20 最高分低 30.5 分，比 G20 平均分低 12.2 分；2015 年，土耳其国家创新环境竞争力得分与 G20 最高分的差距为 32.9 分，低于 G20 平均分 13.8 分。总的来说，2014~2015 年土耳其国家创新环境竞争力与最高分及平均分的差距均呈扩大趋势，排位呈现下降趋势。

从具体指标得分比较和变化趋势来看，土耳其国家创新环境竞争力整体水平较低，处于劣势地位。这主要是由于除企业平均税负水平外，其余指标排位均靠后，这限制了其创新环境竞争力的进一步提升。为巩固和提升土耳其国家创新环境竞争力，应加强创新环境建设，营造创新的良好氛围，促进信息化建设，为创新提供良好的基础条件；提高服务能力和服务水平，确保创新各环节的有效衔接和创新效率的提升，激发全社会的创新潜能和创新积极性，进一步增强国家创新环境竞争力。

17.4　土耳其国家创新投入竞争力评价分析

17.4.1　土耳其国家创新投入竞争力评价结果

2014～2015 年土耳其国家创新投入竞争力及其下属 7 个三级指标的排位和排位变化情况，如表 17－6 所示。

表 17－6　土耳其 2014～2015 年国家创新投入竞争力指标组排位及趋势

项目 / 年份	R&D 经费支出总额		R&D 经费支出占 GDP 比重		人均 R&D 经费支出		R&D 人员		研究人员占从业人员比重		企业研发投入比重		风险资本交易占 GDP 比重		创新投入竞争力	
	得分	排名	得分	排名	得分	排名	得分	排名	得分	排名	得分	排名	得分	排名	得分	排名
2014	1.7	14	26.3	13	7.1	13	5.4	14	22.9	11	49.9	8	50.7	8	23.4	12
2015	1.5	14	26.3	13	6.8	13	4.5	14	21.5	11	50.7	8	1.5	14	16.1	12
得分变化	-0.1		0.0		-0.3		-0.9		-1.4		0.8		-49.1		-7.3	
排名升降		0		0		0		0		0		0		-6		0
优劣度		中势		中势		中势		中势		中势		优势		中势		中势

（1）从排位变化比较看，2015 年土耳其国家创新投入竞争力排名第 12 位，与 2014 年相比，排位保持不变，处于中势地位。

（2）从指标所处区位来看，7 个三级指标中没有强势指标；有 1 个优势指标，为企业研发投入比重；其余 6 个指标均为中势指标。

（3）从指标排位变化趋势看，在 7 个三级指标中，风险资本交易占 GDP 比重排位出现下降，其余 6 个指标排位均保持不变。

（4）从指标排位变化的动因看，由于有 6 个三级指标排位保持不变，土耳其创新投入竞争力的综合排位也保持不变，在 G20 中排名第 12 位。

（5）从三级指标结构特征看，在创新投入竞争力指标组的 7 个三级指标中，没有强势指标；优势指标 1 个，占指标总数的 14.3%；中势指标 6 个，占指标总数的 85.7%。没有上升指标；下降指标 1 个，占指标总数的 14.3%；

保持指标 6 个，占指标总数的 85.7%。由于大部分指标排位保持不变，2015 年土耳其国家创新投入竞争力综合排位保持不变。

17.4.2　土耳其国家创新投入竞争力比较分析

图 17－6 反映了 2014～2015 年土耳其国家创新投入竞争力与 G20 最高水平和平均水平的比较情况。

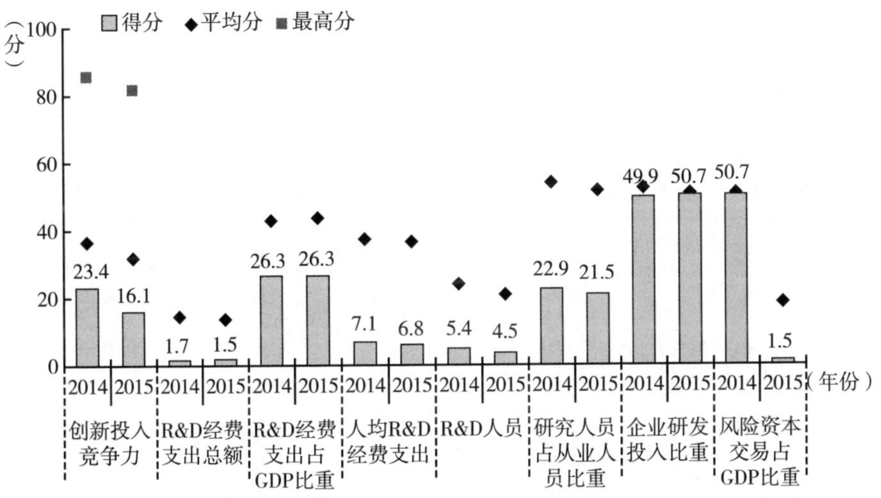

图 17－6　2014～2015 年土耳其国家创新投入竞争力指标得分比较

由图 17－6 可知，评价期内土耳其国家创新投入竞争力得分均低于 G20 平均分，说明土耳其国家创新投入竞争力处于较低水平。从创新投入竞争力的整体得分比较来看，2014 年，土耳其国家创新投入竞争力得分低于 G20 最高分 62.2 分，与 G20 平均分相比，则低了 13.1 分；到 2015 年，土耳其国家创新投入竞争力得分与 G20 最高分的差距扩大为 65.9 分，低于 G20 平均分 15.8 分。总的来说，2014～2015 年土耳其国家创新投入竞争力与最高分及平均分的差距都在扩大，但在其他因素的综合影响下，排位保持不变。

从具体指标得分比较和变化趋势来看，土耳其国家创新投入竞争力整体水平较为稳定，仍处于中势地位。这主要是由于大部分指标得分变化不大，所有三级指标得分都低于 G20 平均分，其创新投入竞争力确实较为薄弱。加大创新投入是土耳其增强国家创新竞争力的重点，除了要加大创新投入的财政支出比重外，还应重视引入风险资本。

17.5 土耳其国家创新产出竞争力评价分析

17.5.1 土耳其国家创新产出竞争力评价结果

2014～2015 年土耳其国家创新产出竞争力及其下属 7 个三级指标的排位和排位变化情况，如表 17－7 所示。

表 17－7 土耳其 2014～2015 年国家创新产出竞争力指标组排位及趋势

项目＼年份	专利授权数		科技论文发表数		专利和许可收入		高技术产品出口额		高技术产品出口比重		注册商标数		创意产品出口比重		创新产出竞争力	
	得分	排名	得分	排名	得分	排名	得分	排名	得分	排名	得分	排名	得分	排名	得分	排名
2014	0.6	13	6.4	14	—	—	1.0	17	5.2	18	13.9	9	83.8	5	18.5	11
2015	0.9	13	6.7	14	—	—	1.1	16	5.3	18	12.9	9	93.6	3	20.1	11
得分变化	0.3		0.3		—		0.1		0.1		-1.0		9.7		1.6	
排名升降		0		0		—		1		0		0		2		0
优劣度		中势		中势		—		劣势		劣势		优势		强势		中势

（1）从排位变化比较看，2015 年土耳其国家创新产出竞争力排名第 11 位，与 2014 年相比，排位保持不变，处于中势地位。

（2）从指标所处区位来看，有数据的 6 个三级指标中，有 1 个强势指标，为创意产品出口比重；1 个优势指标，为注册商标数；2 个中势指标，分别为专利授权数和科技论文发表数；2 个劣势指标，分别为高技术产品出口额和高技术产品出口比重。

（3）从指标排位变化趋势看，在有数据的 6 个三级指标中，有 2 个指标排位上升，分别为高技术产品出口额和创意产品出口比重，其余指标排位保持不变。

（4）从指标排位变化的动因看，2 个三级指标的排位出现了上升，大部分三级指标排位保持不变，土耳其创新产出竞争力的综合排位保持不变，在 G20

中排名第 11 位。

（5）从三级指标结构特征看，在创新产出竞争力指标组有数据的 6 个三级指标中，强势指标 1 个，占指标总数的 16.7%；优势指标 1 个，占指标总数的 16.7%；劣势指标 2 个，占指标总数的 33.3%；强势和优势指标所占比重与劣势指标的比重相当。上升指标 2 个，占指标总数的 33.3%；没有下降指标。虽然指标排位上升的数量大于排位下降的数量，但受其他因素的综合影响，2015 年土耳其国家创新产出竞争力综合排位与 2014 年相比，保持不变。

17.5.2　土耳其国家创新产出竞争力比较分析

图 17－7 反映了 2014～2015 年土耳其国家创新产出竞争力与 G20 最高水平和平均水平的比较情况。

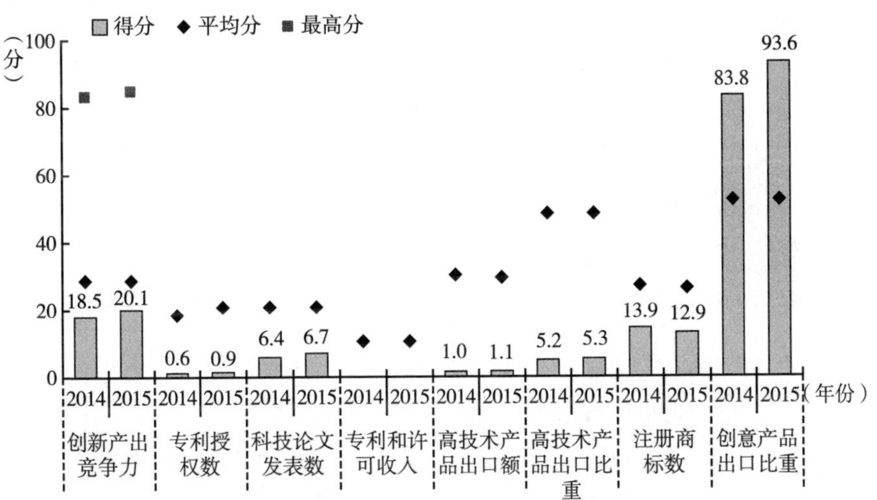

图 17－7　2014～2015 年土耳其国家创新产出竞争力指标得分比较

由图 17－7 可知，评价期内土耳其国家创新产出竞争力得分均低于 G20 平均分，说明土耳其国家创新产出竞争力处于较低水平。从创新产出竞争力的整体得分比较来看，2014 年，土耳其国家创新产出竞争力得分低于 G20 最高分 64.9 分，低于 G20 平均分 10.0 分；到 2015 年，土耳其国家创新产出竞争力得分与 G20 最高分的差距仍为 64.9 分，低于 G20 平均分 8.8 分。总的来说，2014～2015 年土耳其国家创新产出竞争力与最高分和平均分的差距变化不大，其排位保持不变。

从具体指标得分比较和变化趋势来看，土耳其国家创新产出竞争力整体水平没有发生明显变化，这主要是由于除创意产品出口比重外，其余指标得分较低、排位靠后，且多数三级指标得分低于 G20 平均分。因此，政府要加大基础研究领域的创新投入，面向创新的重点环节和薄弱环节开展有针对性的研究，集中有限的创新资源开展关键领域的创新研究；加快产学研紧密结合的创新体系建设，开展联合创新，提高创新效率，形成更丰富的创新成果。此外，还要积极实施品牌战略，切实增强国家创新产出竞争力。

17.6　土耳其国家创新持续竞争力评价分析

17.6.1　土耳其国家创新持续竞争力评价结果

2014～2015 年土耳其国家创新持续竞争力及其下属 6 个三级指标的排位和排位变化情况，如表 17－8 所示。

表 17－8　土耳其 2014～2015 年国家创新持续竞争力指标组排位及趋势

项目 / 年份	公共教育经费支出总额		公共教育经费支出占 GDP 比重		人均公共教育经费支出额		高等教育毛入学率		科技人员增长率		科技经费增长率		创新持续竞争力	
	得分	排名	得分	排名	得分	排名	得分	排名	得分	排名	得分	排名	得分	排名
2014	2.1	15	53.6	12	13.1	15	88.1	4	100.0	1	63.0	8	53.3	5
2015	2.0	16	53.7	12	13.5	15	88.1	3	26.2	9	35.3	13	36.5	13
得分变化	-0.1		0.1		0.4		0.0		-73.8		-27.7		-16.9	
排名升降		-1		0		0		1		-8		-5		-8
优劣度		劣势		中势		中势		强势		优势		中势		中势

（1）从排位变化比较看，2015 年土耳其国家创新持续竞争力排名第 13 位，比 2014 年下降了 8 位，从强势地位下降到中势地位。

（2）从指标所处区位来看，6 个三级指标中有 1 个强势指标，是高等教育毛入学率；有 1 个优势指标，为科技人员增长率；有 1 个劣势指标，为公共教育经费支出总额。

（3）从指标排位变化趋势看，在 6 个三级指标中，有 1 个指标排位上升，为高等教育毛入学率；有 3 个指标排位下降，分别为公共教育经费支出总额、科技人员增长率和科技经费增长率，其中科技人员增长率和科技经费增长率下降的幅度较大，这些是土耳其创新持续竞争力的下降拉力所在。

（4）从指标排位变化的动因看，有 3 个三级指标的排位出现了下降，受指标排位下降的影响，土耳其创新持续竞争力的综合排位大幅度下降，在 G20 中排名第 13 位。

（5）从三级指标结构特征看，在创新持续竞争力指标组的 6 个三级指标中，强势指标 1 个，占指标总数的 16.7%；优势指标 1 个，占指标总数的 16.7%；劣势指标 1 个，占指标总数的 16.7%。上升指标 1 个，占指标总数的 16.7%；下降指标 3 个，占指标总数的 50.0%。由于指标排位下降的数量大于排位上升的数量，且指标下降的幅度较大，2015 年土耳其国家创新持续竞争力综合排位比 2014 年下降了 8 位。

17.6.2　土耳其国家创新持续竞争力比较分析

图 17－8 反映了 2014～2015 年土耳其国家创新持续竞争力与 G20 最高水平和平均水平的比较情况。

由图 17－8 可知，评价期内土耳其国家创新持续竞争力得分处于下降趋势，土耳其国家创新持续竞争力水平明显下降。从创新持续竞争力的整体得分比较来看，2014 年，土耳其国家创新持续竞争力得分比 G20 最高分低 25.7 分，高于 G20 平均分 9.6 分；到 2015 年，土耳其国家创新持续竞争力得分与 G20 最高分的差距扩大为 31.6 分，低于 G20 平均分 5.9 分。总的来说，2014～2015 年土耳其国家创新持续竞争力与最高分的差距呈扩大趋势，从 2014 年高于平均分变为 2015 年低于平均分，排位处于下降趋势。

从具体指标得分比较和变化趋势来看，土耳其国家创新持续竞争力整体水平出现了较大幅度的下降，这主要是由于科技人员增长率、科技经费增长率等

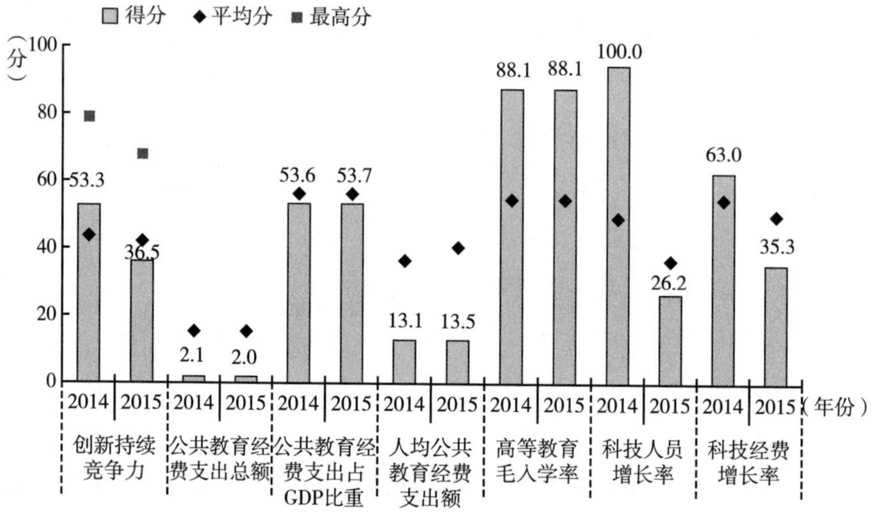

图 17－8　2014～2015 年土耳其国家创新持续竞争力指标得分比较

指标得分明显下降，且公共教育经费支出总额、公共教育经费支出占 GDP 比重、人均公共教育经费支出额等指标得分还低于 G20 平均分。因此，要深入探究导致土耳其国家创新持续竞争力下滑的深层次原因，加大经费投入保障，提高科技人员特别是科学家和工程师的待遇，激发科技人员创新的积极性，引进和培养更多的科技人才，充实创新人才队伍。加大对科技的财政扶持力度，确保科技经费投入的稳步增长，为国家创新竞争力的持续提升提供坚实的支撑，显著提高土耳其国家创新持续竞争力。

Y.19
第 18 章
英国国家创新竞争力评价分析报告

英国是由大不列颠岛上的英格兰、苏格兰和威尔士，以及爱尔兰岛东北部的北爱尔兰以及一系列附属岛屿共同组成的一个西欧岛国，国土面积约 24.48 万平方公里，海岸线长约 11450 公里。2015 年全国年末总人口为 6513 万人，实现国内生产总值 28611 亿美元，人均 GDP 达到 43930 美元。本部分通过对英国 2014 ~2015 年国家创新竞争力以及创新竞争力各要素在 G20 中的排名变化分析，从中找出英国国家创新竞争力的推动点及影响因素。

18.1 英国国家创新竞争力总体评价分析

2014 ~2015 年，英国的国家创新竞争力排名上升。其中，2014 年英国国家创新竞争力在 G20 中排名第 5 位，到了 2015 年，排名第 2 位，排位上升了 3 位。

18.1.1 英国国家创新竞争力概要分析

英国国家创新竞争力在 G20 中所处的位置及 5 个二级指标的得分和排位变化如图 18 –1、图 18 –2 和表 18 –1 所示。

（1）从综合排位变化看，2015 年英国国家创新竞争力综合排名在 G20 中处于第 2 位，与 2014 年相比，排位上升了 3 位。

（2）从指标得分看，2015 年英国国家创新竞争力得分为 55.0 分，比 G20 最高分低 23.7 分，比平均分高 17.6 分；与 2014 年相比，英国国家创新竞争力得分上升了 2.8 分，与当年最高分的差距缩小了 3.5 分，相比 G20 平均分的优势也扩大了 3.7 分。

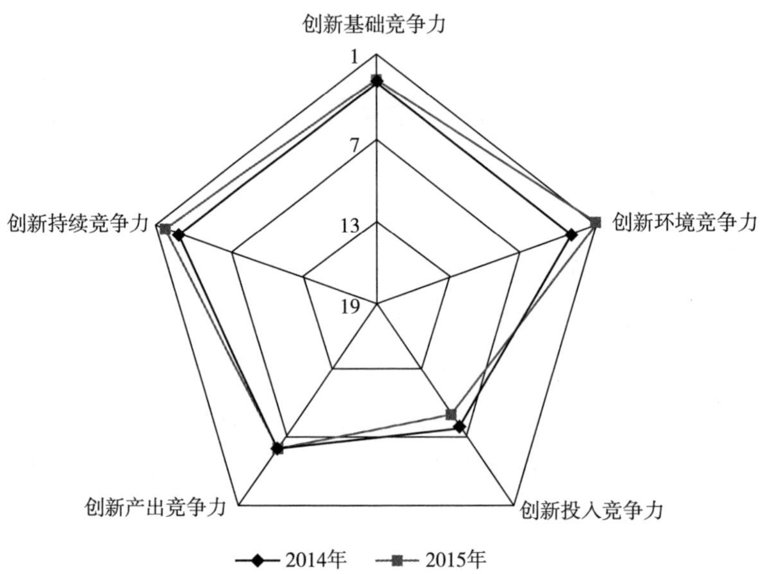

图 18－1　英国国家创新竞争力二级指标排名雷达图

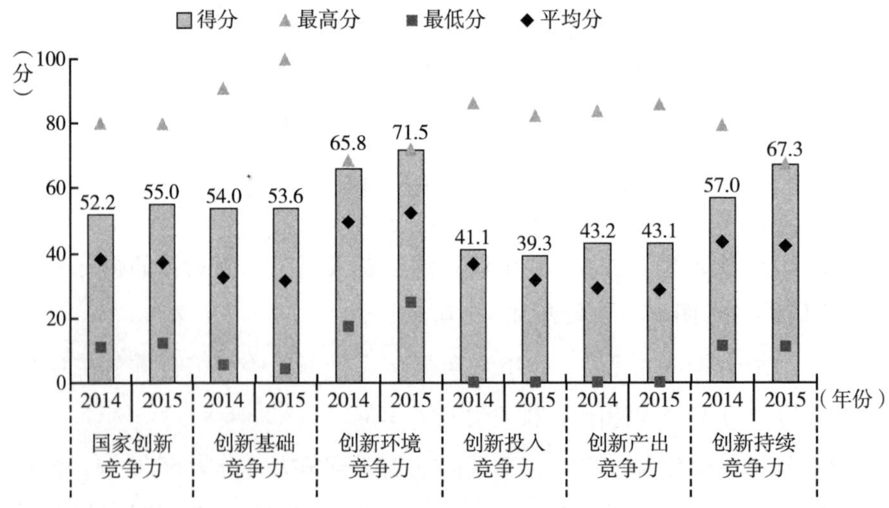

图 18－2　英国国家创新竞争力得分变化趋势

表 18－1　英国国家创新竞争力二级指标得分和排名

项目 年份	创新基础竞争力		创新环境竞争力		创新投入竞争力		创新产出竞争力		创新持续竞争力		创新竞争力	
	得分	排名	得分	排名	得分	排名	得分	排名	得分	排名	得分	排名
2014	54.0	3	65.8	3	41.1	8	43.2	6	57.0	3	52.2	5
2015	53.6	3	71.5	1	39.3	9	43.1	6	67.3	2	55.0	2
得分变化	-0.3		5.7		-1.8		-0.1		10.3		2.8	
排名升降		0		2		-1		0		1		3
优劣度		强势		强势		优势		优势		强势		强势

（3）从指标所处区位看，2015 年英国国家创新竞争力的 5 个二级指标中，强势指标 3 个，为创新基础竞争力、创新环境竞争力、创新持续竞争力；优势指标 2 个，为创新投入竞争力和创新产出竞争力；没有中势和劣势指标。

（4）从指标排位变化趋势看，在 5 个二级指标中，有 2 个指标的排位处于上升趋势，分别为创新环境竞争力和创新持续竞争力，这是英国国家创新竞争力的上升动力所在；有 1 个指标的排位处于下降趋势，为创新投入竞争力。

（5）从指标排位变化的动因看，1 个二级指标的排位出现了下降，2 个二级指标的排位出现了上升，上升的动力大于下降的拉力，受指标排位上升的影响，2015 年英国国家创新竞争力的综合排位上升了 3 位，在 G20 中排名第 2 位。

18.1.2　英国国家创新竞争力各级指标动态变化分析

2014～2015 年英国国家创新竞争力各级指标的动态变化及其结构，如图 18－3 和表 18－2 所示。

从图 18－3 可以看出，英国国家创新竞争力的三级指标中上升指标的数量大于下降指标，保持指标居于主导地位。表 18－2 中的数据进一步显示，英国国家创新竞争力的 33 个三级指标中，上升的指标有 9 个，占指标总数的 27.3%；保持的指标有 20 个，占指标总数的 60.6%；下降的指标有 4 个，占指标总数的 12.1%。指标上升的数量大于下降的数量，上升的动力大于下降的拉力，2015 年英国国家创新竞争力排位上升了 3 位，在 G20 中居第 2 位。

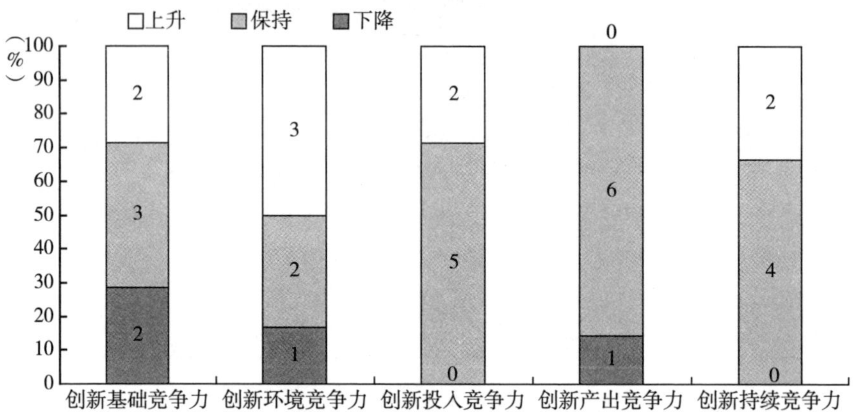

图 18－3　2014～2015 年英国国家创新竞争力指标动态变化结构

表 18－2　2014～2015 年英国国家创新竞争力各级指标排位变化态势比较

单位：个，%

二级指标	三级指标个数	上升		保持		下降		变化趋势
		个数	比重	个数	比重	个数	比重	
创新基础竞争力	7	2	28.6	3	42.9	2	28.6	保持
创新环境竞争力	6	3	50.0	2	33.3	1	16.7	上升
创新投入竞争力	7	2	28.6	5	71.4	0	0.0	下降
创新产出竞争力	7	0	0.0	6	85.7	1	14.3	保持
创新持续竞争力	6	2	33.3	4	66.7	0	0.0	上升
合计	33	9	27.3	20	60.6	4	12.1	上升

18.1.3　英国国家创新竞争力各级指标优劣势结构分析

2014～2015 年英国国家创新竞争力各级指标的优劣势变化及其结构，如表 18－3 所示。

从表 18－3 中的数据可以看出，英国国家创新竞争力的 33 个三级指标中，强势指标 21 个，占指标总数的 63.6%；优势指标 11 个，占指标总数的 33.3%；中势指标 1 个，占指标总数的 3.0%；没有劣势指标；强势指标和优势指标的数量之和约占指标总数的 97.0%，远远大于中势指标和劣势指标之和

表 18－3 2014～2015 年英国国家创新竞争力各级指标排位优劣势比较

单位：个，%

二级指标	三级指标个数	强势		优势		中势		劣势		优劣度
		个数	比重	个数	比重	个数	比重	个数	比重	
创新基础竞争力	7	5	71.4	2	28.6	0	0.0	0	0.0	强势
创新环境竞争力	6	5	83.3	1	16.7	0	0.0	0	0.0	强势
创新投入竞争力	7	1	14.3	6	85.7	0	0.0	0	0.0	优势
创新产出竞争力	7	5	71.4	2	28.6	0	0.0	0	0.0	优势
创新持续竞争力	6	5	83.3	0	0.0	1	16.7	0	0.0	强势
合计	33	21	63.6	11	33.3	1	3.0	0	0.0	强势

占比。从二级指标来看，强势指标 3 个，占二级指标总数的 60.0%；优势指标 2 个，占二级指标总数的 40.0%；没有中势指标和劣势指标。由于强势指标和优势指标在指标体系中居于主导地位，2014～2015 年英国国家创新竞争力处于强势地位。

18.2 英国国家创新基础竞争力评价分析

18.2.1 英国国家创新基础竞争力评价结果

2014～2015 年英国国家创新基础竞争力及其下属 7 个三级指标的排位和排位变化情况，如表 18－4 所示。

表 18－4 英国 2014～2015 年国家创新基础竞争力指标组排位及趋势

项目 / 年份	GDP		人均 GDP		财政收入		人均财政收入		外国直接投资净值		受高等教育人员比重		全社会劳动生产率		创新基础竞争力	
	得分	排名	得分	排名	得分	排名	得分	排名	得分	排名	得分	排名	得分	排名	得分	排名
2014	15.5	5	74.2	5	18.9	6	75.3	5	26.9	4	91.4	2	75.5	6	54.0	3
2015	14.4	5	77.4	3	17.5	6	85.5	6	15.4	4	89.7	3	75.6	3	53.6	3
得分变化	-1.2		3.2		-1.4		10.3		-11.5		-1.6		0.0		-0.3	
排名升降		0		2		0		-1		0		-1		3		0
优劣度		强势		强势		优势		优势		强势		强势		强势		强势

(1) 从排位变化比较看，2015 年英国国家创新基础竞争力排名第 3 位，与 2014 年相比，排位没有发生变化，处于强势地位。

(2) 从指标所处区位来看，7 个三级指标中有 5 个强势指标，分别为 GDP、人均 GDP、外国直接投资净值、受高等教育人员比重、全社会劳动生产率；2 个优势指标，为财政收入和人均财政收入；没有中势指标和劣势指标。

(3) 从指标排位变化趋势看，在 7 个三级指标中，有 2 个指标处于上升趋势，为人均 GDP 和全社会劳动生产率；有 2 个指标处于下降趋势，分别为人均财政收入和受高等教育人员比重；其余 3 个指标均保持不变。

(4) 从指标排位变化的动因看，由于指标排位升降的幅度较小，且部分指标排位保持不变，英国创新基础竞争力的综合排位也保持不变，在 G20 中排名第 3 位。

(5) 从三级指标结构特征看，在创新基础竞争力指标组的 7 个三级指标中，有 5 个强势指标，占指标总数的 71.4%；优势指标 2 个，占指标总数的 28.6%；没有中势指标和劣势指标。上升指标 2 个，占指标总数的 28.6%；下降指标 2 个，占指标总数的 28.6%；其余 3 个指标保持不变。指标排位上升的数量与排位下降的数量相同，且排位不变的指标较多，2015 年英国国家创新基础竞争力综合排位保持不变。

18.2.2 英国国家创新基础竞争力比较分析

图 18－4 反映了 2014～2015 年英国国家创新基础竞争力与 G20 最高水平和平均水平的比较情况。

由图 18－4 可知，评价期内英国国家创新基础竞争力得分高于 50 分，说明英国国家创新基础竞争力处于较高水平。从创新基础竞争力的整体得分比较来看，2014 年，英国国家创新基础竞争力得分与 G20 最高分相比还有 36.0 分的差距，比 G20 平均分高 21.1 分；到 2015 年，英国国家创新基础竞争力得分与 G20 最高分的差距为 45.0 分，比 G20 平均分高 21.8 分。总的来说，2014～2015 年英国国家创新基础竞争力相比平均分的优势基本稳定，其创新基础竞争力保持不变。

从具体指标得分比较和变化趋势来看，英国国家创新基础竞争力整体水平

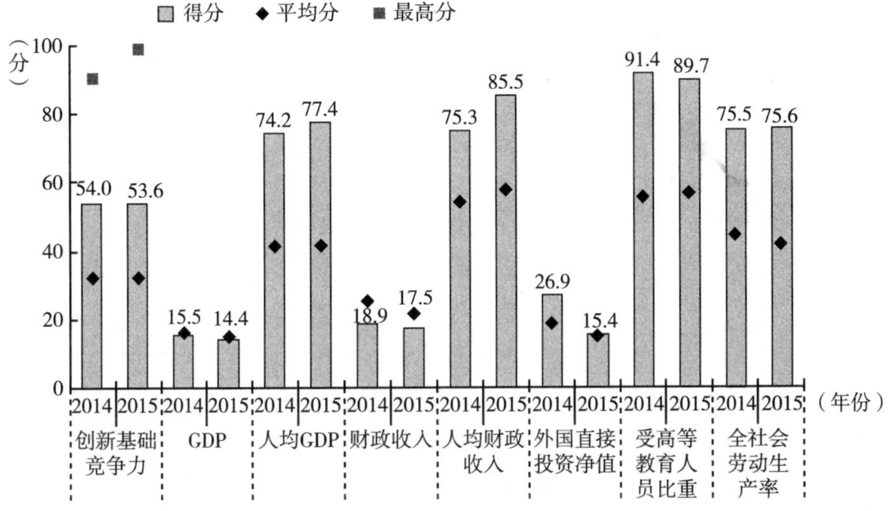

图 18－4　2014～2015 年英国国家创新基础竞争力指标得分比较

基本稳定，人均 GDP、人均财政收入、受高等教育人员比重、全社会劳动生产率等指标排位靠前，GDP 和财政收入的得分低于 G20 平均分。在下一步的科技创新活动中，要注重夯实经济基础，积极吸引外国直接投资，增加科技创新资源，提高全社会劳动生产率，增加财政收入，夯实国家创新基础，不断增强国家创新基础竞争力。

18.3　英国国家创新环境竞争力评价分析

18.3.1　英国国家创新环境竞争力评价结果

2014～2015 年英国国家创新环境竞争力及其下属 6 个三级指标的排位和排位变化情况，如表 18－5 所示。

（1）从排位变化比较看，2015 年英国国家创新环境竞争力排名第 1 位，与 2014 年相比，排位上升 2 位，处于强势地位。

（2）从指标所处区位来看，6 个三级指标中有 1 个优势指标，为每百人手机数；其余 5 个指标均为强势指标。

表 18－5　英国 2014～2015 年国家创新环境竞争力指标组排位及趋势

项目 年份	因特网用户比例		每百人手机数		企业开业程序		企业平均税负水平		在线公共服务指数		ISO 9001 质量体系认证数		创新环境竞争力	
	得分	排名	得分	排名	得分	排名	得分	排名	得分	排名	得分	排名	得分	排名
2014	100.0	1	46.7	9	66.7	6	84.6	6	84.4	7	12.4	5	65.8	3
2015	100.0	1	46.8	10	83.3	4	86.1	5	100.0	1	12.8	5	71.5	1
得分变化	0.0		0.1		16.7		1.5		15.6		0.3		5.7	
排名升降		0		－1		2		1		6		0		2
优劣度		强势		优势		强势		强势		强势		强势		强势

（3）从指标排位变化趋势看，在 6 个三级指标中，有 3 个指标处于上升趋势，为企业开业程序、企业平均税负水平、在线公共服务指数；有 1 个指标处于下降趋势，为每百人手机数；其余指标均保持不变。

（4）从指标排位变化的动因看，3 个三级指标的排位出现了上升，英国创新环境竞争力的综合排位处于上升趋势，在 G20 中处于第 1 位。

（5）从三级指标结构特征看，在创新环境竞争力指标组的 6 个三级指标中，强势指标 5 个，占指标总数的 83.3%；优势指标 1 个，占指标总数的 16.7%；没有中势指标和劣势指标；强势指标居于主导地位。上升指标 3 个，占指标总数的 50.0%；保持指标 2 个，占指标总数的 33.3%；下降指标 1 个，占指标总数的 16.7%。指标排位上升的数量大于排位下降的数量，2015 年英国国家创新环境竞争力综合排位与 2014 年相比上升了 2 位。

18.3.2　英国国家创新环境竞争力比较分析

图 18－5 反映了 2014～2015 年英国国家创新环境竞争力与 G20 最高水平和平均水平的比较情况。

由图 18－5 可知，评价期内英国国家创新环境竞争力得分高于 60 分，处于较高水平。从创新环境竞争力的整体得分比较来看，2014 年，英国国家创新环境竞争力得分与 G20 最高分相比还有 2.6 分的差距，与 G20 平均分相比，高出 15.8 分；2015 年，英国国家创新环境竞争力得分为 G20 最高分，高于

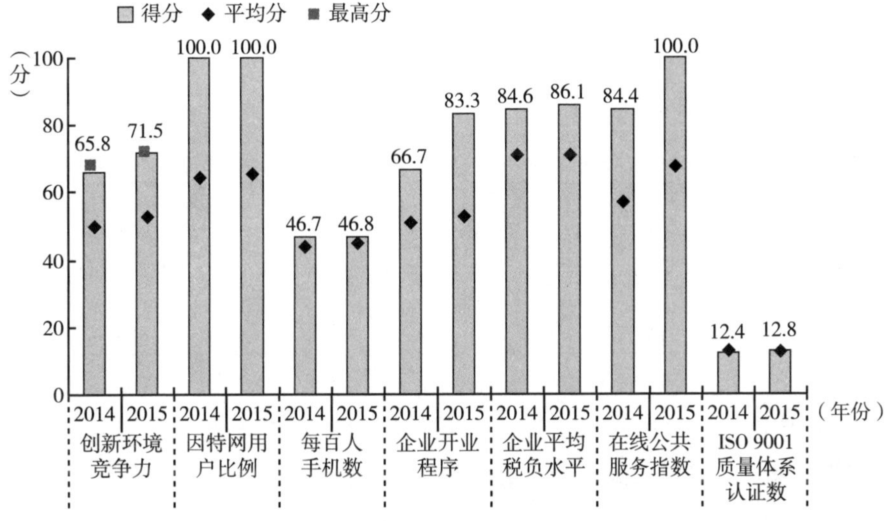

图 18－5 2014～2015 年英国国家创新环境竞争力指标得分比较

G20 平均分 19.1 分。总的来说，2014～2015 年英国国家创新环境竞争力在 G20 中处于领先地位。

从具体指标得分比较和变化趋势来看，英国国家创新环境竞争力整体水平较高，仍处于强势地位，这主要是由于所有三级指标均处于强势地位和优势地位，且指标得分基本高于 G20 平均分，这保障了其创新环境竞争力的排位稳定。为巩固和提升英国国家创新环境竞争力，应加快信息高速公路建设，加强知识产权保护，加强创新产品质量体系认证，营造有利于企业健康有序发展的良好创新氛围，不断优化国家创新环境，进一步增强国家创新环境竞争力。

18.4 英国国家创新投入竞争力评价分析

18.4.1 英国国家创新投入竞争力评价结果

2014～2015 年英国国家创新投入竞争力及其下属 7 个三级指标的排位和排位变化情况，如表 18－6 所示。

表 18-6 英国 2014~2015 年国家创新投入竞争力指标组排位及趋势

年份\项目	R&D经费支出总额		R&D经费支出占GDP比重		人均R&D经费支出		R&D人员		研究人员占从业人员比重		企业研发投入比重		风险资本交易占GDP比重		创新投入竞争力	
	得分	排名	得分	排名	得分	排名	得分	排名	得分	排名	得分	排名	得分	排名	得分	排名
2014	10.0	7	46.1	8	48.4	8	19.8	7	76.0	7	44.9	9	42.5	9	41.1	8
2015	10.6	6	46.1	8	53.0	8	16.8	7	71.0	7	42.5	9	35.4	4	39.3	9
得分变化	0.6		0.0		4.6		-3.0		-4.9		-2.5		-7.1		-1.8	
排名升降		1		0		0		0		0		0		5		-1
优劣度		优势		优势		优势		优势		优势		优势		强势		优势

（1）从排位变化比较看，2015 年英国国家创新投入竞争力排名第 9 位，与 2014 年相比，排位下降 1 位，处于优势地位。

（2）从指标所处区位来看，1 个指标为强势指标，为风险资本交易占 GDP 比重；其余指标均为优势指标。

（3）从指标排位变化趋势看，在 7 个三级指标中，有 2 个指标处于上升趋势，为 R&D 经费支出总额和风险资本交易占 GDP 比重；其余 5 个指标排位保持不变。

（4）从指标排位变化的动因看，有 5 个三级指标的排位保持不变，2 个三级指标处于上升趋势，但受指标排位变化的综合影响，英国创新投入竞争力的综合排位下降 1 位，在 G20 中排名第 9 位。

（5）从三级指标结构特征看，在创新投入竞争力指标组的 7 个三级指标中，强势指标 1 个，占指标总数的 14.3%；其余 6 个指标均为优势指标。大部分指标排位保持不变，受多种因素影响，2015 年英国国家创新投入竞争力综合排位下降 1 位。

18.4.2 英国国家创新投入竞争力比较分析

图 18-6 反映了 2014~2015 年英国国家创新投入竞争力与 G20 最高水平和平均水平的比较情况。

由图 18-6 可知，评价期内英国国家创新投入竞争力得分高于平均分，说明英国国家创新投入竞争力处于较高水平。从创新投入竞争力的整体得分比较

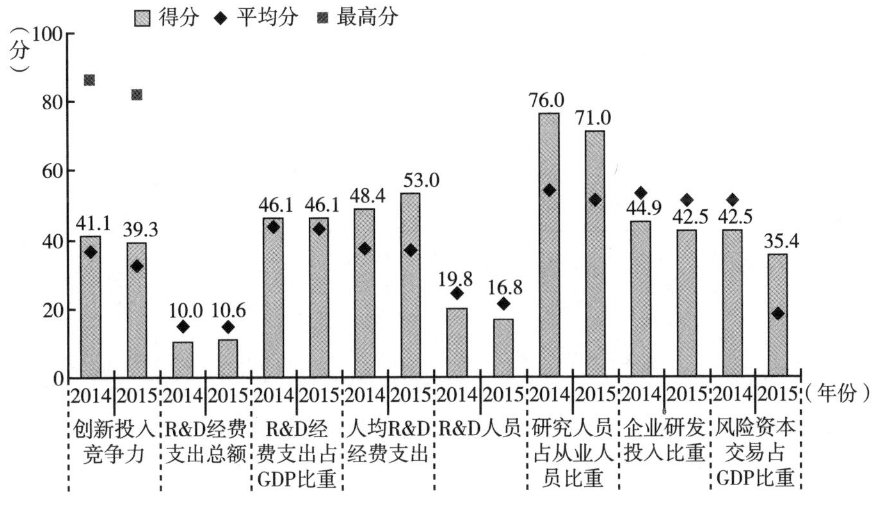

图 18－6　2014～2015 年英国国家创新投入竞争力指标得分比较

来看，2014 年，英国国家创新投入竞争力得分与 G20 最高分相比还有 44.5 分的差距，与 G20 平均分相比，则高了 4.6 分；到 2015 年，英国国家创新投入竞争力得分与 G20 最高分的差距为 42.7 分，高于 G20 平均分 7.4 分。总的来说，2014～2015 年英国国家创新投入竞争力相比平均分的优势略有上升，但国家创新投入竞争力的得分有所下降，排位下降 1 位。

从具体指标得分比较和变化趋势来看，英国国家创新投入竞争力整体水平较为稳定，仍处于优势地位，这主要是由于大部分指标得分较高、排名靠前，但其中仍有 3 个三级指标得分低于 G20 平均分，分别为 R&D 经费支出总额、R&D 人员和企业研发投入比重，其创新投入竞争力仍有不足。今后要特别关注这些问题，继续加大科技研发经费投入，加大研发人员培养力度，高度重视研发人才队伍建设，不断增加国家创新投入，显著增强国家创新投入竞争力。

18.5　英国国家创新产出竞争力评价分析

18.5.1　英国国家创新产出竞争力评价结果

2014～2015 年英国国家创新产出竞争力及其下属 7 个三级指标的排位和

排位变化情况，如表 18－7 所示。

（1）从排位变化比较看，2015 年英国国家创新产出竞争力排名第 6 位，与 2014 年相比，排位保持不变，处于优势地位。

表 18－7　英国 2014～2015 年国家创新产出竞争力指标组排位及趋势

项目／年份	专利授权数		科技论文发表数		专利和许可收入		高技术产品出口额		高技术产品出口比重		注册商标数		创意产品出口比重		创新产出竞争力	
	得分	排名	得分	排名	得分	排名	得分	排名	得分	排名	得分	排名	得分	排名	得分	排名
2014	7.1	8	23.0	5	15.2	3	35.3	7	76.3	4	52.4	4	93.1	3	43.2	6
2015	7.6	8	23.0	5	15.5	3	37.3	7	76.9	4	50.8	4	90.7	4	43.1	6
得分变化	0.5		0.0		0.3		2.0		0.6		-1.6		-2.5		-0.1	
排名升降		0		0		0		0		0		0		-1		0
优劣度		优势		强势		强势		优势		强势		强势		强势		优势

（2）从指标所处区位来看，7 个三级指标均为强势指标和优势指标。

（3）从指标排位变化趋势看，在 7 个三级指标中，有 1 个指标处于下降趋势，为创意产品出口比重；其余指标保持不变。

（4）从指标排位变化的动因看，仅 1 个三级指标的排位出现了下降，在指标升降的综合作用下，英国创新产出竞争力的综合排位保持不变，在 G20 中排名第 6 位。

（5）从三级指标结构特征看，在创新产出竞争力指标组的 7 个三级指标中，强势指标 5 个，占指标总数的 71.4%；优势指标 2 个，占指标总数的 28.6%，强势和优势指标所占比重为 100.0%。下降指标 1 个，占指标总数的 14.3%；其余指标保持不变。虽然指标排位下降的数量大于排位上升的数量，但受其他因素的综合影响，2015 年英国国家创新产出竞争力综合排位与 2014 年相比，保持不变。

18.5.2　英国国家创新产出竞争力比较分析

图 18－7 反映了 2014～2015 年英国国家创新产出竞争力与 G20 最高水平和平均水平的比较情况。

由图 18－7 可知，评价期内英国国家创新产出竞争力得分高于 40 分，说明英国国家创新产出竞争力处于很高水平。从创新产出竞争力的整体得分比较

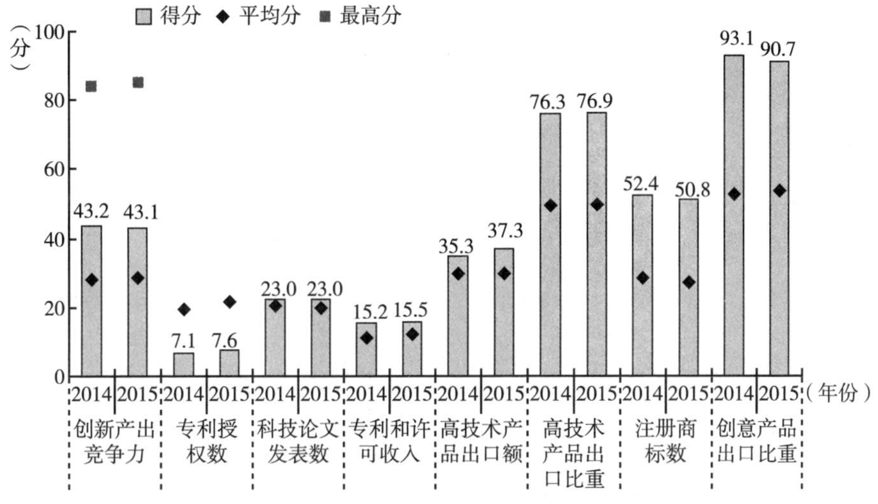

图 18 -7　2014 ~2015 年英国国家创新产出竞争力指标得分比较

来看，2014 年，英国国家创新产出竞争力得分与 G20 最高分相比还有 40. 2 分的差距，高于 G20 平均分 14. 7 分；到 2015 年，英国国家创新产出竞争力得分与 G20 最高分的差距为 41. 8 分，高于 G20 平均分 14. 2 分。总的来说，2014 ~2015 年英国国家创新产出竞争力基本稳定，排位保持不变。

从具体指标得分比较和变化趋势来看，英国国家创新产出竞争力整体水平没有发生明显变化，这主要是由于专利授权数、科技论文发表数、专利和许可收入等指标排位保持稳定，且专利授权数得分低于 G20 平均分。因此，要进一步提升英国的专利申请和授权量，增强企业和个人的专利创造和运用能力；完善知识产权激励机制，促进科技论文发表数及专利和许可收入增长。通过实施一系列创新措施，切实提高国家创新产出，增强国家创新产出竞争力。

18. 6　英国国家创新持续竞争力评价分析

18. 6. 1　英国国家创新持续竞争力评价结果

2014 ~2015 年英国国家创新持续竞争力及其下属 6 个三级指标的排位和排位变化情况，如表 18 -8 所示。

表 18－8 英国 2014～2015 年国家创新持续竞争力指标组排位及趋势

项目 年份	公共教育经费支出总额		公共教育经费支出占 GDP 比重		人均公共教育经费支出额		高等教育毛入学率		科技人员增长率		科技经费增长率		创新持续竞争力	
	得分	排名	得分	排名	得分	排名	得分	排名	得分	排名	得分	排名	得分	排名
2014	16.5	5	88.2	3	67.1	4	48.8	12	21.4	8	100.0	1	57.0	3
2015	18.0	5	89.0	3	81.3	3	48.8	12	66.9	5	100.0	1	67.3	2
得分变化	1.5		0.8		14.2		0.0		45.5		0.0		10.3	
排名升降		0		0		1		0		3		0		1
优劣度		强势		强势		强势		中势		强势		强势		强势

（1）从排位变化比较看，2015 年英国国家创新持续竞争力排名第 2 位，比 2014 年上升了 1 位，处于强势地位。

（2）从指标所处区位来看，6 个三级指标中有 1 个中势指标，为高等教育毛入学率；其余 5 个指标为强势指标。

（3）从指标排位变化趋势看，在 6 个三级指标中，有 2 个指标处于上升趋势，为人均公共教育经费支出额和科技人员增长率，这是英国创新持续竞争力的上升动力所在；其余指标均保持不变。

（4）从指标排位变化的动因看，有 2 个三级指标的排位出现了上升，受指标排位上升的影响，英国创新持续竞争力的综合排位上升 1 位，在 G20 中排名第 2 位。

（5）从三级指标结构特征看，在创新持续竞争力指标组的 6 个三级指标中，强势指标 5 个，占指标总数的 83.3%；中势指标 1 个，占指标总数的 16.7%，强势指标所占比重较大。上升指标 2 个，占指标总数的 33.3%；其余指标保持不变。指标排位上升的数量大于排位下降的数量，2015 年英国国家创新持续竞争力综合排位比 2014 年上升了 1 位。

18.6.2 英国国家创新持续竞争力比较分析

图 18－8 反映了 2014～2015 年英国国家创新持续竞争力与 G20 最高水平和平均水平的比较情况。

由图 18－8 可知，评价期内英国国家创新持续竞争力得分处于上升趋势，

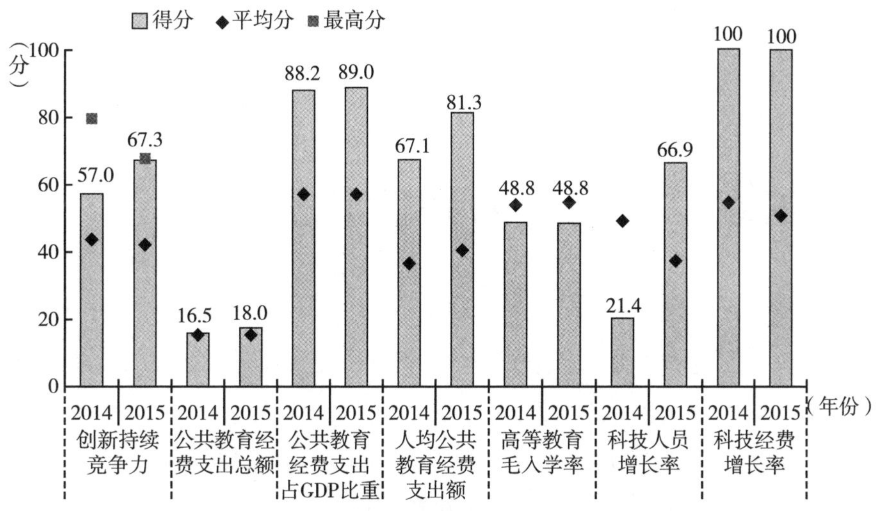

图 18－8　2014～2015 年英国国家创新持续竞争力指标得分比较

说明英国国家创新持续竞争力水平有所提高。从创新持续竞争力的整体得分比较来看，2014 年，英国国家创新持续竞争力得分与 G20 最高分相比还有 22. 0 分的差距，高于 G20 平均分 13. 2 分；到 2015 年，英国国家创新持续竞争力得分与 G20 最高分的差距缩小为 0. 8 分，高于 G20 平均分 24. 9 分。总的来说，2014～2015 年英国国家创新持续竞争力与最高分的差距呈缩小趋势，相比平均分的优势扩大，排位处于上升趋势。

从具体指标得分比较和变化趋势来看，英国国家创新持续竞争力整体水平出现了上升，这主要是由于人均公共教育经费支出额和科技人员增长率指标得分明显上升，但高等教育毛入学率的得分还低于 G20 平均分。针对这些问题，英国要不断增加教育经费投入，提高高等教育入学率，注重培养科技人才，保持科技人员的稳定增长，为科技创新营造积极的环境，实现国家创新能力的可持续发展，显著增强国家创新持续竞争力。

Y.20

第 19 章

美国国家创新竞争力评价分析报告

美国位于北美洲中部，东濒大西洋，西濒太平洋，北靠加拿大，南接墨西哥及墨西哥湾。国土面积约 936.4 万平方公里，海岸线长 19924 公里。2015 年全国年末总人口为 32142 万人，实现国内生产总值 180366 亿美元，人均 GDP 达到 56116 美元。本部分通过对美国 2014 ~ 2015 年国家创新竞争力以及创新竞争力各要素在 G20 中的排名变化分析，从中找出美国国家创新竞争力的推动点及影响因素。

19.1 美国国家创新竞争力总体评价分析

2014 ~ 2015 年，美国的国家创新竞争力排名保持不变。2014 年美国国家创新竞争力在 G20 中排名第 1 位，到了 2015 年，排名仍为第 1 位，排位保持不变。

19.1.1 美国国家创新竞争力概要分析

美国国家创新竞争力在 G20 中所处的位置及 5 个二级指标的得分和排位变化如图 19 - 1、图 19 - 2 和表 19 - 1 所示。

（1）从综合排位变化看，2015 年美国国家创新竞争力综合排名在 G20 中处于第 1 位，与 2014 年相比，排位保持不变。

（2）从指标得分看，2015 年美国国家创新竞争力得分为 78.6 分，是 G20 的最高分，是平均分的两倍多；与 2014 年相比，美国国家创新竞争力得分下降了 0.8 分。

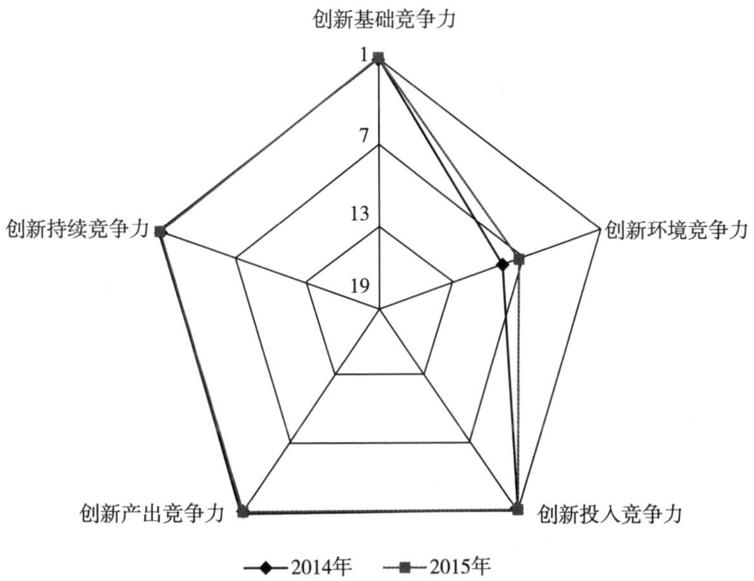

图 19－1　美国国家创新竞争力二级指标排名雷达图

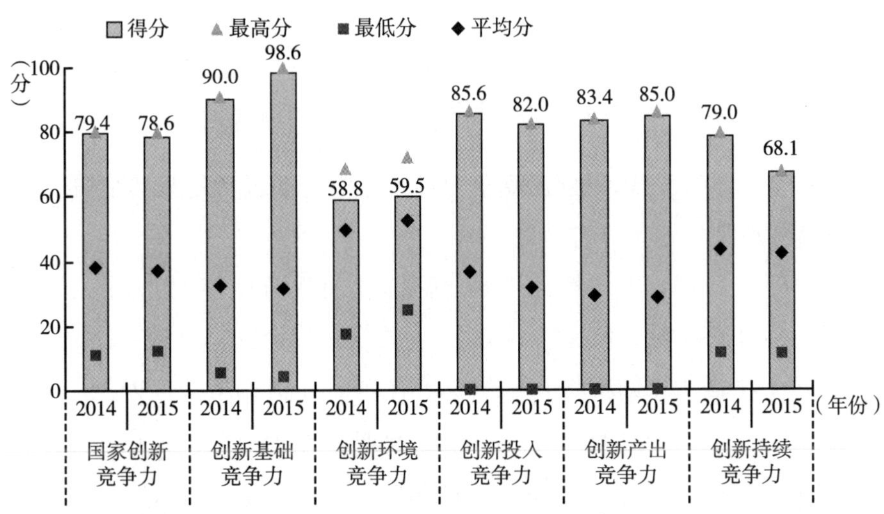

图 19－2　美国国家创新竞争力得分变化趋势

表 19－1 美国国家创新竞争力二级指标得分和排名

项目 年份	创新基础竞争力		创新环境竞争力		创新投入竞争力		创新产出竞争力		创新持续竞争力		创新竞争力	
	得分	排名	得分	排名	得分	排名	得分	排名	得分	排名	得分	排名
2014	90.0	1	58.8	9	85.6	1	83.4	1	79.0	1	79.4	1
2015	98.6	1	59.5	8	82.0	1	85.0	1	68.1	1	78.6	1
得分变化	8.7		0.8		－3.6		1.5		－10.9		－0.8	
排名升降		0		1		0		0		0		0
优劣度		强势		优势		强势		强势		强势		强势

（3）从指标所处区位看，2015 年美国国家创新竞争力的 5 个二级指标中，强势指标 4 个，为创新基础竞争力、创新投入竞争力、创新产出竞争力和创新持续竞争力；优势指标 1 个，为创新环境竞争力。

（4）从指标排位变化趋势看，在 5 个二级指标中，1 个指标处于上升趋势，为创新环境竞争力，其余指标排位没有发生变化。

（5）从指标排位变化的动因看，4 个二级指标的排位没有出现变化，1 个二级指标排位稍有变化，总体来看，受多数指标排位保持不变的影响，2015 年美国国家创新竞争力的综合排位保持不变，在 G20 中排名第 1 位。

19.1.2 美国国家创新竞争力各级指标动态变化分析

2014～2015 年美国国家创新竞争力各级指标的动态变化及其结构，如图 19－3 和表 19－2 所示。

从图 19－3 可以看出，美国国家创新竞争力有数据的三级指标中，上升指标的数量大于下降指标，但保持不变的指标居于主导地位。表 19－2 中的数据进一步显示，美国国家创新竞争力的三级指标中，上升的指标有 9 个，占指标总数的 29.0%；保持的指标有 18 个，占指标总数的 58.1%；下降的指标有 4 个，占指标总数的 12.9%。指标上升的数量大于下降的数量，但保持不变的指标数较多，稳定性较强，2015 年美国国家创新竞争力继续在 G20 中保持领先地位，在 G20 中居第 1 位。

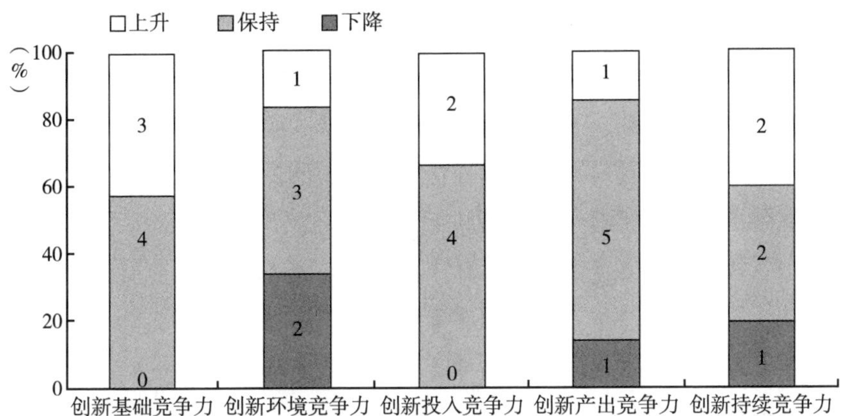

图 19-3　2014~2015 年美国国家创新竞争力指标动态变化结构

表 19-2　2014~2015 年美国国家创新竞争力各级指标排位变化态势比较

单位：个，%

二级指标	三级指标个数	上升		保持		下降		变化趋势
		个数	比重	个数	比重	个数	比重	
创新基础竞争力	7	3	42.9	4	57.1	0	0.0	保持
创新环境竞争力	6	1	16.7	3	50.0	2	33.3	上升
创新投入竞争力	6	2	33.3	4	66.7	0	0.0	保持
创新产出竞争力	7	1	14.3	5	71.4	1	14.3	保持
创新持续竞争力	5	2	40.0	2	40.0	1	20.0	保持
合计	31	9	29.0	18	58.1	4	12.9	保持

19.1.3　美国国家创新竞争力各级指标优劣势结构分析

2014~2015 年美国国家创新竞争力各级指标的优劣势变化及其结构，如表 19-3 所示。

从表 19-3 中的数据可以看出，美国国家创新竞争力有数据的 32 个三级指标中，强势指标 22 个，占指标总数的 68.8%；优势指标 7 个，占指标总数的 21.9%；中势指标 3 个，占指标总数的 9.4%；没有劣势指标；强势指标和

表 19-3 2014~2015 年美国国家创新竞争力各级指标排位优劣势比较

单位：个，%

二级指标	三级指标个数	强势		优势		中势		劣势		优劣度
		个数	比重	个数	比重	个数	比重	个数	比重	
创新基础竞争力	7	7	100.0	0	0.0	0	0.0	0	0.0	强势
创新环境竞争力	6	0	0.0	5	83.3	1	16.7	0	0.0	优势
创新投入竞争力	6	5	83.3	1	16.7	0	0.0	0	0.0	强势
创新产出竞争力	7	6	85.7	0	0.0	1	14.3	0	0.0	强势
创新持续竞争力	6	4	66.7	1	16.7	1	16.7	0	0.0	强势
合计	32	22	68.8	7	21.9	3	9.4	0	0.0	强势

优势指标的数量之和约占指标总数的 90.6%，远远大于中势指标和劣势指标之和所占比重。从二级指标来看，强势指标 4 个，占二级指标总数的 80%；优势指标 1 个，占二级指标总数的 20%；没有中势指标和劣势指标。由于强势指标和优势指标在指标体系中居于主导地位，2014～2015 年美国国家创新竞争力处于强势地位。

19.2 美国国家创新基础竞争力评价分析

19.2.1 美国国家创新基础竞争力评价结果

2014～2015 年美国国家创新基础竞争力及其下属 7 个三级指标的排位和排位变化情况，如表 19-4 所示。

（1）从排位变化比较看，2015 年美国国家创新基础竞争力排名第 1 位，与 2014 年相比，排位没有发生变化，处于强势地位。

（2）从指标所处区位来看，7 个三级指标均为强势指标。

（3）从指标排位变化趋势看，在 7 个三级指标中，有 3 个指标处于上升趋势，为人均财政收入、外国直接投资净值和全社会劳动生产率；其余指标保持不变；没有指标处于下降趋势。

表 19－4　美国 2014～2015 年国家创新基础竞争力指标组排位及趋势

项目 年份	GDP		人均 GDP		财政收入		人均财政收入		外国直接投资净值		受高等教育人员比重		全社会劳动生产率		创新基础竞争力	
	得分	排名	得分	排名	得分	排名	得分	排名	得分	排名	得分	排名	得分	排名	得分	排名
2014	100.0	1	87.6	2	100.0	1	73.1	6	77.4	2	100.0	1	91.7	2	90.0	1
2015	100.0	1	99.7	2	100.0	1	90.9	4	100.0	1	100.0	1	100.0	1	98.6	1
得分变化	0.0		12.0		0.0		17.8		22.6		0.0		8.3		8.7	
排名升降		0		0		0		2		1		0		1		0
优劣度		强势		强势		强势		强势		强势		强势		强势		强势

（4）从指标排位变化的动因看，所有三级指标排位均上升或保持不变，2015 年美国创新基础竞争力的综合排位在 2014 年基础上保持不变，在 G20 中排名第 1 位。

（5）从三级指标结构特征看，创新基础竞争力指标组的 7 个三级指标均为强势指标。上升指标 3 个，占指标总数的 42.9%；保持指标 4 个，占指标总数的 57.1%。指标上升趋势明显，2014～2015 年美国创新基础竞争力仍有较大进步，2015 年美国国家创新基础竞争力综合排位保持不变。

19.2.2　美国国家创新基础竞争力比较分析

图 19－4 反映了 2014～2015 年美国国家创新基础竞争力与 G20 最高水平和平均水平的比较情况。

由图 19－4 可知，评价期内美国国家创新基础竞争力得分均高于 89 分，说明美国国家创新基础竞争力处于较高水平。从创新基础竞争力的整体得分比较来看，2014 年，美国国家创新基础竞争力得分已是 G20 最高分，比 G20 平均分高出 57.1 分；到 2015 年，美国国家创新基础竞争力得分也是 G20 最高分，比 G20 平均分高出 66.8 分，相比平均分的优势扩大了 9.7 分，其创新基础竞争力保持 G20 第 1 位。

从具体指标得分比较和变化趋势来看，美国国家创新基础竞争力整体水平仍在提高，GDP、财政收入、外国直接投资净值、受高等教育人员比重和全社会劳动生产率排位最高，7 个三级指标中人均财政收入得分相对较低。

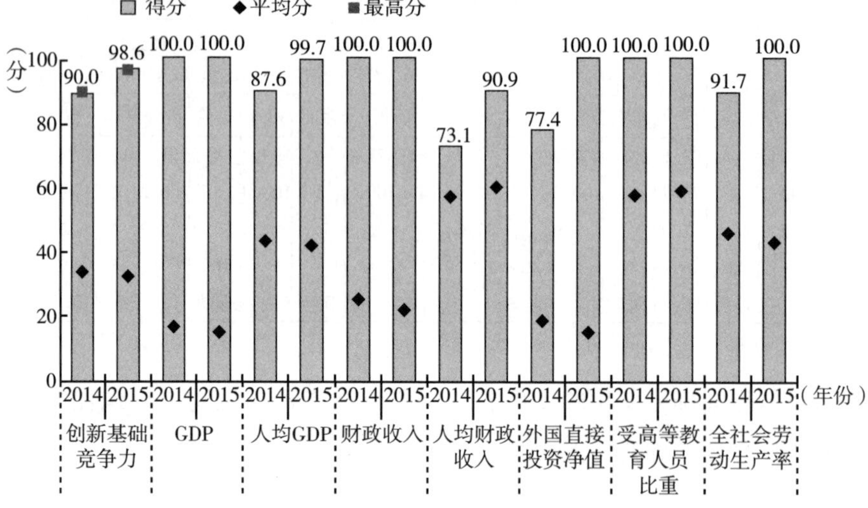

图 19－4　2014～2015 年美国国家创新基础竞争力指标得分比较

19.3　美国国家创新环境竞争力评价分析

19.3.1　美国国家创新环境竞争力评价结果

2014～2015 年美国国家创新环境竞争力及其下属 6 个三级指标的排位和排位变化情况，如表 19－5 所示。

表 19－5　美国 2014～2015 年国家创新环境竞争力指标组排位及趋势

项目＼年份	因特网用户比例		每百人手机数		企业开业程序		企业平均税负水平		在线公共服务指数		ISO 9001 质量体系认证数		创新环境竞争力	
	得分	排名	得分	排名	得分	排名	得分	排名	得分	排名	得分	排名	得分	排名
2014	75.0	8	34.0	13	66.7	6	76.2	8	90.6	3	10.0	7	58.8	9
2015	74.9	8	40.1	12	66.7	7	76.4	8	88.6	6	10.4	7	59.5	8
得分变化	-0.1		6.1		0.0		0.2		-2.0		0.4		0.8	
排名升降		0		1		-1		0		-3		0		1
优劣度		优势		中势		优势		优势		优势		优势		优势

（1）从排位变化比较看，2015 年美国国家创新环境竞争力排名第 8 位，与 2014 年相比，排位上升了 1 位，处于优势地位。

（2）从指标所处区位来看，6 个三级指标中没有强势指标；有 5 个优势指标，分别为因特网用户比例、企业开业程序、企业平均税负水平、在线公共服务指数和 ISO 9001 质量体系认证数；其余 1 个指标为中势指标。

（3）从指标排位变化趋势看，在 6 个三级指标中，有 1 个指标处于上升趋势，为每百人手机数；有 2 个指标处于下降趋势，分别为企业开业程序和在线公共服务指数；其余指标均保持不变。

（4）从指标排位变化的动因看，尽管 2 个三级指标的排位出现了下降，但受其余指标排位上升与保持不变的综合影响，美国创新环境竞争力的综合排位处于上升趋势，在 G20 中处于第 8 位。

（5）从三级指标结构特征看，在创新环境竞争力指标组的 6 个三级指标中，没有强势指标，优势指标 5 个，占指标总数的 83.3%；中势指标 1 个，占指标总数的 16.7%。上升指标 1 个，占指标总数的 16.7%；保持指标 3 个，占指标总数的 50.0%；下降指标 2 个，占指标总数的 33.3%。虽然指标排位下降的数量大于上升的数量，但受其他因素的综合影响，2015 年美国国家创新环境竞争力综合排位与 2014 年相比上升了 1 位。

19.3.2　美国国家创新环境竞争力比较分析

图 19－5 反映了 2014～2015 年美国国家创新环境竞争力与 G20 最高水平和平均水平的比较情况。

由图 19－5 可知，评价期内美国国家创新环境竞争力得分均高于 55 分，处于较高水平。从创新环境竞争力的整体得分比较来看，2014 年，美国国家创新环境竞争力得分与 G20 最高分相比还有 9.6 分的差距，与 G20 平均分相比，高出 8.7 分；2015 年，美国国家创新环境竞争力得分与 G20 最高分的差距为 12.0 分，高于 G20 平均分 7.1 分。总的来说，2014～2015 年美国国家创新环境竞争力与最高分的差距呈扩大趋势，但排位呈现上升趋势。

从具体指标得分比较和变化趋势来看，美国国家创新环境竞争力整体水平较高，处于优势地位，这主要是由于 6 个三级指标中有 5 个指标处于

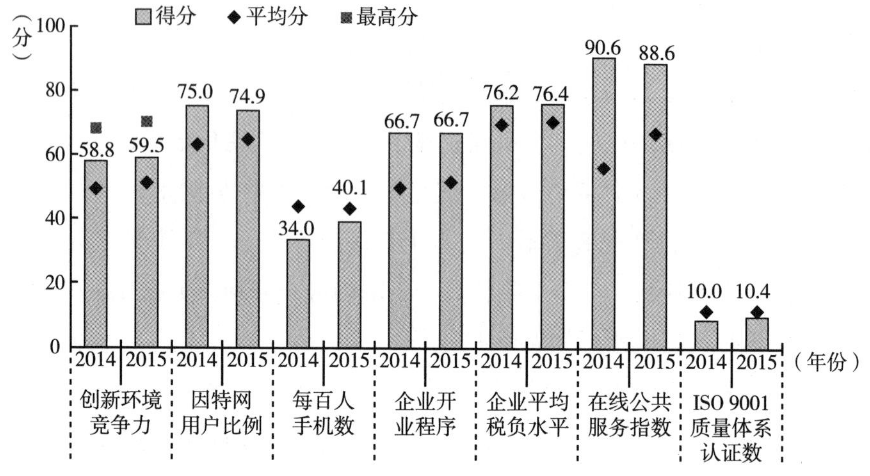

图 19－5　2014～2015 年美国国家创新环境竞争力指标得分比较

优势地位。每百人手机数和 ISO 9001 质量体系认证数得分还低于 G20 平均分，这限制了其创新环境竞争力的进一步提升。为巩固和提升美国国家创新环境竞争力，应针对这些问题，着力提高网络使用率，加快信息高速公路建设，加大对创新型企业的科技和资金扶持力度，加强知识产权保护，重视创新人才的外引内育，营造有利于企业健康有序发展的良好创新氛围，不断优化国家创新环境，进一步增强国家创新环境竞争力。

19.4　美国国家创新投入竞争力评价分析

19.4.1　美国国家创新投入竞争力评价结果

2014～2015 年美国国家创新投入竞争力及其下属 7 个三级指标的排位和排位变化情况，如表 19－6 所示。

（1）从排位变化比较看，2015 年美国国家创新投入竞争力排名第 1 位，与 2014 年相比，排位保持不变，处于强势地位。

（2）从指标所处区位来看，有数据的 6 个三级指标中有 1 个优势指标，为企业研发投入比重；其余 5 个指标均是强势指标。

表 19 - 6　美国 2014 ~ 2015 年国家创新投入竞争力指标组排位及趋势

项目 / 年份	R&D经费支出总额		R&D经费支出占GDP比重		人均R&D经费支出		R&D人员		研究人员占从业人员比重		企业研发投入比重		风险资本交易占GDP比重		创新投入竞争力	
	得分	排名	得分	排名	得分	排名	得分	排名	得分	排名	得分	排名	得分	排名	得分	排名
2014	100.0	1	75.3	4	96.8	3	100.0	2	—	—	72.3	6	69.3	6	85.6	1
2015	100.0	1	75.3	4	100.0	1	82.8	2	—	—	69.3	6	64.6	3	82.0	1
得分变化	0.0		0.0		3.2		-17.2		—		-3.0		-4.7		-3.6	
排名升降		0		0		2		0		—		0		3		0
优劣度		强势		强势		强势		强势		—		优势		强势		强势

（3）从指标排位变化趋势看，在有数据的 6 个三级指标中，有 4 个指标排位保持不变，分别为 R&D 经费支出总额、R&D 经费支出占 GDP 比重、R&D 人员和企业研发投入比重；有 2 个指标处于上升趋势，分别为人均 R&D 经费支出和风险资本交易占 GDP 比重。

（4）从指标排位变化的动因看，由于有 4 个三级指标的排位保持不变，2015 年美国创新投入竞争力的综合排位也保持不变，在 G20 中排名第 1 位。

（5）从三级指标结构特征看，在创新投入竞争力指标组有数据的 6 个三级指标中，强势指标 5 个，占指标总数的 83.3%；优势指标 1 个，占指标总数的 16.7%。上升指标 2 个，占指标总数的 33.3%；没有下降指标；保持指标 4 个，占指标总数的 66.7%。由于大部分指标排位保持不变，2015 年美国国家创新投入竞争力综合排位仍保持不变。

19.4.2　美国国家创新投入竞争力比较分析

图 19 - 6 反映了 2014 ~ 2015 年美国国家创新投入竞争力与 G20 最高水平和平均水平的比较情况。

由图 19 - 6 可知，评价期内美国国家创新投入竞争力得分均高于 80 分，说明美国国家创新投入竞争力处于较高水平。从创新投入竞争力的整体得分比较来看，2014 年，美国国家创新投入竞争力得分是 G20 最高分，与 G20 平均分相比，高了 49.1 分；到 2015 年，美国国家创新投入竞争力得分也是 G20 最高分，高于 G20 平均分 50.0 分。总的来说，2014 ~ 2015 年美国国家创新

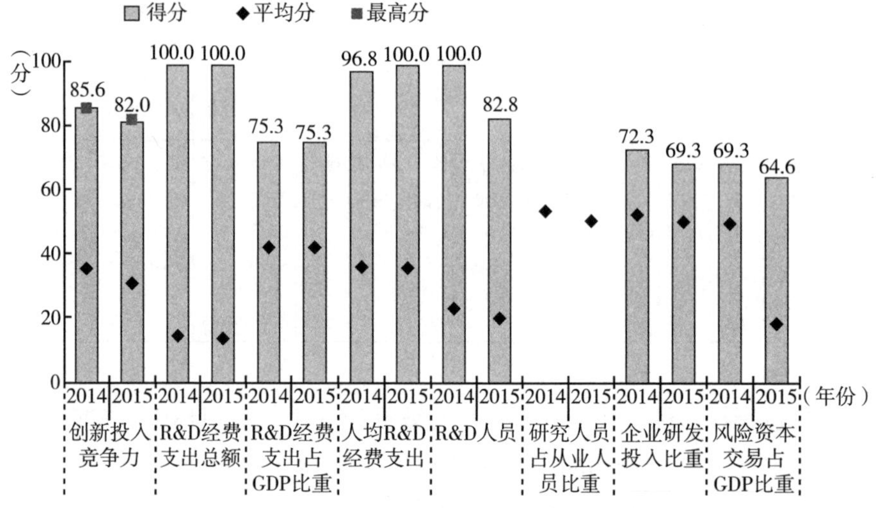

图 19－6　2014～2015 年美国国家创新投入竞争力指标得分比较

投入竞争力相比平均分的优势稍有扩大，国家创新投入竞争力的排位均保持不变。

从具体指标得分比较和变化趋势来看，美国国家创新投入竞争力整体水平较为稳定，仍处于强势地位，这主要是由于大部分指标得分较高，且所有有数据的三级指标得分都高于 G20 平均分，其创新投入竞争力确实较强。今后要继续加大科技研发经费投入，鼓励多元化的创新研发投入，加大研发人员培养力度，高度重视研发人才队伍建设，不断增加国家创新投入，使国家创新投入竞争力保持领先地位。

19.5　美国国家创新产出竞争力评价分析

19.5.1　美国国家创新产出竞争力评价结果

2014～2015 年美国国家创新产出竞争力及其下属 7 个三级指标的排位和排位变化情况，如表 19－7 所示。

表 19－7　美国 2014～2015 年国家创新产出竞争力指标组排位及趋势

项目	专利授权数		科技论文发表数		专利和许可收入		高技术产品出口额		高技术产品出口比重		注册商标数		创意产品出口比重		创新产出竞争力	
年份	得分	排名	得分	排名	得分	排名	得分	排名	得分	排名	得分	排名	得分	排名	得分	排名
2014	86.1	2	100.0	1	100.0	1	77.9	3	67.1	5	100.0	2	52.9	12	83.4	1
2015	91.5	3	100.0	1	100.0	1	83.2	3	69.9	5	100.0	2	50.2	11	85.0	1
得分变化	5.4		0.0		0.0		5.3		2.8		0.0		-2.8		1.5	
排名升降		-1		0		0		0		0		0		1		0
优劣度		强势		强势		强势		强势		强势		强势		中势		强势

（1）从排位变化比较看，2015 年美国国家创新产出竞争力排名第 1 位，处于 G20 首位，与 2014 年相比，排位保持不变。

（2）从指标所处区位来看，7 个三级指标中仅有 1 个中势指标，为创意产品出口比重，其余均为强势指标。

（3）从指标排位变化趋势看，在 7 个三级指标中，有 1 个指标处于上升趋势，为创意产品出口比重；有 1 个指标处于下降趋势，为专利授权数；其余指标保持不变。

（4）从指标排位变化的动因看，1 个三级指标的排位出现了上升，1 个三级指标的排位出现了下降，其余指标排位保持不变，在指标升降的综合作用下，美国创新产出竞争力的综合排位保持不变，在 G20 中排名第 1 位。

（5）从三级指标结构特征看，在创新产出竞争力指标组的 7 个三级指标中，强势指标 6 个，占指标总数的 85.7%；中势指标 1 个，占指标总数的 14.3%。上升指标 1 个，占指标总数的 14.3%；下降指标 1 个，占指标总数的 14.3%；保持指标 5 个，占指标总数的 71.4%。保持不变的指标占据主导地位，2015 年美国国家创新产出竞争力综合排位与 2014 年相比保持不变。

19.5.2　美国国家创新产出竞争力比较分析

图 19－7 反映了 2014～2015 年美国国家创新产出竞争力与 G20 最高水平和平均水平的比较情况

由图 19－7 可知，评价期内美国国家创新产出竞争力得分均高于 80 分，

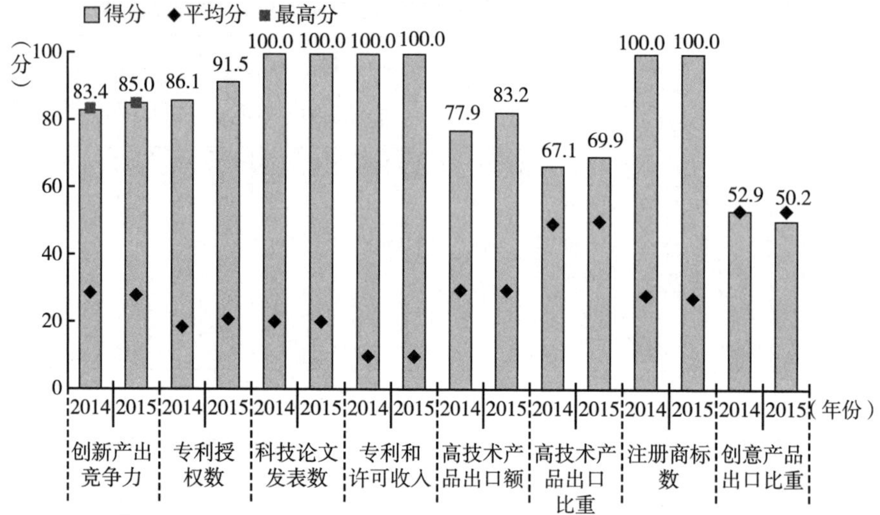

图 19－7　2014～2015 年美国国家创新产出竞争力指标得分比较

说明美国国家创新产出竞争力处于较高水平。从创新产出竞争力的整体得分比较来看，2014 年，美国国家创新产出竞争力得分为 G20 最高分，高于 G20 平均分 54.9 分；到 2015 年，美国国家创新产出竞争力得分也是 G20 最高分，高于 G20 平均分 56.1 分。总的来说，2014～2015 年美国国家创新产出竞争力相比平均分的优势呈扩大趋势，排位保持不变。

从具体指标得分比较和变化趋势来看，美国国家创新产出竞争力整体水平没有发生明显变化，7 个三级指标得分均高于 G20 平均分。

19.6　美国国家创新持续竞争力评价分析

19.6.1　美国国家创新持续竞争力评价结果

2014～2015 年美国国家创新持续竞争力及其下属 6 个三级指标的排位和排位变化情况，如表 19－8 所示。

（1）从排位变化比较看，2015 年美国国家创新持续竞争力排名第 1 位，与 2014 年相比保持不变，处于强势地位。

表 19－8　美国 2014～2015 年国家创新持续竞争力指标组排位及趋势

项目 年份	公共教育经费支出总额		公共教育经费支出占 GDP 比重		人均公共教育经费支出额		高等教育毛入学率		科技人员增长率		科技经费增长率		创新持续竞争力	
	得分	排名	得分	排名	得分	排名	得分	排名	得分	排名	得分	排名	得分	排名
2014	100.0	1	60.1	11	72.7	3	88.6	3	—	—	73.9	6	79.0	1
2015	100.0	1	59.8	11	82.2	2	87.4	4	8.9	10	70.4	5	68.1	1
得分变化	0.0		-0.3		9.5		-1.1		—		-3.5		-10.9	
排名升降		0		0		1		-1		—		1		0
优劣度		强势		中势		强势		强势		优势		强势		强势

（2）从指标所处区位来看，6 个三级指标中有 4 个强势指标，分别是公共教育经费支出总额、人均公共教育经费支出额、高等教育毛入学率和科技经费增长率；1 个优势指标，为科技人员增长率；1 个中势指标，为公共教育经费支出占 GDP 比重。

（3）从指标排位变化趋势看，在有数据的 5 个三级指标中，有 2 个指标处于上升趋势，为人均公共教育经费支出额和科技经费增长率；有 1 个指标处于下降趋势，为高等教育毛入学率；其余指标保持不变。

（4）从指标排位变化的动因看，有 1 个三级指标的排位出现了下降，2 个三级指标的排位出现了上升，受指标排位升降的综合影响，美国创新持续竞争力的综合排位保持不变，在 G20 中排名第 1 位。

（5）从三级指标结构特征看，在创新持续竞争力指标组有数据的三级指标中，强势指标 4 个，占指标总数的 66.7%；优势指标 1 个，占指标总数的 16.7%；中势指标 1 个，占指标总数的 16.7%。上升指标 2 个，占指标总数的 40.0%；下降指标 1 个，占指标总数的 20.0%。由于指标排位下降的拉力与排位上升的动力大体相当，2015 年美国国家创新持续竞争力综合排位保持不变。

19.6.2　美国国家创新持续竞争力比较分析

图 19－8 反映了 2014～2015 年美国国家创新持续竞争力与 G20 最高水平和平均水平的比较情况。

由图 19－8 可知，评价期内美国国家创新持续竞争力得分处于下降趋势，

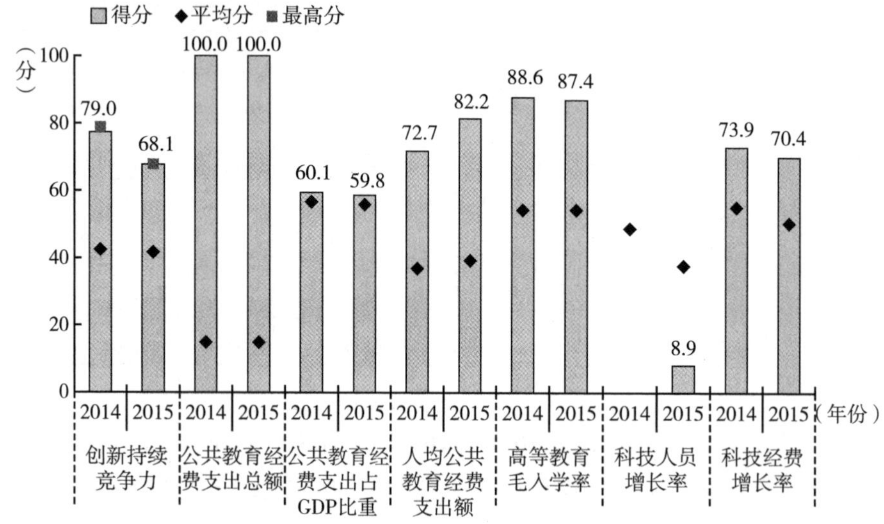

图 19－8 2014～2015 年美国国家创新持续竞争力指标得分比较

说明美国国家创新持续竞争力水平有所降低。从创新持续竞争力的整体得分比较来看，2014 年，美国国家创新持续竞争力得分为 G20 最高分，高于 G20 平均分 35.3 分；到 2015 年，美国国家创新持续竞争力得分也是 G20 最高分，高于 G20 平均分 25.7 分。总的来说，2014～2015 年美国国家创新持续竞争力相比平均分的优势呈缩小趋势，但排位仍保持不变。

从具体指标得分比较和变化趋势来看，美国国家创新持续竞争力整体水平虽有所下降，但排位仍保持不变，为 G20 第 1 位。这主要是由于公共教育经费支出总额、人均公共教育经费支出额、高等教育毛入学率和科技经费增长率指标得分明显较高，但科技人员增长率得分明显低于 G20 平均分。针对这些问题，美国要不断增加教育经费投入，提升科学家和工程师的待遇，加大培养科学家和工程师的力度，实现国家创新能力的可持续发展，显著增强国家创新持续竞争力。

第三部分 专题报告

Part Ⅲ Special Reports

Y.21

专题一 二十国集团（G20）创新绩效评价与比较研究

创新绩效是一国开展创新活动所产生的成果和影响的集中表现。对国家的创新绩效进行评价研究，有助于衡量和比较各国的创新研发能力，更好地为国家开展创新活动提供指导。本专题首先概括了国家创新绩效评价的重要意义，以及创新绩效评价的基本原则和主要方法，接着比较分析了二十国集团的创新投入与产出情况，在此基础上运用 DEA 方法和 Malmquist 指数对二十国集团的创新绩效进行评价分析，得出了相关的结论，最后提出加快提升中国创新绩效的若干政策建议。

1 国家创新绩效评价的重要意义

创新是经济社会持续发展的不竭动力，是获取国家竞争优势的关键因素。尤其在知识经济时代，国家创新能力甚至等同于国家竞争力。创新绩效是创新活动所产生成果的集中体现，或者说是一定量的创新资源要素投入所表现出来的生产效率。开展国家创新绩效评价与比较研究，研究影响国家创新效率的主要因素，对丰富国家创新系统理论、准确判断国家创新能力状况及其所处的国际地位、加快推进实施创新驱动发展战略具有重要意义。

首先，开展国家创新绩效评价研究，可以丰富国家创新系统理论与实践。国家创新系统是指一个国家内部各个创新主体间相互作用而形成的创新推动网络，对创新活动的执行和评估是国家创新系统的主要功能之一。创新主体的内部运行机制是决定国家创新系统运行效率的重要因素。因此，开展国家创新绩效评价研究，是完善国家创新系统理论的内在要求，通过对国家创新活动的效果进行评估，能够更好地协调创新主体运行机制，提升国家创新系统运行效率。其次，开展国家创新绩效评价研究，有助于明确国家创新能力的优势与劣势，为进一步提升国家创新能力指明方向。创新绩效评价既对当前和过去的创新活动效果具有总结作用，又对未来创新活动的战略和方向具有指引作用。国家创新绩效评价从国际比较层面考察国家创新活动全过程的产出绩效，是对国家创新系统各主体的运作机制和运行效率等方面进行总体评估，可以有效探究国家创新绩效高低的内在原因。通过国家创新绩效评价和比较，能够更好地发现一个国家创新能力的优势与不足，明确影响国家创新能力的主要因素，从而为提升国家创新能力、完善国家创新政策提供切入点和着力点。

2　国家创新绩效评价的基本原则和主要方法

2.1　国家创新绩效评价的基本原则

国家创新绩效评价是一个系统复杂的过程，不仅涉及各种创新主体的参与和创新资源要素的投入，还要对创新成果产出及经济社会效益进行科学的评价。进行创新绩效评价，目的在于客观了解国家创新发展状况，及时发现创新系统运行存在的问题，并采取措施提高创新资源配置效率，最终提升国家整体创新能力。在评价国家创新绩效时，应遵循以下几条基本原则①。

① 梁洪力、郝君超、李研：《国家创新体系绩效评价的基本框架》，《中国科技论坛》2014 年第 1 期。

一是聚焦性原则。国家创新体系是个复杂系统，难以对其进行详细全面的评价。因此，应聚焦国家创新绩效评价的核心内容，即创新资源状况和创新资源配置效率，尤其要关注对创新资源配置效率的评价，主要通过创新资源利用效率、创新资源产出质量、创新主体间互动与合作等因素体现。

二是科学性原则。对国家创新绩效进行评价研究，必须选取合理的指标，采用科学的评价方法，从而得出比较科学、相对客观的评价结果，为开展国家创新活动提供针对性的科学指导。

三是定量分析与定性评价相结合原则。在国家创新绩效评价中，既要运用量化的指标对创新资源状况及创新效率等进行定量分析，又要在定量分析的基础上对国家创新制度的有效性和创新活动的社会效益等进行定性评价，做到定量分析与定性评价的有机结合。

四是可比性原则。国家创新绩效评价要通过国际比较来判断各国创新活动的优势与不足，因此选取的指标应具有统一的统计口径，以保证既能够进行国家间创新绩效的横向比较，又能够对各个国家的创新绩效按照时间序列进行纵向比较。

五是动态性原则。创新活动是一个长期持续的过程，创新投入具有明显的延迟效应。因此，在评价国家创新绩效时，还应遵循动态性原则，合理判断国家创新发展趋势，充分考虑创新活动的未来发展潜力和潜在竞争优势，从而为制定具有前瞻性的国家创新战略提供依据。

2.2　国家创新绩效评价的主要方法

综合已有相关文献的研究成果，国家创新绩效评价的主要方法大致有以下几种。

一是投入产出评价方法。该方法将国家创新活动视为一个投入产出过程，产出效率是创新绩效评价的核心。这种方法比较有代表性的有“欧洲创新计分牌”（EIS）和澳大利亚的“创新体系报告”。EIS 评价体系从 2001 年开始每年发布一次，且不断修改完善，至 2016 年已发布第 15 份年度报告。其测评投入的指标有创新驱动要素、知识创造和企业家精神等，测评产出的指标为创新应用和知识产权等。2011 年该评价体系将投入—产出二元维度扩展至创新驱动要素、企业活动和创新产出三个方面，具体指标仍然是创新投入和产出相关指标。澳大利亚的“创新体系报告”采用“投入—产出—成果”分析框架，对澳大利亚创新体系发展状况及国家创新活动绩效进行系统评价。其中，反映创新投入的主要是创新人才、研发资金等创新基础条件，反映创新产出的主要是专利申请量、每千名研究人员论文发表量等指标，反映创新成果的指标涉及经济、社会、环境等多个方面。此外，众多学者也利用投入产出评价方法和DEA 方法等对国家创新绩效进行评价分析。

二是系统功能评价法。该方法通过对影响国家创新体系的各种功能评价体现国家创新活动的绩效。例如，中国科技发展战略研究院编写的《国家创新指数报告》将创新资源、知识创造、企业创新、创新绩效和创新环境 5 个方面作为一级评价指标，对影响国家创新能力的各种因素进行评价研究。

三是创新主体互动评价法。该方法认为国家创新绩效受各创新主体相互作用程度的影响，因此强调要关注创新主体的表现及其互动。例如，OECD 把四种类型的知识或信息的流动作为测度与评价国家创新绩效的主要指标：①企业间的合作研究活动和其他技术合作等；②公私相互作用，主要指产学研合作；③知识和技术的扩散和应用；④创新人员流动[①]。

上述这些方法从不同的视角对国家创新绩效进行评价研究，各有其合理性和应用价值。本专题的研究主要基于投入产出评价方法对 G20 创新绩效进行评价与比较分析。

3　二十国集团创新投入与产出比较分析

3.1　二十国集团创新投入比较分析

研发人员和研发资金是反映创新投入的重要内容。表 1 – 1 反映了二十国集团 R&D 人员的相对规模情况。发达国家的每百万人 R&D 人员普遍高于发展

① 梁洪力、郝君超、李研：《国家创新体系绩效评价的基本框架》，《中国科技论坛》2014 年第 1 期。

中国家。韩国、日本、加拿大、德国、法国、英国、美国等发达国家的每百万人 R&D 人员近年来都已超过 4000 人年。2014 年中国的每百万人 R&D 人员还仅为 1113.1 人年，远低于发达国家。巴西、南非、墨西哥、印度、印度尼西亚等发展中国家这一指标数值更低。由此可见，发展中国家在 R&D 人员投入方面相对发达国家还显不足。

表 1－1 2001～2014 年二十国集团 R&D 人员（每百万人）基本情况

单位：人年

国家＼年份	2001	2003	2005	2007	2009	2011	2012	2013	2014
阿根廷	684.7	714.4	814.1	967.8	1032.8	1177.0	1199.4	1193.9	1202.1
澳大利亚	3454.3	3749.7	4062.5	4231.8	4335.4	4530.7	—	—	—
巴西	436.8	490.2	580.5	603.1	656.3	—	—	—	—
加拿大	3694.9	3900.1	4237.9	4588.2	4451.4	4785.5	4634.3	4518.5	—
中国	581.5	667.5	856.8	1078.6	863.9	977.7	1035.9	1089.2	1113.1
法国	2970.5	3188.5	3306.7	3580.2	3741.4	3939.5	4073.4	4169.8	4201.1
德国	3231.7	3297.1	3349.6	3597.2	3940.7	4211.3	4379.1	4399.7	4380.6
印度	110.1	—	135.3	—	—	156.6	—	—	—
印度尼西亚	199.2	—	—	—	89.5	—	—	—	—
意大利	1162.9	1212.6	1406.3	1572.6	1712.5	1778.7	1853.0	1943.5	2006.7
日本	5183.8	5156.1	5360.2	5377.7	5147.8	5160.2	5083.7	5201.3	5386.2
韩国	2932.5	3215.2	3777.1	4603.8	5000.9	5853.3	6361.6	6456.6	6899.0
墨西哥	224.4	314.0	400.2	335.3	367.9	322.5	—	—	—
俄罗斯	3468.6	3371.6	3234.7	3276.1	3090.0	3125.3	3093.6	3073.1	3101.6
南非	311.2	300.8	357.8	388.8	388.2	385.1	404.7	—	—
土耳其	353.7	494.4	576.8	714.5	810.5	980.8	1097.2	1168.6	1156.5
英国	3083.0	3638.9	4128.9	4131.5	4116.4	3979.4	4029.3	4185.7	4252.4
美国	3545.6	3870.2	3718.0	3757.8	4071.8	4010.8	4018.6	—	—

数据来源：世界银行数据库；沙特阿拉伯无数据，略去。

表 1－2 反映了 2001～2014 年二十国集团研发支出占 GDP 比重的基本情况。从表中可以看出，二十国集团的研发支出占 GDP 比重总体上稳中有升，韩国、日本、德国、美国、澳大利亚、法国、中国等国家的这一指标均已超过

2%，而印度、南非、阿根廷、墨西哥、印度尼西亚、沙特阿拉伯等国家的研发支出占 GDP 比重还不到 1%，差距也比较明显。

表 1－2　2001～2014 年二十国集团研发支出占 GDP 比重基本情况

单位：%

国家＼年份	2001	2003	2005	2007	2009	2011	2012	2013	2014
阿根廷	0.425	0.410	0.379	0.402	0.519	0.537	0.609	0.612	0.613
澳大利亚	1.577	1.754	1.854	2.183	2.402	2.246	—	2.196	—
巴西	1.032	0.998	1.002	1.082	1.120	1.140	1.151	1.236	—
加拿大	2.038	1.985	1.986	1.918	1.923	1.799	1.786	1.688	1.612
中国	0.945	1.127	1.318	1.384	1.679	1.794	1.928	2.015	2.046
法国	2.129	2.111	2.044	2.020	2.209	2.191	2.229	2.243	2.256
德国	2.386	2.457	2.423	2.446	2.726	2.796	2.872	2.826	2.869
印度	0.723	0.707	0.810	0.791	0.819	0.822	—	—	—
印度尼西亚	0.048	—	—	—	0.083	—	—	0.085	—
意大利	1.044	1.062	1.047	1.132	1.221	1.209	1.270	1.306	1.287
日本	3.074	3.144	3.309	3.461	3.357	3.383	3.343	3.474	3.584
韩国	2.341	2.352	2.626	3.000	3.293	3.744	4.026	4.149	4.292
墨西哥	0.338	0.389	0.404	0.368	0.431	0.426	0.432	0.501	0.538
俄罗斯	1.177	1.286	1.068	1.116	1.252	1.091	1.126	1.133	1.187
沙特阿拉伯	—	0.063	0.042	0.045	0.073	—	—	—	—
南非	0.716	0.761	0.863	0.883	0.836	0.734	0.732	—	—
土耳其	0.538	0.483	0.591	0.722	0.849	0.860	0.922	0.945	1.007
英国	1.714	1.672	1.630	1.684	1.741	1.691	1.622	1.664	1.701
美国	2.638	2.553	2.506	2.627	2.819	2.763	2.698	2.725	2.8*

数据来源：世界银行数据库；美国 2014 年数据为美国巴特尔纪念研究所（Battelle Memorial Institute）和《研发杂志》（*R&D Magazine*）预测。

3.2　二十国集团创新产出比较分析

促进创新产出规模和效益最大化是提升创新绩效的必要条件。这里主要对二十国集团的居民专利申请量、知识产权使用费收入、高科技产品出口比例等反映创新产出的指标进行比较分析。表 1－3 反映了 2001～2015 年二十国集团居民专利申请量的基本情况。美国、日本、韩国、德国等发达国家居民专利申请量总体上保持优势，尤其是美国、日本的居民专利申请量在发达国家中遥遥领先。中国的专利申请量已跃居世界第一，但如果比较相对规模，中国并不占绝对优势，且有很大一部分的专利缺乏含金量。

表 1-3　2001～2015 年二十国集团居民专利申请量基本情况

单位：件

国家＼年份	2001	2003	2005	2007	2009	2011	2012	2013	2014	2015
阿根廷	691	792	1054	937	640	688	735	643	509	546
澳大利亚	2187	2418	2555	2718	2494	2383	2627	3061	1988	2291
巴西	3439	3866	4054	4194	4271	4695	4798	4959	4659	4641
加拿大	3963	3929	5183	4998	5067	4754	4709	4567	4198	4277
中国	30038	56769	93485	153060	229096	415829	535313	704936	801135	968252
法国	13499	13511	14327	14722	14100	14655	14540	14690	14500	14306
德国	49989	47818	48367	47853	47859	46986	46620	47353	48154	47384
印度	2379	3425	4721	6296	7262	8841	9553	10669	12040	12579
印度尼西亚	212	201	235	284	415	533	—	663	702	1058
意大利	7877	—	—	9255	8814	8794	8439	8307	8601	—
日本	382815	358184	367960	333498	295315	287580	287013	271731	265959	258839
韩国	73714	90313	122188	128701	127316	138034	148136	159978	164073	167275
墨西哥	534	468	584	629	822	1065	1294	1210	1246	1364
俄罗斯	24777	24969	23644	27505	25598	26495	28701	28765	24072	29269
沙特阿拉伯	46	56	119	128	—	347	—	491	652	715
南非	966	922	1003	915	822	656	608	638	802	889
土耳其	337	489	928	1810	2555	3885	4434	4392	4766	5352
英国	21423	20426	17833	17375	15985	15343	15370	14972	15196	14867
美国	177513	188941	207867	241347	224912	247750	268782	287831	285096	288335

数据来源：世界银行数据库。

表 1-4 反映了 2001～2015 年二十国集团知识产权使用费收入情况。美国、日本、英国、德国、法国等主要发达国家的知识产权使用费收入稳居 G20 前列，2015 年美国达到 1246.65 亿美元，其相应的知识产权使用费支出为 394.95 亿美元，顺差达到 851.7 亿美元。2015 年中国的知识产权使用费收入

只有 10.846 亿美元，仅为美国的 0.87%、日本的 2.96%、英国的 5.60%、法国的 7.24%、德国的 7.44%，差距巨大。2015 年中国的知识产权使用费支出为 220.224 亿美元，逆差达到 209.378 亿美元。其他发展中国家的知识产权使用费收入均较低。

表 1－4　2001～2015 年二十国集团知识产权使用费收入情况

单位：万美元

国家＼年份	2001	2003	2005	2007	2009	2011	2012	2013	2014	2015
阿根廷	4678	5150	5108	10618	10169	17751	17886	22597	20800	17114
澳大利亚	33675	45071	57376	71365	78982	94833	85982	81365	85155	78310
巴西	11209	10812	10166	31941	43381	30080	27642	36813	37510	58108
加拿大	253306	300533	287261	383517	360076	334713	393214	457079	454726	433947
中国	11000	10698	15740	34263	42945	74330	104410	88667	67638	108460
法国	473992	586095	831977	1346865	1266069	1533524	1274660	1316997	1427298	1497368
德国	274096	357595	575024	631023	720793	1071581	1029865	1344021	1499263	1458509
印度	3716	2409	20597	16313	19194	30262	32145	44557	65872	46656
印度尼西亚	—	22119	26333	3069	3813	7880	5805	5197	5961	5447
意大利	129925	245665	322424	428697	326799	402844	410090	370034	329487	304826
日本	1046160	1227069	1765529	2322857	2169798	2898925	3189229	3158696	3733636	3663115
韩国	94730	133910	203560	182680	325540	439900	390290	432810	516710	619890
墨西哥	4076	12355	6951	9461	9440	9654	9563	237328	19357	30777
俄罗斯	6037	17361	25634	35153	38076	55578	66420	73789	66579	72617
南非	2149	2655	4530	7511	7570	13451	12489	11997	11647	10312
英国	1000604	1069846	1542462	1782938	1630165	1695693	1551477	1730042	1982635	1936976
美国	4948900	5681400	7444800	9780200	9840600	12333400	12443900	12803500	12989000	12466500

数据来源：世界银行数据库；沙特阿拉伯、土耳其无数据，略去。

表 1－5 反映了 2001～2015 年二十国集团高科技产品出口比例基本情况。从高科技产品出口占制成品出口比例来看，2015 年高科技产品出口比例高于 10% 的国家依次为法国、韩国、中国、英国、美国、日本、德国、墨西哥、加拿大、俄罗斯、澳大利亚、巴西。总体来看，发达国家仍然是高科技产品的主要出口国，但中国等发展中国家的高科技产品出口额在全球主要贸易市场中的份额也较为稳定并逐年上升。

表 1-5　2001～2015 年二十国集团高科技产品出口比例基本情况

单位：%

国家＼年份	2001	2003	2005	2007	2009	2011	2012	2013	2014	2015
阿根廷	9.267	8.897	6.827	6.594	8.687	7.074	6.416	7.260	6.876	9.008
澳大利亚	15.489	13.699	12.768	10.257	11.926	13.067	12.730	12.910	13.599	13.513
巴西	19.246	11.956	12.843	11.866	13.197	9.720	10.493	9.635	10.615	12.305
加拿大	16.647	13.730	13.084	12.752	16.258	13.426	13.784	14.012	14.836	13.832
中国	20.957	27.379	30.844	26.662	27.534	25.808	26.274	26.965	25.372	25.754
法国	23.488	19.721	20.266	18.478	22.641	23.715	25.367	25.897	26.093	26.847
德国	18.316	16.901	17.423	13.995	15.259	14.964	15.976	16.080	16.002	16.661
印度	6.970	5.948	5.804	6.403	9.094	6.871	6.632	8.074	8.586	7.518
印度尼西亚	14.178	14.779	16.549	11.002	12.874	8.330	7.295	7.053	6.972	6.629
意大利	9.564	8.026	7.981	6.264	7.469	7.366	7.071	7.244	7.240	7.240
日本	26.595	24.428	22.981	18.408	18.758	17.459	17.405	16.784	16.689	16.782
韩国	29.785	32.316	32.476	30.545	28.734	25.721	26.173	27.099	26.881	26.840
墨西哥	22.056	21.399	19.636	17.177	18.176	16.510	16.335	15.925	15.992	14.687
俄罗斯	14.038	18.978	8.438	6.878	9.229	7.972	8.375	10.006	11.452	13.760
沙特阿拉伯	0.428	0.520	0.639	0.658	1.069	0.554	0.637	0.698	0.576	0.774
南非	6.460	4.833	6.656	5.581	5.355	5.007	5.380	5.469	5.854	5.881
土耳其	3.871	1.932	1.474	1.893	1.738	1.839	1.830	1.878	1.935	2.160
英国	34.019	26.221	27.964	18.660	20.015	21.393	21.739	21.865	20.647	20.812
美国	32.592	30.821	29.902	27.223	21.488	18.106	17.777	17.819	18.229	18.992

数据来源：世界银行数据库。该指标是指高科技产品出口占制成品出口比例。

4　二十国集团创新绩效评价模型及指标选择

接下来本专题将采用定量方法对 G20 创新活动及其效率进行客观评估。本专题主要运用 DEA 方法，计算 Malmquist 指数，对 G20 成员国 2005～

2013 年的研发创新活动进行效率评价，以期能够更好地了解 G20 创新研发的实际情况，为进一步提高创新效率、提升 G20 创新整体水平提供参考。

4.1 二十国集团创新绩效评价模型

数据包络分析（Data Envelopment Analysis，DEA）是一种评价科技投入—产出效率的有效方法，目前已成为一种公认的评价方法，在各个研究领域都发挥了重要作用。它通过利用数学规划模型，来评价多投入、多产出的决策单元是否有效。与其他方法相比，DEA 方法在避免主观因素、降低误差等方面具有较大的优势。

假定系统存在 n 个决策单元，每个决策单元有 m 种投入和 s 种产出。x_{di}表示第 d 个决策单元对第 i 个投入的消耗，y_{dj}表示第 d 个决策单元的第 j 个产出的大小，则第 k 个决策单元效率值的计算过程如下：

$$\min\theta_k$$

$$s.t.\begin{cases}\sum_{d=1}^{n} x_{di}\lambda_d + s^- = \theta_k x_{ki}, i = 1,2,...,m \\ \sum_{d=1}^{n} y_{dj}\lambda_d - s^+ = y_{kj}, j = 1,2,...,s \\ \lambda_d \geqslant 0, d = 1,2,...,n \\ s^- \geqslant 0, s^+ \geqslant 0\end{cases}$$

其中 θ_k 表示第 k 个被考察决策单元的效率值。$\theta = 1$，表示被考察决策单元在效率前沿面上，因此处于有效状态。DEA 有效包括技术有效和规模有效。

Malmquist 指数方法是基于 DEA 方法发展起来的，可以用来分析全要素生产效率的变化。该方法不仅可以分析不同国家技术进步的变化，还可以用来得到全要素生产效率的值，从而为各国创新发展提供更多有用的信息。Malmquist 指数主要是利用距离函数来计算投入产出效率的动态变化过程。具体计算公式为：

$$M_i(x^{t+1}, y^{t+1}; x^t, y^t) = \left[\frac{D_i^t(x^t, y^t)}{D_i^t(x^{t+1}, y^{t+1})} \times \frac{D_i^{t+1}(x^t, y^t)}{D_i^{t+1}(x^{t+1}, y^{t+1})}\right]^{\frac{1}{2}}$$

其中 $D_i^t(x^t, y^t)$ 表示第 t 期的距离函数。当 $M_i(x^{t+1}, y^{t+1}; x^t, y^t)$ 大于 1 时，

表示生产率提高。上述公式可以进一步变换，分解为技术效率变化指数与技术进步变化指数的乘积，且技术效率又可以进一步分解为纯技术效率变动和规模效率变动。具体转换过程如下：

$$M_i(x^{t+1},y^{t+1};x^t,y^t) = \frac{D_i^t(x^t,y^t)}{D_i^{t+1}(x^{t+1},y^{t+1})} \times \left[\frac{D_i^{t+1}(x^{t+1},y^{t+1})}{D_i^t(x^{t+1},y^{t+1})} \times \frac{D_i^{t+1}(x^t,y^t)}{D_i^{t+1}(x^t,y^t)}\right]^{\frac{1}{2}}$$
$$= TEC(x^{t+1},y^{t+1};x^t,y^t) \times TP(x^{t+1},y^{t+1};x^t,y^t)$$

技术效率又称为总效率，当该值大于1时，称为有效。技术效率体现的是在给定投入的情况下，各决策单元取得最大产出的能力，反映了各国对现有技术利用的有效程度。规模效率体现的是各决策单元是否处于最合适的投入规模，反映了创新活动规模的有效程度。技术效率、规模效率、纯技术效率指数大于1，表示效率改善，反之则为恶化。

4.2　决策单元及指标选取

利用 Malmquist 指数方法对效率进行测算，指标的选取尤为关键。结合现有的相关研究成果，本专题选取了以下投入产出指标（见表1－6）。投入主要是研究人员、研发经费，产出表现在科技论文数、专利授权数。研发人员投入和经费投入与创新投入息息相关，而专利授权和科技论文是衡量创新产出的有效指标。为使数据之间更具有可比性，本专题所选择的指标均为相对性指标。

由于部分 G20 国家数据缺失，为了使研究更切合实际，本专题所选取的指标数据年限为 2005～2013 年，决策单元选择了 8 个发达国家和 7 个发展中国家，具体包括阿根廷、巴西、加拿大、中国、法国、德国、意大利、日本、韩国、墨西哥、俄罗斯、南非、土耳其、英国和美国。其中研发人员、研发经费、科技论文数的数据来自世界银行数据库，专利授权数据来自世界知识产权组织。由于创新投入具有一定的滞后性，国内外学者对创新投入的时滞性进行了广泛的研究，一致认为创新投入与产出存在时间上的不一致性，因此，在时间处理上，我们采用创新产出前 3 年的投入数据平均值作为创新投入。

表 1－6　二十国集团创新绩效评价指标

	指标		指标
投入	R&D 经费支出总额占 GDP 比重	产出	R&D 平均专利授权数
	R&D 人员占从业人员比重		R&D 平均科技论文数

5　二十国集团创新绩效评价与比较的实证分析及结论

将选取的 2005～2013 年二十国集团的创新数据，代入 DEAP2.1 软件对其进行效率动态评价，得到如下结果。

5.1　二十国集团创新效率总体分析

为反映 G20 创新效率的动态变化情况，接下来我们将结合 Malmquist 指数计算相应的技术进步变化指数 Tech、技术效率变化指数 Effch、纯技术效率指数 Pech 和规模效率变化指数 Sech。

表 1－7 和表 1－8 归纳了 G20 国家 2005～2013 年相邻年份的效率变化情况。从表 1－7 可以看出，2005～2006 年 G20 创新的全要素生产效率指数为 1.110，这主要是由规模效率变化指数和技术进步变化指数的增加引起的。2006～2007 年 G20 创新的全要素生产效率指数为 0.968，技术进步变化指数 Tech 有所下降。2007～2008 年、2008～2009 年 G20 创新的全要素生产效率指数分别为 0.990 和 0.989，都小于 1，这主要是因为纯技术效率变化指数和规模效率变化指数有所下降。2009～2010 年 G20 创新的全要素生产效率指数为 1.050，主要得益于纯技术效率变化指数、规模效率变化指数、技术效率变化指数的增加。2010～2011 年 G20 创新的全要素生产效率指数为 1.031，主要得益于技术进步变化指数的增加。2011～2012 年 G20 创新的全要素生产效率指数为 1.036，这主要得益于规模效率变化指数和技术效率变化指数的增加。2012～2013 年 G20 创新的全要素生产效率指数为 0.999，主要受到规模效率变化指数和技术进步变化指数下降的影响。

表 1－7　2005～2013 年 G20 整体创新 Malmquist 指数及其分解

年份	Effch	Tech	Pech	Sech	TFP
2005～2006	1. 025	1. 083	0. 928	1. 014	1. 110
2006～2007	1. 033	0. 937	1. 021	1. 012	0. 968
2007～2008	0. 946	1. 046	0. 991	0. 955	0. 990
2008～2009	0. 716	1. 381	0. 958	0. 748	0. 989
2009～2010	1. 020	1. 030	1. 015	1. 005	1. 050
2010～2011	0. 928	1. 111	0. 951	0. 975	1. 031
2011～2012	1. 006	1. 030	0. 986	1. 020	1. 036
2012～2013	1. 051	0. 950	1. 083	0. 971	0. 999
均值	0. 959	1. 064	0. 991	0. 968	1. 021

根据 DEAP 软件计算得到。

表 1－8　2005～2013 年 G20 创新的 Malmquist 指数及其分解

国家	Effch	Tech	Pech	Sech	TFP
阿根廷	0. 921	1. 060	0. 975	0. 944	0. 977
巴　西	1. 012	1. 053	0. 977	1. 036	1. 065
加拿大	1	1. 075	1. 04	0. 962	1. 075
中　国	1	1. 085	1	1	1. 085
法　国	0. 904	1. 088	1. 002	0. 902	0. 983
德　国	0. 876	1. 067	0. 978	0. 896	0. 935
意大利	0. 944	1. 037	0. 980	0. 964	0. 979
日　本	1. 022	1. 076	1. 022	1. 001	1. 1
韩　国	0. 938	1. 076	0. 943	0. 995	1. 009
墨西哥	0. 995	1. 051	1	0. 995	1. 045
俄罗斯	0. 958	1. 076	0. 997	0. 961	1. 031
南　非	1. 009	1. 059	0. 982	1. 027	1. 069
土耳其	0. 893	1. 035	0. 953	0. 937	0. 925
英　国	0. 936	1. 047	1. 015	0. 922	0. 980
美　国	0. 999	1. 076	1	0. 999	1. 075
均　值	0. 959	1. 064	0. 991	0. 968	1. 075

根据 DEAP 软件计算得到。

综合来看，全要素生产效率指数的变化与全球经济波动紧密相连，2008年美国次贷危机爆发前后，G20 全要素生产效率指数都表现为下降态势。在各国政府积极的政策引导下，全球经济逐渐复苏，之后 G20 全要素生产效率指数基本大于1，效率有所提升。值得注意的是，2012～2013 年 G20 全要素生产效率指数小于1，技术进步变化指数也小于1，为了确保 G20 创新效率的提升，未来必须强化研发技术发明，鼓励研发创新，推进技术进步。

从表 1－8 可以看出，2005～2013 年，全要素生产效率指数大于 1 的国家包括巴西、加拿大、中国、日本、韩国、墨西哥、俄罗斯、南非和美国，其中全要素生产效率涨幅最大的国家是日本，2013 年日本创新的 TFP 比 2005 年上升了 10%。从技术进步变化指数看，2005～2013 年，G20 技术进步变化指数都大于1，表明 G20 都保持了较稳定的技术进步。从技术效率变化指数看，技术效率变化指数大于1 的国家有巴西、日本、南非，其中巴西和南非的效率提升主要得益于规模效率的增加，而日本的纯技术效率变化指数和规模效率变化指数都大于1，也就是说，日本无论是纯技术效率还是规模效率都呈现增长态势。

从国别结构来看，发展中国家中，阿根廷和土耳其的全要素生产效率出现了恶化，巴西、中国、墨西哥、南非的全要素生产效率得到了改善，巴西和南非得益于技术进步和规模效率的综合作用，中国和墨西哥得益于技术进步的效应。发达国家中，加拿大、日本、韩国、美国的全要素生产效率指数大于 1，即生产率得到改善，其他发达国家的全要素生产效率指数都小于 1，即生产率出现了恶化。加拿大主要受技术进步和纯技术效率的影响，日本是技术进步、纯技术效率、规模效率三者都得到了改善，韩国、美国得益于技术进步的作用。

5.2　二十国集团创新效率时间跨度分析

在分析技术跨度进步情况时，大多数研究都是通过计算相邻年份的效率变化情况，然后求其均值，这样处理虽有一定的价值，但会导致方差太大，即某年的变动幅度较大，将导致均值可能变小。因此，接下来我们将采用时间跨度分析方法，以 2009 年作为分界点，间隔 5 年，分析 2005～2009 年和 2009～

2013 年的效率变化。表 1－9 归纳了 2005～2009 年和 2009～2013 年间隔 5 年的效率变化情况。表 1－9 的结果显示，2005～2009 年，除了阿根廷、法国、德国、韩国、土耳其、英国外，G20 大多数国家的全要素生产效率指数大于1，其中中国的全要素生产效率指数最大，为 1.147，提高了 14.7 个百分点。从技术进步变化指数看，本文所考察的 G20 技术进步变动指数都大于 1，技术进步呈现稳定增长态势。从技术效率变化指数看，只有日本该指数大于 1，日本的技术效率变化主要是由纯技术效率变化引起的。综合来看，2005～2009 年，G20 全要素生产效率的提高主要是由技术进步引起的。

表 1－9　2005～2009 年和 2009～2013 年 G20 创新效率变化指数

时间	2005～2009 年					2009～2013 年				
国　家	Effch	Tech	Pech	Sech	TFP	Effch	Tech	Pech	Sech	TFP
阿根廷	0.875	1.138	0.955	0.916	0.995	0.970	0.988	0.996	0.974	0.958
巴　西	0.973	1.123	0.959	1.015	1.093	1.051	0.987	0.995	1.057	1.037
加拿大	0.993	1.072	1.016	0.977	1.064	1.008	1.077	1.065	0.947	1.086
中　国	1	1.147	1	1	1.147	1	1.025	1	1	1.025
法　国	0.866	1.106	0.973	0.890	0.958	0.943	1.069	1.033	0.913	1.009
德　国	0.843	1.100	0.943	0.895	0.928	0.910	1.034	1.014	0.898	0.942
意大利	0.964	1.063	0.986	0.978	1.025	0.924	1.012	0.973	0.950	0.935
日　本	1.038	1.074	1.110	0.936	1.116	1.007	1.077	0.940	1.071	1.085
韩　国	0.821	1.074	0.850	0.966	0.882	1.072	1.077	1.046	1.025	1.155
墨西哥	0.941	1.119	1	0.941	1.053	1.052	0.988	1	1.052	1.038
俄罗斯	0.988	1.074	0.981	1.007	1.062	0.929	1.077	1.013	0.917	1.001
南　非	0.911	1.151	0.987	0.923	1.048	1.118	0.975	0.978	1.143	1.090
土耳其	0.844	1.085	0.902	0.935	0.915	0.946	0.988	1.007	0.939	0.934
英　国	0.847	1.110	0.981	0.863	0.940	1.035	0.988	1.050	0.986	1.022
美　国	0.939	1.075	0.988	0.950	1.009	1.062	1.077	1.012	1.050	1.145
均　值	0.920	1.100	0.974	0.945	1.013	1	1.029	1.008	0.992	1.029

根据 DEAP 软件计算得到。

2009～2013 年，除了阿根廷、德国、意大利、土耳其外，G20 其他国家的全要素生产效率指数都大于 1，其中韩国的全要素生产效率指数最大，为 1.155，提高了 15.5 个百分点，美国的全要素生产效率指数位居第二，为 1.145。从技术进步变化指数看，除了阿根廷、巴西、墨西哥、南非、土耳其、英国外，其他国家该指数都大于 1。从效率变化指数看，指数大于 1 的国家有巴西、加拿大、日本、韩国、墨西哥、南非、英国、美国。其中，巴西、日本、墨西哥、南非的效率变化主要是由规模效率变化引起的，纯技术效率变化不大，甚至有所下降。与此相反，加拿大和英国的规模效率都出现了下降态势，但纯技术效率是增长的，最终带动总效率变化指数大于 1，实现了更高的效率。韩国和美国的纯技术效率变化指数和规模效率变化指数都出现了增长，也就是说，这两个国家无论是纯技术效率还是规模效率都呈现增长态势。

与 2005 ~ 2009 年相比，2009 ~ 2013 年，G20 大多数国家的效率变化指数都有了很大幅度的提高，但技术进步变化指数 Tech 却有所下降。意大利、日本、俄罗斯三个国家的效率变化指数出现了一定程度的下降，其中意大利的纯技术效率变化指数和规模效率变化指数都出现了下降，日本的纯技术效率变化指数出现了下降，而俄罗斯是规模效率变化指数出现了下降。从技术进步变化指数看，只有加拿大、日本、韩国、俄罗斯、美国的技术进步变化指数出现了小幅提高，其他国家该指数均是下降的。

2009 ~ 2013 年，中国的全要素生产效率指数为 1.025，位居第七，与前一阶段相比，全要素生产效率有所下降。这主要是因为中国的效率变化指数为 1，较前一个时期没有变化，但技术进步指数却下降了很多，从前一个时期的 1.147 降到 1.025。从这个角度看，中国的技术进步增长幅度出现了下降趋势，未来需要加强技术领域的研发，不断提升创新能力。

结合两个时期的分析结果可知，阿根廷、德国、土耳其等国家在 2005 ~ 2009 年、2009 ~ 2013 年都出现了效率下降，而法国和韩国的效率在 2009 ~ 2013 年出现逆转，相比前一个时期，全要素生产效率指数由小于 1 变成大于 1。其中尤其引人注目的是韩国，2005 ~ 2009 年，韩国的全要素生产效率指数为 0.882，尽管指数小于 1，但韩国技术进步较为稳定，该阶段的技术进步变化指数为 1.074；2009 ~ 2013 年，韩国的全要素生产效率指数达到 1.155，位居第一，这主要是因为韩国在保持技术进步稳定增长的同时，技术效率有了很大的提升，其中纯技术效率指数为 1.046，远远超过 2005 ~ 2009 年的 0.85。

综合来看，2005 ~ 2013 年，大多数 G20 国家全要素生产效率指数呈现增长趋势。全要素生产效率的提高主要取决于两方面因素：技术进步和效率提高。也就是说，G20 全要素生产效率的提高可能是技术进步的结果，也可能是效率提高带来的。从全要素生产效率指数的构成来看，2005～2013 年，全要素生产效率的提高主要得益于技术效率的提升，包括纯技术效率和规模效率两个方面，其中韩国全要素生产效率的提升主要就是技术效率指数变化引起的。相反，技术进步在提高 G20 创新效率中发挥的作用并不大，技术进步的难度系数也在增加，这主要体现在技术进步变动指数的增长幅度上，从均值上看，2009～2013 年比 2005～2009 年技术进步变化指数有所下降。因此，对 G20 未来的创新活动，提高技术进步水平成为提升 G20 国家创新竞争力的主要路径。

6　加快提升中国创新绩效的政策建议

创新绩效是一国开展创新活动所产生的成果和影响的集中表现。由前面的实证分析可知，中国的技术进步增长幅度出现了下降趋势，全要素生产效率有所下降，依靠技术进步促进研发产出增加和创新绩效提升的潜力较大。当前，加快实施创新驱动发展战略，进一步提升中国创新绩效，可以从以下几个方面着手。

6.1　持续加大创新资源投入力度

创新资源投入是一国开展创新活动的基本保障。提升国家创新绩效，提高创新产出水平，必须形成强有力的研发创新投入保障机制。首先，要加大研发创新的资金投入。加大政府对研发创新的财政投入力度，建立健全财政科技投入稳定增长机制，强化政府对关键技术的支持力度。加大金融机构对创新活动的融资支持，建立健全新型科技创新投融资平台。同时要注重发挥财政资金“四两拨千斤”的杠杆作用，积极引导企业、科研院所、高校等创新主体加大研发投入力度，引导更多社会资本进入创新领域，提高资金使用效率。其次，要大力培养和引进研发创新人才。人才是第一资源，研发创新人才是决定国家创新竞争力、提升国家创新绩效的关键因素。要加大研发创新人才投入力度，在教育经费、研发经费支出等方面为人才的培养和成长提供有力的保障，切实加强研发创新人才在创新型国家建设中的重要战略地位。加快推进教育体制改革，提升创新型人才培养质量，提升创新型人才的创新能力和科研水平，推动国家创新效率提高。同时，加大研发创新人才引进力度，主动融入全球性人才流动和资源整合，建立集聚人才体制机制，柔性汇聚全球人才资源，择天下英才而用之，为创新型国家建设提供人才支撑。

6.2 着力强化企业创新主体地位

强化创新主体地位是提升国家创新绩效的关键环节。加快实施国家创新驱动战略，提升自主创新能力，必须着力构建以企业为主体、市场为导向、产学研相结合的国家创新体系。应强化企业创新主体地位，加大企业研发经费投入，切实增强企业创新能力，为经济结构调整和产业优化升级提供有力支撑。长期以来，我国企业对研发创新的经费投入相对不足，没有充分发挥创新的主体作用。根据欧盟委员会发布的 2016 年全球企业研发投入排行榜，2015 ~ 2016 年度只有 1 家中国企业的研发投入排在前 50 名，远远落后于美国、日本、德国等发达国家。因此，要不断增强企业自主创新意愿，创造有利于企业开展创新活动的良好政策环境，降低企业创新风险，保障企业创新收益，充分激发企业开展研发创新的动力。推动创新型企业集群化发展，促进创新技术和知识的传播、扩展和应用，提高创新溢出效应和创新系统整体绩效。加快培育壮大一批有国际竞争力的创新型领军企业，打造创新中坚力量，使其成为创新的风向标和主引擎。同时还要认识到，提升国家创新能力既要依托“顶天立地”的创新型大企业，也要依靠“铺天盖地”的中小微企业。因此，要支持科技型中小微企业的快速成长，发挥其生力军作用，提升企业总体创新效率。

6.3 完善“产学研”协同创新制度

“产学研”协同创新要求各创新主体突破壁垒，加强协作交流，有效汇聚创新资源和要素，形成创新共享机制，充分释放人才、资金、技术等创新要素活力，实现深度合作。当前，我国高校及科研院所的科研创新成果比较丰富，大部分专利掌握在高校、科研院所手上，但是由于科技成果转化机制不健全、企业创新主体地位不突出，很多创新成果难以转化为现实生产力。因此，要深化科技体制改革，推动建立产学研合作机制。完善产学研合作政策引导，推进产学研合作平台建设。加快围绕产业链部署创新链，围绕创新链完善资金链，引导成立技术创新战略联盟，营造开放、协同、高效的创新生态，推动大众创业、万众创新。同时，利用“一带一路”战略契机，加快推进产学研国际合作，支持研发创新主体“走出去”，在国外设立研发中心、技术转移中心、成果转化中心等机构，加强与国外科研机构、高等院校和高新技术企业的合作。构建科学合理的科技成果绩效评价制度，将科技成果转化率和产业化效果作为科技成果绩效评价的重要内容，提高科技成果应用水平。通过产学研合作，推动研发创新与生产活动紧密连接，促进科技成果产业化，实现创新要素资源配置的效率最大化，提升创新绩效，增强国家创新竞争力。

6.4　切实加强创新制度环境建设

创新环境建设是提升国家创新能力、增强国家创新绩效的重要基础和保障，应把创新环境建设摆在更加突出的位置，努力营造创新发展的良好制度环境。发挥政府在国家创新体系建设中的重要职责，着力推进科技体制改革，完善与科技创新有关的法律制度，尤其要建立健全产学研一体化制度、专利和知识产权保护制度、创新绩效评估制度等一系列制度，优化创新资源配置，推动创新成果产业化运作。加强创新协同机制、投融资机制、成果转化机制等创新机制建设，推动形成良好的创新环境。加强科技创新服务体系建设，为科技成果转化提供技术信息咨询和技术支援等中介服务，促进创新产出效率提升。

参考文献

罗亚非、王海峰、范小阳：《研发创新绩效评价的国际比较研究》，《数量经济　技术经济研究》2010 年第 3 期。

王海峰、罗亚非、范小阳：《基于超效率 DEA 和 Malmquist 指数的研发创新评价国际比较》，《科学学与科学技术管理》2010 年第 4 期。

欧阳峣、陈琦：《“金砖国家”创新体系的技术效率与单因素效率评价》，《数量经济技术经济研究》2014 年第 5 期。

陈钰、宋卫国：《中国创新绩效评价及启示——基于国际比较视角》，《科技进步与对策》2015 年第 2 期。

梁洪力、郝君超、李研：《国家创新体系绩效评价的基本框架》，《中国科技论坛》2014 年第 1 期。

钟祖昌：《研发创新 SBM 效率的国际比较研究——基于 OECD 国家和中国的实证分析》，《财经研究》2011 年第 9 期。

殷阿娜、王厚双：《我国技术创新绩效评价与国际比较》，《工业技术经济》2011 年第 9 期。

张玉臣、罗芬芬：《国家创新活动绩效评价的比较研究》，《科研管理》2015 年第 S1 期。

中国科学技术发展战略研究院：《国家创新指数报告 2015》，科学技术文献出版社，2016。

Y.22

专题二　G20科技创新开放合作的机制化建设

随着经济全球化的不断发展，许多领域的前沿科技创新成果都是通过科技创新合作完成的，全球范围的科技创新合作已成为推动世界科技发展的重要途径。自2008年二十国集团开启以领导人峰会为标志的定期合作机制以来，近十年风雨兼程，携手合作，G20国家经济合作机制在不断完善的同时，科技创新合作机制也在稳步前进，有效地拓展了G20国家科技创新合作的深度和广度，同时也为全球经济社会可持续发展提供了强大的助推力。纵观G20历届峰会成果可以发现，G20科技创新合作领域不断拓展和深化，科技创新合作机制也在持续加强和完善，但也应该承认，G20科技创新合作的质量和成效仍然存在很多不尽如人意之处，还需要进一步建立健全G20科技创新的开放合作机制。

1　G20科技创新合作的必要性和可能性

随着全球经济一体化的深入发展，各经济体紧密相连，竞争与合作并存，同质化竞争不断加剧，而合作也必不可少。同时，随着知识经济的不断发展，科学技术的发展已经超越了国家的界限，国际科技合作现象越来越普遍，科技创新与技术管理也日益呈全球合作趋势，科技创新合作成为各国增强创新能力的一种重要方式，对提升各国自主创新能力至关重要。通过国际科技创新合作，可以促进国际科技创新资源互补和共享，更好地整合优化全球科技资源和要素，形成强大的创新源。同时，可以充分利用各国的比较优势，降低科技创新过程中的成本和风险，提高创新的整体效率和水平，不断提升各国的创新能力和核心竞争力。尤其像中国这样的发展中国家，科技创新基础相对比较薄弱，创新生态系统不够完善，自主创新能力较低，加快国际科技创新合作是提升自主创新能力的一条重要途径，具有极为重要的意义。

1.1 G20科技创新合作的必要性

1.1.1 适应国际形势新发展的需要

创新发展的实践证明创新能够改变高投入、高消耗、高排放、高污染的传统经济发展模式，能够克服资源环境的瓶颈约束，是推动经济持续健康发展、挖掘经济内在潜力的重要驱动因素。在第三次科技革命效应逐渐弱化以及全球金融危机的冲击下，创新被提升到前所未有的高度，各国纷纷把创新作为摆脱危机、减少失业、提升竞争优势和国际地位的重要手段，将低碳、信息、生物、能源、环境、绿色制造等作为发展的重点领域，出台了许多国家创新战略，如“欧洲 2020 战略”“美国创新战略：确保我们的经济增长与繁荣”等，力图通过创新培育经济增长的新引擎。创新成为世界发展的潮流和趋势，也是推动世界经济发展方式转变、实现新一轮经济增长的重要突破口。

同时，当今世界正处于大变动、大调整时期，国际形势继续发生深刻复杂的变化，世界各国特别是大国之间的相互依存不断加深，不仅共同利益增多，面临的共同挑战也在增多，需要不断加强沟通和磋商，寻求利益的交汇点，扩大合作的领域和空间。自 20 世纪 80 年代以来，科技全球化的趋势越来越明显，科技全球化以极其迅猛的速度冲击着世界的每一个角落，几乎每个国家都不同程度地参与了超越国界的科技合作过程，各国的科技发展进入国际性战略调整的新阶段①。当前，全球新一轮科技革命和产业变革方兴未艾，科技创新正加速推进，并深度融合、广泛渗透到人类社会的各个方面，成为重塑世界格局、创造人类未来的主导力量②。以科技创新为核心的创新

① 贾海龙、吕星：《论江泽民的国际科技交流与合作思想》，《内蒙古农业大学学报》（社会科学版）2007 年第 2 期，第 4 ~6 页。

② 白春礼：《创造未来的科技发展新趋势》，《人民日报》2015 年 7 月 5 日，http：//scitech. people. com. cn/n/2015/0705/c1007 –27254719. html。

领域合作已经成为国际合作的一个重要内容，具有良好的合作基础和广阔的合作前景。在这种背景下，为顺应国际形势发展，世界各国高度重视本国的科技创新，也非常愿意开展科技创新的国际合作，充分借助外部创新资源和联结机制，整合优化创新资源，实现国际合作创新能力和创新生态系统的完善和发展。同时，科技创新合作也有利于各国掌握世界科学技术发展的新趋势，及时分享研究成果和管理经验，不断增强自身的科技创新能力和国际竞争力。

1.1.2　现代科技创新发展的需要

20 世纪以来，现代科技的发展呈现许多新的特点，一方面是科技分支越来越多、越来越细，呈明显分化的趋势；另一方面，各学科（包括基础学科和技术学科）交叉融合日益增强，出现了大量的边缘学科和高度综合性的新学科，呈明显综合的趋势，科学技术化、技术科学化成为现代科技发展的根本性特点。正是在这种既分化又综合的趋势下，科学技术已经发展成为一个分支众多、综合性又很强的庞大体系，积累的知识越来越多，发展的速度越来越快。进入 21 世纪，现代科学的重大课题越来越呈现出广博性、多学科性和综合性的特点，科技创新的设备要求日趋大型化和复杂化，科技创新的规模、科研经费和人力投入也越来越大，创新的难度和复杂性也成倍增加，单个国家或者组织承担大规模现代科学研究的困难不断增加，科技创新活动的国际性、全球性特点越发明显。在这种情况下，任何一个国家要赶上飞速发展的科技潮流，就必须与世界保持紧密联系，就必须站在全球视野考虑科技创新问题，加强科技创新合作。G20 中，除了少数几个发达国家外，其他国家尤其是新兴市场国家在某些大型化和复杂化的尖端科技领域均难以具备齐全的科技能力，必须谋求国际合作。合作创新不仅有助于缩短时间，更好地分摊创新成本和分散创新风险，而且有利于整合创新资源和要素，实现优势互补，提高创新的成功率和效率，对重大科技问题的联合攻关也有重要推动作用。因此，要更好地适应现代科技创新发展的需要，加强科技创新合作是一条必由之路。

1.1.3　各国优势互补的需要

当今世界，每个国家在面对日益复杂的现代科技创新过程时，都会发现自己的一些不足和劣势，需要寻求其他国家的帮助，这使得国与国之间的创新合作更显重要。对 G20 中的发达国家而言，它们整体的科学技术水平比发展中国家更高，在很多领域处于世界领先水平，如欧盟在能源、环境科学等领域，美国在健康、环境、社会经济科学、人文科学、信息通信技术、生物技术、食品、农业和渔业等领域，都处于世界领先水平，具有很大的影响力。但由于国际分工的发展以及新兴市场国家的实力逐渐增强，发达国家的技术优势在慢慢变弱，新兴市场国家正在迎头赶上，如中国在航天技术、激光技术、农作物杂交技术、反卫星武器技术、智能机器人技术等方面处于世界领先地位，俄罗斯在航空航天、生物、新能源与新材料等领域拥有世界领先技术，印度在信息技术、生物医药技术、精密制造、核能应用、航天、信息通信等方面具有较强的技术实力，巴西在生物医药、传染病研究方面处于世界靠前位置，南非在矿石开采与冶炼、核能和煤转换油、农业和生物技术、医学等方面具有一定的国际竞争力①。在这些领域，发达国家有与新兴市场国家合作的强烈愿望，形成互补之势。对 G20 中的新兴市场国家而言，它们的科学技术水平相对较低，与发达国家合作的需求更为强烈。通过与发达国家的合作，新兴市场国家可以从外部获得所需的短缺技术要素，并与本国的后发优势相结合，提高技术能力和研发水平。与发达国家的科技创新合作，可以更好地指引新兴市场国家与世界先进水平接轨，摒弃技术的简单模仿，研发并生产高科技产品，引领全球创新产品的潮流，最终实现创新的自增强模式，不断缩小与发达国家的技术级差。

1.2　G20科技创新合作的可能性

1.2.1　各国具有合作的强烈意愿

面对国际形势的新变化与新发展，G20 各国都表现出了加快科技创新发展、加强科技创新合作的强烈愿望，二十国集团领导人在 2016 年 G20 峰会上就创新议题开展了对话和合作。《二十国集团领导人杭州峰会公报》强调，要“构建活力、合作和包容的创新生态系统”，“承诺采取跨领域行动，加强多层

① 欧阳峣、罗会华：《金砖国家科技合作模式及平台构建研究》，《中国软科学》2011 年第 8 期，第 103～110 页。

面伙伴关系，支持发展中国家能力建设，改进技能和人力资本”，“支持就以科技创新为核心、涵盖广泛领域的创新议题开展对话和合作”，核准了《二十国集团创新增长蓝图》，制订了《2016年二十国集团创新行动计划》，并发布了《二十国集团科技创新部长会议声明》。在《2016年二十国集团创新行动计划》指引下，各国遵循协同、合作、开放、包容、创新意的原则，积极推动政府、企业以及包括T20、大学、研究机构和非政府组织在内的其他利益攸关方围绕创新议题、促进公私伙伴关系等开展对话；加强科学和研究活动的合作，鼓励在公平原则下就开放科学和开放获取公共财政资助的研究成果和数据开展讨论；基于现有机制和联合计划，加强包括公私伙伴关系在内的创新合作，共同应对全球挑战，如气候变化、资源紧缺、食品—能源—水、可持续城市、公共卫生和人道主义挑战等。《二十国集团科技创新部长会议声明》则进一步明确了科技创新合作的优先领域及模式，鼓励探讨开放科学，本着“可找寻、可获取、可互用、可再用”的原则获取公共研究成果，加强科研合作。G20在创新议题上达成的这些成果文件和具体行动指引都表明了各国加强科技创新合作的强烈意愿，也为深化G20科技创新合作指明了方向。

1.2.2 各国具有一定的合作基础与经验

G20是一个国际经济合作论坛，属于一种非正式对话机制，它的宗旨就是推动发达国家和新兴市场国家就实质性问题进行建设性的讨论和研究，以寻求合作并促进国际金融稳定和经济持续增长。尤其是2008年国际金融危机后，G20由最初的财长和央行行长会议机制升格为领导人峰会，2009年9月举行的匹兹堡峰会将G20确定为国际经济合作主要论坛。G20为国际社会齐心协力应对经济危机、推动全球治理机制改革带来了新动力和新契机，全球治理开始从“西方治理”向“西方和非西方共同治理”转变。因此，G20从成立之初就流淌着“合作”的血液，它的一个重要目标就是加强各国的合作，而且也一直在朝着这个目标努力。

科技创新作为各国发展的重要引擎和动力，历来受到各国的重视，也是G20合作中的一个重要内容。自2008年11月美国华盛顿首次峰会以来，历届G20国家领导人峰会和财长及央行行长会等部长级会议均在其行动计划及合作建议中强调了加强成员国间科技创新合作的重要性。2016年，作为G20

峰会主办方的中国政府将峰会主题确定为构建创新、活力、联动、包容的世界经济，创新单独作为峰会的一大主题，其地位不言而喻。峰会倡导“创新驱动型增长”，提出构建“协同、包容、充满活力的全球创新环境”，为世界经济注入新的动力。为进一步推动创新，帮助成员国打造创新生态系统，G20 首次围绕创新采取行动，通过了《2016 年二十国集团创新行动计划》，提出鼓励创新合作的五大指导原则，即协同、合作、开放、包容、创意，并且制订了八条具体行动计划，明确提出要推动科技创新问题的协调、连贯与合作，加强科学和研究活动的合作。此外，《二十国集团创新增长蓝图》提出，要就促进创新增长的国别战略开展沟通和信息分享，通过对话适时加强合作研究，应对共同挑战。

G20 的创新合作也不仅停留在声明和文件中，政府和社会各界早就开展了许多科技创新合作，积累了丰富的经验，如科技创新人才的流动、各种科研项目的合作等。这些都为进一步深化 G20 科技创新合作打下了坚实的基础，也提供了宝贵的经验。

1.2.3 现代技术的发展为国际科技合作提供了支持

除了 G20 各国良好的合作基础、科学技术本身的国际性和共享性特点外，现代技术的快速发展为 G20 各国大力开展国际科技创新合作提供了技术支持。近年来，现代信息技术和网络技术的迅猛发展，有效地促进了全球科技资源的快速流动和科技信息的共用共享。现代信息技术和网络技术，极大地丰富了创新资源，同时更有利于资源的优化配置，提高资源利用效率。在网络平台上，可以快速收集、处理和运用各类信息，实现更有效的互动交流，开拓思维、扩大视野，使不同思想和理念激烈碰撞，激发创造性，也使各国的联系更加紧密。一直以来，各国大力发展科技信息网络，目前已经形成了一定规模，基本建立了具有本国特色的科技信息网和国际合作平台，在沟通合作方面也取得了一定的经验，为在国际层面建立更广范围的科技合作与交流平台打下了良好基础，有效地缩短了各国地理空间上的距离感，也为更有效地整合资源、深入开展跨国科技创新合作提供了良好的软硬件保障。今后，G20 各国可以在原有合作基础上构建一个更高等级的国际科技合作平台，建立一套合理的沟通合作机制，保障平台和制度的科学合理运行，促进国家间的科技创新合作。

2　G20国家科技创新合作基础与现状

在后金融危机时代，国际政治经济秩序面临前所未有的挑战，全球经济复苏乏力、贸易保护主义抬头、经济结构失衡等风险因素带来的一系列经济和社会问题推动世界各国变革经济增长方式。科技创新是加快经济转型、促进经济社会可持续发展的重要手段，也是增强国家综合实力、提高人民生活水平的关键途径。G20 涵盖了全球最主要的经济体，是世界经济的重要组成部分，在推动和引领全球科技创新合作方面具有举足轻重的作用。G20 科技创新合作的不断拓展与发展，可以有效形成并放大 G20 科技创新合力，推动各国充分把握科技进步和新工业革命的历史机遇，促进全球经济可持续、包容性平衡增长。目前，G20 科技创新合作具有如下特点。

2.1　科技投入不断增长，创新能力持续提高

历次产业革命实践证明，科技创新是国家富强昌盛的基础和动力之源。进入 21 世纪以来，尤其是全球金融危机爆发后，发达经济体和新兴经济体均持续增加科技投入比重，将科技创新作为助推经济复苏、改进居民福祉、提高国家可持续发展能力的重要途径。起源于七国集团（G7）的二十国集团（G20）成员既包括美国、日本、德国等发达国家，也包括中国、印度等发展中国家及新兴市场国家，集中了全球最具科技创新能力及潜力的经济体。当前，G20 成员国均已充分意识到科技创新之于国家竞争力的关键作用，不断加大科研投入并纷纷制定了适应本国特点的创新发展战略。根据联合国教科文组织的最新统计数据，G20 成员国的国内研发支出总量占世界总量的比重近 92%，每百万人研发人员的平均值超过世界平均水平两倍多。

从表 2 - 1 可以看出，尽管世界经济普遍性地受到金融危机的影响，但是全球范围内研发支出总额占 GDP 比重仍然在大幅增加，2007 ~ 2013 年，G20 成员国这一指标从 1.80% 增加至 1.97%，增长 0.17 个百分点，高于这一指标的同期全球增速。当前，美国用于 R&D 的支出占世界总量的 28%，仍然处于全球领先位置，中国（20%）逐步超越了日本（10%）和欧盟（19%）。

表 2－1　世界及 G20 研发支出情况

项目 / 年份	研发支出总额(购买力平价,十亿美元)		研发支出总额占 GDP 比重(%)		人均研发支出额(购买力平价,美元)		研发人员的人均研发支出(购买力平价,万美元)	
	世界	G20	世界	G20	世界	G20	世界	G20
2007	1132. 3	1042. 6	1. 57	1. 80	169. 7	237. 5	176. 9	186. 0
2009	1225. 5	1127. 0	1. 65	1. 91	179. 3	252. 3	177. 6	186. 5
2011	1340. 2	1231. 1	1. 65	1. 90	191. 5	271. 1	182. 3	192. 5
2013	1477. 7	1358. 5	1. 70	1. 97	206. 3	294. 3	190. 4	201. 5

数据来源：联合国教科文组织官方网站。

不断增加的科研投入为科技创新提供了充分的资金保障，显著提高了 G20 成员国的科技创新实力。目前，来自 G20 成员国的专利申请占世界专利申请总量的 70% 以上，科技论文量超过世界科技论文总量的 3/4，美国的科技论文量一直处于全球领先地位，年均发表量均超过 40 万篇，中国紧随其后，远高于其他国家，尤其是非 G20 成员国家。为更加有效地刺激经济增长，G20 各成员国均持续增加对高新技术产业（如新能源、生命科学、航天科技等产业）的扶持力度，相应地，自 2003 年至 2012 年的十年间，各国高新技术产业研究成果不断涌现，产品出口额及其所占比重均持续增加（见表 2－2，包括除欧盟外 19 个国家的数据）。

总体而言，面对新一轮科技革命带来的机遇和挑战，G20 已经成为全球科技创新的核心力量。

表 2－2　G20 科技创新情况

年份	高技术产品出口额(百万美元)	专利和许可收入(百万美元)	科技论文数(篇)
2003	745560. 3387	83884. 58551	527336. 7
2004	903502. 2496	102199. 2309	546920. 0
2005	1017133. 746	116325. 63	562722. 8
2006	1182602. 756	126613. 8553	583938. 7
2007	1219950. 857	149480. 7287	596510. 6
2008	1304517. 341	165390. 3523	614603. 5
2009	1101291. 916	158479. 0657	617944. 9
2010	1075143. 356	184822. 6093	634859. 5
2011	1048994. 796	211166. 153	656849. 6
2012	1098382. 81	211115. 2768	670215. 698

注：以上数据不包含欧盟数据。

2.2　新兴力量改变 G20科技创新版图

伴随着经济全球化进程的不断加快和新兴市场国家的日益崛起，尤其是2008 年金融危机发生后，科技创新面临的国际政治经济环境发生了很大的变化，全球科技创新资源呈现由西向东转移的趋势。G20 成员国内部科技创新力量对比也在悄然发生变化，正在由发达国家向新兴经济体国家及发展中国家、由欧美向亚太扩散。目前，虽然以美国、日本等为代表的老牌发达国家仍然集聚了大部分科技创新资源，在科技创新领域占据绝对领先地位，但其资源优势正在逐步缩小，以中国、印度、巴西等国为代表的新兴经济体国家正在日益加快追赶的步伐，其科技投入及贡献持续显著上升，已经成为推动全球科技发展的一支重要力量。

在科技创新资金投入方面，据统计，2014 年，全球 R&D 投入超过 1000 亿美元的经济体只有三个，分别是美国（4326 亿美元，占 GDP 的 2.7%）、中国（3446 亿美元，占 GDP 的 2%）和日本（1592 亿美元，占 3.6%）。根据联合国教科文组织的最新数据（见表 2 –3），从 2007 年至 2013 年，高收入国家研发投入占全球比重呈逐年下降趋势，由 79.7% 下降至 69.3%，中高收入国家这一比重则持续上升，由 16.1% 升至 25.8%，这一增幅主要由以中国为代表的新兴经济体国家带动。从表中数据可以看出，美国、日本、欧盟研发投入占全球比重均出现不同程度的下降，与此相对应的是，中国研发投入占全球比重上升明显，印度也出现了小幅上升。

表 2 –3　各类型国家研发投入占全球比重

单位：%

年份	高收入国家	中高收入国家	美国	中国	日本	欧盟	印度
2007	79.7	16.1	31.7	10.2	12.4	22.2	2.7
2009	75.6	19.9	30.5	13.8	10.4	21.4	3.0
2011	72.6	22.7	28.5	16.5	9.9	20.7	3.2
2013	69.3	25.8	28.1	19.6	9.6	19.1	—

科技创新资源的两个重要基本要素是研发投入和研发人员。在人才方面，英国《经济学人》杂志辖下经济学人智库（Economist Intelligence Unit）发布

的《全球人才指数报告：展望2015年》指出，美国在2011年和2015年的全球人才指数排名中均位居首位，且领先第二位10分有余，全球顶尖人才不断向美国集中。在大规模研发投入的刺激下，新兴经济体国家正在不断扭转其研发人才领域的劣势地位。目前，中国科研人员数量已经居全球首位，科研论文的发表数量也处于领先地位，相应地，中国、巴西等新兴经济体国家的全球人才指数排名虽然与发达国家仍有较大差距，但也纷纷呈现上升趋势。在2016年8月世界知识产权组织发布的全球创新指数报告中，中国在最具创新力经济体中排名第25位，成为第一个跻身该经济体的中等收入国家，中国的高科技出口比例、知识性员工等十项指标居全球首位，在多项指标上优势显著，印度和巴西等发展中国家及新兴经济体国家在创新质量指标上也表现不俗，标志着中等收入国家正在加入全球科技创新领先阵营，发达国家和发展中国家的科技创新差距正在不断缩小。随着互联网的发展，开放式创新和全球范围的创新合作加速发展，也促进了全球创新活动更趋均衡，以中国为代表的新兴市场国家将逐步改变G20乃至全球科技创新格局。

2.3 完善科技创新政策，优化科技创新环境

金融危机爆发后，G20主要国家为进一步促进本国经济增长，增强国家竞争力，纷纷出台了一系列科技创新举措，制定了面向2020年和2030年的5年和15年科技创新战略、路线图或规划。2014年12月，加拿大政府出台创新发展战略《抓住契机：向科学技术和创新迈进》，旨在通过高校、科研机构的科技创新活动增加就业机会，进一步促进经济增长。2013年法国承诺《法国—欧洲2020》议程，将法国的首要任务确定为科研创新。德国提出《德国工业4.0战略计划实施建议》，将科技创新作为推进工业4.0战略的核心要素。英国发布《我们的增长计划：科学和创新》战略文件，重点强调科学研究和科技创新对经济增长的重要推动作用，提出要集中政府和社会各界的力量，加快发展先进科学技术。2015年12月，美国国家经济委员会与美国科学与技术政策办公室联合发布了新一版的《美国国家创新战略》，详细论述了美国的科技创新未来规划。2016年，欧盟委员会更新了“地平线2020”科研创新资助计划工作方案，其2017年科研创新投入达到85亿欧元。除发达经济体外，以

金砖国家为代表的新兴市场国家也相继出台各种政策助力科技创新发展，中国在“十三五”规划中明确强调，科技创新是中国经济社会的发展基点和核心。南非政府拟于 2019 年将科技创新投入增长至本国 GNP 的 1.5%。

近两年，G20 各成员国既定战略不断推进，新的战略陆续出台，新兴技术领域政策走向引人瞩目。日本内阁会议在 2016 年 5 月颁布《科学技术创新综合战略 2016》，提出建设超智能社会、加强创新的推动力量等五项重要内容，确定了科技创新全面发展战略。美国在继续推进脑计划、精准医疗、智慧城市和美国制造等重大科技战略计划的同时，奥巴马总统在任期最后一年又陆续推出几项重大科技战略，如寻找癌症治愈疗法的“登月计划”、“全民联网”的宽带网普及计划及“国家微生物组计划”等，以确保美国头号科技强国地位，表明了美国抢占科技产业制高点、推动经济发展的意愿。2016 年 6 月“脱欧”公投后，英国政府继续着力构建科技创新实力，将在未来 5 年设立总额达 230 亿英镑的“国家生产力投资基金”（NPIF），将科技创新和基础设施定为优先投资领域。NPIF 将在 2021 年前额外提供总计 47 亿英镑的研发经费，这笔资金将用于支持机器人、人工智能、生物科技、卫星、先进材料制造等英国擅长的新兴科技领域；政府还将成立“产业战略挑战基金”，加快科研成果转化，并对现行研发税收激励政策进行审查，通过税收优惠等手段鼓励企业创新，为英国创造竞争环境。2016 年，在启动“未来工业”计划后，法国“新工业法国”战略迅速转入第二阶段，调整后的法国“再工业化”总体布局为九大工业解决方案，包括数据经济、智慧物联网、数字安全、智慧饮食、新型能源、可持续发展城市、生态出行、未来交通、未来医药等 9 个领域。其中，特别强调将增材制造和物联网两项颠覆性技术作为推进数字技术新行动计划的重点。德国政府在 2016 年出台了《数字化战略 2025》。根据这一新战略，德国将投入 1000 亿欧元，在 2025 年前建成覆盖全国的千兆光纤网络。俄罗斯总统签署了第 642 号总统令，正式批准了俄科教部向政府提交的《俄罗斯联邦科学技术发展战略》，对本国科技发展重点方向进行了全面规划。

除政策支持外，科技创新还需要一系列有力的环境支撑，包括基础设施的投入及建设水平、政府工作效率等方面。创新成果的取得不能仅依靠科技人员的努力，还有赖于整体环境的改善，需要构建良好的创新生态系统，这一系统包括管理制度、教育系统、市场环境、研发投入等等。目前，无论是政府、企业还是普通民众，全球各国特别是 G20 成员对“依靠创新促进发展和引领未来”都不同程度地形成了共识。联合国也高度关注科技创新，2015 年通过的《2030 年可持续发展议程》中 17 个目标都涉及科技创新，进一步细化的 169 个靶点中涉及科技创新的有 99 个，占近 60%。一些科技创新成果，如信息和通信技术特别是互联网技术的普及，新能源、新材料、智能、生物等一系列泛在技术的应用，一批战略性新兴产业的兴起，引发了法律法规、政策措施、社会环境、生产生活方式等方面的巨大变化，产生了大量新的经济社会形态特别是新业态，促进了生产关系和上层建筑的发展。

2.4 两大阵营差距不断缩小，合作趋势日渐增强

20 世纪 90 年代以来，以互联网科技为主要标志的高新技术取得了快速发展，科学技术对经济发展的影响不断增强，与此同时，经济全球化进程不断加快，进一步促进了科技创新的全球化趋势。科技全球化可以有效地推动世界经济向全球化方向发展，是经济全球化的必然要求和核心任务。面对科技资源跨国流动、创新要素全球配置的大趋势，G20 成员跨国科技活动日益频繁，国际科技合作在科学研究中的地位逐步提高。

国家间进行科技创新合作的根本目的是提高本国的自主创新能力，进而提高国家竞争力。在科技全球化背景下，G20 国家科技创新合作研究成果占全球成果的份额逐步上升，大科学时代国际合作趋势日益加强。美国国家科学基金会的统计结果显示，自 2000 年至 2013 年，国际科技合作活动逐年增加，合著论文（作者来自不同国家）占全部论文的比重从 13.2%（2000 年）上升至 19.2%（2013 年）。综观 G20 国家间科技创新合作态势，总体来看，目前 G20 国家科技创新合作的中心仍然在发达经济体，法国、英国、德国、加拿大、澳大利亚、日本、美国、欧盟等发达国家和地区的国际论文合著率稳步攀升，而以金砖国家（中国、印度、俄罗斯、巴西、南非）为代表的新兴经济体国家及发展中国家的论文发表数量虽然较多，但是代表国际科技创新合作产出的论文合著率却偏低。2013 年，英国超过半数的科学与工程学领域文章会列出一位国际合作者；在美国，这一比例大约是 1/3，而在中国则是 15%。此外，发

达国家开展国际科技创新合作的对象选择较为宽泛，发展中国家开展科技创新合作的对象则较少。在新兴国家内部，印度、南非、中国的论文国际合作数量持续增长，俄罗斯则呈现先升后降趋势，巴西也呈现下降趋势。但是，新兴国家的国际创新合作意愿较强，中印等国的合作产出论文增长率一直在持续增加，与传统科技强国的差距不断缩小。

总体来看，G20 中新兴市场国家及发展中国家科技创新合作份额明显低于传统的发达国家科技强国，主要原因在于一国科技创新活动的国际合作在很大程度上受到国家科技发展水平及经济实力的影响。因此，发展中国家要想实现经济和科技的跨越式发展，就要更加广泛、更加深入地参与国际科技创新合作。G20 也应为发达国家及发展中国家间的科技创新资源的合理流动与配置提供平台，并完善相关服务机制。

2.5　广泛拓展多边合作机制，不断探索协同模式

G20 是布雷顿森林体系框架内的一种非正式对话机制，是全球最重要的国际合作论坛，其成立初衷为促进全球范围内的经济可持续增长并推动发达经济体和新兴经济体间的实质性合作。基于科技创新对经济增长及环境可持续发展的重要作用，自 2008 年 11 月美国华盛顿首次峰会以来，历届 G20 国家领导人峰会和财长及央行行长会等部长级会议均在其行动计划及合作建议中强调加强成员国间的科技创新合作。以低碳技术、能源科技等为代表的应对气候变化相关科技创新领域最先获得 G20 峰会的关注。2009 年 9 月发布的《二十国集团匹兹堡峰会领导人声明》明确提出，要增加在能源科技创新（包括清洁能源、可再生能源等）领域的投入，通过开展科研合作、增强创新能力等举措促进能源相关高科技产品及技术的推广和转让，并扩大对发展中国家能源科技创新项目的资金和技术支持。2010 年，韩国首尔峰会宣言强调了绿色可持续增长的发展理念，并在行动计划中明确提出推动 G20 各成员国清洁能源科技创新领域的开发，鼓励各国在能源与效率、绿色运输、绿色城市等领域的科研投入。2012 年墨西哥峰会进一步将绿色增长作为重要议题，指出多边发展银行和绿色气候基金等重要基金投资应重点关注绿色增长领域，加大对研发尤其是最不发达国家的研发投资支持力度，并持续推动环境产品和服务贸易的自由

化，以加快新技术的传播。2016 年，作为 G20 峰会的主办方，中国政府倡导创新驱动发展，提出构建“协同、包容、充满活力的全球创新环境”。杭州峰会倡导“创新驱动型增长”，为世界经济注入新的动力。为进一步推动创新，帮助成员国打造创新生态系统，G20 首次围绕创新采取行动，通过了《2016 年二十国集团创新行动计划》，制定鼓励创新的指导原则和行动计划，鼓励采取支持创新的战略、政策和措施，将致力于支持科技创新投资，建立 G20 在线创新政策实践交流社区，发布由经济合作与发展组织起草的《2016 年二十国集团创新报告》，同创新伙伴和利益攸关方开展密切对话，同时鼓励讨论开放科学，寻找应对全球挑战的创新型解决方案。《二十国集团创新增长蓝图》以科技创新为核心，带动发展理念、体制机制、商业模式等全方位、多层次、宽领域的创新，推动创新成果交流共享。

当前，世界各国都在寻求经济增长的新动力，而创新是走出危机和培育经济增长新动力的核心来源。作为世界经济可持续发展的“良方”，成员国之间的协同创新尤为重要，但应当看到目前 G20 成员国间协同创新的壁垒较多。首先，G20 之间已有的协同机制大多为同水平合作，没有建立起两个梯队之间长期有效的协同机制。其次，各成员国间政治互信不足，跨国协同难度更大。此外，诸多科技创新资源中，分布最不均的是人才。在创新人才集中在美国等发达经济体的情况下，跨梯队协同越发重要。

因此，探索合理、高效的 G20 协同创新模式可以促进科技创新最大限度地应用于世界经济，形成“协同、合作、开放、包容”的长效创新机制，推动实现世界经济的强劲、可持续、平衡和包容增长。

3　G20科技创新开放合作机制的构建

站在新一轮工业革命的潮头，G20 作为全球最主要的经济合作体，开创新的科技创新合作局面，构建“协同、包容、充满活力的全球创新环境”，实现更高水平的科技创新合作对各成员国乃至全球经济稳定、可持续发展意义重大。因此，G20 成员要付出更大的努力，进一步加强创新合作机制建设，形成广泛的多层次的科技创新合作模式，完善科技创新资源配置，加强科研人员的培养及合理流动，有效提高G20研发投入及产出效率，实现科技创新功能互补型协同合作，增强各经济体科技创新竞争力。这项重要工作可从以下几个方面着手。

3.1 巩固高层互信合作机制

继续推进G20创新部长会机制，探讨扩大科技创新合作的有效途径，推动G20成员国在科技创新领域的高层次建设性互动。国与国之间的相互信任是国际合作组织的运行基础，高层互信是G20科技合作创新的基础。G20科技创新生态系统是一种开放式合作系统，建立相对稳定的高层互信机制是各国进行科技创新合作的首要任务。

国际科技创新合作参与者之间的互信机制建立在参与主体（可以是国家、企业、高校及科研院所等）之间友好、稳定的合作实践基础上，只有通过双方或多方合作者的不断交流，信任机制才能建立并深化。因此，互信机制发展过程中存在一个策略选择的问题。在国际科技创新合作过程中，发达经济体往往掌握先进的前沿核心技术，具有创新资源优势，发展中国家与发达国家在创新环境、资源等方面依然存在明显的差距，处于技术劣势。西方发达国家在科技创新合作过程中处于垄断地位，为保持其技术垄断优势不可避免地存在为技术成果流动设置壁垒的倾向。与此同时，发展中国家基于历史及政治等因素，其科技创新系统的开放性和创造性均存在不足。因此，为有效地协调不同国家及科技创新机构间的合作策略选择矛盾，在G20国家科技创新合作过程中，需要牢固建立政治互信基础，密切政府间高层往来，扩大政府部门、高校、科研创新机构等的各层次交流，将国与国之间的政治互信有效地转化为推进G20成员国科技创新合作的动力，从机制上防止G20成员间双边及多边科技创新合作的摩擦和冲突，在节能减排、应对气候变化等重大问题上加强高层的沟通和协调。

3.2 健全利益共享机制

G20为世界主要经济体提供了发表意见的对话平台，但各国基于各自的利益诉求，G20内部不同国家、不同地区对各自的利益有不同的认识与主张，进而作出相应决策。国际金融危机压力消退后，国家利益之争呈现复杂化趋势，随着科技创新领域合作的不断深入，由于科技创新合作的特殊性和复杂性，合作利益的公平分配问题成为合作各方之间引发冲突的实质性问题，也是影响科技创新合作成败的关键因素和核心问题，必须予以重视。因此，建立健全科学合理、行之有效的利益共享机制成为推进 G20 科技创新合作的重要内容。

各方应考虑到科技创新合作的特性，对利益分配进行协商达成一致意见，最大限度地避免利益分配方案的不对称性。在此基础上，利益共享机制建立的基本原则主要包括互惠互利原则、投入风险与收益对等原则、效率与公平并重原则、信息透明原则。同时，还要注意以下问题：一是机制的设计应该充分考虑既不影响各方的利益，促进研究成果的商业化应用，同时又有助于促进研发机构、部门的科技开发；二是对处于不同阶段的科技创新成果要有明确界定，最大限度地避免纠纷和减少争议，以确保合作的顺利进行；三是关于科技创新成果，对成果的所有权、成果保护、利用与传播、转让与许可、成果访问权等进一步加强规范，减少由此引起的纷争；四是充分注重保护各合作方本国的知识产权，采取合理措施鼓励在本国开展科技创新成果的利用与传播。只有真正建立合理的利益共享机制，才能有效地增强各方参与科技创新合作的积极性和主动性，大大提高科技创新合作的效率，并从一定程度上保证合作的成功。否则，就会削弱科技创新合作的动力，降低合作的效率，甚至会导致合作的失败。

3.3 优化人才培养及流动机制

科技研发人员是最重要的科技创新资源要素，因此，要把培养、集聚及发挥科研人才的创造力作为推动科技创新的重要途径，加快消除国际人才流动壁垒，健全 G20 科技创新人才培养及流动机制。教育是人才培养的基础，一个国家的教育水平对该国的科技创新竞争力有重要影响。因此，G20 国家应充分重视科技创新教育体系建设，推动科技创新人才培养机制化，加大人才培养力度，促使青年创新型人才脱颖而出，并为受教育者提供更多的国际交流及学习机会，强化科技创新主体之间的沟通和互动，最大限度地激发科研主体的创新动力。教育具有加快知识传播，促进知识外溢的重要作用，尤其是高等教育可以有效地促进前沿科学技术创新成果的扩散和转移，在教育教学过程中，显性知识和隐性知识的双向流动也可以促进行为主体间的科技创新合作。此外，从宏观上说，科技创新人才跨区域、跨国家、跨机构流动，对科技创新合作的促进作用是非常显著的，流动过程对科研人员自身的发展和提高也具有明显的正效应。汤森路透发布的《2014 年全球最具影响力的科研精英》报告显示，总体来看，全球的 3215 位“高被引科学家”中，瑞士学者的流动率最高，接近 20% 的学者有国外机构工作的经历。日本、巴西和中国学者的流动率持续低于 5%。因此，G20 国家应完善科技创新人才培养及流动机制，重视创新型人才发展的环境建设，营造鼓励、尊重、保护创新主体的制度环境，建立公平、高效的评价体系和激励机制，保护创新主体的合法权益，鼓励人才的自由流动和组合，努力为广大科技人员和各类创新主体创造有良好服务、法律保障和公平机会的环境条件，用创新红利、人才红利推动经济社会持续健康发展。

3.4 建立健全管理服务机制

当前，G20 科技发展突飞猛进，科技创新活动日新月异，资源配置方式与时俱进，科技创新管理正在经历从“科研管理”向“创新治理”转型的关键时期。伴随着经济与科技的全球化，不论是科技创新的投入模式、产出模式，还是科技、经济的竞争模式都在向通力协作、深度融合的方向发展。在这一趋势下，科技创新合作的中心转向所有参与科技创新活动的行为主体，政府部门、高校、科研机构、企业、社会组织、个人等创新主体在创新驱动相关政策的引导下，协同参与科技创新合作体系的治理过程。因此，G20 应通过建立健全科技创新合作管理服务机制对科技创新合作主体进行创新治理，更好地促进科学技术研究与开发、科技成果转化以及前沿技术转移传播。

当前，G20 科技创新合作仍然处于探索阶段，合作过程中需要政府部门的更多引导和支持。据此，G20 各成员国应高度关注国际科技创新合作，继续完善法律法规及相关政策，消除技术扩散、转移的制度壁垒，保障专利、知识产权等主体的合法权益，充分发挥政府主导作用，带动高校、企业及科研机构开展科技创新合作，鼓励国际科技创新联合投资，建立多元的科技创新投入体系，具体可以实行政府间设立联合资助的国际科技创新合作计划、人力资源计划等。此外，由于 G20 各国在科技体制、管理、语言文化等方面存在诸多差异，多边科技创新合作管理在实践中存在很大的困难和问题，因此，G20 合作体应建立更为广泛、深层次的双边及多边创新对话机制，促进成员国之间的科技创新合作活动，并加强 G20 框架下的科技创新政策协调，建立 G20 科技创新合作平台，为开展 G20 国家科技创新合作提供保障，健全 G20 科技创新合作管理服务机制。

3.5 完善信息保障机制

信息的沟通与共享是国际科技创新合作的基础，信息、思想、知识的自由流动对国际科技创新合作至关重要，对 G20 国家科技创新发展大有裨益。进入 21 世纪后，G20 各成员国信息通信技术和服务发展迅速。当前，G20 中的大多数国家已经基本普及了计算机和网络设备等信息与数据交换硬件设备，虽然发达国家与新兴市场国家之间差距尚存，但以金砖国家为代表的新兴经济体国家的信息化不断发展，增速较快。《2016 年世界互联网发展乌镇报告》显示，信息化发达度居全球前三位的是美国、英国、日本三个发达经济体国家，G20 发展中国家中，中国信息化水平紧随俄罗斯，排名跃居全球第 25 位，信息化发展指数首次超过 G20 平均水平。因此，G20 各国应加速互联网基础设施建设，鼓励互联网技术和应用创新合作交流，大力推进云计算、大数据等领域的科技创新合作，弥补国家间的数字鸿沟，促进 G20 各国互联互通，确保互联网信息技术能在 G20 各国尤其是新兴经济体国家获得更加广泛的应用，保障网络空间数据流动的自由和有序，为 G20 国家科技创新合作提供有力支撑。

4 推动 G20 开展科技创新合作的对策建议

4.1 增强科技创新合作共识，协调各国创新政策

4.1.1 增强科技创新合作共识

充分利用各种国际交流平台，拓展全方位会话通道，积极加强交流，就促进创新增长的国别战略开展沟通和信息分享，进一步加强 G20 科技创新的务实合作。积极宣传科技创新理念，大力推广科技创新合作先进案例，推广和宣传的形式要多样化、具体化。创新是推动全球经济可持续平衡发展、创造就业、改善民生的关键力量，要把科技创新合作的重要理念推广到各国社会各阶

层，形成合力，致力于以创新为重要抓手，找到推动各国和世界经济、就业增长的新引擎，把科技创新合作作为解决世界经济增长疲软的根本手段。关注 G20 峰会和相关会议继续探讨有关科技创新合作的各项议题，并根据未来主席国的重点议题，保证相关成果的延续性和一致性。

4.1.2　拓展科技创新合作途径

坚持以科技创新为核心，发挥社会渠道的积极作用，通过政府、商界、学界等各种可能的途径，开展各种形式的合作，扩大科技创新合作的范围。改变传统的科技创新合作不足的局面，推动以政府间合作为主逐步向政府和民间合作并重转变，由基础科研合作为主向产学研创新全链条合作转变，为 G20 各国的科技进步和经济发展奠定坚实基础。鼓励各级政府、各类企业和社会各阶层开展各种形式的对话，特别是要支持政府相关管理部门、非政府组织以及大学、研究机构之间的对话，加强科技创新的双边和多边合作。

4.1.3　协调各国创新政策

鼓励 G20 各国实施有助于创新的政策，促进各国出台实施鼓励科技创新合作的战略、政策和措施，支持政策与实践方面的对接，促进各国各区域创新体系形成合力，加强发展中国家的科技创新能力建设，包括打造创新生态系统、实现创新和包容性增长。支持 G20 各国加强科技创新事务的协调性、连贯性与合作，加强战略对接和创新引领，使各国的科技创新合作政策能够协调共享、优势互补、共同促进，行动计划具有一致性，发挥政策的最大合力，尤其要注意防范各国出台的政策不协调，甚至相互矛盾、相互制约，确保创新成果得到广泛分享，释放发展中国家和中低收入国家的增长潜力。

4.2　推进创新创业合作，提升科技创新合作成效

4.2.1　积极推进创新创业合作

我国提出的“大众创业、万众创新”在国内产生重大影响，取得了积极成效。要通过各种平台和途径，积极向 G20 国家宣传推广我国的“大众创业、万众创新”战略，向各国展示推广我国推进“双创”战略的经验做法、成功经验和积极成效，逐步获得各国的认可。在 G20 报告和行动计划中，引入“双创”战略，扩大“双创”战略的影响力和执行力，使各国能够接受我国的

“双创”战略并付诸行动。搭建 G20 各国“双创”战略行动计划，形成话语体系，加快“双创”战略进程，建立各类国际性“双创”战略平台，为其他国家科技人才的“双创”活动提供必要支持，同时积极鼓励我国科技创新人才“走出去”，在 G20 各国进行创新创业活动，为它们“走出去”提供必要的便利条件和服务。呼吁 G20 各国支持发展有利于创新创业的生态体系，特别是公共服务相对落后的国家，要围绕创新创业加快推进改革，政府部门要进一步简政放权，破除一切不利于创新创业的障碍，提高监管服务水平，在司法、财税、人力、贸易等方面为创新创业提供必要的便利条件。建立 G20 国家创新创业服务合作平台，加强双边和多边的交流合作，形成良好的沟通服务机制，在金融、通信、研发、人才等方面形成良性互动机制。

4.2.2 增加科技创新合作投资

强化科技创新合作意识，鼓励跨国科技投资、创业和创新，把资本投资作为实现科技创新合作的关键途径，加大科技创新合作的研发投入、技术推广和应用，促进产品的商业化推广和产业发展。深化科技管理体制改革，发挥市场机制作用，促进科技与经济更紧密结合，通过经济效益来吸引和促进对科技创新合作的投资。加强政府引导，吸引 G20 各国入股，设立科技创新合作专项基金，用于引导和扶持科技创新合作项目的推进。完善制度设计，发挥社会力量，加强与金融机构、上市公司、大企业以及知名创业投资机构的合作，充分发挥资本市场和金融市场的投融资功能，开发科技创新合作金融产品，引导社会资金参与科技创新合作，逐步扩大投资规模，使之成为促进科技创新的新经济增长点。

4.2.3 拓展科技创新合作领域

建立 G20 国家科技创新合作指导委员会，在 G20 合作框架内，进一步设立双边或多边科技创新合作联络或管理机构，不断扩大科技创新合作领域，扩大研发和产业投资规模。支持科技创新和产业发展合作，扩大高科技领域的投资，把合作领域从传统的汽车、电子等少数行业，扩展到信息技术、航空航天、生物医药、新能源、现代农业、环境保护、科技服务等各个领域。鼓励各国发挥互补优势，在基础设施建设和装备制造领域开展产能合作，进一步实现互利共赢。支持创意与科技创新的结合，大力发展创新创业，挖掘各国民族文化和传统文化，不断深化电子商务、普惠金融、教育、环保、医疗、养老、智慧城市等领域的合作，把科技创新的技术与社会应用结合起来，使科技、法律、商业、文体卫生等各行业的合作都能与科技创新合作结合起来，实现 G20 各国科技创新合作领域的全覆盖。

4.2.4　提升科技创新合作成效

积极推广创新文化建设，为 G20 各国打造一个全方位、包容的信息社会，通过峰会和各种交流途径，相互借鉴科技创新合作的成功案例，倡导“鼓励创新、包容失败”的创业精神，培养形成有利于促进科技创新的时代氛围，扩大科技创新合作的影响，吸引更多资本、人才、信息等资源加入科技创新合作领域。鼓励各国建立科技创新集群和园区，为科技创新合作的发展、创新创业项目的推进、创新应用的产业化提供有效载体和平台，支持科技创新聚集区与园区之间的交流与合作，扩大科技创新合作的共享效应和规模效应，提高科技创新合作成果的转化效益。建立健全与科技创新合作有关的法律、监管和政策体系，优化科技创新合作投资监管政策、完善政府投资引导基金制度设计、促进民间投资参与科技成果转化活动，建立开放透明、广泛参与、一视同仁的监管体系，实现科技创新合作的公平竞争、科学决策、监管可靠，提高科技创新合作的投资成效。

4.3　推进科技创新研究项目合作，夯实科技创新合作基础

4.3.1　探索科技创新研究项目合作新模式

在深入研究了解当前科技研发项目管理模式的基础上，开展专题调研，针对科技发展水平不同的国家和不同类型的科技项目，探索适应 G20 国家发展需求的科技创新研究项目合作新模式。G20 中基础研究处于领先地位的国家之间，可以就共同关心的重要科技领域的重大课题开展共同研究，共建联合实验室等合作平台，共同投入研究经费和科研人才。科技发展水平不同的国家，拥有较成熟基础技术或经验的国家，可通过技术转移的方式，转让和交易成熟技术。科技发展水平有很大差距的国家，可以通过开展技术、人员培训、产品贸易等形式，为科技落后的国家培训科技人员。在 G20 合作框架内，开展专门的科技创新研究项目，吸引成员国参加，由成员国研发人员共同承担、共同评价和共同推广。

4.3.2　建立科技创新研究协作网络

鼓励成员国发挥各自优势，建立 G20 共同或者多边的科技创新研究项目协作网络，加大对国际科技合作项目的支持力度，推进基础性、前沿性和战略性技术研发合作项目和成果应用。一是发挥区域优势，利用 G20 成员分布于亚、美、欧、非各大洲的地理优势，积极支持与周边国家开展技术创新协作网络建设，以研究项目带动技术、人才的交流合作，把其他国家也纳入 G20 协作网络。二是发挥技术优势，由美、中、俄、英、法等经济大国，分别组织有特色、分工明确的技术研究项目，牵头组织国际大科学计划和大科学工程，形成 G20 科技创新项目协作网络，发挥规模效应，提高研究项目的覆盖面和影响力，这有利于研究成果的推广与应用。

4.3.3　明确科技创新研究项目合作重点领域

通过科技创新合作平台的交流，了解各国科技发展进程和技术需求、科研基础条件与合作意愿，指导各国制定技术选择规划，为各国明确技术研发方向，确定科技创新研究项目合作的重点领域、优先领域和发展方向，增强科技创新研发项目的目的性和针对性。在推动现有联合实验室或者联合研究中心的转型升级、功能提升基础上，重点在农业、能源、交通、信息通信、资源、环境、海洋、先进制造、新材料、航空航天、医药健康、防灾减灾等领域开展项目研究合作。特别是事关全球发展和公共事业的重大问题，如气候变化、传染病、资源匮乏、粮食、能源和水的跨领域挑战，以及建设可持续城市、经济实惠的公共医疗等问题，亟须集中各国的研发力量，联合攻关，尽快拿出解决方案，利用科技创新促进人类社会进步，也是 G20 国家合作的应有之义。

4.3.4　推进科技创新研究项目成功共享

鼓励各国开放科学和公共财政资助的研究成果和数据，本着“可找寻、可获取、可互用、可再用”的原则提供和获取公共研究成果，加强科研合作。促进各国着力搭建基础研究交流平台，建设一批新的联合实验室或联合研究中心，集成联合研究、科技人才交流与培养，搭建长期稳定的科技创新合作平台。推动基础研究资源共享，鼓励各国高新技术开发区、孵化器等研究资源扩大开放，服务 G20 国家科技创新研究项目的合作发展。通过完善科技资源共享机制，加快推动科技资源流动，完善知识产权保护框架，促进研究项目成果的开放共享。建立一套促进项目成果共享的保障机制，包括政府支持、法律保障、财税优惠、产业资助和市场吸收等方面，使项目成果共享具备可持续性。

4.4　推进人力资源交流合作，挖掘科技创新合作潜力

4.4.1　提高科技创新人才重要性的认识

人力资源是科技创新发展最重要的因素，必须支持科技创新人才的培养和流动，以满足未来创新发展对各类人才的需求。不管是美国、日本等科技强国，还是印度尼西亚、南非等科技水平较低的国家，都是如此。要在 G20 框架内，协调各国坚持内在激励和外在激励相结合的原则，给各类人才的创新创业创造良好的工作环境和社会氛围。在制度保障和体制创新方面，都必须建立以人才为核心要素的科技创新体系，通过人才培养、交流合作，着力提高科技创新人才的规模和水平，积极发挥科技人才的积极能动性，激发其创新的内驱力。

4.4.2　打造科技创新人才交流平台

除了召开 G20 科技创新部长会议以外，可以在 G20 合作框架内，召开多层次的各类科技人才会议，加强科技创新人才的交流合作。打造科技创新人才交流平台，加强机制性科技人才交流，培养国际化青年科研人员，强化国际科技创新合作能力建设。推动 G20 国家的一流高校和科研机构、企业建立合作研发机构，建立更加便利、自由的人才流动机制，引导人才更好地为各国科技创新服务，提高人才配置效率。鼓励各国分享科技创新人才培训、培养、流动的成功案例和管理经验，建立高标准的科技人才服务体系，提高科技人才公共服务水平，建立更为科学合理的人才评价和服务体系。设计各类人才交流合作项目，为青年人才在国际上的流动提供更多的便利，促进人才在各国间的交流合作，不断壮大国际科技领军人才队伍，扩大科技人才外溢效应。

4.4.3　加强科技创新人才培养力度

鼓励各国加大科技创新人才培养力度，不断改善创新领域的人才培训和技能提升条件，完善各类政策以促进人才创业、创新以及新工业革命和数字经济的参与度。制订创新创业行动计划和工作蓝图，协助各国预测未来新技能需求

和人才需求，运用多种政策措施和技术手段弥合人才培养的差距。鼓励科学教育水平较高的发达国家，探索一些新的机制和方法，帮助发展中国家培养人才，加强资金、技术、政策等方面的支持。鼓励发达国家的高校、培训机构、研发机构等社会力量，通过技术传播和人才交流，帮助发展中国家加强对各类人才的培训，特别是要加强对青年科技素养和技能的培养，提高培训扶持的力度和覆盖面。

参考文献

《二十国集团科技创新部长会议声明》，http：//www. g20chn. org/，2016。
《2016 年二十国集团创新行动计划》，http：//www. g20chn. org/，2016。
《二十国集团创新增长蓝图》，http：//www. g20chn. org/，2016。

Y.23

专题三　数字经济与 G20国家创新发展

在2016年G20杭州峰会上，多国领导人共同签署了《二十国集团数字经济发展与合作倡议》（以下简称《合作倡议》），这是全球首个由多国领导人共同签署的数字经济政策文件。德国也已在2017年G20首次研讨会上将数字经济作为延续讨论的主要议题之一[①]。数字经济在杭州峰会上是作为创新增长蓝图中的重要议题而提出的，其现实基础是包括中国、美国、欧盟、日本、德国等多个G20主要成员已经先后制定了数字经济发展战略，将发展数字经济作为优先事项[②]；其经济基础是数字经济对GDP贡献的日益增长，社会基础是数字经济已经深入经济社会生活的方方面面，理论基础是与工业时代完全不同的经济规律。

数字经济所带来的是全球经济摆脱低迷、重焕新生的历史性机遇，随着信息通信技术的快速发展和跨界融合，数字经济将重塑创新的基础和环境，影响创新投入导向，促进创新产出形式多元化，并极大优化创新的可持续性，逐渐成为全球经济复苏和创新增长的主要驱动力。

1　数字经济的内涵与特征

放眼全球，经济学家和各国政府对数字经济的理解在过去20多年不断演变，从概念内涵到外延都发生了多次拓展。时至今日，数字经济这个概念所包含的内容已经融入各行各业，渗透到社会生活的各个角落。要窥探其对未

① 管克江、冯雪珺、敬宜：《德国接棒G20主席国　延续杭州峰会议题“中国奠定了非常好的基础”》，《人民日报》2016年12月4日，第3版。

② 《G20杭州峰会通过〈G20数字经济发展与合作倡议〉　为世界经济创新发展注入新动力》，《中国日报》，http://china.chinadaily.com.cn/2016-09/28/content_26926631.htm。

来经济的影响，制定恰当的应对策略，需要先对其发展演变和可能趋势有所把握。

1.1 数字经济的概念演变

数字经济，也被称为互联网经济、网络经济、信息经济或新经济。在这些相似概念中，数字经济的内涵要远远大于互联网经济，后者仅仅指由互联网驱动的经济活动。在数字经济发展的早期，信息经济和网络经济常被用来指代数字经济，这是因为当时的数字经济主要就是依赖信息处理技术和网络建设来驱动的。时至今日，数字经济的驱动力已经不仅仅局限于技术本身，更关键的是技术的应用。加拿大新经济学家唐·泰普斯科特（Don Tapscott）在 1995 年首次提出数字经济的概念，并对数字化对商业、政府、教育、社会责任等 12 个领域可能产生的正负面影响进行了预测①。同年，美国计算机科学家尼古拉斯·尼葛洛庞帝（Nicholas Negroponte）在《数字化生存》中首次界定了数字经济与传统经济的差异——人类的发展由原子加工过程转变为信息加工处理过程②。但作为数字化浪潮初期的著作，它们对数字经济还无法作出清晰的界定。

2016 年 G20 峰会上达成的《合作倡议》对数字经济作出了最新界定：指以使用数字化的知识和信息作为关键生产要素、以现代信息网络作为重要载体、以信息通信技术的有效使用作为效率提升和经济结构优化的重要推动力的一系列经济活动③。这一界定明确了数字经济概念的三方面内容：一是数字经济与以往农业经济、工业经济的根本性区别是——数字化的知识和信息成为至关重要的生产要素，二是数字经济发展的基础与载体是现代信息网络，三是数字经济发展的动力是互联网、云计算、大数据、物联网、金融科技与其他日新月异的信息技术。《合作倡议》还指出，数字经济的显著特征是数字化、网络化、智能化，数字经济运行的关键环节是信息的采集、存储、分析和共享，数字经济已经并将长期在加速经济发展、提高产业劳动生产率、培育新市场和产

---

① 唐·泰普斯科特：《数据时代的经济学》，毕崇毅译，机械工业出版社，2016。

② 尼古拉斯·尼葛洛庞帝：《数字化生存》，胡泳、范海燕译，电子工业出版社，2017。

③ Mesenbourg T L. "Measuring Electronic Business: Definitions, Underlying Concepts, and Measurement Plans". *US Bureau of the Census*, 2001.

业新增长点、实现包容性增长和可持续增长中发挥重要作用。

可以发现，数字经济的内涵与外延已经与 20 年前有巨大差异。根据美国经济学家托马斯·梅森伯格（Thomas Mesenbourg）在 2001 年的解构[①]，数字经济可以分为三个层次，最基础的层次是电子交易的基础设施（e-business infrastructure），包括硬件、软件、通信技术、网络和人力资本等等，在其之上的是电子交易（e-business），指的是建立在网络基础上的数字化交易过程，最后是电子商务（e-commerce），指的是生产要素和货物的电子化交易过程，涵盖了从原材料采购、货物生产到商品销售和配送的整个过程。随着数字经济的高速发展，2013 年比尔·伊姆拉（Bill Imlah）在这三个层次基础上，把网络社交和互联网搜索也纳入概念，把数字经济的外延扩大到第四个层次，这个层次是纯粹数字化的“物品”交易（见图 3－1）。除此之外，还有近年来涌现的接近零边际成本的虚拟商品和服务[②]，它们既可以建立在第三个层次的电子商务基础上，如众包，也可以独立存在，如网络社交、网络共享，已经形成巨大的经济体量。根据罗兰贝格的市场调查报告预测，2018 年全球共享经济的规模将达 5200 亿美元，占全球 GDP 的比重从 2015 年的 0.23% 上升到 0.54%[③]。同时，第四层次的虚拟经济还会促进前三个层次数字经济的发展，如网络社交极大地推动了第一层次的基础网络和通信技术的发展，搜索和众包促进了第二和第三层次的电子商务发展。本文根据目前数字经济的四个层次经济活动，比较 20 年来的差异，并再次展望未来数十年数字经济可能的发展方向。

1.2　数字经济的规律性特征

数字经济在过去数十年高速发展的过程中，呈现出与农业经济和工业经济诸多显著的差异。其中最根本的区别是数据融入社会生活和经济生产之中，成为经济发展的关键要素。一些研究者称之为“未来的新石油”“新经济的货

---

① Mesenbourg T L. “Measuring Electronic Business: Definitions, Underlying Concepts, and Measurement Plans”. *US Bureau of the Census*, 2001.

② 约翰·麦考密克：《零边际成本社会——一个物联网、合作共赢的新经济时代》，赛迪研究院专家组译，中信出版社，2014。

③ 罗兰贝格：《2018 年中国汽车共享出行市场分析预测报告》，上海罗兰贝格亚太总部，2016。

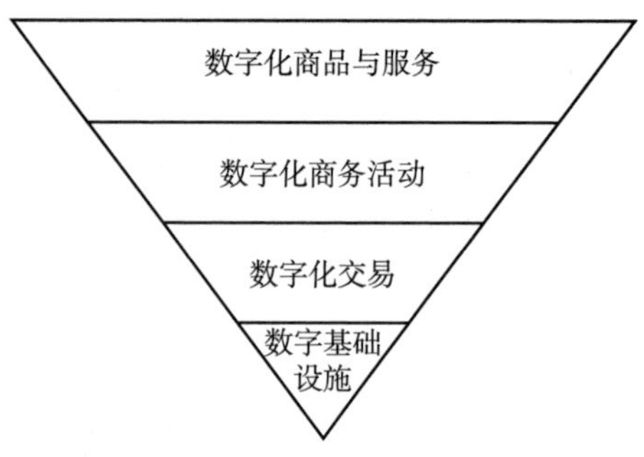

图 3-1　数字经济的四个层次

币”，甚至是“陆权、海权、空权之外的另一种国家核心资产”。与土地、资本等农业经济和工业经济的生产要素相比，数字化数据具有永久性、即时性、动态性、高效性、秩序性、可拆分和可复制等特点①，数字化的数据应用到经济活动的过程中产生了诸多以往无法实现的生产和效率提升，前所未有的经济规则也随之孕育而生。

1.2.1　数据大爆炸与摩尔定律

数字设备的普及和数字化数据永久性、动态性和可复制的特点使数据爆炸性地增长。根据市场调研公司 IDC 公布的数据，2005 年有 32 艾字节（ExaBytes，EB）② 的数据被创造出来，这一年所创造的数据总量就已经是 1986 年以前人类历史数据储存总量的 15 倍③。数据总量在 2016 年达到 16 泽字节（ZettaByte，ZB）④，几乎每两年增加一倍⑤。这与英特尔创始人戈登·摩尔（Gordon Moore）半个世纪前提出的预言“半导体芯片上集成的晶体管和电阻数量每两年将增加一倍”这一数字技术发展规律几乎一致。除此之外，无

① 肖恩·杜布拉瓦茨：《数字命运》，姜昊骞、李德坤译，电子工业出版社，2015。

② 1 艾字节（Eb）＝1.1529e＋18 字节（b），数字经济的规模从 2005 年开始首次进行统计，因此这一年也被称为“数字元年”。

③ IDC. The Digital Universe of Opportunities：Rich Data and the Increasing Value of the Internet of Things. 2014，https：//www. emc. com/leadership/digital-universe/2014iview/index. htm.

④ 1 泽字节（Zb）＝1024 艾字节（Eb）。

⑤ IDC. Data Age 2025. IDC White Paper：Framingham，MA，USA. 2017：http：//www. seagate. com/www-content/our-story/trends/files/Seagate-WP-DataAge2025 – March – 2017. pdf.

论是微处理器的更新还是数字经济规模的增长都大致符合这一规律，因此摩尔的预测也被称为数字经济时代的“摩尔定律”。由于其有惊人的持续性和影响力，大量研究者和研究机构对数字经济的预测都不同程度地借鉴了“摩尔定律”。

1.2.2　网络互动与梅特卡夫法则

网络的联结是数字经济时代数据爆炸的硬件基础，而个体的互动、数据即时传输与高效处理则是软件基础。传统媒介产生数据的形式是一对一，如电话，或者一对多，如报纸，但在数字网络上多对多的互动普遍存在。数据在互动网络上的传播，几乎消灭了距离和时间的障碍。这种新的数据传播与互动形式催生了新的经济规则：更多的人参与到同一个网络中，这个网络创造的数据就会成指数增长，而网络本身的价值也会成倍增加，这就是梅特卡夫法则（Metcalfe’s Law）。该定律充分体现了数字化信息外部性的特点，也从中延伸出数字经济的边际效益递增规律：新加入的网络成员会提升整个网络的价值，这种提升远高于成员本身的价值，而网络价值的提升又能吸引更多的加入者，从而形成价值回报的螺旋递增曲线。与工业经济时代的规模效益不同的是，数字经济的边际效益是随着成员数量的增加成指数增长，而且由整个网络的参与者而不是单个成员分享新增的价值。网络价值的提升不但体现在量的增长，而且发生了质的变化，衍生出工业经济所渴求而不可得的价值。例如，网络联结带来了全新的人际关系形式，使得人际交往中的信誉、忠诚、信任、隐私等要素即时产生、永久记录，在企业雇用员工、开发新品，政府犯罪调查、制定政策，个人购买商品、信用贷款的过程中产生了额外的经济价值，但也带来了负面影响，掌握数字网络的组织或国家能够轻而易举地跨界，从而获得在更多领域的竞争优势，实现“赢家通吃”——最有竞争力的产品和服务被很快地广泛接受，而其他稍次的就很快被淡忘。由于数字化的生产要素和产出不再受距离和时间的限制，国际贸易空间被大大拓展，由领先的跨国企业数字贸易所激发的全球贸易规模将远远超越以往任何一个时期。凭借数字网络技术的支持，跨国公司实现全球一盘的管理成本大幅度下降，商业活动范围几乎被无限拓展。

1.2.3　持续性创新与边际成本递减

伴随着数据量和价值的指数增长，商业模式被不断颠覆。从 1965 年到 2012 年，由于数字技术的发展，规模以上企业的“颠覆率”（topple rate）① 提高了近 40%，老牌企业是否被颠覆的关键影响因素正是它们的数字化进程②。创业企业带着“毁灭性创新”的观念进入传统行业，不断开辟新的市场。数字化数据的可复制性使得这些首先进入新市场的企业由于数据的边际成本递减，能够自动获得 50% 的市场，从而占据主导地位。那些采用跟随战略，第二或者第三家进入市场的企业所获得的利润就远不如第一家创业企业，这就是数字经济时代的达维多定律（Davidow's Law）。数字经济的新规则逼迫着市场领导者不断创新，只有主动淘汰自己的旧产品，才能开拓新市场，掌握新市场的规则和主动权。一旦最具竞争力的组织或国家能够持续创新，将获得相比工业经济时代要低得多的阈值，从而轻易地实现跨界。

1.2.4　数据的秩序性与经济边界模糊

工业经济时代，生产者和消费者是泾渭分明的，组织通过边界与社会区隔能够降低交易成本，行业之间由于技术和市场壁垒难以横跨。但在数字经济时代，个人、企业、社会，甚至是国家层面的传统边界都出现了模糊，“产销一体”“无边界组织”和“无国界经营”不断涌现。信息通信技术（Information Communications Technology，ICT）的发展使需求导向的生产成为现实，改变了传统的价值链体系。个体层面，消费者需求的大数据成为新产品的源头，消费者的创意参与到产品的设计过程中，甚至通过 3D 打印设备自行生产，完成“产销一体”的过程。消费者的需求、企业的技术和行业的供应链状况等多种数据在数字网络中高效传输与应用。企业层面，伴随着企业与消费者距离的拉近，一方面，企业纵向的供应链环节不断减少，组织结构不断向消费者倾斜，越来越扁平化；另一方面，企业横向的边际模糊，基于核心技术和需求数据开始建立更多的跨部门和跨行业协作，不同的商业模式开始交融整合，从而模糊了行业的边界。在社会层面，公众能够更容易地利用社交网络和政府公共平台

① 企业失去领导地位的比例。

② 麦肯锡：《提高你的“数字商”》，《麦肯锡季刊》，上海交通大学出版社，2015。

参与社会治理事务，数据的秩序性使无组织的网络参与者很容易形成协调行动的团体，从而呈现出强烈的支持或反对的声音①。因此，政府管理的理念和方式也随之发生改变，通过更加开放的调查了解、更加透明的决策过程和更加全面地征求意见来引导网络公众。最后，在全球层面，不同地区间的往来更加频繁、不同文化之间的交流更加密切，数字产品与技术开始在经济、政治、教育、文化等越来越多的领域产生跨地域和国家的深远影响。

1.2.5　科技进步与数字安全

数字经济几乎创造出了全新的虚拟世界，在这个世界中的数据就像现实社会中的生产要素，具有大量制造、快速传播、高效利用然而缺乏有效保护的特点。因此，几乎从数字经济开始的那一天起，数字版权、网络安全、个人隐私等数字安全相关问题就伴随而生。有关数字安全带来的问题，获得的关注和产生的争议几乎与数据同样增长。关注数字安全的声音不断，美国、欧盟和英国也都曾制定相关的监管手段和法律法规。但一方面由于数字技术和数字经济的高速发展，这些监管或保护手段很快就显得落伍；另一方面，跨国界、跨行业的网络事实上难以由一国独立完成监管和保护，数据的传播和运用并不会局限于一地、一国。单个国家哪怕制定了相关的法律法规，也难以真正落实，监管的实际效果十分低下。加上持续创新的需求与监管和保护相对立，又使政府犹豫不决。因此，有经济学家认为，数字经济的高速发展和变化意味着立法和监管都不会长期有效发挥作用，往往很快过时，反而会阻碍其进一步创新②。例如，政府制定严格的顾客隐私保护政策，肯定会抑制企业为顾客量身打造更好的产品和服务。因此，凭借数据永久性、即时性和秩序性的特点，实现数字网络参与者的自我监管可能是更为高效和彻底的监管方式，罔顾数据安全和顾客隐私的参与者将被数字经济时代所淘汰。自我监管的市场机制的实现过程，肯定伴随着一部分人、一部分国家的利益损失，这就是数字技术带来经济发展和生活便利所需付出的代价，这种收益和代价孰轻孰重的争议，将伴随着数字经济的发展一直存在。

---

① 肖恩·杜布拉瓦茨：《数字命运》，姜昊骞、李德坤译，电子工业出版社，2015。

② 肖恩·杜布拉瓦茨：《数字命运》，姜昊骞、李德坤译，电子工业出版社，2015。

2 数字技术的发展趋势与国家创新竞争力

数字经济的影响力还在不断扩大，其对全球经济发展的促进作用也将进一步释放。在这一过程中，数字技术的发展将改变创新的基础、创新的环境、创新的投入导向、创新的产出形式和创新的可持续性，从而影响一个国家的创新竞争力。

2.1 数字基础设施建设，改变创新基础与投入导向

2016 年中国数字经济规模达到了 22.4 万亿元人民币，增速高达 16.6%，占 GDP 比重达到 30.1%，估算数字经济发展对 GDP 增长的贡献达到 68.5%。由于过去二十多年的持续投入，以宽带网络、电商平台、银行电子系统为代表的数字基础设施建设以及计算机制造、电子设备制造、软件和信息服务等数字基础产业的发展达到了一定水平和规模。在它们基础上孕育了越来越多全新的行业，如互联网零售、数字金融、共享经济等等。随着数字经济第二和第三层次的产业发展，数字经济将维持较长时间的高速增长，对 GDP 的贡献也会继续彰显，势必进一步吸引 G20 各国政府和民间的资金投入。第二和第三层次数字经济的发展会反过来对第一层次的数字基础设施提出更高要求。例如，在过去的短短十年间，移动通信网络建设标准从 2G、3G 发展到 4G，当前 5G 技术标准和建设规划在各国也已陆续出台。因此，在可以预见的未来，数字基础设施都会随着数字技术的发展而吸引更多的创新投入。其中，以数字网络和数据处理设施为代表，如移动网络、云计算中心、数据库、移动数字设备的研发中心建设，以及更大规模地对传统基础设施的数字化改造，如物联网传感器铺设、数字化交通系统乃至智慧城市建设等等。

新一轮的基础设施建设将从工业经济时代以“砖 + 水泥”为特征转变为数字经济时代以“信号 + 芯片”为特征。这一过程所需资金和人力的投入是巨大的，同时所实现的创新、增长、就业和人才培养的规模也是巨大而持续的。但需要特别注意的是，与过去二十多年不同，未来的数字基础设施建设将

越来越多由软件所驱动。从国家安全、智慧城市，到企业云计算、大数据分析、供应链系统管理，再到个人的个性化服务，这些已经出现的不同层次数字化需求催生了各式各样的软件，而这些软件又对数字硬件提出更高的要求。因此，政府的引导和投入虽然是数字基础设施建设不可缺少的推手，但不断开发并完善各类专门软件才是数字基础设施建设的持续推动力。

2.2　信息通信技术与物联网发展推动创新产出数字化、多样化

随着越来越多的数据被实时、自动存储在云端，数据将彻底融入社会，变成每个人生活的必需品。随着越来越多日常用品装上传感器，接入物联网，数据的规模和类型还会成几何级数增长。到 2025 年，全球每天每个人与数字设备互动的次数将达到 4800 次，平均每 18 秒将产生一次互动，超过 25% 的数据将成为实时数据，物联网实时数据将占其中的 95%，数据创造的总量被预测将达到 163 ZB，比 2016 年创造出的数据量增加十倍[①]，其中 20% 将成为影响日常生活的关键数据[②]。但这些产生的各种各样的大数据，并不都能产生价值，只有将它们通过合理的方法进行处理，并在恰当的时候传输给恰当的设备或个人，以实现某种体验或帮助决策，才能体现出价值。

首先，数据分析将成为创新的主要动力。通过在线实时监测的消费者数据，企业可以分析目标顾客群体及相应特征，预测他们的需求，从而实现精准的产品和服务供给，甚至可能从中发现尚未满足的需求，从而设计出全新产品，开拓全新的市场。比如，通过可穿戴设备实时监测身体状况，医生可以预测疾病的发生，从而提出保健建议。通过宏观数据监测，国家可以更快更准确地分析经济走势，了解流行疾病影响，预测大宗商品供给、专业人才和医疗设施需求。而所有这一切的基础都是大数据分析。

其次，数字内容将成为创新的主要载体。传统内容产业借助数字视听、触控、VR/AR 等前沿的数字交互技术，整合音乐、电影、游戏等周边内容设计，

① IDC. The Digital Universe of Opportunities: Rich Data and the Increasing Value of the Internet of Things. 2014, https: //www. emc. com/leadership/digital-universe/2014iview/index. htm.

② IDC. Data Age 2025. IDC White Paper: Framingham, MA, USA. 2017: http: //www. seagate. com/www-content/our-story/trends/files/Seagate-WP-DataAge2025 – March – 2017. pdf.

形成富媒体（rich media）。数字内容的供应端也利用数字网络实现生产流程创新。内容的创意与设计可以来自遍布全球的制造者和消费者，通过数字网络和移动设备，这些数字内容又能够比传统形式的内容更快到达目标群体，从而为持续创新获得更广阔的市场。由于在内容、生产和传播创新的基础上形成了核心竞争优势，数字内容制造者可以借此实现硬件产品创新、多元业务融合与跨行业重组，形成了横跨娱乐、通信网络、媒体及文化艺术的数字内容产业，进一步扩宽创新领域。

最后，数字服务将成为创新的重要形式，导致创新主体的构成发生改变。在工业经济时代，生产要素和商品构成了全球主要的贸易流动，政府和大型跨国企业是国际贸易和跨境经营的主要参与者，也是全球创新活动的主体。但数字网络从时空角度改变世界市场和国际分工的格局，使那些微型企业或个体创业者也能够成为跨国服务的供应者，在无国界的数字网络中出售并获得各类虚拟产品、服务或创意，或者参与全球产业价值链的“微工作”“微支付”和“微装运”。这些小微跨国企业还可以采用 Winterlism 模式①，以产品标准化、数字化和生产的网络化、全球化为基础，在全球范围内整合有效资源，形成标准控制下的产品模块化生产②。在这一模式下，小型企业也可借助数字化网络实现在全球范围的水平分工，形成了以模块化、大规模定制与外包生产为基础的水平型跨国生产体系，并且通过控制和创新标准，提供技术服务等方式牢牢地锁定客户群体。因此，数字服务的全球出口将成为创新产出重要的衡量标准。

2.3 新业态、新模式、新行业，营造数字创新环境

数字技术改变了创新的核心基础，数字网络打破了传统的行业壁垒，不仅促进了跨行业的合作，还创造了全新的商业领域。从根本上说，政府、企业、消费者等经济主体之间的联系更加紧密，创造价值的过程发生改变，价值链分工模糊，共同营造了全新的数字创新环境。

---

① 所谓 Winterlism 模式是指采用微软公司 Windows 操作系统和英特尔公司 Intel 微处理器的组合。

② Borrus M，Zysman J. “Globalization with Borders：The Rise of Wintelism as the Future of Global Competition”. *Industry and innovation*，1997，4（2）：141－166.

近几年，随着移动通信设备与互联网的结合，移动互联网和充满无数创新机遇的虚拟世界诞生了。移动互联网不是传统互联网的简单延伸，因其数字终端的便携性，一方面使用户随时随地以多种方式接入互联网，另一方面也使可获得的数据类型和数量再次大幅提升。用户以往无法在线的碎片化时间几乎被移动互联网填满，用户不断变化的位置信息、难以确定的身份信息以及冲动消费的需求，这些传统互联网数据获取的难点在移动互联网时代被一一攻克。多维度的数据暴增也就开创了全新的市场，碎片化时间的利用，基于位置信息的服务催生了线上与线下的融合，O2O 模式更是试图抓住一切转瞬即逝的需求；随时随地分享带来巨大的广告和传播效果，同时也创造了共享经济——不但分享信息，还分享时间、空间和资源的盈余。

当今世界范围内的竞争将由工业经济时代的国与国、企业与企业间的竞争，逐步演变成平台与平台之间的竞争，而越来越多的企业将通过联盟、合并、整合的方式建立起横跨多个产业的超级商业平台，形成数字经济时代创新的温床。在目前全球最大的 100 家企业中，已有 60 家主要的收入源自平台商业模式[①]。以阿里巴巴集团所建立的商业平台为例，从最初的销售网站，通过整合物流（菜鸟网络）、支付（支付宝）、内容（阿里旅游）、金融（蚂蚁金服）等服务转型壮大成为商业平台，加上联手腾讯、平安等同样的平台企业，形成了全服务供应平台。这些平台企业通过打造免费、开放的战略，最大限度建立与联盟企业和用户的互动。由平台和联盟企业所构建的商业生态圈能够为用户提供全方位的产品、服务和体验，从而能够挖掘用户身上的最大价值。

不同于传统商业模式追求规模经济、抓住大客户以求在激烈竞争中获得优势，数字经济中最核心的创新要素是数据，最核心的创新技术是数据分析，这两者都需要建立在尽可能大的市场和用户规模基础上。因此，平台企业通过免费和开放，力图不断降低门槛、做大蛋糕，甚至与竞争对手合作来追求最大化的用户量和用户价值。这一方面在竞争激烈的红海中获得了最大的价格优势[②]；另一方面，在获得数据和进行分析的基础上，可以发现全新的蓝海，避

① 腾讯研究院：《数字经济》，中信出版社，2017。

② 红海与蓝海是由欧洲工商管理学院的 W. 钱·金（W. Chan Kim）和莫博涅（Mauborgne）提出的，所谓的蓝海，指的是全新的未知的市场空间，红海则是指已知的市场空间。

开激烈的竞争。这其中的关键是改变思维方式，利用数字时代边际成本递减的经济原理和免费模式，冲破传统模式的禁锢，挖掘网络和数据中未被发掘的金矿，形成了数字时代前所未有的创新环境。

最后，数字技术与网络不但将带来商业环境的变化，也将推动政府的数字化转型。全方位政府数字化公共服务平台的建立能反哺商业创新环境，为创新活动在教育、交通、医疗、政府服务和社会治理等方面提供更高水平的保障，促进更多基于数字化信息建立的新产品、新业态和新行业的发展。

2.4 数字素养教育决定国家创新的持续性竞争力

伴随着数字网络和数字设备对人类生活和工作的渗透，数字素养将逐渐成为每个个体所必需的基本能力。数字素养的概念最早是由保罗·吉尔斯特（Paul Gilster）在 1997 年提出，其内涵包括获取、理解与整合数字信息的能力，如网络搜索、超文本阅读、数字信息批判与整合等技能[①]。随着数字经济的发展和数字化数据中生产者与消费者的模糊，数字素养的内涵与外延也在不断拓展，从被动的获取和处理逐步拓展包括了主动的创造和给予。从普通公民的角度看，数字素养将与听、说、读、写成为同等重要的基本生存能力。从经济发展的劳动力资源角度看，在农业经济和工业经济时代，劳动者只要具备专业分工所需的技能，而在数字经济时代，生产者需要同时具备数字技能和专业技能。行业研究者指出，到 2025 年，生产的概念将发生重大改变，主要的工业制造业将由机器作为主要劳动力，这意味着全球数千万只具有基本专业技能的工人将失去工作机会，而数字时代新创造出来的工作岗位将无一例外要求数字技能，而热门的高级工作岗位将被数据分析的技能重新定义[②]。

数字素养对数字消费和生产的双重价值，要求国家和社会的教育体系、教育模式和教育方式随之转变。世界各国已经不同程度地将数字素养教育的内容

① Gilster P，Glister P. *Digital Literacy*. New York：Wiley Computer Pub.，1997.

② 肖恩·杜布拉瓦茨：《数字命运》，姜昊骞、李德坤译，电子工业出版社，2015。

纳入教育体系，逐步成为国民素质教育的重要组成部分。目前全球已经形成了三种数字素养教育模式：第一种是以美国为代表的国家主导型，通过优惠政策引导数字素养的教育发展和相关基础设施建设；第二种是以欧盟为代表的社会主导型，强调教育机构、社会力量和政府的共同作用，公民数字素养的提升主要由图书馆等社会机构承担；第三种是以日本为代表的公民主导型，强调通过基础教育中的数字素养教育，形成公民个人随着科技发展不断通过数字实践提升自身素养的模式，其前提是国家具有较高水平的学校数字素养教育和全社会的数字实践资源。这三种教育模式中，国家主导型在数字素养教育的开展初期不可缺少，通过政策扩大对数字素养教育机构和教育工作者的投入，在带动社会整体数字素养提升的基础上，逐步转变为社会主导型，扩大数字素养教育的普及面。最终，在公民整体素养和公共数字基础建设达到较高水平的前提下，推广公民主导型，从而实现持续的数字素养教育。

数字技术和数字教育的发展也同时带动教育方式的大发展。首先是大规模在线开放课程（MOOCs，又称为慕课）近年来在全球推广。利用互联网和公共教育平台建设，面向所有互联网用户开放自由选择的教育课程。任何人通过网络都可以接触到它，将普通人和卓越的教育资源联系起来，使任何人都能实现不受地域、时间和水平差异限制参与多样化、互动式的数字学习。其次是人工智能应用到教育领域，在数据采集、数据处理和人机界面三个方面提高了教育的个性化和互动性。人工智能与慕课的结合，将不断革新国民接受教育的方式，学习者从智能化推荐的学习课程设置开始，随着学习的开展，通过语音、图像甚至体感的数据传输实现互动学习，自行实时跟踪学习行为与效果，并利用 3D 建模、打印等技术进行学习实践。教学者则可以利用人工智能辅助教学，通过学习反馈和大数据分析对课程的内容和教学方式进行调整，依托多形式的数据传输评测学生的学习行为和效果。

在数字经济时代，国民的数字素养提升是发展经济的劳动力基础，是市场繁荣的消费者基础，也是国民参与社会治理的前提。因此，未来国家创新竞争力的决定因素也将发生改变，国民的数字素养将成为创新竞争力新的基础元素，数字教育的投入规模、培养模式和具体形式将决定创新持续发展的竞争力。

3　G20主要国家数字经济的发展现状

3.1　G20主要国家数字经济的发展战略

由于数字经济的快速发展及其对经济社会发展的重要作用，G20 中包括美国、中国、欧盟国家、英国、印度等超过七成的国家都专门制定了数字经济发展的国家战略框架。这些数字经济战略主要围绕以下四个方面的内容展开。

3.1.1　加快数字基础设施建设

数字基础设施建设是发展数字经济的前提，因此 G20 各国的数字经济战略都将其放在首位，内容主要围绕宽带的覆盖、速度和技术升级三个方面。例如，美国政府近年来连续出台建设方案，形成了多层次的数字基础设施布局。2009 年连续签署总投资超过 92 亿美元的宽带网络建设经费，2010 年的《国家宽带计划》提出，到 2020 年实现 1 亿个家庭接入 100 兆以上的高速宽带，同年推出《释放无限宽带革命》议案，目标是到 2025 年实现 500 兆赫的商业无线宽带全覆盖。2015 年发布的《国家创新战略》，首先强调的是建设下一代数字基础设施；2016 年发起“全民联网”宽带，旨在向美国 2000 万低收入人群提供高速网络服务。英国政府 2009 年开始的首个数字经济战略《数字英国》主要关注的就是资金投入、基础设施建设、数字机构设立三方面，提出到 2017 年全国 24Mbps 高速宽带覆盖率达到 95%。后续出台的《信息经济战略 2013》和 2015 年《数字经济战略》同样强化了数字化基础设施建设，2017 年的《英国数字战略》更加明确地制定了“打造世界级数字基础设施，使宽带接入变成公民权利，加快网络全覆盖、全光纤和 5G 建设”三方面的基础设施建设战略目标，计划投入 4.4 亿英镑的建设经费。2016 年中国发布的《国家信息化发展战略纲要》提出，到 2020 年固定宽带家庭普及率达到中等发达国家水平，3G、4G 网络覆盖城乡和 90% 以上的贫困村，5G 技术研发和标准取得突破性进展。互联网国际出口带宽达到 20 太比特/秒（Tbps）。

3.1.2　推动 ICT 发展与产业应用

ICT 的发展和产业应用是数字经济发展和产业数字化转型的动力所在，因此它是 G20 各国数字战略布局的核心所在。目前各国主要围绕鼓励研发、制定标准和数字产业培育给予政策引导和支持。在研发方面，大数据分析、云计算、5G 传输和物联网是各国重点支持的领域。此外，数据处理和模式识别技术、智能机器人技术、信息安全、数字服务等领域的软件开发也都是各国竞相加大投入的方面。

欧盟早在 2005 年出台的《i2010 战略》中就将增加 ICT 研发投入和产业推广作为三大战略目标之一。随后 2015 年发布的《欧洲数字议程》进一步细化了“打造统一数字市场”“改进信息技术等标准与互通性”和“加强信息技术的前沿研发与创新”三大 ICT 研发与应用的相关行动计划。与欧盟相似，英国和德国的数字经济战略也都强调了 ICT 技术及产业应用标准的制定、协同和优化。

在数字产业培育方面，欧盟在 2016 年发布了《欧洲产业数字化规划》，该计划将启动高达 500 亿欧元的总投资，旨在帮助欧洲各国的产业充分利用新技术。德国的《数字议程（2014～2017）》提出，在柏林和德累斯顿建立两个大数据中心，推动大数据创新在“工业 4.0”、生命科学、医疗健康领域的应用。澳大利亚政府 2011 年启动的《国家数字经济战略》提出，产业转型时要培育数字化能力、展示商业数字信息，采用智能技术发展可持续的在线内容商业模式。英国 2009 年也提出打造数字文化创意产业和从公众角度提供数字内容，并作为投入建设的重点。

3.1.3　建设数字政府与信息社会

数字政府和信息社会建设将是各国政府推动 ICT 与产业融合的“催化剂”，其中开放公共数据、建立数字化档案和公共服务数字化是各国建设数字政府和信息社会的三大重点任务。美国在开放公共数据方面走在最前面，2009 年发布了高达 200 亿美元的政府云计算建设计划，率先建立了政府数据开放网站 Data. gov，2012 年又发布了面向民众提供移动政府公共服务的建设方案。日本政府也已提出建设让任何人在任何时间、任何地点，都可以一站式访问的电子政务门户和公共部门数据库，以最大限度便捷公共数据服务。欧盟最新提出的 2016～2020 年促进公共服务数字化行动计划，包括利用关键数字技术实现公共管理现代化、推动跨境操作互通和自由流动，以及促进政府部门与公众、企业的数字化互动。G20 其他国家也相继发起由政府牵头的数字化公共产品和公共服务建设方案，包括重新设计数字服务流程，建立所有公民的数字身份和验证系统等。

在具体的公共服务领域，教育和医疗与 ICT 的融合最受各国政府重视。美国每年有 39 亿美元专项拨款用于学校和图书馆的高速宽带服务。加拿大计划在四年内投资 3600 万加元支持学校计算机、数字设备和技能培训终端的更新。英国的战略则强调通过建设大规模网络开放课程来支持公民的 ICT 学习和劳动力再培训。澳大利亚提出加快开发新 ICT 课程，通过数字化学习促进产业转型。意大利在《数字战略 2014～2020 议程》中计划投资 7.5 亿欧元，利用数字化促进与健康有关的预防服务，具体包括建立公民电子健康记录、医药处方电子化、发展远程医疗、在线预约医疗服务等。澳大利亚的战略同样聚焦电子档案和远程医疗，计划到 2020 年之前实现 90% 的老年人、母婴和慢性疾病患者个人健康记录电子化，逐步提供远程医疗保险、医生视频会诊、母婴帮助热线等远程医疗服务。

3.1.4 保障数据和网络安全

数字虚拟世界的安全涉及技术保障、个人隐私、经济安全和社会安定等多个层面的问题，因此是各国数字战略关注的焦点。当前 G20 各国在保障数据安全、保护数字版权和打击网络犯罪方面出台了一系列管理政策。在“斯诺登事件”后，美国在 2016 年拨款 140 亿美元用于加强网络数据安全，并推出《网络安全国家行动计划》，从基础设施建设、专业人才培养等 5 个方面全面提升数字经济安全水平。德国的网络安全计划则强调培养公民的网络安全意识，保障消费者数字权力和强化政府技术安全体系建设。中国提出在保障安全方面的三大任务是信息化法治建设、网络生态治理和维护网络空间安全。澳大利亚解决数字安全问题的策略是强调打击犯罪专项行动与培养公民安全数字实践并举。在保护数字版权方面，英国政府将内容监管范围扩大到互联网阅读、付费点播、在线游戏等数字经济领域，通过明确数字内容版权保护程序、监管手段升级等方式防止网络盗版。澳大利亚政府则提出打造“版权安全港”的数字经济平台。

3.2　G20国家数字经济的发展水平

关于数字经济规模的统计方式及其对各国 GDP 增长的贡献还缺乏统一可靠的测算标准。一些研究机构尝试进行了初步估算，如 2012 年美国波士顿咨询公司发布的《G20 国家互联网经济》称，2010 年 G20 国家的互联网经济占 GDP 的平均比重为 4.1%，到 2016 年将增长到 5.3%，其中英国和韩国数字经济对 GDP 增长的贡献最大，中国排名第三。2014 年，美国麦肯锡咨询公司发布的研究报告称，中国的互联网经济占 GDP 的比重由 2010 年的 3.3% 上升至 2013 年的 4.4%，已经达到全球领先水平。中国信息化百人会课题组 2017 年发布的报告显示，2016 年中国数字经济规模已占 GDP 的 30.1%，增速高达 16.6%，增速超过美国（6.8%）、日本（5.5%）和英国（5.4%）。总体规模方面，美国（约 11 万亿美元）、中国（约 3.8 万亿美元）、日本（约 2.3 万亿美元）与英国（约 1.43 万亿美元）列前四位。其中数字经济占 GDP 比重最高的美国（59.2%）和英国（54.5%），也是 2017 年度 G20 创新竞争力排名前两位的国家。可见，从总体上来看，创新竞争力最强的发达国家也是数字经济发展最好的国家。以下再从数字经济在基础设施建设、公众数字素养和社会数字化程度三个方面看 G20 各国的情况。

首先，“因特网用户比例”能够说明各国宽带网络的建设情况和公民的数字素养基础。如图 3－2 所示，英国、日本、韩国、加拿大、德国、澳大利亚和法国处于第一阵营，因特网用户比例接近或超过 90%，这些国家的数字经济建设水平很高，绝大部分民众具有接入互联网的条件和能力；美国、俄罗斯、沙特阿拉伯、阿根廷、意大利处于第二阵营，因特网用户比例在 60% ~76%，其数字基础设施的普及程度也比较高，只有小部分人群没有条件或能力接入互联网；巴西、土耳其、南非、中国和墨西哥处于第三阵营，因特网用户比例在 35% ~51%，其数字基础设施和公民数字素养水平还比较低，有较大的提升空间；印度和印度尼西亚由于人口和国土的特殊情况，在基础设施建设和公民数字素养提升方面有较大的困难，整体因特网用户比例很低。

其次，“每百人手机数”可以进一步说明民众的数字素养，并且由于数字经济的未来发展依托于移动互联网，该数据还能在一定程度上反映各国数

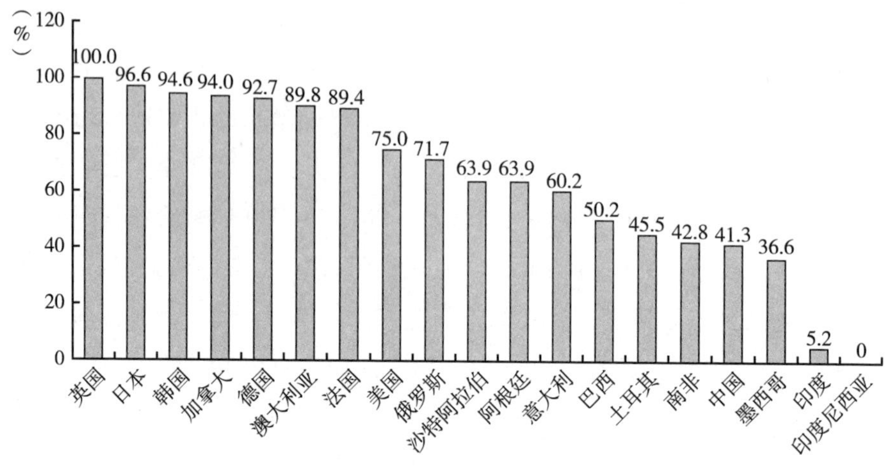

图 3－2　G20 各国因特网用户比例

字经济的发展潜力。如图 3－3 所示，沙特阿拉伯、俄罗斯、意大利、南非和阿根廷处于第一阵营，这些国家的每百人手机数接近或超过 70 部，与“因特网用户比例”的数据对照看，这些国家大多处于第二或第三阵营。这些国家大部分不是发达国家，不高的因特网接入水平是受限于基础设施建设，但这些国家的民众有较好的数字素养基础，因此只要加大基础设施建设力度，就能发挥其数字经济发展潜力。澳大利亚、印度尼西亚、英国、日本、德国、韩国和美国处于第二阵营，这些国家大多数是发达国家，包括了“因特网用户比例”指标处于第一阵营和第二阵营中比例最高的美国，说明这些国家的基础设施建设情况好，但民众的数字素养水平还不匹配。需要通过加强民众数字素养教育，才能在未来获得更好的增长潜力。法国、土耳其、中国和加拿大处于第三阵营，其中土耳其和中国的位置与其“因特网用户比例”的排名基本一致，进一步印证了基础设施与民众素质素养的基本情况。法国和加拿大的排名则说明，其民众数字素养水平远远落后于数字基础设施建设水平，如果不加大对公民数字素养教育的投入，势必影响其数字经济的可持续发展，这可能也是这两个国家的国家创新竞争力近年来呈现下降趋势的因素之一。

再次，“在线公共服务指数”体现各国社会数字化的进程。如图 3－4 所

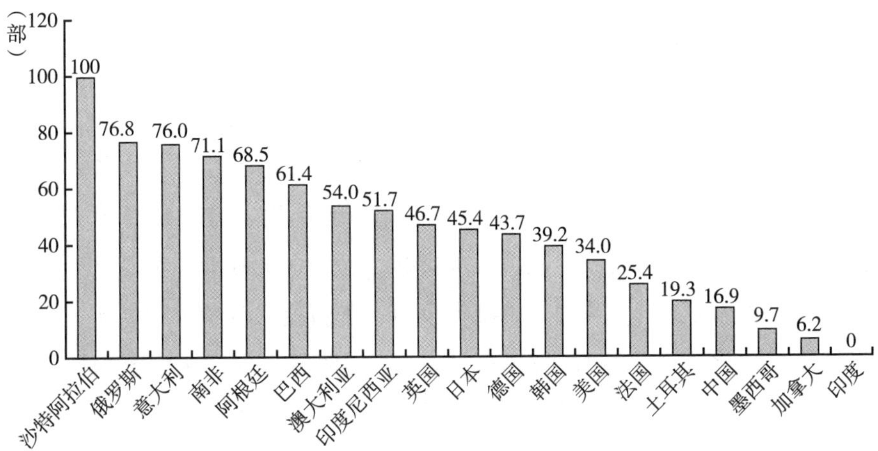

图 3－3　G20 各国每百人手机数

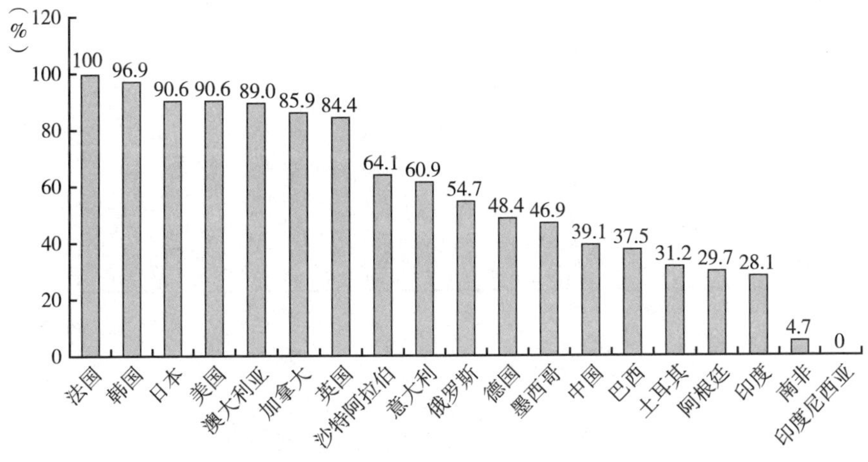

图 3－4　G20 各国在线公共服务指数

示，法国、韩国、日本、美国、澳大利亚、加拿大和英国这 7 个发达国家处于第一阵营，并且领先优势非常明显，说明这些国家政府推动公共服务数字化的力度较大，走在了世界前列。这与它们较早提出数字经济的相关战略密不可分。沙特阿拉伯、意大利、俄罗斯、德国和墨西哥处于第二阵营，这些国家的公共服务数字化程度已经有了较好的基础。中国、巴西、土耳其、阿根廷与印度处于第三阵营，这些国家公共服务的数字化进程还处于起步阶段，有较大的提升空间，可以通过政府的进一步投入来推动数字经济的发展。最后一个阵营包括南非与印度尼西亚，公共服务的数字化程度很低。

最后，综合上述几个能够反映数字经济在个体、政府和社会三个方面发展情况的指标排名情况来看（见图 3－5），G20 各国的数字经济发展水平与创新竞争力排名基本相当，再次印证了数字经济与创新竞争力的高度相关性。其中，英国、日本和韩国的数字经济三项指标综合排名分列前三位。这三个国家受人口和资源因素影响，其创新基础竞争力、创新投入竞争力和创新产出竞争力排名都在 10 名左右，却凭借最好的数字经济发展水平，在创新竞争力总排名中处于强势地位，充分说明了数字经济对创新竞争力的重要影响。

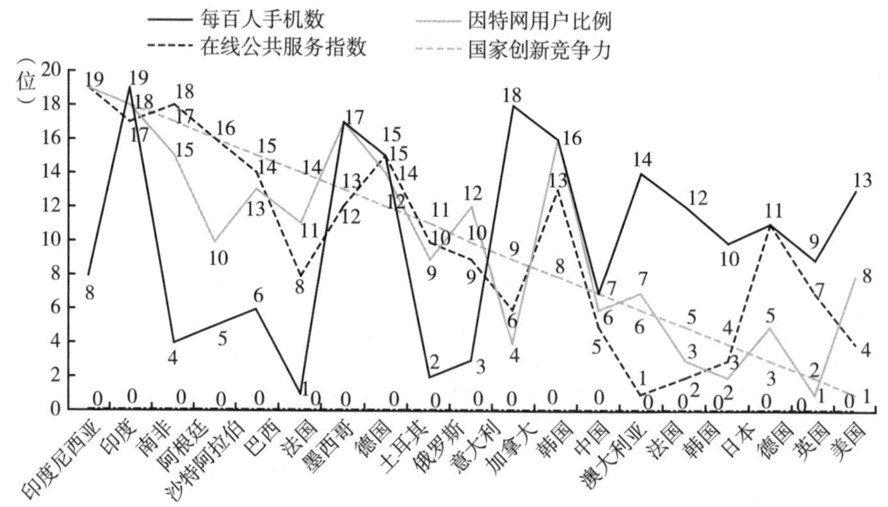

图 3－5　G20 国家数字经济与创新竞争力

3.3　G20国家数字经济发展的存在问题

从上述 G20 主要国家数字经济的发展战略和发展状况可以发现，面对经济复苏的迫切要求和数字经济迅猛发展的现实，G20 各国政府已经纷纷将推动数字经济发展视为经济转型和创新发展的主要途径。虽然以英国和美国为代表的少数国家依靠先行一步的数字技术发展、产业培育和战略布局，成功渡过金融危机，实现经济恢复增长，但 G20 主要国家的数字经济战略和发展情况仍然反映了以下共同问题。

3.3.1　数字战略布局滞后，创新环境的营造不足

数字经济发展的主要推动力已经从依靠第一层次的技术和硬件升级，发展到依靠以特色软件、网络零售、数字金融、共享经济为代表的数字经济更高层次的产业发展。但目前 G20 中的一些发展中国家数字战略仍然停留在 ICT 技术发展、数字设备制造和互联网普及层面；另一些发达国家，如法国、澳大利亚、韩国、日本等国虽然很早就发布了数字战略，内容也涉及数字内容、网络零售和服务等第二、第三层次的产业，但由于数字时代的新技术、新业态、新模式和新行业发展迅速，以及对数字经济内涵的认识还未跟上产业发展，这些国家数年前制定的数字战略已经无法涵盖大部分第三和第四层次的数字经济，也就无法为数字经济营造良好的创新环境。

3.3.2　数字基础和安全建设资金缺口大，影响创新的基础

数字经济各方面的创新和发展都是建立在数字化数据的基础上，但即便在美国和英国这两个数字经济发展最好的国家，大规模的数字化仍然面临资金缺口。欧盟 2016 年的报告也将宽带升级的长期资金准备不足作为数字经济发展面临的主要问题之一。目前全球仍有超过一半的人口无法接入互联网①，而能够带来更多商业和服务创新的高速移动网络建设则需要更多的资金投入，这意味全球数字经济的创新基础存在大量的建设资金缺口。另外，由于建设资金缺乏，目前许多国家的网络安全建设严重落后，导致利用网络从事赌博、淫秽、洗钱、贩毒、恐怖等违法犯罪活动事件不断增加，甚至出现对政府网络发起的黑客攻击，窃取各类商业和国家机密。这些不法行为扰乱了数字经济发展秩序，危害创新主体的利益，以及社会稳定和国家安全，成为动摇创新基础的不安定因素。

3.3.3　数字鸿沟依然明显，影响整体创新产出

欧盟委员会发布的《2016 年数字经济和社会指数》指出，虽然欧盟国家

---

① European Commission. Europe's Digital Progress Report 2016. https：//ec. europa. eu/digital-single-market/en/news/europes-digital-progress-report－2016，2016.

整体上朝着数字经济方向发展，但增长速度在放缓，各国发展水平和速度相差较大①。从互联网用户比例和移动手机用户这两项关键的数字经济发展指标来看，G20 内部的发展不平衡非常明显。世界经济论坛最新的调查报告也指出，近几年世界各国的网络就绪指数呈现分化迹象，排名靠前的国家整体表现越来越好，排名靠后国家的表现却日趋恶化②。围绕数字鸿沟问题，兰德公司创建的指标系统将全球国家分为 4 类，即科技领先国家、科技成熟国家、科技发展中国家、科技落后国家。在 G20 国家中，美国、英国、德国、法国、日本等国家属于科技领先国家；中国、巴西、印度、南非等国家属于科技成熟国家，这些国家信息通信技术水平达到或超过平均水平，但与科技领先国家有较大差距；阿根廷、墨西哥、印度尼西亚等国家属于科技发展中国家，这些国家虽然科技能力在平均水平之下，但部分单项技术指标超过国际平均水平。由此可见，G20 成员国间也存在不同程度的数字鸿沟。与工业经济各国相对独立的产业发展不同，数字经济的区域发展越协调，就意味着市场越大、用户越多，在边际收益递增规律下，就能够拥有更高效率的创新产出。

3.3.4 数字标准与市场不统一，影响创新投入

虽然各国逐步意识到数字经济的特性，不断开放和共享数字技术和市场，但数字标准化和市场监管的不统一，仍然限制了数字经济的发展。例如，G20 各国在数据的标准化和规范化方面差别很大，导致数据存储、无线通信、安全维护和物联网建设方面形成了无形的“数字鸿沟”。发达国家依靠其强大的数字技术优势对发展中国家构筑严密的技术壁垒，同时从国家层面和行业层面上开展标准战略研究，引导和鼓励企业或企业联盟实施数字技术专利化—专利标准化—标准垄断化战略，通过争夺制定数字技术国际标准的主动权、占领国际标准的制高点，从而占据国际数据经济竞争的优势地位。这不利于融合发达国家和新兴市场国家的数字技术优势，共同推动数字技术更高层次的创新。目前 G20 各国仅仅考虑如何加强本国 ICT 基础设施和平台建设，未能站在更高的视角考虑如何在实

---

① European Commission. The Digital Economy and Society Index (DESI). https://ec.europa.eu/digital-single-market/en/desi, 2017.

② Baller S, Dutta S, Lanvin B. The Global Information Technology Report 2016. World Economic Forum, Geneva. 2016: 1 - 307.

现本国 ICT 基础设施建设和平台互联互通的同时兼顾与 G20 成员国的互联互通。同时，各国数字产权、使用权、隐私保护等数字相关问题的政策和监管差别也很大，严重限制了跨国企业的进入和投资。

3.3.5 数字素养教育不足，影响创新的可持续发展

数字技术的发展将进一步减少劳动密集型产业创造就业的能力，而数字经济的整体发展意味着对更多的劳动者的数字技能和数字素养提出较高要求。根据 OECD 在 2014 年公布的调查报告，OECD 地区只有 3% 的高等教育毕业生获得了计算机科学学位，但信息与通信行业平均需求研究人员超过 30%①。欧盟最新的调查报告表明，在过去的十年中，信息通信技术专业人员的就业人数增长率已超过 4%，而信息通信技术的毕业生却下降了 40%。而且，45% 的欧洲公民缺乏基本的数字技能，即使欧洲各国政府提供了更多的在线公共服务，使用这些服务的用户数量并不会增长②。在整体教育水平较高且数字技术投入巨大的欧盟各国尚且如此，何况发展中国家，G20 在数字时代的创新可持续发展还有很大的提升空间。

4 数字经济引领 G20 创新发展的重点领域

在全球经济面临转型挑战、结构调整的背景下，数字经济已成为 G20 国家经济发展和增长的新动能。G20 国家应在信息通信技术创新、网络基础设施互联互通、实现信任和安全的信息流动、支持基于 ICT 的创业创新和产业转型升级、促进跨境电子商务合作等重点领域推进务实合作，为各国经济发展注入新活力。

4.1 推进信息通信技术创新和网络基础设施互联互通

中国华为的研究报告显示，每增加 1 美元 ICT 投资，将额外获得 3 美元的 GDP 增长；随着 ICT 从支撑系统向生产系统和决策系统转变，企业效率和创新

① 经济合作与发展组织：《OECD 衡量数字经济一个新的视角》，张晓等译，上海远东出版社，2015。

② European Commission. Europe's Digital Progress Report 2016. https://ec. europa. eu/digital-single-market/en/news/europes-digital-progress-report－2016, 2016.

水平将显著提升，预计到 2025 年，每增加 1 美元 ICT 投资，将额外获得 5 美元的 GDP 增长。ICT 已经成为 G20 各国经济增长的新引擎。为此，G20 各国不仅应支持符合条件的 ICT 公司开展移动互联网、云计算、物联网、大数据和数据中心关键技术的合作创新，还应致力于加速 ICT 基础设施建设，特别是促进宽带网络覆盖、提高网络宽带质量，实现各国 ICT 基础设施的互联互通。真正让互联网接入成为发展和增长举措的核心，让互联网渗透到社会生活的方方面面，让光缆建设能够铺设到每个国家的每寸土地。全球联接指数 2016 年的研究报告表明，要建立全连接世界、实现经济转型，下一阶段应重视宽带、数据中心、云计算、大数据和物联网等五大使能技术的投资和应用。预计到 2020 年，电信运营商将投资 1.61 万亿美元，重点建设移动宽带。受云计算、大数据和物联网等需求驱动，全球数据中心空间将从现在的 4.8 亿平方米增长至 2020 年的 6 亿平方米。预计到 2018 年，50% 以上的大型企业将自行构建工业云平台，或利用已有的工业云平台，拓展数字供应和分配网络。到 2020 年，全球大数据、大数据分析以及大数据技术市场规模将高达 2000 亿美元。到 2025 年，物联网设备数量将高达 1000 亿台，推动成千上万的新应用和解决方案开发。

根据现有资金来源趋势测算，五大使能技术的投资存在严重资金缺口。为此，G20 各国应积极拓展融资模式，拓展五大使能技术的资金来源，推进 ICT 装备和基础设施建设步伐。一是 G20 各国应开展更大范围、更高水平、更高层次的 ICT 装备和基础设施跨境投资合作，构建开放、包容、均衡、普惠的合作投资框架；建设国际化、法治化的营商环境，实行市场准入负面清单制度，实现外资管理的事中、事后监管，特别要扩大金融服务业的市场准入；签署高水平的双边或多边 ICT 装备和基础设施投资保护协定、避免双边征税协定，完善双边 ICT 装备和基础设施投资环境，保护投资者权益；从合作大局出发，改革和调整通关融资资本市场、保险、法律保证以及财税政策等，确保政策的协调性。二是 G20 各国应大力创新融资方式，综合应用公私伙伴关系（Public - Private - Partnership，PPP）、股权投资基金等形式吸收个人资本或社会资本参与 ICT 基础设施建设。PPP 模式是指公共部门（政府）与私人部门（私营企业）通过签订正式的协议，为推进 ICT 基础设施建设而建立起来的一种长期合作关系。该模式充分利用政府的主导力量，把整个社会上的企业、私人调动起来参与 ICT 基础设施互联互通建设，使社会投资和政府投资相辅相成。股权投资基金是指私募投资者对具有高成长性的非上市 ICT 企业进行股权投资，并提供相应的管理和其他增值服务。G20 各国政府应优化投资方向，通过投资补助、贷款贴息、担保补贴、基金注资、税收优惠等方式，推动 PPP 和股权投资基金优先支持五大使能技术项目。三是加大国际合作力度，设立区域、跨区域多边金融机构，鼓励 G20 成员在信息通信技术领域相互投资。G20 各国 ICT 基础设施建设水平不均衡。2015 年，欧盟数字化发展最慢的国家罗马尼亚的“数字经济与社会指数”得分不到数字化发展最快的国家丹麦的一半。因此，G20 各国应加大国际合作力度，为各国金融机构提供务实的合作平台，共同研究跨区域金融合作的长远规划，设立跨区域多边金融机构，逐步建立金融政策的多边协调机制，扩大境外 ICT 基础设施领域投融资规模，推动各国在信息通信技术领域相互投资。

4.2　实现信任和安全的信息流动

在数字经济时代，数据安全与隐私问题日渐凸显，成为民众公认的关键问题，也是越来越棘手的问题。G20 各国政府部门作为国家和社会的主要管理者，成为数据安全与隐私保护的主要推动者。G20 各国认识到信任和安全的信息流动对数字经济引领经济创新发展的重要作用，积极维护致力于建立全连接世界的 ICT 政策，促进信息跨境流动，允许互联网使用者依法自主选择获得在线信息、知识和服务。与此同时，G20 认识到只有构建适用于数据安全与隐私保护的框架，提高基于 ICT 的关键基础设施的安全性，保护互联网用户的个人隐私，才能使 ICT 成为全球经济创新发展的持续动力。为此，G20 必须致力于推动数据安全与隐私保护技术的创新发展。信息安全技术主要包括威胁发现技术、基于大数据的认证技术、数据真实性分析技术、“安全即服务”技术等。隐私保护技术包括数据发布匿名保护技术和社交网络匿名保护技术、数据水印技术、数据溯源技术和角色挖掘、风险自适应的访问控制等技术[①]。

① 冯登国、张敏、李昊：《大数据安全与隐私保护》，《计算机学报》2014 年第 37（1）期，第 246 ~ 258 页。

信息在 G20 各国间信任、安全地跨境流动，除了需要数据安全与隐私保护技术条件的支持外，更需要价值理念的支撑和制度机制的保障。首先，树立信任、安全的信息流动理念，让更多的人在共享互联网发展中有获得感。G20 各国应坚持网络主权，推进互联网全球治理体系变革，保障国家网络安全和人民依法自由使用网络的权利；应建立信息流动高层磋商机制，深化互联网领域的合作与交流，促进国与国之间互容互知、互信互鉴；破除信息壁垒及数据保护主义，使全球每个角落的人和组织均能共享基本公共数据，及时获取互联网提供的各类应用和服务。其次，完善信息信任、安全流动机制。G20 各国应构建信息信任、安全流动的基本框架，完善跨地区、开放型的信息资源流动制度体系和共享平台，加快国内及区域的 ICT 基础设施互联互通，特别是 ICT 基础设施关键通道、关键节点和重点工程的建设，形成宽领域、多层次、广覆盖的信息流动格局。

4.3 支持基于 ICT 的创业创新和产业转型升级

随着数字经济的迅速发展，ICT 逐步渗透到各行各业的各个环节。ICT 向创业创新、制造业、服务业逐步渗透，新业态、新模式不断涌现，重塑各行业的生产模式和服务模式，为基于 ICT 的创业和产业转型升级带来新机遇。

G20 各国应充分利用 ICT 释放大众创新和创业的热情。一是基于互联网平台的创业创新。基于互联网平台的创新引领和创业支撑作用，充分利用平台交互、共享和整合 G20 各国各类创新要素和创业资源，推动创新创业活动大量涌现。二是基于“众包”的创业创新。企业秉承“携手用户协同创新内容”的核心思想，携手广大互联网用户进行创业创新。企业通过“众包”创业创新平台把创业创新任务的要求分发出去，企业无须支付创意费用就能获得由广大互联网用户提供的高质量的创业创新方案；同时企业借助该平台推广和销售新产品，企业和平台按一定比例分配该产品创造的利润。

G20 各国应积极推进基于 ICT 的制造业转型升级。G20 国家的传统制造业企业采用移动互联网、云计算、大数据、物联网等新一代信息通信技术，重构产品的生产方式，实现生产的智能化和服务化。一是打造智能车间，产品生产流程将由高档数控机床、智能控制系统、工业机器人、自动化成套生产线组成，生产系统的智能化水平大幅度提高。二是通过顾客需求信息、生产信息和内部物流信息的大整合为大规模客户提供个性化定制方案。三是借助 ICT 动态链接用户、供应商、生产服务商企业，协调价值网络上利益相关者的关系，实现价值网络的整合。四是基于 ICT 推动传统制造业向面向客户需求提供成套解决方案的服务制造的转变。五是加强对制造应用的支撑服务，优先把互联网支撑服务融入现代制造业体系，打造具有国际竞争力的生产性服务业平台。

G20 各国推进基于 ICT 的服务业转型升级，一方面通过基础平台与增值应用的分离，使传统服务业在现有的基础业务业态上，衍生出基于数据业务的增值业务业态；另一方面促进了服务业“大”生产（基础平台）与“小”生产（增值应用）的有效社会分工，利用世界级平台把服务业从整体的小生产状态提升到世界级的社会化大生产水平①。以中国为例，在金融领域，ICT 对传统金融渠道、数据和技术的颠覆，引发了金融服务模式的重构，形成了第三方支付、P2P 网络借贷平台、众筹模式、大数据金融和互联网金融门户等五大新业态。在商贸业领域，以平台化、生态化为特色的电子商务支撑服务业达到世界先进水平，积极促进跨境电子商务发展，推崇移动端网络购物新模式。G20 各国应根据本国服务业发展的实际情况和潜力，寻找服务业与 ICT 融合的切入点，探索符合本国基于 ICT 的服务业转型升级路径。

4.4　促进跨境电子商务合作

据 2020 年全球跨境电商趋势报告预测，2020 年全球跨境 B2C 电商交易额将达到 9940 亿美元，惠及 9.43 亿全球消费者。可见，数字化消费将重塑商业全球化，为全球经济发展注入新活力。这主要通过以下途径实现。一是推动商业模式创新。可利用跨境电商扁平的交易模式促进产品/服务提供商与消费者直接互动，借助交易平台的融合为消费者创造无缝的消费体验；不断完善相关基础设施和平台建设，基于交易平台不断拓展增值服务类型，推动线上线下一体化发展，服务集约化发展。二是促进中小微企业发展。中小微企业可利用跨

① 姜奇平：《“互联网 +”与中国经济的未来形态》，《人民论坛（学术前沿）》2015 年第 10 期，第 52 ~ 63 页。

境 B2C 电商开辟新的市场分销渠道，并为其打开进入海外市场之门。同时，在跨境 B2C 电商模式下，小微企业借助数字化的跨境平台，可不断提高其产品和服务的附加值，以较低成本推动品牌建设，逐步改善中小企业在产业链中的分工地位。

为此，G20 各国应构建跨境电子商务合作基本框架，完善跨境电子商务合作机制，促进电子商务跨境贸易便利化。一是 G20 必须通过协调国际、国内立法完善跨境电商国际规则，构建跨境电子商务合作基本框架。依据国际认可的基本原则设立跨境电子商务合作基本制度，并通过国际“单一窗口”联合工作计划、相关国家自由贸易谈判机制等，推进跨境电子商务规则、条例的研究和制定。二是促进电子商务跨境贸易便利化。建立跨境电商监管中心，不断完善跨境直购、网购保税备货等新型快速通关监管模式，实现口岸监管的前推后移、分类通关管理。同时，加快电子口岸结汇、退税系统与跨境电商平台、物流、支付等系统的整合，打造高效快捷的跨境电商物流体系，不断提升跨境物流配送服务质量。

5 数字经济引领 G20 创新发展的提升策略

5.1 加强网络主权和网络安全维护

G20 应积极倡导尊重各国网络主权，维护网络空间安全可信。一是积极推进网络主权公约的制定和保护。目前，联合国正积极推进世界范围内网络主权公约的制定和保护。联合国发布的 A/68/98 和 A/70/174 文件强调，“国家主权和源自主权的国际规范和原则适用于国家进行的信息通信技术活动，以及国家在其领土内对通信技术基础设施的管辖权”。《信息社会突尼斯日程》也重申，“互联网的管理包含技术和公共政策两个方面的问题，并应有所有利益相关方和相关政府间和国际组织的参与”①。G20 各国应以联合国关于网络主权的公约制定为基础，推进国际公约的制定，保障各国能自主选择适合国情的网

① 唐·泰普斯科特：《数据时代的经济学》，毕崇毅译，机械工业出版社，2016。

络发展道路、网络治理模式，自主制定互联网公共政策和平等参与国际网络空间治理的权利。二是维护网络空间安全可信。G20 应积极推进维护网络空间安全可信的相关法律和国际公约的制定，打击侵犯个人隐私、盗取企业商业机密等各类网络违法犯罪活动，共同维护各国民族团结、社会稳定和国家安全；同时，通过建立适应数字经济发展的监管新模式，完善网络社会信用体系、网络空间证照体系，加强网络伦理、网络文明建设等，构建良好的网络秩序，保障数字经济的安全可信发展。

5.2　提升各国数字经济发展战略的协调性

G20 应以《二十国集团数字经济发展与合作倡议》为出发点提升各国数字经济发展战略的协调性。一是 G20 各国制定数字经济战略应呼应《二十国集团数字经济发展与合作倡议》，秉持同舟共济、互信互利的理念，积极推进数字经济发展战略开放合作，搭建更多的战略合作平台；明确各国发展定位，特别是数字技术创新定位，加强各国发展战略的耦合联动，形成具有差异化的协调发展。二是整合各国优势资源和互补资源，创造更多利益契合点、合作增长点、共赢新亮点①。通过实施更多的双边、多边数字经济合作项目，整合各国优势资源和互补资源，打造数字经济发展的示范项目；整合发达国家数字经济的辐射能力，加快各国间数字产业的转移，优化 G20 各国数字产业链的空间布局；借助数字经济实现实体空间和虚拟空间的资源结合，拓展 G20 国家基础设施的互通互联能力。三是进一步完善跨境电子商务、数据跨境流动等领域的国际规则和标准，完善与数字经济发展相适应的国际税收政策，为各国数字经济协调发展创造良好的环境。四是总结成功的数字经济协调发展经验，形成可借鉴可复制的方针、政策和操作规程，推广 G20 各国协调发展数字经济新技术、新模式、新业态的好做法，引领全球数字经济的协调发展。

5.3　提高数字经济的包容性

为克服数字鸿沟给 G20 科技成熟国家特别是科技发展中国家发展数字经

---

① 习近平：《推进全球互联网治理体系变革应坚持四原则》，http://news.xinhuanet.com/world/2015-12/16/c_128536360.htm。

济带来的不利影响，G20 应不断增强数字经济发展的包容性。一是 G20 科技领先国家应帮助 G20 科技成熟国家特别是科技发展中国家企业推进信息化，利用信息通信技术改造传统产业，推进产业转型升级；利用普惠金融推动科技发展中国家信息基础设施建设，特别是要加快落后地区和农村地区的互联网建设步伐；帮助科技发展中国家进行 ICT 技术创新，特别是移动互联网、物联网、云计算、大数据等核心技术创新；开展基于互联网平台和众筹的创业活动，为科技发展中国家经济发展注入新活力。二是进一步开发多语言、多形式的网络产品和服务，让所有人不分性别、地区、年龄、能力或经济地位都能分享互联网服务。通过加强媒体、信息、数字素养等方面的基础教育，提高公众使用 ICT 的技能，使其能通过网络掌握信息和知识，提升技能和就业创业能力。三是将数字包容性和使用数字技术提升包容性作为推进数字经济的关键要素，利用数字经济落实 2030 年可持续发展议程目标，如中国正充分发挥互联网在发展网络教育、远程医疗和推进精准扶贫方面的积极作用。

6　中国数字经济创新发展实践及经验

在信息通信技术进入全面渗透、跨界融合、引领创新发展的背景下，中国在数字经济五大使能技术发展、经济发展数字化转型、数字经济促进民生改善、数字经济推动行政管理体系和监管制度变革等方面都取得长足发展。数字经济正在成为中国创新经济增长方式的强大动能。中国数字经济发展实践将为全球经济复苏和社会进步提供经验①。

6.1　数字经济五大使能技术取得长足进步

《中国宽带普及状况报告》显示，截至 2016 年第四季度，中国固定宽带家庭普及率达到 61.4%，移动宽带用户普及率达到 71.2%。《中国宽带速率状况报告》显示，2017 年第一季度中国固定宽带网络平均下载速率达到

① Mesenbourg T L. "Measuring Electronic Business: Definitions, Underlying Concepts, and Measurement Plans". *US Bureau of the Census*, 2001.

13.01Mbit/s，移动宽带用户使用 4G 网络访问互联网时的平均下载速率达到 12.39Mbit/s。我国物联网产业持续保持 23% 以上的高速增长态势，物联网产业规模在 2015 年已经超过 7500 亿元。在大数据方面，《促进大数据发展行动纲要》提出，2018 年底前，建成国家政府数据统一开放平台；2020 年底前，逐步实现信用、交通、医疗、卫生、就业、社保、地理、文化、教育、科技、资源、农业、环境、安监、金融、质量、统计、气象、海洋、企业登记监管等民生保障服务相关领域的政府数据集向社会开放。中国云计算产业保持着超过 30% 的年均增长率，截至"十二五"末期，我国云计算产业规模已达 1500 亿元，产业结构不断优化，SaaS、PaaS 占比不断提升，混合云异军突起，成为产业新的增长点。可见，中国不断加大对数字经济五大使能技术的投资，技术服务数字经济发展的能力持续得到提升。《国家信息化发展评价报告（2016）》显示，中国信息化发展指数排名近 5 年得到快速提升，位列全球第 25 名，首次超过了 G20 国家的平均水平。

6.2　经济发展数字化转型

中国数字经济正全面渗透经济活动的各个领域，成为中国经济发展的新动能。一是数字经济引领传统产业转型升级。以制造业为例，2015 年 5 月 19 日，中国国务院印发文件《中国制造 2025》，致力于强化制造基础，实现数字化、网络化、智能化制造，发展现代生产性服务业，倡导绿色制造，不断完善制造业技术创新体系，提升产品设计能力和产品质量，培育具有全球竞争力的优势技术和产业集群。二是数字经济推动新业态与新模式层出不穷。在分享经济领域，形成了产品分享、空间分享、知识技能分享、劳务分享、资金分享、生产能力分享等众多分享形式，涌现出滴滴出行、小猪短租、猪八戒网、京东到家、京东众筹、阿里巴巴"淘工厂等代表性企业。2015 年中国分享经济市场规模约为 19560 亿元，参与提供服务者约为 5000 万，约占劳动人口总数的 5.5%。在电子商务领域，中国电商除了继续扩充产品种类、优化物流及售后服务外，还积极发展跨境电商、下沉渠道发展农村电商，建立社区支持农业等新型农业经营模式，打造基于"互联网 +"的网络型农村供销服务体系。《中国电子商务报告 2015》显示，2015 年，跨境电子商务全年交易总额达 4.56 万亿元，同比增长 21.7%；农村网购交易额达 3530 亿元，同比增长 96%，其中农产品网络零售额 1505 亿元，同比增长超过 50%。在金融领域，形成了第三方支付、P2P 网络借贷平台、众筹模式、大数据金融和互联网金融门户等五大新业态，涌现出支付宝、财付通、人人贷、阿里小贷、京东金融、苏宁金融等代表性企业。截至 2016 年 6 月底，中国 P2P（个人网络借贷）行业累计成交量达到了 2.21 万亿元。

6.3 数字经济促进民生改善

数字经济有效推进中国发展大数据医疗和推进基于“互联网+”的精准扶贫，为促进民生改善与社会和谐提供了有力保障。在大数据医疗领域，中国目前正加快建设统一权威、互联互通的人口健康信息平台，推动健康医疗大数据资源共享开放，以夯实健康医疗大数据应用基础；推进健康医疗临床和科研大数据应用，推进公共卫生大数据应用，培育健康医疗大数据应用新业态，研制推广数字化健康医疗智能设备，以全面深化健康医疗大数据应用；全面建立远程医疗应用体系，发展智慧健康医疗便民惠民服务，以规范和推动“互联网+健康医疗”服务。中投顾问发布的《2017～2021 年中国医疗大数据市场深度调研及投资前景预测报告》显示，2014 年，中国医疗大数据应用市场规模仅为 6.06 亿元，随着市场的发展和政策的引导，未来几年将是医疗大数据应用市场的快速发展期，预计到 2020 年，医疗大数据应用市场将达到 390 亿元。此外，随着互联网信息的发展，中国政府有机融合大数据、物联网等信息通信技术和相关扶贫资源、支持政策，构建能实现精准识别、精准管理和精准帮扶功能的扶贫信息综合平台，搭建以政府为主体、社会力量广泛参与的扶贫体系，完善政府、市场和社会的协同机制，形成扶贫合力，开创贫困治理新模式。通过利用电商平台销售农产品，利用“云服务”平台推动贫困人口远程就业，利用“互联网+”带动贫困地区农业、工业、服务业等三次产业充分融合发展等方式，实现扶贫的“输血”与“造血”同步。

6.4 数字经济推动行政管理体系和监管制度改革

数字经济催生的新产业、新业态、新模式，使得传统行政管理体制与监管制度遗留的老问题更加突出，发展过程中出现的新问题亟须解决，这倒逼传统行政管理体制与监管制度加快创新步伐。数字经济发展促进政府部门深入推进简政放权，全面实施“互联网 +”政务服务模式，实行“一口受理、部门分办、统一出件”的办理模式，实现“一站式”网上办公。

推动放管服改革，推行“五证合一”“一照一码”登记模式以及“五个一”审批服务模式，完善商事制度，实施负面清单制度，降低市场准入门槛，为数字经济发展营造良好的环境。此外，数字经济也推动政府通过建立大数据平台，充分利用大数据资源创新提升市场监管能力，推行智能监管，构建监管信息共享机制，建成互联共享的监管“一张网”，为实现事中事后监管提供有力支撑。当然，数字经济发展也在倒逼监管制度的创新与完善，如加快推进电子商务立法、完善网络社会信用体系、网络空间证照体系等。

总之，中国政府高度重视数字经济的发展，大力实施信息化发展战略、国家大数据战略、“互联网 +”行动计划等，取得了丰硕的成果。中国数字经济发展的创新实践为全球经济社会转型发展提供中国经验和中国方案，将继续为全球数字经济发展作出应有贡献。同时，中国数字经济发展将践行“以对外开放的主动赢得经济发展的主动、赢得国际竞争的主动”，在更大范围、更宽领域、更深层次上与世界各国一道，大力发展数字经济，协力推动全球经济走上强劲、平衡、包容、可持续增长之路。

参考文献

[1] Mesenbourg T L. “Measuring Electronic Business：Definitions，Underlying Concepts，and Measurement Plans”. *US Bureau of the Census*，2001.

[2] IDC. The Digital Universe of Opportunities：Rich Data and the Increasing Value of the Internet of Things. 2014，https：//www. emc. com/leadership/digital-universe/2014iview/index. htm.

[3] IDC. Data Age 2025. IDC White Paper：Framingham，MA，USA. 2017：http：//www. seagate. com/www-content/our-story/trends/files/Seagate-WP-DataAge2025 – March – 2017. pdf.

[4] Borrus M，Zysman J. Globalization with Borders：The Rise of Wintelism as the Future of

Global Competition. *Industry and innovation*, 1997, 4 (2).

[5] Gilster P, Glister P. *Digital Lteracy*. New York: Wiley Computer Pub., 1997.

[6] European Commission. Europe's Digital Progress Report 2016. https://ec.europa.eu/digital-single-market/en/news/europes-digital-progress-report-2016, 2016.

[7] European Commission. The Digital Economy and Society Index (DESI). https://ec.europa.eu/digital-single-market/en/desi, 2017.

[8] Baller S, Dutta S, Lanvin B. The Global Information Technology Report 2016. World Economic Forum, Geneva. 2016.

[9] 管克江、冯雪珺、敬宜:《德国接棒 G20 主席国　延续杭州峰会议题“中国奠定了非常好的基础”》,《人民日报》2016 年 12 月 4 日,第 3 版。

[10]《G20 杭州峰会通过〈G20 数字经济发展与合作倡议〉　为世界经济创新发展注入新动力》,《中国日报》,http://china.chinadaily.com.cn/2016-09/28/content_26926631.htm。

[11] 唐·泰普斯科特:《数据时代的经济学》,毕崇毅译,机械工业出版社,2016。

[12] 尼古拉·尼葛洛庞帝:《数字化生存》,胡泳、范海燕译,电子工业出版社,2017。

[13] 约翰·麦考密克:《零边际成本社会——一个物联网、合作共赢的新经济时代》,赛迪研究院专家组译,中信出版社,2014。

[14] 罗兰贝格:《2018 年中国汽车共享出行市场分析预测报告》,上海罗兰贝格亚太总部,2016。

[15] 肖恩·杜布拉瓦茨:《数字命运》,姜昊骞、李德坤译,电子工业出版社,2015。

[16] 麦肯锡:《提高你的“数字商”》,载《麦肯锡季刊》,上海交通大学出版社,2015。

[17] W. 钱·金、勒妮·莫博涅:《蓝海战略》,商务印书馆,2016。

[18] 腾讯研究院:《数字经济》,中信出版社,2017。

[19] 经济合作与发展组织:《OECD 衡量数字经济一个新的视角》,张晓等译,上海远东出版社,2015。

[20] 冯登国、张敏、李昊:《大数据安全与隐私保护》,《计算机学报》2014 年第 37 (1) 期。

[21] 姜奇平:《“互联网+”与中国经济的未来形态》,《人民论坛(学术前沿)》2015 年第 10 期。

[22] 朱诗兵、张学波、王宇等:《世界范围内网络主权的主要观点综述》,《中国工程科学》2016 年第 18 (6) 期。

[23] 习近平:《推进全球互联网治理体系变革应坚持四原则》,http://news.xinhuanet.com/world/2015-12/16/c_128536360.htm。

[24] 张新红:《数字经济与中国发展》,《电子政务》2016 年第 11 期。

[25]《国务院办公厅关于促进和规范健康医疗大数据应用发展的指导意见》,http://www.gov.cn/zhengce/content/2016-06/24/content_5085091.htm。

Y.24

专题四　加强 G20 农业技术合作与创新，推进全球消除饥饿与贫困

当前国际社会正从千年发展目标向 2030 年可持续发展议程目标转换①。极端贫穷与饥饿已成为影响当今人类社会公平发展与可持续发展的重要因素。“在全世界消除一切形式的贫困”和“消除饥饿，实现粮食安全，改善营养状况和促进可持续农业”，是2030 年可持续发展议程的两个首要目标。农业在实现上述两个目标中扮演着重要的角色，通过农业技术创新和发展模式创新，推进国家间农业技术的分享与合作，实现互利互惠、合作共赢，将会推动全球农业快速发展。二十国集团（G20）作为全球治理的重要平台，理应在实现2030 年可持续发展目标中有所担当，起到应有的表率和引领作用。G20 各国应加强农业技术合作与创新，积极探索可行的合作发展模式，共同推动全球农业的快速持续发展，助推全球消除饥饿与贫困。

1　加强 G20 农业技术合作与创新是消除全球饥饿与贫困的有效推动力

1.1　减贫与消除饥饿是2030年可持续发展议程的两个首要任务

2030 年可持续发展议程，是人类社会第一次就发展概念达成的共识，是当前国际发展领域的纲领性文件，具有划时代意义。其核心内容涵盖经济、社会、环境等三大领域的 17 项目标和 169 项具体目标，其中消除贫困与饥饿是

① 《二十国集团农业部长会议第一次副手会在京召开》，新华网，2016 年 3 月 25 日，http：//news. xinhuanet. com/politics/2016 －03/25/c_ 128834300. htm。

排在最前面的两个目标。

在全球经济发展不平衡的今天，极端贫困与饥饿仍然大范围存在，不仅是对当今“现代文明社会”无法实现平等、有尊严发展的无情嘲讽，也是影响全球可持续发展的主要因素。广大发展中国家在解决贫困与饥饿问题时，往往更多地关注经济增长，忽视环境问题，从而影响全球的可持续发展进程。联合国粮农组织公布的报告指出，从 2010 年至 2012 年，全球有将近 8.7 亿人长期处于营养不良状态，这相当于全世界每 8 个人中就有 1 个人在挨饿①。可以看出，全球粮食安全局势依然严峻，彻底消除饥饿与贫困是人类共同面临的重要任务。正如李克强总理在联合国主持 2030 年可持续发展议程主题座谈会时指出的，要将消除贫困和饥饿等目标作为首要任务。

1.2 农业技术创新与发展是推动减贫与消除饥饿的重要手段

世界上的极端贫困与饥饿多存在于发展中国家的农村。因此，减贫与消除饥饿最直接有效的手段，是支持发展中国家农村与农业的发展，提升农业生产力与产出效益。农业可以通过不断创新发展技术，实现发展方式转变，为构建创新、活力、联动、包容的世界经济提供基础保障②。通过推动农业绿色、可持续发展，在不断减少对资源环境破坏的同时，逐渐提升粮食产量，从而“让人类摆脱贫困和匮乏，让地球治愈创伤并得到保护”③。

当前多数发展中国家农业正处于从传统经营向现代管理转变的进程中。现代农业发展离不开现代信息技术手段的支持，“互联网 +”农业代表着现代农业发展的新方向、新趋势，有广阔前景和无限潜力，对世界农业将产生战略性和全局性影响④。通过加强各国农业技术的合作与创新，尤其是发达国家对发展中国家的技术支持，必然能快速推动贫穷国家的农业发展，大幅度提升世界

---

① 《世界粮食日聚焦农业合作社为消除贫困饥饿做更大贡献》，新华网，2012 年 10 月 17 日，http：//news. xinhuanet. com/world/2012 - 10/17/c_ 123833660. htm。

② 《二十国集团农业部长会议第一次副手会在京召开》，新华网，2016 年 3 月 25 日，http：//news. xinhuanet. com/politics/2016 - 03/25/c_ 128834300. htm。

③ 《变革我们的世界：2030 年可持续发展议程》。

④ 《第二次二十国集团农业副手会在西安召开》，中国政府门户网站，2016 年 6 月 2 日，http：//www. gov. cn/xinwen/2016 - 06/02/content_ 5078970. htm。

农业产量，减少贫穷与饥饿。然而，在贸易保护主义不断抬头，各国更加关注自身利益的今天，要实现这种合作并不容易。需要所有国家和所有利益攸关方携手合作，共同应对面临的困难与问题，分享技术成果，实现合作共赢。“我们决心大胆采取迫切需要的变革步骤，让世界走上可持续且具有恢复力的道路。在踏上这一共同征途时，我们保证，绝不让任何一个人掉队。”①

1.3　G20各国间的农业技术合作与创新对全球减贫与消除饥饿意义重大

贫困仍然是当前众多发展中国家面临的最大、最现实的问题。二十国集团涵盖了发达国家、新兴市场国家以及发展中国家，减少贫困也是 G20 发展中国家面临的主要任务。世界银行数据显示，在 G20 新兴市场国家与发展中国家中，仍有较大比例的农村贫困人口。2014 年墨西哥按农村贫困线衡量的贫困人口比例高达 62.4%，印度尼西亚也超过了 10%。2010 年南非仍有 77%，2011 年印度有 25.7% 的农村贫困人口。尽管中国 2014 年的贫困人口比例已降至 7.2%，但贫困人口数量仍高达 7017 万人②（见表 4－1）。因此，对 G20 中的新兴市场国家和发展中国家而言，消除贫困仍然是今后发展的重要任务。

表 4－1　G20 各国按农村贫困线衡量的贫困人口比例

单位：%

国家＼年份	2008	2009	2010	2011	2012	2013	2014
阿根廷							
澳大利亚							
巴西							
加拿大							
中国						8.5	7.2
法国							
德国							
印度		33.8		25.7			

① 《变革我们的世界：2030 年可持续发展议程》。

② 《中国统计年鉴（2016）》。

续表

国家 \ 年份	2008	2009	2010	2011	2012	2013	2014
印度尼西亚	18.9	17.4	16.6	15.7	15.1	14.3	14.2
意大利							
日本							
韩国							
墨西哥	63.1		65.9		62.8		62.4
俄罗斯							
沙特阿拉伯							
南非			77				
土耳其	15.3	11.9	9.6	6.8	5.9	5.1	
英国							
美国							

注：农村贫困率是生活在国家农村贫困线以下的农村人口比例。
数据来源：世界银行数据库。

G20 通过建立更紧密伙伴关系，携手行动，为稳定世界经济增长作出了贡献，并逐渐成为全球治理的有效平台。在实施 2030 年可持续发展议程方面，G20 也应勇于担当，发挥引领作用。作为全球农产品的主要生产者、消费者和交易者，G20 各成员国也理应考虑如何维持农业的快速增长与可持续发展。通过共同建立农业创新驱动发展战略，支持构建全球农业技术合作共享平台，分享农业政策、技术、创新成果等信息，促进 G20 成员之间的知识共享与国际合作①，有效地确保世界粮食安全和农业可持续发展。

加强农业技术合作与创新也是 G20 各国自身农业发展的需要。随着人类对农业功能要求的不断拓展，以及对农产品需求量的日益增加，单靠一国农业技术创新显得越来越困难。一方面，创新的投入不断提高，要求越来越多，风险也比以往更大；另一方面，受限于本国的农业资源禀赋，单依靠增加本国农业产出来满足市场对农产品需求的空间越来越小。因此，当前各国寻求农业技术合作与创新的动力正在不断增强，尤其在当今世界的联合协作创新浪潮下，

① 《第二次二十国集团农业副手会在西安召开》，中国政府门户网站，2016 年 6 月 2 日，http://www.gov.cn/xinwen/2016－06/02/content_ 5078970.htm。

协作创新正成为技术创新的重要实践方式和发展趋势。G20 中既有农业大国，也有农业强国，加强 G20 各国间的农业技术合作与创新就显得更为必要。

2　G20加强农业技术合作与创新空间巨大

二十国集团中既有发达国家、新兴市场国家，也有发展中国家，既有农业资源条件优越的国家，也有农业技术水平先进的国家，它们在农业发展水平上存在较大差距。各国间的这种差距越大，通过优势互补，进行技术合作和知识共享，所能提升农业产出的潜能就越大，合作共赢的空间就越大。通过加强 G20 各国农业技术方面的共享合作与创新，为全球摸索出可行的、能够实现合作共赢的农业技术合作模式与路径，有助于推进全球农业的可持续发展。

2.1　G20各国农村人口分析状况

对当前广大的发展中国家而言，农村人口众多，农业在国民经济中依然占据较大比重。农村人口比重越大的国家，发展农业、增加农业产值对摆脱贫困的效果就越好。世界银行数据显示，2015 年 G20 各国中农村人口比重超过 20% 的有 10 个国家，印度更高达 67.25%（见表 4－2、表 4－3）。

表 4－2　G20 各国农村人口数

单位：人

国家＼年份	2014	2015	国家＼年份	2014	2015
阿根廷	3608603	3581448	日本	8872528	8254840
澳大利亚	2512875	2516242	韩国	8894786	8871143
巴西	30019367	29749217	墨西哥	26367387	26361155
加拿大	6522427	6514409	俄罗斯	37502416	37453658
中国	621970693	608629709	沙特阿拉伯	5273569	5320861
法国	13724967	13627062	南非	19331467	19363666
德国	20169501	20174086	土耳其	21015924	20927471
印度	876057482	881720811	英国	11407453	11337632
印度尼西亚	119586112	119143870	美国	59166890	59086422
意大利	18953446	18848343			

注：农村人口是指根据国家统计局的定义，在农村居住的人口。农村人口为总人口与城市人口之差。下同。
数据来源：世界银行数据库。

尽管发达国家的农村人口比例普遍较低，但仍有较大规模的人口数量，美国有近6000万农村人口，德国有超过2000万农村人口，意大利、法国和英国也都有超过1000万的农村人口。因此，发达国家也有提升农业产值、推动农业技术创新的强烈意愿。

表 4－3　2015 年 G20 各国农村人口比重

单位：%

国家	阿根廷	澳大利亚	巴西	加拿大	中国	法国	德国	印度	印度尼西亚	意大利
比重	8.25	10.58	14.31	18.17	44.39	20.48	24.70	67.25	46.26	31.04
国家	日本	韩国	墨西哥	俄罗斯	沙特阿拉伯	南非	土耳其	英国	美国	
比重	6.50	17.53	20.75	25.99	16.87	35.20	26.60	17.41	18.38	

数据来源：世界银行数据库。

2.2　G20各国农业产值与谷物产出状况分析

2.2.1　G20各国的农业产值状况

世界银行数据显示，2014 年 G20 中农业总产值超过千亿美元的国家有 5 个，分别是中国、印度、美国、印度尼西亚和巴西，其中中国农业产值最高，为6835.8 亿美元。G20 中南非农业总产值最少，仅 103 亿美元（见表 4－4）。G20 中农业总产值占 GDP 比重在 10% 以上的有两个国家，分别为印度和印度尼西亚。印度最高，达 17.45%。德国最低，仅 0.64%（见表 4－5）。但需要指出的是，农业产值少，占比小，并不意味着该国的农业生产水平低。数据显示，2014 年单位面积耕地农业产值中，超过 1 万美元/公顷的有两个国家，分别为韩国和日本，其中韩国单位面积耕地产值高达 17217.02 美元/公顷。俄罗斯单位耕地面积产值最低，仅 497.24 美元/公顷。日本尽管农业总产值以及占 GDP 比重都比较低，但其单位耕地面积的农业产值却是印度这一农业大国的 7.5 倍，是俄罗斯的 31.4 倍（见图 4－1）。

表 4－4　2014 年 G20 各国农业总产值

单位：百万美元

国家	阿根廷	澳大利亚	巴西	加拿大	中国	法国	德国	印度	印度尼西亚	意大利
产值	29521	26576	103673	25768	683576	44817	17888	325517	124202	37026
国家	日本	韩国	墨西哥	俄罗斯	沙特阿拉伯	南非	土耳其	英国	美国	
产值	65873	25412	38510	61221	13467	10301	68395	18841	179602	

注：增加值为 2010 年不变价美元。农业对应《国际标准行业分类》第 1～5 项，包括林业、狩猎和渔业以及作物耕种和畜牧生产。增加值为所有产出相加再减去中间投入得出的部门净产出。这种计算方法未扣除装配式资产的折旧或自然资源的损耗和退化。增加值的来源根据《国际标准行业分类》修订本第 3 版确定。数据按 2000 年不变价美元计算。

数据来源：世界银行数据库。

表 4－5　2015 年 G20 各国农业总产值比重

单位：%

国家	阿根廷	澳大利亚	巴西	加拿大	中国	法国	德国	印度	印度尼西亚	意大利
比重	6.04	2.50	4.97	1.84*	8.83	1.74	0.64	17.45	13.52	2.25
国家	日本	韩国	墨西哥	俄罗斯	沙特阿拉伯	南非	土耳其	英国	美国	
比重	1.11*	2.31	3.61	4.56	2.26	2.37	8.53	0.65	1.33*	

* 其中加拿大为 2013 年数据，日本与美国为 2014 年数据。

数据来源：世界银行数据库。

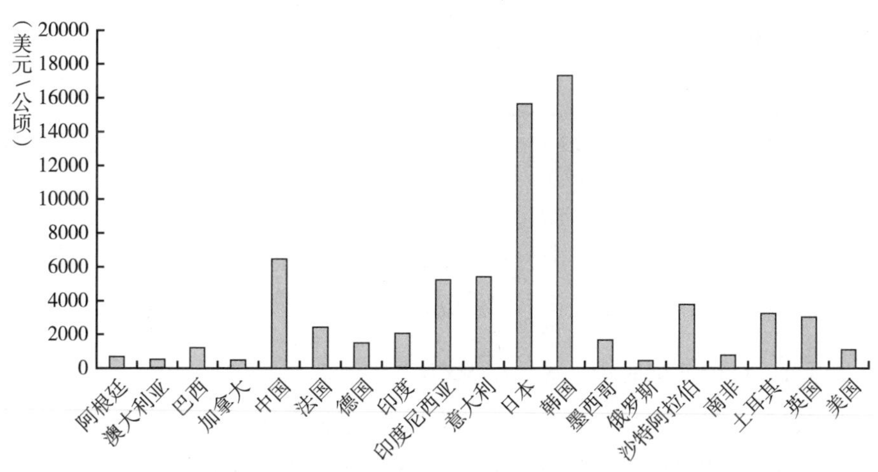

图 4－1　2014 年 G20 各国农业耕地平均产值

2.2.2 G20各国的谷物产出状况

粮食在联合国统计分类中称谷物，其中包括小麦、稻谷、玉米、高粱、大麦、燕麦、黑麦和谷子等。发展粮食生产技术，提高谷物产量，对消除饥饿具有重要意义。世界银行统计数据显示，2014 年 G20 中谷物产量超过 1 亿吨的国家有 5 个，分别是中国、美国、印度、俄罗斯和巴西，其中中国产量最高，为 5.6 亿吨。沙特阿拉伯产量最少，为 0.86 百万吨（见表 4 –6）。在谷物的平均产量方面，每公顷谷物产量超过 6000 千克的国家有 6 个，分别是德国、英国、美国、法国、韩国和日本，其中德国最高，为 8050.3 千克/公顷。澳大利亚最低，为 2137.1 千克/公顷（见图 4 –2）。对比分析可见，尽管中国、印度、俄罗斯和巴西的谷物总产量高，但平均产出较低。德国谷物平均产量分别是中国、印度、俄罗斯和巴西的 1.4、2.7、3.3 和 1.7 倍。

由于 G20 各国农业技术水平不同，生产要素投入不同，各国单位耕地农业产值和谷物平均产量存在较大差距。因此，加强 G20 各国的农业资源流动与技术合作，能够有效挖掘粮食生产和农业经济的增长潜力。

表 4 –6　2014 年 G20 各国谷物总产量

单位：百万吨

国家	阿根廷	澳大利亚	巴西	加拿大	中国	法国	德国	印度	印度尼西亚	意大利
产量	51.03	38.42	101.40	51.30	557.41	73.33	52.01	295.36	89.85	19.37
国家	日本	韩国	墨西哥	俄罗斯	沙特阿拉伯	南非	土耳其	英国	美国	
产量	11.60	5.85	36.53	103.14	0.86	16.62	32.71	24.47	442.85	

注：谷类生产数据与收获后仅用作干燥谷物的作物相关。收获后用作干草或未成熟时收割用作食物、饲料或青贮饲料或作牧草用的谷类作物除外。

数据来源：世界银行数据库。

2.3 G20各国农业生产投入状况分析

2.3.1 G20各国的农业从业人员比重

从 2015 年农业从业人员占就业总人数的比重可以看出，发展中国家的比重较大。其中占比超过 10% 的国家有 6 个，分别是印度[①]、印度尼西亚、中

① 印度为 2010 年数据。

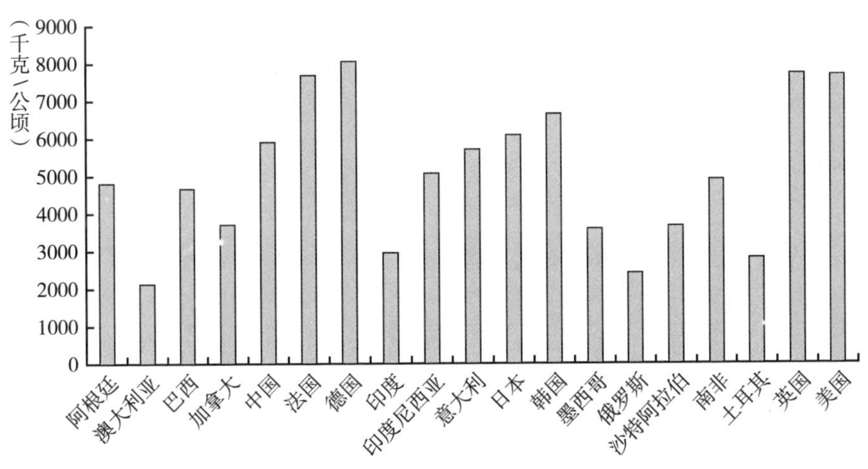

图 4-2 2014 年 G20 各国谷物平均产量

国、土耳其、墨西哥和巴西，而加拿大、美国、德国和英国的农业从业人员比重均低于 2%（见表 4-7）。结合前文分析的农业产出增加值以及谷物产量可以发现，尽管发达国家农业从业人员较少，但粮食产出与农业产值却较高，反映了发达国家在农业科技方面的较大优势。

表 4-7 2015 年 G20 各国农业从业人员比重

单位：%

国家	阿根廷	澳大利亚	巴西	加拿大	中国	法国	德国	印度	印度尼西亚	意大利
比重	2.04*	2.65	10.29	1.64	28.3	2.71	1.39	51.06*	32.88	3.75
国家	日本	韩国	墨西哥	俄罗斯	沙特阿拉伯	南非	土耳其	英国	美国	
比重	3.58	5.19	13.45	6.71	6.1	5.59	20.41	1.13	1.63	

* 其中阿根廷为 2014 年数据，印度为 2010 年数据。

数据来源：世界银行数据库。

2.3.2 G20各国的农业生产条件

联合国粮农组织 2013 年统计年鉴数据显示，2000 ~ 2009 年 G20 各国在农业拖拉机利用总量上存在很大差距，其中美国的使用数量分别是印度、中国和印度尼西亚的 2.1、4.4 和 1093.9 倍（见表 4-8）。在单位耕地面积化肥施用量上，2014 年有 13 个国家超过 100 千克/公顷，其中中国施用量最多，为

565.3 千克/公顷，俄罗斯最少，仅 15.7 千克/公顷（见表 4-9）。在农业灌溉设施上，也存在一定的差距，传统农业国家以及耕地面积较少、进行精耕细作的国家，农业灌溉用地占农业用地总量的比重较大。2013 年印度这一比例高达 36.8%，日本 2014 年也高达 34.81%（见表 4-10）。

表 4-8　G20 各国农业拖拉机利用总量（2000～2009 年）

单位：辆

国家	阿根廷	澳大利亚	巴西	加拿大	中国	法国	德国	印度	印度尼西亚	意大利
数量	244320		788053	733182	989139	1176425	989488	2091000	4013	1754401
国家	日本	韩国	墨西哥	俄罗斯	沙特阿拉伯	南非	土耳其	英国	美国	
数量	2027674	191631	238830	329980		63200	941835		4389812	

注：农业机械指在指定日历年年末或下年第一季度期间农业生产中使用的轮胎式和履带式拖拉机（园艺拖拉机除外）的数量。

数据来源：联合国粮农组织 2013 年统计年鉴。

表 4-9　G20 各国单位耕地面积化肥施用量

单位：千克/公顷

国家＼年份	2010	2011	2012	2013	2014
阿根廷	39.1808	41.71741	35.3091	36.14567	35.95383
澳大利亚	46.31648	45.27874	46.61972	49.2	54.18585
巴西	156.1899	183.0148	181.7328	175.6601	175.1959
加拿大	69.17559	84.07827	77.9988	88.71196	89.4339
中国	515.409	533.4068	549.122	557.0493	565.2547
法国	150.538	141.2993	136.9801	140.6114	151.4619
德国	211.5968	191.487	198.9216	203.4692	217.6649
印度	179.0359	180.7483	164.7829	158.1543	165.1246
印度尼西亚	181.5167	198.4186	205.4442	201.6901	211.8047
意大利	122.746	134.3225	150.816	129.0464	130.9453
日本	259.8344	263.8771	255.0921	253.1834	240.618
韩国	336.0537	334.9093	481.0117	361.2649	399.9241
墨西哥	75.05764	72.87862	78.38052	78.7654	83.57028
俄罗斯	16.07454	16.40967	15.67833	15.22431	15.71029
沙特阿拉伯	92.04088	148.3159	361.4886	293.9374	242.2416
南非	53.78098	60.33741	59.52336	57.71848	60.60432

续表

国家＼年份	2010	2011	2012	2013	2014
土耳其	98.37565	89.94114	100.3464	112.3814	105.2684
英国	251.9263	238.7001	235.029	246.5924	243.3625
美国	117.1244	132.3324	136.5244	139.7091	137.6028

注：化肥消费量（每公顷耕地 1000 克）衡量每单位耕地使用的植物营养素数量。化肥产品包括氮肥、钾肥和磷肥（包括磷矿粉肥）。传统营养素（动物性肥料和植物性肥料）不包括。出于数据传播考虑，联合国粮农组织（FAO）采用了日历年的概念（1 月至 12 月）。有些国家按照日历年编制化肥数据，而另一些国家则编制跨年数据。联合国粮农组织定义的耕地包括短期作物用地（种植双季作物的土地只计算一次）、供割草或放牧的短期草场、供应市场的菜园和自用菜园以及暂时休闲的土地。因转换耕作方式而休闲的土地不包括在内。

数据来源：世界银行数据库。

表 4－10　G20 各国农业灌溉用地占比

单位：%

国家＼年份	2010	2011	2012	2013	2014
阿根廷		1.46			
澳大利亚	0.46	0.48	0.53	0.60	0.58
巴西					
加拿大	1.22				
中国		10.49			
法国	5.47			4.95	
德国				2.19	
印度	34.49	35.40	36.33	36.80	
印度尼西亚					
意大利	16.83			19.08	
日本	35.38	34.51	34.71	35.20	34.81
韩国					
墨西哥	5.54	6.06	5.36	5.43	5.50
俄罗斯					
沙特阿拉伯					
南非	1.59	1.66			
土耳其	13.37	13.64	13.58	13.57	13.52
英国	0.39			0.28	
美国			5.53		

注：指农业灌溉用地占农业用地总量的比例；农业灌溉用地指有专门供水的农业区，其中包括采用控制漫灌法灌溉的土地。

数据来源：世界银行数据库。

2.3.3 G20各国的农业资本投入

联合国粮农组织2013年统计年鉴数据显示，2007年G20各国农业资本存量超过1000亿美元的国家有11个，其中美国最多，为6191.3亿美元。韩国最少，为173亿美元。在利用外资方面，2010年至2011年中国利用外商农业投资最多，达20多亿美元。而德国、日本和英国的外商农业投资均为负值，反映了发达国家多为农业资本流出国家（见表4－11）。

表4－11 G20各国农业资本投入情况

单位：百万美元

国家	2007年农业资本存量	2010～2011年外商农业投资	国家	2007年农业资本存量	2010～2011年外商农业投资
阿根廷	79463	663	日本	292402	－5
澳大利亚	115091		韩国	17301	
巴西	212210	618	墨西哥	121134	17
加拿大	100518	0	俄罗斯	167552	235
中国	559504	2009	沙特阿拉伯	23710	6
法国	96594		南非	43832	
德国	81256	－1	土耳其	129094	32
印度	369127	0	英国	48889	－702
印度尼西亚	100102	317	美国	619125	
意大利	81781	444			

注：此处农业指种植业、林业、狩猎和渔业。

数据来源：联合国粮农组织2013年统计年鉴。

2.3.4 G20各国的农业研发投入

联合国粮农组织2013年统计年鉴数据显示，2008年G20各国农业研发投入超过10亿美元的国家有6个，分别为美国、中国、日本、印度、巴西和法国，其中美国最多，为48.3亿美元。从表4－12可以看出，农业研发投入较多的国家多是农业强国与农业大国。从农业基础研究投入占GDP比重来看，达到或超过2%的国家有8个，分别为日本、德国、澳大利亚、法国、加拿大、美国、韩国和南非，其中日本最高，为5.5%。中国尽管是农业大国，但这一比重仅为0.5%。

表 4－12　2008 年 G20 各国农业研发投入状况

单位：百万美元，%

国家	农业研发投入	2008 年农业基础研究投入占 GDP 比重	国家	农业研发投入	2008 年农业基础研究投入占 GDP 比重
阿根廷	441	0.9	日本	3112	5.5
澳大利亚	590	3.6	韩国	685	2.3
巴西	1403	1.5	墨西哥	585	1.1
加拿大	636	3.4	俄罗斯	376	
中国	4048	0.5	沙特阿拉伯	84	
法国	1267	3.5	南非	273	2.0
德国	984	4.4	土耳其	315	
印度	2121		英国	362	
印度尼西亚	379		美国	4825	3.2
意大利	564	1.8			

注：其中农业研发投入以 2005 年实际购买力计算。

数据来源：联合国粮农组织 2013 年统计年鉴。

综上分析可见，G20 各国无论是在农业发展水平上，还是在农业研发与创新投入上，都存在较大差距。这些差距为各国在农业领域的合作提供了空间。此外，G20 各国在农业发展上各有优势，有的国家农业资源丰富，有的国家农业技术水平较强，可以通过不断加强在旱作农业、节水灌溉、农艺技术装备、项目投资、专家合作、技术培训等各个方面的合作，实现优势互补，共同推进农业生产的快速增长，实现共赢。

3　G20 深入农业技术创新合作面临的困境

近年来，二十国集团运行机制日渐成熟，已形成较为完善的沟通渠道和协商平台，这为各国深入、全面地探讨经济领域的各项问题提供了可能与便利条件。在着眼推进 2030 年可持续发展议程方面，尤其是加强农业合作、消除贫困与饥饿方面，G20 已经开始了交流与合作，并形成了较为稳定的商谈机制。然而，初步构建的农业技术合作机制并不完善，技术交流存在不公平，合作双方缺乏政治互信，使得 G20 各国间的农业技术合作与联合创新难以深入开展。

3.1 当前 G20农业技术合作的积极进展

3.1.1 世界经济一体化与联合创新推动各国加强农业技术合作

世界经济一体化的进程逐步加快，各国之间的联系越来越紧密，这是生产力发展到一定程度的必然规律，不以人们的意志为转移。在此背景下，积极开展国际合作与交流已成为各国经济和科学技术发展的重要手段之一，在农业技术领域也不例外。自改革开放以来，中国同欧洲、东盟、非洲、俄罗斯、以色列、美国等的农业技术合作项目不断向纵深发展，取得了良好的效益。例如，从20世纪80年代开始，中国与澳大利亚开始开展农业技术合作。在过去的30多年中，澳大利亚与中国开展的农业技术合作项目上百项，这些项目的开展对加强两国之间的了解、促进双方的农业经济和贸易发展起到了一定作用①。正是由于在农业领域坚持改革开放，坚持技术合作与创新，中国改革开放30多年来，在发展中国家中率先实现了千年发展目标的减贫目标，为世界粮食安全和减贫事业作出了重大贡献。可以预见，今后中国也必将继续秉持互利互惠、合作共赢的理念，坚定不移地推进农业对外开放，扩大和深化与各国农业的合作，强化与“一带一路”沿线国家以及其他重点区域的合作，优化发展环境，提高贸易投资水平，加强农业科技创新、农机装备制造、农业信息技术、农产品加工流通和生态循环农业等领域的合作，与各国共谋农业发展壮大②，为实现2030年可持续发展目标与各国共同努力。

3.1.2 G20积极谋求国家间的农业技术共享与合作

二十国集团为支持2030年可持续发展目标的实现，以可持续的方式推动全球农业发展，充分利用其合作机制与交流平台，积极开展农业技术合作。这经历了从建立合作意向到构建交流合作机制，再到进行专业化技术合作的发展历程。

2016年，作为G20杭州峰会4个专业会议之一的G20农业部长会议在西

① 曹慧、翟雪玲、张雯丽等：《中国与澳大利亚农业技术合作的现状、问题及建议》，《世界农业》2012年第8期。

② 《G20农业部长会议召开　各国纷纷点赞中国农业》，新华网，2016年6月4日，http://news.xinhuanet.com/fortune/2016-06/04/c_129039660.htm。

安召开，这是继 2011 年法国、2015 年土耳其之后召开的第三届 G20 农业部长会议。在此次会议上，G20 各国农业部部长共同探讨如何促进全球粮食安全、营养以及可持续农业增长和农村发展，构建创新、活力、联动、包容的世界经济，以全面实现 2030 年可持续发展目标，并积极推动各方开展经验交流、知识分享和技术应用，推进农业生产。随后发布的《二十国集团农业部长会议公报》提出，“确保粮食安全和营养需要全球努力，且重点关注发展中国家。正是在这些国家，应当构建多层次粮食安全治理体系。我们强调 2015 年通过的‘亚的斯亚贝巴行动议程’、南北合作、南南合作及三方合作对于将可持续农业确定为优先重点并为发展中国家——特别是最不发达国家——提供更多适当和可预见的资源及相关技术的重要性。……支持国际社会围绕农业可持续发展进行经验交流、知识分享和技术应用。……鼓励各国之间的农业科研计划与项目对接，开展协同创新和联合研究，促进农业知识交流和共享。……推动和扩大对发展中国家和地区的农业投资，实现投资方与东道国‘双赢’”。紧接着，《二十国集团领导人杭州峰会公报》对上述提议进行了肯定与确认。

2017 年 1 月 22 日，G20 农业部长会议在德国柏林召开。这次会议是 2016 年西安 G20 农业部长会议决定机制化后的首次会议。会议主题是“农业与水”，并将西安会议上的农业创新和“互联网 +”现代农业作为本次会议部长们讨论的重要议题。中国农业部部长韩长赋在演讲中强调指出：“当前，信息技术快速发展，正在深刻改变农业生产经营管理方式和农民的思维方式，给农业发展带来新的机遇。中国政府高度重视推进信息化与农业现代化的深度融合，利用现代信息技术提高农业的市场化、标准化、规模化、农业品牌化水平。农民是农业信息技术应用的主体，要让他们从发展中受益，更多地分享信息技术带来的好处。因此，中国今后将加大农业信息化推进力度，与各国一起加快建立二十国集团农业信息技术交流平台，加强技术创新和人才交流合作。”① 可以说，无论是领导人峰会对农业相关问题的关注，还是已经召开了四届的农业部长会议，都为农业知识共享、加强技术合作开创了良好的局面。

---

① 韩长赋：《在 2017 年德国二十国集团农业部长会议上的发言》，中华人民共和国农业部网站，2017 年 1 月 22 日，http：//www. moa. gov. cn/zwllm/zwdt/201701/t20170122_ 5462497. htm。

3.2 推进 G20农业技术合作与创新存在的问题与困境

3.2.1 缺乏有效的推动机制，农业技术合作与创新步伐缓慢

尽管 G20 已经意识到加强农业知识共享与技术合作创新的重要性，并通过峰会论坛、部长会议积极呼吁，致力于推进合作的机制化运作，但 G20 峰会本身只是一个协调机制，缺乏综合政府、财政、货币与产业等相关部门的协同与约束机制，难以对成员国产生应有的约束力。在此情况下，即便提出了相关目标与方案，真正能够实现与落实的可能性较小。在农业技术合作与创新方面，尽管部长会议鼓励各国之间的农业科研计划与项目对接，开展协同创新和联合研究，但缺少规范的合作行动机制与有效的行动约束机制，致使农业技术合作与协同创新行动缓慢。当前真正基于 G20 交流与协议的农业技术合作创新项目还比较少。

此外，由于农业技术合作与协同创新涉及国家与国家间的合作，必然会受国家关系、政治影响等因素的干扰。在缺乏规范的推动机制与有效的约束机制条件下，没有相关条约与协议的保障，农业技术合作活动与技术协同创新活动不可避免地面临政治风险，从而阻碍了农业技术合作的迅速开展。

3.2.2 援助型技术合作模式限制了农业技术合作与创新的深入开展

对多数农业发达国家而言，其农业技术已经非常成熟，但受限于国内农业资源条件，无法获得技术、资本的更大收益。因此，这些农业企业对利用国外的农业资源，发挥自身优势，开拓发展空间，提高经济收益，具有强烈的意愿。作为微观经营主体，其实施农业技术合作的目的是为了盈利。然而，当前国家间的农业技术合作，有很大一部分是因政治需要而进行的农业技术援助。这种援助型的农业技术合作方式，尽管提升了东道国的农业技术水平，推动了其农业发展，但能为农业技术输出国，尤其是携带先进农业技术而来的农业企业带来的收益十分有限。这种农业技术合作并没有实现真正的双赢。缺少了激励机制，拥有农业技术优势的主体也就失去了进行合作的积极性。

而且，缺少激励机制的农业技术合作，必然会使输出国农业企业带来的技术不是最先进或最前沿的。这样的合作，使得农业资源没有得到充分利用，农业生产的应有潜力没有充分发挥，在一定程度上仍然存在农业资源的“浪

费”。当然，这种农业技术合作方式更难以涉及联合创新了，以致双方的合作无法深入持久地开展下去。

3.2.3　国家间的不信任阻碍农业技术合作与创新的有效开展

由于国际经济秩序、地缘政治等原因，G20 各国间缺乏政治互信，进而影响双方的技术交流以及农业高科技领域的合作。一些国家甚至政治介入创新合作，以技术壁垒、绿色壁垒等形式，或者打着民主、人权等旗号，限制创新要素向其他国家流动。表现为发达国家出现了技术出口控制，阻碍与新兴市场国家或发展中国家的先进技术合作，阻碍高科技人员的交流与访问，或者是不愿将先进或前沿的农业技术拿出来进行分享与合作，关起门来自己搞创新。“孤岛研发”的现象依然存在。这一系列行为限制了农业技术创新合作的全面开展。

在缺乏约束机制以及没有相应法律保障的情况下，国家政权更迭或政治环境变迁，都会造成政策的不稳定性。这使农业技术合作与协同创新行为变得具有高风险性。为降低风险，技术合作只能在较为熟悉和关系友好的国家间进行。无法普遍开展农业技术合作与协同创新，不利于实现优势互补，在一定程度上降低了创新效率与技术产出效率。

3.2.4　技术水平与文化差异阻碍了农业技术合作与创新应有效益的发挥

农业技术是各国历史、经济、社会、文化以及与外部交流，经过适应改造而形成的一个特定体系①，是一种历史传承和文化积累。农业耕种理念在各国间存在较大差距，如韩国、日本，包括中国，其单位面积谷物产量较高，就是其精耕细作精神的体现，这与粗放开阔型生产的俄罗斯是截然不同的。这种耕种文化造成的产出差异，不是技术合作在短期内能够改变的。农业技术合作与创新产生的效益，也因此在短期内无法得到应有的体现。

农业技术传递并非一蹴而就。接触和吸收技术需要具备灵活竞争的经济环境、较高素质的从业人员、私人和公共部门的制度支持以及最低限度的基础设施。然而，一些发展中国家缺乏上述条件，农业生产工具极其简陋，缺

① 高贵现、朱月季、周德翼：《中非农业合作的困境、地位和出路》，《中国软科学》2014 年第 1 期。

乏必要的农业基础设施和农业服务体系，良种、机械、化肥等基本与一般农民无缘①。这种情况下根本无法实现技术对接，合作能够产生的效益也是极低的。再加上劳动者本身的学习技能、劳动态度直接决定了双方农业技术合作的效果，如果技术输入国农业从业人员或科研人员的技术素质、学习技能，与技术输出方的要求相去甚远，双方合作所带来的效果会大打折扣。广大发展中国家农民受教育程度较低，接受先进技术的过程缓慢，使得双方无法充分实现技术合作所带来的生产突破。

4 推进 G20农业技术合作与创新的思路

4.1 高层谋划，政府推动，加快推进 G20农业技术分享与合作

加强国家间的农业技术分享与合作，涉及外交、财政、商务等一系列相关部门，需要政府支持与推动。政府应充分利用外交渠道，为农业企业技术合作提供更为有效的引导与便利条件；并通过高层设计，为双方农业技术共享与合作指引方向与领域，通过规划和信息发布等形式，为农业企业提供准确的引导。此外，还应加强战略合作，建立和完善农业技术合作与创新的共同合作机制，从国家层面制定相应规则，保障合作的平稳开展。

农业企业尤其是新兴市场国家的农业企业普遍积累有限、资本人才等要素储备不足，并且“走出去”还面临着能源价格上涨、物流运输成本过高等障碍，以及农业项目的自然风险等不利因素，因此仍需要政府的大力支持与帮助。通过提供相应的财政政策支持，适当增加各类专项支持资金规模，包括农业国际技术交流合作专项基金、援外专项基金等，来提高农业企业进行技术合作的积极性。与此同时，应加强 G20 内部以及 G20 与各国国际性组织之间的信息联系，提升农业技术交易市场的透明度，增进农业技术合作项目的有效对接，为农业技术合作创造便利条件。

---

① 高贵现、朱月季、周德翼：《中非农业合作的困境、地位和出路》，《中国软科学》2014 年第 1 期。

4.2　增强互信，磨合差异，提高农业技术交流与合作效率

农业技术合作与创新是个复杂的系统工程，涉及不同的主权国家和利益主体，并面临自然环境、安全威胁、边贸互补性与均衡问题、地缘政治风险等挑战。因此，G20 应充分发挥作为践行"新型大国关系"的最佳平台以及协调多边体系的核心平台作用，协调大国间、新兴经济体与发达经济体之间的关系，为保障区域政局稳定尽最大努力。通过推进政治沟通，使各国政府切实增强战略互信，加强政策协调，完善多边框架下的沟通机制。从全局出发，化解合作瓶颈，消除保护主义壁垒，共同营造透明、共赢、开放、有利的环境，为农业技术合作与创新创造有利因素。还可通过推进人文交流和文化传播，增强双方的认同感，为推进双方农业合作交流提供良好的外部环境。

因双方生产能力差异较大而无法有效开展合作时，G20 可尝试建立专项基金，或者成立资助项目，加快培育发展中国家的农业从业人员，提高其素质与技术能力。发展中国家还要加快农业基础设施建设，提高农业生产条件，不断缩小与发达国家的差异，提升农业技术项目对接能力。加强各国间的农业文化交流，逐步熟悉不同国家的人文习俗，积极开展前期培训，为技术合作打下良好基础。

4.3　提升农业技术合作收益，实现技术合作双赢

推进 G20 农业技术合作必须坚持以市场为导向，以微观经济企业为合作主体，这是经济运行规律的要求，也是推进农业技术合作深入开展与可持续发展的要求。因此，合作中要坚持农业技术援助与市场化运作并行的方式。在东道国技术水平有限、生产条件落后、难以短时间内保证盈利的情况下，G20 可建立专门机构，加强技术援助与资金资助。在发展到一定阶段后，政府主导的合作让位于市场。坚持以农业企业为主体，推动各方的农业技术合作。同时，东道国政府要建立教育、科研和推广"三位一体"体系，支持农业科技成果创新和推广，建立完善的农业科技成果产权保护体系，让科技创新企业能够享受到科技成果转化的收益。政府间应加强联系与协调，可尝试建立农业技术数据库，使潜在的需求者更快捷地找到合适的技术项目。通过知识共享平台，建

设公共领域专业知识网络，创建标准化的文件记录，为双方合作提供便利服务。

4.4　积极推进优势互补，增强 G20农业技术联合创新能力

创新是发展的永恒主题，是农业发展的强大动力。科学技术则是提高农业综合生产能力的关键。也只有通过不断创新农业技术与发展模式，才能满足人们对农业持续增长的需求。要推进 G20 农业技术创新，就需要走联合发展与协同创新之路。通过前文分析可见，俄罗斯、美国、印度等国拥有广阔的耕地资源，中国、印度、印度尼西亚等国具有较强的农业人力资源，而 G20 中的发达国家，美国、日本、德国、英国、法国、韩国等在农业技术方面具有明显优势。因此，充分利用各方优势，通过在农业技术创新领域进行协调分工、联合创新，必然能够提高技术创新效率，实现合作共赢。

附　表

表 1　G20 各国谷物平均产量

单位：千克/公顷

国家		2008	2009	2010	2011	2012	2013	2014
阿 根 廷	Argentina	4102.2	3267.3	4850.7	4611.7	4145.8	4800.0	4823.2
澳大利亚	Australia	1688.2	1692.1	1722.8	2097.1	2231.3	1992.5	2137.1
巴　　西	Brazil	3831.2	3532.0	4040.6	4037.5	4584.5	4826.4	4640.4
加 拿 大	Canada	3387.2	3297.5	3483.2	3524.0	3624.7	4166.4	3669.4
中　　国	China	5547.6	5447.5	5526.7	5707.0	5828.4	5889.4	5886.4
法　　国	France	7288.3	7455.5	6711.1	6621.3	7267.9	7161.1	7634.3
德　　国	Germany	7118.8	7199.4	6718.4	6458.3	6964.9	7318.0	8050.3
印　　度	India	2637.9	2580.8	2676.4	2860.7	2963.5	2961.0	2984.1
印度尼西亚	Indonesia	4694.3	4812.7	4877.6	4886.3	5082.0	5085.4	5095.5
意 大 利	Italy	5353.0	5086.9	5322.5	5677.2	5315.1	5264.6	5709.0
日　　本	Japan	6262.4	5919.5	5853.6	6012.3	6134.3	6105.4	6080.5
韩　　国	Korea, Rep.	6630.0	6745.3	6202.1	6292.5	6138.3	6478.8	6617.9
墨 西 哥	Mexico	3452.5	3433.7	3500.9	3240.2	3453.1	3386.6	3581.8
俄 罗 斯	Russian Federation	2387.3	2280.5	1842.8	2260.2	1858.8	2240.9	2444.0
沙特阿拉伯	Saudi Arabia	5221.3	4874.4	5507.8	5483.3	5164.2	5359.8	3639.6
南　　非	South Africa	4063.0	4405.3	4149.1	4013.6	4239.3	4040.7	4893.5
土 耳 其	Turkey	2489.0	2790.7	2727.1	2969.9	2958.3	3256.9	2831.5
英　　国	United Kingdom	7420.2	7030.6	6953.0	6984.6	6215.0	6629.6	7696.5
美　　国	the United States	6620.0	7236.0	6987.7	6819.1	5924.8	7302.2	7638.1

注：谷类产量按照收获土地每公顷千克数来计量，包括小麦、水稻、玉米、大麦、燕麦、黑麦、小米、高粱、荞麦和杂粮。谷类生产数据与收获后仅用作干燥谷物的作物相关。收获后用作干草或未成熟时收割用作食物、饲料或青贮饲料或作牧草用的谷类作物除外。联合国粮农组织将生产数据分配至得到多数粮食收成的日历年份。临近年终的粮食收成将被计算至下一年。

数据来源：世界银行数据库。

表 2　G20 各国耕地面积

单位：公顷

国家	年份	2008	2009	2010	2011	2012	2013	2014
阿根廷	Argentina	35261000	34292000	37981000	38781000	39754000	39699000	39200000
澳大利亚	Australia	43979000	45616000	42568000	47678000	47113000	46219000	46957000
巴西	Brazil	70250000	70440000	70363000	72273000	72607000	76008100	80017000
加拿大	Canada	44254000	43826000	43397000	42968000	46015000	46015000	46015000
中国	China	108116000	107720000	107220000	106520000	105920000	105720000	105700000
法国	France	18268700	18256200	18300700	18274400	18281700	18305700	18333100
德国	Germany	11932000	11945000	11846000	11875000	11834000	11876000	11871000
印度	India	157995000	157924000	157009000	156979000	156546000	156372000	156360000
印度尼西亚	Indonesia	22700000	23600000	23600000	23500000	23500000	23500000	23500000
意大利	Italy	7498000	6981000	7042000	6720000	7118000	6827000	6728000
日本	Japan	4308000	4294000	4282000	4254000	4246000	4237000	4223000
韩国	Korea, Rep.	1565000	1536000	1507000	1488000	1522200	1495800	1476000
墨西哥	Mexico	23863000	23888000	23507000	22977000	23150000	22975000	22993090
俄罗斯	Russian Federation	121649000	121750000	119000000	120000000	119750000	122240000	123121820
沙特阿拉伯	Saudi Arabia	3339000	3196000	3180000	3159000	3117000	3068000	3502000
南非	South Africa	12800000	12660000	12533000	12033000	12500000	12500000	12500000
土耳其	Turkey	21555000	21351000	21384000	20539000	20577000	20574000	20706000
英国	United Kingdom	6005000	6049000	5970000	6062000	6212000	6265400	6233500
美国	the United States	161812600	157960700	155926200	151669300	155107500	152241700	154604690

注：联合国粮农组织定义的耕地（以公顷计）包括短期作物用地（双季作物土地仅计算一次）、供割草或放牧的短期草场、供应市场的菜园和自用菜园，以及暂时闲置的土地。因转换耕作方式而休闲的土地不包括在内。

数据来源：世界银行数据库。

表 3　G20 各国谷物耕地面积

单位：公顷

国家	年份	2008	2009	2010	2011	2012	2013	2014
阿根廷	Argentina	10904474	7966743	8304862	10986263	11444040	10570463	10579215
澳大利亚	Australia	20856545	20386200	19447248	19062705	19434851	17861921	17979121
巴西	Brazil	20814672	20077703	18601278	19216441	19611226	20906133	21851934
加拿大	Canada	16541300	15027100	13147100	13429000	14285596	15938484	13980884
中国	China	86249000	88401090	89907000	91006790	92538010	93844960	94693480
法国	France	9618253	9392858	9762118	9659028	9434227	9532772	9605515
德国	Germany	7038419	6918445	6595925	6490900	6517900	6526000	6460700
印度	India	101155500	97171600	100075800	100625700	98969000	99269950	98979000
印度尼西亚	Indonesia	16312468	17044235	17385126	17068335	17403119	17656756	17634326
意大利	Italy	4037602	3480655	3476388	3438491	3498385	3459869	3392536
日本	Japan	1940316	1936220	1941823	1904508	1912101	1930515	1908217
韩国	Korea, Rep.	1018461	1001837	970756	925825	913427	896834	884338
墨西哥	Mexico	10459480	9111485	9975949	8767607	9734408	9806389	10197897
俄罗斯	Russian Federation	44576100	41926700	32352454	40606672	36987242	40324653	42200558
沙特阿拉伯	Saudi Arabia	465724	325371	284169	257875	210023	164474	236026
南非	South Africa	3775391	3307603	3543155	3221144	3433600	3503040	3396352
土耳其	Turkey	11763508	12029038	12014528	11850420	11280649	11506511	11551358
英国	United Kingdom	3272481	3075000	3012500	3076000	3140000	3029400	3179227
美国	the United States	60958087	57956887	57481854	56731306	60243977	59464520	57979030

注：谷物耕地面积是指收获面积，不过有些国家只公布播种或耕作面积。谷物包括小麦、水稻、玉米、大麦、燕麦、黑麦、小米、高粱、荞麦、杂粮。谷类生产数据与收获后仅用作干燥谷物的作物相关。收获后用作干草或未成熟时收割用作食物、饲料或青贮饲料或作牧草用的谷类作物除外。

数据来源：世界银行数据库。

第四部分　附录

Part Ⅳ　Appendix

Y.25

附录一　二十国集团（G20）国家创新竞争力指标评价体系及其说明

二十国集团（G20）国家创新竞争力指标评价体系

一级指标	二级指标(5个)	三级指标(33个)	主要数据来源
国家创新竞争力	创新基础竞争力(7个)	GDP	WB
		人均GDP	WB
		财政收入	IMF
		人均财政收入	IMF
		外国直接投资净值	WB
		受高等教育人员比重	UNESCO
		全社会劳动生产率	WB
	创新环境竞争力(6个)	因特网用户比例	WB
		每百人手机数	WB
		企业开业程序	WB
		企业平均税负水平	WB
		在线公共服务指数	UNESCO
		ISO 9001质量体系认证数	ISO

续表

一级指标	二级指标(5个)	三级指标(33个)	主要数据来源
国家创新竞争力	创新投入竞争力（7个）	R&D经费支出总额	UNESCO
		R&D经费支出占GDP比重	UNESCO
		人均R&D经费支出	UNESCO
		R&D人员	UNESCO
		研究人员占从业人员比重	UNESCO
		企业研发投入比重	UNESCO
		风险资本交易占GDP比重	TOB
	创新产出竞争力（7个）	专利授权数	WIPO
		科技论文发表数	WB
		专利和许可收入	WB
		高技术产品出口额	WB
		高技术产品出口比重	WB
		注册商标数	WIPO
		创意产品出口比重	UNCTAD
	创新持续竞争力（6个）	公共教育经费支出总额	WB
		公共教育经费支出占GDP比重	WB
		人均公共教育经费支出额	WB
		高等教育毛入学率	UNESCO
		科技人员增长率	UNESCO
		科技经费增长率	UNESCO

数据来源及其说明：

UN：联合国数据库（http：//data. un. org）。

UNESCO：联合国教科文组织（http：//data. uis. unesco. org）。

UNCATD：联合国贸易和发展组织（data. uncatd. org）。

WB：世界银行（http：//data. worldbank. org/indicator）。

IMF：国际货币基金组织（http：//www. imf. org/external/data. htm）。

WIPO：世界知识产权组织（http：//www. wipo. int/ipstats/en/）。

OECD：经济合作与发展组织（http：//www. oecd－ilibrary. org/）。

ISO：国际标准化组织（http：//www. iso. org/iso/home. html）。

Y.26

附录二　2014～2015年G20国家创新竞争力各级指标评价得分和排名情况

表1　2014年G20各国一、二级指标创新竞争力得分和排名

国　家	Country	创新基础竞争力		创新环境竞争力		创新投入竞争力		创新产出竞争力		创新持续竞争力		国家创新竞争力	
		得分	排名	得分	排名	得分	排名	得分	排名	得分	排名	得分	排名
阿根廷	Argentina	10.3	16	27.2	17	8.3	15	5.4	18	35.6	14	17.3	17
澳大利亚	Australia	57.1	2	67.2	2	59.7	5	12.9	14	59.3	2	51.2	6
巴西	Brazil	18.1	14	37.7	15	19.4	13	9.6	16	43.2	11	25.6	13
加拿大	Canada	47.4	6	63.7	4	39.8	9	18.2	12	45.0	10	42.8	9
中国	China	36.9	9	46.4	12	58.4	6	52.8	2	45.7	9	48.0	8
法国	France	48.2	5	59.0	8	54.3	7	40.7	7	51.8	6	50.8	7
德国	Germany	53.6	4	52.7	11	67.1	4	51.6	4	54.6	4	55.9	2
印度	India	5.8	18	17.8	19	7.7	16	21.8	10	24.4	18	15.5	18
印度尼西亚	Indonesia	8.0	17	26.0	18	0.0	19	13.1	13	11.8	19	11.8	19
意大利	Italy	38.8	8	63.0	5	32.9	10	25.4	9	46.9	8	41.4	10
日本	Japan	40.7	7	61.3	6	82.0	2	52.8	3	34.4	15	54.2	3
韩国	Korea, Rep.	30.8	10	68.4	1	70.5	3	47.2	5	51.7	7	53.7	4
墨西哥	Mexico	17.6	15	37.1	16	3.5	17	27.5	8	39.0	13	24.9	14
俄罗斯	Russian	22.1	11	60.2	7	24.3	11	11.2	15	28.3	17	29.2	12
沙特阿拉伯	Saudi Arabia	19.0	13	56.0	10	3.0	18	0.2	19	41.9	12	24.0	15
南非	South Africa	5.7	19	44.3	13	12.8	14	6.7	17	28.5	16	19.6	16
土耳其	Turkey	20.6	12	37.8	14	23.4	12	18.5	11	53.3	5	30.7	11
英国	United Kingdom	54.0	3	65.8	3	41.1	8	43.2	6	57.0	3	52.2	5
美国	the United States	90.0	1	58.8	9	85.6	1	83.4	1	79.0	1	79.4	1

表 2　2015 年 G20 各国一、二级指标创新竞争力得分和排名

国家	Country	创新基础竞争力		创新环境竞争力		创新投入竞争力		创新产出竞争力		创新持续竞争力		国家创新竞争力	
		得分	排名	得分	排名	得分	排名	得分	排名	得分	排名	得分	排名
阿根廷	Argentina	12.5	15	32.2	17	6.8	16	6.0	18	44.6	9	20.4	16
澳大利亚	Australia	58.4	2	68.4	2	48.9	6	13.3	15	46.7	8	47.1	7
巴西	Brazil	11.6	16	41.1	15	14.1	13	10.5	16	32.4	14	21.9	15
加拿大	Canada	43.6	6	64.9	4	46.4	8	16.9	12	41.4	12	42.6	9
中国	China	31.9	9	50.1	13	48.5	7	53.3	2	50.1	5	46.8	8
法国	France	47.0	5	58.3	9	54.6	5	40.2	7	53.8	4	50.8	6
德国	Germany	52.1	4	56.5	10	57.2	3	52.3	3	47.1	7	53.0	3
印度	India	5.4	18	24.8	19	7.6	15	22.2	10	23.3	18	16.7	18
印度尼西亚	Indonesia	7.3	17	26.9	18	0.3	19	16.5	13	10.8	19	12.4	19
意大利	Italy	38.3	8	62.9	5	26.7	10	24.7	9	48.6	6	40.2	10
日本	Japan	38.8	7	60.8	7	65.5	2	49.9	4	42.9	11	51.6	4
韩国	Korea, Rep.	31.6	10	68.1	3	57.0	4	46.6	5	63.5	3	51.4	5
墨西哥	Mexico	16.9	12	44.1	14	3.6	17	26.8	8	29.1	16	24.1	13
俄罗斯	Russian	16.4	14	61.5	6	21.2	11	14.1	14	30.8	15	28.8	11
沙特阿拉伯	Saudi Arabia	16.7	13	54.2	11	2.6	18	0.2	19	43.9	10	23.5	14
南非	South Africa	4.9	19	51.5	12	8.8	14	6.8	17	24.6	17	19.3	17
土耳其	Turkey	19.7	11	38.6	16	16.1	12	20.1	11	36.5	13	26.2	12
英国	United Kingdom	53.6	3	71.5	1	39.3	9	43.1	6	67.3	2	55.0	2
美国	the United States	98.6	1	59.5	8	82.0	1	85.0	1	68.1	1	78.6	1

表 3　2014 年 G20 各国二级指标创新基础竞争力指标组得分和排名

国家	Country	GDP		人均 GDP		财政收入		人均财政收入		外国直接投资净值		受高等教育人员比重		全社会劳动生产率	
		得分	排名	得分	排名	得分	排名	得分	排名	得分	排名	得分	排名	得分	排名
阿根廷	Argentina	1.0	18	17.7	12	—	—	—	—	2.3	18	—	—	20.1	12
澳大利亚	Australia	6.5	12	100	1	6.9	11	92.2	3	17.5	6	—	3	100	1
巴西	Brazil	12.4	7	17.1	13	14.2	8	11.8	11	36.4	3	—	—	16.8	14
加拿大	Canada	8.5	11	80.9	3	10.4	10	83.3	4	24.3	5	—	—	76.8	4
中国	China	59.4	2	10.1	16	43.8	2	0.0	13	100	1	—	—	7.9	17
法国	France	14.6	6	68.3	6	25.9	5	100	1	0.0	19	48.7	8	79.9	3
德国	Germany	20.7	4	76.7	4	29.9	4	93.0	2	3.9	14	74.4	5	76.6	5
印度	India	9.9	10	0.0	19	—	—	—	—	13.2	7	—	—	0.0	19
印度尼西亚	Indonesia	3.2	15	3.2	18	—	—	—	—	9.7	9	—	10	2.7	18
意大利	Italy	10.6	8	55.9	8	16.8	7	72.0	7	6.7	12	—	—	70.8	7
日本	Japan	26.4	3	60.5	7	30.9	3	58.1	8	7.2	11	—	—	61.2	8
韩国	Korea, Rep.	6.2	13	43.7	9	—	12	—	9	3.8	15	—	4	43.7	10
墨西哥	Mexico	5.6	14	14.5	14	—	—	—	—	10.6	8	—	9	16.8	15
俄罗斯	Russian	10.0	9	20.7	11	12.9	9	18.4	10	8.6	10	63.9	6	20.0	13
沙特阿拉伯	Saudi Arabia	2.4	17	37.8	10	—	—	—	—	3.4	16	—	12	51.7	9
南非	South Africa	0.0	19	8.1	17	0.0	13	2.7	12	2.5	17	14.7	11	11.7	16
土耳其	Turkey	2.6	16	14.5	15	—	—	—	—	5.0	13	60.0	7	20.7	11
英国	United Kingdom	15.5	5	74.2	5	18.9	6	75.3	5	26.9	4	91.4	2	75.5	6
美国	the United States	100	1	87.6	2	100	1	73.1	6	77.4	2	100	1	91.7	2

表 4　2015 年 G20 各国二级指标创新基础竞争力指标组得分和排名

国家	Country	GDP		人均 GDP		财政收入		人均财政收入		外国直接投资净值		受高等教育人员比重		全社会劳动生产率	
		得分	排名	得分	排名	得分	排名	得分	排名	得分	排名	得分	排名	得分	排名
阿根廷	Argentina	1.5	18	21.7	11	—	—	—	—	3.2	14	—	—	23.6	11
澳大利亚	Australia	5.8	12	100	1	6.1	12	99.5	2	10.2	8	—	2	95.9	2
巴西	Brazil	8.4	9	13.0	15	—	8	—	11	19.8	3	—	—	11.8	15
加拿大	Canada	7.0	10	76.3	4	8.7	9	85.7	5	14.4	5	—	—	69.4	5
中国	China	60.7	2	11.8	16	44.4	2	0.0	13	65.9	2	—	—	8.9	17
法国	France	11.9	6	63.5	6	20.9	5	100	1	9.2	9	52.0	9	71.5	4
德国	Germany	17.2	4	72.4	5	24.6	4	94.1	3	12.2	6	74.9	4	69.1	6
印度	India	10.0	7	0.0	19	—	—	—	—	11.6	7	—	—	0.0	19
印度尼西亚	Indonesia	3.1	15	3.2	18	—	—	—	—	5.3	11	—	11	2.5	18
意大利	Italy	8.5	8	51.9	8	13.3	7	70.7	7	3.4	13	57.3	8	63.1	7
日本	Japan	23.0	3	60.2	7	27.5	3	63.9	8	0.0	19	—	—	58.4	8
韩国	Korea, Rep.	6.0	11	46.9	9	—	11	—	9	1.3	17	—	5	44.7	10
墨西哥	Mexico	4.7	14	13.6	14	—	—	—	—	8.7	10	—	10	14.8	13
俄罗斯	Russian	5.7	13	13.7	13	7.6	10	10.8	10	1.7	16	—	6	12.4	14
沙特阿拉伯	Saudi Arabia	1.9	17	34.5	10	—	—	—	—	2.2	15	—	13	44.9	9
南非	South Africa	0.0	19	7.5	17	0.0	13	1.5	12	0.4	18	—	12	10.3	16
土耳其	Turkey	2.3	16	13.8	12	—	—	—	—	4.5	12	58.9	7	18.9	12
英国	United Kingdom	14.4	5	77.4	3	17.5	6	85.5	6	15.4	4	89.7	3	75.6	3
美国	the United States	100	1	99.7	2	100	1	90.9	4	100	1	100	1	100	1

表 5　2014 年 G20 各国二级指标创新环境竞争力指标组得分和排名

国家	Country	因特网用户比例		每百人手机数		企业开业程序		企业平均税负水平		在线公共服务指数		ISO 9001 质量体系认证数	
		得分	排名	得分	排名	得分	排名	得分	排名	得分	排名	得分	排名
阿根廷	Argentina	63.9	11	68.5	5	0.0	18	0.0	19	29.7	16	1.3	16
澳大利亚	Australia	89.8	6	54.0	7	91.7	2	73.3	9	89.1	5	5.6	9
巴西	Brazil	50.2	13	61.4	6	16.7	15	55.5	18	37.5	14	5.1	10
加拿大	Canada	94.0	4	6.2	18	100	1	94.7	2	85.9	6	1.1	17
中国	China	41.3	16	16.9	16	25.0	14	56.1	16	39.1	13	100	1
法国	France	89.4	7	25.4	14	75.0	5	55.7	17	100	1	8.7	8
德国	Germany	92.7	5	43.7	11	41.7	13	72.1	10	48.4	11	17.5	3
印度	India	5.2	18	0.0	19	0.0	18	62.5	14	28.1	17	11.1	6
印度尼西亚	Indonesia	0.0	19	51.7	8	16.7	15	86.3	4	0.0	19	1.5	14
意大利	Italy	60.2	12	76.0	3	66.7	6	58.8	15	60.9	9	55.4	2
日本	Japan	96.6	2	45.4	10	50.0	11	70.8	12	90.6	3	14.3	4
韩国	Korea, Rep.	94.6	3	39.2	12	91.7	2	84.9	5	96.9	2	2.9	11
墨西哥	Mexico	36.6	17	9.7	17	58.3	9	69.7	13	46.9	12	1.5	15
俄罗斯	Russian	71.7	9	76.8	2	83.3	4	72.1	11	54.7	10	2.8	12
沙特阿拉伯	Saudi Arabia	63.9	10	100	1	8.3	17	100	1	64.1	8	0.0	19
南非	South Africa	42.8	15	71.1	4	58.3	9	88.4	3	4.7	18	0.3	18
土耳其	Turkey	45.5	14	19.3	15	50.0	11	78.9	7	31.3	15	2.0	13
英国	United Kingdom	100	1	46.7	9	66.7	6	84.6	6	84.4	7	12.4	5
美国	the United States	75.0	8	34.0	13	66.7	6	76.2	8	90.6	3	10.0	7

表6　2015年G20各国二级指标创新环境竞争力指标组得分和排名

国家	Country	因特网用户比例		每百人手机数		企业开业程序		企业平均税负水平		在线公共服务指数		ISO 9001 质量体系认证数	
		得分	排名	得分	排名	得分	排名	得分	排名	得分	排名	得分	排名
阿根廷	Argentina	67.7	11	69.7	4	0.0	19	0.0	19	54.5	15	1.4	16
澳大利亚	Australia	89.4	7	55.6	6	91.7	2	73.4	10	96.6	2	3.6	10
巴西	Brazil	53.0	13	49.3	8	25.0	14	56.7	18	58.0	13	5.0	9
加拿大	Canada	95.0	4	5.0	18	100	1	95.0	2	93.2	3	1.2	17
中国	China	40.4	17	14.3	16	25.0	14	56.9	17	63.6	11	100	1
法国	France	89.6	6	24.9	14	75.0	6	61.0	15	90.9	4	8.5	8
德国	Germany	93.7	5	39.2	13	41.7	13	72.4	11	75.0	10	17.0	3
印度	India	5.7	18	0.0	19	8.3	17	62.8	14	60.2	12	11.5	6
印度尼西亚	Indonesia	0.0	19	55.1	7	16.7	16	88.0	4	0.0	19	1.9	14
意大利	Italy	62.3	12	65.0	5	66.7	7	59.4	16	79.6	8	44.5	2
日本	Japan	98.7	2	49.2	9	50.0	11	71.1	12	80.7	7	15.2	4
韩国	Korea, Rep.	96.6	3	41.0	11	91.7	2	85.2	6	90.9	4	3.1	11
墨西哥	Mexico	50.6	14	8.0	17	58.3	9	69.9	13	76.1	9	1.5	15
俄罗斯	Russian	68.7	9	83.1	3	83.3	4	73.9	9	58.0	13	2.1	12
沙特阿拉伯	Saudi Arabia	68.0	10	100	1	8.3	17	100	1	48.9	16	0.0	19
南非	South Africa	42.8	16	87.7	2	58.3	9	88.7	3	30.7	18	0.5	18
土耳其	Turkey	45.4	15	18.2	15	50.0	11	78.7	7	37.5	17	1.9	13
英国	United Kingdom	100	1	46.8	10	83.3	4	86.1	5	100	1	12.8	5
美国	the United States	74.9	8	40.1	12	66.7	7	76.4	8	88.6	6	10.4	7

表 7　2014 年 G20 各国二级指标创新投入竞争力指标组得分和排名

国家	Country	R&D 经费支出总额		R&D 经费支出占 GDP 比重		人均 R&D 经费支出		R&D 人员		研究人员占从业人员比重		企业研发投入比重		风险资本交易占 GDP 比重	
		得分	排名	得分	排名	得分	排名	得分	排名	得分	排名	得分	排名	得分	排名
阿根廷	Argentina	0.6	16	15.1	16	5.2	14	2.4	15	21.3	12	8.1	15	5.2	15
澳大利亚	Australia	7.4	8	60.2	6	100	1	6.4	13	98.4	3	74.3	5	71.3	5
巴西	Brazil	6.6	9	32.8	11	9.9	11	9.4	11	12.4	13	34.0	12	31.0	12
加拿大	Canada	6.4	10	43.6	9	56.8	7	11.1	10	76.5	6	43.9	10	40.4	10
中国	China	43.1	2	56.0	7	9.6	12	100	1	24.3	10	98.0	3	96.6	2
法国	France	13.8	5	61.9	5	64.6	5	19.7	8	100	1	61.4	7	58.4	7
德国	Germany	23.5	4	79.4	3	89.8	4	26.8	5	91.4	4	80.9	4	77.9	4
印度	India	3.2	13	21.0	14	0.6	18	13.8	9	0.0	16	—	—	—	—
印度尼西亚	Indonesia	0.0	19	0.0	19	0.0	19	0.0	18	—	—	—	—	—	—
意大利	Italy	5.9	11	34.3	10	30.5	9	7.6	12	68.6	9	43.0	11	40.1	11
日本	Japan	40.5	3	99.8	2	97.7	2	51.4	3	85.0	5	99.6	2	100	1
韩国	Korea, Rep.	10.2	6	100	1	62.8	6	24.2	6	99.9	2	100	1	96.4	3
墨西哥	Mexico	1.3	15	12.9	17	3.5	16	1.4	16	5.4	15	0.0	16	0.0	16
俄罗斯	Russian	5.7	12	31.4	12	12.2	10	33.7	4	69.6	8	11.2	14	6.2	14
沙特阿拉伯	Saudi Arabia	0.2	18	4.7	18	3.9	15	—	—	—	—	—	—	—	—
南非	South Africa	0.4	17	18.5	15	3.2	17	0.0	17	9.8	14	30.2	13	27.3	13
土耳其	Turkey	1.7	14	26.3	13	7.1	13	5.4	14	22.9	11	49.9	8	50.7	8
英国	United Kingdom	10.0	7	46.1	8	48.4	8	19.8	7	76.0	7	44.9	9	42.5	9
美国	the United States	100	1	75.3	4	96.8	3	100	2	—	—	72.3	6	69.3	6

表 8　2015 年 G20 各国二级指标创新投入竞争力指标组得分和排名

国家	Country	R&D 经费支出总额		R&D 经费支出占 GDP 比重		人均 R&D 经费支出		R&D 人员		研究人员占从业人员比重		企业研发投入比重		风险资本交易占 GDP 比重	
		得分	排名	得分	排名	得分	排名	得分	排名	得分	排名	得分	排名	得分	排名
阿根廷	Argentina	0.5	16	15.1	16	4.9	14	2.0	15	19.8	12	5.2	15	0.0	19
澳大利亚	Australia	6.4	8	58.1	6	88.4	4	5.3	13	94.1	3	71.3	5	18.5	5
巴西	Brazil	5.8	10	30.4	12	9.0	12	7.8	11	11.6	13	31.0	12	3.1	11
加拿大	Canada	5.9	9	43.6	9	54.6	7	9.2	10	71.2	6	40.4	10	100	1
中国	China	45.2	2	56.0	7	10.4	11	100	1	23.9	10	96.6	2	7.7	8
法国	France	13.4	5	61.9	5	65.0	6	16.5	8	94.6	2	58.4	7	72.3	2
德国	Germany	23.4	4	79.4	3	92.4	2	22.1	5	86.5	4	77.9	4	18.5	5
印度	India	3.4	13	21.0	14	0.7	18	11.4	9	0.0	16	—	—	9.2	7
印度尼西亚	Indonesia	0.0	19	0.0	19	0.0	19	0.0	18	—	—	—	—	1.5	14
意大利	Italy	5.7	11	34.3	10	30.5	9	6.6	12	63.9	9	40.1	11	6.2	9
日本	Japan	36.6	3	99.8	2	92.0	3	44.0	3	81.4	5	100	1	4.6	10
韩国	Korea, Rep.	10.5	7	100	1	67.5	5	21.6	6	100	1	96.4	3	3.1	11
墨西哥	Mexico	1.3	15	12.9	17	3.6	16	1.2	16	5.0	15	0.0	16	1.5	14
俄罗斯	Russian	5.0	12	31.4	11	11.2	10	28.2	4	65.1	8	6.2	14	1.5	14
沙特阿拉伯	Saudi Arabia	0.2	18	4.7	18	3.9	15	—	—	—	—	—	—	1.5	14
南非	South Africa	0.4	17	18.5	15	3.0	17	0.0	17	9.2	14	27.3	13	3.1	11
土耳其	Turkey	1.5	14	26.3	13	6.8	13	4.5	14	21.5	11	50.7	8	1.5	14
英国	United Kingdom	10.6	6	46.1	8	53.0	8	16.8	7	71.0	7	42.5	9	35.4	4
美国	the United States	100	1	75.3	4	100	1	82.8	2	—	—	69.3	6	64.6	3

表 9　2014 年 G20 各国二级指标创新产出竞争力指标组得分和排名

国家	Country	专利授权数		科技论文发表数		专利和许可收入		高技术产品出口额		高技术产品出口比重		注册商标数		创意产品出口比重	
		得分	排名	得分	排名	排名	得分	排名	排名	得分	排名	得分	排名	得分	排名
阿根廷	Argentina	0.1	18	1.5	17	0.1	14	0.6	18	24.0	16	10.1	10	1.4	18
澳大利亚	Australia	2.0	11	10.3	12	0.6	9	2.2	15	49.5	10	7.8	14	17.5	15
巴西	Brazil	0.4	15	11.0	11	0.2	13	4.0	13	38.2	12	9.5	12	3.8	17
加拿大	Canada	4.7	10	13.7	9	3.5	7	15.7	9	54.2	9	5.9	15	29.9	13
中国	China	59.3	3	89.7	2	0.5	10	100	1	94.3	3	100	1	100	1
法国	France	14.5	6	17.1	7	10.9	5	57.4	5	97.0	2	34.3	6	54.0	11
德国	Germany	28.1	5	24.2	4	11.5	4	100	2	58.6	7	82.3	3	56.4	10
印度	India	1.7	12	20.9	6	0.5	12	8.6	11	30.5	13	7.8	13	82.5	6
印度尼西亚	Indonesia	0.0	19	0.0	19	0.0	17	2.4	14	24.3	15	3.4	17	61.5	9
意大利	Italy	6.3	9	14.9	8	2.5	8	15.3	10	25.3	14	40.9	5	72.5	8
日本	Japan	100	1	24.8	3	28.7	2	50.5	6	61.3	6	26.8	7	77.3	7
韩国	Korea, Rep.	42.9	4	13.3	10	3.9	6	66.8	4	100	1	18.8	8	84.5	4
墨西哥	Mexico	0.3	16	2.5	15	0.1	15	24.6	8	58.6	8	9.5	11	96.6	2
俄罗斯	Russian	8.8	7	7.6	13	0.5	11	4.8	12	41.3	11	4.8	16	10.7	16
沙特阿拉伯	Saudi Arabia	0.2	17	1.0	18	—	—	0.0	19	0.0	19	0.0	19	0.0	19
南非	South Africa	0.4	14	1.7	16	0.0	16	1.1	16	20.1	17	2.7	18	20.6	14
土耳其	Turkey	0.6	13	6.4	14	—	—	1.0	17	5.2	18	13.9	9	83.8	5
英国	United Kingdom	7.1	8	23.0	5	15.2	3	35.3	7	76.3	4	52.4	4	93.1	3
美国	the United States	86.1	2	100	1	100	1	77.9	3	67.1	5	100	2	52.9	12

表 10　2015 年 G20 各国二级指标创新产出竞争力指标组得分和排名

国家	Country	专利授权数		科技论文发表数		专利和许可收入		高技术产品出口额		高技术产品出口比重		注册商标数		创意产品出口比重	
		得分	排名	得分	排名	排名	得分	排名	排名	得分	排名	得分	排名	得分	排名
阿根廷	Argentina	0.1	18	1.3	17	0.1	15	0.6	18	31.6	13	5.0	15	3.5	17
澳大利亚	Australia	2.2	11	11.0	12	0.6	10	2.1	15	48.9	11	9.8	12	18.3	16
巴西	Brazil	0.5	14	11.2	11	0.4	12	4.6	13	44.2	12	10.0	10	2.6	18
加拿大	Canada	4.9	10	13.4	10	3.4	7	14.0	10	50.1	9	6.4	14	26.0	13
中国	China	100	1	97.3	2	0.8	9	100	1	95.8	3	100	1	100	1
法国	France	15.6	6	17.0	7	12.0	4	56.2	5	100	1	32.2	6	48.2	12
德国	Germany	31.0	5	24.0	4	11.7	5	100	2	60.9	7	77.9	3	60.8	10
印度	India	2.1	12	22.1	6	0.3	13	7.3	11	25.9	14	8.5	13	89.1	5
印度尼西亚	Indonesia	0.0	19	0.0	19	0.0	17	2.2	14	22.5	16	3.3	17	87.8	6
意大利	Italy	6.7	9	15.5	8	2.4	8	14.4	9	24.8	15	39.8	5	69.5	8
日本	Japan	96.9	2	24.5	3	29.4	2	49.2	6	61.4	6	24.0	7	63.7	9
韩国	Korea, Rep.	39.0	4	13.7	9	4.9	6	68.1	4	100	2	18.5	8	82.3	7
墨西哥	Mexico	0.3	16	2.5	15	0.2	14	24.6	8	53.4	8	9.9	11	96.8	2
俄罗斯	Russian	8.9	7	8.0	13	0.5	11	5.1	12	49.8	10	4.7	16	21.5	15
沙特阿拉伯	Saudi Arabia	0.3	17	1.1	18	—	—	0.0	19	0.0	19	0.0	19	0.0	19
南非	South Africa	0.4	15	1.6	16	0.0	16	0.9	17	19.6	17	2.4	18	22.5	14
土耳其	Turkey	0.9	13	6.7	14	—	—	1.1	16	5.3	18	12.9	9	93.6	3
英国	United Kingdom	7.6	8	23.0	5	15.5	3	37.3	7	76.9	4	50.8	4	90.7	4
美国	the United States	91.5	3	100	1	100	1	83.2	3	69.9	5	100	2	50.2	11

表 11　2014 年 G20 集团中各国二级指标创新持续竞争力指标组得分和排名

国家	Country	公共教育经费支出总额		公共教育经费支出占 GDP 比重		人均公共教育经费支出额		高等教育毛入学率		科技人员增长率		科技经费增长率	
		得分	排名	得分	排名	得分	排名	得分	排名	得分	排名	得分	排名
阿根廷	Argentina	0.9	18	75.2	5	18.2	12	83.6	5	—	—	0.0	19
澳大利亚	Australia	7.5	11	72.4	7	100	1	93.4	2	—	—	22.9	17
巴西	Brazil	15.7	7	100	1	19.1	11	39.4	13	—	—	42.0	12
加拿大	Canada	9.4	9	72.6	6	77.2	2	—	—	—	—	20.7	18
中国	China	46.3	2	28.1	16	6.7	17	26.3	14	74.0	3	92.6	4
法国	France	16.5	6	81.3	4	65.2	5	59.3	8	33.8	5	54.7	9
德国	Germany	20.4	4	60.1	10	64.0	6	60.7	7	57.4	4	65.1	7
印度	India	6.1	12	18.3	17	0.0	19	8.1	17	—	—	89.6	5
印度尼西亚	Indonesia	1.1	17	0.0	19	1.9	18	15.4	15	—	—	40.6	13
意大利	Italy	8.3	10	30.5	15	40.4	8	57.6	10	99.3	2	45.3	11
日本	Japan	21.8	3	17.3	18	42.4	7	57.9	9	31.2	6	35.6	14
韩国	Korea, Rep.	4.8	14	47.7	13	32.6	10	100	1	28.8	7	96.4	2
墨西哥	Mexico	5.4	13	68.4	8	13.4	14	13.9	16	—	—	93.7	3
俄罗斯	Russian	9.5	8	39.4	14	17.9	13	78.0	6	0.0	9	24.9	16
沙特阿拉伯	Saudi Arabia	2.0	16	67.4	9	34.5	9	54.9	11	—	—	50.7	10
南非	South Africa	0.0	19	100	2	10.2	16	0.0	18	—	—	32.1	15
土耳其	Turkey	2.1	15	53.6	12	13.1	15	88.1	4	100	1	63.0	8
英国	United Kingdom	16.5	5	88.2	3	67.1	4	48.8	12	21.4	8	100	1
美国	the United States	100	1	60.1	11	72.7	3	88.6	3	—	—	73.9	6

表 12　2015 年 G20 各国二级指标创新持续竞争力指标组得分和排名

国家	Country	公共教育经费支出总额		公共教育经费支出占 GDP 比重		人均公共教育经费支出额		高等教育毛入学率		科技人员增长率		科技经费增长率	
		得分	排名	得分	排名	得分	排名	得分	排名	得分	排名	得分	排名
阿根廷	Argentina	0.9	18	81.6	4	19.3	12	83.6	5	54.8	6	27.1	15
澳大利亚	Australia	6.6	12	71.6	7	100	1	93.4	2	8.9	10	0.0	19
巴西	Brazil	15.0	7	97.9	2	20.4	11	39.4	13	8.9	10	12.7	17
加拿大	Canada	8.7	8	71.7	6	81.1	4	—	—	8.9	10	36.6	12
中国	China	50.7	2	35.1	15	8.3	17	31.6	14	80.7	4	94.3	3
法国	France	16.1	6	80.1	5	71.6	6	59.3	8	40.3	7	55.1	9
德国	Germany	20.3	3	59.8	10	72.0	5	64.4	7	0.0	18	66.3	6
印度	India	6.8	11	20.0	17	0.0	19	8.1	17	8.9	10	96.2	2
印度尼西亚	Indonesia	1.0	17	0.0	19	1.7	18	15.4	15	8.9	10	38.0	11
意大利	Italy	8.1	9	31.7	16	44.0	7	57.6	10	95.9	3	54.2	10
日本	Japan	19.3	4	17.4	18	43.0	8	57.9	9	98.9	2	20.7	16
韩国	Korea, Rep.	5.2	14	48.0	13	38.4	9	100	1	100	1	89.4	4
墨西哥	Mexico	5.5	13	67.8	8	14.8	14	13.9	16	8.9	10	63.8	7
俄罗斯	Russian	8.0	10	36.5	14	17.3	13	78.0	6	34.6	8	10.6	18
沙特阿拉伯	Saudi Arabia	2.1	15	66.8	9	37.2	10	57.5	11	—	—	56.0	8
南非	South Africa	0.0	19	100	1	10.4	16	0.0	18	8.9	10	28.2	14
土耳其	Turkey	2.0	16	53.7	12	13.5	15	88.1	3	26.2	9	35.3	13
英国	United Kingdom	18.0	5	89.0	3	81.3	3	48.8	12	66.9	5	100	1
美国	the United States	100	1	59.8	11	82.2	2	87.4	4	8.9	10	70.4	5

Y.27

参考文献

一　英文文献

ADVANCE EDITION. Multipolarity: The New Global Economy. 2011 The International Bank for Reconstruction and Development /The World Bank, 2011.

Bengt – Åke Lundvall, Björn Johnson, Esben Sloth Andersen, Bent Dalum. "National Systems of Production, Innovation and Competence Building". *Research Policy*, 2002 (2).

Bengt – Åke Lundvall. *National Systems of Innovation: Toward a Theory of Innovation and Interactive Learning*. Anthem Press, 2010.

Bjørn T. Asheim and Arne Isaksen. "Regional Innovation Systems: The Integration of Local 'Sticky' and Global 'Ubiquitous' Knowledge". *The Journal of Technology Transfer*, 2002 (1).

Caves, D. W., Christensen L. R., and Diewert W. E. "Multilateral Comparisons of Output, Input and Productivity Using Superlative Index Numbers". *Economic Journal*, 1982 (92).

2014 Center for Development Research (ZEF). http://www.zef.de/index.php? id=2129.

Center for Development Research (ZEF). Staff: researchers. http://www.zef.de/.

Charles Edquist, Maureen McKelvey. *Systems of Innovation: Growth, Competitiveness and Employment*. Edward Elgar Publishing, 2000.

Charnes A., Cooper W. W. and Rhodes E. "Measuring the Efficiency of Decision Making Units". *European Journal of Operational Research*, 1978, 2 (6).

Chun - Liang Chen, and Yi - Long Jaw. "Building Global Dynamic Capabilities through Innovation: A Case Study of Taiwan's Cultural Organizations". *Journal of Engineering and Technology Management*, 2009 (4).

C. Fussler & P. James. *Driving Eco-innovation a Breakthrough Discipline for Innovation and Sustainability*. Financial Times/ Prentice Hall, 1997.

David C. Mowery and Joanne E. Oxley. "Inward Technology Transfer and Competitiveness: The Role of National Innovation Systems". *Cambridge Political Economy Society*, 1995 (1).

David Soskice. "German Technology Policy, Innovation, and National Institutional Frameworks". *Industry & Innovation*, 1997 (1).

Diewert W. E. "Capital and the Theory of Productivity Measurement". *American Economic Review*, 1980 (5).

Fare R, Grosskopf S, Lovell C. *Production Frontiers*. Cambridge University Press, Cambridge, 1994.

Gabrijela Leskovar-Spacapan, and Majda Bastic. "Differences in Organizations' Innovation Capability in Transition Economy: Internal Aspect of the Organizations' Strategic Orientation". *Technovation*, 2007 (9).

How Transparent are Think Tanks, Transparify Report 2014, http://www.transparify.org.

James P. Andrew et al. The Information Technology and Innovation Foundation. The Boston Consulting Group, February 2009.

Jan Faber, and Anneloes Barbara Hesen. "Innovation Capabilities of European Nations: Cross-National Analyses of Patents and Sales of Product Innovations". *Research Policy*, 2004 (2).

Jan Fagerberg, and Martin Srholec. "National Innovation Systems, Capabilities and Economic Development". *Research Policy*, 2008 (9).

Jian Cheng Guan, Richard C. M. Yam, Chiu Kam Mok, and Ning Ma. "A Study of the Relationship between Competitiveness and Technological Innovation Capability based on DEA Models". *European Journal of Operational*

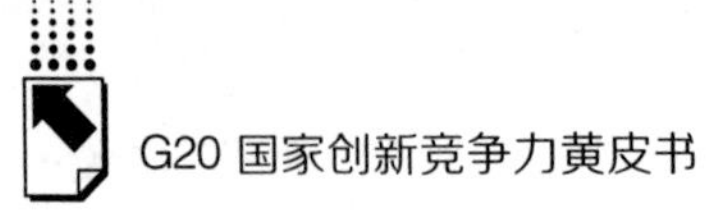

Research, 2006 (3).

Klemmer P., Lehr U. Environmental Innovation. BMBF, Analytica-Verlag, Berlin, 1999.

Luis Diaz - Balteiro. "An Analysis of Productive Efficiency and Innovation Activity Using DEA: An Application to Spain's Wood-Based Industry". *Forest Policy and Economics*, 2006 (8).

Malmquist, S. "Index Numbers and Indifference Curves". *Trabajos de Estatistica*, 1953, 4 (1).

Max Planck Gesellschaft Fact & Figures. http://www.mpg.de/186435/Facts_Figures.

Max Planck Gesellschaft Fact & Figures. http://www.mpg.de/186435/Facts_Figures.

National Research Council for Economics, Humanities and Social Science. Chin Keun Park [2012.3], http://www.nrcs.re.kr/intro/promote/res/nrcs_eng.pdf.

Parimal Patel. "National Innovation Systems: Why They are Important, And How They Might be Measured and Compared". *Economics of Innovation and New Technology*, 1994 (1).

Patarapong Intarakumnerd, Pun-arj Chairatana, and Tipawan Tangchitpiboon. "National Innovation System in Less Successful Developing Countries: The Case of Thailand". *Research Policy*, 2002 (31).

Paul Blustein et al. Recovery or Relapse: The Role of the G-20 in the Global Economy. Global Economy and Development at BROOKINGS, June 2010.

Pedro Conceição, Manuel V. Heitor and Bengt - Åke Lundvall. *Innovation, Competence Building, and Social Cohesion in Europe: Towards a Learning Society*. Edward Elgar Publishing, 2003.

Pedro Conceição, Manuel V. Heitor. "Knowledge Interaction towards Inclusive Learning: Promoting Systems of Innovation and Competence Building". *Technological Forecasting and Social Change*, 2002 (7).

Pedro Conceição, Manuel V. Heitor. "Systems of Innovation and Competence Building across Diversity: Learning from the Portuguese Path in the European Context". *The International Handbook on Innovation*, 2003.

Phil Cooke. "Regionally Asymmetric Knowledge Capabilities and Open Innovation: Exploring 'Globalization 2'—A New Model of Industry Organisation". *Research Policy*, 2005 (8).

Prasada Reddy. New Trends in Globalization of Corporate R&D and Implications for Innovation Capability in Host Countries: A Survey from India". *World Development*, 1997 (11).

2012 RAND Annual Report Who are You Listening to? . http://www.rand.org/pubs/corporate.

Rich, Andrew; Weaver, R. Kent. *THINK TANKS IN THE U. S. MEDIA*. The Harvard International Journal of Press/Politics, vol. 5, no. 4, Fall 2000.

Richard R. Nelson. *National Innovation Systems: A Comparative Analysis.* Oxford University Press, 1993.

Robert D. Atkinson and Scott M. Andes. The Atlantic Century: Benchmarking EU & U. S. Innovation and Competitiveness. The Information Technology and Innovation Foundation, February 2009.

R. Kemp, A. Arundel & K. Smith. Survey Indicators for Environmental Innovation. Paper Presented to Conference towards Environmental Innovation Systems in Garmisch - Partenkirchen, 2002.

Wang C. H., Gopal R., Zionts S.. "Use of Data Development Analysis in Assessing Information Technology Impact on Firm Performance". *Annals of Operations Research*, 1997, 73.

Yao Chen, Joe Zhu. "Measuring Information Technology's Indirect Impact on Firm Performance". *Information Technology and Management*, 2004, 5.

二　中文文献

《2015年世界科技发展回顾》,《科技日报》2016年1月1日。

杜栋、庞庆华：《现代综合评价方法与案例精选》，清华大学出版社，2005。

〔美〕菲利普·科特勒：《国家营销》，华夏出版社，1997。

冯之浚：《国家创新系统研究纲要》，山东教育出版社，2000。

冯之浚、罗伟：《国家创新系统的理论与政策文献汇编》，群言出版社，1999。

胡志坚等：《国家创新系统：理论分析与国际比较》，社会科学文献出版社，2000。

黄茂兴：《技术选择与产业结构升级》，社会科学文献出版社，2007。

黄茂兴：《论技术选择与经济增长》，社会科学文献出版社，2010。

黄茂兴等：《"十二五"时期海峡西岸经济区经济热点研究》，中国社会科学出版社，2010。

黄茂兴等：《改革开放30年中国经济热点的回眸与展望》，社会科学文献出版社，2008。

黄茂兴等：《国家创新竞争力研究——理论、方法与实证》，中国社会科学出版社，2012。

黄茂兴等：《中国省域经济热点问题研究——"十二五"中期评估及"十三五"展望》，经济科学出版社，2015。

金碚：《竞争力经济学》，广东经济出版社，2003。

〔日〕克里斯托夫·弗里曼：《一个新国家创新系统》，经济科学出版社，1991。

李建平、黄茂兴等：《科技进步与经济增长——全面建设小康社会进程中福建科技发展的理论与实践》，中国经济出版社，2005。

李建平、黄茂兴等：《中国经济60年发展报告（1949~2009）》，经济科学出版社，2009。

李建平、李闽榕、王金南等：《中国省域环境竞争力发展报告（2005~2009）》，社会科学文献出版社，2011。

李建平、李闽榕、王金南等：《中国省域环境竞争力发展报告（2009~2010）》，社会科学文献出版社，2012。

李建平等主编《G20国家创新竞争力发展报告（2001~2010）》，社会科学文献出版社，2011。

李建平等主编《“十二五”中期中国省域经济综合竞争力发展报告》，社会科学文献出版社，2014。

李建平等主编《二十国集团（G20）国家创新竞争力发展报告（2011～2013）》，社会科学文献出版社，2013。

李建平等主编《二十国集团（G20）国家创新竞争力发展报告（2013～2014）》，社会科学文献出版社，2014。

李建平等主编《二十国集团（G20）国家创新竞争力发展报告（2015～2016）》，社会科学文献出版社，2016。

李建平等主编《世界创新竞争力发展报告（2001～2012）》，社会科学文献出版社，2012。

李建平等主编《中国省域经济综合竞争力发展报告（2014～2015）》，社会科学文献出版社，2016。

李建平等主编《中国省域经济综合竞争力发展报告（2015～2016）》，社会科学文献出版社，2017。

李军军：《中国低碳经济竞争力研究》，社会科学文献出版社，2015。

李闽榕：《中国省域经济综合竞争力研究报告（1998～2004）》，社会科学文献出版社，2006。

李闽榕、李建平、黄茂兴：《中国省域经济综合竞争力评价与预测研究》，社会科学文献出版社，2007。

柳卸林：《中国国家创新系统的现状、问题与发展趋势》，市场经济国家技术创新系统建设课题报告，1998。

路甬祥：《创新与未来》，科学出版社，1998。

〔丹麦〕伦德瓦尔：《创新是一个互相作用的过程——从用户与生产者的互相作用到国家创新系统》，经济科学出版社，1991。

〔美〕罗斯托：《经济成长的阶段》，商务印书馆，1962。

〔美〕迈克尔·波特：《国家竞争优势》，华夏出版社，2002。

齐建国：《技术创新—国家系统的改革与重组》，社会科学文献出版社，1995。

石定寰：《国家创新系统：现状与未来》，经济管理出版社，1999。

〔法〕泰勒尔：《产业组织理论》，中国人民大学出版社，1999。

王春法：《技术创新政策：理论基础与工具选择——美国和日本的比较研究》，经济科学出版社，1998。

王珍珍：《制造业与物流业的联动发展：机理、模式及效率评价》，社会科学文献出版社，2015。

吴贵生、谢伟：《国家创新系统的要素、作用与影响》，第二届中韩产业技术政策研讨会——面向21世纪的国家技术创新系统会议论文集，1997。

中国科技发展战略研究小组：《中国区域创新能力报告》，科学出版社，2006。

中华人民共和国科学技术部：《2012 国际科学技术发展报告》，科学技术文献出版社，2012。

中华人民共和国科学技术部：《主要创新型国家科技创新发展的历程及经验》，中国科学技术出版社，2006。

Y.28
后　记

自 2008 年全球金融危机爆发以来，世界各国纷纷实行扩张性的财政政策和货币政策医治经济衰退，但这些传统的刺激经济增长的方法收效甚微，导致全球增长乏力，总体需求低迷。各国都不约而同地把经济复苏的希望聚焦在科技创新上。G20 成员作为世界上最具发展活力和创新潜力的群体，充分认识到创新对各国经济复苏和增长的重要作用，纷纷提出或调整本国创新发展战略以推动未来经济增长。如何全面认识全球创新环境，紧紧抓住全球创新战略机遇，提升 G20 各成员的创新竞争力，推动全球经济稳定复苏，成为当前和今后一个时期 G20 的重大使命。

中国作为一个负责任和有担当的发展中国家，通过“望、闻、问、切”，把脉开方，针对全球经济的疑难病症提出中国方案。2015 年，习近平主席在二十国集团领导人第十次峰会上就指出，“我们迫切需要找到新的增长源，推动世界经济走向新一轮繁荣”。“科技进步造就的新产业和新产品，是历次重大危机后世界经济走出困境、实现复苏的根本。”2016 年，中国作为二十国集团领导人第十一次峰会主席国提出了“构建创新、活力、联动、包容的世界经济”的峰会主题。创新首次列入 G20 峰会议题，并作为 G20 杭州峰会的首要议题。G20 杭州峰会一致通过了《二十国集团创新增长蓝图》，提出应紧紧抓住创新、新工业革命、数字经济等新要素新业态带来的新机遇，从根本上寻找全球经济持续健康增长之道，并制订一系列具体行动计划为全球经济增长开辟新路径，进而全面提升世界经济中长期增长潜力。

全国经济综合竞争力研究中心福建师范大学分中心从 2009 年底开始，在中国常驻联合国代表团科技组、国务院发展研究中心管理世界杂志社、中国社会科学院社会科学文献出版社领导的指导和支持下，着手组建了“二十国集团（G20）国家创新竞争力发展报告”课题攻关研究小组，力图从竞争力的视角，赋予国家创新能力新的内涵，并从理论、方法和实证三个维度来探讨 G20 国家创新竞争力的评价与提升问题。在课题研究过程中，福建师范大学原校长、全国经济综合竞争力研究中心福建师范大学分中心主任李建平教授亲自担任课题组组长和本书的主编之一，直接指导和参与了本书的研究和审订书稿工作；本书主编之一原福建省新闻出版局（福建省版权局）党组书记、现中智科学技术评价研究中心主任李闽榕教授指导、参与了本书的研究和书稿统改、审订工作；中国科技部科技交流中心正局级副主任、国际欧亚科学院院士赵新力研究员对本书的研究工作给予了积极指导和大力支持，并担任本书的主编之一；中共中央党校国际战略研究院副院长周天勇教授对本书的研究工作也给予了积极指导和大力支持，并担任本书主编之一；国务院发展研究中心管理世界杂志社竞争力部主任苏宏文同志为本书的顺利完成积极创造了条件，全国经济综合竞争力研究中心福建师范大学分中心常务副主任、福建师范大学经济学院院长黄茂兴教授为本研究从课题策划到最终完稿做了大量具体工作。

2016 年 12 月以来，课题组着手对 G20 国家创新竞争力的理论创新、指标评价体系等展开了深入研究，跟踪研究最新动态，进一步完善 G20 国家创新竞争力评价指标体系，并通过采集到的最新指标统计数据，对 2014 ~ 2015 年 G20 中 19 个国家的创新竞争力进行系统评价比较。本书近 60 万字，数据采集、录入和分析工作庞杂而艰巨，采集、录入基础数据 2000 多个，计算、整理和分析数据 1 万多个，共制作简图 200 多幅、统计表格 200 多个，竞争力地图 18 幅。这是一项复杂艰巨的工程，编写组的各位同志为完成这项工程付出了艰辛的劳动，在此谨向全力支持并参与本项目研究的李军军博士、林寿富博士、叶琪博士、陈洪昭博士、王珍珍博士、陈伟雄博士、唐杰博士、黄新焕博士、郑蔚博士、易小丽博士、杨莉莎博士、白华博士、周利梅博士、张宝英博士，以及博（硕）士研究生吴娟、林惠玲、林 瀚、兰筱琳、李师源、夏琼、马永伟、朱耿灿、彭席席、张艺婷、黄成、李振、张越、游宇东、张贵平、余学颖、张若琼、史方圆、陈鹏、杨颖（美国密歇根大学）等同志表示深深的谢意。他们放弃节假日休息时间，每天坚持工作十多个小时，为本报告的数据采集、测算等做了许多细致的工作。

本书还直接或间接引用、参考了其他研究者的相关研究文献，在此对这些文献的作者表示诚挚的感谢。

社会科学文献出版社的谢寿光社长，社会政法分社王绯社长以及责任编辑曹长香，为本书的出版，提出了很好的修改意见，付出了辛苦的劳动，在此一并向他们表示由衷的谢意。

由于时间仓促，本书难免存在疏漏和不足，敬请读者批评指正。

作 者

2017 年 5 月

✤ 皮书起源 ✤

“皮书”起源于十七、十八世纪的英国，主要指官方或社会组织正式发表的重要文件或报告，多以“白皮书”命名。在中国，“皮书”这一概念被社会广泛接受，并被成功运作、发展成为一种全新的出版形态，则源于中国社会科学院社会科学文献出版社。

✤ 皮书定义 ✤

皮书是对中国与世界发展状况和热点问题进行年度监测，以专业的角度、专家的视野和实证研究方法，针对某一领域或区域现状与发展态势展开分析和预测，具备原创性、实证性、专业性、连续性、前沿性、时效性等特点的公开出版物，由一系列权威研究报告组成。

✤ 皮书作者 ✤

皮书系列的作者以中国社会科学院、著名高校、地方社会科学院的研究人员为主，多为国内一流研究机构的权威专家学者，他们的看法和观点代表了学界对中国与世界的现实和未来最高水平的解读与分析。

✤ 皮书荣誉 ✤

皮书系列已成为社会科学文献出版社的著名图书品牌和中国社会科学院的知名学术品牌。2016 年，皮书系列正式列入“十三五”国家重点出版规划项目；2012~2016 年，重点皮书列入中国社会科学院承担的国家哲学社会科学创新工程项目;2017 年,55 种院外皮书使用“中国社会科学院创新工程学术出版项目”标识。

中国皮书网

发布皮书研创资讯，传播皮书精彩内容
引领皮书出版潮流，打造皮书服务平台

栏目设置

关于皮书：何谓皮书、皮书分类、皮书大事记、皮书荣誉、
皮书出版第一人、皮书编辑部

最新资讯：通知公告、新闻动态、媒体聚焦、网站专题、视频直播、下载专区

皮书研创：皮书规范、皮书选题、皮书出版、皮书研究、研创团队

皮书评奖评价：指标体系、皮书评价、皮书评奖

互动专区：皮书说、皮书智库、皮书微博、数据库微博

所获荣誉

2008年、2011年，中国皮书网均在全国新闻出版业网站荣誉评选中获得“最具商业价值网站”称号；

2012年，获得“出版业网站百强”称号。

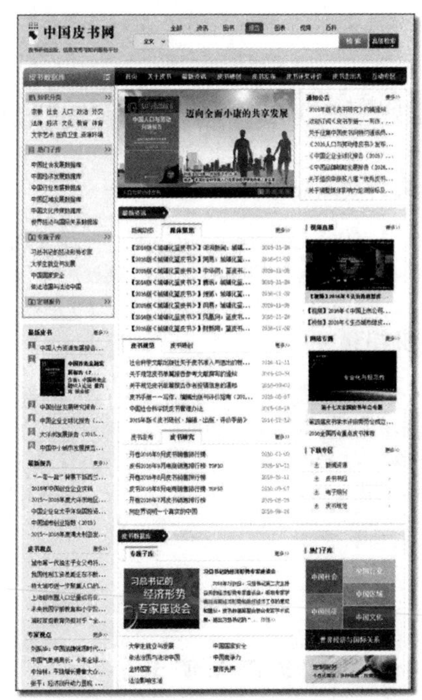

网库合一

2014年，中国皮书网与皮书数据库端口合一，实现资源共享。更多详情请登录www.pishu.cn。

权威报告·热点资讯·特色资源

皮书数据库

ANNUAL REPORT(YEARBOOK) DATABASE

当代中国与世界发展高端智库平台

所获荣誉

- 2016年，入选“国家‘十三五’电子出版物出版规划骨干工程”
- 2015年，荣获“搜索中国正能量 点赞2015” “创新中国科技创新奖”
- 2013年，荣获“中国出版政府奖·网络出版物奖”提名奖
- 连续多年荣获中国数字出版博览会“数字出版·优秀品牌”奖

成为会员

通过网址www.pishu.com.cn或使用手机扫描二维码进入皮书数据库网站，进行手机号码验证或邮箱验证即可成为皮书数据库会员（建议通过手机号码快速验证注册）。

会员福利

- 使用手机号码首次注册会员可直接获得100元体验金，不需充值即可购买和查看数据库内容（仅限使用手机号码快速注册）。
- 已注册用户购书后可免费获赠100元皮书数据库充值卡。刮开充值卡涂层获取充值密码，登录并进入“会员中心”—“在线充值”—“充值卡充值”，充值成功后即可购买和查看数据库内容。

社会科学文献出版社 SOCIAL SCIENCES ACADEMIC PRESS (CHINA) 皮书系列

卡号：496719132645

密码：

数据库服务热线：400-008-6695

数据库服务QQ：2475522410

数据库服务邮箱：database@ssap.cn

图书销售热线：010-59367070/7028

图书服务QQ：1265056568

图书服务邮箱：duzhe@ssap.cn

S 子库介绍
Sub-Database Introduction

中国经济发展数据库

涵盖宏观经济、农业经济、工业经济、产业经济、财政金融、交通旅游、商业贸易、劳动经济、企业经济、房地产经济、城市经济、区域经济等领域，为用户实时了解经济运行态势、 把握经济发展规律、 洞察经济形势、 做出经济决策提供参考和依据。

中国社会发展数据库

全面整合国内外有关中国社会发展的统计数据、 深度分析报告、 专家解读和热点资讯构建而成的专业学术数据库。涉及宗教、社会、人口、政治、外交、法律、文化、教育、体育、文学艺术、医药卫生、资源环境等多个领域。

中国行业发展数据库

以中国国民经济行业分类为依据，跟踪分析国民经济各行业市场运行状况和政策导向，提供行业发展最前沿的资讯，为用户投资、从业及各种经济决策提供理论基础和实践指导。内容涵盖农业，能源与矿产业，交通运输业，制造业，金融业，房地产业，租赁和商务服务业，科学研究，环境和公共设施管理，居民服务业，教育，卫生和社会保障，文化、体育和娱乐业等 100 余个行业。

中国区域发展数据库

对特定区域内的经济、社会、文化、法治、资源环境等领域的现状与发展情况进行分析和预测。涵盖中部、西部、东北、西北等地区，长三角、珠三角、黄三角、京津冀、环渤海、合肥经济圈、长株潭城市群、关中—天水经济区、海峡经济区等区域经济体和城市圈，北京、上海、浙江、河南、陕西等 34 个省份及中国台湾地区 。

中国文化传媒数据库

包括文化事业、文化产业、宗教、群众文化、图书馆事业、博物馆事业、档案事业、语言文字、文学、历史地理、新闻传播、广播电视、出版事业、艺术、电影、娱乐等多个子库。

世界经济与国际关系数据库

以皮书系列中涉及世界经济与国际关系的研究成果为基础，全面整合国内外有关世界经济与国际关系的统计数据、深度分析报告、专家解读和热点资讯构建而成的专业学术数据库。包括世界经济、国际政治、世界文化与科技、全球性问题、国际组织与国际法、区域研究等多个子库。

法律声明

“皮书系列”（含蓝皮书、绿皮书、黄皮书）之品牌由社会科学文献出版社最早使用并持续至今，现已被中国图书市场所熟知。“皮书系列”的LOGO（）与“经济蓝皮书”“社会蓝皮书”均已在中华人民共和国国家工商行政管理总局商标局登记注册。“皮书系列”图书的注册商标专用权及封面设计、版式设计的著作权均为社会科学文献出版社所有。未经社会科学文献出版社书面授权许可，任何使用与“皮书系列”图书注册商标、封面设计、版式设计相同或者近似的文字、图形或其组合的行为均系侵权行为。

经作者授权，本书的专有出版权及信息网络传播权为社会科学文献出版社享有。未经社会科学文献出版社书面授权许可，任何就本书内容的复制、发行或以数字形式进行网络传播的行为均系侵权行为。

社会科学文献出版社将通过法律途径追究上述侵权行为的法律责任，维护自身合法权益。

欢迎社会各界人士对侵犯社会科学文献出版社上述权利的侵权行为进行举报。电话：010-59367121，电子邮箱：fawubu@ssap.cn。

社会科学文献出版社